# 运动康复技术学

陈　建　主编

北京体育大学出版社

策划编辑：李志诚　潘　帅
责任编辑：秦德斌
责任校对：成昱臻
排版设计：李　鹤

**图书在版编目（CIP）数据**

运动康复技术学 / 陈建主编. -- 北京：北京体育大学出版社, 2015.12（2023.7重印）
ISBN 978-7-5644-2159-5

Ⅰ. ①运… Ⅱ. ①陈… Ⅲ. ①康复训练 Ⅳ. ①R493

中国版本图书馆CIP数据核字(2015)第316426号

**运动康复技术学**　　陈　建　主编

出版发行：北京体育大学出版社
地　　址：北京市海淀区农大南路1号院2号楼2层办公B-212
邮　　编：100084
网　　址：http：//cbs.bsu.edu.cn
发 行 部：010-62989320
邮 购 部：北京体育大学出版社读者服务部 010-62989432
印　　刷：北京建宏印刷有限公司
开　　本：850mm × 1168mm　1/16
成品尺寸：203mm × 280mm
印　　张：24.25
字　　数：306千字
版　　次：2016年1月第1版
印　　次：2023年7月第2次印刷
定　　价：70.00元

# 《运动康复技术学》编委会

**主　编**　陈　建（武汉体育学院）

**副主编**　钱菁华（北京体育大学）

　　　　　徐远红（湖北医药学院）

**编　委**　（按汉语拼音排序）

陈　建　武汉体育学院（副教授）

苟　波　西安体育学院（教授）

胡　翔　武汉轻工大学（副教授）

李丹阳　武汉体育学院（副教授）

李秋阳　武汉科技大学（副主任医师）

廖远朋　成都体育学院（副教授）

罗盛飞　天津市第五中心医院（副主任医师）

钱菁华　北京体育大学（副教授）

荣湘江　首都体育学院（教授）

汪学红　武汉体育学院（副教授）

徐　晖　北京大学第一医院（副主任技师）

徐远红　湖北医药学院附属太和医院（副主任医师）

杨　翼　武汉体育学院（教授）

张葆欣　西安体育学院（教授）

# 序

康复医学与保健医学、预防医学、临床医学并列称为现代医学的四大分支，是医疗服务的重要组成部分。康复医学以疾病、损伤导致的躯体功能与结构障碍、个体活动以及参与能力受限的患者为服务对象，以提高伤、病、残人士的生存质量和重返社会为专业目标。疾病早期康复治疗可以避免残疾发生或减轻残疾程度，改善患者生活质量，减轻家庭和社会的经济负担。现代康复医学在我国发展已有30多年历史，是一个年轻但涉及众多专业的医学学科，在我国虽然起步较晚，但发展很快，势头良好。

运动康复则是从康复医学延伸发展而来，是运用传统的和现代的体育运动方法及手段促进疾病或损伤患者各种功能恢复的一门康复医学与体育学交叉应用型学科，是一门融体育学与康复医学于一体的跨学科的新兴专业。我国运动康复的发展还处于起步阶段，近年来随着我国现代康复医学及体育事业的蓬勃发展，尤其是2008年北京奥运会的成功举办，越来越多的人开始关注如何通过体育运动来促进健康及伤病的康复，由此也在一定程度上促进了运动康复在我国的应用与发展。

武汉体育学院作为全国第一批开办运动康复专业的普通高校，已经成功培养了5届毕业生，较好地完成了各项教学工作，并积累了一定的教学经验。由陈建副教授于2009年自编的武汉体育学院试用教材《运动康复技术学》已在实践教学中应用了4轮，得到各位教师和学生的一致好评，但同时也发现了一些不足。此次正式出版前邀请了一批国内年富力强的教授和副教授、临床康复实践经验丰富的康复医师和治疗师负责编写和修改，无论是在理论上还是在实践环节均有所完善和提高。

海纳百川，有容乃大。编者们各献专业所长，编著了国内第一本《运动康复技术学》，供运动康复专业教师和学生教学，也可供临床康复医师、治疗师和体能康复师参考。期待本书的出版能积极推进我国运动康复专业的发展。

中华医学会运动医疗分会 前主任委员
中国体育科学学会运动医学分会 主任委员
亚洲运动医学联合会 主席
国际运动医学联合会 第一副主席
国际奥委会赛事医学委员会 核心成员

2015年秋

# 编者的话

物理医学与康复是20世纪80年代在我国逐步开始发展起来并注重结合中国传统医学形成具有鲜明中国特色的新兴学科。近年来，随着物理医学与康复专业和体育事业的蓬勃发展，越来越多的人开始关注如何通过体育运动来促进健康及伤病的康复，从而促进了运动康复与健康专业的形成。2004年经国家教育部审批北京体育大学、武汉体育学院和天津医科大学成为第一批招收运动康复与健康本科专业（2012年普通高等学校本科专业目录更名为运动康复）的高等院校，但至今尚无全国统一的培养方案、课程教学大纲和专业课教材。

我们在几年实践教学过程中感觉如何选择适合运动康复专业培养目标的专业教材成为较为棘手的问题，编写一本实用性较强、注重基本理论和基本技能的《运动康复技术学》成为当务之急。本教材是在武汉体育学院健康科学学院陈建副教授的主持下，组织多位有临床运动康复治疗经验和实践教学经验的临床医生、康复治疗师和教师编写而成。本教材遵循高等院校本科教材以“三基”（即基本理论、基本知识、基本技能）、“五性”（即思想性、科学性、先进性、启发性、适应性）为基础，以应用为目的，以讲清概念、强化应用、突出技能为教学重点，以学生毕业时具备的知识和技能水平为目标，汲取卫生部“十一五”规划教材《物理治疗学》、华夏出版社出版的《运动疗法技术学》和体育院校《运动训练学》等教材的精华编写而成。

《运动康复技术学》是研究和运用康复医学和体育学的理论、方法与手段来预防和治疗伤病、促进功能康复的一门应用交叉学科，是一门理论性与实践性较强的专业课程，考虑到学生和教师使用的实际需要，本教材的内容涵盖了我国康复治疗专业技术人才准入标准关于运动疗法所需的知识和技能。与此同时，我们注重吸收本专业国内外最新理论和操作技术，努力做到讲解清楚、图文并茂和方便实用。

本教材共分两部分，第一部分为临床康复运动疗法部分，内容涵盖了临床康复医学科常用的运动治疗方法和手段；第二部分为体能康复训练部分，包括既适合临床伤病患者也适合体育锻炼者和职业运动员运动损伤后体能康复的运动训练方法和手段。在每章首编写了“学习目标”，章末编写了“自学思考问题”和“实践操作练习”，以方便学生掌握相关理论学习目标和技能目标练习。本书在编写过程中，学习并引用了许多国内康复医学界前辈和体育教育训练学同行的学术成果，也得到了各编委所在单位的大力支持，谨此一并致谢。

由于水平和时间所限，书中错误敬请各位专家、同道及读者不吝赐教。

陈建

2015年5月

# 目 录

## 上 篇 临床康复运动疗法

## 下篇 康复体能训练

# 上　篇
# 临床康复运动疗法

# 第一章 绪 论

【学习目标】
1. 掌握运动康复的定义；
2. 掌握运动康复的治疗原则；
3. 熟悉运动康复技术分类及常用设备；
4. 了解世界物理治疗联盟及运动康复治疗师工作职责。

## 第一节 运动康复概述

### 一、运动康复的定义

运动康复（sports rehabilitation）是从物理医学与康复延伸发展而来，是运用传统的和现代的体育运动方法及手段促进疾病或损伤患者各种功能恢复的一门康复医学与体育学交叉应用型科学。运动康复是以体育运动活动作为发挥治疗作用的核心手段，遵循医学治疗和处理疾病的模式，解决各种原因造成的身心功能障碍，以达到减轻患者病痛、促进功能康复和回归社会的目的。与物理医学与康复不同的是，运动康复在康复领域、康复手段、康复对象、康复目标等方面有所侧重点，具体内容参见表1-1。

表1-1 运动康复与康复医学侧重点

| | 物理医学与康复 | 运动康复 |
|---|---|---|
| 康复领域 | 医疗康复、教育康复、职业康复、社会康复、康复工程等 | 运动康复 |
| 康复手段 | 物理治疗、作业治疗、言语治疗、假肢与矫形器制作、康复护理、康复心理、中国传统康复等 | 物理治疗、运动防护技术、体能训练、运动心理、中国传统体育康复等 |
| 康复对象 | 一切非健康患者 | 体育锻炼者或职业运动员 |
| 康复目标 | 重返家庭或社会 | 重返运动场或比赛场 |

从表1-1可以看出，运动康复的服务对象不仅包括参与竞技体育运动的职业运动员和教练员等特殊群体，也包括从事体育教育、体育锻炼的一般人群，还包括由于损伤或疾病等原因导致功能障碍的患者和老年病患者等人群，这些人群在从事体育运动过程中出现各种运动意外或运动损伤后，如何为他们提供及时、正确、有效的医疗救护和康复治疗与训练？如何缩短损伤康复疗程？如何提高其生活自理能力？如何延长其运动寿命等等一系列问题都是值得每一个从事运动康复的专业人员思考及研究的课题。

物理医学与康复的康复目标是重返家庭或社会，即要求达到基本生活自理或重返工作岗位。而运动康复的目标则相对要更高些，不仅要求康复对象生活自理或恢复工作，更要求其身心功能恢复到重返竞技体育比赛场体现现代奥林匹克精神所在。因此，运动康复可分为康复治疗和体能康复训练两大部分，而二者是相互影响和相互促进。运动损伤康复治疗是运动医学和康复医学两门学科的结合，涉及损伤预防、诊断、评估、训练和处理等多方面。运动损伤后体能康复训练主要目标是使伤者早日恢复训练和比赛，而如何根据创伤的病理改变、病程进展及功能情况合理安排创伤后的运动训练是关键，为此要实行医疗、安全训练与康复的系统化措施，运动员、教练员、科研人员与康复理疗师的密切合作往往是伤病康复成功的关键。为保障带伤训练安排的合理有效，应该采取以队医或康复理疗师为主的教练、医务人员、运动员“三结合”原则。

运动康复是物理医学与康复的重要组成部分，物理医学与康复的服务对象除了在医院康复科、康复中心或社区医疗服务中心接受全面康复治疗外，体育运动的介入可以有效地改善其躯体、心理、社会等方面遗留问题，真正达到提高生活质量甚至实现自我价值和社会价值的康复医学最终目标。运动康复不仅仅是指损伤后的康复，积极主动地提高预防运动损伤的能力即预防性康复也是运动康复的重要组成部分。

运动康复技术学是研究和运用康复医学和体育学的理论、方法与手段来预防和治疗伤病、促进功能康复的一门应用交叉学科。主要研究与康复医学有关的体育和训练的方法、手段、组织、指导和监督等一系列的问题，从而应用各种体育活动动员人体各种后备潜能，增强代偿功能，促进伤病者和残障者在躯体功能、精神、职业技能和社会功能上得到康复的一门学科。运动康复技术学是运动康复专业课程的重要组成部分，是运动康复专业学生专业必修课之一。

## 二、运动康复专业的发展

运动康复是一门年轻的新兴学科，是一个融体育学与康复医学于一体的跨学科专业，主要研究如何运用体育的各种手段使病、伤、残者已经丧失或降低的各种功能尽快地、尽最大可能地得到恢复。追溯历史，运动康复手段的应用由来已久，从湖南长沙马王堆出土的汉代文物中就详细记载了五禽戏强身健体和治疗疾病的过程；太极拳也是人们喜闻乐道的传统体育项目，至今人们对太极拳的研究和应用都经久不衰。在西方，利用骑马、爬山、游戏比赛减少身心不适，增加体力，促进人际交流的记载也有上千年的历史。但是，将各种体育运动措施合理、合法地引入医疗系统，并作为康复医学中的重要组成部分和治疗疾病的手段仅是近半个多世纪的事情。经过多年的发展，运动康复逐渐形成了一整套较为系统的治疗体系，从理论到实践都趋于完善和成熟。在治疗思路上，运动康复借鉴了医学上诊治疾病、评价疗效的方式，建立了自己独立的一套病史、体格检查-功能评价-运动康复治疗-再评价和观察疗效-补充修正治疗方案的治疗模式，专业的功能评价方法和特异的运动康复治疗手段也逐渐规范和统一，大大促进了其交流与推广应用。

德国是目前世界上运动康复水平最高的国家之一，每年世界各地赴德国进行运动损伤治疗与康复的运动员数不胜数。金晓平、侯学华研究发现，德国运动康复水平一直处于世界前列的主要原因集中在以下几点：运动康复机构的层次性与普及化；康复人员的针对性与专业化；康复设备器械与手段的先进性；运动康复过程中康复、诊断、评估、计划、信息等各方面的显著性特点；康复理念的科学性等。德国的运动康复机构数量众多，主要包括三个层次的机构类型：大型体育专科医院、国家训练基地或大型俱乐部的运动康复中心、社区运动康复机构。其中，社区运动康复中心数量众多、服务方便、质量好且具有特色，其在运动康复方面的地位非常重要。德国运动康复机构人员组成包括医生、康复师、理疗师、一般工作人员等，所有人员分工明确、各司其职、相互配合，医生制定术后康复计划后由康复师、理疗师、一般工作人员等协调配合实施康复计划。德国运动队有2～3名康复师，主要负责队内的日常康复治疗工作，并指导运动员进行康复训练，而理疗师主要配合医生及康复师进行一般的物理治疗和放松恢复工作，如按摩、理疗等。在美国，物理治疗专业已有80多年的发展历史，主要培养专业的物理治疗师，在运动损伤康复中发挥重要的作用。

我国现代康复治疗起步较晚，近年来随着国家和社会对康复工作的重视，康复治疗技术发展较快，2011年国务院批准执行《中国残疾人事业“十二五”发展纲要（2011年～2015年）》明确了“十二五”期间我国残疾人事业发展的主要目标和任务，重申“发展康复医疗”的决策，为康复医学事业的发展指明了方向，也激励了康复医学工作者的积极性，促使我国康复医学事业健康、快速发展，康复治疗将是一个极具前景的医疗领域。

我国运动康复的发展还处于起步阶段，近年来随着我国现代康复医学及体育事业的蓬勃发展，尤其是2008年北京奥运会的成功举办，越来越多的人开始关注如何通过体育运动来促进健康及伤病的康复，由此也在一定程度上促进了运动康复在我国的应用与发展。目前，国内运动康复机构主要有两种类型：专业体育医院和综合医院下属科室。专业体育医院如国家体育总局运动医学研究所附属体育医院、成都体育医院及体育院校附属医院；综合医院附属运动医学科主要有北京大学附属第三医院运动医学科、上海复旦大学附属华山医院运动医学科等。虽然以上两类运动康复机构医疗水平和服务质量较好，但由于数量太少，远远不能满足广大职业运动员和日益增多的群众体育爱好者对于运动损伤防治和康复的需求。

为促进我国运动康复的发展，应在总结国际成功经验的基础上结合我国国情制定合理有效的措施。目前，应做好以下几点工作。

**1. 树立科学的运动康复理念** 科学的康复理念体现在各个方面，包括社会保障体系的健全、政府机构的重视、人们对运动康复认识等。目前，国内对于运动康复的重视程度有所提高，但与国际发达国家比仍有较大差距。要增强国家和政府对运动康复的重视程度，构建全国范围的体育医疗体系，国家和政府应加大对体育医疗体系的投资力度与帮扶程度，使体育医疗体系得到最大程度的普及。此外，应加强国内运动员身体机能状况的监测程度与力度，把运动损伤的预防视为运动员身体机能监测的重中之重，更要认识到预防性康复是运动康复的重要组成部分。因此，要加强对运动员、教练员、队医、普通管理人员等运动康复理念的普及与宣传，同时要使普通医院医务工作者了解运动康复的基本理念。

**2. 加快运动康复机构的建设与发展** 在全国的重点城市建立专业体育医院或者与某些医院联合建立专门的运动康复机构，解决目前国内运动康复机构较少的问题，针对运动员较为集中的落后地区应加强跟队医疗队伍的建设。

**3. 建立完善的运动康复评估系统** 目前，国内运动康复评估数字化程度相对较低，运动康复专家对运动员的检测主要局限于损伤部位的检测或依靠经验观察来判断运动员的康复情况，缺少相应的评估检测方法和标准。因此，要建立完善的运动康复评估系统，对运动损伤部位的损伤情况，尤其是导致损伤出现的根本原因进行全面的评估与检测，数字化地反映运动员康复的情况，有针对性地进行康复训练，不仅使运动员损伤部位完全康复，同时要找出并解决导致运动损伤出现的根本原因，以及运动员机体潜在的导致运动损伤的各种危险因素。此外，应定期对运动员进行全面的身体检查和评估，并将每名运动员检测的指标数据录入数据库中，作为参照数据方便日后比较。同时，根据不同的项目将数据库内的信息分类整理，总结出各个项目独立的数据特征以及相应的评价标准。数据库中每一名运动员的个人数据则是从青少年时期开始，直至其运动生涯结束为止，对运动员个体连续多年不间断的测评可以准确地判断其在某段时间内的身体机能状况，以指导教练员科学训练最大限度降低损伤风险。

**4. 建立运动康复专业人才培养体系** 目前，国内还没有针对运动康复专业人才的培养体系。国内缺乏真正意义上的运动康复专业人才，关于国内本专业教育现状将在后述详细说明。康复医学专业人才缺少对体育运动项目的了解，而体育院校相关专业人才又缺少康复医学专业技能。因此，培养既掌握康复医学专业技能又熟悉体育运动专项特点的运动康复专业人才显得迫在眉睫。目前，国家体育总局已经认识到建立运动康复专业人才培养的重要性，将大力支持人才培养项目。

**5.引进先进的仪器** 结合传统中医手段各运动康复医疗机构在条件允许的情况下，引进国外先进的仪器设备，将其运用到中国运动康复领域中；同时，应特别注意结合中国传统康复手段，发掘传统中医治疗运动损伤的优势手段，中西结合共同为中国的运动康复事业服务。

## 三、运动康复与健康专业教育现状

目前，国际上诸如美国、加拿大、英国、德国、澳大利亚、日本、中国香港等均开设有物理治疗(physical therapy)本科专业，学制3～4年；香港理工大学康复治疗学系开设有运动物理治疗理学硕士学位（Master Science in Sports Physiotherapy），全日制1年，非全日制2年半，需修满30学分方可获取学位。

在国内，1989年教育部在“增补高等学校专业目录”中首次增设“体育保健康复专业”，1998年教育部再次审定专业目录时将该专业更名为“运动人体科学专业”，2004年经教育部审批同意“运动康复与健康”专业为在少数高校试点的目录外专业，专业代码为040206S，修业年限为四年，学位授予门类为理学或教育学，教育部2012年普通高等学校本科专业目录将“运动康复与健康”专业名称更名为“运动康复”，属特设专业，专业代码为040206T。截至2015年3月13日，经教育部审批或备案获准开设运动康复专业的高校见表1-2。

教育部审批该专业名称的变化真正体现了“以人为本、健康第一、终身体育”的现代体育教育观。从表1-2可以看出开设此专业的高校更多的是体育院校，正是由于体育院校的优势在于体育运动理论与训练的教学和科研，如何发挥体育运动在伤病的预防、治疗、康复及促进健康中的作用成为运动康复专业的核心所在，也是区别于医学院校“康复治疗专业”的本质。

全国第1届运动康复专业发展研讨会于2009年7月在北京体育大学成功举办，会上成立了全国运动康复专业发展协作会，决定以举办年会和专题学术研讨会的形式，组织开展运动康复专业规范、专业建设和发展规划等方面的研讨，对本专业人才培养规格、人才培养目标、培养方案进行专题研究、指导、咨询、交流，打破地域界限开展全国性专业教学、训练、科研等交流与合作，为培养适应市场需求的运动康复专业人才而努

表1-2 获准教育部审批开设运动康复专业高校名单

| 审批时间 | 高校名称 |
|---|---|
| 2004年 | 北京体育大学、武汉体育学院、天津医科大学 |
| 2005年 | 玉林师范学院 |
| 2006年 | 天津体育学院、上海体育学院、广州体育学院、西安体育学院、内蒙古科技大学包头医学院 |
| 2007年 | 沈阳体育学院、山东体育学院、成都体育学院 |
| 2008年 | 南京体育学院 |
| 2009年 | 潍坊医学院 |
| 2011年 | 河北师范大学、辽宁医学院、赣南医学院、昆明医学院海源学院 |
| 2012年 | 大连理工大学、首都体育学院、河北科技学院、吉林体育学院、齐齐哈尔大学、泰山医学院、武汉体育学院体育科技学院、成都中医药大学 |
| 2013年 | 河北体育学院、鞍山师范学院、哈尔滨体育学院、绍兴文理学院、湖北中医药大学、遵义医学院、遵义医学院医学与科技学院 |
| 2014年 | 山西医科大学、大连医科大学中山学院、哈尔滨师范大学、苏州大学、济宁学院、湖南中医药大学、韩山师范学院、重庆文理学院、贵阳中医学院、 |

力。迄今为止，该专业研讨会已成功召开了4届。2012年在武汉体育学院召开研讨会的同时成功举办了第1届全国运动康复专业大学生技能大赛，极大地促进各高校师生间交流和学习。武汉体育学院作为全国第一批开办运动康复专业的高校，已经成功培养了4届毕业生，较好地完成了各项教学工作，并积累了一定的教学经验。为更好地培养专业实用型人才，2009年、2011年、2013年分别开展了3轮运动康复专业培养方案及课程建设方案的改革，在吸收国内外医学院、体育院校教学经验基础上制定了“两个方案”，在实践教学中突破传统教学方法，注重学生实践操作技能、创新思维、创新实践能力的培养，努力为培养21世纪优秀专业人才而奋斗。

## 四、运动康复技术的分类

### （一）按运动方式分为

#### 1. 主动运动（Active movement）

肌肉主动收缩所参与的运动称为主动运动。根据运动时有无外力参与又分为随意运动、助力运动和抗阻运动。

（1）随意运动（Voluntary movement）：运动时没有任何外力的参与，动作完全由肌肉的主动收缩来完成。例如日常生活活动，行走，跑步，医疗体操等。

（2）助力运动（Assisted movement）：是指在外力的辅助下通过患者主动收缩肌肉来完成的运动或动作。外力来源于治疗师、患者的健侧肢体、水的浮力或器械（如滑轮，悬吊等）。例如周围神经损伤患者利用滑轮的帮助，由健侧肢体拉动滑轮来帮助患侧肢体抗重力活动，再让患者进行重力活动，以进行关节活动或肌力训练；四肢骨折患者利用悬吊带将骨折肢体托起，以去除重力作用来完成肢体的活动；偏瘫患者用健手帮助患侧上肢活动或在他人帮助下活动患侧肢体。

（3）抗阻运动（Resisted movement）：运动时必须克服外部的阻力才能完成，又称为负重运动。阻力可来源于器械或徒手，多用于肌力和耐力训练。例如四肢骨折或周围神经损伤后，利用哑铃或沙袋训练肌力，利用股四头肌训练椅训练肌力，利用弹力带训练肢体肌力等。

#### 2. 被动运动（Passive movement）

运动时肌肉没有主动收缩，肢体处于放松状态，完全不用力，动作的整个过程由外力完成，外力可以来自于器械或徒手。一般用于维持正常或增大已受限的关节活动范围，防止关节挛缩。例如下肢关节手术后早期利用持续性被动活动治疗仪（continuous passive motion，CPM），瘫痪患者的瘫痪肢体在健侧手或他人的帮助下活动，各种手法治疗等。

### （二）按肌肉收缩类型分为

#### 1. 等长运动（Isometric exercise）

又称为静力性运动，是指肌肉收缩时，肌肉起止点之间的距离保持不变，肌纤维长度基本无变化，不发生关节运动，但肌张力发生变化，起到维持特定体位和姿势的功能。等长运动是有效增强肌力的训练方法，特别适用于骨折、关节炎或因疼痛关节不能活动的情况下进行的肌力训练，以维持和改善肌力，预防肌肉废用性萎缩。生活中端、提、拉、举、扛、推、蹲等动作基本都属于等长运动。

#### 2. 等张运动（Isotonic exercise）

又称为动力性运动，是指肌肉收缩过程中保持一定的肌张力以抵抗相应的阻力，但肌长度发生变化，产生关节运动。上述助力运动、主动运动和抗阻运动的主要方式都是等张运动。

根据肌肉起止部位的活动方向，可分为向心性收缩（Concentric contraction）和离心性收缩（Eccentric contraction）。肌肉收缩时，肌肉的起点与止点之间的距离缩短，称为向心性收缩，这种收缩的运动学功能是加速。例如，屈肘的肱二头肌收缩，伸肘的肱三头肌收缩，屈髋的髂腰肌收缩，伸膝的股四头肌收缩等。当肌肉收缩时，肌肉的起点与止点之间的距离逐渐加大延长，使动作的快慢或肢体落下的速度得到控制，称为离心性收缩，这种收缩的运动学功能是减速。例如，下楼梯或下蹲时的股四头肌收缩，肩外展缓慢放松时三角肌的收缩等。

3. 等速运动（Isokinetic exercise）

是指利用专门的设备，根据运动过程中的肌力大小变化自动调节外加阻力，使整个关节依照预先设定的速度运动，运动过程中只有肌肉张力和力矩输出的增加，使肌肉在任何一点都能产生最大的力量。肌纤维长度可缩短或拉长，引起明显的关节活动，与等长运动和等张运动相比，等速运动的最大特点是肌肉能得到充分的锻炼而又不易受到损伤。

### （三）按治疗作用分为

1. 临床康复治疗

（1）关节活动功能训练：如被动活动技术、关节松动术等；

（2）转移行走功能训练：如体位转移、步态训练等；

（3）神经发育疗法：是主要针对治疗中枢神经损伤引起的运动功能障碍的治疗方法，包括Bobath疗法、Brunnstrom疗法、Rood疗法、Proprioceptive Neuromuscular Facilitation神经肌肉促进技术即PNF技术等；

（4）牵引疗法：包括颈椎、腰椎和关节功能牵引等。

（5）姿势矫正训练：包括常见身体畸形的矫正训练。

2. 体能康复训练

（1）增强肌力训练：可用徒手或器械训练；

（2）增强耐力训练：包括增强肌肉耐力和有氧训练；

（3）增强柔韧训练：如肌肉牵伸技术、PNF技术等；

（4）平衡功能训练：包括各种姿势的静动态平衡训练，如平衡测试训练仪、PNF技术、核心稳定性训练等；

（5）灵敏协调训练：包括上肢眼手协调性及精细运动训练、下肢各种功能性跑步训练等。

## 五、运动康复技术的临床应用

### （一）运动康复技术的适应证

1. 肌肉骨骼系统

由于各种运动损伤、创伤、骨折、关节炎、截肢、退行性骨关节病、人工关节置换术后等疾病所引起的疼痛、肌无力、肌肉耐力降低、关节活动受限、关节过度活动、肌力不平衡、姿势不良、关节不稳等。

2. 神经肌肉系统

由于脑外伤、中风、脊髓损伤、小儿脑瘫、周围神经损伤、运动致神经压迫及其他神经系统疾病所致的疼痛、姿势不稳定及控制障碍、平衡协调障碍、运动发育迟缓、异常肌张力等。

3. 呼吸循环系统

心肌梗塞、慢性阻塞性肺疾病、高血压、胸腔疾病术后所导致的心肺耐力下降、循环障碍等。

4. 其他

烧伤后瘢痕的处理、手外伤后功能康复等。

### （二）运动康复技术的禁忌证

1.体温在38℃以上者；

2.脏器功能失代偿期；

3.安静时脉搏超过100次/分或有心绞痛发作；

4.高血压：舒张压＞120mmHg有自觉症状；低血压：收缩压≤100mmHg有自觉症状；

5.心肌疾病发作10日以内；

6.疾病的急性期（临床症状不稳定者）；

7.各种外伤局部有明显出血倾向者；
8.术后未拆线；
9.有剧烈疼痛；
10.运动中可能产生严重合并症者；
11.恶性肿瘤未经妥善处理或已广泛转移者；
12.骨折愈合不充分；
13.严重衰弱，无治疗欲望者。

### （三）运动康复技术的应用原则

**1.熟悉临床，明确诊断：**分析病因、病理、发病阶段，熟悉对本病的临床治疗原则。

**2.个别对待，因人而异：**严格掌握适应证和禁忌证，掌握患者体质情况以及治疗史，既往史，家族史等；随时掌握并根据病情和病理变化及时调整治疗方法和剂量并及时与手术，药物、饮食、运动疗法等密切配合。

**3.循序渐进，持之以恒：**练习动作由易到难，强度由小到大，根据功能康复水平调整运动量；运动康复治疗一般越早期应用，疗效越好，对慢性病应坚持治疗，不宜轻易放弃。

**4.密切观察，加强监督：**运动康复治疗过程中应密切观察练习者的局部反应和全身反应，注意防止意外事故的发生；此外，在患者主动运动时应注意监督运动完成的质量。

**5.一对一与小组锻炼结合：**运动康复治疗以“一对一”的个别治疗形式为主，对于功能水平相近的患者也可分组在治疗师指导下进行集体锻炼。

### （四）运动康复治疗注意事项

1.训练治疗前向患者解释清楚，争取患者主动配合。

2.方案明确，重点突出，局部运动与全身运动相结合。

3.运动训练量不应过量，训练次日应无疲劳感。

4.训练过程中应密切观察患者反应，如有头晕、眼花、心悸气短等应暂停训练。

5.训练时动作应轻柔，防止产生剧烈疼痛。

6.防止损伤皮肤，预防褥疮发生。

7.肢体活动训练应手法准确、轻柔、注意骨质疏松症严防病理骨折等并发症的发生。

8.站立行走训练时应有保护，防止跌倒。

9.注意心理治疗在运动康复治疗或训练中的重要作用；训练中应结合心理交流，取得患者良好合作。

10.使用器械应事先说明并示范操作要点和注意事项，患者训练过程中注意密切观察。

11.治疗师应态度和蔼，声音亲切，语调坚定，对患者应多鼓励，切勿指责批评。

12.训练场所光线充足整洁，各种器械安放有序，随时检查维修。

13.作好治疗记录，定期总结。

## 六、运动康复训练常用器材和设备

### （一）功能训练类

#### 1. 基本设备

（1）治疗床（台）：是供患者坐、卧其上进行各种康复训练的床，可用于患者床上翻身、坐起、转移、爬行、坐位平衡等训练，也是治疗师进行手法治疗的操作平台。根据不同用途常用的有手法治疗床、肺部治疗床、转移活动治疗床等。

（2）治疗师坐凳，又称PT凳，是治疗师在训练患者时坐的小凳子，高度与治疗床相适应，凳下有万向轮，可以向各个方向灵活移动，以适应治疗师在训练患者时应用。

（3）体操垫：是供患者坐、卧其上进行各种康复训练的垫子，用法与训练床相似，也可配合其他器械用作跌倒的防护垫。

（4）楔形垫：是外形呈楔形的垫子，有不同的角度。垫于躯干或肢体下方，可辅助用于挛缩关节的牵拉及躯干训练等。（图1-1）

图1-1 楔形垫

（5）支撑器：是一种供患者在治疗床上用手支撑以抬起身体的U型小支架，有不同高度，可根据患者上臂与床面之间的距离选择，用于训练上肢支撑能力。（图1-2）

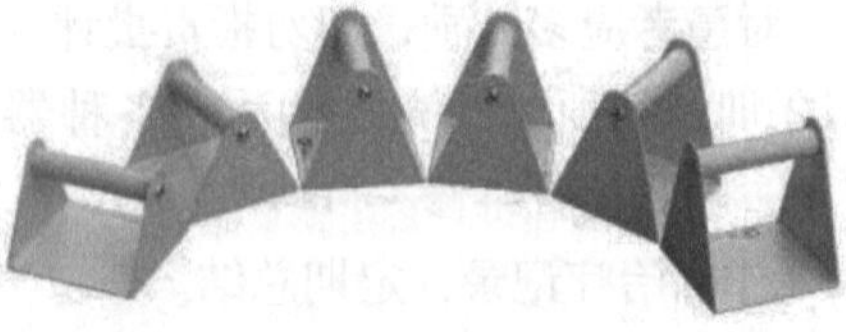

图1-2 支撑器

（6）起立床：是一张电动或手动的平板床，患者卧于床上，固定好身体，启动开关，患者可由平卧位逐步转动立起，达到站立位，起立床可固定于0°~90°之间的任一倾斜位置。可用于重症患者进行渐进性起立训练，预防长期卧床的并发症。（图1-3）

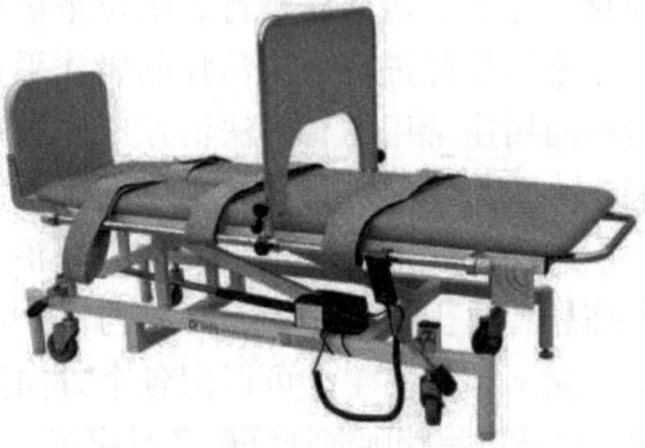

图1-3 起立床

（7）牵引器械：腰椎牵引装置、颈椎牵引装置等。

2. 关节活动度训练设备

（1）肋木：是靠墙壁安装的具有一组横杆的框架，多为木制。训练时患者位于肋木前，双手抓握肋木进行活动，可用于改善四肢关节活动度受限，增强肌力及耐力，矫正异常姿势等训练。（图1-4）

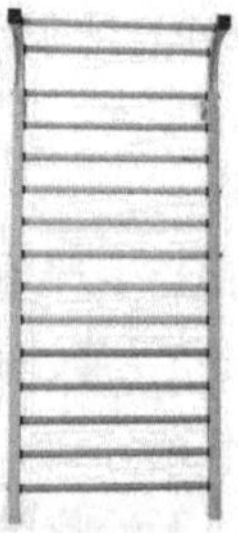

图1-4 肋木

（2）肩关节旋转运动器：是一个可以转动的圆轮或转臂，固定于墙上，患者手握把手做旋转动作，可用于改善肩关节活动度受限，及上肢相关肌群的肌力和耐力增强训练。

（3）持续被动活动仪（continuous passive motion，CPM）：利用简单机械或电动活动装置，使术后肢体能进行早期、持续性、无痛范围内的被动运动。常分为上肢和下肢持续被动运动仪。（图1-5、图1-6）

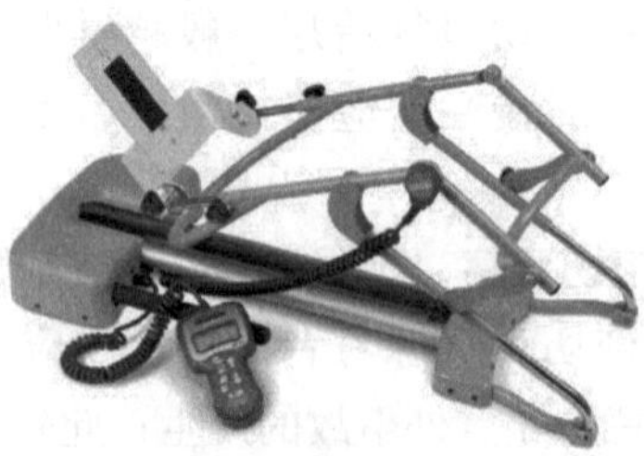

图1-5 下肢持续被动活动仪

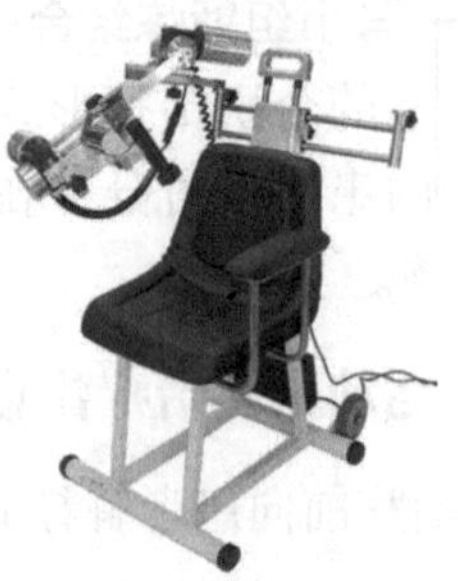

图1-6 上肢持续被动活动仪

（4）踝关节矫正板：是不同角度的楔形板，用于矫正踝关节畸形，如马蹄足、内翻足、外翻足等，可根据需要变换角度。

3.平衡训练设备

（1）平衡垫：如Balance disc等，采用聚乙烯材料制成，可以有效训练踝关节、膝关节

等本体感觉功能而改善平衡功能。（图1-7）

图1-7 平衡垫

（2）瑞士球：又称Bobath氏球，是充气或实心的大直径圆球，可用于平衡训练、核心力量训练、肌肉松弛训练、自我肌肉牵伸、脑瘫儿童的躯干训练等。

（3）平衡板：是固定于半圆球上的一块平板，患者站或坐在平板上保持平衡，用于训练平衡功能。（图1-8）

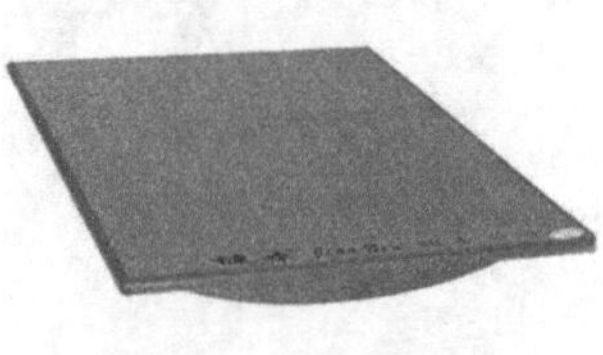

图1-8 平衡板

（4）平衡训练仪：有电脑程序控制并有屏幕视觉反馈，可以测试也可训练平衡功能，常用品牌有Biodex、TecnoBody等。（图1-9）

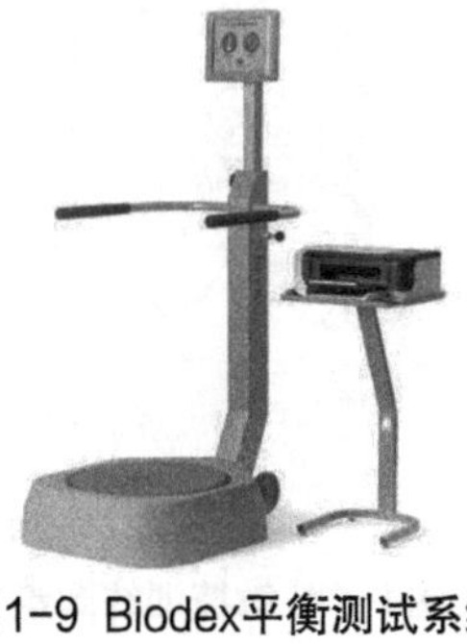

图1-9 Biodex平衡测试系统

#### 4. 行走训练设备

（1）姿势矫正镜：是供患者对身体异常姿势进行矫正训练的大镜子，可映照全身，为患者提供镜像反馈，主动纠正异常姿势或动作。有的固定在墙上，有的带有脚轮可以移动。

（2）步行助具：包括轮椅、助行器、腋杖、肘杖、手杖、四点杖等，根据患者步行能力、平衡功能及肢体功能进行选择。

（3）平行杆：是供患者进行站立、步行训练时，用手扶住以支撑体重的康复训练器械，类似双杠，但较矮，可根据训练需要调节杠的高低和宽度。可与平衡板、内外翻矫正板等配合使用。

（4）阶梯：是训练患者步行能力的组合多级台阶装置，阶梯两侧装有扶手，各组台阶的高度不同，可根据患者步行能力进行选择。

（5）跑台：又称活动平板，用于行走及跑步训练。电动跑台可设定步行速度和倾斜度，从而设定训练的运动负荷量，用于训练患者的步行能力、矫正步态、提高耐力。对于瘫痪患者常与减重训练架一起使用。

### （二）体能训练类

#### 1. 速度训练类

（1）遥测心率仪：监测跑步中心率数据，指导安全有效进行心肺功能训练；

（2）秒表：测试跑步速度；

（3）提速训练器：安全弹力绳系在腰部保证训练者进行安全的提速训练。（图1-10）

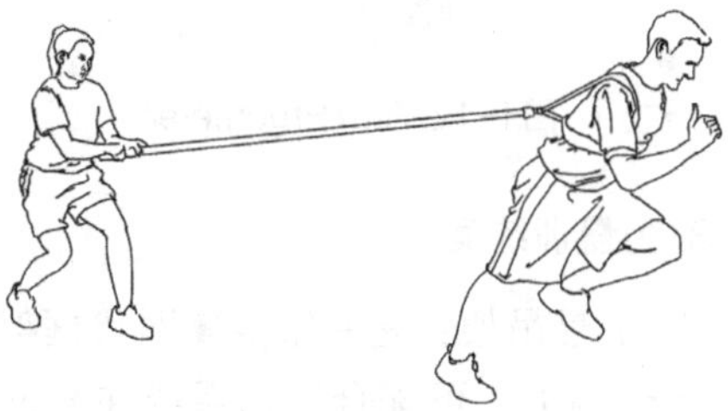

图1-10 提速训练器

（4）起跑加速训练器：通过杠铃盘负载起跑可以有效增加起跑与加速能力。（图1-11）

图1-11 起跑加速训练器

2. 耐力训练类

（1）功率自行车：国产和进口品牌较多，速度、阻力可调，心率、耗氧量可监测；

（2）跑台：国产和进口品牌较多，速度、坡度可调，心率、耗氧量可监测；

（3）上肢耐力训练仪：如Arm Ergometer（图1-12），主要用于下肢运动功能障碍患者改善心肺功能。

图1-12 Arm Ergometer

3. 力量训练类

（1）悬吊架：是一组金属网状框架，悬吊固定于墙上，可配合滑轮系统在悬网下进行训练。通过选择适合的体位，进行去除重力、减重、抗阻等肌力增强训练；也可用于肌肉牵拉及改善关节活动度的训练；

（2）哑铃：不同重量级别；

（3）沙袋：不同重量级别；

（4）弹簧拉力器：不同阻力级别；

（5）弹力治疗带（管）：不同阻力级别；

（6）专业力量训练组合：如Proxomed-Compass系列、Purestrength系列产品等；

（7）等速训练仪：常用品牌有Biodex、Cybex、Isomed、Kinitech、Contrex等。

4.柔韧训练类

（1）泡沫轴：进行自我肌肉牵伸用；

（2）肌肉牵拉带：配合手法肌肉牵伸用；

（3）瑞士球：又称巴氏球，是充气或实心的大直径圆球，可用于平衡训练、肌肉松弛训练、自我肌肉牵伸、脑瘫儿童的躯干训练等。

5.协调与灵敏训练类

（1）敏捷训练梯：改善敏捷性、平衡能力与协调性的首选产品。（图1-13）

图1-13 敏捷训练梯

（2）敏捷训练圆盘：可以任意组合，进行反应或敏捷性训练。（图1-14）

图1-14 敏捷训练圆盘

（3）手灵敏性测试训练：如Purdue Pegboard（图1-15）、Minnesota Manual Dexterity（图1-16）等手部精细功能测试训练设备。

图1-15 Purdue Pegboard

图1-16 Minnesota Manual Dexterity

## 七、运动康复治疗室环境要求

运动康复治疗室应与物理因子疗法室相邻，按卫生部《综合医院康复医学科管理规范》的规定，三级甲等医院要求康复医学科至少应有300～500平方米建筑面积的业务用房，运动疗法室室内面积应达150～300平方米，占物理疗法室（PT）的60%，室内建筑高度宜在3米以上，运动康复治疗室室内建筑高度要求至少达到7米，常用器械应固定，功能训练分区合理，墙面色调明快，地面应铺上木制双层地板较为理想，同时应铺设一条50米塑胶跑道，四周墙壁或地面应安装有接地线板多用插座。室内光线充足、明亮、空气新鲜，温度保持在23℃～25℃，室内外建筑应符合康复医学科无障碍建筑要求，室内最好建小型仓库，以便放置一些简单器材。

## 八、运动康复治疗师及其工作职责

运动康复治疗师是职业运动队医疗服务团队组成人员之一，也是临床康复治疗团队组成人员之一，主要负责运动员及躯体运动功能障碍患者的身体功能评估及康复训练。

1. 进行运动功能评估（神经、肌肉、骨关节和心肺功能）。

2. 指导患者进行肌力、耐力训练。

3. 指导患者进行增加关节活动度训练。

4. 指导患者进行步行训练。

5. 指导患者进行医疗体操训练。

6. 进行牵引治疗、手法治疗和按摩推拿治疗。

7. 指导患者进行医疗运动（太极拳、气功、八段锦等）。

8. 进行电疗、水疗、光疗、超声波、热疗、冷疗、磁疗、生物反馈治疗等。

9. 对患者进行有关保持和发展运动功能的卫生教育。

## 九、如何学好运动康复技术学

运动康复技术学是一门操作性非常强的实践性科学，同时是一项需要爱心与耐心的艰苦工作，要学习好这门科学需要做到以下几点：

**1.具备相当的专业素养**　要有发展我国运动康复与健康事业的责任感和热爱运动康复治疗工作的激情。在学生实践学习过程中教师要注意观察学生是否严格按照操作规程，注意在日常教学中培养学生的专业素养。

**2.重视康复医学基础知识的学习**　康复医学基础知识是指导运动康复治疗学临床实践的科学依据。康复治疗学基础知识涉及到人体解剖学、运动解剖学、人体发育学、运动学、生物力学、运动生理学等，只有熟练掌握这些基础学科的知识，在实施康复治疗时才能做到理论指导实践，就会得心应手，使残疾者在功能上得以改善和补偿。

**3.重视体育学相关知识的学习**　运动康复的服务对象主要为体育爱好者或职业运动员，要想更好地了解运动损伤的原因、恢复过程等专业知识，必须熟悉常见的体育运动项目专项技术特点、专项体能要求等，只有在此基础上才能为不同项目运动者提供专业的康复治疗与训练服务。

**4.理论与实践相结合**　运动康复治疗学是一门实践性很强的医学科学，既具有独立的理论体系，又有多种实用性操作技术。只有了解了本学科中的基本概念、治疗原理、操作步骤、适应证与禁忌证、注意事项等基础理论知识，才能正确指导临床实践操作，在实验课时间内同学之间可以互为模特，相互练习，增加操作的熟练性，以便能正确地熟练地应用于病人，达到康复治疗的目的。

## 第二节 物理治疗概述

### 一、物理治疗的概念和特点

#### （一）基本概念

利用声、光、电、磁、冷、热、力和某些天然或人工的物理因子预防和治疗疾病的方法称为物理治疗（physical therapy或physiotherapy，PT），其中应用力学原理进行手法治疗、徒手或器械训练来治疗各种运动功能障碍患者，恢复或改善功能障碍的方法称为运动疗法（kinesiotherapy，therapeutic exercise），是物理治疗的主要部分。运动疗法以运动为手段，着眼于功能，达到改善关节活动度，增强肌力、耐力，改善平衡协调能力，整体提高运动功能的目的，是一种重要的康复治疗手段。

物理因子疗法是使用声、光、电、磁、水、蜡等天然或人工的物理因子治疗，又称理疗。物理因子疗法可以提高健康水平、预防和治疗疾病、促进病后机体康复及延缓衰老。所应用的物理因子包括人工和自然两大类：人工物理因子如光、电、磁、声、温热、寒冷等；自然物理因子如矿泉、气候、日光、空气、海水等。通常所说的理疗指的是利用人工物理因子疗法如电疗法、光疗法、磁疗法、超声疗法、热疗法、冷疗法、水疗法、生物反馈疗法等；而利用自然物理因子疗法如气候疗法、日光疗法、海水疗法、矿泉疗法、泥疗法、空气浴疗法等属疗养学范畴。

#### （二）物理治疗特点

**1. 运动疗法特点**

（1）以功能为中心　运动疗法主要针对由于各种原因引起的运动功能障碍进行治疗。治疗方案的设定以功能活动为导向，根据各个患者功能障碍的特点、疾病情况、康复需求等制定康复治疗目标和方案，并根据治疗进度和功能及时调整方案。

（2）以生物力学和神经发育学为基础　通过改善、代偿和替代的途径，旨在改善运动组织（肌肉、骨骼、关节、韧带等）的血液循环和代谢，促进神经肌肉功能，提高肌力、耐力、心肺功能和平衡协调功能，纠正躯体畸形和功能障碍。

（3）强调患者主动参与　运动疗法是训练和提高自我控制能力的治疗方法，需要病人积极主动地参与治疗过程，这样有利于调节患者治疗的积极性，增强战胜疾病的信心。只有主动参与，才能获得最佳的治疗效果。运动功能不可能通过被动治疗而得到最大限度的恢复。

（4）局部与整体结合　运动疗法不仅有针对某一功能障碍而进行的局部治疗，如增强肌力，改善关节活动范围，提高肌肉耐力等，而且更强调了全身性的治疗，如步行训练，转移技术等。

（5）治疗和预防两种效应　即在治病的同时增强体质，达到预防疾病的目的；疾病早期介入运动疗法可预防继发性障碍的发生以及防止障碍的进一步恶化。

**2. 物理因子疗法特点**

（1）一种物理因子有多种治疗作用　如用超声有促进软组织愈合、止痛、消炎、治疗疤痕组织等作用。

（2）作用可相对集中病变部位　因理疗作用电极可以直接摆放病变局部，与药物联合应用时可改善局部药物浓度及促进局部炎症吸收有较好的疗效。

（3）协同作用　物理因子治疗与药物、

手术等综合治疗可缩短病程，与药物有协同作用，如直流电药物离子导入治疗伤口感染比单一用直流电疗法或单一用药物治疗效果好。

（4）副作用少　用于一般疾病的物理治疗剂量，在操作规范前提下对人体一般无明显副作用。

## 二、物理治疗的发展简史

康复治疗技术在我国具有悠久的历史，古人早在《吕氏春秋》中就提出："流水不腐，户枢不蠹，动也。形气亦然，形不动则精不流，精不流则气郁。"《素问·血气形志篇》中已有"病生于筋，治之以熨引"的记载。汉代已用医疗体操或运动疗法来进行医疗保健，马王堆出土的《导引图》中已绘有医疗体操图多种。名医华佗的《五禽戏》同样是最早的医疗体操形式之一。西方古典康复治疗技术源于古埃及、古罗马及古希腊，古希腊的神庙里就有记载运动治疗疾病的壁画，人们开始应用日光浴、空气浴及水疗。古希腊渔夫们常利用一种会放电的鱼来治疗关节痛。公元前400年希腊医生Hippocarates第一个利用日光治病；公元129—200年希腊医生用磁石治疗腹泻；公元502—550年，罗马医生用磁石治疗手足疼痛。古代人们就已认识到运动对维持人体健康和防治疾病具有重要作用，公元前2000多年前，古埃及文献记载了体育训练配合医术治疗疾病。在我国传统医学《黄帝内经》中记载有应用导引（体操、气功、自我按摩）进行功能康复的概念，流传至今的五禽戏、太极拳、八卦掌等都是古人用于防病治病的运动体操。

现代康复治疗的兴起形成于第一次世界大战之后，由于战伤、截肢、脊髓和周围神经损伤以及脊髓灰质炎的流行，出现了增强肌力的运动疗法，取代和矫正肢体功能的假肢和矫形器等。第二次世界大战后康复医学的概念得到确立，康复医学成为医学领域中一门独立的学科，各种康复治疗技术已初步形成。

19世纪是现代运动疗法体系形成时期，1813年瑞典设立的"中央体操研究所"，同一时期美国的Medico研究所等机构对运动疗法进行规范化研究，促进了运动疗法进一步应用到临床治疗中。20世纪现代运动疗法得到较快发展。1904年klapp开始应用运动疗法矫治脊柱侧弯。1907年波士顿lovett将运动疗法用于小儿麻痹后遗症的治疗，并提出了徒手肌力检查法，后经多年实践完善，于1946年确立MMT（manual muscle test），沿用至今。在第一次及第二次世界大战期间，随着大量伤病员的出现，推动了恢复伤残肢体功能运动疗法的迅速发展。在美国，1938年成立了物理治疗师学会，1947年成立了物理医学与康复医学委员会；1943年英国成立了物理医学会，1951年成立了国际物理医学与康复学会，1969年国际康复医学会成立，现名国际物理医学与康复学会（International Society of Physical and Rehabilitation Medicine，ISPRM），官方网页地址为http://www.isprm.org

20世纪中叶，人们发现对于中枢神经系统损伤的患者，传统的运动疗法理论与技术不再适用，进而促进了神经生理学研究与运动疗法结合的发展。1940年Temple Fay开始应用神经反射机制治疗患者，Fiorentino、Doman随后将其应用于治疗脑瘫患儿。1946年Herman Kabat提出了通过手法训练引起运动单位最大限度的兴奋，改善运动功能的PNF（proprioceptive neuromuscular facilitation），即神经肌肉本体感觉促进技术。同一时期，英国Bobath夫妇将抑制患者的原始反射、促进正常反应的方法用于偏瘫和脑瘫的治疗。1951年Brunnstrom通过对大量偏瘫患者的临床观察，提出偏瘫病程的6阶段分期及相应的运动治疗手段。1940—1954年期间Rood提出了感觉输入对运动反应的重要作用，强调对神经固有感受器和外感受器进行刺激可引发运动功能改善。1954年德国Vojta提出对小儿中枢神经性运动功能障碍施行反射性运动模式训练，通过不断地反复刺激，促进反射运动变为主动运动，从而促进患儿的运动功能发育。1980年，澳大利亚Carr和Shepherd提出运动再学习疗法（motor relearning program，MRP），强调偏瘫肢体运动功能的重塑。20世纪60—70年代美国Alabama大学神经科学研究人员通过动物实验而发展起来的治疗上神经元损伤的一种训练方法称“强制性使用”（constraint-induced movement therapy，CIMT）运动疗法，早期主要在实验室内使用，80年代后经过临床验证后逐步应用于康复临床，研究者认为强制性使用患侧肢体可以有效地逆转“习得性废用”。

近年来，随着现代运动医学的发展，运动疗法得到进一步完善和发展，为更好结合康复医学和运动医学，改善人类生存质量，运动康复专业应运而生。随着自然科学的发展，许多物理因子陆续被应用到医学，特别是最近一个世纪来，光疗与电疗发展迅速，紫外线、红外线、激光、感应电、高频电、超声波、冲击波等相继应用于康复医学临床治疗，不断丰富了物理治疗的内容，同时也增添了许多有待研究的新课题。

20世纪80年代初期现代康复医学引进我国，运动疗法作为康复医学的主要治疗手段之一，得到大力发展，目前运动疗法的理论及技术已在各级康复机构得到普及和完善，随着国际合作及交流的促进，积极探索新的有效的运动疗法也成为我国康复医学工作者的课题。

## 三、物理治疗对人体的作用

### （一）运动治疗的治疗作用

运动疗法的作用包括以下方面。

#### 1. 维持和恢复运动器官的形态和功能

运动疗法主要针对患者的运动功能障碍进行治疗，改善瘫痪肢体的功能，纠正异常的运动模式和不良姿势；增强肌肉的肌力和耐力，改善关节活动度，抑制异常张力，提高平衡协调能力，提高日常生活活动能力。

#### 2. 增强心肺功能

运动中心率增快、搏出量增加，健康成人安静时心输出量为5L/min左右，剧烈运动时可达25～30L/min左右，为安静时5～6倍。长期运动可使心肌纤维增粗，心肌收缩能力增强，从而增加心力贮备能力。运动中呼吸频率增快，呼吸深度加大，氧摄取量增多，最大通气量也增大。长期坚持运动可以有效地改善肺组织弹性、呼吸道通畅性、潮气量增加、降低安静状态呼吸频率但肺通气量不变。因此，适量运动是心血管疾病和慢性肺疾病的重要康复手段之一。

#### 3. 提高神经系统调节能力

运动治疗通过提高中枢神经系统、周围神经系统和自主神经系统的调节能力，改善神经系统反应性和灵活性，提高运动控制能力，改善全身功能状态，提高代谢能力，改善心肺等内脏器官功能。

#### 4. 促进代偿机制的形成和发展

对于肢体永久性功能障碍和使用假肢的患者，运动治疗可以训练其健侧肢体或残肢控制假肢的能力来发展代偿能力以补偿丧失的功能。

#### 5. 增强内分泌系统代谢能力

运动可以促进体内糖代谢，减少胰岛素分泌，维持血糖水平；运动可增加骨组织对矿物质的吸收，可以有效预防骨质疏松。因此，适量运动已经成为糖尿病、骨质疏松症的康复治疗主要手段之一。

#### 6. 调节精神和心理

适当的运动可以对精神和心理产生积极的影响，有研究表明：每次1小时的低中强度运动可以促进大脑皮质、尾状核、下丘脑和小脑等处的内啡肽分泌而产生镇痛作用；与此同时，运动中肾上腺素分泌增加而产生欣快感，缓解了精神和心理压力，增强了参与者工作生活信心。

## （二）物理因子疗法的治疗作用

### 1. 物理因子疗法的作用机制

物理因子在人类生命起源和发展的过程中着重要的作用，例如地球磁场、阳光、冷热、电场等都是生命起源的物理基础，故称为生态因子。人工物理因子的性质属于生态学因子，而生物体在其生理和病理过程中以及随外界环境变化而产生的应答反应中均伴有一定理化现象，如磁场强度、电子传递、动作电位、热辐射强度等，人体自发的及其在外界影响下发生的一系列生物物理现象为理疗作用机理提供依据。各种物理因子作为不同形式的物理能和信息作用于机体时，在其内部进行传递和交换。能是信息的物质基础，信息是能的表现形式。当物理因子的作用强度大于生理阈值，而且其参数与细胞一分子内生物物理变化的参数及细胞内能量合成过程参数相对应时，该物理因子对机体便可起到信息的作用。物理因子作为能和信息作用于机体或局部组织后，引起局部效应，神经，血液，内分泌，免疫系统等的改变，从而产生一系列生理、生化效应和治疗效应。

物理因子对人体引起的特殊生物理化反应、生理效应、治疗效果等，是通过直接作用、神经反射作用和体液作用的途径完成的。其中神经反射作用和体液作用，是理疗的主要作用机制，是不同于其他疗法的主要特点。

（1）直接作用

物理因子作用于局部直接发挥药物作用。如经红外线照射皮肤温度升高，低频引起肌肉收缩，药物离子导入局部直接发挥药物作用，紫外线杀菌或抑菌作用，高能激光治疗胎痣、血管瘤等，均属直接作用。这在某些疗法或某些场合来说，则有决定性影响，甚至是主要的作用机制，但在整个理疗领域中，直接作用居于较次要的地位。

对组织直接作用的深度：物理疗法可以直接作用于人体而获得治疗效果，但各种物理因子直接作用的深度并不尽相同，其有效穿透深度在临床上有着十分重要的意义。电疗法中，各种不同的电流对组织的作用深度不尽相同，既与不同电流的频率有关，也与不同的组织（介质）有关。如直流电作用表浅，交流电作用深度大等。

依照生物物理学的观点。

①有效穿透深度多用半吸收层的厚度来表示，即半吸收层为各种物理能进入人体后下降到起始值的50%时的深度。

②穿透深度（电透深）则是指物理能进入人体后下降到其起始值的31%时的深度。

③可能达到深度是指物理能进入人体后下降到其起始值的10%以下时的深度。

低、中、高频电流对组织的作用深度，随其频率的升高而增加，组织对其通过的阻力就随其频率的升高而下降。微波作用深度与频率的关系与低、中、高频电流的规律相反，随频率的升高而下降。例如，以热透度而言：分米波7～9cm；厘米波3～5cm；毫米波极为表浅。光疗中，红外线、可见光以及紫外线的作用深度也与微波类似，频率越高，作用深度越浅。超声波的作用深度也与其频率有关，频率由低到高，其作用深度则由深到浅。

常见的物理因子作用于不同组织的特性。

①皮肤：紫外线，远红外线，直流电。

②皮下组织（脂肪层）：短波，超短波。

③肌肉层：微波，中频电流。

④骨骼：短波，超短波（易被含水量低的组织吸收）。

⑤骨膜：超声波。

（2）神经反射作用

物理因子作用于皮肤，黏膜或内脏，通过神经反射间接地发挥治疗作用。当物理因子作用于人体各种感受器，使其发生冲动，经传入神经到达各级神经中枢以至大脑。经过分析综合，再发生冲动，沿传出神经，到达躯干、四肢、颜面、内脏等各种效应器发生反应。在多次理疗过程中，也可形成条件反射。

临床上应用节段反射区的理疗方法，选择植物神经节或植物神经最丰富的部位作理疗，如“领区”“短裤区”等方法，已证实疗效较为满意。常用反射区部位有鼻黏膜区、领区、乳腺区、上腹部、下胸和上腰部、腰骶部等。在应用直流电领区镁离子导入，通过神经反射可以较好地发挥镇静降压作用。又如紫外线照射右侧小腿，通过神经节段反射，可以使左小腿的血液循环得到改善。

（3）体液作用

物理因子作用于人体产生各种反应有体液系统参与，如血液、淋巴液、内分泌系统的激素等。曾有实验证明，用超短波作用于脑下垂体，可使ACTH分泌增多，由于ACTH对肾上腺皮质的作用，使肾上腺素皮质激素分泌增加，当用超短波或短波作用于肾上腺皮质时，结果类似。用紫外线照射形成组织胺及维生素D；低、中频电疗引起肌肉收缩，产生三磷酸腺苷及乳酸等。这些实例说明适宜的物理因子刺激机体可以激发释放高效的化学物质、经过血液循环输送到远距离的靶器官，从而发挥其调节作用。

**2. 物理因子疗法的治疗作用**

（1）消炎作用

对于关节、肌肉、黏膜、皮肤乃至内脏器官，由各种病因引起的急慢性炎症，都可采用不同的物理因子进行治疗，均可取得预期的疗效。例如，对于急性化脓性炎症，表浅者可应用紫外线照射或抗生素离子导入治疗；对于慢性炎症，则可采用温热疗法，磁场疗法或低、中频电疗法。临床研究认为，某些物理因子除了具有直接杀灭病原微生物作用之外(如紫外线)，还与改善微循环、加速致炎物质排除和增强免疫机制等因素有关。

（2）镇痛作用

引起疼痛的原因很多，炎症、缺血、损伤、肌力不平衡、痉挛、反射性乃至精神因素，均可引起疼痛。应用物理因子镇痛，则需在明确病因和诊断的前提下，有针对性地进行治疗。炎症性疼痛以抗炎性治疗为主；缺血性和痉挛性疼痛宜用温热疗法，改善血液循环，消除痉挛；神经痛、神经炎应用直流电导入麻醉类药，以阻断痛觉冲动传人，或应用低、中频电疗法，以关闭疼痛闸门，激发镇痛物质释放。当我们应用物理因子镇痛时，对于物理因子的选择、采用的方法、剂量、治疗部位等必须慎重考虑，要结合患者的具体情况具体对待，方能取得比较理想的效果。

（3）兴奋神经-肌肉

应用各种技术参数的低、中频电流，如干扰电流、调制中频电流，能引起运动神经及肌肉兴奋，用于治疗周围性神经麻痹及肌肉萎缩，或用于增强肌肉力量的训练。这些理疗方法均具有明显兴奋神经肌肉的效果。对于感觉障碍者，可选用感应电疗法或达松伐尔电疗法等。

（4）镇静与催眠

具有镇静、催眠作用的理疗方法有电睡眠疗法、镇静性电离子导入疗法、颈交感神经节超短波疗法、静电疗法、磁场疗法、温水浴、按摩疗法等，这些理疗法均能增强大脑皮质扩散性抑制，解除全身紧张状态，因而产生明显的镇静和催眠效果。

（5）软化瘢痕、消散粘连

石蜡疗法、超声波疗法、碘离子导入疗法，可以改变结缔组织弹性，增加延展性，常用于治疗术后瘢痕和组织粘连，有明显的软化瘢痕和消散粘连的作用。有实验证明，适当温热作用，可使肌腱、韧带、关节囊等组织延展性增大5-10倍。

（6）加速伤口愈合

应用小剂量紫外线照射，在防止和控制伤口感染的同时，还能刺激肉芽组织生长，加速上皮搭桥和创口愈合过程。锌离子导入和达松伐尔治疗下肢静脉曲张形成的溃疡，比单纯外科换药处理伤口愈合日期显著缩短。

（7）加速骨痂形成

实验证明，弱直流电阴极、经皮电神经刺激疗法（Transcutaneous electrical nerve stimulation，TENS）、干扰电疗法和脉冲磁场，均能促进骨质生长，加速骨折愈合。国内有人进行动物实验，用干扰电疗法，在骨折4周时，治疗组骨痂形成比对照组多，6周时治疗组愈合，但对照组骨折线仍清晰可见。

（8）抗菌作用

紫外线以杀菌作用著称。杀菌效力最强的光谱为254～257nm，对金黄色葡萄球菌、枯草杆菌、绿脓杆菌、炭疽杆菌、溶血性链球菌等均有杀灭作用。

（9）缓解肌肉痉挛

具有缓解痉挛作用的理疗方法有作用于深部组织的短波、超短波和微波疗法，也有作用于浅部组织的石蜡疗法、湿热罨包疗法和红外疗法，还有作用于全身的热水浴、光浴疗法等。

## 四、世界物理治疗联盟简介

世界物理治疗联盟（The World Confederation for Physical Therapy，WCPT）成立于1948年，由各国、各地区物理治疗组织或联合会、委员会组成，已有54个国家、地区委员；分5个地区：西非、亚太、西欧、北美-加勒比、南美区，每4年举办一次国际大会，任务是推动物理治疗的科学研究、教育培训、工作实践，以便向患者与社区提供高质量的服务；鼓励与促进交往和信息交流；提供物理治疗方面的信息、咨询与帮助，支持物理治疗方面有创建意见的形成，组织物理治疗师的国际大会以促进物理治疗的发展。WCPT官方网页地址：http://www.wcpt.org。

## 五、物理治疗处方

物理治疗处方是物理治疗师或运动康复师执行治疗的文字文件，物理治疗处方包括运动疗法处方、牵引疗法处方、徒手疗法及按摩疗法处方及物理因子疗法处方。

### （一）物理治疗处方内容

1. 患者一般情况：姓名、性别、年龄、住院（门诊）号、病区、病室等。
2. 疾病诊断和残疾状态。
3. 病历和康复评定摘要（含目前主要存在问题）。
4. 治疗种类。
5. 治疗部位。
6. 治疗目的。
7. 治疗方法及所需设备或用品用具。
8. 治疗剂量和参数。
9. 治疗持续时间。
10. 治疗频率。
11. 治疗总次数。
12. 治疗注意事项。
13. 处方日期。
14. 康复医师签名。

### （二）物理因子治疗处方举例

治疗方法：超声波。

治疗部位：左肘关节外侧面。（图1-17）

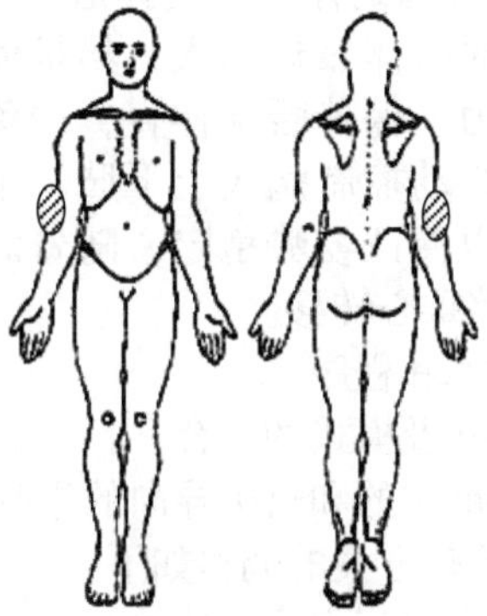

图1-17　物理因子治疗处方示意图

治疗方式：移动法。
治疗声头：小。
治疗强度：0.8W/cm$^2$。
治疗时间：8分钟。
治疗频率：1次/日，5次/疗程。

注意事项：治疗局部均匀移动，避免局部强度过大。

### （三）运动疗法处方

指根据患者的临床和功能状况评估结果，以处方形式为患者安排的运动治疗方案。基本内容包括运动方式、运动量（强度、时间、频率）、疗程和注意事项。

运动治疗是循序渐进的技能学习过程，应激适应性要逐步建立，训练效应符合量变到质变的积累过程，神经-肌肉功能重建也是系统再学习的过程，因此运动强度应该由小到大，运动时间由短到长，动作复杂性由易到难，休息次数和时间由多到少、由长到短，训练的重复次数由少到多，运作组合由简到繁。关于运动处方原理可参阅《运动处方原理》一书。

治疗师设计一种满足患者需要的治疗，要考虑的因素如下。

1. 直接或间接治疗。
2. 适当的活动：运动或稳定；肌肉收缩的类型。
3. 患者的最佳体位要考虑：患者的舒适和安全；重力作用；对双关节肌肉的作用，是否存在主动不足或被动不足；治疗的进展；反射促进；视觉的使用；闭链或开链肌肉作用；降低痉挛的体位。
4. 治疗师的体位：选择适合高度的治疗床，治疗时身体靠近病人，尽量使用躯干带动肢体用力。保持腰部伸直，避免对腰部产生压力，主动控制病人上下肢。手法治疗时支撑面宽以保证姿势稳定，随着病人的肢体移动，调整重心转移。
5. 技术和程序。
6. 模式及模式的组合。
7. 功能性的和目标导向的作业。

运动治疗方案的调整如下。

1. 改变治疗程序或技术。
2. 增加或减少促进，通过改变使用：反射、手法接触、视觉提示、言语提示、牵引和挤压。
3. 增加或减少给予的阻力。
4. 在患者的功能位锻炼。
5. 进展到更复杂的活动。

### （四）运动处方举例

运动项目：步行（普通散步走、定距离定时走、摆臂走、倒退走、按腹走、逍遥走等）

运动强度：心率在120～130次/分钟之间或平均步长70～80cm。

运动频率：每周至少3次，每次步行总时间在45～60分钟。

注意事项：地点选择以田野、河边、树林、公园、江边、海岸、瀑布等处最为理想，因为这些地方尘土少，负氧离子多，对身体十分有益；散步姿势要求全身放松，抬头挺胸微收腹，眼视前方，两肩端平，两臂自然摆动，步伐稳健，身体重心落在脚掌前部，呼吸自然；为防止对头部的震荡，鞋后跟最好是橡胶底。

### ◎ 参考文献

[1]解勇,侯乐荣.备战北京奥运会的运动损伤康复体系思考[J].成都体育学院学报,2008,34(3):66-68.

[2]金晓平,侯学华.学习先进经验谋求科学发展—德国运动康复体系优势及其对中国的启示[J].北京体育大学学报,2009,32(2):111-114.

[3]姚泰.生理学[M]. 6版. 北京:人民卫生出版社,2006.

[4]周士枋,丁伯坦. 运动学[M]. 北京:华夏出版社,2004.

[5]燕铁斌. 物理治疗学[M]. 北京:人民卫生出版社,2008.

（陈 建）

# 第二章　被动活动技术

【学习目标】
1. 掌握影响关节活动范围的因素。
2. 熟悉维持与改善关节活动范围的方法。
3. 能够独立正确操作全身各关节被动活动技术。

## 第一节　概　述

### 一、基本概念

#### （一）关节活动度的概念

关节活动度又称关节活动范围（Range of Motion，简称ROM）是指关节运动时所通过的运动弧（角度）。

根据关节活动角度大小或关节活动过程中肌肉长度的变化可分为以下几种。

**1.全范围**（Full range）：肌肉收缩从完全伸展位到最大短缩位。

**2.外侧范围**（Outer range）：肌肉收缩从完全伸展位到全范围的中点位。

**3.内侧范围**（Inner range）：肌肉收缩从全范围的中点位到肌肉最大短缩位。

**4.中间范围**（Middle range）：肌肉收缩从外侧范围中点到内侧范围中点的部分。

根据关节活动时肌肉收缩性质又可分为主动关节活动度和被动关节活动度。

主动关节活动度（Active Range of Motion，AROM）：关节运动是通过人体自身的主动随意运动而产生。

被动关节活动度（Passive Range of Motion，PROM）：关节运动是通过外力产生，无随意肌肉活动。

正常健康成人由于关节囊和关节周围软组织弹性等原因，被动关节活动度应稍大于主动关节活动度。

#### （二）临床应用

临床康复功能评估测量某关节活动度时，既要测量主动关节活动范围，也要测量被动关节活动范围，两者结果进行比较可分析如下。

1.AROM和PROM均无障碍者，为正常。

2.AROM和PROM均有部分障碍者，为关节僵硬、关节内外有骨阻滞、关节粘连、肌肉痉挛、皮肤疤痕挛缩等。

3.PROM正常，而AROM不能者，为神经损伤或肌肉萎缩致肌力下降等。

4.AROM和PROM均不能者，为关节僵直、关节或周围组织有剧烈疼痛或肌肉痉挛等。

#### （三）关节活动度训练的概念

关节活动度训练（range of motion training）是指利用各种方法以维持和改善因关节周围软组织粘连、骨骼异常或肌肉痉挛等多种因素引起的关节活动障碍的治疗技术。包括关节被动活动技术、关节松动技术、软组织牵伸技术等。

### 二、影响关节活动度的因素

正常人体各关节活动度因个体、性别、年龄、职业、人种、运动史等而有所不同。影响关节活动度的主要因素包括生理因素和病理因素两大类。

### （一）生理因素

#### 1. 关节面的面积差

当构成关节的骨骼关节面面积差越大时，关节活动度越大，而当关节面积差越小时，关节活动度越小；如肩关节的肱骨头和肩胛盂，髋关节的髋臼和股骨头。

#### 2. 关节周围软组织

当关节囊越厚越紧、关节周围韧带越宽越厚时，关节稳定性越好，关节活动度相对就小；而当关节囊薄而松弛、关节周围韧带窄而薄时，关节稳定性就差，关节活动度相对就大。

#### 3. 关节盘的介入

关节盘可调整关节面更为适配，减少外力对关节的冲击和震荡，且关节盘分隔关节腔可增加关节运动的形式和范围。故有关节盘介入的关节，相对来说关节活动度要大。

#### 4. 年龄、性别及训练水平

女性青少年体操运动员全身各关节活动度相对比其他人群要大。

#### 5.生理状态

如麻醉、昏迷状态下，不能完成主动关节活动。

### （二）病理因素

#### 1. 关节周围软组织挛缩

关节长时间制动、卧床、创伤、烫伤等会造成肌肉皮肤短缩或形成疤痕而挛缩，肌肉挛缩包括反射性挛缩、痉挛性挛缩等均可引起关节活动度下降。

#### 2. 关节周围疼痛

由于疼痛而保护性引起主动活动和被动活动度均减少，如骨折、关节炎症、手术后等。

#### 3. 关节周围粘连组织形成

发生于关节内或周围软组织的粘连以及引起该关节活动的主要肌肉的粘连，会降低关节的活动范围，影响关节的主动和被动活动。

#### 4. 关节疾患

如类风湿性关节炎，异位骨化，骨性关节炎等；关节骨性强直或关节融合术后导致关节主动活动和被动活动均严重障碍。

#### 5.肌肉力量下降

由于各种原因引起关节周围肌肉力量下降而导致主动关节活动度下降。

## 三、维持与改善关节活动度常用方法

### （一）关节活动技术

关节活动技术用于改善和维持关节的活动范围，以利于患者完成功能活动。根据外力来源可分为主动运动、主动助力运动和被动运动，可借助器械或徒手进行。本节重点介绍关节活动技术。

#### 1. 主动运动（Active movement）

根据患者关节活动受限的程度和方向，常用各种徒手体操，可根据病人关节活动受限的方向和程度，编制有针对性的动作，内容由简单到复杂，形式多样。可改善血液循环、牵拉挛缩组织、松解粘连，有利于保持和增加关节活动度。由于运动由患者主动完成，所以安全性好，同时有训练肌力的作用。缺点是训练强度一般不大，在有严重的粘连和挛缩时治疗作用不明显。

#### 2. 主动助力运动（Active-assistive movement）

借助部分外力并主动活动关节。

（1）利用悬吊系统去除肢体的重力进行关节的主动运动，类似钟摆样运动。（图2-1）

图2-1 悬吊助力运动

（2）利用滑轮，以健侧肢体帮助患侧肢体活动（图2-2）。

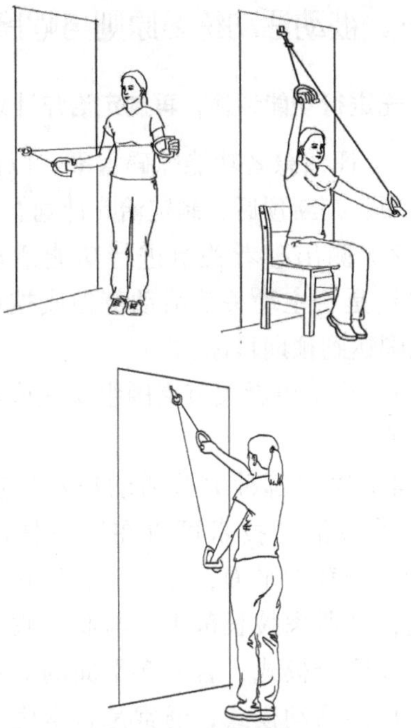

图2-2 滑轮助力运动

（3）水中运动。水中运动是助力活动中增加关节活动度的较好练习方法，利用水的浮力，使严重无力的肌群无须使用多大的力即可进行活动，而在一般情况下，无支持和帮助是很难完成的。水中运动训练理论与方法将在《水中康复》一书中详细讲解。

3. 被动运动（passive movement）

用外力牵拉和移动功能障碍的关节，或由他人进行关节被动活动。

（1）手法牵引。治疗者根据关节运动学原理完成关节各方向的活动，在牵拉末端可垂直加压，以维持或促进关节活动范围。

（2）器械牵引。利用器械给予牵引力或推拉力。

（3）悬吊训练。利用滑轮、绳索和固定带组合，悬吊活动受限的肢体进行摆动活动，也可通过健肢带动患肢活动。

（4）持续性被动活动（continuous passive motion，简称CPM）。此概念出现于20世纪70年代，主要是骨关节术后早期进行持续性被动运动，可加速临床愈合及有效避免制动所导致的不良后果等。采用CPM治疗仪，使被治疗的关节以缓慢的速度和限定的范围进行长时间持续活动，关节手术后的早期应用CPM可缓解疼痛，改善关节活动范围，防止关节粘连和僵硬，消除手术和制动带来的并发症（图2-3）。

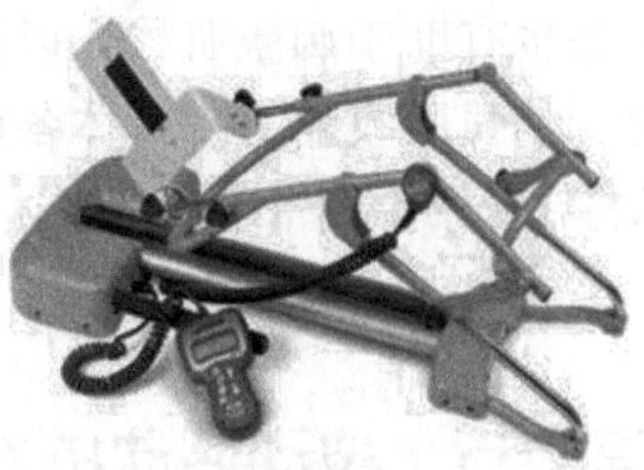

图2-3① 下肢持续性被动活动

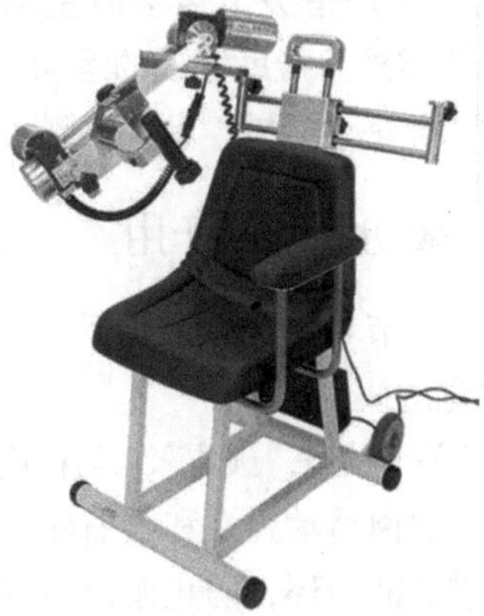

图2-3② 上肢持续性被动活动仪

CPM应用原则如下：①术后立即开始应用，从屈伸20～30度开始，以后每天增加10～15度或以患者能忍受为度；②运动速度通常45秒（或2分）一个循环；③每天应用持续时间以4～8小时为最佳；④总的应用时间不少于1周，或以达到满意的关节活动度为标准；⑤与物理治疗并用以便增强关节的运动控制；⑥仪器可随意调节角度，易控制，方便操作。

**（二）关节松动技术（technique of joint mobilization）**

关节松动技术是治疗者在关节活动允许范围内完成的一种针对性强的手法操作技术，可选择关节的生理运动和附属运动作为治疗手段，以缓解关节疼痛，维持或改善关节活动范围。具体各关节松动技术将在分第三章中详细讲述。

**（三）软组织牵伸技术**

牵伸或称牵张（stretching）是对肌肉和韧带进行牵伸延长的训练方法，主要用于治疗肌痉挛、肌腱、韧带或关节囊挛缩、痉挛性疼痛。牵张也有助于刺激肌梭，以调整和提高肌张力，加强肌收缩力。具体各肌群肌肉牵伸技术将在分第十四章中详细讲述。

## 第二节 被动活动技术

被动运动是指关节运动时主动肌没有收缩，完全依靠外力帮助完成的运动。外力来源于治疗师的徒手、器械、患者健侧肢体等。

### 一、被动活动的作用

1.给予关节和肌肉的感觉反馈，增加病人对活动感觉的认识。

2.松解关节粘连，预防挛缩与粘连的形成。

3.保持肌肉活动弹性和收缩性。

4.促进血液循环，防止血栓形成。

5.增加滑膜关节面软骨的营养，促进关节积液的吸收。

6.预防因长期卧床而引起的呼吸、泌尿系统、皮肤等并发炎症。

### 二、被动活动临床应用

**1.适应证**

被动活动是临床康复最常用的一项治疗技术，主要应用于预防关节挛缩或粘连，保持关节活动度，如骨折固定后、关节脱位复位后、术后早期、关节炎症、肢体瘫痪以及由于软组织疤痕、粘连、挛缩而引起的关节活动受限。

**2.禁忌证**

被动活动影响局部组织愈合过程或导致新的损伤、被动活动导致疼痛或炎症等症状加重，如炎症急性期、骨折局部未愈合、关节活动过度、关节肿胀、恶性疾病等。

### 三、被动活动练习原则与程序

**1. 先进行功能评估，再制定治疗计划**

（1）评估患者功能障碍水平，以此决定注意事项、判断预后、制定治疗计划。

（2）测出患者关节进行功能活动的范围，决定是否主动关节活动范围或被动关节活动范围达到预期目标。

（3）找出患者关节周围组织允许其活动的安全范围。

（4）决定哪种关节活动技术最适合于患者，关节活动技术可以在以下情况下操作：①活动解剖平面，额状面、矢状面和水平面上；②肌肉拉长范围，与肌肉收缩方向相反；③联合模式，合并多平面的对角线运动；④功能活动模式，通常是日常生活活动中应用到的功能活动。

（5）注意观察患者全身状况以及在评估或治疗过程中或结束后的反应；注意生命体征有无改变、局部肢体肤色或温度有无改变；关节活动范围、疼痛及活动质量有无改变。

（6）记录并思考在治疗过程中发现的问题。

（7）需要时再次评估患者功能水平并修改治疗计划。

**2. 实施治疗前患者的准备**

（1）与患者沟通交流，讲解治疗计划，以取得患者的配合。

（2）暴露治疗局部，如衣服、支具、敷料等，但注意用帘子隔离以保护患者个人隐私。

（3）将患者置于舒适体位，注意身体对线或局部肢体的固定，以方便治疗师操作；注意不可频繁变化体位，尽量将同一体位的被动活动集中一次做完。

（4）治疗师取正确体位以节省体力或防止职业劳损等；治疗师应靠近被治疗的关节，一手固定关节近端，一手活动关节远端，为便于叙述与理解，本书统一术语描述，靠近病人身体的手称内侧手，远离病人身体的手称外侧手；靠近病人头部的手称上方手，靠近病人足侧的手称下方手，其他位置术语与标准解剖位相同，即靠近腹部为前，靠近背部为后，靠近头部为上，靠近足部为下，靠近躯干为内，远离躯干为外。

（5）根据治疗目的确定被动运动的顺序，如果被动运动目的是改善血液循环消除肢体肿胀，则被动运动应从肢体远端向近端；如果被动运动目的是恢复瘫痪病人肢体主动运动能力，则被动运动应从肢体近端向远端。

**3. 实施治疗技术**

（1）治疗师注意控制活动技术，固定或抓握相应关节近端，如果关节局部有疼痛应注意适当调整抓握部位与力量，但应保证治疗操作的平稳安全。

（2）注意支托局部条件较差的肢体，如活动已过度、近期骨折或瘫痪的肢体。

（3）将局部肢体在无痛范围到有组织抵抗感，注意不要用力过度超过此范围，如果用力超过现有范围就成为肌肉牵伸技术而不是被动活动技术。

（4）缓慢、柔和、平稳、有节奏地重复5~10次，重复次数取决于患者的身体情况及对治疗的反应。避免冲击性或粗暴性动作，以免造成新的损伤。

（5）依次有顺序地将各个关节各个轴向活动进行被动活动。

**4. 实施被动活动**

（1）关节活动依靠外力，外力来源于治疗师或器械装置，也可以教会患者用健侧肢体来完成。

（2）被动活动时无主动的助力，也无主动的阻力。

（3）被动活动在无痛或无过度用力情况下完成。

**5.实施主动活动**

（1）先示范关节被动活动，然后要求患者主动完成，必要时治疗师注意保持患者局部肢体位置或帮助或引导其完成活动。

（2）只有在合适时候才给予助力，如果是肌肉力量下降，则只需在活动开始时或结束时才给予适当助力，或者当重力成为较大阻力时给予助力。

（3）主动活动在目前活动范围内完成。

## 四、全身主要关节被动活动技术

### （一）肩关节

**1. 前　屈**

患者体位：仰卧位，肘关节伸直。

治疗师体位：站在患侧，下方手握其腕关节，上方手握肱骨远端。

活动手法：双手缓慢将患者上肢上举完成肩关节前屈（图2-4）。

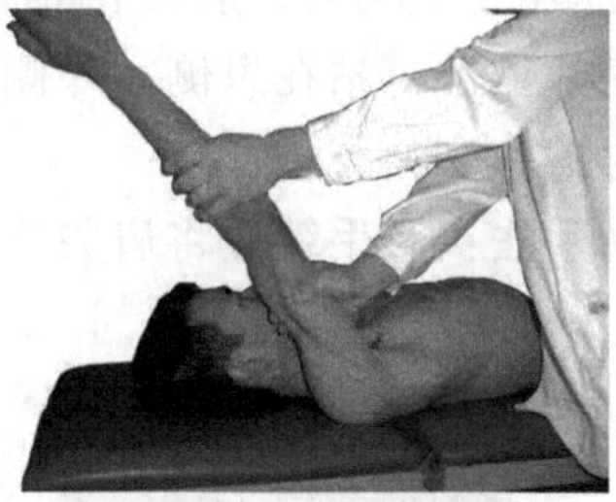

**图2-4 肩关节前屈**

**2. 后　伸**

患者体位：俯卧位，肘关节伸直或屈曲。

治疗师体位：站在患侧，内侧手从腋下固定患侧肩胛，外侧握肱骨远端。

活动手法：外侧手缓慢将肱骨上抬完成肩关节后伸。

肩关节后伸变换体位被动活动技术：当

患者全身体力差或呼吸功能不好等原因不宜采取俯卧位（图2-5）时，可变换成健侧卧位（图2-6）。

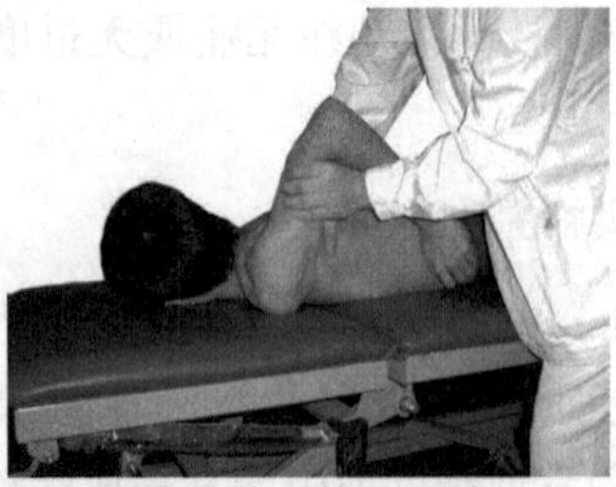

图2-5 肩关节后伸（俯卧位）

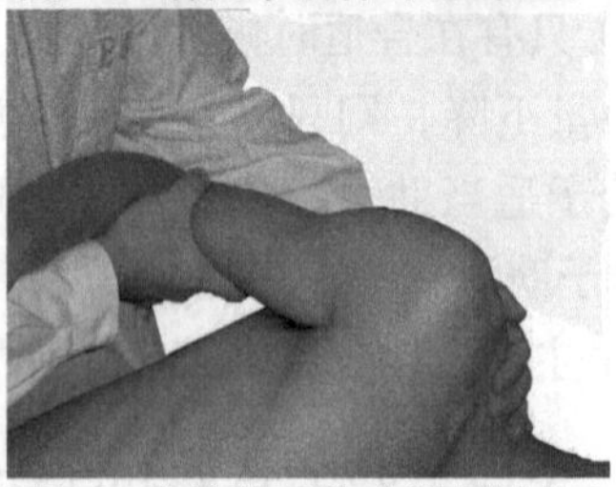

图2-6 肩关节后伸（健侧卧位）

患者体位：健侧卧位，肘关节伸直或屈曲。

治疗师体位：站在患者背侧，上方手置于肩关节上方适当固定患侧肩胛骨上部，下方手握肱骨远端。

活动手法：下方手缓慢将肱骨水平后移完成肩关节后伸。

3. 外　展

患者体位：仰卧位，肘关节屈曲90度。

治疗师体位：站在患侧，外侧手握其腕关节，内侧手握肱骨远端。

活动手法：双手缓慢将肩关节外展（图2-7）。

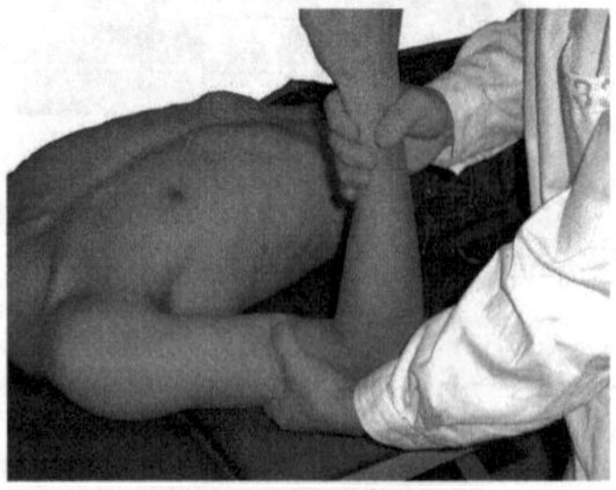

图2-7 肩关节外展

4. 内　收

患者体位：仰卧位，肘关节伸直，肩关节轻度前屈。

治疗师体位：站在患侧，上方手握肱骨远端，下方手握前臂。

活动手法：双手缓慢将肩关节内收（图2-8）。

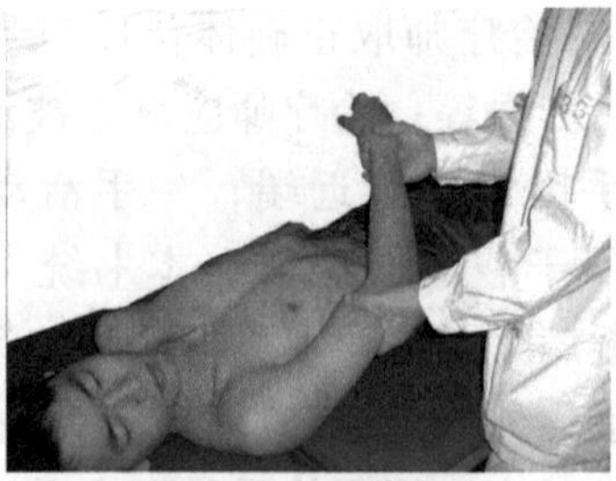

图2-8 肩关节内收

5.内　旋

患者体位：仰卧位，患侧肩关节外展90度，肘关节屈曲90°。

治疗师体位：面向患者足侧站在患侧，大腿支撑患者肘部，内侧手握肱骨远端，外侧手握前臂远端。

活动手法：以患者肘关节为轴，外侧手将前臂向足侧活动完成肩关节内旋（图2-9）。

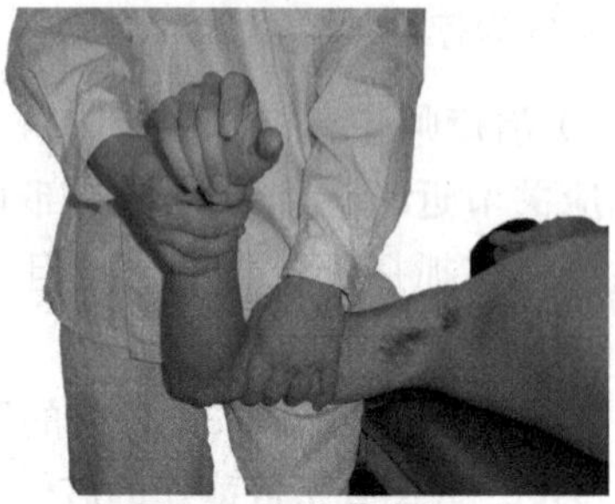

图2-9 肩关节内旋

6. 外　旋

患者体位：仰卧位，肩关节外展90度，肘关节屈曲90°。

治疗师体位：面向患者头侧站在患侧，大腿支撑患者肘部，内侧手握肱骨远端，外侧手握前臂远端。

活动手法：以患者肘关节为轴，外侧手将前臂向头侧活动完成肩关节外旋。（图2-10）

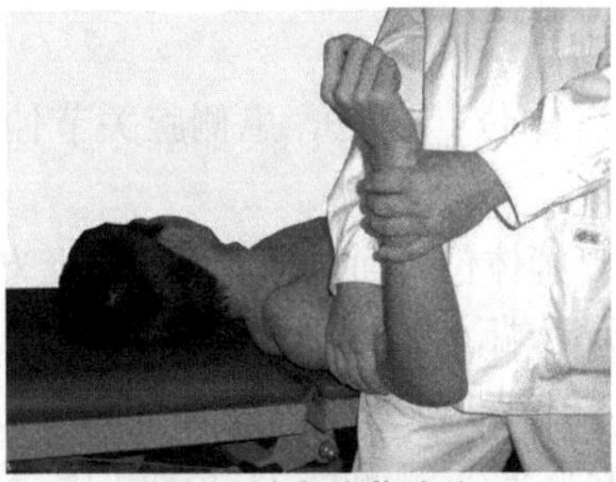

图2-10 肩关节外旋

7.水平内收

患者体位：仰卧位，患侧肩关节外展90度。

治疗师体位：站在患侧，外侧手握前臂，内侧手握肱骨远端。

活动手法：双手缓慢将患者上肢移向对侧肩部（图2-11）。

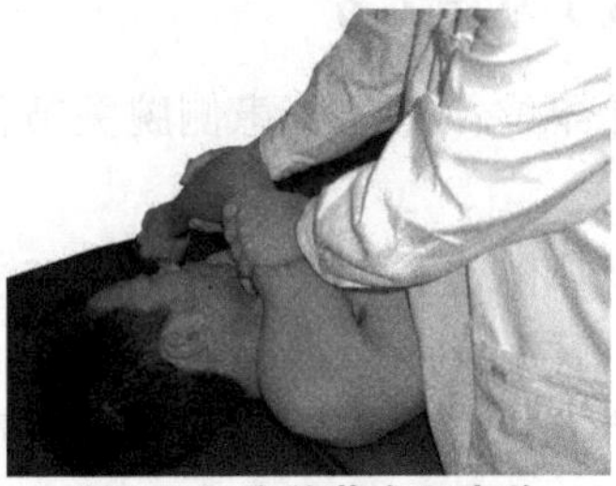

图2-11 肩关节水平内收

8.水平外展

患者体位：仰卧位，患侧肩关节处于内收位。

治疗师体位：站在患侧，外侧手握前臂，内侧手握肱骨远端。

活动手法：双手缓慢将患者上肢移向床沿外侧（图2-12）。

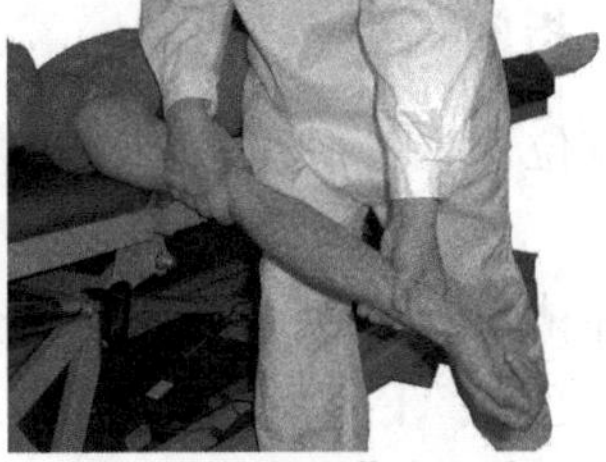

图2-12 肩关节水平外展

9.环　转

患者体位：坐位。

治疗师体位：站于患侧，内侧手固定患侧肩胛上部，外侧手握其腕部。

活动手法：外侧手缓慢将患侧肩关节完成屈/伸、内收/外展、内旋/外旋的组合运动（图2-13）。

**（二）肘关节屈曲/伸展**

患者体位：仰卧位，肘关节自然放松位。

治疗师体位：站在患侧，下方握其腕关节，上方手握肱骨远端。

活动手法：下方手缓慢将患者肘关节完成全范围屈曲和伸展活动（图2-14）。

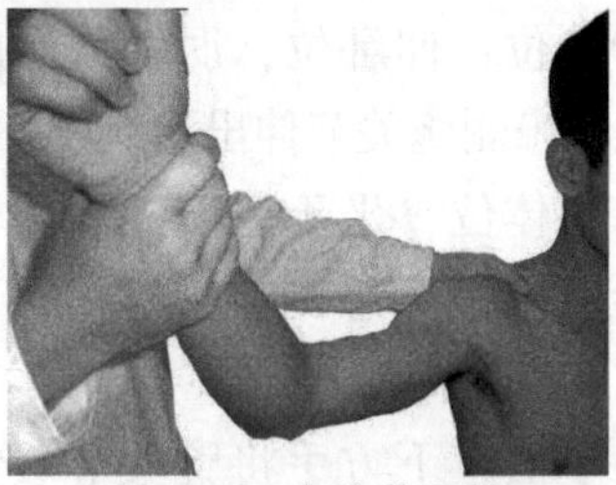

图2-13 肩关节环转

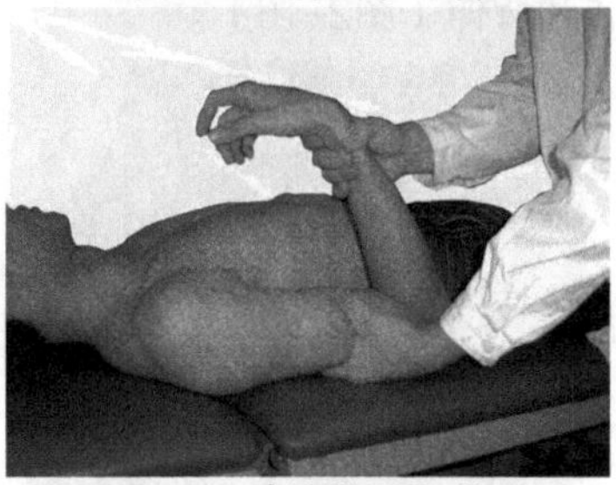

图2-14 肘关节屈曲/伸展

**（三）前臂旋前/旋后**

患者体位：仰卧位，肘关节屈曲90度。

治疗师体位：站在患侧，上方手固定肱骨远端，下方手夹握患者前臂远端桡尺骨茎突。

活动手法：下方手将前臂缓慢完成旋前或旋后活动（图2-15）。

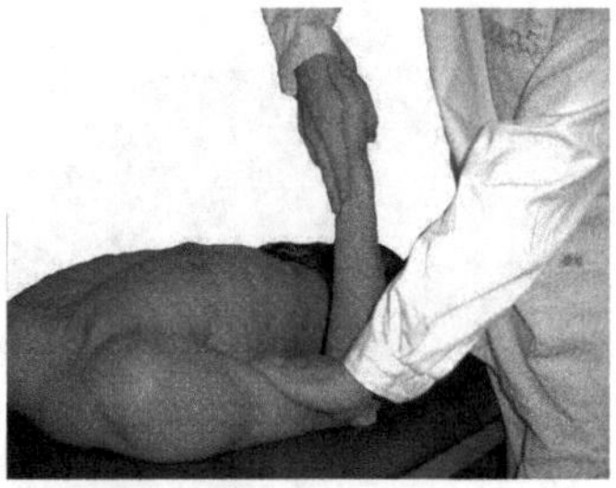

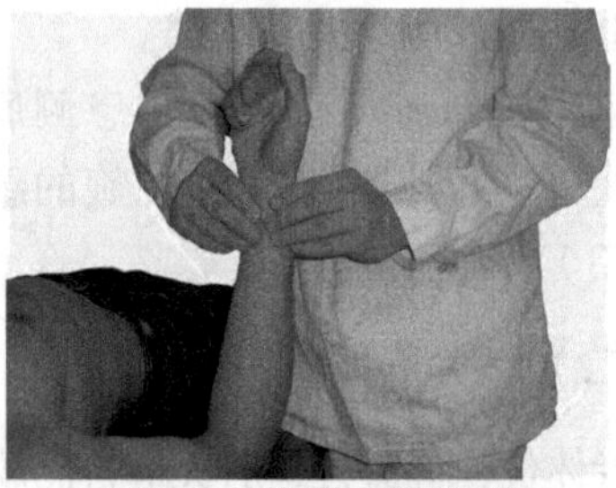

图2-15 前臂旋前/旋后

### （四）腕关节

#### 1. 掌屈/背伸

患者体位：仰卧位，肘关节屈曲90度；（或坐位，患侧腕关节伸出治疗床外）。

治疗师体位：坐于患侧（或坐于患者对面），上方手固定患侧前臂远端，下方手握掌骨。

活动手法：下方手将腕关节缓慢完成全范围掌屈和背伸（图2-16）。

图2-16 腕关节掌屈/背伸

#### 2. 尺侧偏/桡侧偏

患者体位：坐位，患侧腕关节伸出治疗床外。

治疗师体位：面对患者坐位，上方手固定患侧前臂远端，下方手握掌骨。

活动手法：下方手将腕关节缓慢完成全范围桡侧偏和尺侧偏（图2-17）。

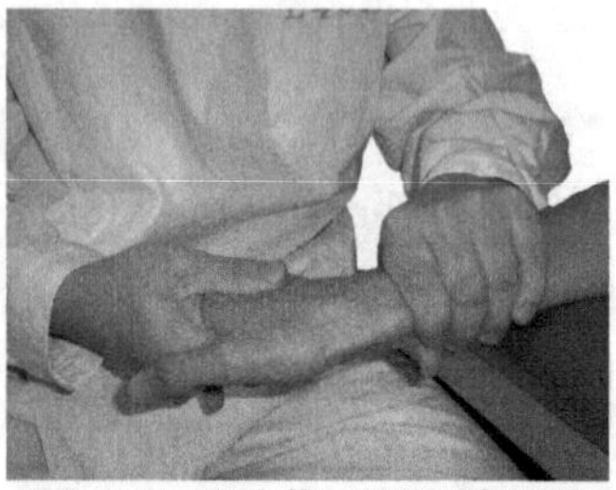

图2-17 腕关节尺侧偏/桡侧偏

#### 3. 环转

患者体位：坐位，患侧腕关节伸出治疗床外。

治疗师体位：面对患者坐位，上方手固定患侧前臂远端，下方手握掌骨。

活动手法：下方手将腕关节缓慢完成掌屈/背伸和桡侧偏/尺侧偏的组合运动（图2-18）。

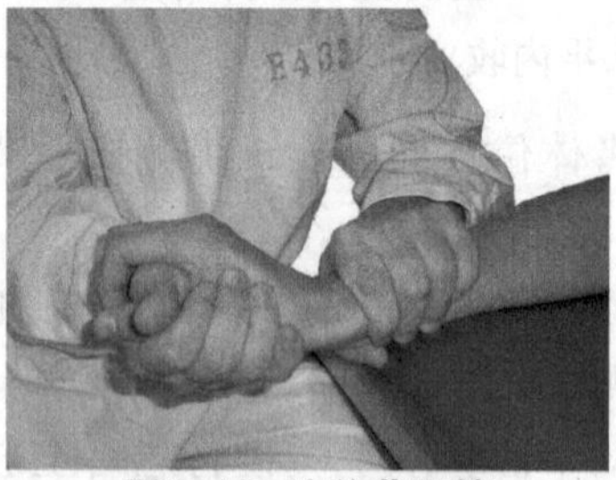

图2-18 腕关节环转

### （五）掌指关节

患者体位：坐位，患侧腕关节伸出治疗床外。

治疗师体位：面对患者坐位，上方手固定掌骨，下方手握近端指骨。

活动手法：下方手将掌指关节缓慢进行屈曲/伸展、侧方活动（图2-19）。

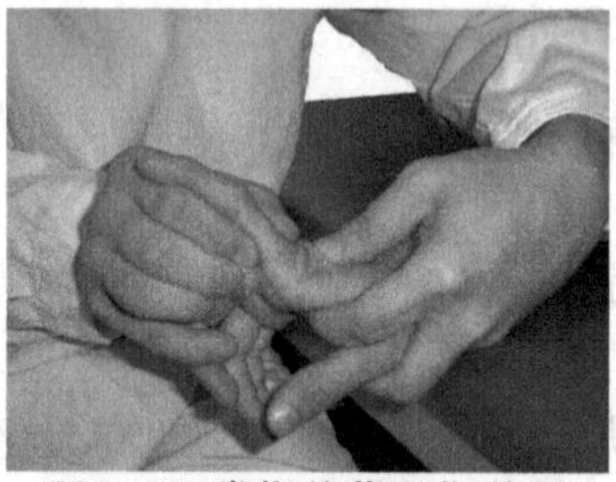

图2-19 掌指关节屈曲/伸展

### （六）指间关节

患者体位：坐位，患侧腕关节伸出治疗床外。

治疗师体位：面对患者坐位，上方手固定指间关节近端，下方手握指间关节远端。

活动手法：下方手将指间关节缓慢进行屈曲/伸展、侧方活动（图2-20）。

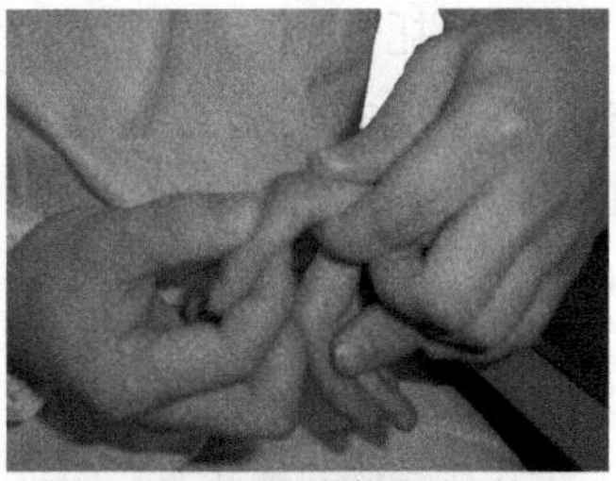
图2-20 指间关节屈曲/伸展

## （七）拇指腕掌关节

患者体位：坐位，患侧腕关节伸出治疗床外。

治疗师体位：面对患者坐位，上方手固定手舟骨，下方手握第一掌骨近端。

活动手法：下方手将拇指腕掌关节缓慢完成内收/外展、屈曲/伸展和对指活动（图2-21）。

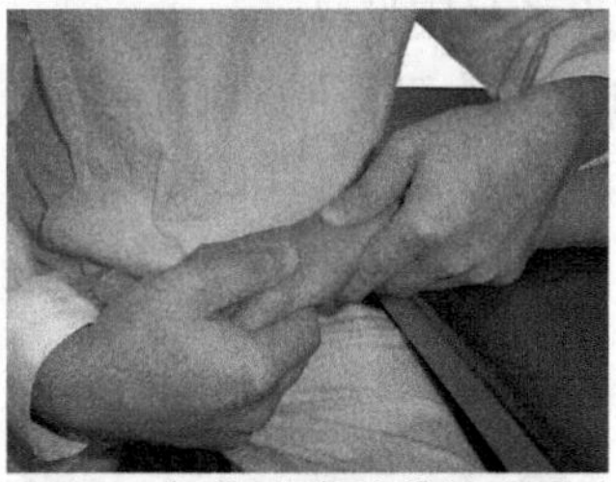
图2-21 拇指腕掌关节被动活动

## （八）肩胛骨

患者体位：健侧卧位，患侧上肢自然放松。

治疗师体位：面向患者站立，上方手扶持肩胛骨上方，下方手从腋下绕过用虎口挟持肩胛下角。

活动手法：双手同时缓慢将肩胛骨完成上举/下降、前伸/后缩和上旋/下旋动作（图2-22）。

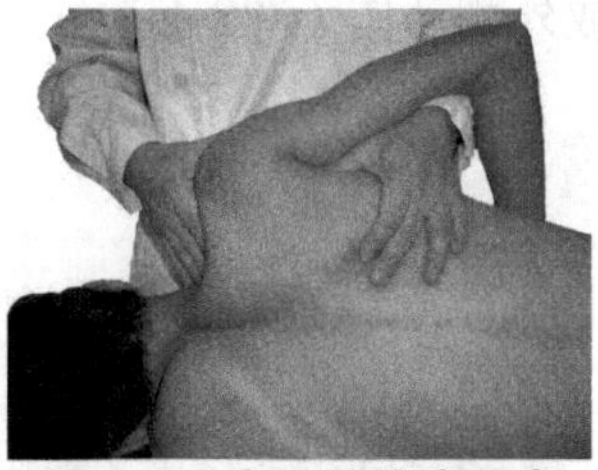
图2-22 肩胛骨被动活动

## （九）髋关节

### 1. 前　屈

患者体位：仰卧位，膝关节伸展，身体自然放松。

治疗师体位：站在患侧，上方手托膝关节，下方手托足跟。

活动手法：双手将患侧下肢缓慢完成全范围直腿抬高动作。

髋关节前屈变换体位被动活动技术。

患者体位：仰卧位，膝关节屈曲，身体自然放松。

治疗师体位：站在患侧，双手扶患侧膝关节前方。

活动手法：双手一起将患者慢慢屈髋屈膝，大腿前部尽量贴近腹部（图2-23）。

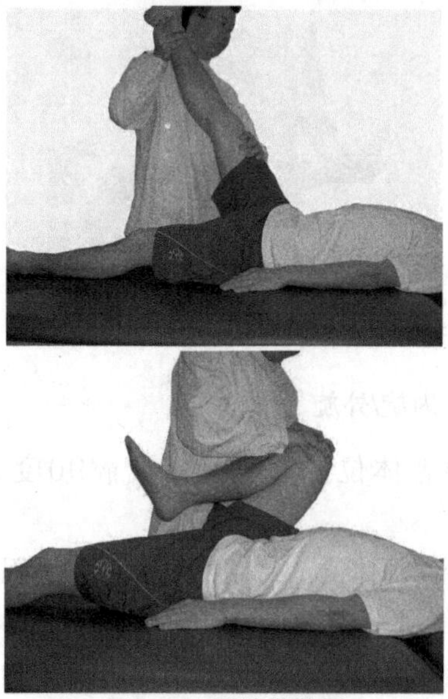
图2-23 髋关节前屈

### 2. 后　伸

患者体位：侧卧位，身体自然放松，患侧下肢在上，健侧下肢膝关节稍屈曲，双手抓住治疗床沿或抱住健侧膝关节。

治疗师体位：站在患者背后，上方手固定骨盆，下方手从患者膝关节前方绕过托住下肢。

活动手法：下方手用力向后伸展患者的髋关节（图2-24）。

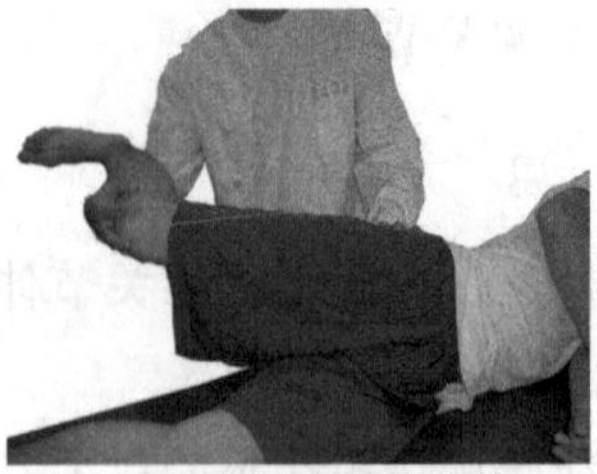

图2-24 髋关节后伸

3. 外展/内收

患者体位：仰卧位，身体自然放松，健侧下肢移到床边，屈膝，足下放板凳支撑，患侧下肢自然放松。

治疗师体位：站在患侧，内侧手固定骨盆，外侧手托住大腿远端后面；

活动手法：利用躯干和上肢夹持住患者下肢，做髋关节的内收和外展（图2-25）。

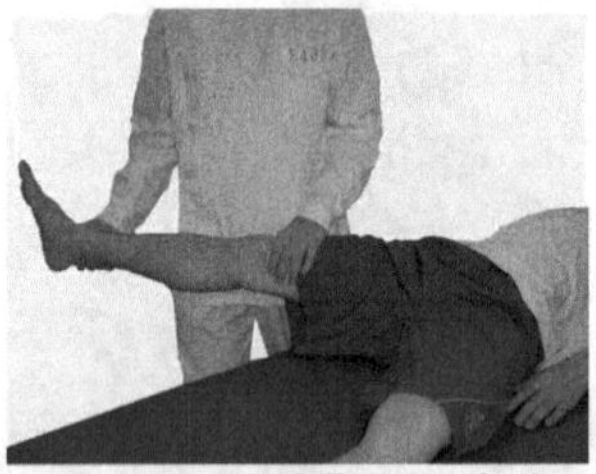

图2-25 髋关节外展/内收

4. 内旋/外旋

患者体位：仰卧位，屈髋90度，屈膝90度。

治疗师体位：站在患侧，上方手固定膝关节，下方手托足跟。

活动手法：下方手分别向内外移动小腿远端，即完成髋关节外旋和内旋（图2-26）。

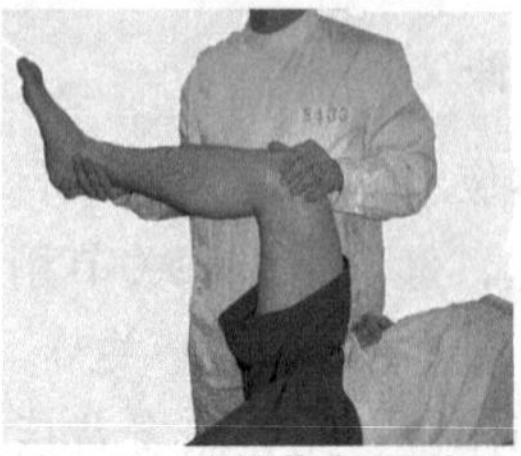

图2-26 髋关节内旋/外旋

**（十）膝关节：屈曲/伸展**

患者体位：俯卧位，身体自然放松。

治疗师体位：站在患侧，上方手固定大腿远端，下方手托小腿远端；活动手法：下方手缓慢将小腿向大腿贴近或离开，完成膝关节屈曲或伸展动作（图2-27）。

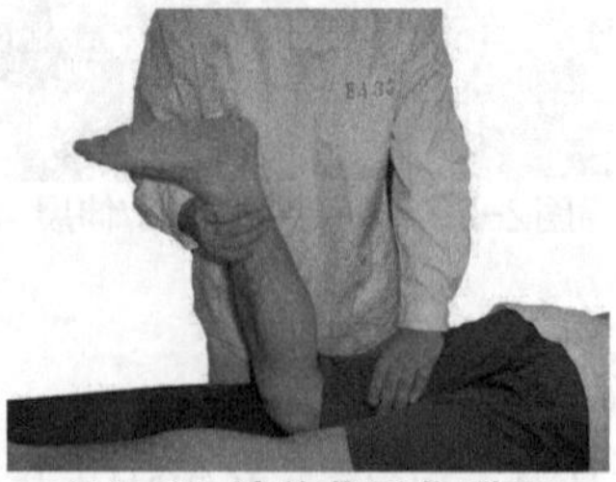

图2-27 膝关节屈曲/伸展

**（十一）踝关节：背伸/跖屈**

1. 背伸/跖屈

患者体位：仰卧位，踝关节伸出治疗床外。

治疗师体位：站在患侧，双手指交叉相握，夹住患者足中部。

活动手法：双手同时将足部向上或向下完成背伸或跖屈动作（图2-28）。

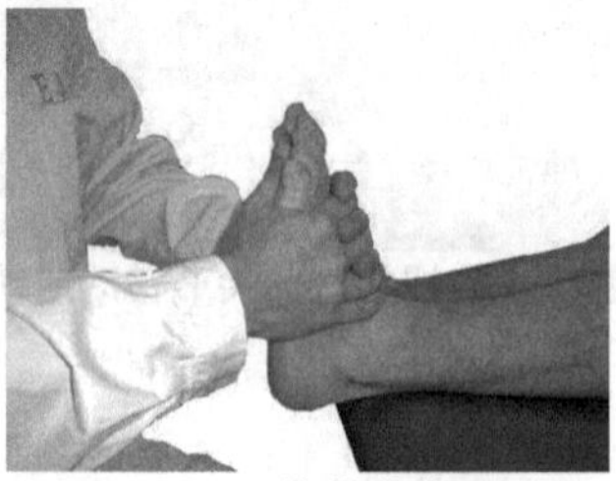

图2-28 踝关节背伸/跖屈

2. 内翻/外翻

患者体位：仰卧位，踝关节伸出治疗床外。

治疗师体位：站在患侧，双手指交叉相握，夹住患者足中部。

活动手法：双手同时将足部向内或向外完成内翻或外翻动作（图2-29）。

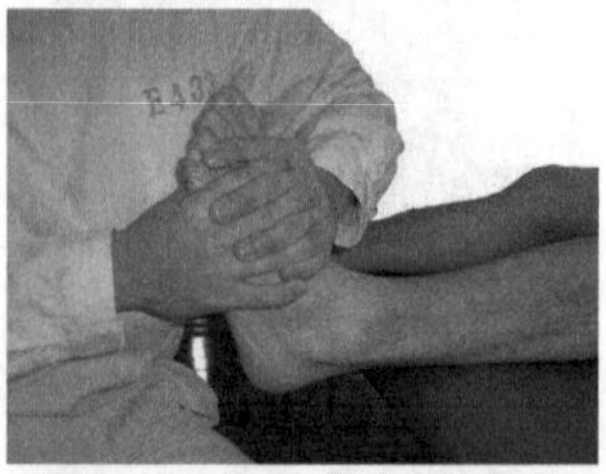

图2-29 踝关节内翻/外翻

## 五、维持关节活动度的功能活动举例

### （一）上肢和颈部早期关节活动度训练功能活动示例

1.抓握饮食器皿（手指屈曲/伸展）。

2.进食（肘关节屈曲、前臂旋前、肩关节屈曲/外展/外旋）。

3.伸向不同高度取物架取物（肩关节屈曲、肘关节伸展）。

4.梳理后面头发（肩关节外展外旋、肘关节屈曲、颈椎旋转）。

5.握持电话在耳边（肩关节外旋、前臂旋后、颈椎侧屈）。

6.穿脱T恤或夹克衫（肩关节后伸、外旋、肘关节屈曲/伸展）。

### （二）下肢和躯干早期关节活动度训练功能活动示例

1.从仰卧位到床边坐位（髋关节内收/外展、髋膝关节屈曲、躯干由伸展到屈曲）。

2.站/坐、行走（髋膝关节屈曲/伸展、踝关节背伸/跖屈、骨盆旋转）。

3.穿鞋/袜（髋关节外旋/外展、膝关节屈曲、踝关节背伸/跖屈、躯干屈曲）。

## 【思考题】

### 1. 关键性思考和讨论

（1）分析不同的功能活动所需要的关节活动范围，如个人修饰、穿脱衣服、洗澡等；

（2）思考重力或其他力量在上述活动中的影响。如果有个病人不能控制活动所需要的范围，你如何选择训练程序指导病人进行功能锻炼？

### 2. 实验操作练习

（1）和同伴结对分别在俯卧位、侧卧位、坐位进行了上下肢关节被动活动的练习操作。

①分析三种体位对于关节活动的优缺点？比如髋关节后伸旋转时屈膝？

②循序渐进进行被动活动、主动助力活动、主动活动，比较以上三种体位时重力与主动用力的效果与仰卧位有何不同？

（2）当髋膝踝双关节肌肉拉长超过各自关节肌肉相对松弛时比较髋膝踝关节活动范围。

◎ **参考文献**

[1]纪树荣. 运动疗法技术学[M].北京.华夏出版社，2011.

[2]燕铁斌. 物理治疗学[M].北京.人民卫生出版社，2013.

（李秋阳）

# 第三章 关节松动技术

【学习目标】

1. 掌握关节松动技术治疗作用及临床应用原则。
2. 掌握上肢、下肢、脊柱关节松动技术的操作方法。
3. 熟悉关节松动术操作程序。
4. 熟悉关节松动术手法分级要点。
5. 能熟练操作四肢关节和脊柱关节松动技术。
6. 了解上肢、下肢、脊柱关节各种松动技术的治疗作用。

## 第一节 概 述

### 一、关节松动术基本概念

关节松动术为现代康复治疗技术的基本技能之一，是一种以低速度、不同振幅的生理运动和附属运动作为治疗手段，以改善和恢复关节生理性运动和附属运动为目的的被动手法操作技术，属于被动运动范畴。关节松动术临床主要用于治疗疾病和损伤所导致的关节疼痛和功能障碍，该技术与我国传统医学中的推拿术类似，但两者在理论体系、手法操作及临床应用方面存在较大的区别。关节松动术20余年来发展迅速，临床广泛应用，已形成了独立的理论体系，与按摩术、推拿术一起共同构成了治疗运动器官疾病的三大基本操作技术。在美国，关节松动术也称低速度/大幅度手法、关节手法，由于澳大利亚的麦特兰德（Maitland）对这一技术的发展贡献很大，故也称为“澳式手法”或“麦特兰德手法”。关节松动术常选择关节的生理性运动和附属运动进行评定，并据此作为治疗手段在临床进行分级运用。

### 二、关节运动分类

**1. 关节的生理性运动**

是指关节在生理范围内进行的运动，如髋关节的屈、伸、内收、外展、内外旋转等运动；患者既可主动完成，也可被动完成，手法操作时由操作者被动完成。

**2. 关节的附属运动**

是指关节在正常活动范围内具有的运动，患者不能主动完成，需要他人或对侧肢体帮助才能完成，是维持关节正常活动不可缺少的一种活动。如关节的前后向滑动、侧方滑动等运动。

**3. 生理运动与附属运动的关系**

生理运动与附属运动关系密切，人体的关节均存在附属运动，附属运动是产生正常生理运动所必需的。当关节因僵硬、疼痛而限制活动时，生理运动和附属运动均受限。关节的生理运动恢复后，如关节仍有僵硬或疼痛，可能附属运动仍未恢复正常。因此在改善生理运动之前，应先改善附属运动，而附属运动的改善，又可促进生理运动的改善。

## 三、关节松动术分级

关节松动技术操作时实施手法分级。这种分级既可用于记录治疗结果，比较不同级别手法的疗效，又可用于临床研究。澳大利亚学者麦特兰德根据关节的可动范围和操作时治疗者应用手法的幅度大小将其分为4级。近年，一些学者还将超关节活动极限范围的推进手法称为V级手法。

**1. 分级标准（图3-1）**

Ⅰ级：治疗者在患者关节活动的起始端做低幅度有节奏地来回振动。

Ⅱ级：治疗者在患者关节活动允许范围内做大幅度有节奏地来回振动，每次都不接触关节活动的起始端和终末端。

Ⅲ级：治疗者在患者关节活动范围极限处做大幅度有节奏地来回振动，每次均接触到关节活动的终末端，并能感觉到关节周围软组织的紧张。

Ⅳ级：治疗者在患者关节活动范围极限处做小幅度有节奏地来回振动，每次均接触到关节活动的终末端，并能感觉到关节周围软组织紧张。

V级：在运动范围极限处以小幅度、快速的推进技术松解粘连组织，这是一种高难度技术，临床需谨慎操作。

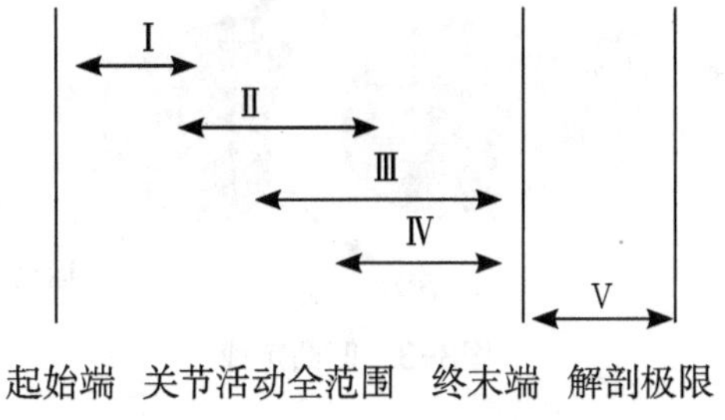


**图3-1关节松动技术手法分级**

Maitland认为正常关节和异常关节松动手法分级不同（图3-2）。

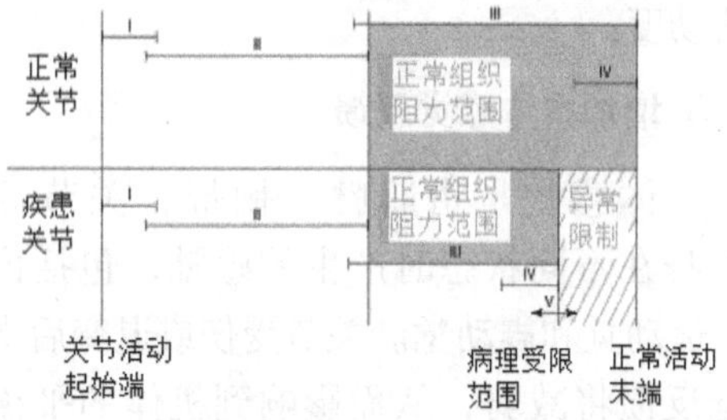


**图3-2 正常关节和异常关节松动手法分级不同**

**2. 手法应用选择**

关节松动技术临床应用时，需根据患者的病情选择不同级别手法。Ⅰ、Ⅱ级主要用于治疗疼痛导致的关节活动受限；Ⅲ级主要用于治疗关节疼痛并伴有僵硬；Ⅳ级主要用于治疗关节周围组织粘连、挛缩等导致的关节活动障碍；如是关节紊乱导致的关节活动障碍，运用V级手法，效果满意。

此外，也可根据关节的运动类型进行手法选择。当用于附属运动治疗时，Ⅰ、Ⅱ级手法皆可选择；而用于生理运动治疗时，关节活动度必须达到正常的60%才可应用，因此，一般选用Ⅲ、Ⅳ级，极少用Ⅰ、Ⅱ级手法。

## 四、关节松动术的治疗作用

**1. 生理效应**

关节松动术的生理效应主要通过神经作用和力学作用而达到。关节松动术可抑制脊髓和脑干致痛物质的释放，从而提高疼痛阈值，这是它的神经作用。力学作用主要体现在关节松动术可以促进关节液流动而刺激生物活动，提供并改善关节软骨和软骨盘无血管区的营养，从而防止因活动减少引起的关节退变。

**2. 保持组织的伸展性及韧性**

关节长期制动可导致关节内纤维组织增生，关节内粘连，肌腱、韧带和关节囊挛缩，关节活动度下降。关节松动术，特别是Ⅲ、Ⅳ级手法，由于直接牵拉了关节周围的软组织，可以维持其伸展性和韧性，改善关节活动度。

**3. 增加本体感觉反馈**

本体感觉是指肌腱、韧带、关节等器官本身在不同状态时产生的感觉，包括位置觉、运动觉和震动觉。关节受伤或退变后本体感觉反馈将减弱，从而影响到机体的平衡反应。关节松动术操作时可通过提供关节的静止位置、运动速度及其变化、关节运动的方向、肌张力及其变化等信息来增强本体反馈。

## 五、关节松动术临床适应证及禁忌证

适应证：临床中，任何因力学因素（非神经性）导致的关节功能障碍均可运用关节松动技术进行治疗。具体包括功能性关节制动、进行性关节活动受限、可逆性关节活动降低、关节疼痛、肌肉紧张及痉挛。

禁忌证：关节活动过度、外伤或疾病引起的关节肿胀、关节炎症、关节恶性病变及骨折未愈合。

## 六、关节松动术应用步骤

**1. 治疗前评定**

手法操作前，操作者应对拟治疗的关节进行全面细致的评定，找出存在的问题（疼痛、僵硬及其程度），根据问题的主次，选择针对性手法。在治疗过程中应连续系统地评定。

**2. 患者体位**

患者体位一般为坐位或卧位，充分暴露和放松治疗的关节，患者应感舒适、放松、无痛。

关节体位：进行关节松动术操作时被操作关节取休息体位即关节囊最松弛的姿势位，在此体位下操作效果最佳。髋关节：屈曲30度、外展30度；膝关节：屈曲20～25度；踝关节：跖屈10度，内外翻处于中立位；肩关节：屈曲55度，水平外展20～30度；肱尺关节\桡尺关节：屈曲70度，前臂旋后位；肱桡关节：完全伸直位，前臂旋后位；腕关节：掌屈\背伸和桡侧偏\尺侧偏均处于中立位。

**3. 操作者位置**

操作者应靠近治疗的关节，通常一手固定关节的近端，一手松动远端。操作中远离患者身体的手称外侧手，靠近患者身体的手称内侧手，靠近患者头部的手称上方手，靠近患者足部的手称下方手。

**4. 应用要点**

（1）凹凸定律：移动骨为凸面时，滑动方向与骨骼角运动方向相反；移动骨为凹时，滑动方向与骨骼角运动方向相同。（图3-3）

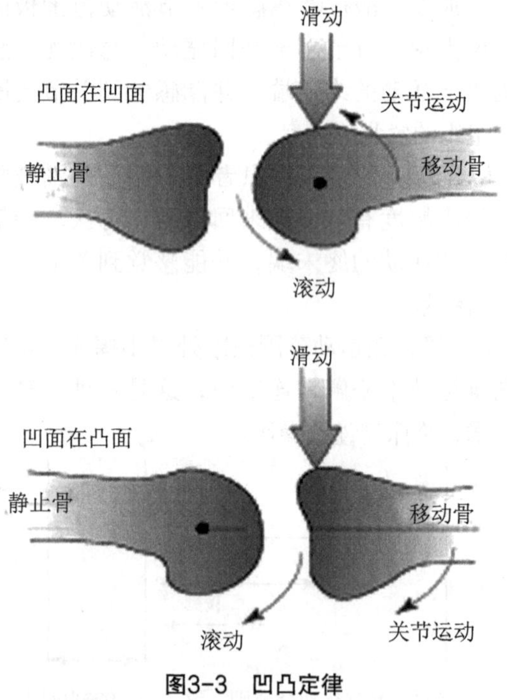


**图3-3 凹凸定律**

（2）松动技术操作的运动方向应该垂直或平行于治疗平面。治疗平面是指手法治疗中的一个假想平面，该平面平行于关节面，并垂直于关节的轴心（图3-4）。操作时，关节分离技术垂直于治疗平面；滑动平行于治疗平面。

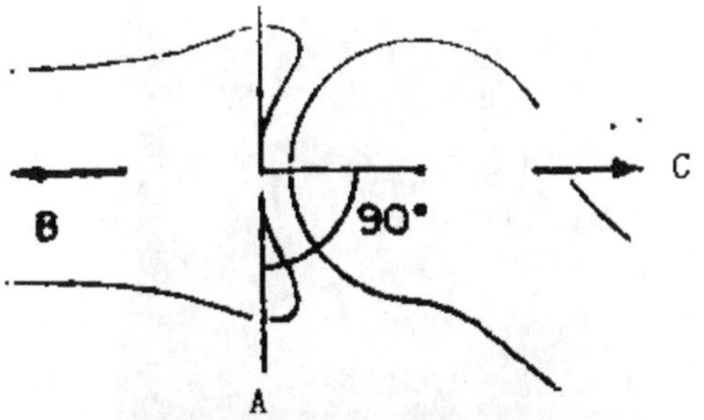

图3-4 治疗平面及手法操作的运动方向
A.治疗平面 B.关节分离方向 C.滑动方向

（3）治疗时作用力的部位应靠近相对的关节面，越近越好；作用力接触面积越大，治疗的过程愈舒适，如使用掌面接触比使用指腹接触舒适。

（4）不论是附属运动或生理运动，手法操作均要求达到关节活动的受限处。但关节的部位不同，手法操作幅度不同。治疗疼痛时应遵循无痛原则，手法应达痛点，不超过痛点。治疗僵硬时，手法应超过僵硬点。一般情况下，活动度大的关节手法操作幅度要明显大于活动度小的关节，因此，手法应用时要注意区分运用。

（5）操作时，手法要平稳，有节奏。不同的松动速度产生的效应不同，小范围、快速松动可抑制疼痛；大范围、慢速松动可缓解挛缩。关节松动术第Ⅰ、Ⅳ级为快速的振动，第Ⅱ、Ⅲ级为均匀平顺的振动。每种松动技术既是评定技术，又是治疗技术，每一种松动技术通常操作1分钟，同一种技术每次可应用2～3次。

（6）关节松动技术治疗时可引起疼痛，轻微的疼痛为正常的治疗反应；若治疗24小时后疼痛仍不减轻，甚至增加，说明治疗强度过大或持续时间过长，应适当调整强度和时间。

**5.治疗的开始及进展**

无论是缓解关节疼痛还是增加关节内活动，其治疗的开始都应在关节休息位或是最大松弛位下使用第Ⅱ级持续牵张关节面的技术。首先评估关节对治疗的反应，然后根据关节的反应程度决定进一步治疗。隔天评估关节对治疗的反应，如果关节疼痛或敏感度增加，则将降低为第I的振动；如果情况好转或没有变化，可进行以下步骤的治疗：如果治疗目标是维持关节内活动，则重复相同的治疗；如果治疗目标是增加关节内活动，则可进展到使用持续性第Ⅲ级牵引或滑动的技术。

为了有效地应用关节松动术，治疗者必须具备丰富的解剖学、关节运动学、神经系统和运动系统疾患病理学、生理学等医学基础知识，掌握适应证和基本操作，并与其他改善关节活动技术如肌肉牵拉技术、肌力训练技术有机结合起来应用，才能取得更好的治疗效果。

## 第二节 全身主要关节松动技术

### 一、肩部关节松动技术

肩部关节主要由盂肱关节、肩锁关节、胸锁关节、肩胛胸壁关节组成，是人体活动度最大的关节，可以进行前屈、后伸、内收、外展、内外旋转等生理运动；另外还具有分离、长轴牵引、挤压，前后向滑动等附属运动。

#### （一）盂肱关节

**1. 分离牵引**

治疗作用：治疗开始作为一般松动手法，可分离盂肱关节，缓解疼痛。

患者体位：仰卧，上肢置于休息位，肩外展约50度，前臂支撑在操作者身体侧方。

操作者体位：站在患者患侧，内侧手掌心向外握住腋窝下肱骨头内侧，外侧手托住上臂远端及肘部。

松动手法：内侧手向外持续推肱骨，作用力垂直于关节平面，持续10秒，然后放松，重复3～5次（图3-5）。

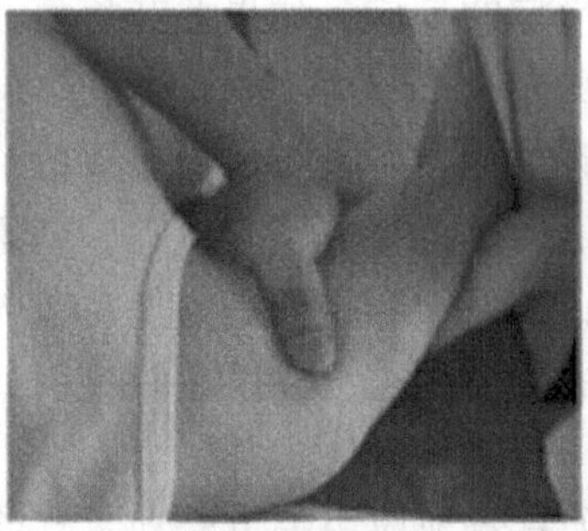

图3-5 分离牵引

2. 长轴牵引

治疗作用：治疗开始作为一般松动手法，可分离盂肱关节，缓解疼痛。患者体位：仰卧，上肢稍外展。

操作者体位：站在患者患侧，内侧手放在腋窝，四指在腋前，外侧手握住肱骨远端。

松动手法：外侧手向足的方向持续牵拉肱骨约10秒，使肱骨在关节盂内滑动，然后放松，重复3～5次，应注意牵引力与肱骨长轴平行（图3-6）。

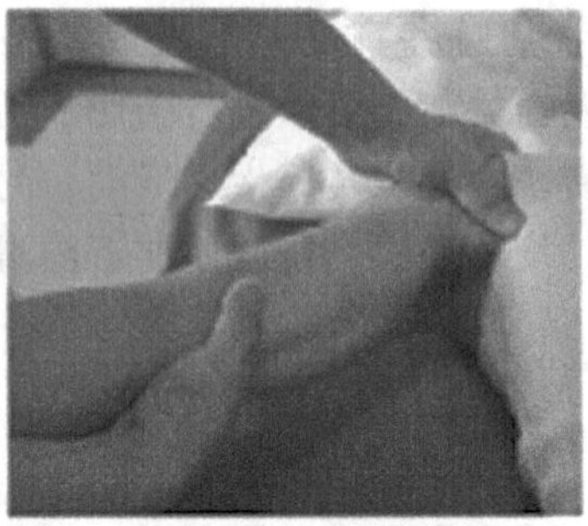

图3-6 长轴牵引

3. 向头侧滑动

治疗作用：分离粘连，缓解疼痛。

患者体位：仰卧位，治疗上肢稍外展。

操作者体位：站在躯干一侧，双手分别握住肱骨近端的内外侧。

松动手法：内侧手稍向外做作分离牵引，同时，外侧手将肱骨向头的方向上下推动，操作中应注意要保持盂肱关节面适当分离（图3-7）。

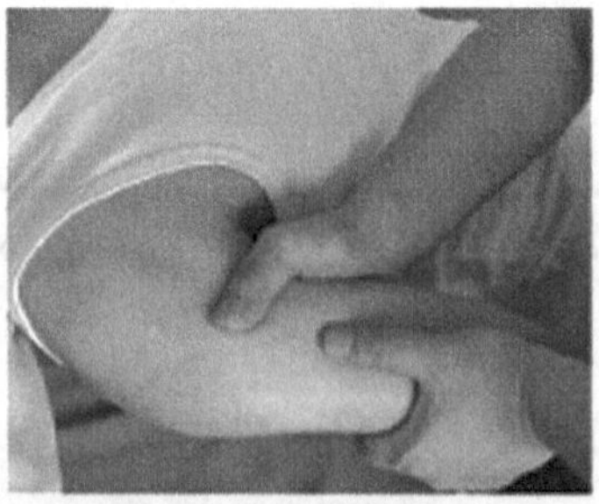

图3-7 向头侧滑动

4. 外展向尾侧滑动

外展向尾侧滑动有几种体位和手法，分别介绍如下。

（1）方法一：适用于肩关节严重疼痛或明显僵硬，外展活动度小于90度的患者（图3-8）。

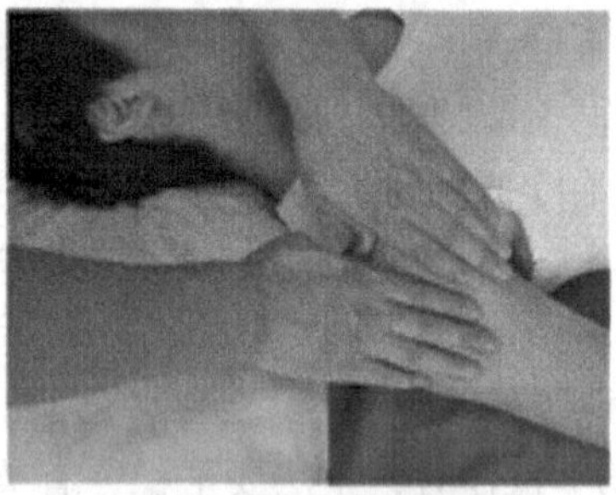

图3-8 外展向尾侧滑动

治疗作用：可增加肩外展活动度。

患者体位：仰卧，患侧肩关节外展至最大范围，前臂自然放松。

操作者体位：站在患者床头，双手拇指指腹置于肩峰下肱骨头上，其余四指自然分开放在两侧。

松动手法：双手固定，身体前倾，借助躯干和上肢力量向足的方向推动肱骨。操作时应能感觉到肱骨的移动

（2）方法二：患者仰卧位时肩关节外展必须达到90度以上才能使用此方法（图3-9）。

治疗作用：可增加肩外展活动度。

患者体位：仰卧，肩外展90度，前臂旋前放在治疗者前臂内侧。

操作者体位：站在患者患侧靠近头部处，内侧手由上向下握住肱骨近端，外侧手

握住肘关节内侧。

松动手法：外侧手稍向外用力牵引，内侧手用力向足部方向推动肱骨。

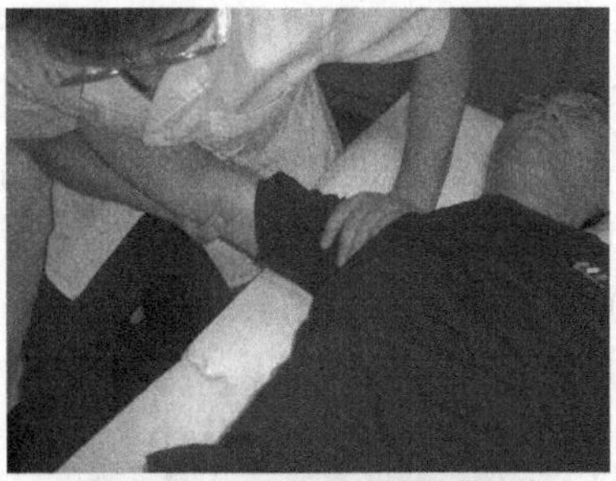

图3-9 外展向尾侧滑动

（3）方法三：患者坐位时肩关节外展活动必须达到90度以上才能使用此方法。（图3-10）

治疗作用：可增加肩外展活动度。

患者体位：端坐位，患肩外展90度，前臂旋前放在操作者外侧上肢前臂上。

操作者体位：站在患者体侧，内侧手握住肱骨近关节处，掌心向下，外侧手托住肱骨远端和肘关节。

松动手法：外侧手固定患者上肢，内侧手垂直向下推动肱骨近端。

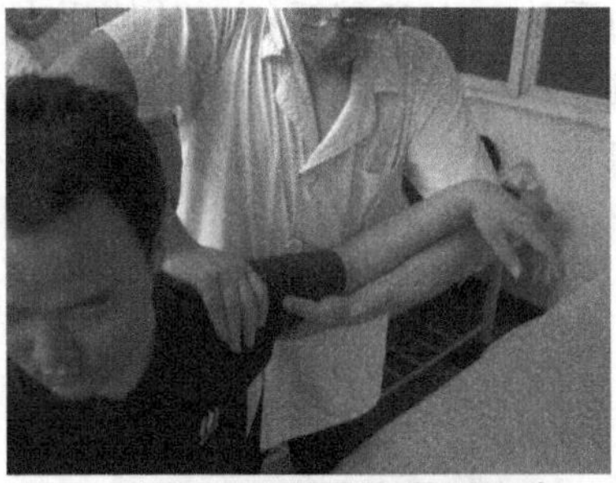

图3-10 外展向尾侧滑动

（4）方法四：适用于肩关节外展超过90度的患者，可进一步改善肩关节的活动度。（图3-11）

治疗作用：可增加肩外展活动度。

患者体位：仰卧，肩关节外展至最大程度，前臂旋前放在操作者外侧上肢前臂上。

操作者体位：站在患者患侧头后方，内侧手握住肱骨近关节处，外侧手托住肘关节。

松动手法：外侧手稍向外牵拉肱骨，内侧手向足的方向推动肱骨头。

5. 前屈向尾侧滑动

治疗作用：可增加肩前屈活动度。

患者体位：患者仰卧，患侧上肢前屈90度，前臂自然下垂。

操作者体位：站在患侧，双手分别从内侧和外侧握住肱骨近端，五指交叉。

松动手法：双手同时向足的方向牵拉肱骨。操作时应保持患者上臂与躯干垂直。（图3-12）

图3-11 外展向尾侧滑动

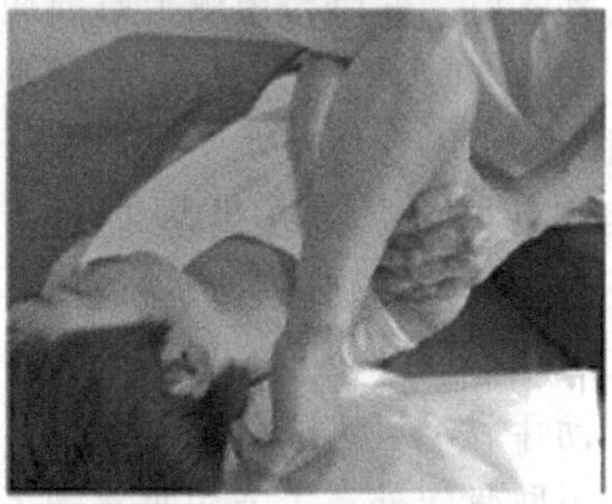

图3-12 前屈向尾侧滑动

6. 前后向滑动

（1）方法一（图3-13）

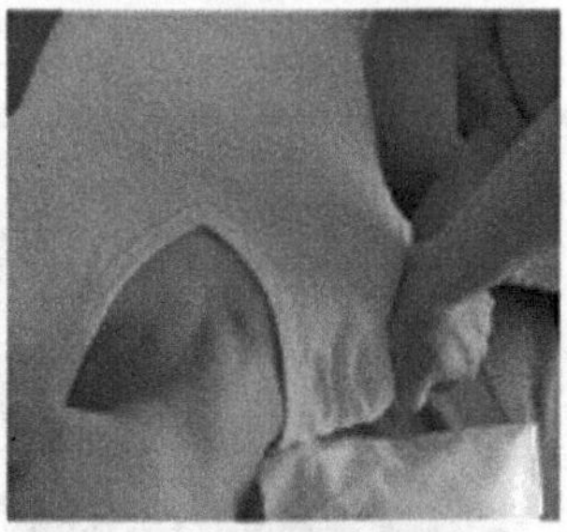

图3-13 前后向滑动

治疗作用：可增加肩前屈和内旋活动度。

患者体位：仰卧，患侧上肢休息位。

操作者体位：站在患肩外侧，上方手掌

侧置于肱骨头上，下方手握住肱骨远端，将肱骨略托起。

松动手法：下方手固定，上方手向后推动肱骨；若患者关节疼痛明显，可用双拇指放在肱骨头上，向后推动肱骨。

（2）方法二：肩关节屈曲角度达到90度可使用本法。（图3-14）

图3-14 前后向滑动

治疗作用：可增加肩前屈和内旋活动度。

患者体位：仰卧，患侧上肢前屈90度，屈肘，前臂自然下垂。患者肩胛下置一软垫，固定肩胛。

操作者体位：站在患肩外侧，面向患者，下方手环形握住肱骨近端内侧，上方手掌部放在肘上。

松动手法：上身前倾，下方手向外略分离牵引肱骨向外，上方手垂直向下推动肱骨。

**7. 后前向滑动**

（1）方法一：适用于关节严重疼痛。（图3-15）

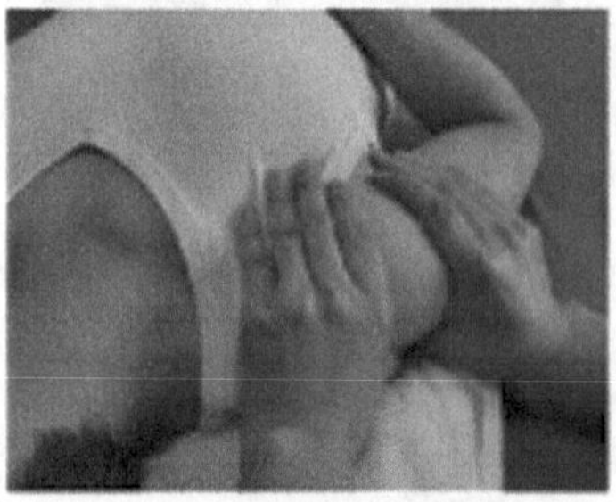

图3-15 后前向滑动

治疗作用：增加肩后伸和外旋活动度。

患者体位：仰卧，患侧肩胛下置一软垫，上肢自然放在体侧，屈肘，前臂旋前放在胸前。

操作者体位：位于患肩外侧，双手拇指放在肱骨头后方，其余四指分别放在肩部和肱骨前方。

松动手法：双拇指同时将肱骨向前推动，操作时需注意保持双拇指用力垂直向前。

（2）方法二（图3-16）

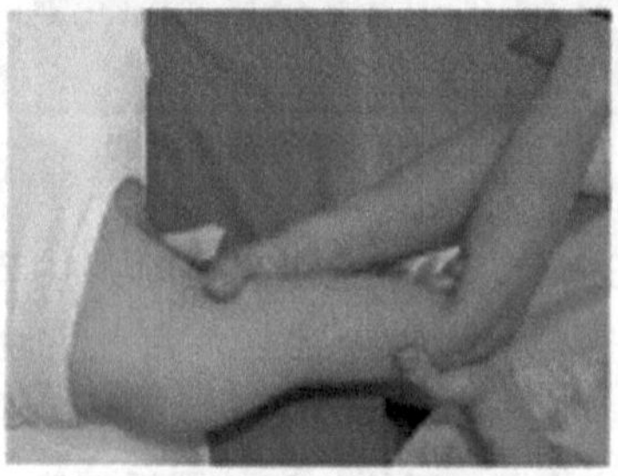

图3-16 后前向滑动

治疗作用：增加肩后伸和外旋活动度。

患者体位：仰卧，上肢略外展，屈肘，前臂旋前放在治疗师内侧上肢肘窝处。

操作者体位：位于患肩外侧，内侧手握住肱骨近端内侧，外侧手握住肱骨远端外侧。

松动手法：上身稍后倾，外侧手向足的方向长轴牵引肱骨，内侧手向前推动肱骨近端。注意操作时双手用力的协调性和内侧手的用力方向应垂直向前。

（3）方法三：适用于关节明显僵硬。（图3-17）

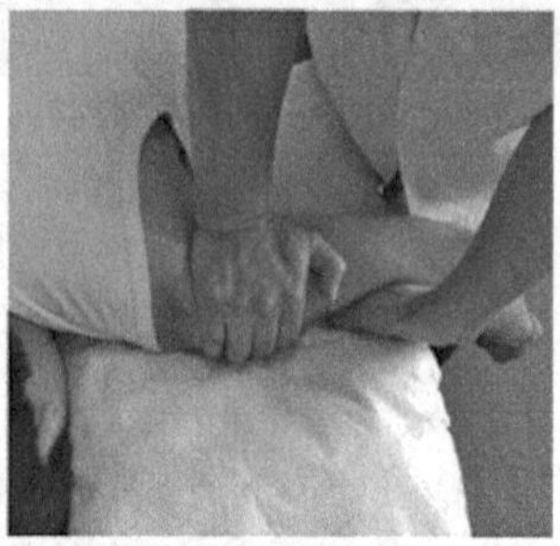

图3-17 后前向滑动

治疗作用：增加肩后伸和外旋活动度。

患者体位：俯卧，患肩外展并放在治疗床边缘，肩前方置一软垫，前臂自然下垂。

操作者体位：位于外展上肢与躯干之

间，内侧手掌心向下放在肱骨近端后面，外侧手握住肱骨远端。

松动手法：躯干前倾，外侧手固定患者上臂，内侧手向前推动肱骨。注意操作时内侧手应借助躯干力量均匀垂直用力。

**8. 侧方滑动**

治疗作用：增加肩水平内收活动度。

患者体位：仰卧，患侧肩前屈90度，屈肘，前臂自然下垂。

操作者体位：位于患肩外侧，内侧手掌心向外握住肱骨近端内侧，外侧手掌心向内握住肱骨远端外侧及肘部（图3-18A）。如果患者关节僵硬明显，操作者可改用双手握住肱骨近端，颈肩部抵住肱骨远端。（图3-18B）

松动手法：外侧手保持上臂垂直，内侧手水平向外推动肱骨。若用第二种手法，双手向外，肩部向内同时推动肱骨。

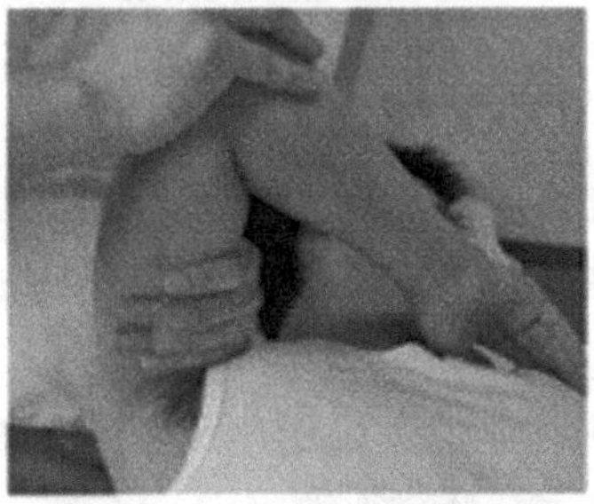

A

B

图3-18 侧方滑动

**9. 外展摆动**

治疗作用：可进一步增加肩部外展活动度。

患者体位：仰卧，患侧肩外展至活动受限处，屈肘90度，前臂旋前（图3-19A）；如果患者肩可充分外旋，可将其外旋至前臂接触床面（图3-19B）。

操作者体位：位于患肩外侧，内侧手掌心向上从肩背部穿过，固定肩胛骨，防止肩部代偿；外侧手托住肘部。

松动手法：内侧手固定，外侧手将肱骨在外展终点范围内来回摆动。

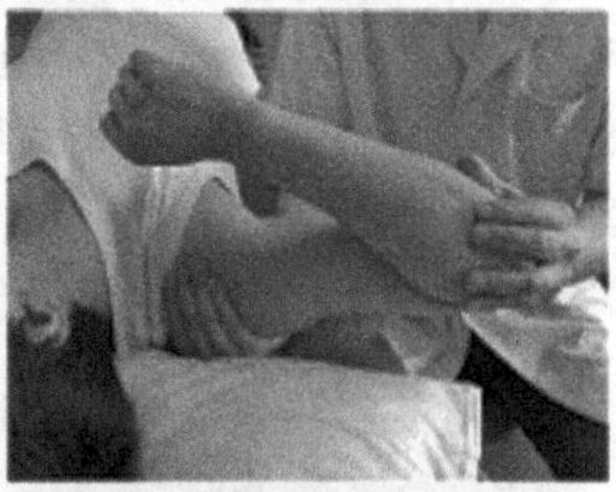

A

B

图3-19 外展摆动

**10. 水平内收摆动**

治疗作用：可增加肩水平内收活动度。

患者体位：坐位，患侧肩前屈90度，屈肘，前臂旋前，手搭在对侧肩上。

操作者体位：位于患肩后方，同侧手托住患侧肘部，另一手握住搭在对侧肩部的手。

松动手法：双手同时将患侧上肢在终点范围内作水平内收摆动。注意手法应轻柔，不宜引起病人剧烈疼痛。（图3-20）

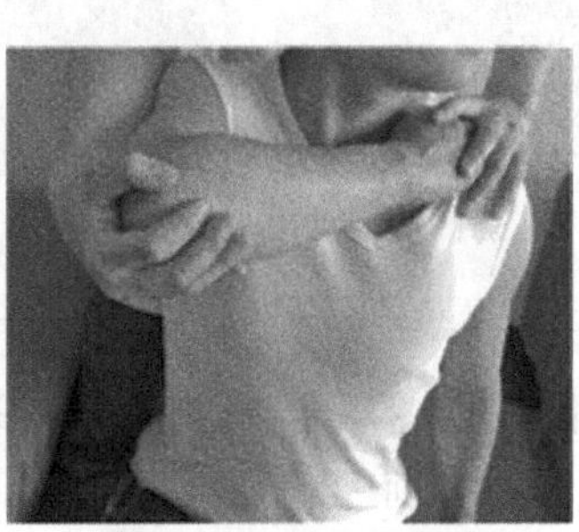

图3-20 水平内收摆动

11. 内旋摆动（图3-21）

治疗作用：可改善肩内旋活动度。

患者体位：仰卧（图3-21A）或坐位（图3-21B），患侧肩外展90度，屈肘90度，前臂旋前，肩部放松。

操作者体位：位于患肩外侧，上方手轻握肘窝部，下方手握住前臂远端及腕部。

松动手法：上方手固定，下方手将前臂作内旋摆动。

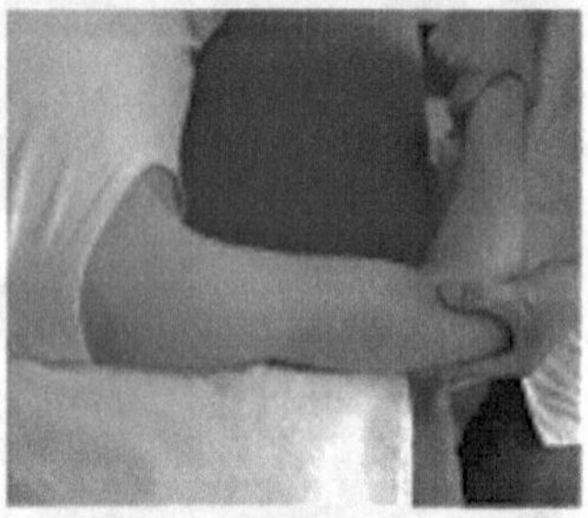

A

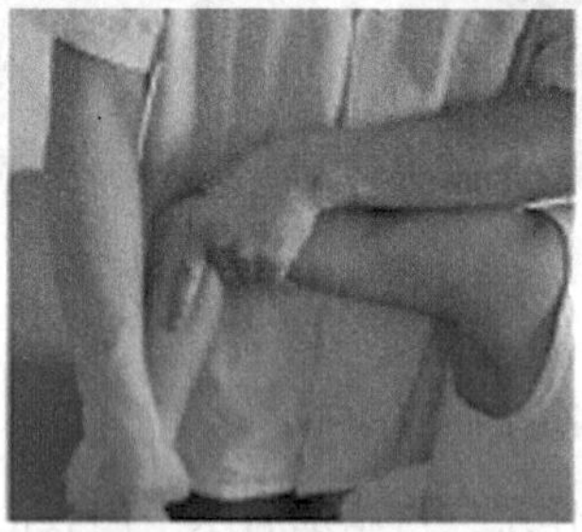

B

图3-21 内旋摆动

12. 外旋摆动（图3-22）

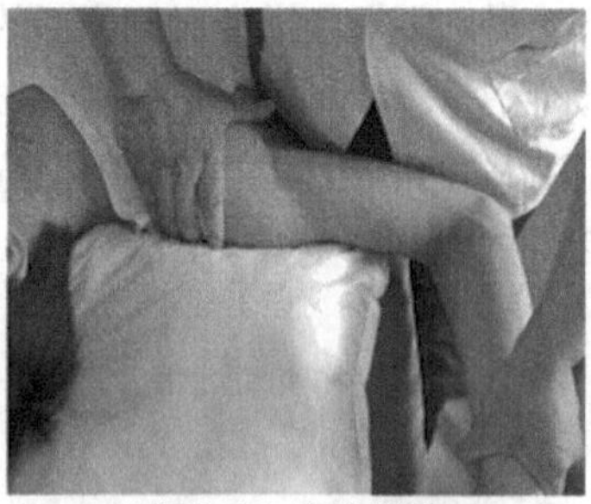

图3-22 外旋摆动

治疗作用：可改善肩外旋活动度。

患者体位：仰卧，患侧肩外展90度，屈肘90度，前臂旋前。

操作者体位：位于患肩外侧，上方手放在肱骨头前面，下方手握住前臂远端及腕部。

松动手法：上方手固定患肩并稍向下加压，下方手将前臂向床面作外旋运动。

（二）胸锁关节

1. 前后向滑动（图3-23）

治疗作用：可改善锁骨回缩活动度。

患者体位：仰卧，上肢自然舒适位放于体侧。

操作者体位：位于床头，双手拇指放在锁骨内侧前方，其余四指自然分开放在胸前。

松动手法：双拇指向后推动锁骨，注意操作时用力方向与患者胸壁保持垂直。

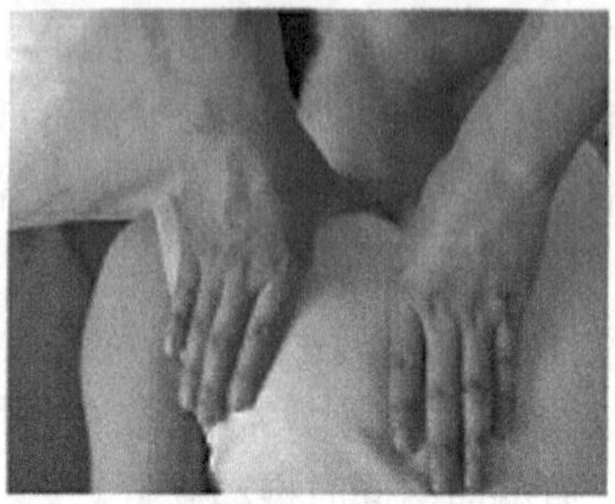

图3-23 前后向滑动

2. 后前向滑动（图3-24）

治疗作用：可改善锁骨前伸活动度。

患者体位：仰卧，上肢自然舒适位放于体侧。

操作者体位：位于床头，拇指在下，其余四指在上，环绕锁骨。

松动手法：拇指和手指将锁骨向前提起。

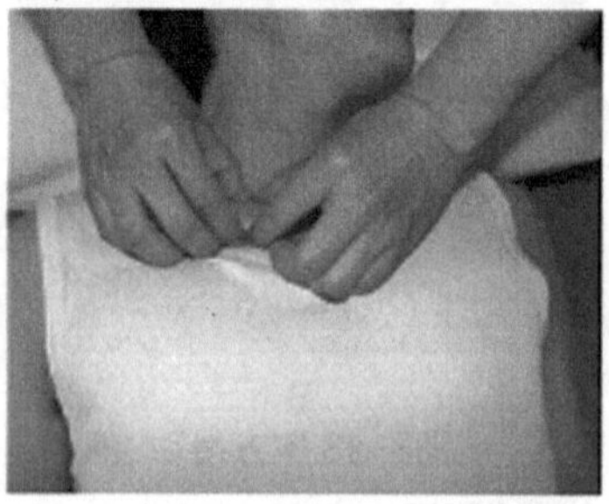

图3-24 后前向滑动

3. 上下滑动（图3-25）

治疗作用：可改善锁骨上下活动度。

患者体位：仰卧，上肢放于体侧。

操作者体位：位于患侧，双手拇指放

在锁骨内侧下方，其余四指放在锁骨内侧上方。

松动手法：双手同时向头部或足部方向推动锁骨，注意操作时用力方向与患者胸壁保持平行。

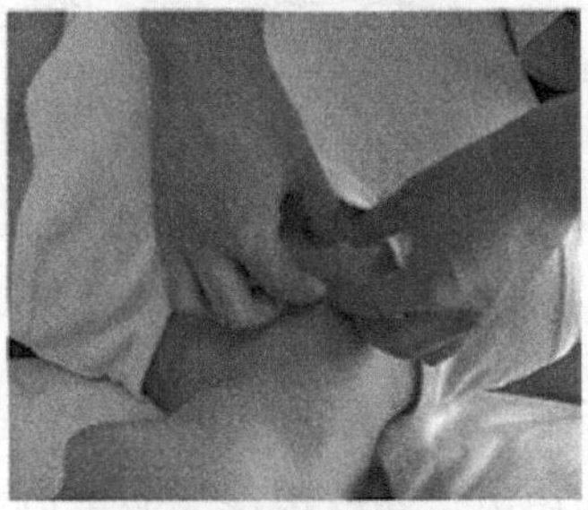

图3-25 上下滑动

### （三）肩锁关节（后前向滑动）

治疗作用：改善肩锁关节活动度。

患者体位：坐位，患肢自然下垂。

操作者体位：位于患肩后方，内侧手拇指放在锁骨外侧端的后面，外侧手四指和拇指分别放在肩峰的前后面。

松动手法：外侧手固定肩峰，内侧手拇指向前推动锁骨，操作时用力方向应保持水平向前。（图3-26）

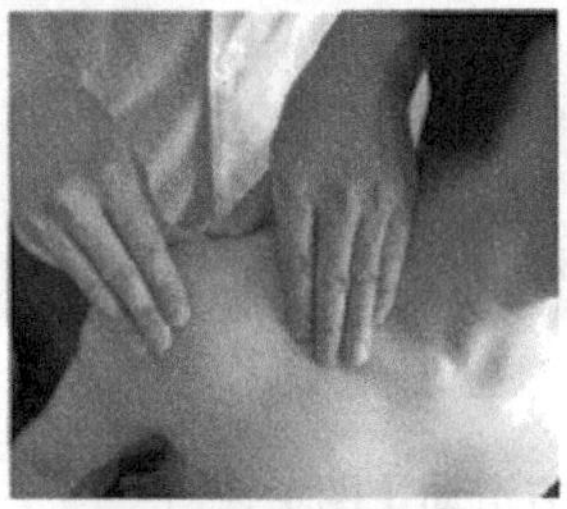

图3-26 后前向滑动

### （四）肩胛胸壁关节（松动肩胛骨）

治疗作用：改善肩胛骨的活动范围。

患者体位：健侧卧位，患肩在上，屈肘，前臂放在上腹部。

操作者体位：面向患者站立，上方手放在肩部，下方手从腋窝下方穿过，拇指与四指分开，固定肩胛骨下角。

松动手法：上方手与下方手协调配合使肩胛骨作上举、下降、前伸、后缩以及旋转运动。（图3-27）

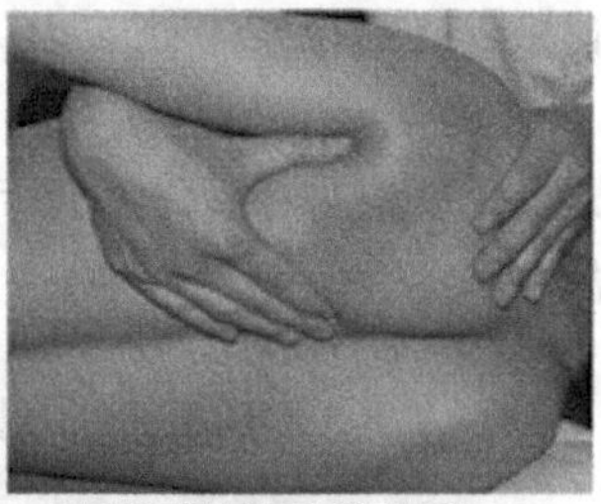

图3-27 松动肩胛骨

## 二、肘部关节松动技术

肘部关节由肱桡关节、肱尺关节、桡尺近侧关节构成。生理运动包括屈、伸、旋转；附属运动包括分离牵引、长轴牵引、前后向滑动、后前向滑动以及侧方滑动。

### （一）肱桡关节

肱桡关节是由肱骨小头的凸面和桡骨头的凹面构成的关节。

1. 分离牵引（图3-28）

治疗作用：减轻疼痛，改善肘关节活动度。

患者体位：仰卧或坐位，患侧上肢适度外展，屈肘90度，前臂中立位。

操作者体位：位于患侧，上方手掌根放在桡骨近端掌面，下方手握住前臂远端。

松动手法：下方手固定，上方手向背侧方向推动桡骨。操作时患者肘关节放松，操作者用力方向与桡骨干呈45度。

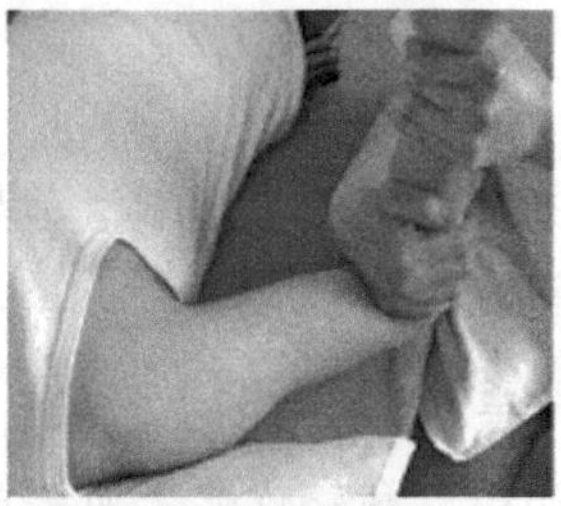

图3-28 分离牵引

2. 长轴牵引（图3-29）

治疗作用：减轻疼痛，改善肱桡关节活动度，增加肘关节屈伸范围。

患者体位：仰卧，患侧肩稍外展，肘关节在伸肘活动受限处，前臂旋后。

操作者体位：位于患侧，上方手握住肱骨远端，下方手握住前臂远端桡侧。

松动手法：上方手固定，下手沿桡骨长轴向远端牵引。

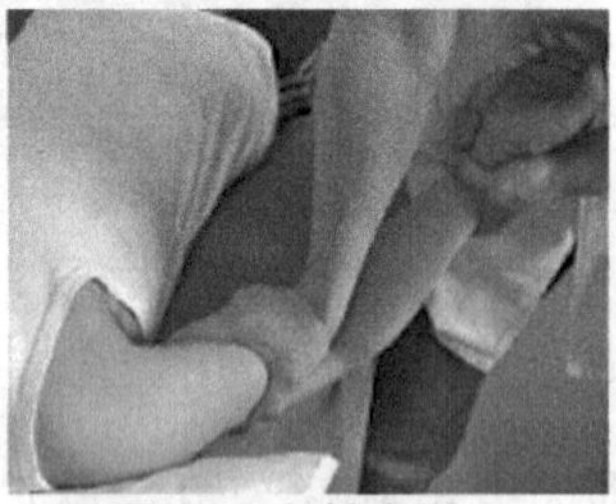

图3-29 长轴牵引

3. 侧方滑动（图3-30）

治疗作用：改善肱桡关节侧方活动度。

患者体位：仰卧，患侧肩外展，伸肘，前臂旋后。

操作者体位：位于患侧，上方手掌心向外握住肱骨远端内侧，下方手掌心向内握住前臂远端桡侧。

松动手法：上方手固定，下方手向尺侧推动桡骨。

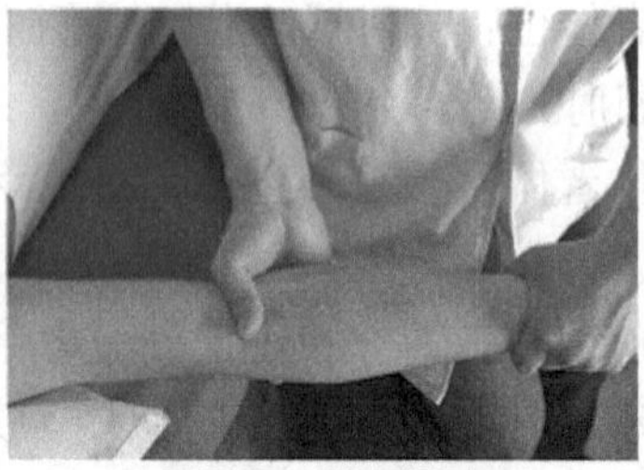

图3-30 侧方滑动

### （二）肱尺关节

肱尺关节是由肱骨远端滑车与尺骨鹰嘴构成的关节。

1. 分离牵引（图3-31）

治疗作用：减轻疼痛，改善肘关节屈曲活动度。

患者体位：仰卧，上肢置于体侧，屈肘90度，前臂旋后。

操作者体位：位于患侧，上方手掌根放在尺骨近端掌面，下方手握住前臂远端。

松动手法：下方手固定，上方手斜向背侧方向推动尺骨，操作时患者肘关节放松，治疗师用力方向与尺骨干呈45度角。

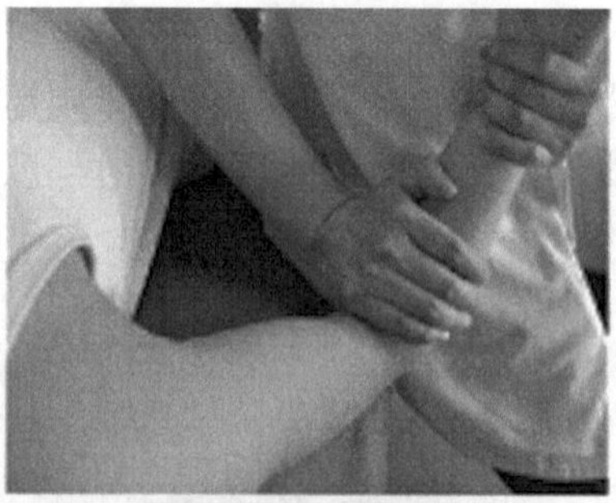

图3-31 分离牵引

2. 长轴牵引（图3-32）

治疗作用：减轻疼痛，改善肘关节屈曲活动度。

患者体位：仰卧，肩稍外展，略屈肘，前臂旋前。

操作者体位：位于患侧，上方手握住肱骨远端内侧，下方手握住前臂远端尺侧。

松动手法：上方手固定，下方手沿尺骨长轴牵引。

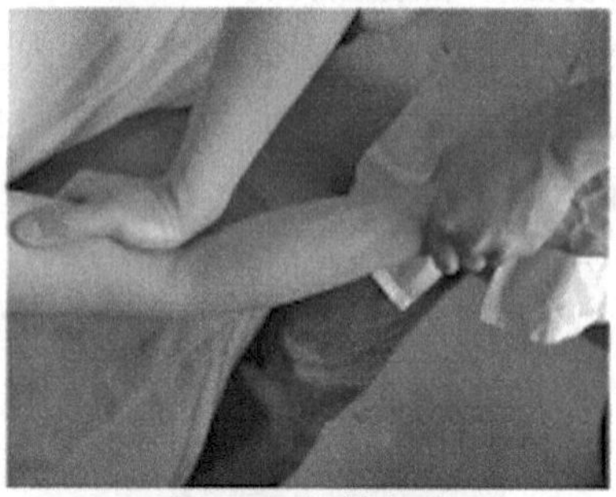

图3-32 长轴牵引

3. 侧方滑动（图3-33）

治疗作用：改善肱尺关节侧方活动度。

患者体位：仰卧，肩外展，伸肘，前臂旋后。

操作者体位：位于患侧，上方手掌心向内握住肱骨远端外侧，下方手掌心向外握住前臂远端尺侧。

松动手法：上方手固定，下方手向桡侧推动尺骨。

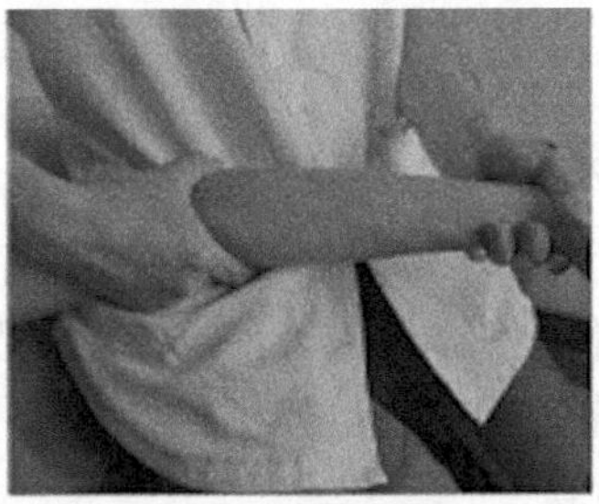

图3-33 侧方滑动

4. 屈肘摆动（图3-34）

治疗作用：改善屈肘活动度。

患者体位：仰卧，肩轻微外展，前臂旋前。

操作者体位：位于患侧，上方手放在肘窝，下方手握住前臂远端尺侧。

松动手法：上方手固定，下方手将前臂稍作长轴牵引再屈曲肘关节，在活动范围受限处来回摆动。

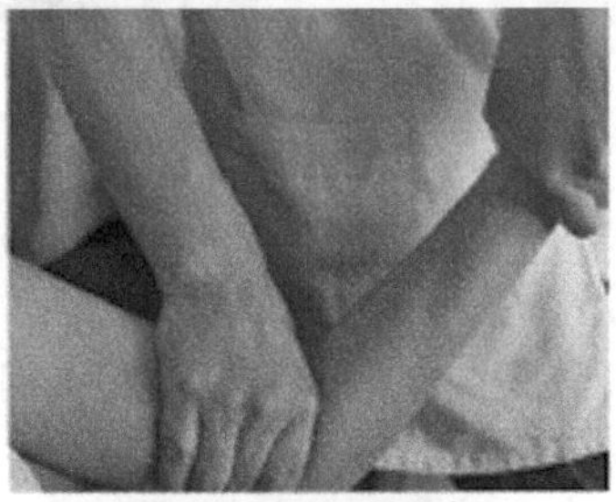

图3-34 屈肘摆动

5.伸肘摆动（图3-35）

治疗作用：改善伸肘活动度。

患者体位：仰卧，肩轻微外展，前臂旋后。

操作者体位：位于患侧，上方手放在肘窝，下方手握住前臂远端尺侧。

松动手法：上方手固定，下方手将前臂在伸肘活动受限的终点处来回摆动。

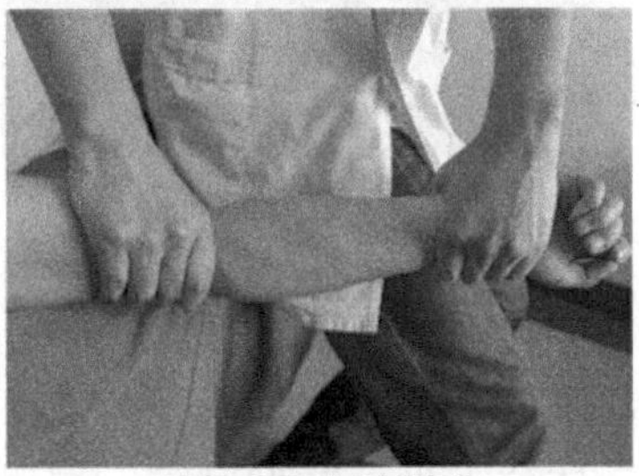

图3-35 伸肘摆动

（三）桡尺近侧关节

1. 前后向滑动（图3-36）

治疗作用：改善前臂旋前的活动度。

患者体位：仰卧，上肢适度外展，伸肘，前臂旋后。

操作者体位：面向患者站立，双手分别握住桡骨和尺骨近端。

松动手法：一手固定尺骨，一手向背侧推动桡骨，操作时用拇指掌面或大鱼际推动桡骨。

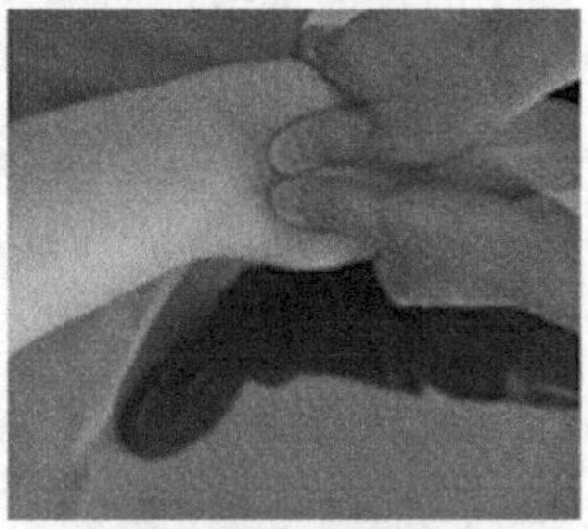

图3-36 前后向滑动

2. 后前向滑动（图3-37）

治疗作用：改善前臂旋后的活动度。

患者体位：仰卧，患肢适度外展，伸肘，前臂休息位。

操作者体位：面向患者站立，上方手拇指放在桡骨小头处，四指放在肘窝，下方手握住前臂远端及腕部

松动手法：下方手固定，下方手向掌侧推动桡骨小头。

图3-37 后前向滑动

## 三、腕关节松动技术

腕部关节由桡尺远端关节、桡腕关节、腕骨间关节组成。其生理运动包括掌屈、背伸、桡偏、尺偏、旋转；附属运动包括分离

牵引、前后向滑动、后前向滑动、侧方动。

### （一）桡尺远端关节

1. 前后向滑动（图3-38）

治疗作用：可改善前臂旋前活动度。

患者体位：仰卧位或坐位，前臂旋后。

操作者体位：面向患者，双手分别握住桡骨和尺骨的远端，拇指在掌侧，其余四指在背侧。

松动手法：尺侧手固定，桡侧手拇指掌面将桡骨远端向背侧推动；如果关节明显僵硬，可将拇指改为大鱼际推动桡骨。

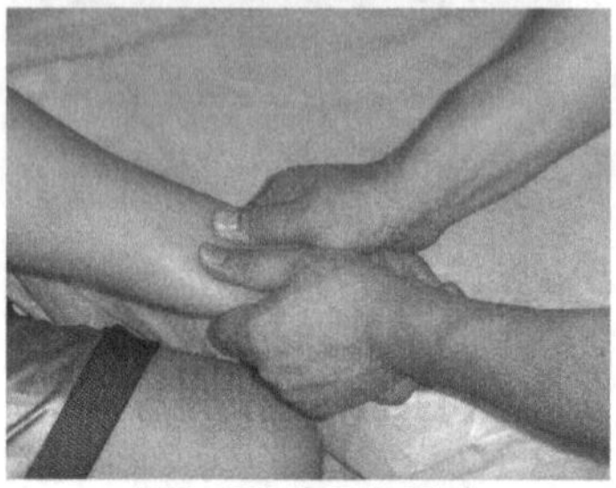

图3-38 前后向滑动

2. 后前向滑动（图3-39）

治疗作用：可改善前臂旋后活动度。

患者体位：仰卧位或坐位，前臂旋前。

操作者体位：位于患侧，双手分别握住桡骨和尺骨的远端，拇指在背侧，其余四指在掌侧。

松动手法：桡侧手固定，尺侧手拇指掌面将尺骨远端向掌侧推动；如关节明显僵硬，可将拇指改为大鱼际推动尺骨。

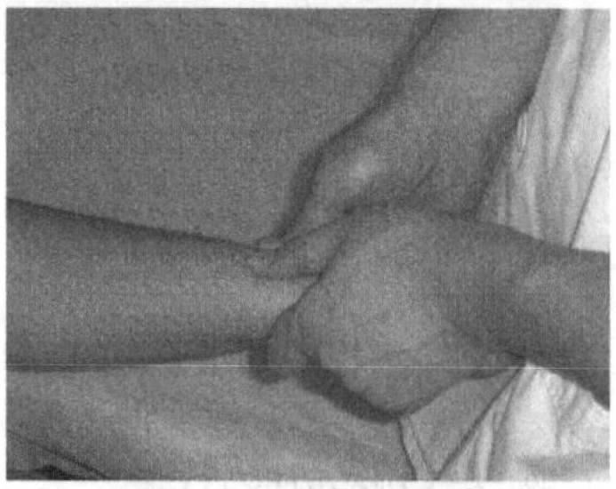

图3-39 后前向滑动

### （二）桡腕关节

1. 分离牵引（图3-40）

治疗作用：一般松动，缓解疼痛。

患者体位：坐位，前臂旋前放置在治疗床面，腕关节中立位伸出治疗床沿，前臂下垫一毛巾卷。

操作者体位：上方手握住前臂远端固定，下方手握住近排腕骨。

松动手法：下方手用力将腕骨向远端牵拉。

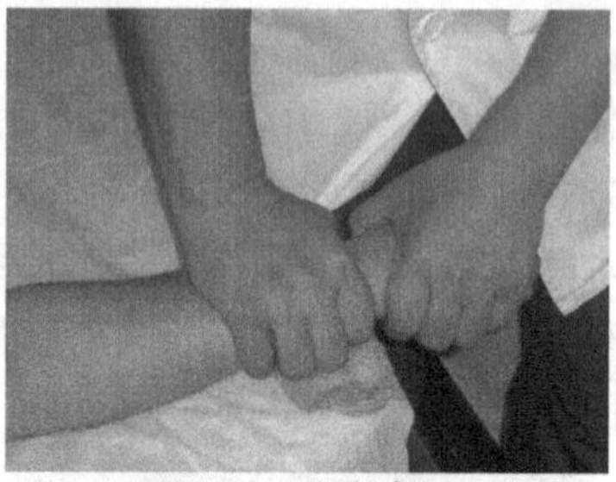

图3-40 分离牵引

2. 前后向滑动（图3-41）

治疗作用：可改善屈腕活动度。

患者体位：坐位或仰卧位，屈肘90度，前臂和腕关节中立位。

操作者体位：上方手掌根部放置在前臂远端桡侧的掌面，下方手握住手背近排腕骨处固定。

松动手法：上方手由掌侧向背侧推动桡骨。

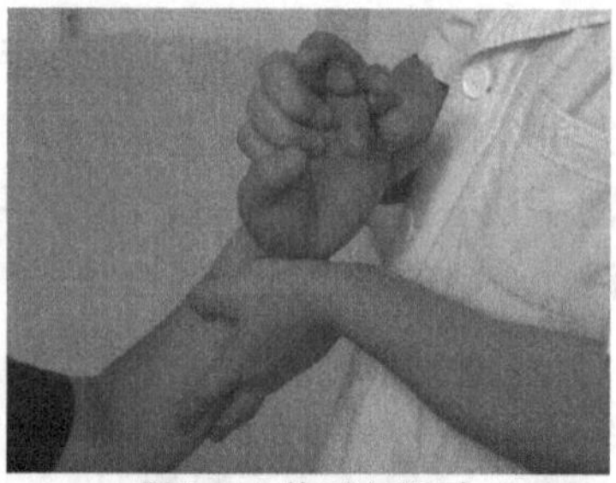

图3-41 前后向滑动

3. 后前向滑动（图3-42）

治疗作用：可改善伸腕活度。

患者体位：坐位或仰卧位，屈肘90度，前臂和腕关节中立位。

操作者体位：上方手握住前臂远端桡侧背面，下方手握住手掌近排腕骨处固定。

松动手法：上方手由背侧向掌侧推动桡骨。

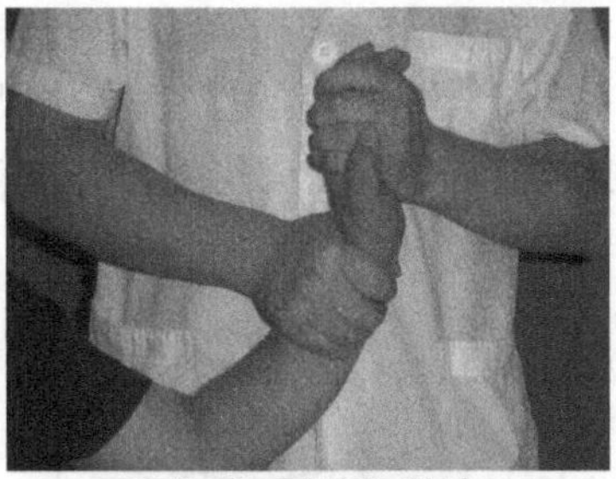

图3-42 后前向滑动

4. 尺侧滑动（图3-43）

治疗作用：改善腕关节桡偏活动度。

患者体位：坐位或仰卧位，伸肘，前臂和腕关节中立位伸出治疗床沿。

操作者体位：上方手握住前臂远端固定，下方手握住近排腕骨桡侧。

松动手法：下方手向尺侧推动近排腕骨。

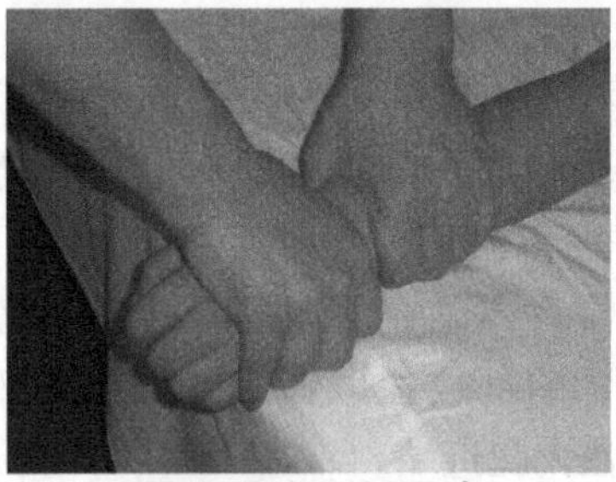

图3-43 向尺侧滑动

5. 桡侧滑动（图3-44）

治疗作用：可改善腕关节尺偏活动度。

患者体位：俯卧位，肩外展、内旋，伸肘，前臂和腕中立位伸出治疗床沿。

操作者体位：上方手握住前臂远端尺侧固定，下方手握住近排腕骨尺侧。

松动手法：下方手向桡侧推动近排腕骨。

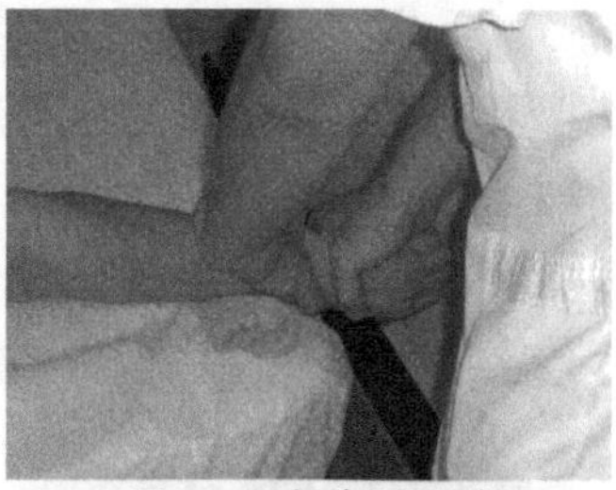

图3-44 向桡侧滑动

6. 旋转摆动（图3-45）

治疗作用：可改善腕关节旋转活动度。

患者体位：仰卧位，屈肘90度，前臂和腕中立位。

操作者体位：上方手握住前臂远端固定，下方手握住近排腕骨。

松动手法：下方手将腕骨顺时针（图3-45A）或逆时针（图3-45B）转动。

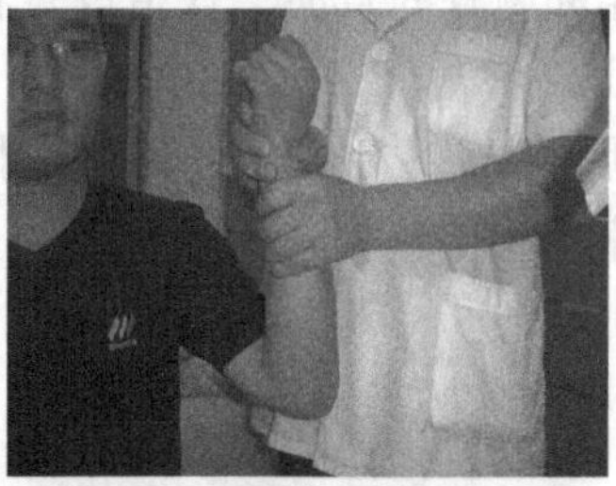

A

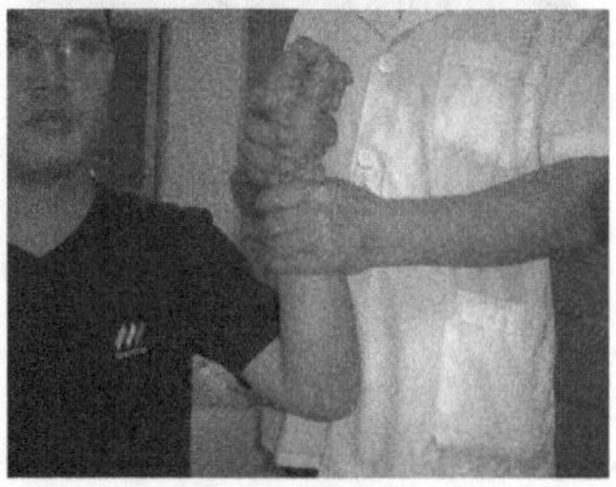

B

图3-45 旋转摆动

## （三）腕骨间关节

1. 前后向滑动（图3-46）

治疗作用：可改善腕骨间关节的活动度，改善屈腕活动度。

患者体位：坐位，前臂旋后，腕中立位。

操作者体位：面向患者，双手拇指分别放置在相邻腕骨的掌面，食指放置在相应腕骨的背面。

松动手法：一手固定，另一手拇指向背

侧推腕骨。

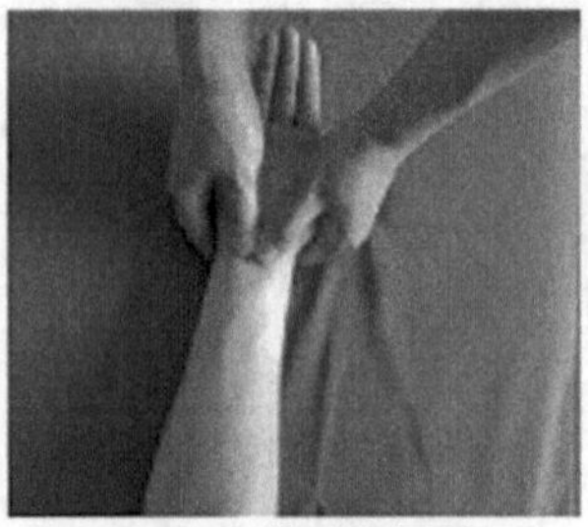

图3-46 前后向滑动

2. 后前向滑动（图3-47）

治疗作用：改善腕骨间关节的活动度，改善伸腕活动度。

患者体位：坐位，前臂旋前，腕中立位。

操作者体位：面向患者，双手拇指分别放置在相邻腕骨的背面，食指放置在相应腕骨的掌面。

松动手法：一手固定，另一手拇指向掌侧推腕骨。

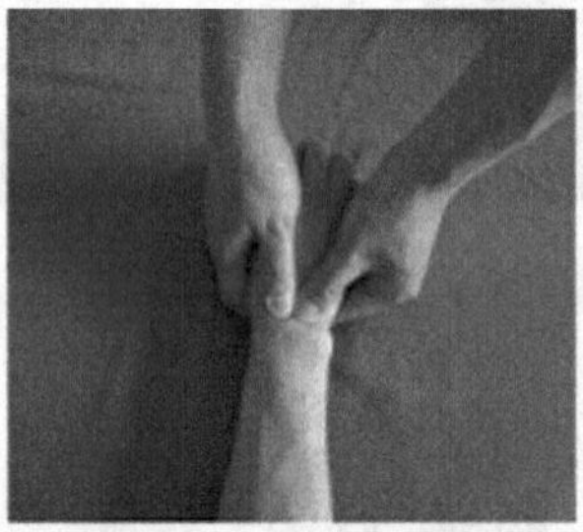

图3-47 后前向滑动

## 四、髋关节

髋关节由髋臼和股骨头构成，属多轴的球窝关节，为全身位置最深的关节。具有屈、伸、内收、外展、内旋和外旋等生理运动，附属运动包括分离牵引、长轴牵引、前后向滑动、后前向滑动等。

1. 长轴牵引（图3-48）

治疗作用：治疗开始一般松动，缓解疼痛。

患者体位：仰卧位，髋关节休息位（屈曲30度，外展30度，稍外旋），双手抓住床头，以固定身体。

操作者体位：面向病人站立，用布带套在操作者躯干及患者足踝部，操作者双手握住近患者足踝部带子。

松动手法：双手同时用力，身体后倾，将股骨沿长轴向尾端方向牵拉。若患者不能伸直膝关节，操作者可用双手抱住股骨髁上部位，身体后仰，给予向尾端方向的牵拉。

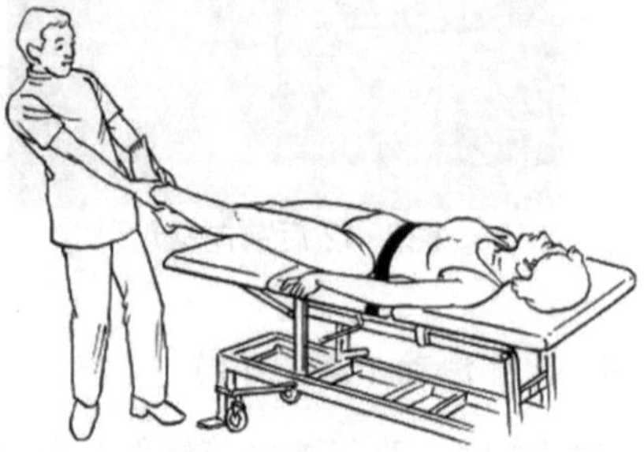

图3-48 长轴牵引

2. 分离牵引（图3-49）

治疗作用：治疗开始一般松动，缓解疼痛。

患者体位：仰卧位，患侧屈髋90度，屈膝并将小腿放在治疗者的肩上，对侧下肢伸直。双手抓住床头，以固定身体。

操作者体位：面向病人站立，上身稍向前弯曲，肩部放在患者的腘窝下，双手五指交叉抱住大腿近端。

松动手法：上身后倾，双手同时用力将股骨向尾端方向牵拉。

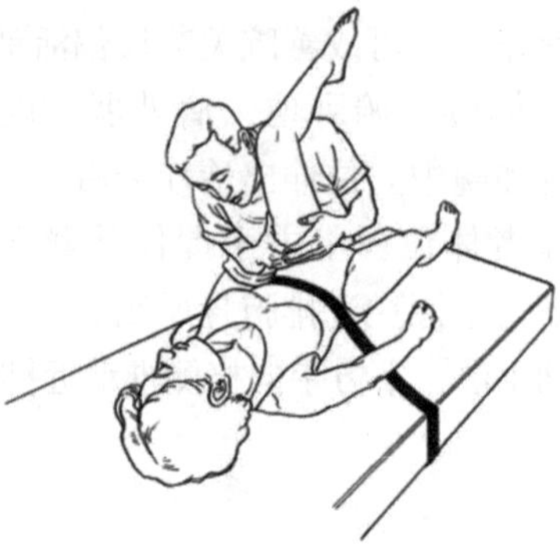

图3-49 分离牵引

3. 前后向滑动

（1）方法一：用于髋关节疼痛较严重患者。（图3-50A）

治疗作用：增加屈髋和外旋髋活动度。

患者体位：健侧卧位。患侧在上，下肢屈髋，屈膝，两膝之间可放一枕头，上方使下肢保持水平。

操作者体位：面向病人站立，双手拇指放在大腿内侧面股骨近端，其余四指自然分开。

松动手法：身体稍前倾，双手同时用力将股骨向背侧推动。

（2）方法二（图3-50B）

治疗作用：增加屈髋和内旋髋活动度。

患者体位：仰卧位，患侧下肢稍外展。

操作者体位：面向病人站立，上方手掌放置在大腿近端前外侧，下方手放置在腘窝内侧。

松动手法：下方手将大腿稍托起，也可以用皮带套在操作者肩部及患者大腿下方，以帮助托住大腿，上方手不动，借助身体及上肢力量向背侧推动股骨。

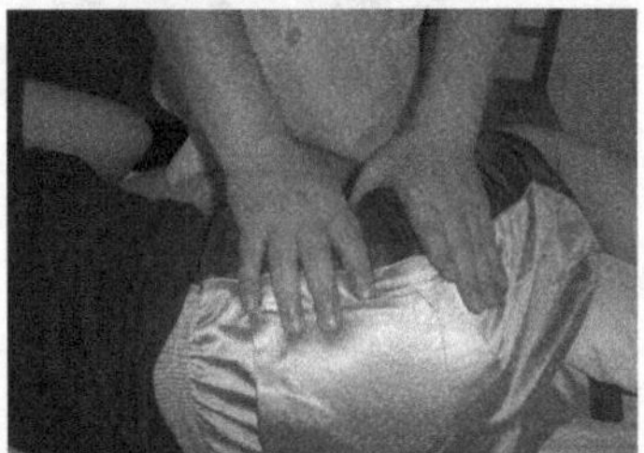

A

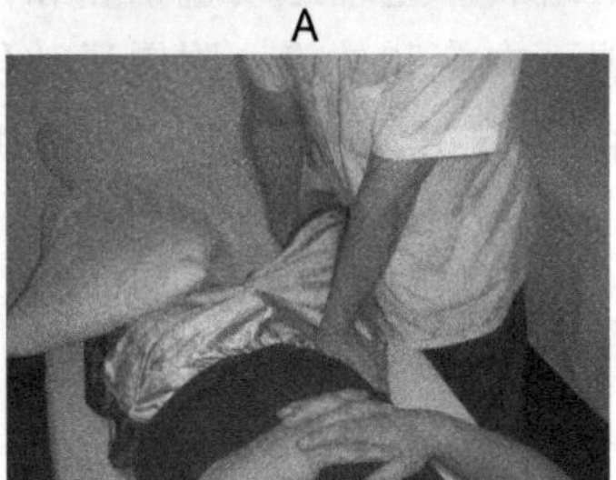

B

图3-50 前后向滑动

4. 后前向滑动

（1）方法一：（图3-51A）

治疗作用：增加髋后伸及外旋活动范围。

患者体位：健侧卧位，患侧在上，下肢屈髋，屈膝，两膝之间放一枕头，使上方下肢保持水平。

操作者体位：站在病人身后，双手拇指放在大腿股骨大转子处，其余四指放在大腿前面。

松动手法：上身前倾，双手固定，上肢同时用力将股骨向腹侧推动。

图3-51 后前向滑动（A）

（2）方法二（图3-51B）

治疗作用：增加髋后伸及内旋活动范围。

患者体位：俯卧位，患侧下肢屈膝，健侧下肢伸直。

操作者体位：面向患者站立，上方手放置在大腿近端后面，下方手托住膝部和大腿远端，前臂固定小腿。

松动手法：下方手稍向上抬起，也可以用皮带套在操作者肩部及患者大腿下方，以帮助托住大腿，上方手固定，上身稍前倾，借助上身力量向腹侧推动股骨。

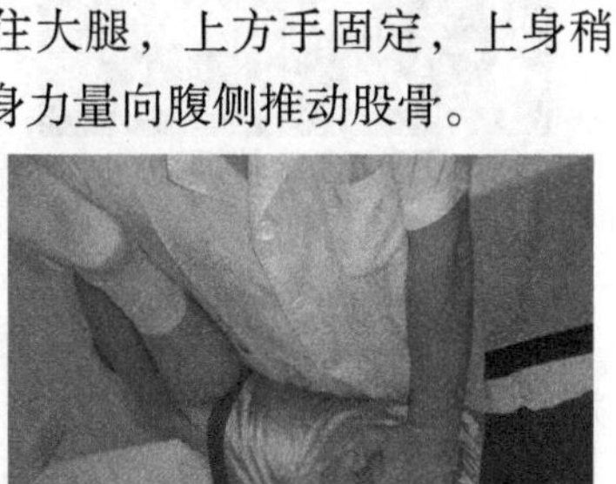

图3-51 后前向滑动（B）

5. 屈曲摆动（图3-52）

治疗作用：增加髋屈曲活动度。

患者体位：仰卧位，患侧下肢屈髋，屈

膝，健侧下肢伸直。

操作者体位：面向病人，上方手放在膝关节上，下方手托住小腿。

松动手法：上身前倾，双手同时将大腿向腹侧摆动。

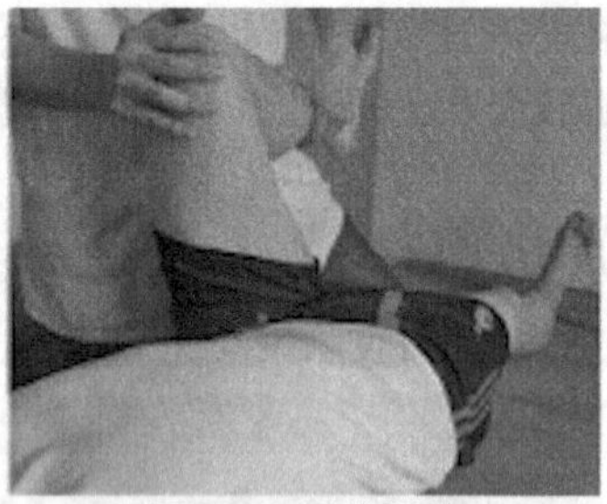

图3-52 屈曲摆动

6. 旋转摆动（图3-53）

治疗作用：增加髋的内旋或外旋活动度。

患者体位：仰卧位，患侧下肢分别屈髋，屈膝90度，健侧下肢伸直。

操作者体位：面向病人站立，上方手放在髌骨上，下方手握住足跟。

松动手法：内旋时，上方手向内摆动大腿，下方手向外摆动小腿；外旋时，上方手向外摆动大腿，下方手向内摆动小腿。

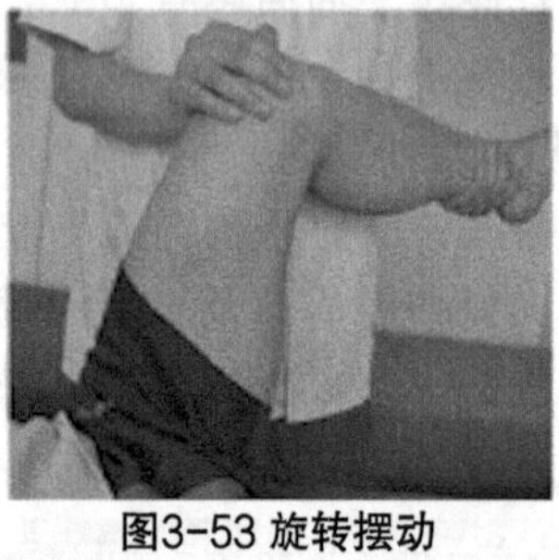

图3-53 旋转摆动

7. 内收内旋摆动（图3-54）

治疗作用：增加髋内收、内旋活动范围。

患者体位：仰卧位，患侧下肢屈髋，屈膝，健侧下肢伸直。

操作者体位：面向病人站立，上方手放在患侧髋部，下方手放在患膝外侧。

松动手法：上方手固定，下方手将大腿向对侧髋部斜上方向摆动。

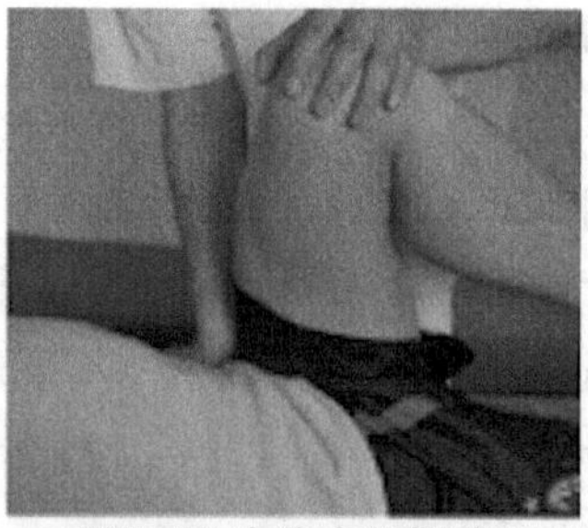

图3-54 内收内旋摆动

8. 外展外旋摆动（图3-55）

治疗作用：增加髋外展，外旋活动范围。

患者体位：仰卧位，患侧下肢屈髋，屈膝，足放在对侧膝关节上，健侧下肢伸直。

操作者体位：面向病人站立，上方手放在健侧盆骨，下方手放在患侧膝关节上。

松动手法：上方手固定，下方手将膝关节向外下方摆动。

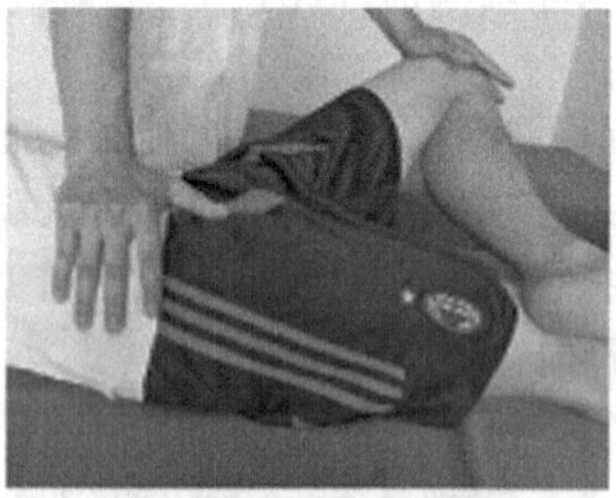

图3-55 外展外旋摆动

## 五、膝部关节

膝部关节由胫股关节、髌股关节、上胫腓关节组成。生理运动包括屈和伸，屈膝位时小腿可内旋和外旋；附属运动包括长轴牵引，前后向滑动，后前向滑动和侧方滑动等。

### （一）胫股关节

1. 长轴牵引（图3-56）

治疗作用：治疗开始一般松动，缓解疼痛。

患者体位：坐于治疗床上，患肢稍屈膝垂于床沿，身体稍后倾，双手支撑在床上。也可以采取俯卧位，以布带固定大腿下方，膝关节屈曲25度。

操作者体位：双手握住小腿远端。

松动手法：双手固定，借助上肢和躯干力量沿胫骨长轴向尾端牵拉小腿。

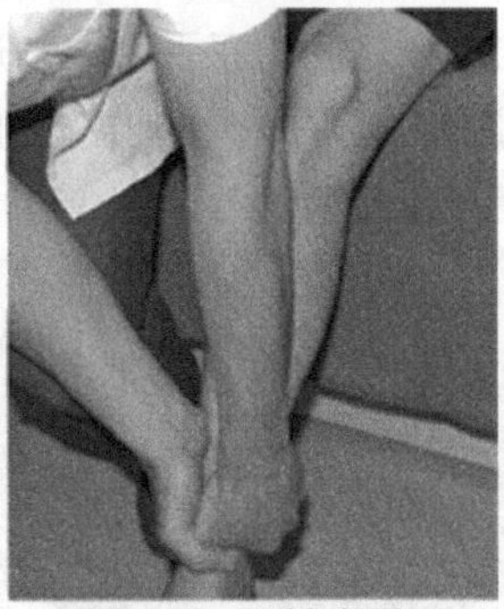

图3-56 长轴牵引

2. 前后向滑动

（1）方法一：适用于伸膝在终末端受限患者。（图3-57）

图3-57 前后向滑动

治疗作用：改善伸膝活动度。

患者体位：坐位，患肢屈膝，腘窝下置一软垫。

操作者体位：面对患者，上方手放置在小腿近端前面，下方手握住小腿远端。

松动手法：下方手将小腿稍向上抬起，上方手不动，借助于上身及上肢力量将胫骨近端向后方推动。

（2）方法二：适用于伸膝在终末端受限患者。（图3-58）

治疗作用：改善伸膝活动度。

患者体位：仰卧位，患侧下肢伸直，腘窝下置一软垫。

操作者体位：站于患侧，上方手放置在大腿远端后面，下方手放置在小腿近端前面，虎口位于胫骨结节稍上方。

松动手法：上方手固定，上身稍前倾，借助躯干及上肢力量向后方推动胫骨。

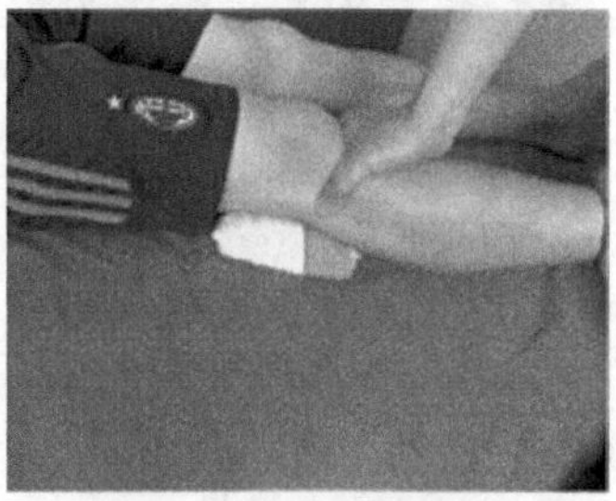

图3-58 前后向滑动

（3）方法三：适用于伸膝在中间范围受限患者。（图3-59）

图3-59 前后向滑动

治疗作用：改善伸膝活动度。

患者体位：坐位，患肢屈膝90度垂于床沿，腘窝下置一软垫。

操作者体位：面对患者坐于一矮治疗凳上，双手握住小腿近端，双腿夹住小腿远端。

松动手法：双手固定，上身前倾，借助上肢及躯干力量向后方推动胫骨。

（4）方法四：适用于伸膝在中间范围受限患者。（图3-60）

治疗作用：改善伸膝活动度。

患者体位：仰卧位，患侧下肢屈髋屈膝。

操作者体位：面对患者坐在床上，以其大腿固定患者足部，双手抓住胫骨，拇指在前，其余四指在后。

松动手法：上肢伸直，身体前倾，借助上肢及躯干力量向后方推动胫骨。

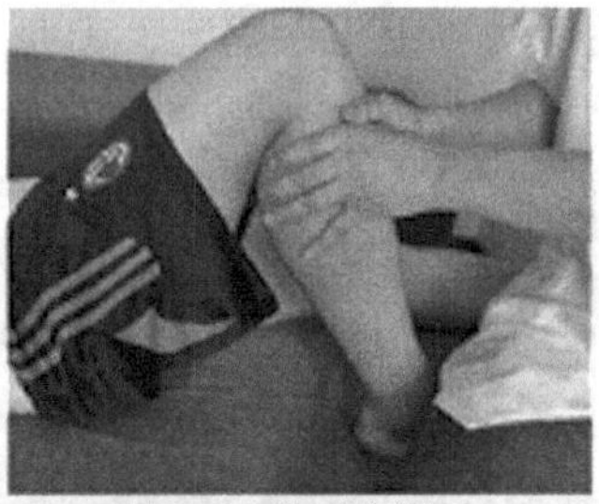

图3-60 前后向滑动

3. 后前向滑动（图3-61）

治疗作用：改善膝关节屈曲活动度。

患者体位：仰卧位，患侧下肢屈髋，屈膝，足平放在床上，健侧下肢伸直。

操作者体位：坐于治疗床一侧，大腿压在患者足部，双手握住小腿近端，拇指放置髌骨下缘胫骨结节上，四指放在腘窝后方。

松动手法：双手固定，身体后倾，借助上肢及躯干力量向前推动胫骨。

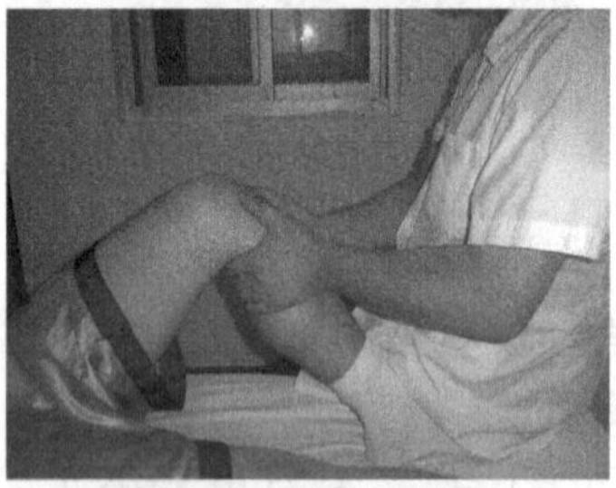

图3-61 后前向滑动

4. 侧方滑动（图3-62）

治疗作用：改善膝关节活动度。

患者体位：仰卧位，患肢伸直。

操作者体位：面对患者站立，双手托起患肢，内侧手掌心向外放在小腿近端内侧，外侧手掌心向内放在大腿远端外侧。

松动手法：外侧手固定，内侧手向外侧推动胫骨或内侧手固定，外侧手向内侧推动胫骨。

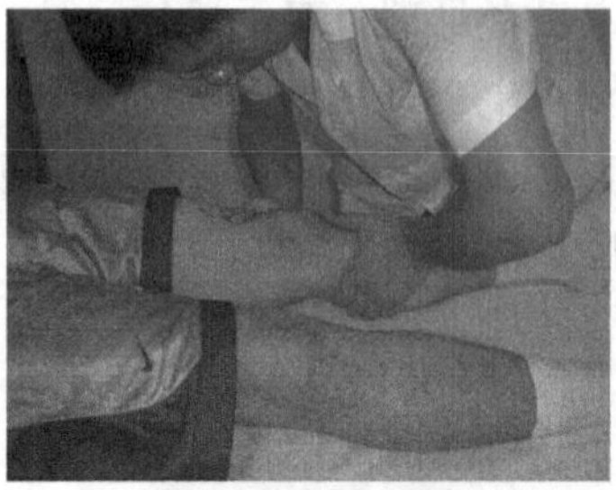

图3-62 侧方滑动

5. 伸膝摆动（图3-63）

治疗作用：改善伸膝活动度。

患者体位：仰卧，患侧下肢稍外展，屈膝。

操作者体位：站于患侧，将患侧下肢置于上方上肢与躯干之间，双手握住小腿远端。

松动手法：双手将小腿略向下牵引，并同时将小腿向上摆动。

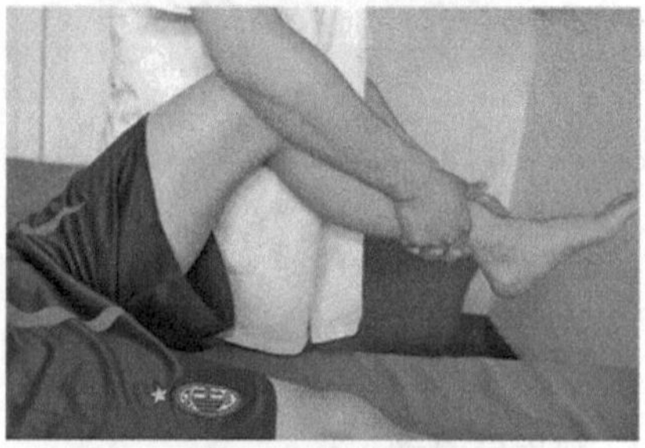

图3-63 伸膝摆动

### （二）髌股关节

1. 分离牵引（图3-64）

治疗作用：分离关节，改善髌骨活动度。

患者体位：仰卧，稍屈膝，腘窝下置一软垫。

操作者体位：位于患侧，双手拇指与食指分别放置在髌骨两侧。

松动手法：双手握住髌骨，同时向上抬起。

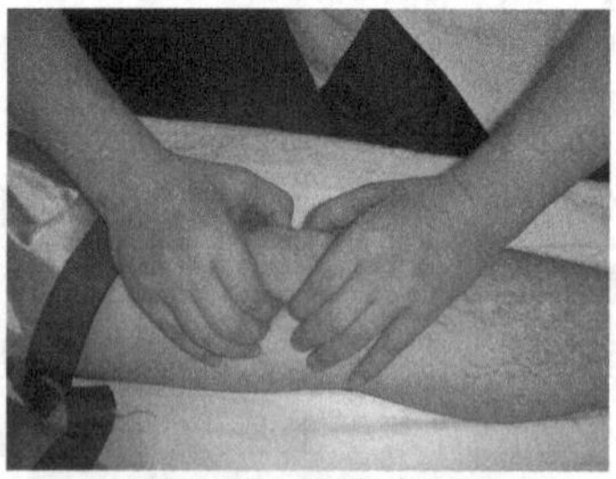

图3-64 分离牵引

2. 侧方滑动（图3-65）

治疗作用：一般松动，改善髌骨活动度。

患者体位：仰卧，稍屈膝，腘窝下置一软垫。

操作者体位：面对患者，向内侧滑动时，位于患侧膝外侧；向外侧滑动时，位于健侧膝外侧。双手拇指放置在髌骨侧方，食指放置在对侧。

松动手法：双手固定，借助上肢和拇指力量向对侧推动髌骨。

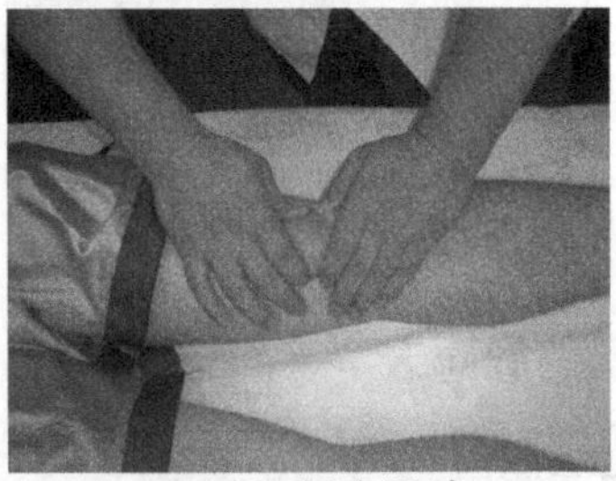

图3-65 侧方滑动

3. 上下滑动（图3-66）

治疗作用：向上滑动时，改善伸膝活动度；向下滑动时，改善屈膝活动度。

患者体位：仰卧，稍屈膝，腘窝下置一软垫。

操作者体位：面对患者站立，向上滑动时，双手拇指放置在髌骨下方；向下滑动时，双手拇指放置在髌骨上方，其余四指放置在髌骨两侧（图3-66A）。如髌骨活动受限明显，则将一手的虎口或掌根放置在髌骨的上端或下端，另一手放置在其前臂远端或腕部上方操作（图3-66B）。

松动手法：身体前倾，借助上肢和躯干力量向上或向下推动髌骨。

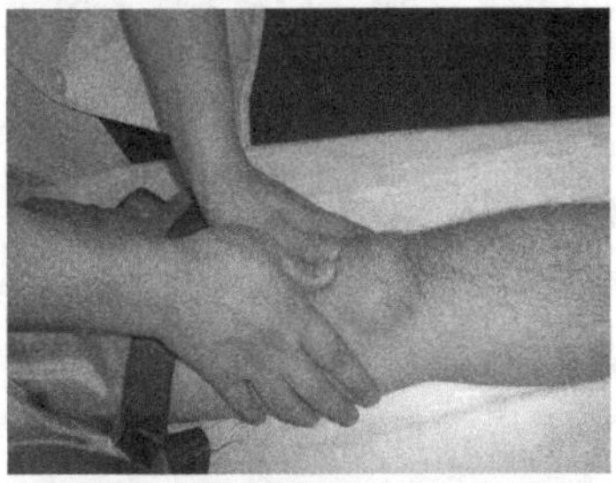

A

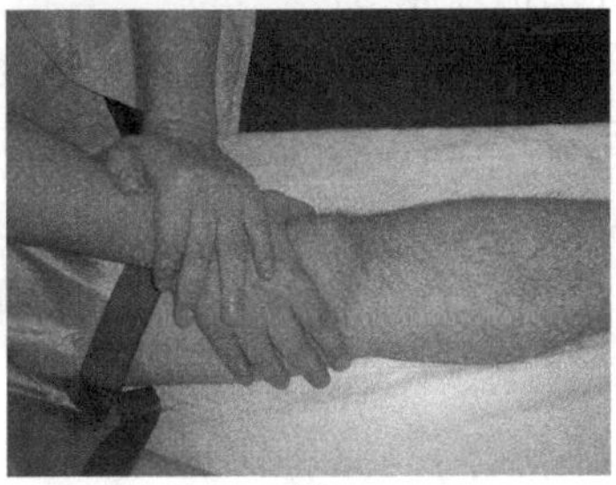

B

图3-66 上下滑动

### （三）上胫腓关节

1. 前后向滑动（图3-67）

治疗作用：一般松动，改善腓骨头的活动，缓解疼痛。

患者体位：仰卧，患侧下肢屈髋、屈膝，对侧下肢伸直。

操作者体位：坐于治疗床，大腿压住患者的足前部，外侧手掌根放置在腓骨小头上，内侧手握住胫骨。

松动手法：内侧手固定，上身前倾，外侧手掌根用力向后推动腓骨小头。

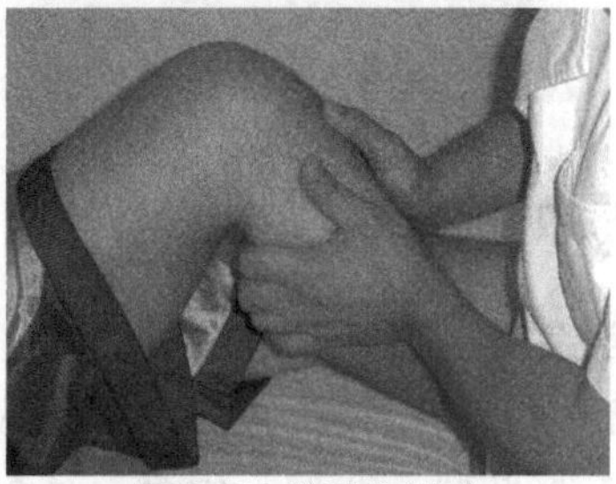

图3-67 前后向滑动

2. 后前向滑动

（1）方法一（图3-68）

治疗作用：一般松动，改善腓骨头的活动，缓解疼痛。

患者体位：仰卧，患侧小腿下方置一软垫。

操作者体位：站在患侧，双手拇指放置在腓骨小头后面，其余四指放置在小腿两侧。

松动手法：双手固定，上身前倾，双上肢同时用力向前推动腓骨小头。

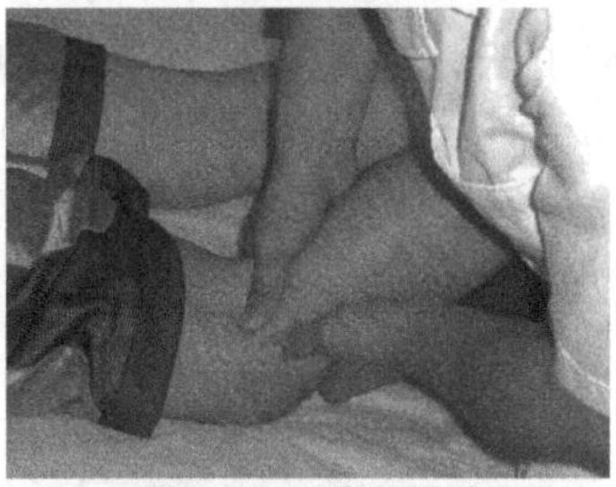

图3-68 后前向滑动

（2）方法二（图3-69）

治疗作用：一般松动，改善腓骨头的活动，缓解疼痛。

患者体位：健侧卧位，健侧下肢伸直，患侧下肢稍屈髋、屈膝。

操作者体位：站在患者背后，内侧手从下方握住胫骨近端，外侧手掌根放置在腓骨小头上。

松动手法：内侧手固定，外侧手掌根向前推动腓骨小头。

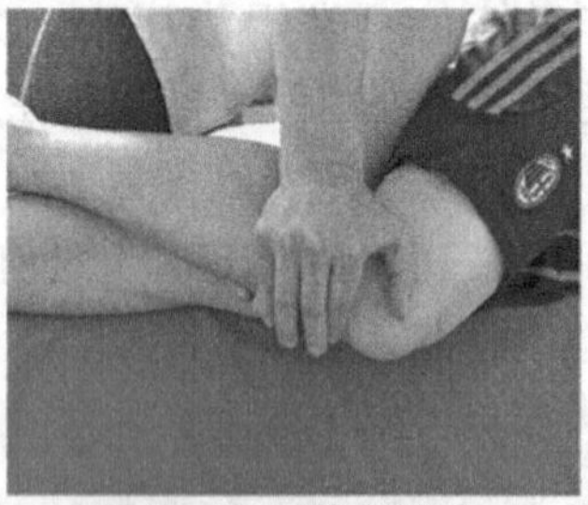

图3-69 后前向滑动

## 六、踝部关节

踝部关节由下胫腓关节、胫距（距上）关节、距下关节以及跗骨间关节构成。其生理运动包括跖屈、背伸、内翻、外翻等；附属运动包括长轴牵引、前后向滑动、后前向滑动、上下滑动等。

### （一）下胫腓关节（前后向或后前向滑动）

治疗作用：当踝关节背屈受限时，可改善踝关节活动度。

患者体位：仰卧或俯卧位，患侧踝关节放松。

操作者体位：站在患侧。内侧手掌根放置在内踝，外侧手掌根放置在外踝前面。

松动手法：前后向滑动时，内侧手固定，外侧手向后推动外踝（图3-70）。后前向滑动，内侧手固定，外侧手向前推动外踝（图3-71）。

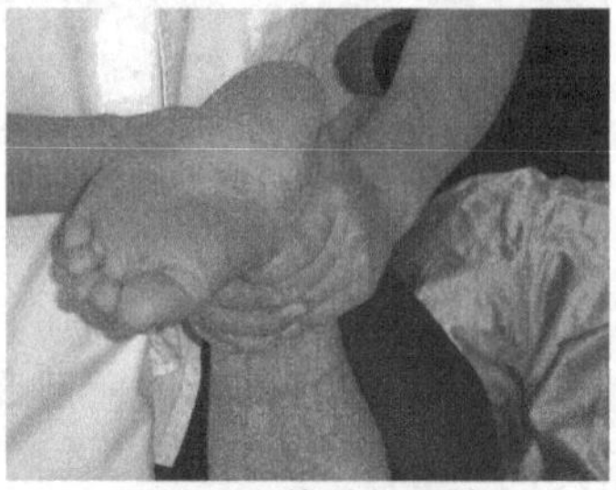

图3-70 前后向滑动

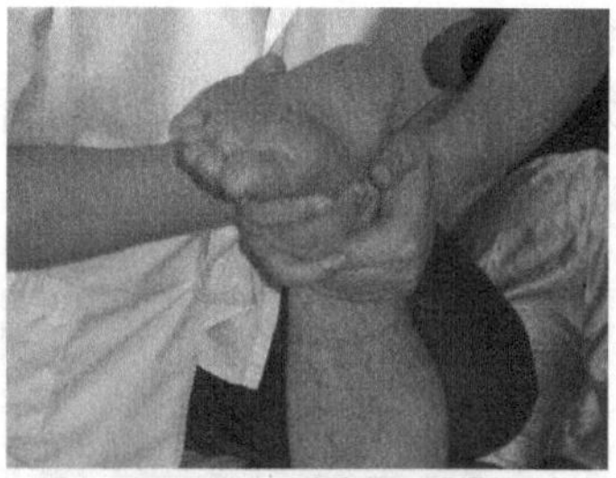

图3-71 后前向滑动

### （二）胫距关节

#### 1. 分离牵引

（1）方法一（图3-72）

治疗作用：治疗开始评定，一般松动，缓解疼痛。

患者体位：俯卧，患侧下肢屈膝90度，踝部放松。

操作者体位：面对患者站于患侧，双手环形握住内外踝远端，（相当于距骨处）同时可用一侧下肢屈膝压住患者大腿后面固定。

松动手法：双手同时向上牵引距骨。

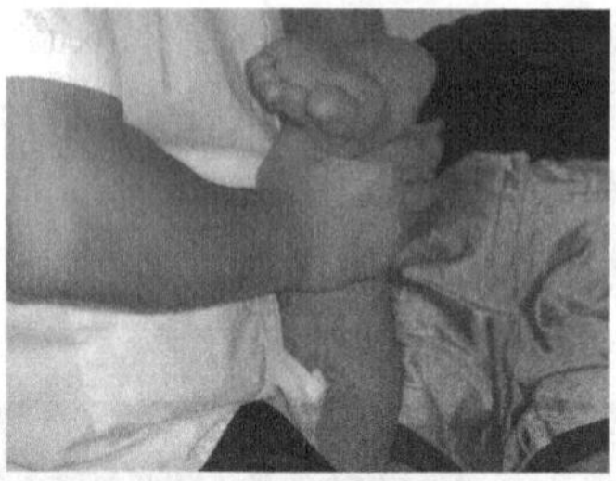

图3-72 分离牵引

（2）方法二（图3-73）

治疗作用：治疗开始评定，一般松动，缓解疼痛。

患者体位：仰卧，患侧下肢伸直，踝中立位并伸出治疗床沿。

操作者体位：面对患者站在床尾，双手环握住足背近端。

松动手法：双手固定，上身稍后倾，借助躯干和上肢力量沿小腿长轴向远端牵引足部。

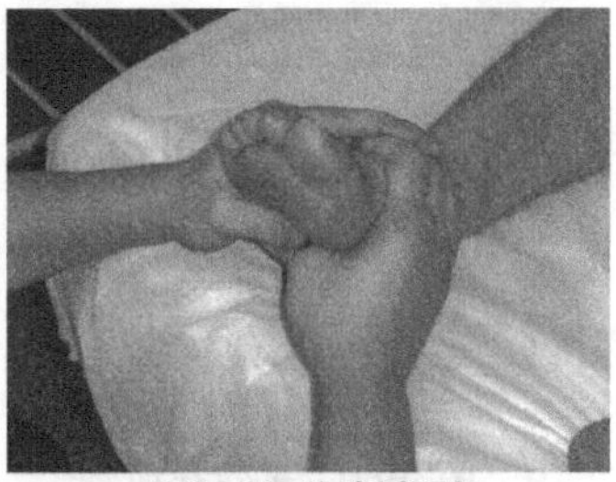

图3-73 分离牵引

2. 前后向滑动（图3-74）

治疗作用：改善踝关节背屈活动度。

患者体位：仰卧，患侧下肢伸直，踝关节伸出治疗床沿。

操作者体位：站于床尾，上方手掌心向下握住内、外踝前方，下方手虎口放在距骨前方。

松动手法：上方手固定，上身前倾，下方手借助上肢及躯干力量向后推动距骨。

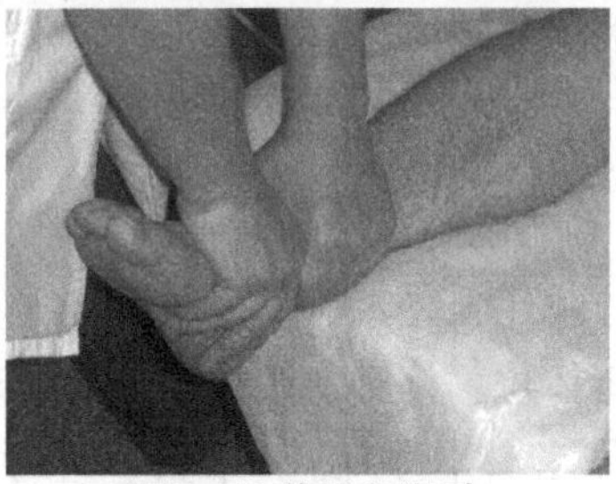

图3-74 前后向滑动

3. 后前向滑动（图3-75）

治疗作用：改善踝关节跖屈活动度。

患者体位：俯卧，患侧下肢伸直，踝关节伸出治疗床沿，小腿前方置一软垫。

操作者体位：面对患者站于床尾，上方手放置，上方手掌心向上握住内、外踝前方，下方手虎口放置在距骨后方。

松动手法：上方手固定，上身前倾，下方手借助上肢力量向前推动距骨。

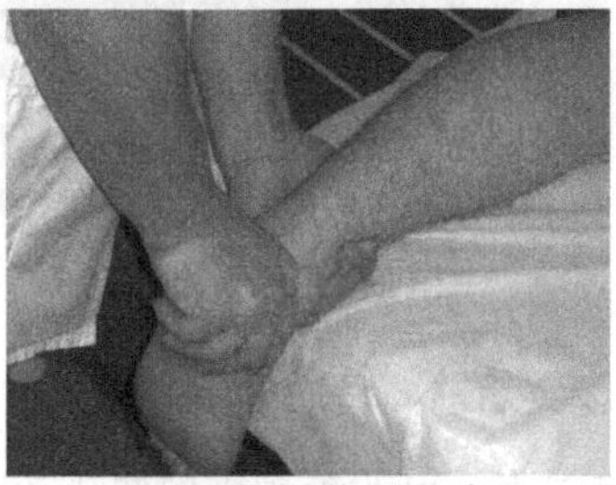

图3-75 后前向滑动

4. 屈伸摆动（图3-76）

治疗作用：改善踝关节屈、伸活动度。

患者体位：俯卧，健侧下肢伸直，患侧下肢屈膝90度。

操作者体位：站于患侧，上方手握住内、外踝后方，下方手握住足底。

松动手法：上方手固定小腿，下方手将足作屈、伸摆动。

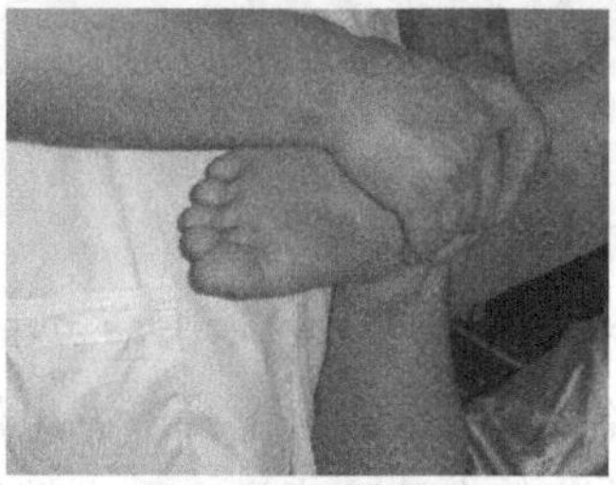

图3-76 屈伸摆动

### （三）距下关节

1. 分离牵引（图3-77）

治疗作用：一般松动，缓解疼痛。

患者体位：仰卧，患侧下肢伸直，踝伸出治疗床沿。

操作者体位：站于床尾，上方手掌心向下握住内、外踝远端距骨前面，下方手握住跟骨。

松动手法：上方手固定，下方手借助上肢力量向远端牵拉跟骨。

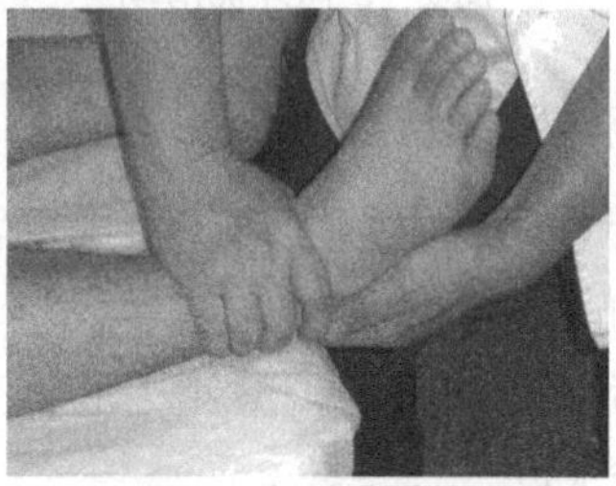

图3-77 分离牵引

2. 内侧滑动（图3-78）

治疗作用：改善踝关节外翻活动度。

患者体位：俯卧，患侧下肢伸直，踝关节伸出治疗床沿，小腿前方置一软垫。

操作者体位：站于患侧，上方手握住内、外踝前方，下方手掌根放置在跟骨外侧。

松动手法：上方手固定距骨，上身前倾，下方手借助及上肢力量向内侧推动跟骨。

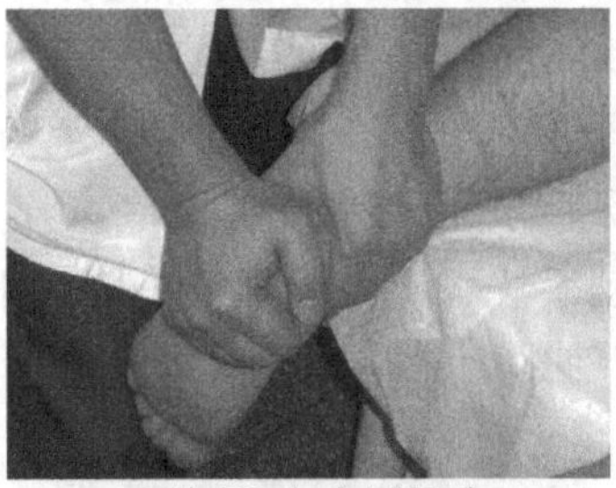

图3-78 向内侧滑动

3. 向外侧滑动（图3-79）

治疗作用：改善踝关节内翻活动度。

患者体位：患侧卧位，下方患侧下肢伸直，踝关节伸出治疗床沿；上方健侧下肢屈髋、屈膝。

操作者体位：站于患侧，上方手握住内踝及距骨，下方手握住跟骨。

松动手法：上方手固定，上身前倾，下方手借助上肢力量向外侧推动跟骨。

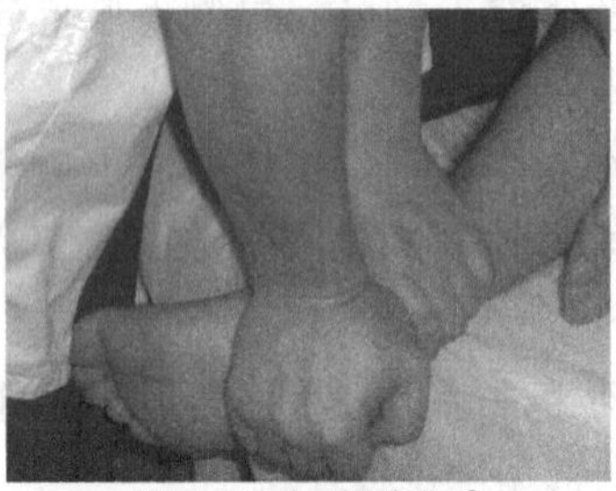

图3-79 向外侧滑动

4. 翻转摆动（图3-80）

治疗作用：内翻摆动改善内翻活动度，外翻摆动改善外翻活动度。

患者体位：俯卧，健侧下肢伸直，患侧下肢屈膝90度。

操作者体位：站于患侧，一手握住足跟后部，另一手握住足跟前部。

松动手法：双手分别向内或向外翻转跟骨。

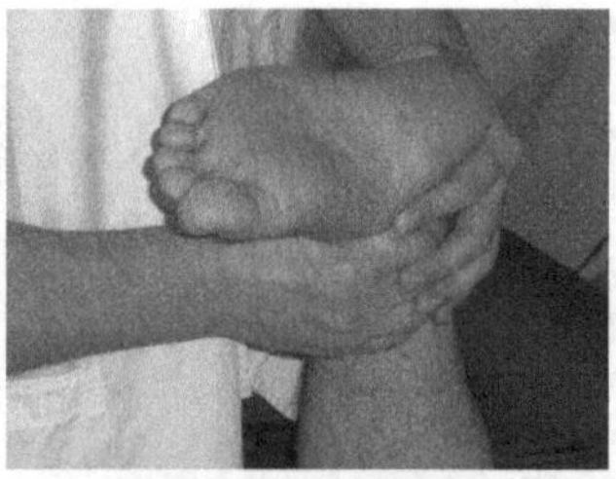

图3-80 翻转摆动

## 七、脊椎关节松动技术

包括颈椎、胸椎、腰椎、骨盆、腰骶关节的松动技术。

### （一）颈椎关节

颈椎由7节椎骨组成，在脊椎椎骨中体积最小，活动度和活动频率最大，解剖结构、生理功能复杂，所以容易引起劳损和外伤。颈椎生理运动包括前屈、后伸，侧屈，旋转运动，附属运动包括分离牵引，滑动及旋转。

1. 分离牵引（图3-81）

治疗作用：松动颈椎，缓解疼痛。

患者体位：仰卧，头部伸出治疗床外。

操作者体位：位于床头，左手托住患者枕骨后，拇指在左耳后，其余四指在右耳后；右手放在患者下颌，前臂贴近患者右侧面部。

松动手法：双手固定，躯干后倾，利用躯体重力将头部向后持续牵拉。上段颈椎病变，在颈部中立位时牵引；中下段颈椎病变，在头前屈10° ~15° 位置牵引。

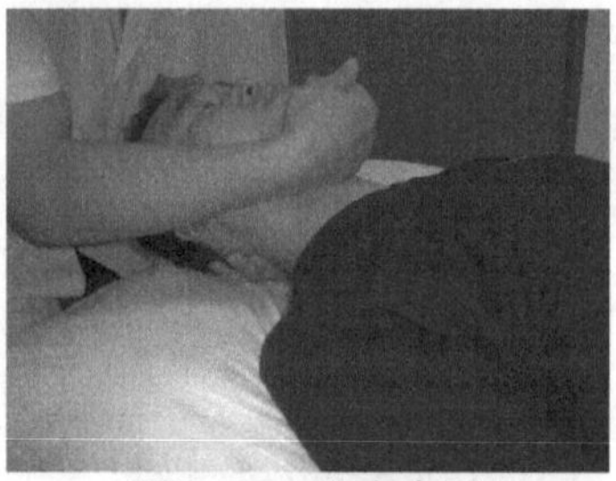

图3-81 分离牵引

2. 棘突后前向滑动（图3-82）

治疗作用：可改善颈椎屈伸活动度。

患者体位：去枕俯卧，双手十指交叉，

掌心向上托住前额，下颌稍内收，颈部中立位。

操作者体位：位于床头，双拇指并置于同一椎体的棘突上其余四指分别放在颈椎两侧。

松动手法：双手固定，身体前倾，双上肢伸直将棘突向腹侧垂直推动。

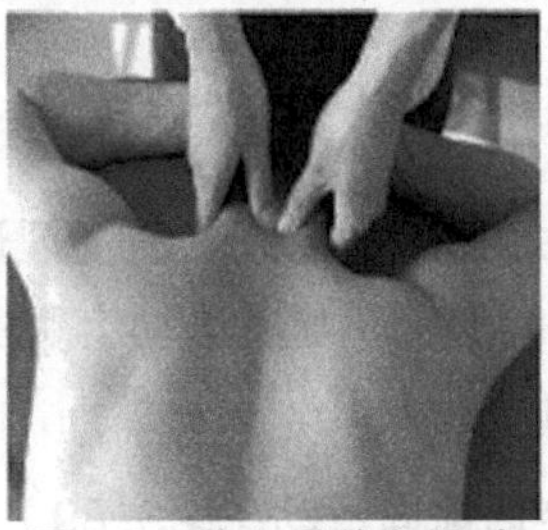

图3-82 棘突后前向滑动

3. 棘突侧方滑动（图3-83）

治疗作用：可改善颈椎侧屈活动度。

患者体位：去枕俯卧，双手五指交叉，掌心向上托住前额，下颌稍内收，颈部中立位。

操作者体位：面向患者位于患侧，双拇指并置放在相邻棘突的一侧，指尖相对，其余四指分别放在颈后或枕后部。

松动手法：一手固定，另一手借助上肢作用力将棘突向对侧推动。

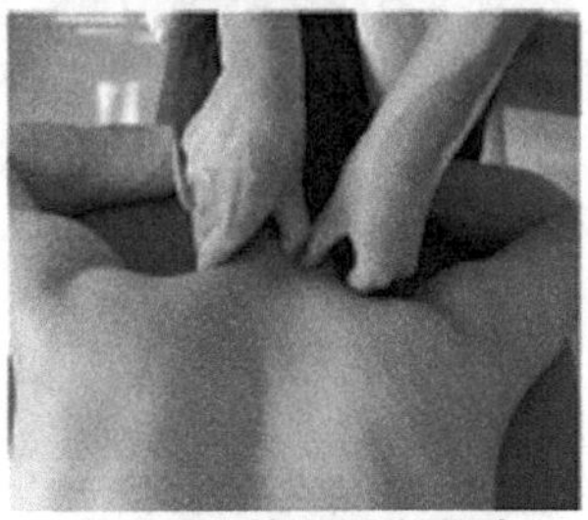

图3-83 棘突侧方滑动

4. 横突后前向滑动（图3-84）

治疗作用：可改善颈椎旋转活动度。

患者体位：去枕俯卧，双手五指交叉，掌心向上托住前额，下颌稍内收。

操作者体位：面对患者头部站立，双拇指指背相接触并置于同一椎体的一侧横突。

松动手法：内侧手拇指固定，外侧手借助上肢力量向腹侧垂直推动横突。如果疼痛明显，外侧手的拇指靠近横突尖，如此，轻微的松动即可产生明显的力学效应；如果关节僵硬明显，外侧手的拇指靠近横突根部。

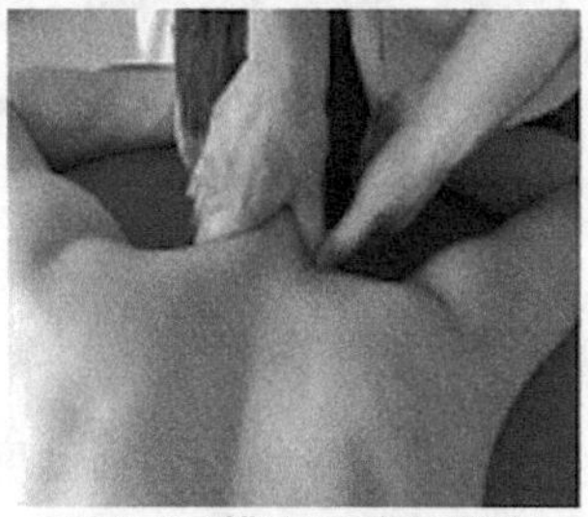

图3-84 横突后前向滑动

5. 椎间关节后前向滑动（图3-85）

治疗作用：改善颈椎侧屈和旋转活动度。

患者体位：去枕俯卧，双手五指交叉，掌心向上托住前额，头部向患侧旋转约30度。

操作者体位：面向患者头部站立双手拇指放在横突与棘突之间，其余四指放在颈部前后。

松动手法：双手拇指固定，身体前倾，双上肢用力同时向腹侧推动。如果症状偏向棘突，可以外侧手固定，内侧手稍偏向棘突用力；如果症状偏向横突，可以内侧手固定，外侧手稍偏向横突用力。

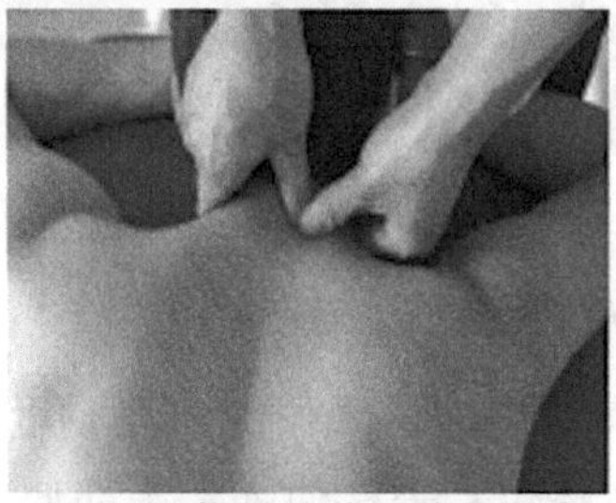

图3-85 椎间关节后前向滑动

6. 屈伸摆动（图3-86）

治疗作用：改善颈椎屈伸活动度。

患者体位：去枕仰卧，头部伸出治疗床外。

操作者体位：面对患者头部站立，双手托起枕部两侧，拇指放在两侧。

松动手法：双手固定，通过治疗师的双肩上举和下降使患者颈椎前屈、后伸。

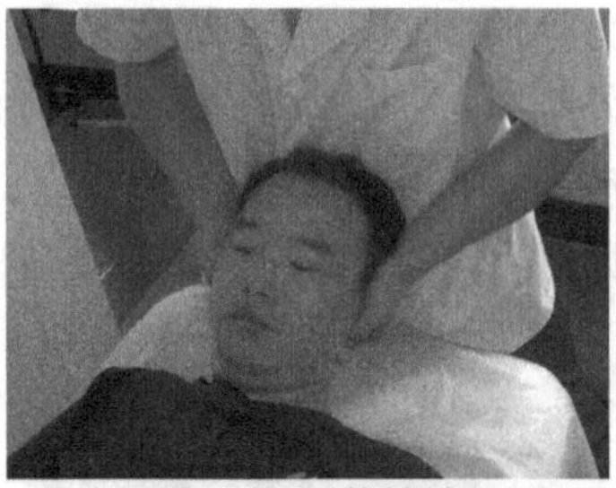

图3-86 屈伸摆动

7. 侧屈摆动（图3-87）

治疗作用：改善颈椎侧屈活动度。

患者体位：去枕仰卧，头部伸出治疗床外。

操作者体位：面对患者头部站立。向右侧屈时，右手放在颈部右侧，食指和中指放在拟松动的相邻椎体横突上，左手托住下颌，前臂掌侧放在左侧面部托住头部；向左侧屈时则相反。

松动手法：左手及前臂固定，上身左转，使颈椎向右侧屈，向左侧屈时则方向相反。

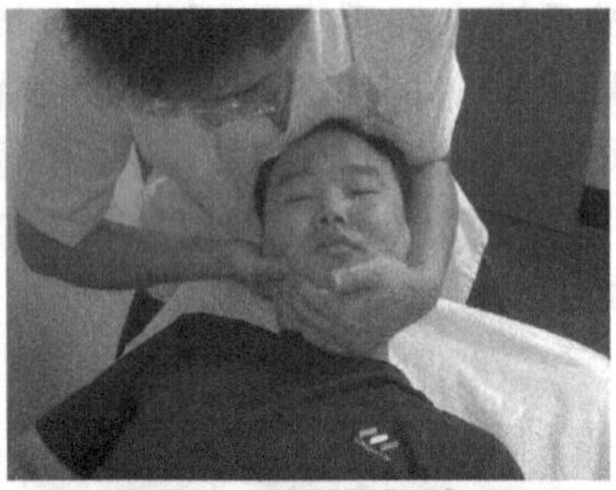

图3-87 侧屈摆动

8. 旋转摆动（图3-88）

治疗作用：改善颈椎旋转活动度。

患者体位：去枕仰卧，头部伸出治疗床外。

操作者体位：面对患者头部站立。向左转时，左手托住下颌，右手放在枕骨部位；向右旋转时则相反。

松动手法：双手固定，向左旋转时，左手向左，右手向右同时用力使头部向左转动；向右旋转时则相反。

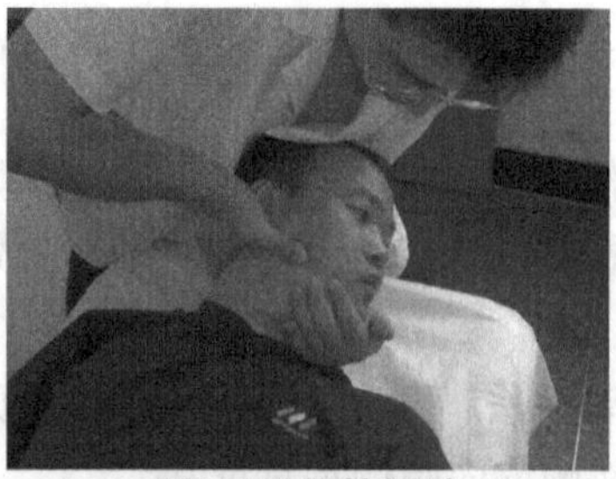

图3-88 旋转摆动

### （二）胸椎关节

胸椎由12节椎骨组成，生理运动有屈、伸、侧屈和旋转，附属运动有棘突后前向滑动、棘突侧方滑动、横突后前向滑动等。

1. 棘突后前向滑动（图3-89）

治疗作用：改善胸椎的屈伸活动度。

患者体位：俯卧位，上段胸椎（T1~T4）病变时，双手交叉，手掌置于前额；中下段胸椎（T5~T8，T9~T12）病变时，头转向一侧，上肢放在体侧，胸部放松。

操作者体位：上段胸椎病变时，面向患者头部站立；中下段胸椎病变时，站在体侧。双手拇指指尖相对或指背相接触放在胸椎棘突上，其余四指分开放在胸椎两侧。

松动手法：双手拇指固定，借助上身前倾作用力，将棘突向腹侧按压。

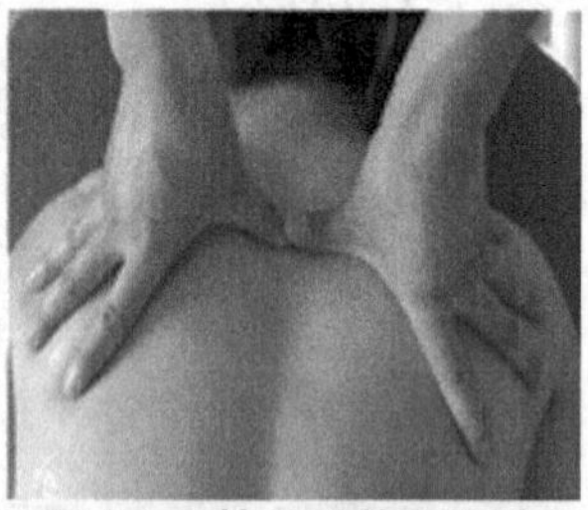

图3-89 棘突后前向滑动

2. 棘突侧方滑动（图3-90）

治疗作用：改善胸椎旋转活动度。

患者体位：去枕俯卧，上肢放在体侧或外展90度，屈肘，前臂垂于治疗床沿两侧。

操作者体位：面对患者站在患侧，双手拇指分别放在相邻的棘突侧方，或双手拇指重叠放在拟松动棘突的侧方，其余四指分开放在胸背部。

松动手法：拇指固定，上身稍前倾，双上肢同时用力向对侧推棘突。

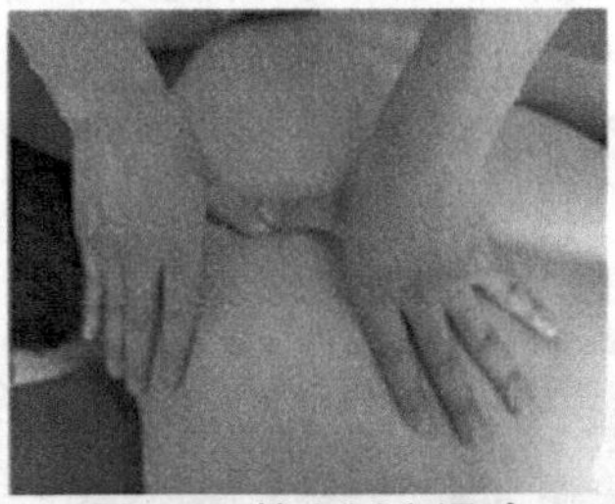
图3-90 棘突侧方滑动

3. 横突后前向滑动（图3-91）

治疗作用：改善胸椎侧屈及旋转活动度。

患者体位：去枕俯卧，上肢放在体侧或外展90度，屈肘，前臂垂于治疗床沿两侧。

操作者体位：面对患者站立，双手拇指指尖相对或相重叠放在拟松动胸椎一侧的横突上。

松动手法：双手固定，上身稍前倾，借助上肢和上身前倾力量垂直向腹侧按压横突。

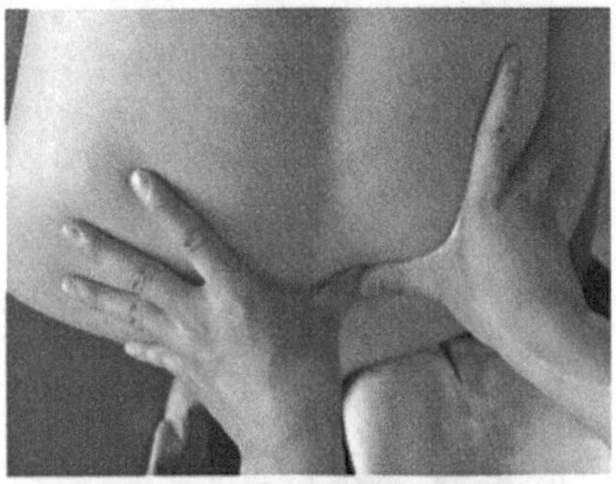
图3-91 横突后前向滑动

4. 旋转摆动（图3-92）

治疗作用：改善胸椎旋转活动度。

患者体位：坐位，双上肢胸前交叉，双手分别放在对侧肩部。

操作者体位：站在患者右侧，向右旋转时，左手放在其右肩部侧面，右手放在右侧肩背部。向左旋转时治疗师站位则相反。

松动手法：双手固定，向右旋转时，双上肢同时用力，使胸椎身体上部向右转动；向左旋转时则相反。

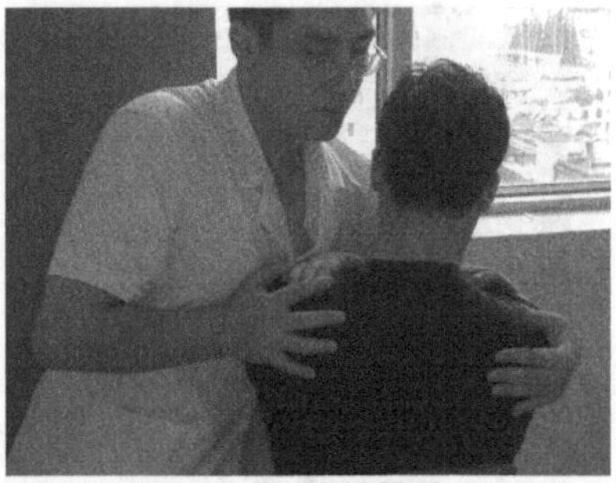
图3-92 旋转摆动

## （三）腰椎关节

腰椎由5节椎骨组成，其生理运动包括前屈、后伸、侧屈和旋转；附属运动包括棘突后前向滑动、棘突侧方滑动、横突后前向滑动等。

1. 棘突后前向滑动（图3-93）

治疗作用：可改善腰椎屈伸活动度。

患者体位：去枕俯卧，腹部垫枕，双上肢置于体侧，头转向一侧。

操作者体位：站在患侧，下方手掌根放在腰椎上，掌根部尺侧放在松动的棘突上，五指略屈曲，上方手放在下方手腕背部。

松动手法：双手固定，上身稍前倾，借助上肢和躯干力量向腹侧垂直按压棘突。

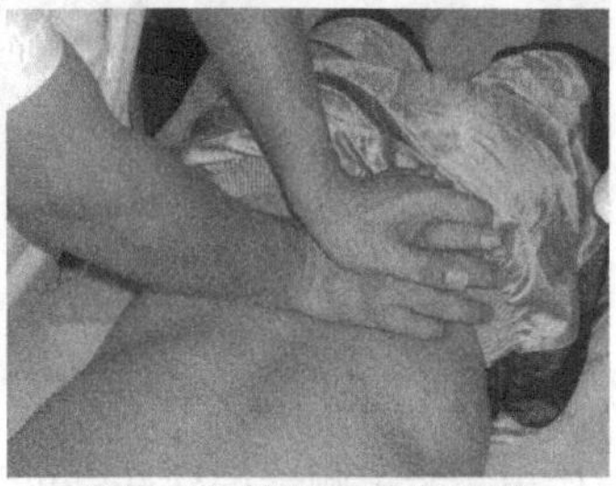
图3-93 棘突后前向滑动

2.突侧方滑动（图3-94）

治疗作用：改善腰椎旋转活动度。

患者体位：去枕俯卧，腹部垫枕，双上肢置于体侧，头转向一侧。

操作者体位：面对患者站在患侧，双手拇指指尖相对分别放在相邻棘突一侧，其余四指自然分开放在腰部。

松动手法：双手固定，上身稍前倾，借助上肢和躯干力量向对侧推棘突。

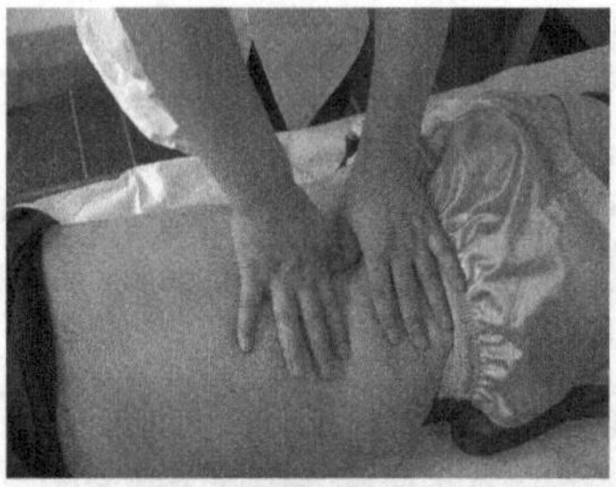

图3-94 棘突侧方滑动

3. 横突后前向滑动（图3-95）

治疗作用：改善腰椎侧屈及旋转活动度。

患者体位：去枕俯卧，腹部垫枕，双上肢置于体侧，头转向一侧。

操作者体位：面对患者站在患侧，双手拇指指背相接触或重叠放在拟松动腰椎的一侧横突上。

松动手法：双手固定，上身稍前倾，借助上肢和上身力量向腹侧垂直按压棘突。如疼痛明显，拇指移向横突尖部；如僵硬明显，拇指移向横突根部。

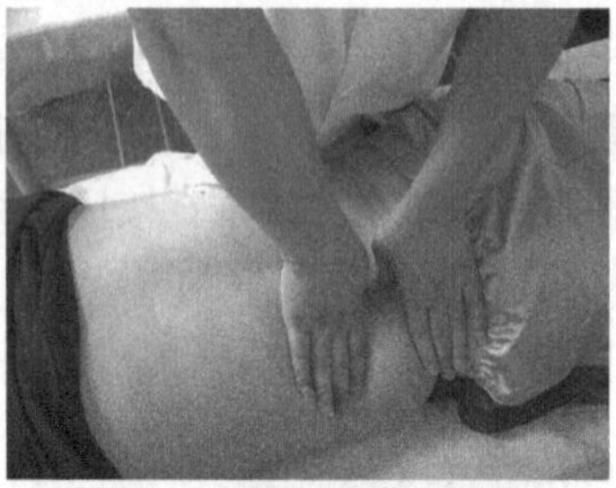

图3-95 横突后前向滑动

4. 旋转摆动（图3-96）

治疗作用：改善腰椎旋转活动度。

患者体位：健侧卧位，患侧在上并屈髋、屈膝，松动上段腰椎，屈髋角度较小（图3-96A）；节段越偏下，屈髋角度越大（图3-96B）。

操作者体位：站在患者患侧，双手放在上方髂嵴后缘。

松动手法：双手固定，双上肢同时用力向前推髂骨。如果关节比较僵硬，治疗师可以一手放在髂嵴后缘，另一手放在肩部内侧，双手同时反方向来回用力摆动（图3-96C）。此法对中段腰椎效果较好。若是下段腰椎病变，可以将患者的上方患肢垂于治疗床沿一侧，借助下肢的重力来增加摆动幅度（图3-96D）。

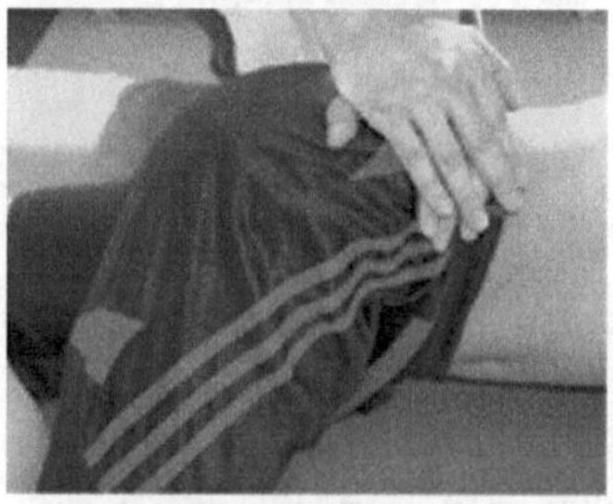

A

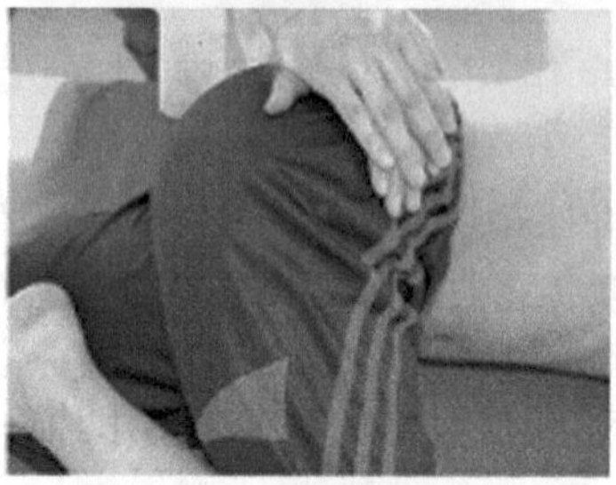

B

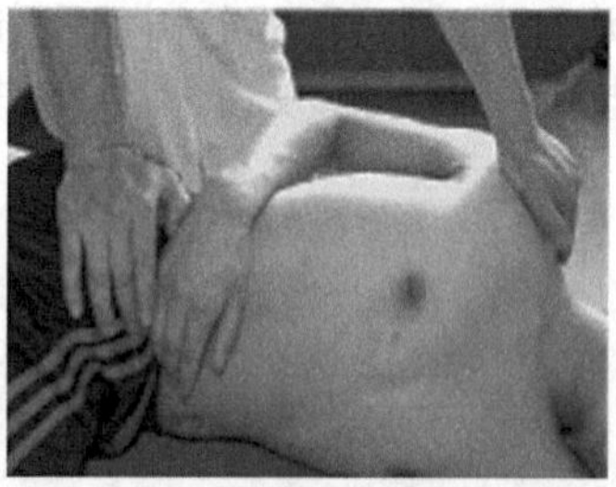

C

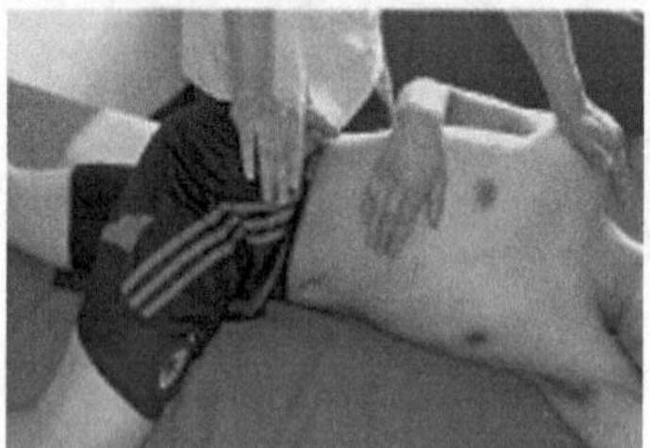

D

图3-96 旋转摆动

## （四）骨　盆

骨盆主要关节有腰骶关节、骶髂关节、骶尾关节及耻骨联合关节。骶髂关节和骶尾关节属于微动关节，活动很小，腰骶关节活动稍大。骨盆的生理运动包括旋转、前屈及后伸；附属运动包括分离、挤压及滑动。

1. 骨盆整体关节

（1）骨盆分离（图3-97）

治疗作用：可改善耻骨联合活动度。

患者体位：仰卧位，下肢伸直，髋外旋。

操作者体位：站在患者身体一侧，双手交叉放在对侧髂前上嵴处。

松动手法：双手固定，上肢内收，两上肢同时向外下方用力，使骨盆向外分离。

图3-97 骨盆分离

（2）骨盆挤压（图3-98）

治疗作用：可改善骶髂关节活动度。

患者体位：仰卧位，下肢伸直，髋内旋。

操作者体位：站在患者体侧，双手分别放在两侧髂嵴外侧，屈肘，上身前倾。

松动手法：双手固定，两上肢同时向中线方向用力，向内挤压骨盆。

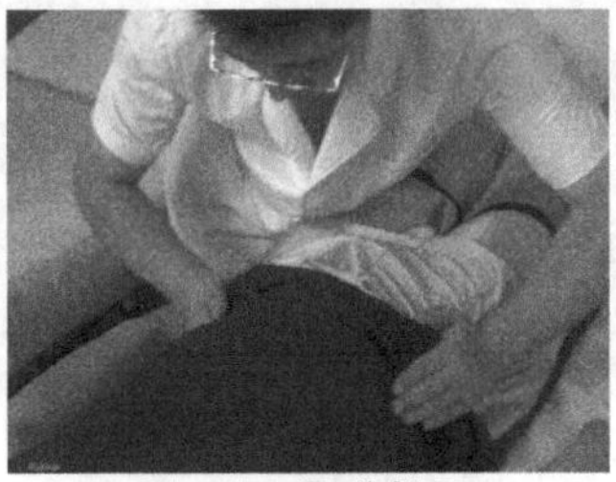

图3-98 骨盆挤压

（3）向头侧滑动（图3-99）

治疗作用：改善骨盆前后活动度。

患者体位：仰卧位，下肢伸直。

操作者体位：站在患者患侧，双手掌根重叠放置在髂前上棘的下方，伸肘。

松动手法：上身前倾，借助上肢和上身力量向上、并稍向后下推动骨盆。

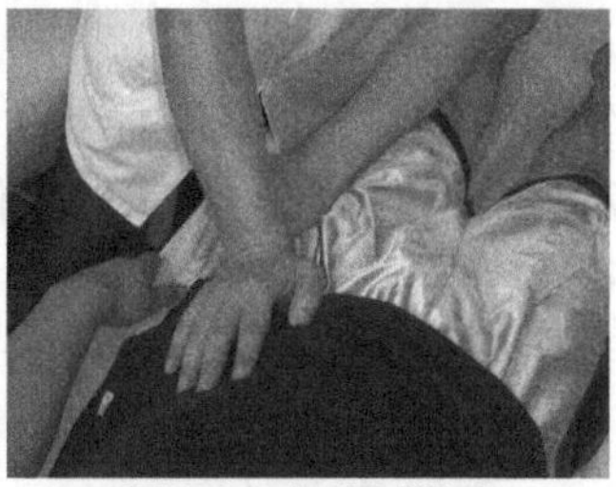

图3-99 向头侧滑动

（4）向足侧滑动（图3-100）

治疗作用：可改善骨盆前后活动度。

患者体位：仰卧位，下肢伸直。

操作者体位：站在患者患侧，双手掌根重叠放置在髂前上棘上方。

松动手法：上身前倾，借助上肢力量向足的方向并稍向前推动盆骨。

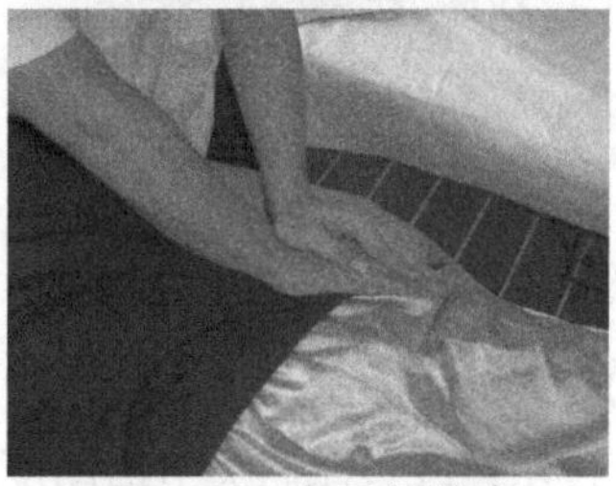

图3-100 向足侧滑动

2. 腰骶关节

（1）前屈摆动（图3-101）

治疗作用：可改善腰骶关节屈曲活动度。

患者体位：俯卧位，腹部垫一枕头，头转向一侧，上肢自然放于体侧，下肢伸直。

操作者体位：站在患者身体一侧，面向足部，内侧上肢伸直，掌根放置在骶骨上端，也可双手掌根重叠放置在骶骨上端。

松动手法：身体前倾，借助上肢及躯干力量向前下方推动骶骨。

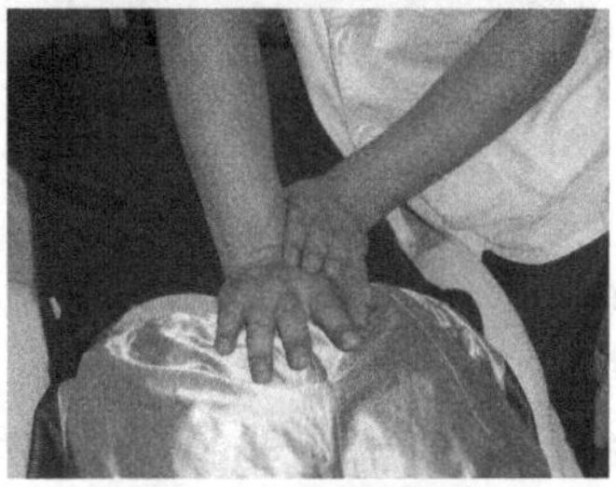

图3-101 前屈摆动

（2）后伸摆动（图3-102）

治疗作用：改善腰骶关节伸展活动度。

患者体位：俯卧位，头转向一侧，上肢自然放于体侧，下肢伸直。

操作者体位：站在患者身体一侧，面向头部，内侧上肢伸直，掌根放置在骶骨下端，也可双手掌根重叠放置在骶骨上端。

松动手法：身体前倾，借助上肢及躯干力量向前上方推动骶骨。）

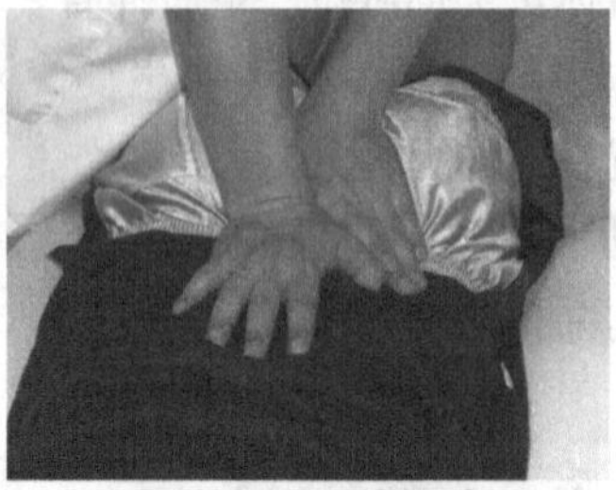

图3-102 后伸摆动

3. 骶髂关节

（1）侧方旋转（图3-103）

治疗作用：改善骶髂关节活动度。

患者体位：俯卧位，头转向一侧，上肢垂于治疗床沿，下肢伸直。

操作者体位：站在患者身体一侧，双上肢交叉，双手掌根分别放置在对侧骶髂关节外侧的髂骨上。

松动手法：双手固定，上身前倾，借助上肢力量向外下方推动髂骨。

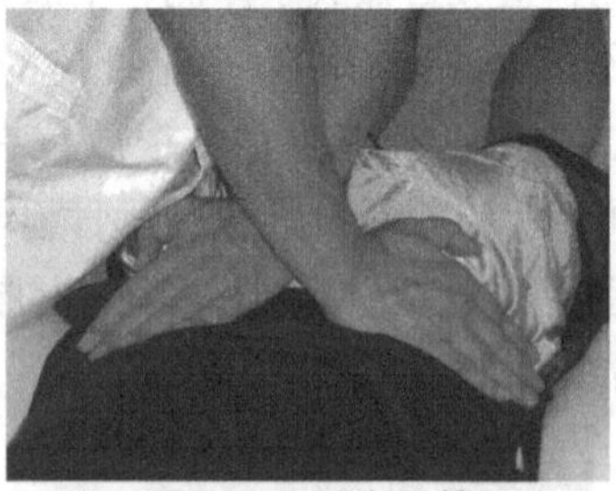

图3-103 侧方旋转

（2）交叉旋转（图3-104）

治疗作用：增加骶髂关节活动度。

患者体位：俯卧位，头转向一侧，上肢垂于治疗床沿。下肢垂直，左侧髋关节内旋，右侧髋关节外旋。向另一侧交叉旋转时方向相反。

操作者体位：站在患者身体一侧，上方手放置在右侧髂嵴的前侧面，下方手放在左侧骶髂关节外侧的髂骨上。

松动手法：上身前倾，上方手向上内方提拉右侧髂嵴，下方手向外下方按压左侧髂骨，使双侧骶髂关节发生反向旋转。

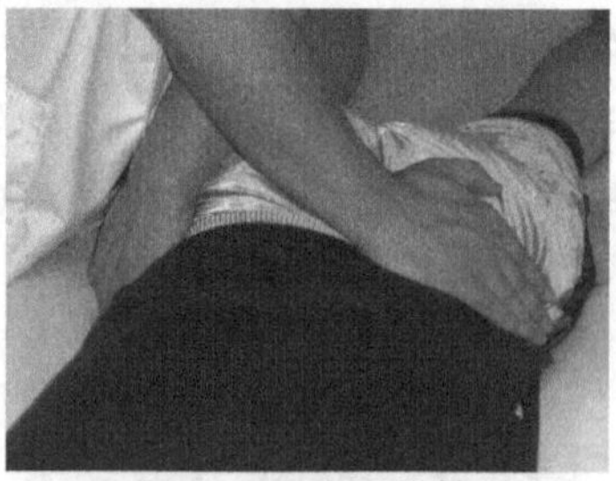

图3-104 交叉旋转

（3）髂嵴前旋（图3-105）

治疗作用：改善骨盆前倾活动度。

患者体位：半俯卧位，健侧下肢的足底着地，患侧（如左侧）下肢由治疗者托住。

操作者体位：站在患者身后，右手放置在左侧髂后上棘，左手及前臂托住患者左下肢。

松动手法：右手固定，左上肢将患者左下肢后伸并内收，借助上肢力量向外下方推动左髂嵴。

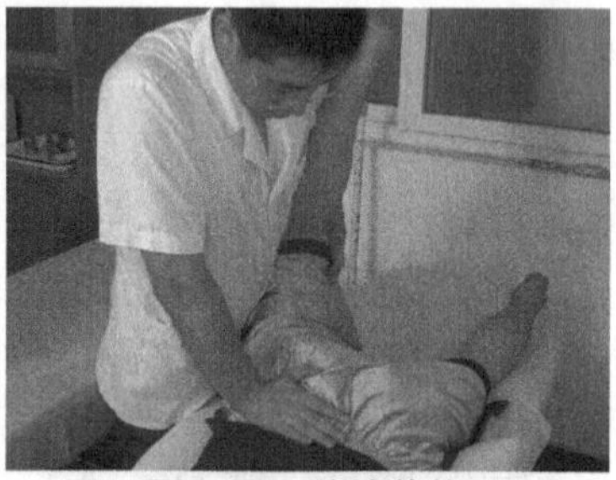

图3-105 髂嵴前旋

（4）髂嵴后旋（图3-106）

治疗作用：改善骨盆后倾活动度。

患者体位：健侧卧位，健侧下肢伸直，患侧下肢屈髋、屈膝90度，上半身外旋，上肢屈肘，自然放置在腹部。

操作者体位：面向患者站立，上方手放置在髂嵴处，下方手放置在坐骨结节处。

松动手法：双手固定，躯干前倾，上方手向后、下方手向前用力转动髂嵴。

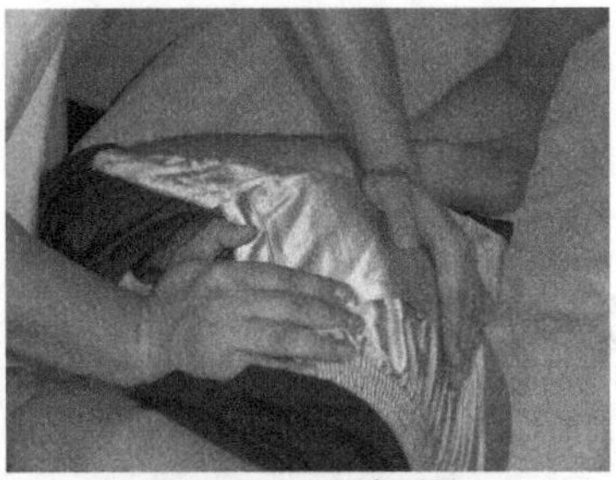

图3-106 髂嵴后旋

（5）髂嵴内旋（图3-107）

治疗作用：改善骶髂关节活动度。

患者体位：俯卧位，腹部垫枕，健侧下肢伸直，患侧下肢屈膝90度。

操作者体位：面向患者站立，上方手放置在对侧骶髂关节外侧的髂骨上，下方手握住踝关节。

松动手法：上身稍前倾，上方手固定，借助上肢力量向内下方推动髂骨，下方手同时向外转动小腿，使髋关节内旋。

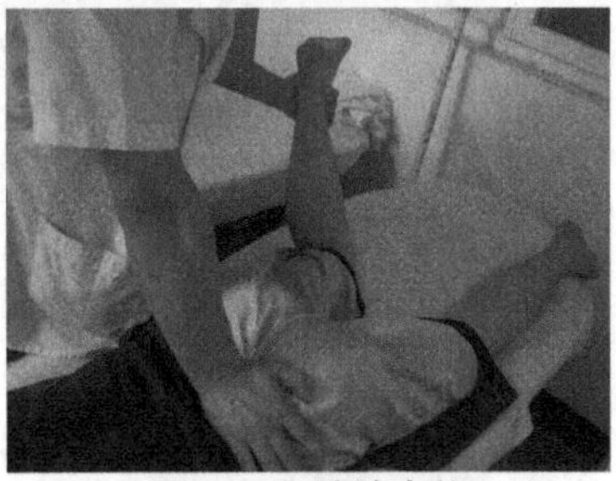

图3-107 髂嵴内旋

（6）髂嵴外旋（图3-108）

治疗作用：改善骶髂关节活动度。

患者体位：俯卧位，腹部垫枕，下肢伸直。

操作者体位：面向患者站立，上方手插到腹前侧，放置在髂前上棘处，下方手放置在髂后上棘处。

松动手法：上身前倾，下方手向前内方推动髂后上棘，上方手向后外方提拉髂前上棘，使整个髂嵴发生外旋。

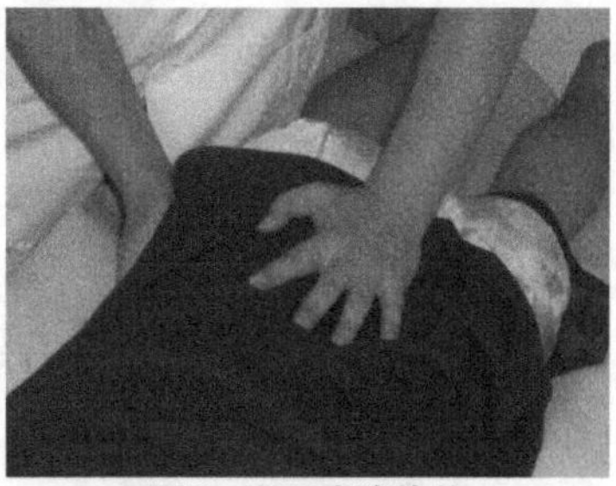

图3-108 髂嵴外旋

## 【思考题】

### 1. 关键性思考和讨论

（1）一个骨折后用夹板固定6周的患者什么结构将会失去弹性，当测试关节活动度和柔韧性时你将会感觉到什么结构限制（以Colle's骨折为例）？

（2）解释用于减轻疼痛和因关节囊韧带限制导致关节活动度下降的治疗手法区别？

（3）定义四肢关节的治疗平面。

### 2. 实验操作练习

（1）两人一组在实验室手法治疗床上练习四肢关节松动手法操作。

（2）两人一组在实验室手法治疗床上练习脊柱关节松动手法操作。

（3）练习将关节活动到末端再分别进行分离、滑动、旋转并滑动等技术操作。

◎　**参考文献**

[1]周士枋，范振华.实用康复医学[M]. 南京：东南大学出版社，1998.

[2]于兑生，恽晓平.运动疗法与作业疗法[M].北京：华夏出版社，2002.

[3]卓大宏，中国康复医学[M].北京：华夏出版社，2003.

[4]燕铁斌. 现代康复治疗学[M].广州：广东科技出版社，2004.

[5]纪树荣. 运动疗法技术学[M].北京：华夏出版社，2011.

（徐远红）

# 第四章　体位转移技术

【学习目标】

1. 掌握体位转移的基本原则。
2. 掌握偏瘫和截瘫患者良姿位的摆放。
3. 能正确指导偏瘫和截瘫患者进行各种体位转移。

为了使伤残患者早日生活自理，回归家庭、社会，减少家人和社会负担，必须早日开始日常生活动作（Activities of Daily Living，ADL）训练，体位摆放、身体移动及站立行走是运动疗法中ADL训练的重要训练内容。

## 第一节　良姿位的摆放

### 一、偏瘫患者的肢体位置摆放

良肢位指为防止痉挛模式的出现，保护肩关节以及早期诱发分离运动而设计的一种治疗性体位。对于偏瘫早期的患者，良肢位的摆放尤其重要。不良姿势会加剧痉挛程度，甚至会造成关节挛缩的严重后果。正确的体位能预防和减轻偏瘫典型的痉挛模式的出现和发展，如偏瘫侧上肢屈曲并肩胛带后缩，下肢伸展伴髋关节外旋。因此，良肢位摆放应置于抗痉挛体位。

正确的良肢位摆放有以下几种。

**1. 患侧卧位**

即患侧位于下方的侧卧位。患侧上肢充分前伸；患侧下肢取自然伸展位，健侧下肢向前跨过患侧放于长枕上，健侧上肢放松，放在躯干上。（图4-1①）

患侧卧位是最适合于偏瘫患者的体位，可增加对患侧躯干的感觉输入、缓慢牵拉患侧躯干肌肉及缓解痉挛，最初不容易被患者接受，但可帮助患者预防肢体的痉挛。

**2. 健侧卧位**

即健侧位于下方的侧卧位，是患者最舒适的体位。患侧上肢充分前伸，其下方垫一高枕；患侧下肢髋、膝关节取轻度屈曲位，放于长枕上，健侧肢体取自然位。（图4-1②）

**3. 仰卧位**

患侧肩胛和上肢下垫一长枕，保持肩关节充分前伸、肘关节伸展、腕关节背伸和手指伸展位，平放于枕上。枕或长浴巾卷起垫在大腿外侧，防止下肢外展、外旋。膝下垫上毛巾卷，保持伸展微屈，足与床尾间摆放一软硬适中的软垫保持踝关节于功能位。（图4-1③）

仰卧位由于紧张性迷路反射仰卧位时伸肌张力占优势可增强下肢伸肌张力，容易诱发异常的反射活动，形成压疮的危险性也大，因此，仰卧位仅适宜体位更换的一个过渡性体位，且该体位时间不宜过长。

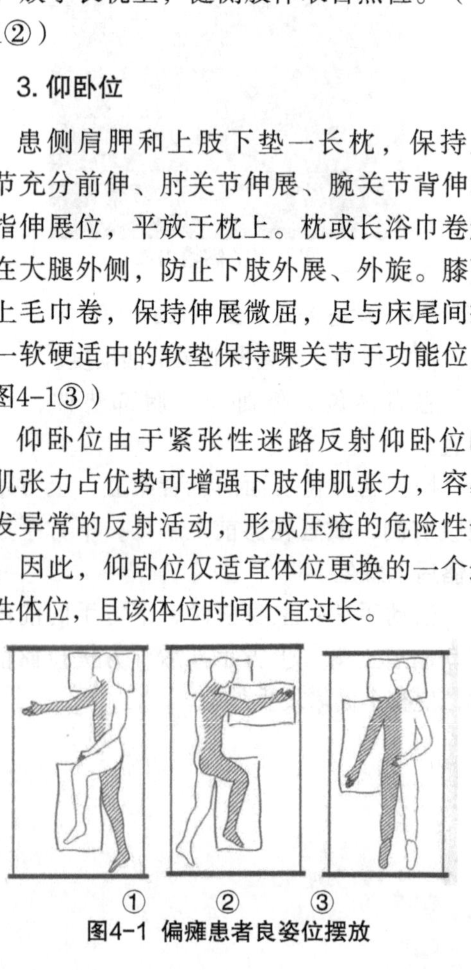

①　②　③

图4-1　偏瘫患者良姿位摆放

4. 床上坐位

偏瘫患者可取床上坐位进行进食、洗脸等日常生活活动，正确床上坐位如图4-2①所示，图4-2②为床上错误坐姿，注意避免错误姿势以防诱发痉挛模式。

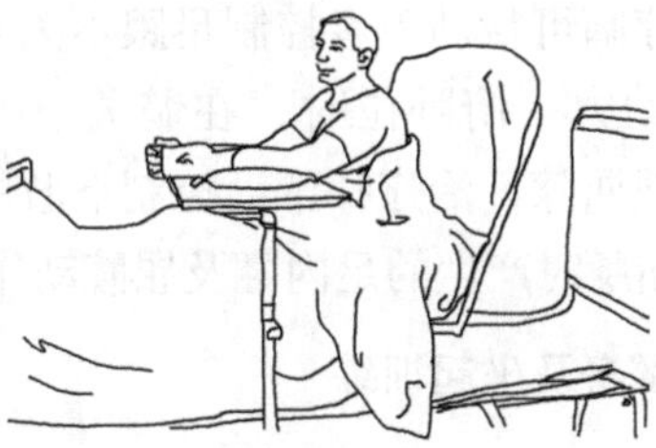

图4-2①

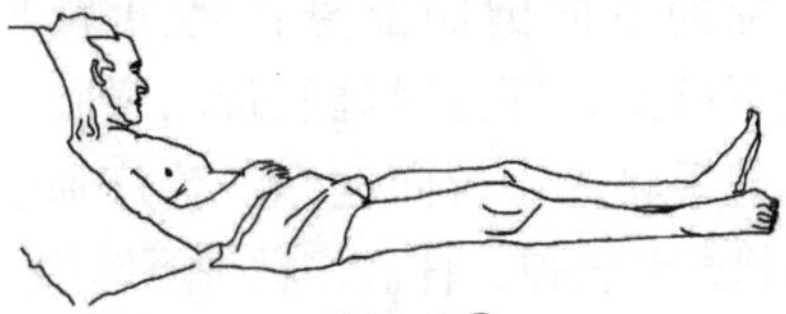

图4-2②

5.轮椅坐位

轮椅坐位是偏瘫患者早期使用较多的体位，注意体重平均分布到轮椅坐垫，为防止褥疮可使用充气软垫，也可加用轮椅托板以方便日常生活活动。图4-3①为偏瘫患者正确轮椅坐位，图4-3②为偏瘫患者错误轮椅坐位，注意避免错误坐姿以防诱发痉挛模式。

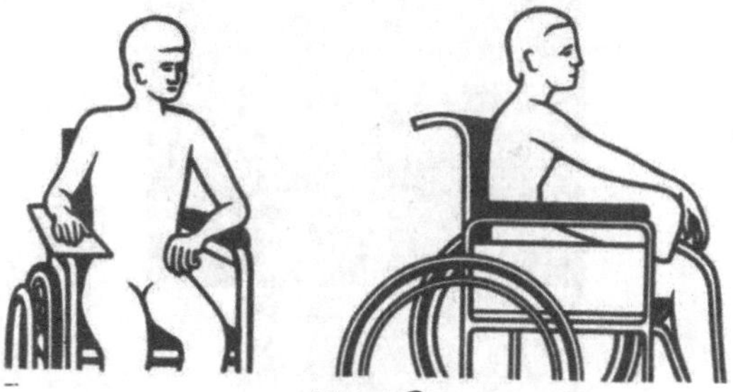

图4-3①

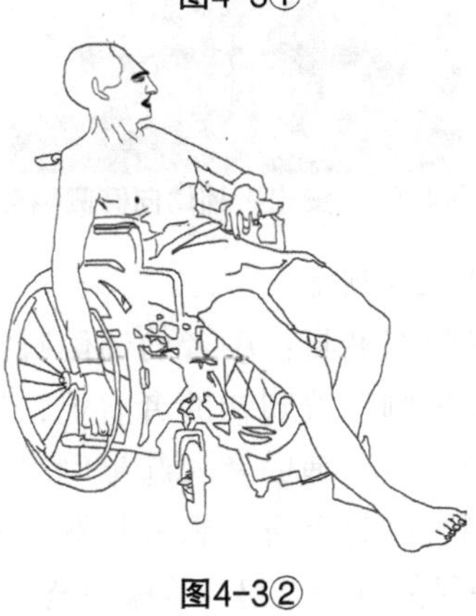

图4-3②

## 二、脊髓损伤患者的肢体位置摆放

1. 仰卧位

患者头下放置薄枕，将头两侧固定。如需保持颈部过伸展位时，在颈下放置圆枕。肩胛和上肢下垫一长枕，手指伸展位，平放于枕上，保持腕关节在40° 背伸位。长浴巾卷起垫在大腿外侧，防止下肢外展、外旋。膝下垫上毛巾卷，保持伸展微屈。此外，注意鼻尖与胸骨应在一条线上，双侧髂嵴水平与下肢平行。（图4-4）

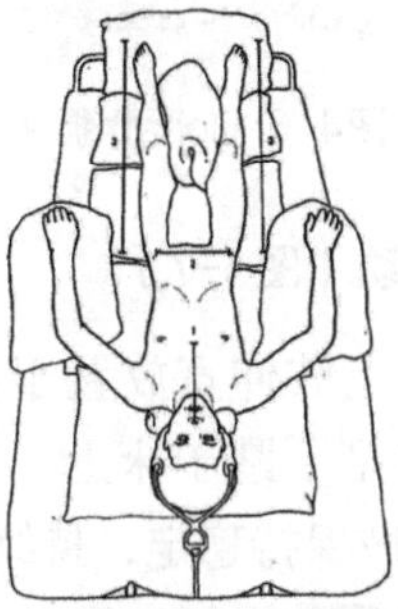

图4-4　截瘫患者仰卧位摆放

2. 侧卧位

患者上肢保持伸展位，下肢取轻度屈曲位，均放于长枕上。背后用长枕等支撑，以保持侧卧位。如需行颅骨牵引时，保持40° ~60° 侧卧。应保持耳、肩的顶部与髂嵴在一条线上。（图4-5）

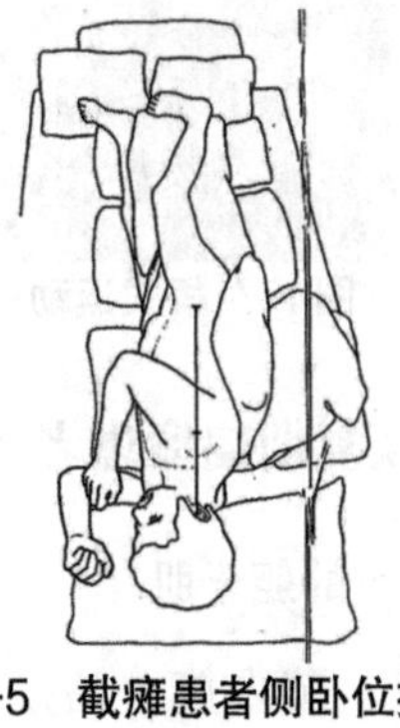

图4-5　截瘫患者侧卧位摆放

# 第二节　床上活动

## 一、偏瘫患者的床上活动

旨在使患者独立完成各种床上的早期训练后达到独立完成从仰卧位到床边坐位的转移。

## （一）急性期偏瘫患者的床上活动

### 1. 上肢自我辅助被动运动（图4-6）

双手手指交叉，患手各指置于相应健侧各指之上（Bobath握手），利用健侧上肢带动患侧上肢进行被动活动，肘关节充分伸展。

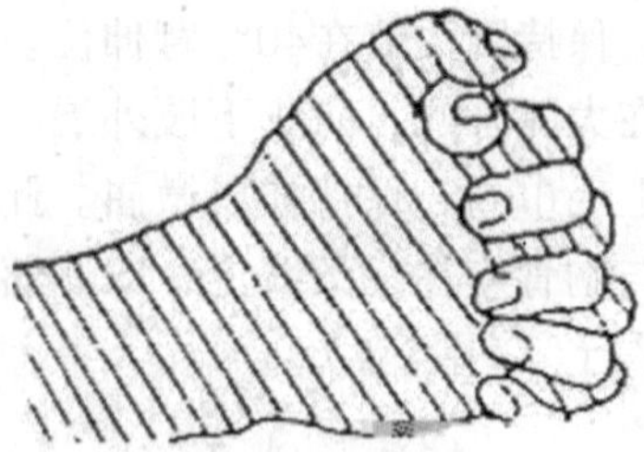

图4-6 Bobath握手

### 2. 桥式运动（图4-7）

仰卧位，上肢伸直放置于体侧，双下肢屈髋屈膝，双足平踏于床上，伸髋并将臀部抬离床面，下肢保持稳定，持续5～10秒。

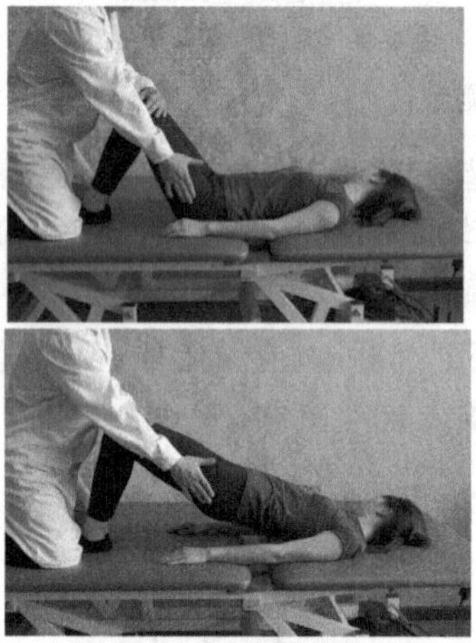

图4-7 桥式运动

## （二）恢复期偏瘫患者的床上活动

### 1. 牵伸患者的躯干肌

患者屈膝、髋内旋，治疗师在一手下压患者患侧膝关节的同时另一手作用于肩，使患侧的躯干肌得到缓慢和持续的牵伸。

### 2. 髋控制能力的训练

患者取仰卧屈膝位，双足平踏于床上，双膝进行左右方向的摆动。同一体位，患者两髋同时做外旋到中立位的反复运动，治疗师可在健侧膝关节施加阻力，加强联合反应以促进患髋由外旋回到中立位。进一步可进行患腿的分、合运动。

### 3. 仰卧及俯卧位屈膝运动

仰卧位下膝关节由伸展位开始做屈膝运动，治疗师可帮助患者控制足跟不离开床面或稍给予助力。俯卧位时，在髋关节伸展下，向后勾腿屈膝，治疗师帮助控制下肢的代偿运动，如屈膝时产生的足内翻及屈髋动作。

### 4. 翻身及坐起训练

（1）翻身训练

①辅助下向健侧翻身：将患侧下肢放于健侧下肢上，翻身时健肢带动患肢一起翻转。由健手将患手拉向健侧。治疗师于患侧帮助抬起患者肩胛、骨盆，翻身至健侧。

②向患侧翻身：将患侧上肢外展防止受压，屈起健侧下肢。头转向患侧，健侧肩上抬，上肢向患侧转，健侧下肢用力蹬床，将身体转向患侧。

③向健侧翻身：健侧手握住患侧手上举，健侧下肢插到患侧腿下面。健侧腿蹬床，同时转头、转肩，完成翻身动作。（图4-8）

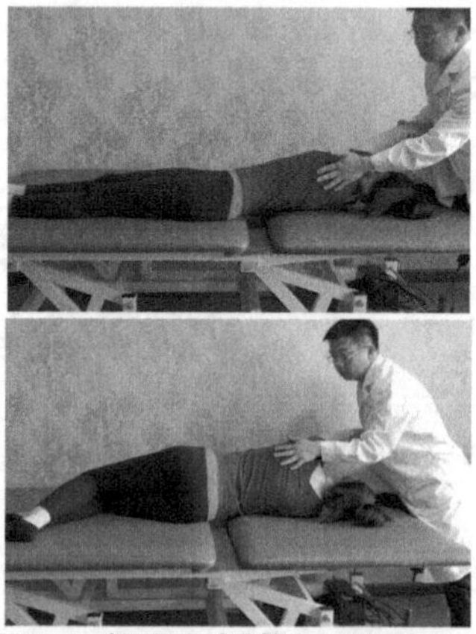

图4-8 偏瘫患者辅助向健侧翻身

（2）坐起训练

①辅助下坐起：患者的健侧脚插到患侧腿下，将患侧手放到辅助者肩上，辅助者扶住患者的双肩。辅助者扶起患侧肩，同时患者用健侧肘撑起上身。患者将双下肢放到床下，伸展肘关节。坐起，并保持坐位。

②偏瘫患者独立坐起动作：健手握住患手，双腿交叉，用健侧腿将患侧下肢放至床边，同时颈部前屈，身体转向健侧。双腿放至床下，健手松开患手。健侧肘于体侧撑起身体，抬头。肘伸直，坐起至床边坐位。（图4-4）

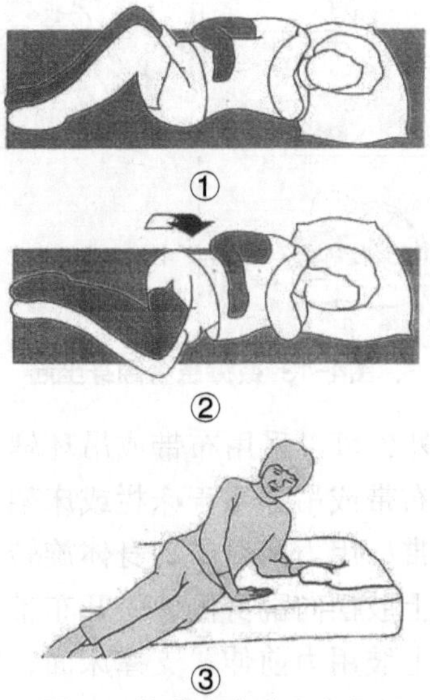

图4-9 偏瘫患者独立坐起

①双下肢屈曲，健侧下肢助患侧下肢抬至床边；②翻身至侧卧位；③健侧肘支撑坐起。

**5.偏瘫患者端坐位平衡训练**

患者健手扶床栏杆保持坐位，双上肢抱于胸前，进行躯干旋转；躯干前倾，双手触摸脚；诱发翻正反应的训练。

**6.坐位移动训练**

根据手放置位置不同，移动方向也不同。（1）健侧手放在身体前方（或后方），支撑身体。（2）健侧下肢屈曲向健手处移动。（3）以膝为支点，移动臀部。

**7.站起训练**

（1） 辅助站起：患者双足平放于地面上，患脚在前。辅助者用膝顶住患者膝部，双手抓住患者腰部。患者躯干前倾、重心前移，在治疗师的帮助下伸髋、伸膝慢慢站起。（图4-10）

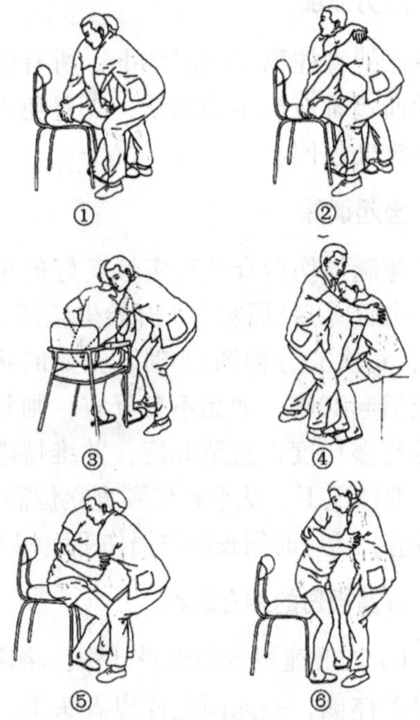

图4-10 偏瘫患者辅助站起

（2） 独立站起：双足着地，双手交叉，双上肢向前充分伸展，身体前倾。当双肩向前超过双膝位置时，立即抬臀，伸展膝关节，站起。（图4-11）

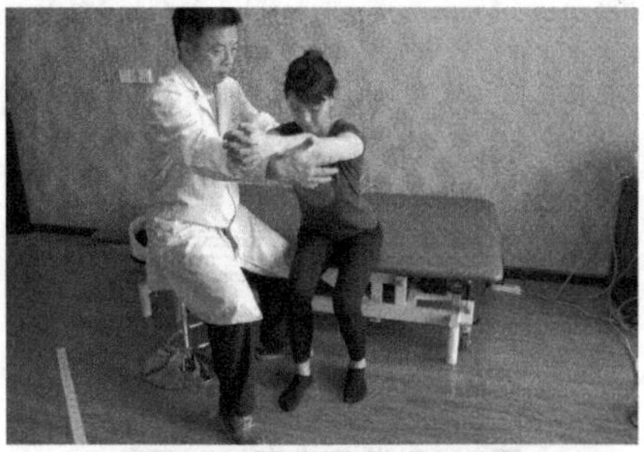

图4-11 偏瘫患者独立站起

## 二、脊髓损伤患者的床上活动

### （一）早期脊髓损伤患者的床上活动

**1. 关节活动度训练**

瘫痪肢体的被动活动应在入院后首日开始进行，每个肢体从近端到远端关节的活动应在10分钟以上。必须注意C6～C7节段损伤的患者，在腕关节背伸时应保持手指屈曲，在手指伸直时必须同时屈腕。

2. 肌力训练

在保持脊柱稳定的原则下，所有能主动运动的肌肉都应当主动运动，以避免发生肌肉萎缩或肌力下降。

3. 坐起训练

对脊髓损伤后脊柱稳定性良好的患者应早期（伤后/术后1周左右）开始坐起训练，每日2次，每次30分钟到2小时。开始时将床头抬高或摇起30度，如无不良反应，则每天将床头抬高多15度，直至90度，并维持继续训练。一般情况下，从平卧位到直立位需1周的时间适应，适应时间长短与损伤平面相关。

4. 脊髓损伤的翻身动作

（1）四肢瘫患者的翻身动作：将床单卷起至患者体侧，一人固定住患者头部，将上肢外展，另两至三人分别扶住患者的躯干使其成一整体翻向一侧，在肩背后、头、双上肢、双下肢之间垫枕头。（图4-12）

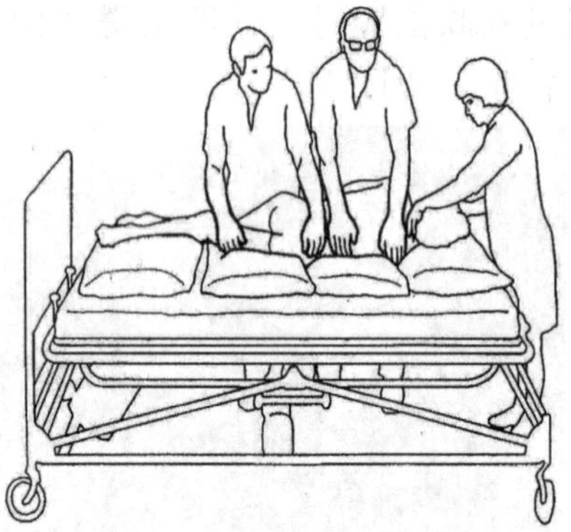

图4-12 截瘫患者被动翻身

（2）截瘫患者的翻身动作：患者双上肢向身体两侧用力摆动，头转向翻身侧，同时双上肢用力甩向翻身侧，带动躯干旋转而翻身，继而将位于上方的上肢用力前伸、支撑床面，完成翻身动作。（图4-13）

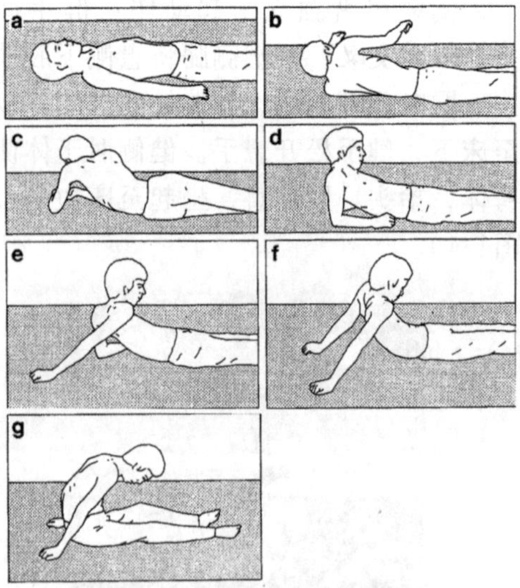


图4-13 截瘫患者翻身坐起

此外，可以采用布带或吊环辅助进行翻身，将布带或吊环系于床栏或床架上，手腕勾住布带，用力屈肘带动身体旋转，同时将另一侧上肢摆向翻身侧，松开布带，将位于上方的上肢用力前伸、支撑床面，完成翻身动作。（图4-14）

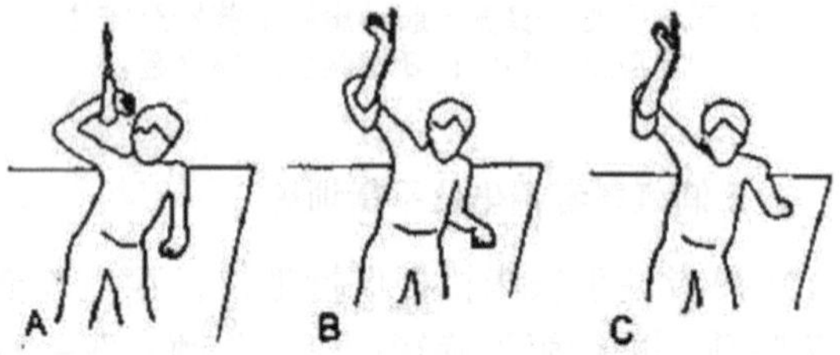


图4-14 截瘫患者翻身坐起（布带）

（3）靠物辅助坐起坐位平衡训练：四肢瘫、损伤较重的患者因长期卧床，在坐或站起时容易出现直立性低血压。因此，早期使用靠架或摇床坐起。一般2周左右可以完全坐起。

## （二）恢复期脊髓损伤患者的床上活动

1. 继续加强翻身动作的训练

2. 恢复期脊髓损伤患者的坐起训练

坐起时，需要躯干的柔软性和至少一侧上肢的伸展功能，因此，C7损伤的患者可以从仰卧位直接坐起，而C6的患者则需翻身至侧卧或俯卧位后再坐起。

（1）四肢瘫患者从侧卧位坐起：翻身至侧卧位，移动上身靠近下肢，用上侧上肢勾住膝关节，用力勾住腿的同时反复将另一侧肘屈曲、伸展、通过此动作将上身靠至双腿，将双手置于体侧，伸肘至坐位。

（2）四肢瘫患者从仰卧位坐起：适用于C7以下的脊髓损伤的患者。患者将头和上半身用力转向身体两侧，通过反复转动将双肘放到身后支撑上身，继续将头和上半身旋转将两肘伸直至长坐位。

（3）截瘫患者的坐起：患者双上肢同时用力向一侧摆动，躯干转向一侧，一只手和对侧肘支撑床面，伸展肘关节，支撑手移动至长坐位。

**3. 坐位平衡训练**

（1）长坐位平衡训练：是实现穿裤、袜、鞋等功能活动的前提训练。可采用以下训练方式：① 治疗师在患者身后，用身体和双手扶助患者保持平衡。② 治疗师在患者身后，用双手扶住患者保持平衡。③ 治疗师在患者身前，双手拉助患者保持平衡。④ 患者双手扶腿保持平衡。⑤ 患者单手扶腿保持平衡。⑥ 双上肢外展位保持平衡。⑦ 双上肢前屈位保持平衡。⑧ 双上肢上举位保持平衡。

（2）端坐位平衡训练：① 肩外旋、伸展、前臂旋后，肘伸展位支撑身体。② 一侧上肢支撑下的坐位平衡。③ 沿身体长轴施加压迫。④ 轮椅坐位投球、接球训练。⑤ 使用姿势矫正镜进行训练。

**4. 坐位移动训练**

（1）坐位前方移动训练：患者双手置于臀部稍前方，躯干前倾，用上肢支撑躯干，充分伸展肘关节将臀部抬起。身体向前方移动，屈肘坐下，反复进行此动作完成移动。

（2）坐位侧方移动训练：患者一手靠近身体，另一手放在身体侧方的床面上，用双手支撑体重，将臀部抬离床面充分伸展肘关节。将身体移向一侧，将臀部放至床面。

**5.坐位站起训练**

（1）四肢瘫患者的辅助站起：辅助者用手托住患者的臀部，患者用双上肢勾住辅助者的脖子。然后，辅助者用双膝固定住患者的双膝，辅助者重心后移站起同时将患者臀部向前上方托起。最后，辅助者抱住患者臀部，使其保持立位。

（2）截瘫患者配戴矫形器站起：患者坐于轮椅前部，将躯干尽量前屈，双手握杠；双手同时用力，将身体拉起，臀部向前，将髋关节处于过伸展位，保持站立。

## 第三节 转移训练

转移训练是一种患者生活自理的关键动作，要求患者能从轮椅转移至各种不同的地方。患者对移乘动作掌握的程度决定其活动范围和ADL的自理程度。转移训练包括椅坐位站起、轮椅与椅的转移、轮椅与床的转移、轮椅与马桶的转移、轮椅与浴盆转移等。

### 一、转移的基本原则

**（一）独立转移**

独立转移是指患者独自完成的转移，在实践转移过程中应遵循以下原则。

1.转移来去的两个平面之间高度尽可能相等而且稳定，轮椅转移时必须先制动。

2.治疗师帮助转移时其指令必须清楚，整个转移过程中必须保持平衡。

3.学习独立转移的时机要适当，太早患者会因失败而失去信心，太晚则因依赖而失去兴趣；应当教会患者利用体重转移，如利用倾斜力和翻滚力以增加起身的动力。

4.从轮椅到搬运机时扶手和脚踏板要移开，两个平面应尽可能靠近，其间以滑板相连。

5.有几种方法可供选择时要以最安全容易的为首选，如果患者不能达到独立转移则训练其实现辅助下转移。

### （二）有帮助的转移

一般有帮助的转移是指由治疗师协助的转移，治疗师在实践操作过程中应遵循以下原则。

1.治疗师或帮助者与患者之间互相信任。

2.帮助者知道被帮助者有什么缺陷，体力和认知水平如何，需要何种方式和多少力度的帮助。

3.患者预先告知帮助者自己习惯的转移方式。

4.转移时治疗师与被帮助者应当互相支持，协同用力。

5.治疗师需要相当的技巧而不单独依靠体力，帮助时主要依靠下肢力量，因此通常帮助者两腿分开与肩同宽并一前一后，髋膝可以微屈但腰背及头颈必须伸直，旋转时不用腰而用足。

6.转移前必须准备好必要的设施与空间，使转移过程中无障碍。

7.治疗师必须注意衣着，如穿防滑鞋、衣着要方便活动、头发和戒指不会掠过或牵扯患者。

8.治疗师必须了解自己的体力和技能，没有把握时不要单独行事。

9.必先使患者知道转移的目的和方法，处于最好的起始位置，并已排空大小便，转移中不会发生大小便失控。

10.帮助者应当使自己的指令明确地被接受，与患者有语言文化差异时尤应注意。

### （三）搬　运

搬运即提升转移，是指将患者整个抬起以进行各种转移。适用于完全处于被动状态的瘫痪患者。可以分为人工搬运和机械搬运。人工搬运至少需要两人，机械搬运使用各种搬运机械。无论人工还是机械搬运都有帮助者介入，也需要被帮助者配合，在搬运过程中须遵循下述原则：患者应当对帮助者有信心，从而从身心上放松自己，配合转移；患者应当向前看而不是向地板看或向帮助者看；转移过程中患者应当保持转移开始的姿势，不再改变；帮助者方面则先要决定由何人指挥，发出指令后所有帮助者和患者要同时协同用力；转移前检查器械是否安全完好，准备好并固定好，并保证空间通畅，没有障碍。

独立、辅助转移和搬运方法的选择，没有绝对的原则。治疗师可以根据以下因素来考虑选择适当的转移方式：(1)根据患者和辅助者的能力来选择，能够独立转移时固然不用辅助，辅助者体力不足时也不能获得帮助；(2)根据转移的距离和频率来选择，过远距离的转移难以依靠一个人的帮助，过频的转移不便则使用搬运机；(3)根据患者的残疾水平，转移时不能增加患者的痛苦、损伤；(4)根据辅助者和患者的认知能力和两者相互关系与配合程度来选择，如果患者有意识或感知觉障碍，且躯体运动功能较差则可以选择搬运转移。以下重点介绍几种搬运方法：

#### 1. 人工搬运方法之一

此法的操作特点是两个搬运者一前一后分别托持患者的上下肢；具体操作方法：首先患者直坐，双前臂在胸前交叉互握；一名搬运者站在患者椅或床的后面，双手穿过患者腋下伸至患者胸前分别握住患者双前臂，另一搬运者站在患者的前侧方，双手分别托住患者双侧大小腿下面；由站在患者头部的搬运者发出口令，两人同时将患者抬起并搬运到需要的位置。（图4–15）

图4–15 人工搬运方法一

#### 2. 人工搬运方法之二

此法操作方法有如儿童游戏中的抬轿子；具体操作方法：患者尽量坐直，双臂向前外侧伸展；两搬运者站立于患者两侧，面向患者背侧，双腿分开，髋膝微屈，头及腰背伸直，靠近患者侧的肩降低并抵住患者侧胸壁，患者上肢落在搬运者后背上，两搬运者的一手通过患者臀后部互握对方腕部；两搬运者的另一手置于患者背部，保持搬运时患者的躯干正直，根据指挥者的命令两人同时伸直腰腿将患者抬起。（图4-16）

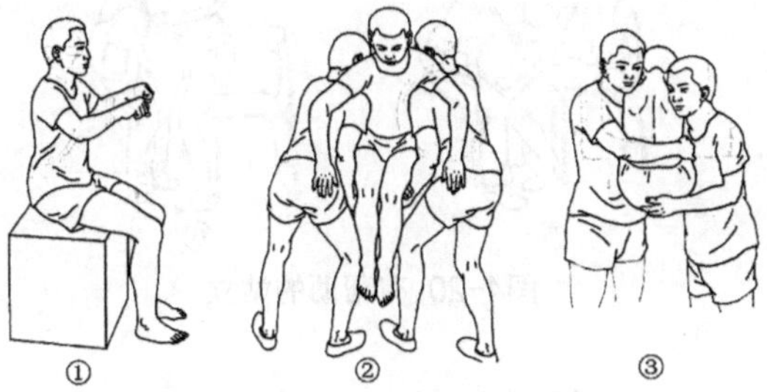

图4-16 人工搬运方法二

3. 机械搬运

机械搬运是利用搬运机提举并运输患者，分固定与移动搬运机。使用机械搬运应遵循以下原则：(1)机械搬运适用于因人力限制而不能进行人工搬运或有帮助的转移时，或患者或照顾者喜欢采用时；(2)搬运机必需使用简单，应当是简化患者的生活活动而不是使之更复杂和更难；(3)搬运机的吊带椅位等各部件必须适合个别患者的情况，否则有危险，搬运机本身也必须尽量可靠并定期维修，否则可能发生意外损伤；(4)一般搬运机由患者自己操纵，此时患者应有足够的智力和体力，包括耐力、平衡、视觉与触觉等；(5)应有搬运机使用、保存的空间，住房建筑也有一定的要求；(6)有时是由帮助者操纵搬运机，那么帮助者智力、体力也应有一定水平，要能正确使用搬运机，并严格禁止修改吊带，如有故障应立即与有关工程人员接触，及时维修以保证安全。

目前实践操作中常用的搬运机主要有移动式搬运机和落地式固定搬运机。

(1)移动式搬运机可将患者由一个房间搬运到另一个房间，其有关的设施要求和使用细则如下：动力有电控和液压控制之分，液压控制搬运机通过操作液压制动把手使吊杠升起，打开溢流阀可使吊杠缓慢下降，此装置允许帮助者将患者放置于固定装置，虽整机较轻但操纵较费力，电动的则反之；轮子有大小之分，大轮易于超越障碍，但要求床椅下面空间较高；一般由帮助者操纵，帮助者应熟悉锁定、转弯、逾越障碍的技巧；一般搬运机的安全负荷量在125kg以上，足够搬运任何患者。必须注意的是：严重残疾或僵硬的患者不适合使用此类升降机。（图4-17）

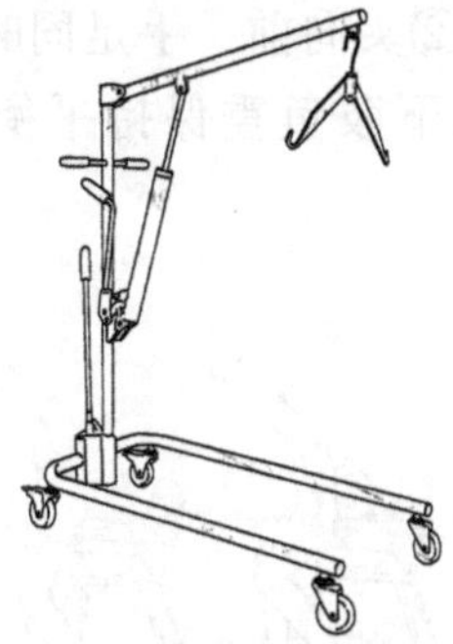
图4-17 移动式搬运机

(2)落地式固定搬运机一种为永久性固定于地面，另一种为底盘固定于地面适当位置，升降杠可从底盘拔除；落地式固定升降机主要供患者洗浴时使用。使用细则如下：永远固定于一地，或用地螺丝在不同的地点固定；一般只用于浴盆、马桶等的出入和转移；优点是较移动式搬运机占地小，成本也较低；可以设计成患者操纵或帮助者操纵。（图4-18）

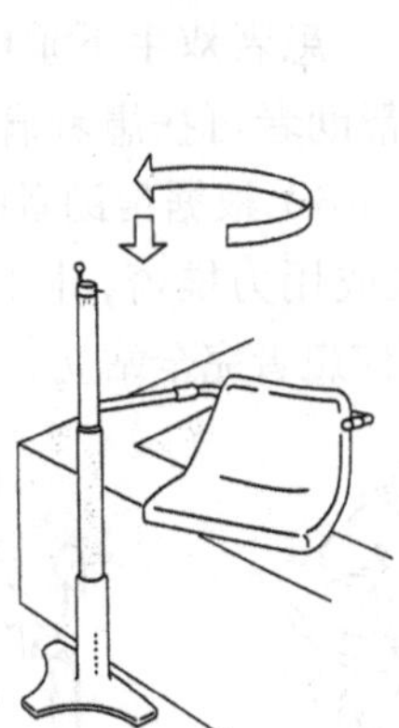
图4-18 落地式固定搬运机

## 二、椅坐位站起

### 1. 独立站立

独立站立的原则如下：（1）椅子高些较低些容易站立；（2）坐板越硬越好，太软时可加一木板；（3）有扶手的椅较无扶手的容易起落；（4）弹射椅有其优点，但弹力要与患者的体重相匹配。（图4-19）

动作步骤：①尽量坐于椅的前沿，双足落地，健足靠后，双手握扶手，躯干前倾，头稍上抬；②头向前，手足同时用力将躯干推起；③双下肢负重保持平衡；④充分站立。

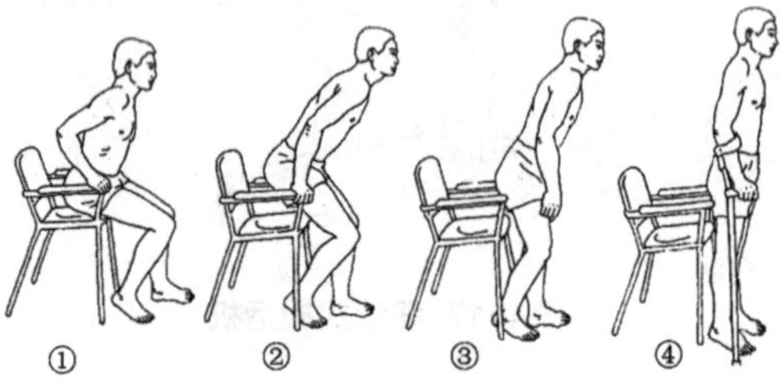

图4-19 独立站立

### 2. 有帮助的站立

动作步骤：（1）使患者坐于椅子的前部并前倾躯干；（2）帮助者双足分开与肩同宽，以一足与膝抵住患者患侧的足与膝以固定患者；（3）帮助者可提拉患者的腰带，如无腰带则托住患者双髋，或一手置于髋部一手置于肩胛上，患者双手下垂或置于帮助者肩胛；（4）帮助者可扶患者肩胛；（5）或托患者双肘；（6）根据帮助者的指令，患者用力伸直下肢或用力推椅，同时帮助者用力将患者上抬，使患者完全站立。（图4-20）

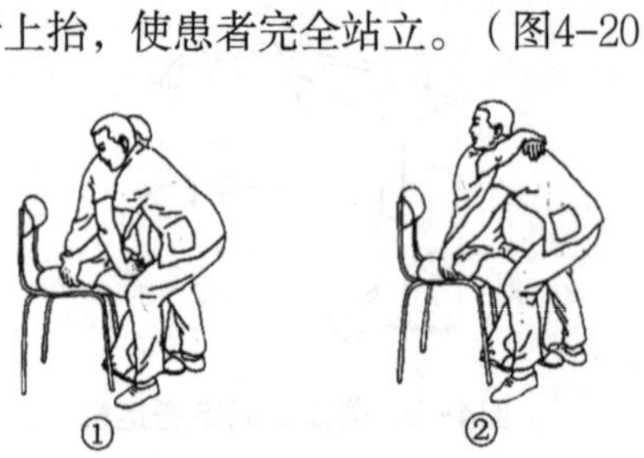

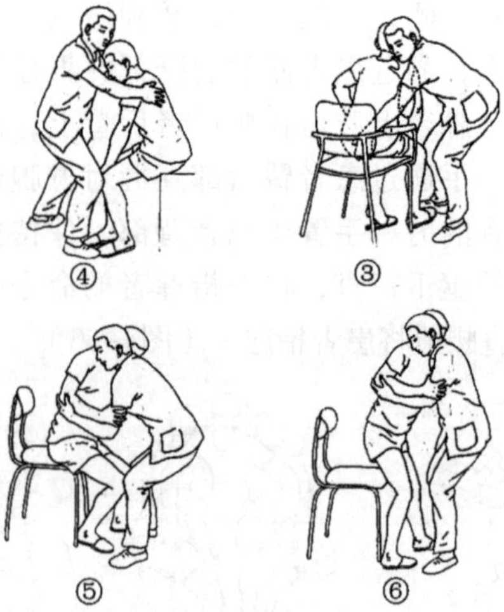

图4-20 有帮助的站立

## 三、轮椅与椅的转移

从轮椅向椅的转移原则同从椅上站起，具体方法有独立的成角转移、独立由并列的轮椅到椅的转移、使用滑板的侧方转移、独立由椅到椅的正面转移、由治疗师帮助的轮椅到椅转移等。

### 1. 独立的成角转移

基本步骤：①首先将轮椅和椅固定牢靠，互成60度角，卸下轮椅一侧的扶手；②准备姿势：尽量坐于椅的前沿，双足着地，力量较强的足靠后，双手握扶手，头上抬；③患者一手扶于椅的远侧角，但不能扶在椅背或椅扶手上，以免翻倒，患者手足同时用力将臀部抬起并移至目标椅，其间不必完全站立；④主动或用手将双腿移到目标椅下前方的标准位置上，并调整臀部及背的位置使坐位舒适稳定。（图4-21）

### 2. 独立由并列的椅到椅转移

除将两椅并列摆放外，其余均与两椅成角转移相似，但是要特别注意身体重心的侧方转移。（图4-22）

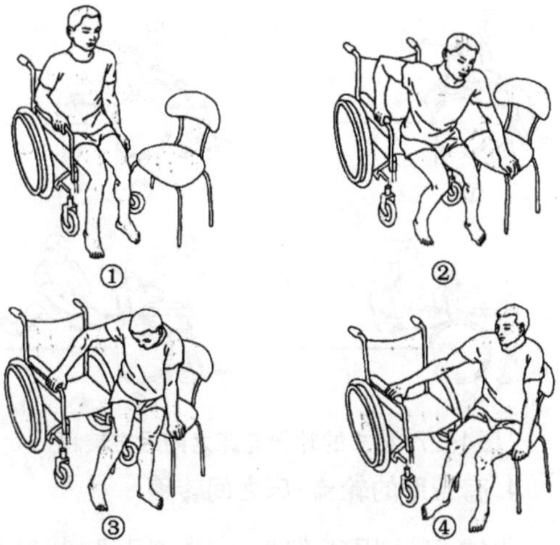

图4-21 轮椅与椅之间独立成角转移

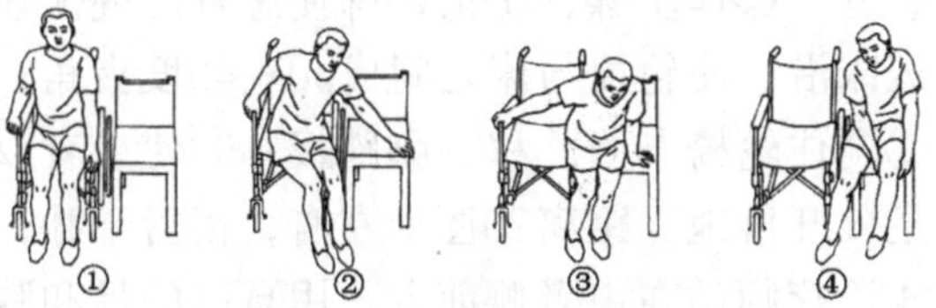

图4-22 独立由并列的椅到椅转移

### 3. 使用滑板的侧方转移

适用于两椅距离较远或两椅面不同高度的情况，转移步骤：①两椅尽可能靠近并列，椅的前沿平齐；②去除轮椅邻侧的扶手，在两椅间架上滑板；③先将双足移向目标椅，然后一手支于出发椅的椅座，另一手支在目标椅的椅角上；④双手及足同时用力，通过支撑动作将躯干支起移于目标椅并坐下，用足或手将下肢位置摆正，抽去滑板。（图4-23）

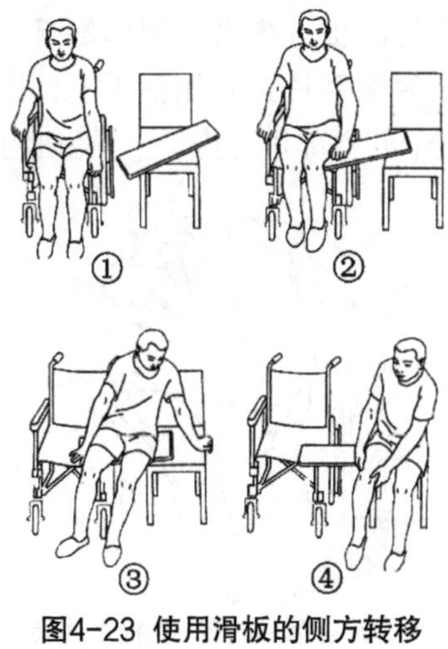

图4-23 使用滑板的侧方转移

### 4.独立由椅到椅的正面转移

基本步骤：①将两椅正面对置，使两椅前沿平齐，一椅的右角对另一椅的右角；②双手分别支于两椅坐板，躯干略前倾；③手足同时用力将臀部抬起移向目标椅；④转身，将双腿移至目标椅正前面，摆正体位。（图4-24）

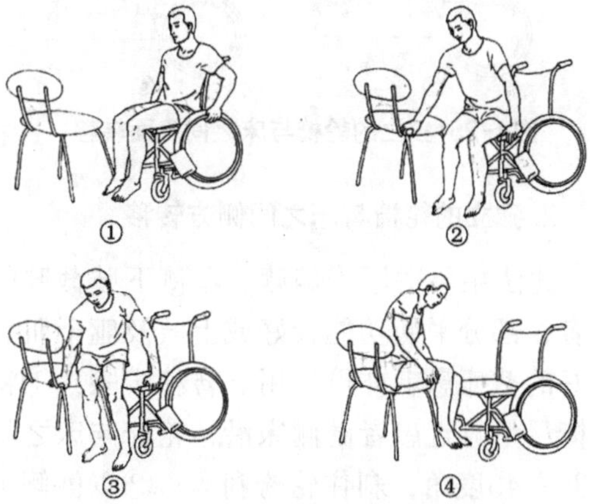

图4-24 独立由椅到椅的正面转移

### 5.由治疗师帮助的轮椅至椅转移

由治疗师帮助的轮椅至椅转移方法基本分为两个步骤，首先帮助患者站立，然后帮助患者转移。基本步骤：①无论采用直角、侧方、正面转移，均先使出发椅与目标椅位置适当并稳定，转移空间无障碍；②如前所述依靠帮助者和患者共同用力使患者站立；③患者自己或依赖帮助使双足移向目标椅；④帮助者扶持患者腰带或肩胛，使患者与帮助者共同转向目标椅；⑤依患者站立的相反顺序使患者先以一手支于椅座而非椅背或扶手，放松下肢屈髋，坐于目标椅上；⑥调整好位置使坐位稳定舒适。

## 四、轮椅与床之间的转移

### 1.独立的轮椅与床之间正面转移

此法主要适用于截瘫患者。转移步骤：①轮椅正对床的侧沿，刹住车闸；②患者用上肢帮助将腿抬起置于床上；③患者双手扶轮椅扶手将身体抬起并前移坐于床上；④双上肢支撑床面将躯干移于床上正确位置，并

用上肢帮助摆正腿的位置。（图4-25）

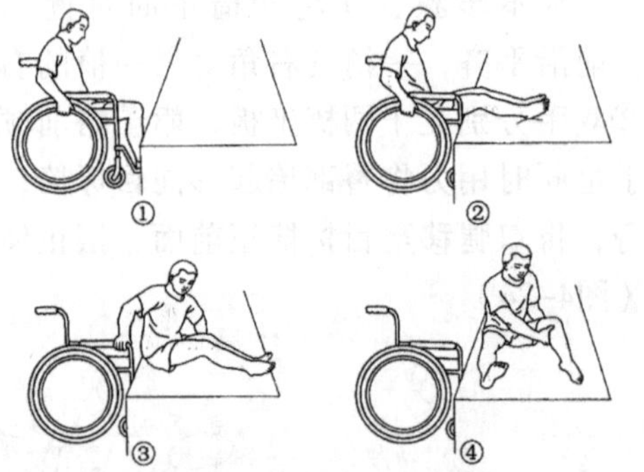


图4-25 独立的轮椅与床之间正面转移

2. 独立的轮椅与床之间侧方转移

此法主要适用于偏瘫、单侧下肢截肢的患者，部分平衡功能较好或上肢及躯干肌力较好的截瘫患者亦可使用。转移步骤：①将轮椅尽量靠近患者健侧床沿，轮椅与床之间成30～45度角，刹住轮椅刹车；②以健侧手和健侧足支撑起身体；③以健侧足为轴，健侧手扶轮椅远端扶手，转动身体，使后背正对轮椅；④坐下。（图4-26）

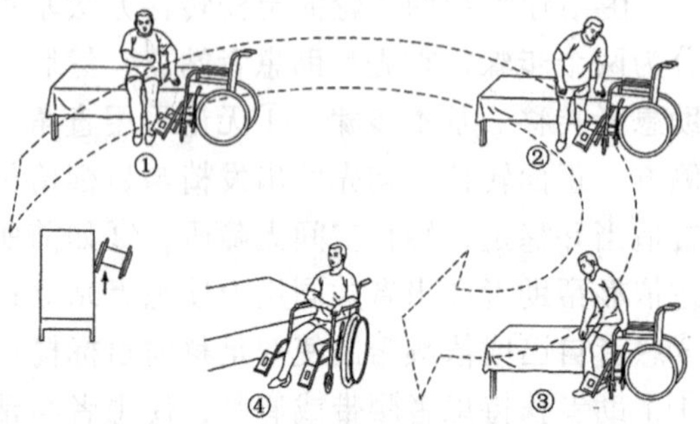


图4-26 独立的轮椅与床之间侧方转移

3. 独立的轮椅与床之间后方转移

此法主要适用于截瘫患者，转移步骤：①轮椅尽量靠近床沿并刹住车闸，解开或卸下轮椅靠背；②在轮椅与床之间架接滑板，滑板的一端先插入患者臀下并固定；③患者用双手支撑于床面将躯干抬起后移到床上；④主动或用手将下肢抬起移至床上并摆正，抽去滑板。（图4-27）

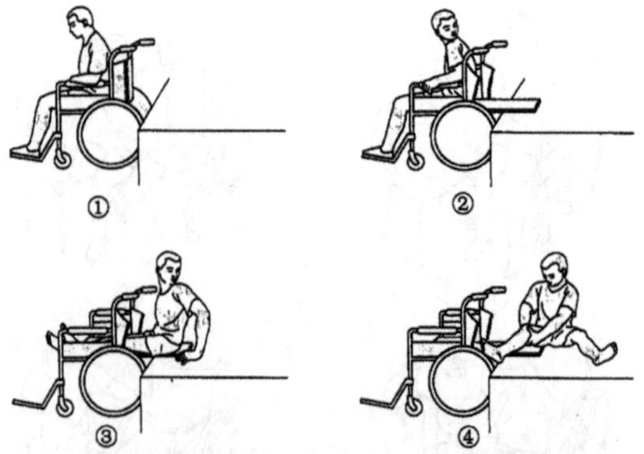


图4-27 独立的轮椅与床之间后方转移

4. 有帮助的轮椅-床之间转移

此法仅适用于偏瘫、单侧下肢截肢等患者。操作步骤：①治疗师使患者的健侧靠近床沿，使轮椅与床之间成30～45度夹角；②刹住轮椅车闸，移去脚踏板；③使患者双足分开落地，距离20厘米左右，稍后于膝；④治疗师站在患者侧前方，用自己的足和膝固定患者的患侧膝和足；⑤使患者腰前倾，肩与膝在同一垂直线，健手扶于轮椅扶手上；⑥治疗师握住患者后面腰带提起，同时患者用力伸直上下肢，主动上抬躯干，使患者完全站立；⑦患者以健侧下肢负重并为轴心作转身，治疗师使患者臀部转向床，患足后移靠近床沿；⑧患者健侧手扶于床垫上，治疗师使患者屈髋膝坐下；⑨使患者姿势摆正于床上并躺下；⑩治疗师移开轮椅。（图4-28）

由床到轮椅独立转移步骤：转移之前轮椅与床之间成30～45度夹角，刹住车闸，向两侧旋开足踏板，患者利用健侧手、健侧腿站起，将健侧手扶在外侧扶手上，以健腿为轴转动躯干使臀部正对椅子，平稳地坐下。

图4-28 有帮助的床-轮椅之间转移

## 五、轮椅与马桶之间的转移

轮椅与坐厕之间的转移的先决条件是厕所要符合无障碍环境设施的要求，诸如门要够宽，空间较大，坐厕旁应有扶手，地面防滑，坐厕的高度、稳定性及便后自动处理等，只有这样才能够方便轮椅灵活转动，扶手利于排便时的躯干稳定及患者安全。

**1. 独立由轮椅向坐厕的转移**

由于从正面转移时受厕所空间限制，而使患者需起立做180度的转身较为困难，故采取轮椅到椅的成角转移方法较为方便。此法于转移前脱裤子较好，以免坐上坐厕以后再脱裤子困难，而且裤子可能被浸湿。

**2. 辅助下的轮椅向坐厕的转移**

虽然前面已经介绍了由轮椅到椅或床的各种方法，轮椅到坐厕转移的方法应当相似。但是由于一般厕所空间较小，轮椅和治疗师缺少回旋的余地，比较实际的办法还是采取正面转移法。步骤如下：首先使轮椅尽量靠近坐厕；然后辅助者直接使患者坐在坐厕上，面对坐厕背面的水箱；在转移前先脱裤子直落于膝以下，注意不要将衣裤浸湿。

## 六、轮椅与地面间的转移

转移步骤：①患者的臀部移到轮椅坐垫的前部，伸直双下肢。②双上肢支撑体重将臀部抬离坐面，重心前移。③慢慢地弯曲肘关节，坐到地面上。④相反动作从地面坐回轮椅上。（图4-29）

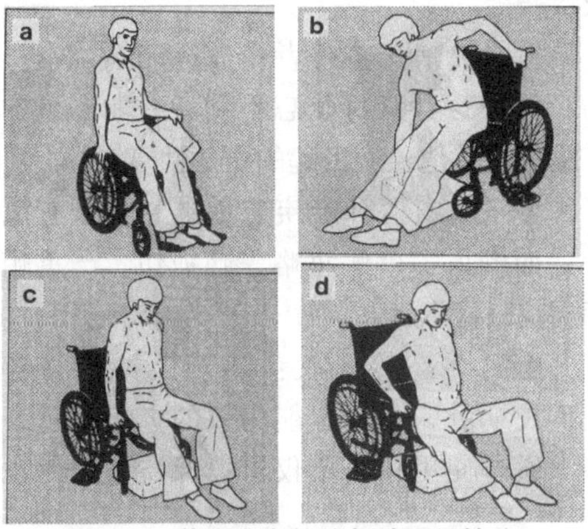


图4-29 截瘫患者轮椅与地面间转移

# 第四节 轮椅的种类及其使用

轮椅（wheelchair，W/C）是康复治疗常用的辅助体位转移工具之一，当步行功能减退或完全丧失和（或）为了减少患者活动时能量消耗而选用轮椅作为代步工具。对于完全丧失主动步行功能的残疾患者，轮椅是其身体的组成部分。许多残疾者虽然丧失了行走功能，但借助于轮椅，可以自由活动、料理家务，甚至胜任适当的全日工作，除了作为代步工具外，还可以通过轮椅锻炼身体，改善心血管系统的功能，减少并发症的发生，提高他们对生活的乐趣和信心。而对于残疾人体育运动员来说，轮椅则是“翅膀”帮助他们实现飞翔的梦想。因此，运动康复治疗师应熟悉轮椅的分类及使用，并能够熟练地操作各种轮椅及转移技术。

## 一、轮椅的分类

（一）按驱动方式：分为手动轮椅和电动轮椅；手动轮椅有两个驱动轮和两个小脚轮，以手驱动或陪伴者推动，适合大多数体弱病残者使用；电动轮椅在驱动轮轴心安装一对电动助力装置，患者只需对手圈稍加施力便可使轮椅获得较大的驱动力，适合上肢肌力较弱或运动功能较差的患者使用。

（二）按不同用途：分为普通轮椅、偏瘫用轮椅、截瘫用轮椅、运动轮椅等。常见的运动轮椅有网球轮椅、篮球轮椅、橄榄球轮椅、竞速轮椅等。（图4-30至图4-35）

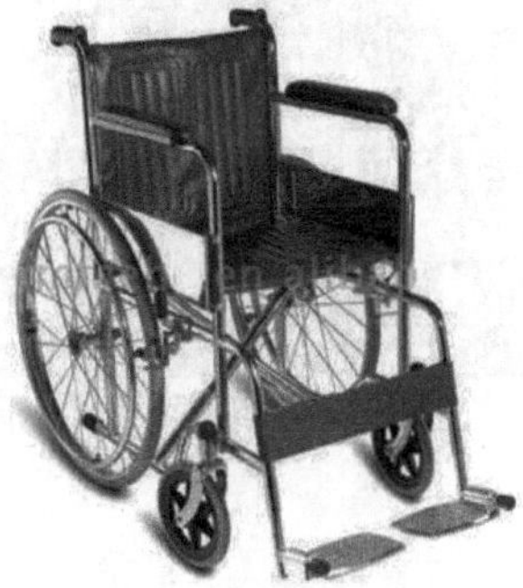

图4-30 普通轮椅

图4-31 截瘫用轮椅

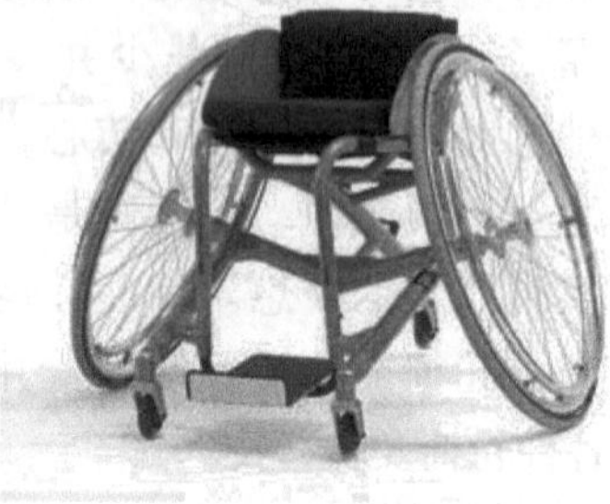
图4-32 网球轮椅

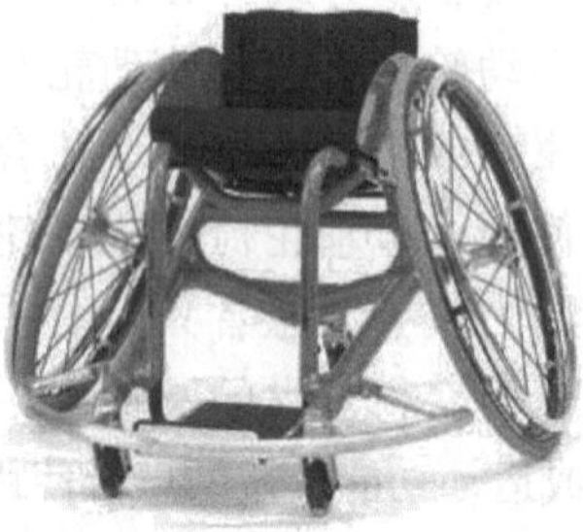
图4-33 篮球轮椅

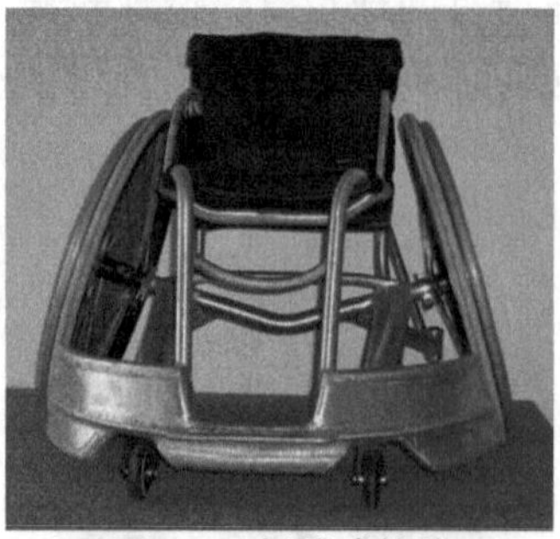
图4-34 橄榄球轮椅

图4-35 竞速轮椅

（三）按不同结构：分为折叠式轮椅和固定式轮椅；

（四）按使用对象：分为成人轮椅、儿童轮椅、幼儿轮椅。

据日本《朝日新闻》网站报道，日本同志社大学理工学部教授桥本雅文等人开发出一种新型电动轮椅，只要使用者头部先系上特殊的带子，电动轮椅上的专门设备就可以捕捉使用者眼睛、额头等处的肌肉运动，然后根据这些运动控制电动轮椅。比如使用者咬牙就是启动轮椅，咬得更紧就能加速，向左右看时轮椅就能按看的方向转弯。为了防止误操作，同一个动作要做两次才能生效。想停下时，使用者只要皱起额头就行。

## 二、轮椅的适用症

凡借助轮椅能离开病床和房间，最大限度地恢复或代偿功能，提高活动独立性，扩大生活范围，参加各种社会生活及娱乐活动的患者都为使用轮椅的对象。

（一）步行功能减退或丧失者：如截肢、下肢骨折未愈合、截瘫、神经肌肉系统疾病引起双下肢麻痹、严重的下肢关节炎症或疾病等。

（二）禁止步行者：非运动系统本身疾病，但步行对全身状态不利者，如严重的心脏疾病或其他疾病引起的全身性衰竭等。

（三）中枢神经疾患使独立步行有危险者：如痴呆、单侧忽略、脑损伤、严重帕金森病或脑瘫患者。

（四）高龄老人：随着人类社会老年化，长期卧床或行走能力差的老年人越来越多，通过使用轮椅不仅可以保持坐位，改善心血管功能，也可以适当进行户外活动以调节生活、改善生活质量。

## 三、轮椅的选择

### （一）选择轮椅的原则

1.行动方便：根据身高、体形选择轮椅座位的高度、宽度和深度。

2.位置稳定：腰腹肌较弱者，座位过宽大或扶手偏低都会失稳；高位截瘫患者加头托，腰背处加辅助垫或固定背带。

3.舒适：适当柔软的、透气的坐垫，扶手、脚踏板的高度。

4.压力分布均匀：防压疮坐垫或形状接近臀部外形、轮廓曲线缓和的椅垫，有效地分散坐骨的压力。

5结实、可靠、安全：制动系统、表面光滑。

6实用性：操作简单、安全、方便、可折叠。

7.考虑残疾的种类、性质、程度、年龄、使用场所、职业、生活方式、经济实力等。

8.首先应评定患者上肢肌力、关节活动度，即驱动轮椅的能力，要求驱动时消耗能量少。

### （二）根据驱动轮椅的能力

1.完全不能操纵者，如上肢肌力完全丧失者、智力严重障碍者、有失用症者可选用电动轮椅或由他人推动。

2.肩肘肌力正常，但手指麻痹或挛缩不能握轮圈者可在手轮圈上安装推把或加粗推把，前臂能旋前者用水平式推把，前臂呈中间型者用垂直式推把，如无推把可用自行车内胎剪或劳动手套涂胶来代替推把；

3.一侧上肢运动能力丧失者可以使用偏瘫轮椅或电动轮椅。

### （三）根据移乘轮椅能力

双上肢肌力弱的患者可用装卸式扶手，脚踏板外开式或拆卸。

### （四）根据患者姿势和肢位

1.髋关节伸展位挛缩者选用靠背可调式轮椅，使髋关节角度能够保持坐位。

2.膝关节伸展位挛缩者应使用脚踏板可调节式的轮椅。

3.双下肢完全瘫痪者应有腿托带或脚踏板上有足跟套。

4.双下肢膝上截肢者选择大轮轴靠后的轮椅或者在脚踏板上放置重物，使身体重心保持平衡。

### （五）根据用途和场所

1.体育运动轮椅：应该根据躯干功能情况选择轮椅的扶手、靠背的高低、运动轮椅没有闸。

2.城市用：标准型轮椅，前轮5英寸即可且为实心的，大轮为充气式轮胎。

3.路面较差：前轮至少要8英寸，应是充气式轮胎。

### （六）脊髓损伤患者根据受伤部位选择

1.C1~3损伤：此类病人必须依赖呼吸器，常常使用吹吸与下巴控制开关，由于轮椅常须配置呼吸器或是抽痰装置，因此会使它的长度比一般长，使得旋转半径增加，造成转位难的问题。

2.C4损伤：电动轮椅的操控可能由下巴的控制、头部与呼吸的控制三方面来做设计，控制钮以置于下巴下方或头部后方最为理想，现代的科技包括超声波与红外线也是一种设计的方式，而且可以配合电动式的倾斜组件可以使病人独立完成减压。

3.C5损伤：如果要操纵手动式轮椅，轮环的设计最好有橡胶包覆或突出的小握把，而椅背要能后倾使患者可以自行做减压，但整体来说还是得电动轮椅才能达到行动上的需求。

4.C6损伤：有些患者可以独自转移（通常需要转移板），能够使用手推轮椅进行日常活动，但功能上的表现是不足的，为了更方便和独立性则会考虑使用电动轮椅，不过他的手可以使用一般的操纵杆。

5.C7~8损伤：可采用轻型轮椅来促进其行动能力，对于粗糙不平的地形以及长距离的挑战，对此类患者而言是比较困难的，不过患者能在轮椅上做身体上抬的减压动作。

6.T1~2损伤：不管是户内型或户外型的轮椅，病人都有独立操作的能力而且非常活跃，甚至会做个人喜好的调整来增进对于轮椅的操控。

### （七）偏瘫的患者

这类患者只有单手及单脚的活动能力，因此可以选用一手操控的轮椅，再加上单脚的协助来促进轮椅的行动能力，不过患者的认知和肌力都要达到某个程度。

### （八）脑性瘫痪的患者

患者可能会因为全身痉挛张力强、躯干控制不好、坐不稳或移动困难、行动不便等问题，而无法使用一般轮椅，必须使用特制的轮椅或推车座椅（三角椅），以下针对一些配备的功能做简单的描述。

**1.靠头**：固定头、颈之部位，防止其左右摇摆。

**2.安全带**：固定上身躯干，防止向前倾倒。

**3.活动椅背**：可坐卧两用。

**4.活动桌板**：可放置物品或是教学、用餐时使用。

**5.大腿分隔垫**：可分开痉挛扭曲紧靠的大腿。

**6.小腿靠板**：防止小腿向后滑落。

**7.倾斜坐垫**：防止身躯向下滑落。

**8.活动踏板**：方便上下座椅及腿部摆置。

### （九）电动轮椅的选择

电动轮椅和一般标准型轮椅的差异：（1）电动轮椅的轮子较厚，而且比一般型的轮子小;（2）电动轮椅有一个操控杆或是操纵钮（视患者情况而定）。

考虑购置电动轮椅时应注意：使用目的、使用频率、移位能力、操作方法、使用环境、电池、机件之维护，以及售后服务等因素。不过现今科技的发展已经有半电动式（一半电动、一半手动）的轮椅推出，这样就可以避免轮椅在没电的情况下而无法推进。

## 四、普通轮椅结构

### （一）普通轮椅结构

1. 大车轮：51、56、61、66厘米。

2. 手轮圈：比大轮直径小5厘米。

3. 轮胎：实心、有空气内胎、无内胎充气型。

4. 小车轮：12.7、15、18、20厘米。

5. 刹车：凹口式、肘节式。

6. 椅座：深41、43厘米，宽40、46厘米，高45厘米、50厘米。

7. 坐垫：泡沫塑料、固体凝胶、充水、充气、羊皮。

8. 脚托及腿托。

9. 靠背。

10. 手推把。

11. 扶手或臂托。

12. 脚跟环、脚缓冲器。

13. 防倾倒杆。

### （二）运动轮椅结构特点

运动轮椅的特色是有牢固的支架又轻巧、靠背与扶手低，使患者上半身活动受限制减低到最少，针对不同的运动项目也发展出马拉松用轮椅、竞速轮椅、网球用轮椅和篮球用轮椅等，而这些运动轮椅共同的目的主要为避免患者第二次伤害，亦可达成患者运动强身的真正目的。

运动轮椅的材质为金属或合金如不锈钢、铝、铬钢、钛合金及碳素纤维材料等，坚固又轻的材质制成总重量介于9～11千克的运动轮椅，大轮的直径最宽不得大于68厘米。

竞速轮椅的大轮重量轻，其和骨架之结合从正面看有一点点外八字形，其目的是扩大与地面接触的面积以增进稳定性，而推进边轮的好处是省力及推进时使用较多的肩部肌肉而不易受伤，小轮子直径比一般标准轮椅小，而且要设计在高速前进时不会左右晃动。

篮球或网球轮椅其推进边轮为标准的60厘米，小轮子要小其操作才会灵活。

## 五、轮椅处方

### （一）轮椅处方格式（表4-1）

表4-1　轮椅处方格式

| 姓名 | 性别 | 年龄 | 职业 |
|---|---|---|---|
| 病案号 | 联系电话 | 联系地址 | |

残疾诊断：

使用者类型：成年人 儿童 幼儿 下肢截肢者

轮椅类型：普通型 前轮驱动型 单手驱动型 下肢截肢用 运动轮椅

驱动方式：手动（双轮、单轮；左、右）
电动（手控、颏控、颏控、气控）

座位：宽度　cm；高度　cm；深度　cm

大轮：规格　cm；轮胎（充气，实心）

小轮：规格　cm；轮胎（充气，实心）

驱动轮：规格　普通型、推把（水平、垂直、加粗）

扶手：长扶手 短扶手 可卸式 固定式

足托：固定式 抬起式 可卸式

腿托：横跨两侧式 两侧分开式 脚跟环 脚踝带 脚缓冲器

车闸：凹口式 肘节式 延长杆 运动用可卸式

靠背：普通型 可卸式 后倾靠背（半倾、全倾）
可开式 头托

颜色：轮椅架　色　座位　色

附属品：坐垫 靠背垫 扶手垫 轮椅桌 安全带

特别说明：

处方者：　　日期：年 月 日

### （二）轮椅处方程序

首先应对轮椅使用者进行功能评定，重点了解运动功能、感觉功能、认知功能及对使用轮椅的态度、能力等；其次进行身体测量，确定轮椅的各种参数指标，制定轮椅处方的具体方法；然后确定轮椅的种类、规格及特殊附件等，开出轮椅处方；最后轮椅使用者根据轮椅处方并结合自己的喜好和能力购买或定制轮椅。在使用轮椅前还应对轮椅的适合性进行评定，发现问题及时调整。

### （三）轮椅参数的确定

**1. 座位高度**

脚踏板离地面5厘米，坐在座位上，大腿与座位前缘之间有2.5厘米空隙，即可以确定座位的高度；主要目的是支撑患者的重量，而且适当脚踏板的调整会提高轮椅的安全性，因此若太高会使患者重心变高而容易摔倒，若太低则会使患者的脚托在地面上。

**2. 足托高度**

脚放在脚踏板上时大腿与座位前缘之间有2.5厘米左右的空隙，脚踏板与地面的距离至少5厘米，或使足跟刚离开托面再向上抬1.3～1.5厘米。足托过高时屈髋角度增大，体重过多压在坐骨结节处，易导致褥疮；过低时双脚没有承托，易发生摆动而受伤，且腘窝处完全承受小腿及脚的重量而易发生褥疮。

**3. 座位宽度**

测臀部最宽处再加上5厘米，选择一个适当宽度的轮椅座位对患者来说是很重要的，不但可以让患者舒适，同时也能让患者稳定地坐在座位上以避免滑动或是跌落的危险性，若座位太过于狭窄不仅是让患者感觉不适，而且也会压迫到神经血管导致痔疮发生率增加；同样的，若座位太过于宽敞，也会使患者无法固定躯干而倾向某一侧，长期下来无形助长了使用者臀部某一侧的压迫力，同时也会增加患者推动轮椅的困难度。

**4. 座位深度**

坐位时从自然屈曲的膝关节后面到座位的前缘距离5厘米，重点在于腘窝不能受到座位边缘的压迫，若太浅的话会使患者的腿部无法正确地固定在脚架上，进而影响患者使用轮椅的平衡感，若太深的话，则会使患者的脚部易于伸出脚架与滑动，进而压迫并影响其腿部的血液循环。

**5.扶手高度**

肩部放松，肘屈曲90度，测椅面至肘下缘距离再加2～3厘米；扶手除了可以提供患者的前臂放置休息，防止患者由侧方跌落之外，同时也提供了患者在使用轮椅时双手的灵敏度，可使患者借助扶手的支撑力来保持上半身的正确姿势，并且在不妨碍血液循环的情况下，达到防止褥疮的功能；扶手若太高会使患者形成耸肩的动作，若太低则会患者产生圆背的代偿。

**6.靠背高度**

以椅面到双肩胛骨中央部为准，椅面到腋窝距离减去10厘米；最高以能够支撑患者的背部，并且不会妨碍患者的动作为原则，因为椅背太高会限制上身的活动，最低的高度则不能使低于患者的肩胛，否则易使患者的背部感到不适。

**7.全高**

即靠背后方推把的上缘至地面的距离，一般为93厘米，如果加上头部的延长部分再加25～30厘米。

## 六、轮椅的使用

### （一）坐　姿

维持在轮椅中的坐姿应从以下方面来考虑：

**1. 骨盆支撑**

是支撑整个身体的关键。良好的骨盆支撑要求座位的高度、宽度和深度都比较适合。但对于严重的畸形或肌张力异常者不能平均分布压力于坐垫上，不能提供良好的支撑，需定制特殊的座椅和各种坐垫来维持坐姿，如加装坐骨横档的轮椅坐垫对稳定坐姿有很好的作用，并可根据身高、体重和体型来调整。

**2. 上肢支撑**

通过适宜的扶手使上肢放置于舒适位置，既有助于保持正确的姿势和维持平衡，还可通过上肢负重减少对坐骨的压力；使用特殊的扶手还可将上肢固定于特定的功能位；而上肢功能正常者可以拆除影响上肢活动的所有部件。

**3. 下肢支撑**

良好的下肢支撑可以保护下肢，维持正确的体位和最佳平衡。合适的足托高度是下肢支撑的关键。

**4. 背部、头部支撑**

适宜的靠背和头托高度能保证使用者姿势良好，防止疲劳。低靠背对脊柱和头部无支撑作用，只适用于无脊柱畸形、躯干控制正常和上肢肌力正常者。而对于躯干平衡和控制不好的残疾者和身体虚弱的老年人需使用高靠背来提供良好的背部支撑，有时还需配合头托，必要时使用胸垫和胸带等固定和支撑胸部。

### （二）减　压

减压动作训练是轮椅乘坐者日常生活的基本动作之一，目的是为减轻臀部和大腿部受压而产生褥疮。治疗师应在使用者第一天就指导患者进行减压动作的训练，减压方法有多种。（图4-36①左上图为双手支撑躯干和头部重量以抬臀部离开椅面；②身体重心偏于一侧以抬一侧臀部离开椅面；③上身前倾以抬臀部离开椅面；④双手扶一侧扶手重心移向一侧以抬对侧臀部离开椅面。）

减压动作应两侧交替进行，一般坐位每30分钟进行一次减压动作训练。（图4-36）

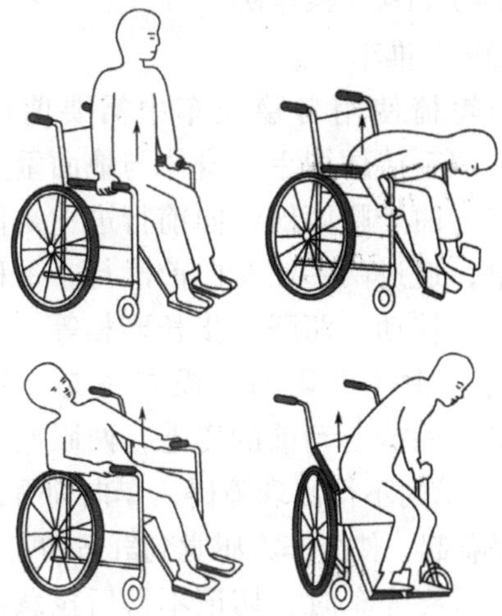

图4-36 减压动作训练

### （三）转　移

请参阅本章第三节。

### （四）操　作

#### 1. 使用者独立操作

（1）在平地上推动轮椅

前进：臀部坐稳，身躯保持平衡，头仰起，向前。双臂向后，肘关节稍屈，手抓轮环后部，双臂向前，伸肘。此时身体略向前倾，多次重复，由于上身产生的前冲力使手臂力量增强。（图4-37）

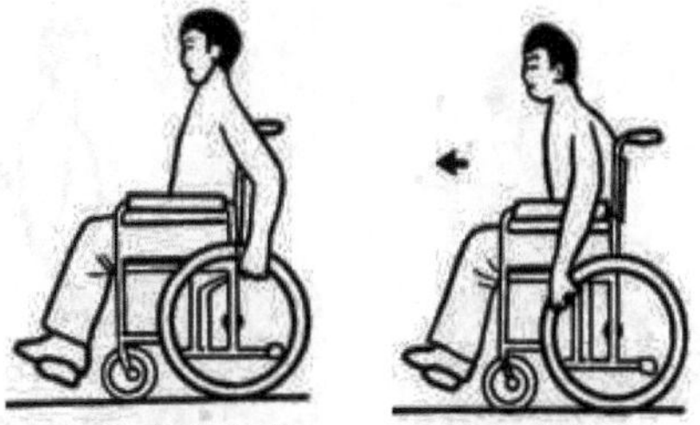

①准备姿势　②向前推

图4-37

倒退：①双臂在轮把之间绕过椅背，伸肘置双手于手动圈上；②倾身向后，压低双肩，使手臂能用足够力气将车轮向后推动，对于不能将轮椅推上斜坡者，亦可运用这一方法使轮椅倒上斜坡；③偏瘫患者患肢与健侧协调运动推动轮椅行进。（图4-38）

（2）在斜坡上推动轮椅

上坡：身体前倾。双手分别置于手动圈顶部之后，腕关节背伸、肩关节屈曲并内收向前推动车轮。通过转换车轮方向，使之与斜坡相交还能使轮椅在斜坡上立足。

下坡：伸展头部和肩部，并应用手制动，可将双手置于车轮前方或在维持腕关节背伸时将一掌骨顶在手动圈下方进行制动。（图4-39）

（3）转换轮椅方向

以转向左侧为例：①左手置于手动圈后方；②左臂略向外侧旋转，从而将身体重量通过左手传递至车轮内侧；③以左手将右侧车轮向后转动，同时右手在正常姿势下将右侧车轮转向前方。

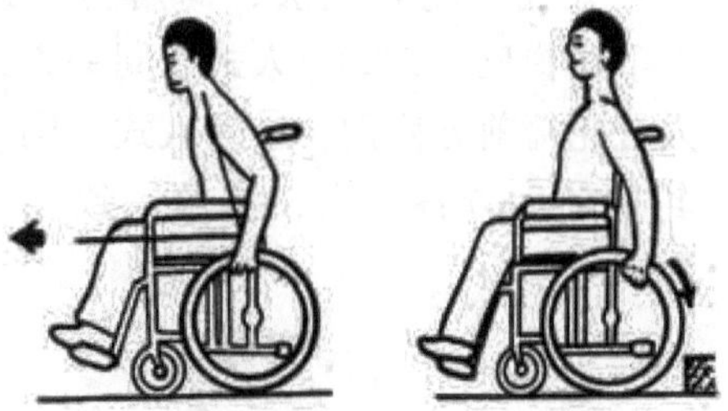

①准备姿势　②向后推

图4-38

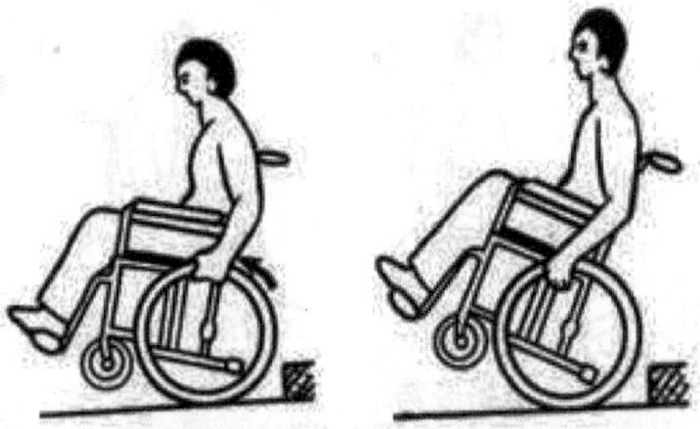

①起动 ②保持平衡

图4-39

2. 辅助者帮助

（1）前进或后退

①四轮着地法，轮椅保持水平推或四轮着地（图4-40）。②二轮着地法，方向轮是空，大轮着地，轮椅后倾30度推或拉。

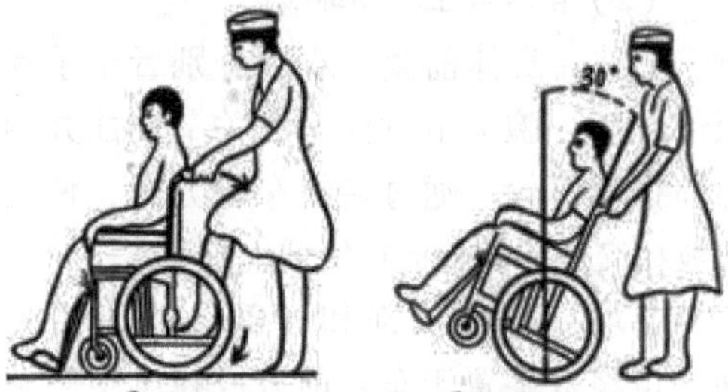


①前进 ②后退

图4-40 辅助者帮助

（2）上台阶

①二轮着地法，向后拖上台阶；②手柄向后下方拉，脚踩后倾杆，方向轮上台阶、提手向前上方，顺势将大轮滚上台阶、推进。（图4-41）

（3）上下楼梯

①一人式二轮着地法，向后拖，逐级而上。下楼梯反之；②二人式，同一人式，另一人置轮椅前方协助；③四人式，同一人式，轮椅前后方各二人，协调一致。（图4-41）

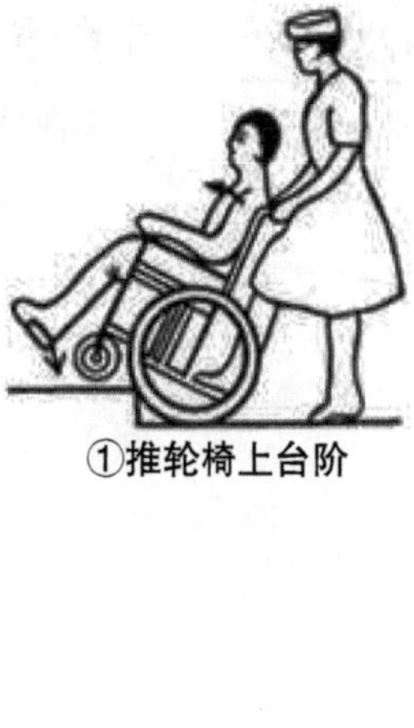

①推轮椅上台阶

②二人式轮椅上楼梯

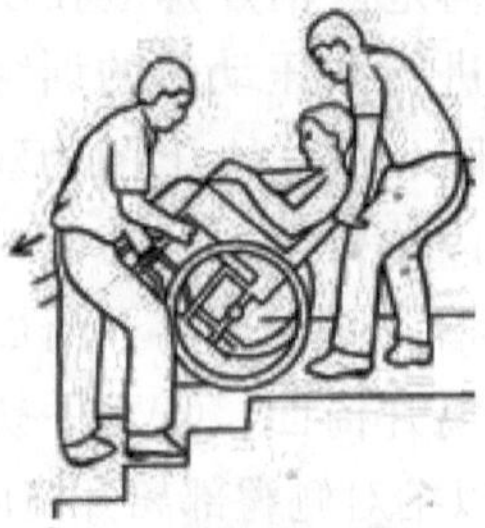

③二人式轮椅下楼梯

图4-41

（4）辅助者操作技巧

①平稳推车

当轮椅使用者稳坐车中需要前进时，推助人双手持住把手，身体与地面垂直，小臂自然弯曲于腰两侧，向前行进中是依靠腿的力量，通过两手使车向前滑行，平稳地向前移动，移动时两腿的步长要相等，不易过大，行进中速度均匀，没有一起一停的感觉，身体保持启动前的姿态，两眼始终平视前方，2米内不得出现障碍，车向前行进时不能急停急起，使坐车人感觉到舒适和安全。

当需要停车时，切记不得后拉急停，首先放慢速度，用语言提示给乘车运动员需要停下后，自然停止前进，后腿前跟两腿并立保持好起动的姿态。

②行进中的转弯和进入较小的门

行进中要按中国人的习惯靠右行驶，当接近人群或需要转弯时，应给予提示并减速，左转时，左手轻拉住车把手，右手慢推通过弧线调整方向，然后继续行进动作，如右转时的方向相反。不要原地两手前后扭动。在通过安检门和较小通道时，身体始终保持走在中间的位置，平稳行进，不可回头和左右张望，眼睛余光目测好间距即可顺利通过。

③遇有上坡、下坡时和通过道路减速障碍的推车方法

上坡，要保持平稳推车的方法，蹬地的腿要平稳，慢用力，两臂保持屈位手持车推把，身体微前倾。切记两臂不得伸直，两腿不要大步前蹬，身体重心不能向前靠在两手上。这样可避免滑倒和蹬空，不要突然加速发力，要始终保持身体与车把手的正常姿态与车同进。下坡时手臂弯曲不要再前加力蹬腿，身体略后仰双手控制车的前冲速度，保持平稳行进。当遇有较大的坡度时，一般超过15度，特别是对较重残疾人群，应采用倒车下坡的技术，缓慢地倒退滑行，一定要控制车速，保证使用者的安全。目前我国正在致力于建设无障碍通道，但在行进中难免会遇到一些小的障碍物，这时应首先提示乘车人，当通过时两手胳臂后压使前支撑小轮通过，然后稍加力向上，不加速地向前推车，即可较顺利地通过，切记不可用力前冲推车。

④乘电梯，上下汽车的方法

在生活区经常会乘坐电梯，撑握轮椅车上下汽车和乘坐电梯的方法是很重要的。在发展比较快速的地区，会有上下车的坡道，上车时在提示乘车上人后，身体要靠紧轮椅车，向前推动同时两手稍下压使前小轮先上坡道，然后前推行进，人与车同速进入车厢，然后转向进入乘车的区域。并协助坐车人将轮椅车固定在车的专用设备上，下好手闸和轮椅车的固定拉带。下车前，当车停稳到达下车位置时，打开固定的设备，双手扶稳车把，采用倒车的方法，将坐轮椅车人平稳地推下车，在上下车时如遇有几个轮椅车同坐一辆车时，一定要分好先后，当第一辆安全到位时，第二辆才可开始运行。

乘坐电梯时要目测好电梯门的宽度长度，利用窄通道后退推车方法，乘坐电梯时要倒着进入电梯厢，正着推出，出进要慢，当两辆车同时出入时，一定要注意先后顺序，先到达目的的后上，倒着进厢是为了让坐车人看清自己要到达的位置，并按下电梯指示钮，同时可以较好和安全地离开，在坐自动电梯时，注意防止进门的夹车。另外还要注意：坐电梯时，由于是正推进入梯厢，在倒出来时会不知开门后的外面情况，以致容易发生相碰。

⑤当坐车人要离开轮椅的时候

坐车人较长时间乘坐轮椅车需要离开休息或到卫生间，应当首先把车停放在最近和最佳的位置，由于个人的习惯不同，应在坐车人满意时的位置停车，提示或帮助运动员下车闸，如坐车人可以独立完成所需的动作时，要帮助扶稳原坐的车，这时候大部分人要用手臂支持轮椅车，保持轮椅车的稳定是极为重要的，在坐车人返回轮椅车时，应在征得本人意见后将车推到最短的距离和最佳的位置，一般有侧并排的位置和斜上位置，这样通过坐车人的手臂支撑可以较顺利地移到轮椅车上。

⑥如果目测距离不够

如一坐轮椅的患者在出入门时，由于推车人无经验，行速无减，以致使车的右脚蹬板碰到门框底部，车急停后人前移动，使乘车人腰部撞击，车子右转，因此在独立操作时应始终保持正确的推姿，并在正中央通过，如遇人流较多时应减速，并提示他人让路。

⑦如果上坡时自己滑倒

如某场所上坡的距离较长，约20米，由于推车人双臂伸直身体远离车位，两腿大步后蹬，由于一脚蹬滑造成车子后滑险些造成事故。上坡时一定要人车一体缓慢行进。

**3. 大轮平衡技术**

大轮平衡技术是指由大车轮支持，脚轮抬起悬空并保持平衡的一种轮椅操作技巧，主要是为了方便轮椅上下一级台阶或越过障碍物等在社区通行。

大轮平衡技术分为准备、启动、保持平衡3个步骤：（1）准备：头稍后仰，上身挺直放松，双肩稍后伸，肘微屈，双手抓紧驱动轮正上方稍前方；（2）启动：先将驱动轮

轻轻向后拉，随后快速向前推，脚轮离地；（3）保持平衡：调整身体和手轮以维持平衡，即当轮椅前倾时上身后仰，同时向前推驱动轮；当轮椅后仰时上身前倾，同时向后拉驱动轮。

当进行大轮平衡技术训练时先把患者置于平衡位置，练习向前驱动时轮椅向后倾；向后驱动时轮椅向前倾，直到监护下能维持大车轮平衡技术，训练时治疗师注意在后面保护，以免向后翻倒造成危险。（图4-42）

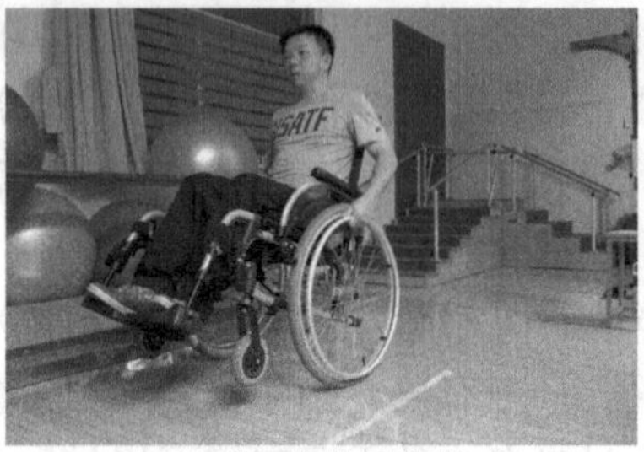

图4-42 大轮平衡技术

### （五）保　养

轮椅长期不用时要放在阴凉干燥处，避免在上面压放重物，并经常擦拭表面。每个月要定时检查每一个紧固件，轮胎补气、添加润滑剂。特别是电动轮椅更加需要定时保养。

## 【思考题】

**1. 关键性思考和讨论**

（1）不同脊髓节段损伤对患者体位转移能力的影响?

（2）在帮助偏瘫和截瘫患者进行体位转移时如何节省治疗师的体力?

**2. 实验操作练习**

（1）模仿截瘫患者进行各种体位转移动作练习。

（2）模仿偏瘫患者进行各种体位转移动作练习。

（3）指导轮椅使用者进行轮椅操作训练。

## ◎　参考文献

[1]纪树荣.运动疗法技术学[M].北京：华夏出版社，2011.

[2]燕铁斌.物理治疗学[M].北京：人民卫生出版社，2013.

[3]胡忠亚，陈建，张迎霞.康复治疗技术作业治疗分册[M].北京：高等教育出版社，2010.

（胡　翔）

# 第五章 步行功能训练

【学习目标】
1. 掌握正常步态周期的组成及相关评定参数。
2. 能正确指导偏瘫、截瘫和截肢患者进行步行功能训练。
3. 能正确进行减重步态训练的操作。
4. 熟悉临床常用步态分析的方法。

## 第一节 概 述

直立行走是人类区别于其他动物的主要特征之一，步行是人类生存的基础，但许多因素会对步行产生影响甚至造成步行功能障碍，从而给患者的日常生活、学习和工作带来极大的影响。步行功能训练是物理治疗的重要部分，以步态分析为基础。

正常人走路是人体四肢、躯干都参与的复杂的但非常协调的运动过程，正常步态具有身体平稳、步长适当和耗能最少的特点。正常成年人行走时，一般是抬头、挺胸、双臂自然下垂于身体的两侧，双下肢均匀地、有节奏地周期性交替摆动，重心对称地左右移动，关节屈伸及步态的时空参数具有良好的对称性。行走及步态是中枢神经系统的终极目标在生物力学水平上的体现，第一级水平即神经学水平为运动单位的许多兴奋性和抑制性信号汇聚；第二级水平即肌肉水平是肌肉力量的大小通过运动单位募集率的高低而体现；第三级水平即关节水平是所有主动肌与拮抗肌力矩作用的结果。正常步态有赖于中枢神经系统、周围神经系统及肌肉骨骼系统的协调工作。

### 一、步行的基本参数

#### （一）基本参数（图5-1）

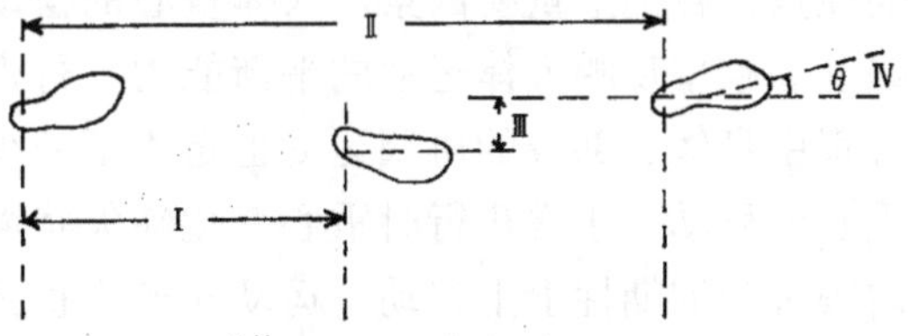


图5-1 步行基本参数
（Ⅰ跨步长；Ⅱ步长；Ⅲ步宽；Ⅳ足偏角。）

**1. 步长（step length）**

步行中左右两足足跟之间的纵向距离，正常人左右两足的步长基本相同。步长的距离与身高成正比，平均步长为50～80厘米。

**2. 步幅（stride length）**

又称跨步长，指一侧足跟着地至同侧足跟再次着地的距离，通常是步长的两倍。

**3. 步频（cadence）**

即每分钟行走的步数，常用steps/min表示。健全人通常步频大约是95～125 steps/min，东方男性的步频平均约为112.2±8.9 steps/min，女性平均为123.4±8.0 steps/min。双人并肩行走时，一般是短腿者步频大于长腿者。

4. 步宽（stride width）

步行中的步宽是指步行后，地面所留足迹，左足跟中点连线与右足跟中点连线之间的距离，正常人步宽约8厘米 ± 3.5。

5. 足偏角（toe out angle）

又称步向角，是指步行中，足中心线与同侧步行直线之间的夹角，健全人约为6.75度，双足外旋角度大的俗称八字脚。

6. 步速（gait velocity）

是指单位时间内在行进方向上整体移动的直线距离，以米/分钟表示，正常人的步行速度为65～95米/分钟。

步速=跨步长（m）× 步频/120。

7. 步行时人体重心的变化

重心是重力的作用点，重心的移动是影响能量消耗的最重要因素。人体重心的摆动幅度和频率反映人体运动的平衡能力。行走过程中身体各部位的协调运动也是为了减少重心的移动。正常步行时重心变化在矢状面内表现为周期性上下移动，运动轨迹为正弦波。垂直方向上的高度变化幅值约为5厘米。额状面内表现为左右往复运动，轨迹同样形成正弦波。

8. 躯体和骨盆的运动

步行能力与躯体的侧方运动呈负相关，而与躯体的垂直运动呈正相关。肢体的随意运动以近侧稳定性为基础，骨盆作为下肢的近端，其稳定性是下肢随意运动的基础。从骨盆的运动来看，骨盆的精细动作消失，代之以粗大而僵硬的动作，骨盆的旋转运动影响步行能力。

## （二）步行周期

步行周期即行走的过程中一侧足跟着地至该侧的足跟再次着地时所经过的时间，一般成人的步态周期约为1～1.32秒左右。正常人的步行周期包括支撑期和摆动期，步行与跑步之间的最大区别在于步行过程中会出现左右双腿同时着地的双支撑期，而跑步则会出现双腿同时腾空的时相。如在竞走比赛中判定运动员是否违规即以运动员在运动过程中是否两腿同时出现离地的现象。（图5-2）

图5-2 Ⅰ：步长；Ⅱ：跨步长；

**1. 支撑期**

下肢接触地面和承受重力的时相，包括开始触地期、承重反应期、支撑期中期、足跟离地和足趾离地期，约占步行周期的60%。

（1）开始触地期（Initial Contact）：指足跟接触地面的瞬间，使下肢前向运动减速，确定足在支撑期的位置的动作，发生在步行周期的0%～10%。主要参与的肌肉包括胫前肌、臀大肌、腘绳肌。开始触地期异常是造成支撑期异常的最常见原因之一。

首次触地时的地面反作用力一般相当于体重和加速度的综合，正常步速时为体重的120%～140%。地面反作用力随着步行速度的加快而增高。下肢承重能力降低时可以通过减慢步速，减少肢体首次触地负荷。缓慢步态的地面反作用力等于体重。患者在下肢承重能力减退时往往通过减慢步行速度以减轻下肢承重负荷。

（2）承重反应期（Loading Response）：即全足底着地，指开始触地期之后重心由足跟向全足转移的过程，发生在步行周期的10%～15%。骨盆运动在此期间趋向稳定，主要参与的肌肉包括股四头肌、臀中肌、腓肠肌。

（3）支撑期中期（mid stance）：指支撑期中间阶段的时间，此时支撑足全部着地，对侧足处于摆动期，是唯一单足支撑全部重力的时相，正常步速时大约为步行周期的15%～40%，此时重心位于支撑面正上方。主要功能是保持膝关节稳定，控制胫骨前向惯性运动，为下肢向前推进做准备。参与的肌肉主要为腓肠肌和比目鱼肌，下肢承重力小于体重或躯干不稳定时此期缩短，以将重心迅速转移到对侧足，保持身体平衡。

（4）支撑期末期（terminal stance）：即足跟离地，指下肢主动加速蹬离的时间，开始于足跟抬起，结束于足趾离地，约为步行周期的40%～50%。此阶段身体重心向对侧下肢转移，又称为摆动前期。在缓慢步行时可以没有蹬离，而只是足趾离开地面，称之为足趾离地（toe off）。踝关节保持跖屈，关节主动屈曲，参与的肌肉为腓肠肌和比目鱼肌（等长收缩）、股四头肌和髂腰肌（向心性收缩）。

（5）迈步前期（Toe-Off）：即足趾离地，指从对侧下肢足跟着地到支撑腿足趾离地之前的一段时间为第二个双支撑期，约为50%～60%步行周期。

支撑足开始触地期及承重反应期相当于对侧足的减重反应和足离地，由于此时双足均在地面，又称之为双支撑期。双支撑期是步行周期中最稳定的时期，双支撑期的时间与步行速度成反比。双支撑期时间延长，使步行速度越慢，步态越稳定；而双支撑期时间缩短，则步行速度加快，步态越不稳定；跑步时双支撑期消失，表现为双足腾空。患者有步行障碍时往往先出现双支撑期时间延长，步行速度减慢，以增加步态的稳定性。每个步行周期中包含两个双支撑期，第一个双支撑期发生在步行周期的前10%，第二个双支撑期发生在步行周期的50%～60%之间。每个双支撑期约占10%，一侧下肢单支撑期所占时间完全等于对侧下肢的迈步相时间。

**2. 摆动期**

下肢在空中向前摆动的时相即足离开地面向前迈步到再次落地之间的时间，占步行周期的40%，包括：开始摆动期、中间摆动期、终末摆动期。

（1）开始摆动期（initial swing）：从支撑腿离地至该腿膝关节达到最大屈曲，主要的动作为足廓清地面和屈髋带动屈膝，加速肢体前向摆动，位于步行周期的60%～70%，占整个步行周期的10%。参与的肌肉为胫前肌、髂腰肌、股四头肌。此阶段主要目的是使足底离开地面以确保下肢向前摆动时足趾不为地面所绊，如果廓清地面障碍（如足下垂），或加速障碍（髂腰肌和股四头肌肌力不足），将影响下肢前向摆动，导致步态异常。

（2）中间摆动期（mid swing）：从膝关节最大屈曲摆动到小腿与地面垂直，

足廓清仍然是主要任务，位于步行周期的70%~85%，占步行周期的10%，参与的肌肉主要为胫前肌，保持踝关节背屈。

（3）终末摆动期（terminal swing）：主要任务是下肢前向运动减速，准备足跟着地的姿势，步行周期的85%~100%，占整个步行周期的15%。参与的肌肉包括腘绳肌、臀大肌、胫前肌、股四头肌。

步行周期的时相与步行速度关系密切，在分析时必须加以考虑。正常步行周期中骨盆和下肢各关节角度变化参见表5-1。正常步行周期中主要肌肉的作用见表5-2。步行周期中主要参与作用的肌肉如图5-3所示。

**表5-1　正常步行周期中骨盆和下肢各关节角度变化**

| 步行周期 | 关节运动角度 | | | |
|---|---|---|---|---|
| | 骨盆 | 髋关节 | 膝关节 | 踝关节 |
| 着次着地 | 旋前5° | 屈30° | 0° | 0° |
| 承重反应 | 旋前5° | 屈30° | 屈0°~15° | 跖屈0°~15° |
| 站立中期 | 中立位 | 屈30°~0° | 屈0°~15° | 屈15°~伸10° |
| 站立末期 | 旋后5° | 伸0°~10° | 屈5° | 伸10°~0° |
| 迈步前期 | 旋后5° | 伸10°~0° | 屈5°~35° | 屈0°~20° |
| 迈步初期 | 旋后5° | 屈0°~20° | 屈35°~60° | 屈20°~10° |
| 迈步中期 | 中立位 | 屈20°~30° | 屈60°~30° | 屈10°~0° |
| 迈步末期 | 旋前5° | 屈30° | 屈30°~0° | 0° |

**表5-2　正常步行周期中主要肌肉的作用**

| 肌肉 | 步行周期 |
|---|---|
| 腓肠肌比目鱼肌 | 支撑期中期至蹬离，首次触地 |
| 臀大肌 | 摆动期末期，首次触地至支撑期中期 |
| 腘绳肌 | 摆动期中期，首次触地至承重反应结束 |
| 髂腰肌股内收肌 | 足离地至摆动期早期 |
| 股四头肌 | 摆动期末期，首次触地至支撑期中期，足离地至摆动期早期 |
| 胫前肌 | 首次触地至承重反应结束，足离地至再次首次触地 |

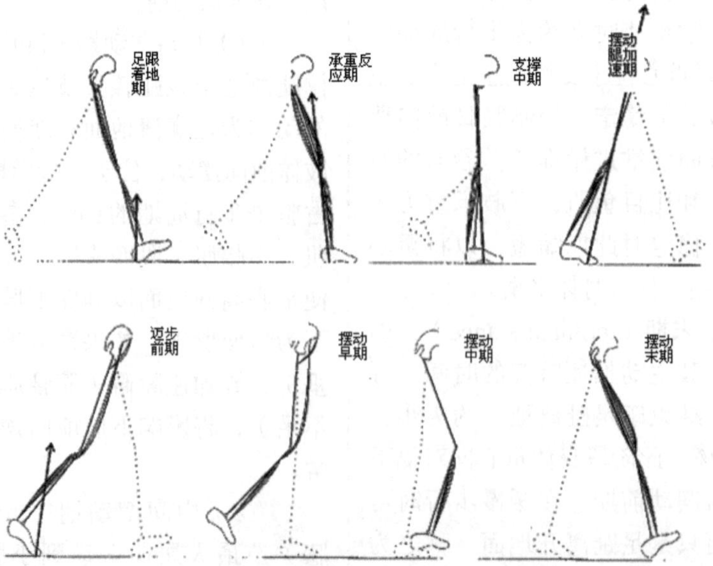


**图5-3　步行周期中主要参与作用的肌肉**

### （三）步行能力的主要生物力学因素

1.具备控制肢体前向运动的肌力或机械能。

2.支撑期有合理的肌力及髋膝踝角度，以及充分的支撑面。

3.可以在足触地时有效地吸收机械能，以减小撞击，并控制身体的向前进程。

4.摆动期有足够的推进力、充分的下肢地面廓清和合理的足触地姿势控制。

## 二、步态分析

### （一）定性分析

通常采用目测观察获得第一手资料，通过与正常步态比较，并结合临床经验来认识异常步态的特征，找出问题所在，仍然是目前临床常用的手段。定性分析不需要昂贵设备可以获得有关步态的特征性资料，但有一定的主观性，结果的准确性与观察者的技术水平和临床经验有直接关系。也可以利用摄像机将行走过程记录下来，反复观看，细致观察分析，提高分析的客观性、可靠性。

#### 1. 观察法

步态观察时要注意全身姿势和步态，包括步行节律、稳定性、流畅性、对称性、重心偏移、手臂摆动、诸关节姿态与角度、患者神态与表情、辅助装置（矫形器、助行器）的作用等。在自然步态观察的基础上，可以要求患者加快步速，减少足接触面（踮足或足跟步行）或步宽（两足沿中线步行），以凸现异常；也可以通过增大接触面或给予支撑（足矫形垫或矫形器），以改善异常，从而协助评估。观察步行周期时相是否合理、左右是否对称、行进是否稳定和流畅；疼痛是否干扰步行以及部位、性质与程度与步行障碍的关系，发作时间与步行障碍的关系；足跟是否先着地，足趾离地是否稳定等等。

（1）步态观察的一般步骤

①患者以习惯姿态及自然速度来回步行数次，从正、反、侧面观察其自然度，动作协调程度，步行速度、姿势、幅度及步长，左右对称。

②患者以不同速度步行，立停、拐弯、转身、绕过障碍物等观察步态有无异常。

③对使用拐杖、助行器及矫形器的患者，宜在使用及不用这些辅助具的情况下分别观察，以了解使用情况及使用效果。

④结合关节活动度、肌力、肌张力、下肢感觉及平衡协调功能检查等的结果，进一步明确地了解步态异常的原因和性质，为步态矫正提供指导。

（2）步态观察的注意事项

①场地面积至少6×8米，光线充足。

②患者尽量少穿衣服。

③全面掌握患者的病情，了解步态异常的可能原因。

④不同方向和速度的观察。

⑤防止病人过度疲劳。

⑥向病人说明检查的要求，以期病人的良好配合。

⑦注意观察顺序，避免在观察部位和观察步行周期时相上的跳跃。

### （二）定量分析法

借助器械或者专门的设备对步态进行运动学和动力学的分析，比较先进的是步态分析系统，能够为制定治疗计划和评定疗效提供客观数据。

所用的器械或设备可以非常简单，如卷尺、秒表、量角器等测量工具以及能留下足印的设备；也可以是较为复杂，如利用电子角度计、肌电图、录像、高速摄影，甚至步态分析仪等设备，通过运动学参数、动力学参数、肌电活动参数及能量参数进行这项工作。

#### 1. 足印法

是步态分析最早期和简易的方法之一，在黑色通道上均匀撒上白色粉末，让患者赤足通过通道，留下足迹。也可以在足底涂上墨汁，在步行通道（一般为4～6米）铺上白纸。受试者走过白纸，留下足迹，便可以测量距离。通过足印法可以获得的参数包括：步长、步幅、步行周期、步频、步速、步宽、足偏角等。

2. 电子步态垫

电子步态垫其长度为3～4米，有众多压感电阻均匀分布在垫下。受试者通过该垫时，足底的压力直接被监测，并转换为数字信号，通过计算机求出上述所有参数。

3. 关节角度计分析

采用特制的关节角度计固定于被测关节，记录关节活动的角度改变，转换为数字信号并用计算机重建步态。优点是操作简便，特别是上肢检查十分方便；缺点是难以正确记录旋转和倾斜活动。

4. 三维数字化分析系统

三维步态分析系统与传统的检查方法相比具有安全、无创、可靠、精度高等优点，输出结果包括数字化重建的三维步态、各关节三维角度变化、速率和时相。

通常由以下四部分组成：（1）摄像系统：在同一空间、分布在不同位置的一组带有红外线发射源的红外摄像机，以及能粘贴在待测部位（一般为关节部位）的红外反光标记点；（2）测力台：用以测量行走时地面支撑反应力；（3）肌电遥测系统：用以观察动态肌电图；（4）计算机处理系统：调控以上三组装置同步运行并对观察结果进行分析处理的计算机及其外围设备。这种三维步态分析系统可以提供多方面的参数和图形，可进行深入细致的分析，做出全面的结论，特别适用于临床科研工作。

5.测力平台

步行时人体地面反作用力可以通过测力平台记录，以分析力的强度、方向和时间。测力平台一般平行设置在步行通道的中间，可以平行或前后放置，关键是保证连续记录一个步行周期的压力。测力平台测定身体运动时的垂直力和剪力，垂直力是体重施加给测力平台的垂直应力，而剪力是肢体行进时产生的前后/左右方向的力。与运动学参数结合可以分析内力，即肌肉、肌腱、韧带和关节所产生的控制外力的动力，一般以力矩表示。

6.动态肌电图

定义：动态肌电图指在活动状态同步检测多块肌肉电活动的测定方法，揭示肌肉活动与步态关系的肌肉电生理研究，是临床步态分析必不可少的环节。

生理基础：肌肉收缩是步行的基础因素，涉及肌肉收缩的时相和力量。肌肉活动具有步行速度及环境依赖性。参与步行控制的肌肉数量和质量均有很大的冗余或储备力，从而使关节运动与肌肉活动之间出现复杂的关联。步态异常既可以是原发性神经肌肉功能障碍的结果，也可能由于骨关节功能的障碍，导致继发性肌肉活动异常。因此，动态肌电图对于这些问题的鉴别起关键作用。

方法：表浅肌肉一般采用表面电极，置放于接近肌腹，同时与相邻肌肉距离最远的部位。深部肌肉可以采用植入式线电极，其导线表面有绝缘物质覆盖，导线两端裸露，一端与肌肉接触，另一端与肌电图仪连接。

## 三、常见病理步态

### （一）分　类

1. 支撑期障碍

下肢支撑期的活动属于闭链运动，足、踝、膝、髋、骨盆、躯干、上肢、颈、头均参与步行姿势。闭链系统的任何改变都将引起整个运动链的改变，远端承重轴（踝关节）对整体姿态的影响最大。

支撑面异常：足内翻、足外翻、踝内翻伴足内翻、踝外翻伴足外翻、足趾屈曲、拇趾背伸等均会引起支撑面异常。

肢体不稳：由于肌力、肌张力障碍或关节畸形导致支撑期踝过分背屈、膝关节屈曲或过伸、膝内翻或外翻、髋关节内收或屈曲，致使肢体不稳。肌肉协同障碍亦会影响肢体运动。如髋内收肌参与屈肌协同运动，但过度内收，则会使足着地时失去平衡跌倒或根本不能摆动患肢。

躯干不稳：一般为髋、膝、踝关节异常导致的代偿性改变。

**2. 摆动期障碍**

摆动期属于开链运动，各关节可以有相对孤立的姿势改变，但是往往引起对侧支撑期下肢姿态发生代偿性改变；近端轴（髋关节）的影响最大。

肢体廓清障碍：垂足、膝僵硬、髋关节屈曲受限、髋关节内收受限等均会导致肢体廓清障碍。

肢体行进障碍：膝僵硬、髋关节屈曲受限或对侧髋关节后伸受限、髋关节内收等均会导致肢体行进障碍。

### （二）常见异常步态

异常步态可以孤立存在，也可以组合存在，构成复杂的临床现象。

**1. 单纯性异常**

（1）足内翻：是最常见的病理步态，多见于上运动神经元病变患者，常合并足下垂和足趾卷屈。步行时足触地部位主要是足前外侧缘，特别是第五趾骨基底部，常有承重部位疼痛，导致踝关节不稳，进而影响全身平衡。支撑期早期和中期由于踝背屈障碍，导致胫骨前向移动受限，从而促使支撑期末期膝关节过伸，以代偿胫骨前移不足。由于膝关节过伸，足蹬离力降低，使关节做功显著下降。此外髋关节也可发生代偿性屈曲。患肢摆动期地面廓清能力降低。步态障碍患者纠正足内翻往往是改善步态的第一要素。与足内翻畸形相关的肌肉包括：胫前肌、胫后肌、趾长屈肌、腓肠肌、比目鱼肌、拇长伸肌和腓骨长肌。其中胫前肌、胫后肌、腓肠肌和比目鱼肌过分活跃较常见，拇长伸肌过度活动也有关联。

（2）足外翻：多见于脑瘫患者，表现为步行时足向外侧倾斜，支撑期足内侧触地，可有足趾屈曲畸形。可以导致舟骨部位胼胝生成和足内侧（第一趾骨）疼痛，明显影响支撑期负重。步行时身体重心主要落在踝前内侧。踝背屈往往受限，同样影响胫骨前向移动，增加外翻。严重畸形者可导致两腿长度不等，跟距关节疼痛和踝关节不稳。早期支撑期可有膝关节过伸，足蹬离缺乏力量，摆动期踝关节跖屈导致肢体廓清障碍（膝关节和髋关节可产生代偿性屈曲）。动态肌电图可见腓骨长肌、腓骨短肌、趾长屈肌、腓肠肌、比目鱼肌过度活跃或痉挛，胫前肌、胫后肌活动降低或肌力下降。

（3）足下垂：足下垂指摆动期踝关节背屈不足，常与足内翻或外翻同时存在，可导致廓清障碍。代偿机制包括：摆动期增加同侧屈髋、屈膝，下肢划圈行进，躯干向对侧倾斜。常见的病因是胫前肌无活动或活动时相异常。单纯的足下垂主要见于脊髓损伤和外周神经损伤。

（4）足趾卷曲：支撑期足趾保持屈曲。常见于神经损伤、长期制动和挛缩。常伴有足下垂和内翻。患者主诉穿鞋时足趾尖和跖趾关节背面疼痛，伴有胼胝生成。患者常缩短患肢步长和支撑时间，导致足推进相力量减少。相关的肌肉包括趾长屈肌、拇长伸肌和屈肌。踝关节背屈时使该畸形加重。动态肌电图常可见趾长屈肌、拇长屈肌活动时间明显延长，腓肠肌和比目鱼肌异常活跃，趾长伸肌活动减弱。

（5）拇趾背伸：多见于中枢神经损伤患者。患者步行时（支撑期和摆动期）拇趾均背屈，常伴有足下垂和足内翻。患者主诉支撑期拇趾和足底第一跖趾关节处疼痛，在支撑期早期和中期负重困难，因此常缩短受累侧支撑期，使摆动期时间超过支撑期，从而影响支撑期末期或摆动前期的足蹬离力。动态肌电图可显示腓肠肌群过度活跃；摆动期拇长伸肌加强活动，以代偿足下垂，相应地趾长屈肌活动减弱；胫前肌和胫后肌则有可能减弱，但也可以活跃。动态肌电图检查对选择正确的治疗方向有关键的作用。该异常多见于双腿。

（6）膝塌陷：小腿三头肌（比目鱼肌为主）无力时，胫骨在支撑期中期和后期前向行进过分，导致踝关节不稳或膝塌陷步态。患者出现膝关节过早屈曲，同时伴有对侧步长缩短，同侧足推进延迟，如果患者采用增加股四头肌收缩的方式避免膝关节过早屈曲，并稳定膝关节，将导致同侧膝关节在支撑期末期屈曲延迟，最终导致伸膝肌过用综合征。患者在不能维持膝关节稳定时，必须使用上肢支持膝关节，以进行代偿。有关的肌肉包括：腓肠肌-比目鱼肌和股四头肌。股四头肌肌电活动可延长和过度活跃。

（7）膝僵直：支撑期晚期和摆动初期的关节屈曲角度<40度（正常为60度），同时髋关节屈曲程度及时相均延迟。摆动期膝关节屈曲是由髋关节屈曲带动，髋关节屈曲减少将减少膝关节屈曲度，从而减少其摆动期力矩，结果导致拖足。患者往往在摆动期采用划圈步态、尽量抬髋或对侧下肢踮足（过早提踵）来代偿。动态肌电图通常显示股直肌、股中间肌、股内肌和股外肌过分活跃，髂腰肌活动降低，有时臀大肌和腘绳肌活动增加。如果同时存在足内翻，将加重膝僵直。膝僵直常见于上运动神经元病变患者，及踝关节跖屈或髋关节屈曲畸形患者。固定膝关节矫形器和假肢也导致同样的步态。

（8）膝过伸：膝过伸很常见，但一般是代偿性改变，多见于支撑期早期。常见的诱因包括：一侧膝关节无力导致对侧代偿膝过伸；跖屈肌痉挛或挛缩导致膝过伸；膝塌陷步态时采用膝过伸代偿；支撑期伸膝肌痉挛；躯干前屈时重力线落在膝关节中心前方，促使膝关节后伸以保持平衡。

（9）膝屈曲：较少见，一般为骨关节畸形或病变造成。患者在支撑期和摆动期都保持屈膝姿势。患者在支撑期时必须使用代偿机制以稳定膝关节。由于患者在摆动期末期不能伸膝，致使步长缩短。腘绳肌、股四头肌、腓肠肌、比目鱼肌的动态肌电图常显示腘绳肌内侧头比外侧头活跃，腓肠肌通常过分活跃，特别是在摆动期。动力学研究常可见伸膝受限伴髋关节屈曲增加。

（10）髋过屈：主要表现为支撑期髋关节屈曲，特别在支撑期中后期。如果畸形为单侧，对侧下肢呈现功能性过长，步长缩短，同时采用抬髋行进或躯干倾斜以代偿摆动期的廓清功能。动态肌电图常见髂腰肌、股直肌、髋内收肌过度活跃，而伸髋肌和棘旁肌减弱。伸髋肌无力可导致躯干不稳，髋关节后伸困难；伸膝肌无力及踝关节跖屈畸形可导致伸髋肌过用综合征，导致伸髋肌无力；髋关节过屈时膝关节常发生继发性屈曲畸形，加重步态障碍。髋关节屈曲及其继发性畸形不仅影响步态，严重时还影响护理、大小便、甚至坐轮椅。因此治疗可以用于不能步行的患者，以改善其生活和护理质量。

（11）髋内收过分：髋关节内收过分表现为剪刀步态，最常见于脑瘫和脑外伤患者。患者在摆动期髋关节内收，与对侧下肢交叉，步宽或足支撑面缩小，致使平衡困难，同时影响摆动期地面廓清和肢体前向运动。此外还干扰生活活动，如穿衣、卫生、如厕和性生活。相关的肌肉包括：髋内收肌群，髋外展肌群、髂腰肌、耻骨肌、缝匠肌、内侧腘绳肌和臀大肌。内收肌痉挛或过度活动即内收和外展肌群不平衡是主要的原因。

（12）髋屈曲不足：屈髋肌无力或伸髋肌痉挛/挛缩可造成髋关节屈曲不足，使肢体在摆动期不能有效地抬高，引起廓清障碍。患者可通过髋关节外旋，采用内收肌收缩来代偿。对侧鞋抬高可以适当代偿。

**2. 中枢神经损伤步态**

（1）偏瘫步态：又称划圈步态，常见于脑损伤患者。多数患者表现为摆动期足下垂、足内翻、直膝、髋关节外旋的划圈步态，可以伴有足拇指背伸、足趾卷曲、膝过伸等。患肢单支撑期显著缩短，双支撑期延长，步宽加大，步长、步幅缩短，步频、步

速降低。（图5-4）

（2）帕金森病步态：表现为步履蹒跚，步幅和步长缩短，步速降低，躯体僵硬。（图5-5）

（3）脑瘫步态：又称剪刀步态，表现为髋关节屈曲，内收、内旋，足下垂及内翻，行走时双膝互相摩擦，甚至两腿完全交叉，呈典型的“剪刀式”步态。（图5-6）

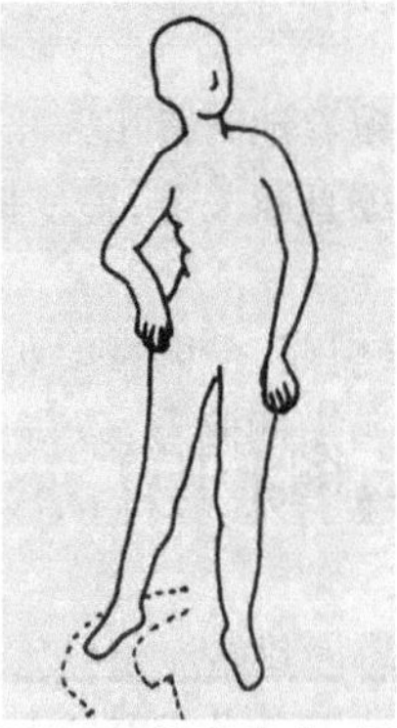

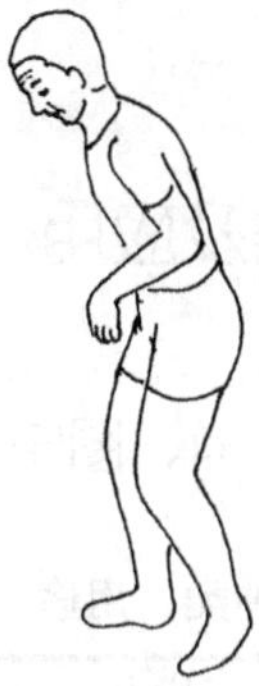

图5-4 偏瘫步态 图5-5 帕金森氏病步态

图5-6 剪刀步态

3. 外周神经损伤步态

（1）臀大肌无力步态：臀大肌是主要的伸髋及脊柱稳定肌。在足触地时控制重力中心向前。肌力下降时其作用改由韧带支持及棘旁肌代偿，导致在支撑期早期臀部突然后退，中期腰部前凸，以保持重力线在髋关节之后。腘绳肌可以部分代偿臀大肌，但是外周神经损伤时，腘绳肌与臀大肌的神经支配往往同时损害。臀大肌步态表现出躯干前后摆动显著增加，类似鹅行走的姿态，又称为鹅步。（图5-7）

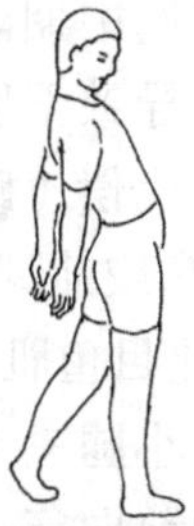

图5-7 臀大肌无力步态

（2）臀中肌无力步态：臀中肌在迈步相起到稳定支持骨盆作用，臀中肌无力时出现Trendelenburg征阳性即在患侧支撑期时，患侧骨盆上抬，躯干向患侧侧屈，健侧骨盆下降；从而使重心维持在髋关节上方，减少对稳定骨盆所需肌力的要求，双侧臀中肌无力，步行时上身左右交替摇摆，状如鸭子，又称鸭步。（图5-8）

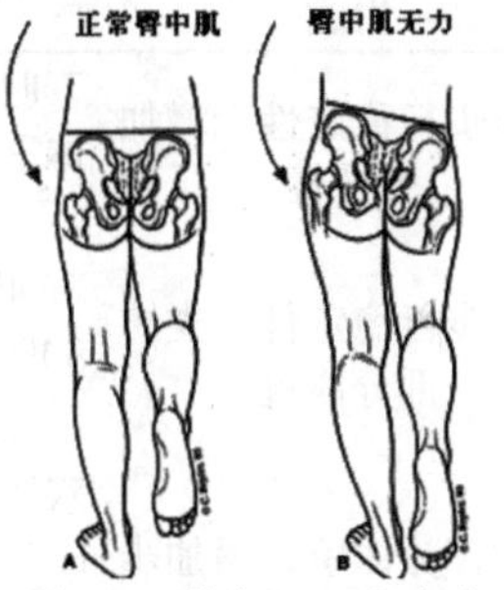


图5-8 臀中肌无力步态

（3）屈髋肌无力步态：屈髋肌是摆动期主要的加速肌，其肌力降低造成摆动期肢体行进缺乏动力，只有通过躯干在支撑期末期向后，摆动期早期突然向前摆动来进行代偿，患侧步长明显缩短。

（4）股四头肌无力步态：常见于股神经麻痹导致的股四头肌瘫痪。股四头肌无力使支撑期早期膝关节处于过伸位，用臀大肌保持股骨近端位置，用比目鱼肌保持股骨远端位置，从而保持膝关节稳定。膝关节过伸导致躯干前屈，产生额外的膝关节后向力矩。长期处于此状态将极大地增加膝关节韧带和关节囊负荷，导致损伤和疼痛。

（5）踝背伸肌无力步态：常见于腓总神经麻痹导致的胫前肌瘫痪。在足触地后，由于踝关节不能控制跖屈，所以支撑期早期缩短，迅速进入支撑期中期。严重时患者在摆动期出现足下垂，导致下肢功能性过长，往往以过分屈髋屈膝代偿（跨槛步态），同时支撑期早期由全脚掌或前脚掌先接触地面。

（6）腓肠肌/比目鱼肌无力步态：常见于胫神经麻痹导致的小腿三头肌瘫痪，胫骨在支撑期中期和末期前向行进过分，使膝关节产生瞬时屈曲塌陷（knee drop off），患者往往采用股四头肌收缩的方式避免跌倒，长期发展可导致伸膝肌过用综合征。部分患者可使用上肢支撑持膝关节，以进行代偿。患者常伴有对侧步长缩短，同侧足推进延迟。

**4. 疼痛步态**

是各种原因的关节承重能力下降，导致患肢承重能力显著下降，支撑期中期时间显著缩短。健侧步长缩短，双支撑期延长。上身摆动幅度增大，一般偏向健侧。

## 第二节　助行器的种类及应用

### 一、常见助行杖及助行器的种类、用途（表5-4、图5-9，图5-10）

表5-4　常见助行杖及助行器的种类、用途

| 名称 | 用途 | 适应证 | 优点 | 缺点 |
|---|---|---|---|---|
| 手杖 | 增加步行稳定性，增加安全性 | 下肢支撑能力超过95%体重，可独立步行，但稳定度不够 | 轻便、灵活 | 杖远端接触面较小，稳定性较差 |
| 四脚杖 | 增加步行稳定性，支撑部分体重 | 下肢支撑能力超过80%～95%体重，不用拐难以步行 | 稳定性较好，不易滑动 | 灵活性较差，不平坦的地面使用困难。 |
| 肘杖 | 支撑部分体重，增加步行稳定性 | 双下肢支撑能力超过80%～95%体重，不用杖难以步行，腕关节控制能力欠佳 | 腕关节负荷较小，站立时拐杖可以套在手上进行手的活动 | 灵活性较差，杖远端接触面较小，稳定性较差 |
| 腋杖 | 支撑体重，增加步行稳定性 | 双下肢支撑能力超过50%～80%体重；或一侧下肢支撑力正常，另一侧可以没有支撑力，作触地式步行 | 稳定性较好，可以用于不平坦的地面 | 灵活性差，腕关节肌力不足者不适用。光滑的地面稳定性欠佳 |
| 轮式助行架 | 支撑体重，增加步行稳定性 | 同腋杖 | 可用于光滑的地面，稳定性较好 | 灵活性最差，腕关节肌力不足者不适用，不平坦的地面稳定性欠佳 |
| 步行式助行架 | 支撑体重，增加步行稳定性 | 同腋杖 | 可用于光滑的地面，稳定性最好 | 灵活性最差，上肢肌力不足者不适用，不平坦的地面稳定性欠。 |

图5-9 四脚杖、手杖、腋杖、肘杖

图5-10 步行式助行架、轮式助行架

## 二、各种助行杖及助行器使用指南

**1. 腋 杖**

长度标准：自然站立，身高减去41厘米，股骨大转子的位置为把手的位置；或小趾前外侧15厘米处到腋窝的距离，屈肘30度，腕背伸处为把手部位。

适应范围：适合于一侧下肢完全不能负重或仅能部分负重的病人，如截瘫、一侧下肢截肢、一侧下肢骨折或急性扭伤等。

注意事项：①双杖与身体之间形成的支撑面要稳定；②从健侧转身；③坐站转移时，双杖置于患侧，以健手推座椅，借力站起，注意患侧的负重。

**2. 肘 杖**

长度标准：杖柄与臂托之间的距离应小于患者前臂的长度即小于掌心到肘关节的长度。

适应范围：适合于不能以手部或手腕承受体重的病人，如类风湿性关节炎、手腕骨折等。

**3. 手 杖**

长度标准：自然站立，股骨大转子到地面的高度或屈肘30～40度，腕背伸约25度，小趾前外侧15厘米处到手掌面的距离即为手杖的长度。

适应范围：年老体弱，一侧下肢骨折但平衡能力较好；平衡能力较差可选用多脚杖。如脑瘫、平衡失调症等。

**4. 助行架**

分步行式助行架和轮式助行架，前者适合于上肢功能完好，下肢功能损害较轻但平衡能力较差者，或长时间卧床刚开始练习行走的病人；后者适合于上下肢功能均较差的病人。

# 第三节 步行训练

## 一、步行训练的评价内容

**1. 肢体功能的评价**

不论肢体功能如何变化，最重要的是准确地了解影响患肢随意运动的功能是什么，判断通过训练可改善的因素是什么以及应该抑制的异常反射有哪些，等等。认清障碍原因，积极开展治疗，早日改善肢体功能。如在不完全截瘫的病例中，根据其残存机能水平即可以判断最终步行功能的恢复程度并确定步行时所必要的辅助用具；在颈椎脊髓不完全损伤时，由于其预后和上肢、躯干的功能关系很大，必须密切注意相关肌肉的肌力评价。在脑血管疾病引起的偏瘫中，瘫痪侧下肢的随意性对步行速度、步态等步行功能有很大的影响。但是，在评价时，除了要充分注意步行姿势和协同的关系，同时应观察它们在康复过程中的发展变化并相应地制订出治疗对策，这是十分重要的。

#### 2. 健侧肢体的评价

偏瘫时评价健侧下肢有无d用性肌力低下和变形性关节病。

#### 3. 平衡功能

保持和调节姿势的能力和步行能力直接相关。这种能力受下肢、躯干肌力等运动功能，以及从感觉整合系统到感觉功能的影响，所以它的评价在某种程度上可以作为评价步行能力的综合性指标，不过要确切地掌握影响平衡功能的各种要素情况是困难的。常被应用的偏瘫平衡功能检查有倾斜试验、感觉整合评价、重心摇摆计等各种各样的方法。

姿势调节中有静态平衡和动态平衡，步行功能的改善主要是依靠获得动态平衡。正常步行时，单突触反射被抑制，姿势调节由多突触反射调整。在痉挛性瘫痪患者，这种姿势调节反射的程序被打乱，在运动时，各肌肉活动的顺序发生了混乱。

#### 4. 肌紧张

肌紧张是通过被动的关节屈伸运动中肌肉的抵抗程度评价的。在下肢，一般伸肌肌群的张力增高。不同情况下，通过利用或抑制肌紧张以获得理想的步行模式。例如对于剪式步态，立脚期的足搐搦不利于安全步行，挛缩应予以抑制。而对于麻痹肢体，为了支持体重必须有一定程度的肌紧张。

#### 5.感觉障碍

为了顺利地进行运动，感觉的反馈是极为重要的。特别是本体感觉，对于关节运动十分重要。对于平衡功能，步态以及训练的效率也都有很大的影响。

#### 6.精神功能、高位中枢功能

痴呆和意识低下等存在意识障碍的患者将会影响步行的预后。

## 二、步行训练的原则

#### 1. 安全步行

所谓安全步行，是指在没有摔跤危险的情况下，患者能够安全、稳定地步行几千步甚至几万步，患者由于各种各样的机能障碍，身心都处于一种不稳定的状态，一旦失去了一次平衡，其失败的体验往往很深，使患者失去训练的信心。

#### 2. 步态分析

步行训练往往是建立在明确的步态分析的基础之上，为了客观准确地评价患者动态中的步行，要从患者的头部开始到躯干以及骨盆分析。患侧下肢伸出时常引起躯干和骨盆等的代偿运动，所以，在偏瘫的康复中，步态分析及训练应该从患侧下肢的立脚相开始。任何一点异常的步行一经发现，都应寻找出引起异常的主要原因，并以上述的评价项目为中心进行研讨。此外，作为初期评价的最低限度，必须记测患者的步行速度和步幅，这些是判定训练效果最敏感的指标。

#### 3. 反　馈

无论进行哪项训练，最重要的是使患者充分理解训练的目的。为了达到最佳的训练效果，用口头指示、手势、视觉等一切可应用的方式把训练中好的表现和反应反馈给患者，适当及时反馈好的表现，可给予患者正向的强化，并提高其学习的积极性，使患者能够自觉主动地投入到各项训练中。

## 三、步行训练的基本条件和步行前准备

#### 1. 步行训练的基本条件

一般步行训练的基本条件：（1）站立平衡达到Ⅲ级或接近Ⅲ级；（2）患侧下肢

有足够的承重能力；（3）最好能单独支撑体重，至少在患肢负重小于1/2 体重时不应进行训练。近年来兴起的减重训练（partial weight support，PWS）是以传统实践为依据，利用悬吊装置不同程度地减少上身体重对下肢的负荷，有利于支撑能力不足的患者早期进行各种步行训练。随着现代生物力学、生物工程学的发展，利用各种支具介入步行，开展步行训练的要求也逐步减低，使患者能在较低要求下进行步行训练。

**2. 步行前准备训练**

在不具备步行条件时过早行走，会引起异常步态并影响步行的稳定性、协调性与安全性。如偏瘫患者易诱发划圈步态。为了提高患者的步行能力与步行质量，要先进行步行前准备训练，在具备了步行条件后再开始步行训练。

（1）患侧下肢负重训练与重心转移训练

坐位向立体转换训练，转换时强调患肢负重；患侧下肢单腿负重训练；健肢在上方双腿交叉起立训练；利用立平衡反馈仪练习患侧下肢负重；立重心转移训练：分左右转移和前后转移。

（2）平衡训练

当患者达坐位Ⅱ级平衡并进行坐立位转换练习时，即开始立位Ⅰ级平衡练习。这一训练过程，可以借助平行杠或肋木等站立，过渡到独立站立。训练时注意指导患者髋伸展并防止膝屈曲或膝过伸。在达到立位Ⅰ级平衡后，在加强患侧下肢负重练习的同时，开始立位Ⅱ级平衡（自动态平衡）练习。通过旋转躯干、伸手取恢复作业治疗或利用平衡生物反馈仪进行训练。逐步过渡到立位Ⅲ级平衡（自动态平衡）训练。

（3）患侧下肢控制能力训练

床上训练："桥式"运动；仰卧位患侧下肢直腿抬高训练；仰卧位患侧下肢屈曲与伸展练习；仰卧位患侧下肢做髋关节伸展；膝关节屈曲、踝关节背屈的分离运动；仰卧位患侧下肢做髋关节屈曲、内收、内旋的分离运动；仰卧位双下肢空中交替屈曲控制训练（空蹬车运动）；俯卧位髋伸展、膝屈曲练习。

坐位训练方法：端坐位患腿抬高练习；患腿向上抬起（保持膝屈曲，踝背屈状态），训练中防止躯干后倾代偿动作出现；端坐位患侧下肢膝伸展、踝背屈练习。

坐立位训练方法：患侧下肢踝背屈练习；患侧下肢做屈髋伸膝练习（防止髋外展外旋）；患侧下肢做屈髋、屈膝、踝背屈练习；患侧下肢做伸髋、屈膝练习。

## 四、偏瘫患者的步行训练

### （一）偏瘫步态的表现

**1. 开始触地期**

足跟着地不充分，经常是前足或整个足底或足底外侧缘着地，这是由于足背屈不足，伸膝不完全或足内翻所致。

**2. 承重反应期**

踝关节过度跖屈，呈马蹄足，可能是由于跟腱挛缩，或由于持久而过度的小腿三头肌活动，使前足首先着地，正常足跟着地的摇滚动作丧失，使步态不平滑。正常胫骨在足跟处摇滚向前运动比大腿向前运动快，引起膝屈曲，而偏瘫病人吸收缓冲体重冲力使膝屈曲消失。前足着地反而给胫骨产生向后的推力，妨碍身体向前推进和利用下肢的动量向前，使能量消耗增加。足内翻多由于胫前肌在摆动期过度活跃，或小腿三头肌提前活动引起。足外侧缘着地使负重面不稳定。当髋内收肌过度活动、共济失调、本体感觉受损时，可引起患足在健足前方着地，易致内翻损伤或不稳跌倒。

**3. 支撑中期**

由于挛缩、过度屈肌活动和强力的伸展模式，正常踝关节从15度跖屈位至大约10度背屈位的转移动作消失，患者不能将体重从足跟转移到前足，并出现两种代偿方式。

如果膝活动度良好，就会出现膝过伸；如果患者有充分的伸髋控制能力，或有手杖支撑时，就会出现躯干前倾。两种情况均使骨盆后缩处于足跟的后上方，影响了身体向前的动量和步长。

4. 支撑末期

由于挛缩、痉挛屈曲足趾的疼痛，体重转移至前足会引起支撑不稳，故可表现为整个站立期没有足跟离地。

5.迈步前期

患者因站立稳定不够，常失去摆动前期。此时患者膝持久伸直而不能作摆动准备。正常步态摆动前期的被动膝屈曲消失。

6.摆动前期

因屈膝不足，靠患肢向外侧绕圈来代偿，有时靠站立健肢的跳跃，或身体向健侧倾斜来代偿。代偿不足便出现足趾拖曳向前。

7.摆动中期

因踝背屈肌力不足，不能使足离地，足趾继续拖曳向前。另外由于屈肌的强力协同收缩，或伸趾肌活动不足，会有摆动时足内翻。

8.摆动末期

通常偏瘫病人以踝跖屈、膝半屈的姿势着地。这不仅缩短了步长，而且使开始承重时患足肌肉处于高度活动的姿势下，增加能量消耗。

### （二）偏瘫步态的原因

1. 共同运动

是由意志引起的只能按一定方式进行的运动，为部分性随意运动。伸髋同时屈膝的能力是行走时摆动期开始的基础，而偏瘫患者在摆动期时，患者带动偏瘫腿向前，因共同运动模式而形成屈髋、屈膝、足内翻的动作，不能产生在摆动期末的伸膝。

2. 痉　挛

脑卒中患者肌张力增高是低位神经中枢的代偿性改变，具有一定的积极意义，而过高的肌张力产生痉挛则造成运动障碍。偏瘫患者下肢伸肌痉挛占优，导致膝关节不能自如屈曲。瓮长水等研究认为，脑卒中偏瘫患者下肢痉挛对步行能力的影响力较小，治疗中重点应关注肌力等因素。

3. 肌力减弱

有学者认为，下肢肌力是步行能力最重要的决定因素。股四头肌、腘绳肌肌力对增强膝关节的稳定性、改善平衡能力非常重要。如股四头肌肌力减弱，与股二头肌之间的运动协调性差，站立相可导致膝过伸。胫前肌肌力减弱则引起足下垂。躯干肌肌力对步行能力也产生影响。

4. 下肢感觉障碍

中风偏瘫患者往往在运动障碍的同时伴有下肢感觉障碍，足部大部分的皮肤感觉和本体感觉减退，从而对步行能力产生影响。

5.紧张性反射

可导致患者姿势变换障碍，驱动制动能力下降，干扰正常步行。

### （三）步行训练

1. Ⅱ、Ⅲ级坐位平衡训练

Ⅱ级坐位平衡训练：在完成Ⅰ级（静态）坐位平衡训练后，让患者坐稳后，在无外力的干扰情况下，完成自身躯干的转动，并能重新获得坐位平衡能力的训练。如让患者用健手从一侧抓住物品再放到另一侧，在自己躯干的转动中训练平衡能力。

Ⅲ级坐位平衡训练：Ⅲ级坐位平衡训练是使患者在抗阻下增强平衡能力。训练人员在保证患者安全的情况下，以适当的力量不定方向地推患者，使患者自身坐位平衡破坏后能迅速恢复平衡坐位。

2. 从患腿持重训练到坐、站转换训练

患者取坐位，两腿分开与肩同宽，双足平放于地面，双上肢Bobath握手，肘关节伸直，肩关节前屈。当患者前倾时，重心由臀部前移到两脚上，增加了患腿的持重。训练中应避免患者向健侧腿倾斜，尽量使患者双腿平均分摊上身重量。经过训练，患者可自行由坐位站起，如若不行可给予一定的帮助，指导患者站起。训练时应全力避免只靠健腿持重而站起，即避免由于联合反应造成的患腿伸肌（股四头肌、腓肠肌）痉挛加重，甚至出现阵挛。在进行坐位前倾训练时，训练者从患侧及前方保护好患者，训练过程中一定要避免患者因失去平衡而跌倒、摔伤。

**3.Ⅰ、Ⅱ、Ⅲ级立位平衡训练**

患者站立位，其他同坐位Ⅰ、Ⅱ、Ⅲ级平衡训练。在立位Ⅱ平衡训练的过程中可增加让患者两脚左右分开的重心转移训练然后逐步过渡到两脚前后分开的重心转移训练。在两脚前后分开的重心转移训练中治疗师应支持足跟以防止足内翻，让患者保持躯干正直的姿势，在重心转移到过程中帮助患者的髋及全部重心都转移到支撑腿上，只有这样才能屈膝，促发正常步态中摆动期的步行模式。

**4.膝稳定性控制训练**

大多偏瘫患者存在膝关节不稳定的问题，患者主诉经常"打软"腿，站不稳。主要表现为大部分患者下意识地避免"打软"而以膝"过伸"位站立，需要通过由轻度膝屈曲向膝"过伸"的往返转化进行膝稳定性的控制训练。如必要时，可用膝过伸矫形器来控制膝关节的稳定性。

**5.爬行练习**

对躯干肌和臀肌恢复比较差的患者，附加四点跪位到三点跪位再到两点跪位练习，然后过渡到爬行的训练。

**6.行走练习**

恢复步行是大多数偏瘫患者的基本要求，是康复治疗的重要目标之一。通过步行训练，不但能恢复步行能力，还能改善步态质量。步行训练可先在扶持的状态下进行训练，然后再过渡到徒手步行，训练的重点是纠正划圈步态。

（1）患侧腿支撑期——避免膝过伸：患者一定要主动选择性伸髋。如果需要帮助，当患者将重心转移至患侧腿上时，治疗者应用手帮助使骨盆向前以确保伸髋。

（2）患侧腿摆动期——放松髋、膝、踝关节：当重心转移到向前迈出的健侧腿上时患侧腿的摆动期开始。此时如不能放松地屈髋和屈膝，必然上提骨盆，使患侧腿以全伸模式做划圈运动。训练时，在指导患者放松髋、膝的同时，治疗者可站在后面用手沿股骨线向前向下推压骨盆，帮助骨盆向前向下运动。

（3）交叉侧方迈步：①向患侧迈步：患者用健侧腿在前面交叉向患侧迈步，脚平放在地上，避免膝过伸。②向健侧迈步，用患侧腿在前面向健侧腿侧方迈步，把脚平放在地上，治疗者要注意帮助患侧骨盆向前向下运动。

**7.实用步行训练**

通过在不同质地、粗糙程度的地面和有坡度的地面的行走训练，最后使患者恢复实用步行的能力。这一时期患者主要侧重步行的稳定性、节律性及实用性训练，同时进一步纠正步行中的不正确动作及姿势，彻底打破下肢的伸肌痉挛模式。可按口令、音乐节律等进行不同节律的步行训练和绕障碍物行走训练。模拟真实的生活环境，为患者今后更好地适应社会环境做准备。

**8.上、下台阶训练**

正确的上下楼梯的训练方法是上行时健腿先上，患腿后上；下行时患腿先下，健腿后下。下楼梯比上楼梯困难，在训练下楼梯之前应做好髋、膝关节离心性收缩的练习。

**9.踝足矫形器（ankle-foot orthosis，AFO）的使用**

对于踝背屈不足的患者，使用AFO帮助患者摆动期足趾离地，触地期足跟着地；对于关节控制不稳的患者，消除站立期距下关节向内、向外的不稳定性；对于感觉缺失的患者，改善由于运动觉损害而不能控制足的位置问题等。

10.借助辅助具步行训练

可借助手杖、助行器等进行步行训练。对于一些有可能恢复独立步行功能的患者尽量不用，更不要过度依赖辅助具。

在步行训练中一定要注意在摆动末期使足跟着地，防止足内翻和足下垂。

## 五、脊髓损伤的步行训练

对于高位脊髓损伤患者，大多数终身要与轮椅为伴，对于低位不完全性损害者甚至可以进行步行训练。随着现代生物力学、生物工程学的发展，截瘫患者可借助支具（T10 以下），甚至电动支具（损伤平面可更高）、拐杖实现重新走路。对于病情稳定，经济条件较好者，应不失时机地开展步行训练。部分SCI患者不能进行功能性步行，但是亦可以开展步行训练。治疗性步行虽无实用性，但有明显的治疗价值，如对患者有心理支持、减少压疮发生机会、防止骨质疏松发生、改善血液循环、防止下肢深静脉血栓形成和促进尿便排出等治疗作用。社区功能性步行需达到下列标准：（1）终日穿戴支具并能耐受；（2）能连续走900米左右；（3）能上下楼梯；（4）能独立进行ADL 。除（2）外均能达到者，可列为家庭功能性步行，即速度和耐力不达条件，但在家中可以胜任。凡上述社区功能性步行的标准（1）～（4）均不具备，但用膝踝足矫形器（KAFO）及拐杖能作短暂步行的，称为治疗性步行。

### （一）步行前训练

1. 被动关节活动度训练

治疗师帮助患者行髋关节、膝关节、踝关节等被动关节活动度练习。踝关节是否能保持在功能位，膝关节被动伸屈活动是否自如，髋关节的伸髋功能是否有障碍，直接影响到的站立和行走效果，因此需要加强关节活动度的练习。对于受伤时间较长的患者，由于长期卧床或坐轮椅，髋关节容易发生屈曲挛缩，此时伸髋功能的康复尤其重要。

2. 体位变换

对卧床患者应定时变换体位，一般每两小时翻身1次，以防止压疮形成。

3. 早期坐起训练

对脊髓损伤后脊柱稳定性良好者应早期开始坐位训练，每日2-3次，每次30分钟。开始时将床头抬高或摇起30度，如无不良反应，则每天将增升床头角度，直到90度，并逐渐增加坐位训练时间。一般情况下，从平卧位到直立位需1周的适应时间，适应时间长短与损伤平面相关。

4. 斜床站立训练

患者经过坐起训练后无直立性低血压等不良反应即可考虑进行站立训练。训练时应保持脊柱的稳定性，佩戴腰围训练起立和站立活动。患者站起立床，从倾斜30度开始，角度渐增，直到90度，如有不良反应发生，应及时降低起立床的高度。

5.上肢肌力及躯干残存肌力的训练

由于截瘫患者行走时必须借助肘支具来移动身体的重心和保持身体平衡，尤其是刚开始使用支具进行步行时，患者不熟悉支具的原理和方法，不能很好地借助支具对步行的助力作用，加上患者紧张、怕摔的心理，对上肢及躯干残存的力量要求较高，特别需要加强向下方支撑的肌力训练。如利用器械（如哑铃、沙袋和简易器械等）对三角肌、肱二头肌、肱三头肌、背阔肌、腹肌及腰背部肌肉等进行向心及离心性抗阻训练，3～5次/天，15～25分钟/次，以增强上肢及躯干残存肌肉力量，或利用支撑器作撑起上身的训练以及向前、后、左、右移动身体的练习。

6.站立训练

对于截瘫患者的站立训练在早期就应进行，其目的主要是训练血管的神经调节功能。此阶段的站立可在平行杠内进行，由于损伤平面以下丧失了姿势感觉和平衡反应能力，故必须重建站立位的姿势感觉，可用训练镜增加视觉代偿。

（1）腰段以下损伤站立位的平衡训练：腰段以下的脊髓损伤患者根据髋关节的控制能力决定是否利用长腿支具训练站立的平衡。由坐位转为站立位后，一般患者必需双手抓住扶持物（如双杠、椅背等）才能站立。因为虽然有长腿支具可以持重，但患者平衡能力很差，并不能保持住站立位的平衡。

（2）C7～8 损伤患者的平行杠内站立训练：由于这类患者脊髓损伤的水平较高，完全性脊髓损伤患者只能在复合支具的支撑下，依靠训练人员的大力帮助和扶持才能完成。训练的目的并不能使患者达到独立站立，而仅仅是改善一般状态。

（3）训练步骤（图5-11）

站立前的准备：当患者在轮椅上支撑前移，足跟落地后，训练人员两腿分开，双手放在患者的腰或臀部，此时患者双臂抱住训练人员颈部，头自然转向一侧。

协助站起：以患者双下肢为支点，训练人员用自己的双膝将患者双下肢抵住后向前拉起，直立，身体负重点在双脚。

双手扶杠：训练人员用手向前托住患者臀部，使之伸展躯干、双肩，双手扶杠。

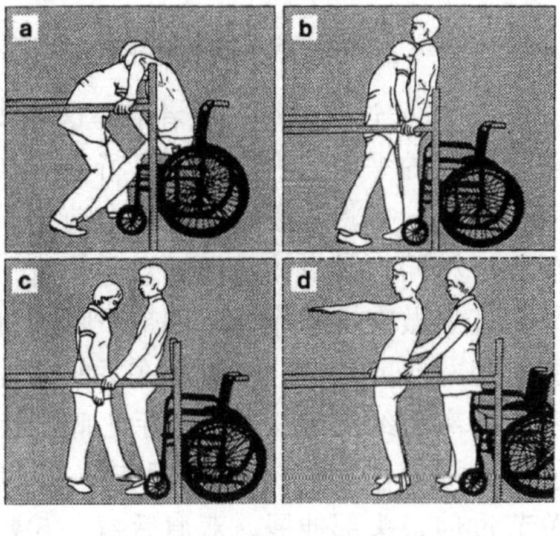

图5-11　截瘫患者平行杠内站立训练

身体平衡、站立：训练人员在患者身后，一只手在患者臀部以一定的力使髋关节伸展，另一只手协助患者伸展躯干，达到身体在平衡状态下站立。（图5-11）

## （二）步行训练

截瘫患者可借助支具（T10 以下），甚至电动支具（损伤平面可更高）、助行杖实现重新走路。对于病情稳定，经济条件较好者，应抓住时机地开展步行训练。

### 1. 脊髓损伤患者的行走功能水平分为

（1）只能完成站立，而且是被动站立。

（2）治疗性行走：仅用于锻炼性目标，在别人帮助下在平行杠内可短距离行走，并能达到如下目标：穿戴-脱去支具，坐-站转移，行走时在帮助下能达到平衡，跌倒后借助辅助物可重新站立。

（3）室内功能性行走：能够穿戴支具，独立完成坐-站，椅-地板转移。在家中，工作场所、学校及室内场所不用轮椅。

（4）社区内行走：完全独立行走，大部分时间不需要轮椅。

### 2. 步行训练的目标

（1）治疗性步行：佩带骨盆托矫形器或膝踝足矫形器，借助双腋拐进行短暂步行，一般适合于T6～T12平面损伤患者。

（2）家庭功能性行走：可在室内行走，但行走距离不能达到900米，一般见于L1～L3平面损伤患者。

（3）社区功能性行走：L4以下平面损伤患者穿戴踝足矫形器，能上下楼，能独立进行日常生活活动，能连续行走900米。

### 3. 步行前的准备

（1）穿脱支具：首先教会患者正确应用支具的方法，整个穿脱过程在仰卧位或坐位下完成，告诫患者不断检查受压区域，特别在支具脱掉之后。

（2）站立活动：根据脊髓损伤节段和程度，不完全截瘫患者可以自己或借助于支具如步行架、腋杖等站起，完全截瘫患者需要在帮助下站起。①站起：在平行杠内练习比较容易，方法如下：患者先将轮椅移动到平行杠的一端，面向平行杠，向前移动身体，直至使双足接触地面。治疗者面向患者站在平行杠内，用自己的双膝分别从外侧固定患者的双膝，双手放在患者的臀部两侧，患者身体前倾，双手握住平行杠向下用力支撑，治疗者双臂同时向上托起。②平衡：患者双手握住平行杠，开始在帮助下调整站立平衡，治疗者一手放在其背后保持臀后伸，一手放在上胸部前面，使上身向前挺，保持平衡。也可以双手分别放在肩前及对侧骨盆前方，防止躯干向前或向两侧倾斜，同时帮助患者寻找平衡点。患者学会在髋伸位平衡躯干，保持体重在两足上，之后先从平行杠中解脱一只手，然后双手都从支撑中解脱出来，当维持稳定体位时，应渐将两手改在髋前或髋后。一旦患者能保持静态平衡后，即可开始动态平衡训练，方法是从不同方向轻推患者，让患者保持平衡或重新建立新的平衡。

（3）支撑：应用肩下降肌，低头增加高度，控制躯体下半部分之动作，将身体提起离开地面并控制平衡不至于摔倒。

（4）转身：这涉及将身体提起放下转过90度，两手从一只杠换到另一只杠。

（5）坐下：治疗者面向患者站立，双手抱住患者髋部，并用双膝或双足控制其下肢，患者髋过伸，双手放在平行杠上，双臂先负重，头和躯干前倾，缓慢降低重心，直到臀部接触到椅面上。

#### 4. 平行杠内步行训练

SCI 后，可以应用的步法有摆至步、四点步、摆过步三种。

（1）摆至步训练：①首先躯干在过伸位保持平衡；②两手分别或同时沿平行杠内向前伸出距脚趾大约15厘米；③身体前倾，使头和肩位于手的上方，然后提起双脚，并向前摆动使双腿正好落在手的后方。完成这一动作时，双腿提起后要很快放下，否则摆动距离太大，双手会落在两手之间或之前的位置。（图5-12）

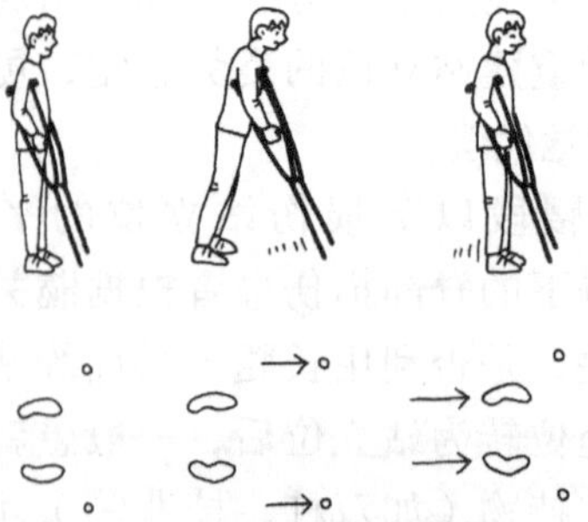

图5-12 摆至步训练

（2）四点步训练：以左腿向前迈步的动作为例。①右手沿平行杠向前伸出15 cm 距离，左手置于髋关节稍前处；②重心移到右腿，使右髋关节与同侧足、膝和踝部在同一垂直线上；③左肩稍前伸，左手支撑并使左肩下降，将左下肢向上提起；④左下肢上提后向前摆动，迈出的步子足够大后，就将左下肢放下，开始训练时步子要小，但迈出的脚一定要落在手的位置之前；⑤将重心移至左腿；⑥左手沿平行杠向前移动，做好迈出右腿的准备。要注意骨盆的旋转偏移。（图5-13）

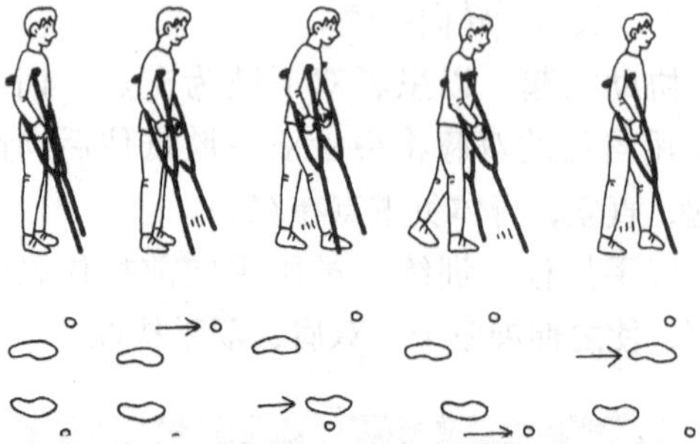

图5-13 四点步训练

（3）摆过步训练：患者掌握这种步行，需要较高的平衡能力，但这是行走最快最实用的步行。①将双手沿平行杠向前伸，与摆至步时相同；②身体前倾，双手持重；③在平行杠上做支撑动作，肩胛带下降，将双下肢提起并向前摆动，双脚落在手的前方，离手的距离大约等于摆动前与手之间的距离。④做支撑动作并向前摆动下肢时，要保持髋关节过伸，头部伸展，双肩后缩；⑤要靠双手支撑向前移动躯干，同时肘关节伸展，双肩内收。当双脚稳定地持重之后，双手沿平行杠向前移动，准备迈出下一步。在平行杠内步行训练开始阶段，治疗者要站在患者身后，双手控制住骨盆，确保每一个动作都能准确地完成，必要时上提时给予提拉，落地后加压，保证平稳站立。（图5-14）

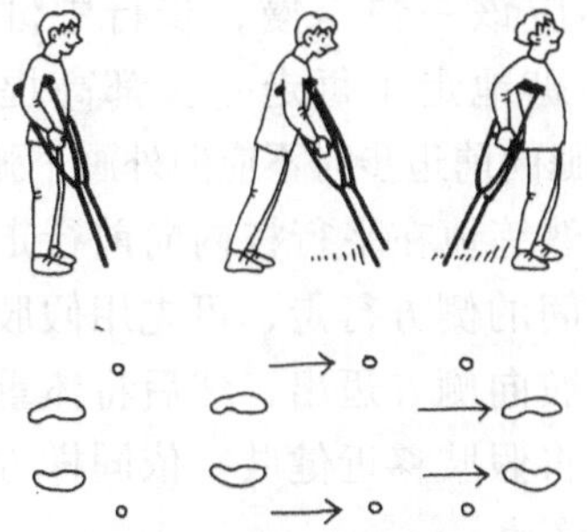

图5-14 摆过步训练

## 六、穿戴假肢的步行训练

### （一）穿戴小腿假肢的步行训练

**1. 站立平衡训练**

开始可以扶着双杠扶手、拐杖，手杖练习正确站立姿势，要求身体站直，两脚间保持10厘米距离，体重能较均匀地放在假肢和健肢上，双眼向前平视对面的镜子，练习站稳，逐渐练习双手不扶任何物体站立，然后让截肢者练习在身体前倾、后仰、侧屈、旋转运动中仍能站稳、不会摔倒。

**2. 身体重心转移训练**

双足位置不变，截肢者将全身的大部分重量反复地移到假肢上（把骨盆移向假肢侧，不允许把上半身向假肢侧倾斜），同时应保持身体平衡。

**3. 单侧肢体站立、承重的训练**

假肢、健肢可以交替练习单肢站立、平衡。假肢侧单肢独立站立应能维持3～5秒钟。开始训练时可以扶双杠或拐，逐渐训练不扶站立。

**4. 平行杠内或扶双拐训练步行**

注意双腿的步长要相近，步宽要尽量小些。

**5. 平行杠外不扶拐的室内步行训练**

如果在杠内双手不扶杠已可以走路，则可杠外训练。截肢者可以面对大镜子，双眼平视沿着地上一条直的标志线训练步行。应注意训练上身没有向假肢侧大的摇摆，双下肢的步长要相近，步宽尽量小，一般不应该超过5厘米，双下肢的支撑时间要相近，双足的外旋角度相近（如果不相近，应请假肢技师及时调整）。

**6. 上、下楼梯和室外坡路、不平路面的训练**

目的是使截肢者能适应各种复杂的步行环境，一般小腿截肢者是能适应的。有的年轻人穿着小腿假肢还可以跑步、跳远、跳高，与正常人相比没有很大区别。

### （二）穿戴大腿假肢的步行训练

大腿假肢由于比小腿假肢多个膝关节，使训练上比较困难，需要截肢者能对自己提出严格要求和刻苦训练。

**1. 站立位平衡功能训练**

站立平衡功能（就是能站稳）是步行的基础。初装假肢者一旦穿上假肢就想练走是不对的。应当从培养残肢对假肢的感觉开始，然后经过一步步地训练，才能养成良好的步行习惯，得到好的步行功能。有些截肢者由于没有重视开始的步行训练，随便走，养成些不良的步行习惯，改正是相当难的。

（1）开始可手扶双杠（或双拐）练习正确的站立姿势：要求身体站直、双眼平视，双下肢能均匀承重站稳，双脚间宽约10厘米，练习逐渐减少双手扶杠的力量至不扶杠也能稳定站立。站立中应注意收缩臀部肌肉，后伸髋关节保持假肢膝关节不会突然弯曲。当双手不扶杠能站稳后可练习身体前倾、后仰、侧屈、转身运动中也能保持稳定，身体不倒、膝部不弯。

（2）身体重心左右移动中的平衡训练：双脚可分开20厘米站立。双手扶杠，然后向左、右水平移动骨盆，使假肢、健肢交替承担体重，注意运动中双眼平视、双肩要平、上身要直。训练中逐渐减少手扶力量，直到不扶。

（3）身体重心前后移动中的平衡训练：让假脚位置稍稍后退一些，让人体重心前后移动。运动时腰要挺直，上身保持垂直，体重移向假肢时应注意用力后伸髋关节，防止膝部弯曲。

（4）假肢单腿站立平衡训练：双手不扶杠，试着只用假肢单腿站立，每次站立维持时间越长越好，最好达到每次能站立5秒以上。站立时应注意上身不要向假肢侧有大的倾斜。

**2. 迈步训练**

（1）交替屈膝练习：双手扶杠（或拐）练习健肢和假肢的屈膝、抬起足跟。当抬起健足跟时应注意用力后伸假肢侧的髋关节，防止膝部弯曲。

（2）健肢和假肢交替的前后运动：健肢的前后运动：站立在双杠间双手扶杠自我保护，用假肢承担体重，反复地训练将健肢向前迈和向后伸。健腿向前迈时应注意尽量后伸假肢侧的髋关节，假肢膝关节不应弯曲。

（3）假肢的前后运动：双手扶杠自我保护，反复练习健肢承担体重提起假肢时，尽量后伸假肢，再将假肢屈膝，向前迈出一步，然后再将假肢转为后伸。用假肢向前迈步时，应注意当假脚跟落地时必须用力后伸假肢侧髋关节，防止膝关节突然弯曲。

**3. 步行训练**

（1）平行杠内的步行训练：双手轻轻扶杠，主要起自行保护作用，面对着镜子，双眼平视，首先是将体重移到假肢上，健肢向前迈出一步，再将体重逐渐移到健肢上，然后屈曲假肢膝关节，上提假肢，使大腿迈向前方，随着假肢小腿摆动膝关节逐渐伸直，当足跟着地时，必须用力后伸髋关节，残肢压向接受腔后壁，以保证膝关节稳定，然后再将体重移到假肢上，再将健肢迈向前方……如此反复。

步行中应抬起头，双眼平视对面镜子；转移体重时应当左右移动骨盆，不是左右摆动上身；健肢迈出的步长要尽量接近假肢迈出的步长，不应太小；双足的步宽越小越好，不应大于10厘米。双下肢迈步速度应相近，不应该一快一慢，步行中健足不要一踮、一踮地走（每走一步都高提一次足跟），假腿向前迈步时不应向外画个弧圈。

当能熟练地在平行杠内向前行走后，可以练习杠间的侧方行走，可先用假肢承担体重，将健肢向侧方迈出，然后将体重移到健肢上，再将假肢移近健肢。依同样方法练罨向假肢侧移动。

（2）杠外步行训练：当杠内训练中截肢者不再出现打软腿（突然膝关节弯曲）时则可以转到杠外，面对镜子，沿着地面的一条直线进行步行训练。对于年老、体弱、残肢短、控制膝关节稳定性能力差者，开始杠外训练时健侧手可轻轻地扶个手杖，防止跌跤。

（3）室外步行训练：在各种不同路面上（马路、土路、碎石路、不平的路）训练。

**4. 日常应用动作训练**

（1）上下台阶、楼梯：上台阶时应先迈健肢，再健肢用力伸膝，升高身体，上提假肢到健足同一层台阶。一般的假肢只能是二步上一层台阶。上台阶时为了让假脚不碰到台阶边缘，允许假肢有轻度外展。下台阶时应假肢先下，站稳后再下健肢。下落假肢时应注意假脚一定要落在台阶的后方，脚尖不宜超过台阶的前缘，否则假肢容易打软腿。

（2）上下坡路：分正面上下和侧方上下两种方法。

正面上、下斜坡：上坡时，先迈健肢，要迈步大些，然后再向上迈假肢，假肢迈步要小，足跟落地时要用力后伸残肢，大腿截肢者穿用假肢时，下斜坡动作防止膝关节打软腿。正面下坡对大腿截肢者相当难．先迈假肢，假腿迈步要小，残肢要尽量向后压残肢接受腔保证膝部稳定。

侧面上、下斜坡：初学步行截肢者、年老、体弱、残肢短者正面上、下斜坡容易跌跤，宜采用侧面上、下坡。侧面上坡应侧向、向上先迈出健肢，再使假肢向健肢靠近。下坡时应先侧向下移假肢，再下健肢。

## 第四节　减重步行训练

躯干和下肢承重能力下降是导致步行障碍的重要原因，传统康复治疗已采用减重的方式进行早期步行训练，例如利用水的浮力进行水中步行，利用各类拐杖或助行器减少下肢负重等。但是都存在一些不足，例如水中运动需要特殊环境，拐杖或助行器需要患者增加上肢用力，造成步行时身体姿态异常等。减重训练（partial weight support，PWS）是以传统实践为依据，利用悬吊装置不同程度地减少上身体重对下肢的负荷，在理论上有利于支撑能力不足的患者早期进行各种步行训练。目前减重训练已经开始临床应用研究，但其价值尚未最后定论。（图5-15）

图5-15 Biodex减重步行训练仪

目前，减重步行训练的一般适应证为：（1）病情稳定（近年来已逐步向早期发展，进而有可能成为早期康复的重要手段，脑卒中患者1周后）；（2）被动ROM大致正常；（3）下肢有Ⅱ～Ⅲ级肌力（近年来即使肌力Ⅰ级，也有人认为是可以做的）；（4）成年人等。软瘫期、有严重认知和言语功能障碍、有严重并发症者为相对禁忌证。

### 一、减重训练的理论基础

**1. 步行中枢**

步行是一种“简单”活动。一般情况下，步行不需要大脑皮质参与。一些动物在去大脑后仍然可以爬行，提示脊髓存在爬行或“步行”中枢。但是人类步行又与大脑皮质的功能有密切联系，在复杂情况和特殊任务时，大脑皮质直接参与步行姿态控制。Fukuyama 等采用PET研究发现，步行时大脑皮质能量代谢活动增加，提示大脑皮质参与了步行活动。而在大脑功能障碍时，皮质下和脊髓中枢的作用就释放或强化，导致异常的代偿性活动。大脑皮质、脑干、小脑和脊髓功能直接受损或传导通路障碍可导致不同类型的步行功能障碍，其内在的调控机制十分复杂，以至于学术界迄今为止仍无法确定人类步行中枢的部位及功能。

**2. 脊髓中枢模式激动源理论（central pattern generator，CPG）**

CPG指脊髓中枢在某种刺激后产生反复神经激动的机制，这是减重训练的理论基础。Grillner 和Debuc 等提出哺乳动物脊髓存在CPG，产生诸如胃肠蠕动和步行中屈肌和伸肌交替转换的神经冲动；CPG存在于脊髓的腹侧和中部的两侧，之间有神经信号通讯，以脊髓颈膨大和腰膨大处最多；神经环路与其他神经环路关联，最后在腰第2～3节段整合。Barbeau 等发现猫脊髓横断8 天后，鞘内注射氯压定可激活主动运动，提示CPG的活动与脊髓神经介质的活动有关。步行时屈肌和伸肌自发性交替活动的CPG理论是，屈肌兴奋性冲动通过中间神经元抑制伸肌活动，屈肌兴奋完成后伸肌的神经兴奋释放，引起伸肌活动，从而在步行动作启动之后，产生自发性屈肌-伸肌交替兴奋。

**3. 步行控制的主要因素**

脊髓中枢的兴奋释放导致肢体痉挛、僵硬、颤动等，多见于脑卒中、脑外伤和高位脊髓损伤。下行控制的阻断导致肢体无力和麻痹，多见于外周神经损伤和脊髓前角病变。影响步行控制的主要因素包括：（1）髋关节屈肌的牵伸刺激：这是诱导CPG的重要因素，屈髋肌挛缩的患者一定要加强牵伸训练；（2）下肢负重的两重性：一方面减重训练是通过减轻身体负重，以促进步行，另一方面要注意负重本身可以促进下肢伸肌群的活动。减重的幅度要降低到患者可以启动步行的最低程度；（3）步态的影响：加快步速不显著改变步行的摆动期，但显著缩短支撑期；（4）大脑皮质对步行动作有直接的控制作用；（5）适当下肢负重有利于促进感觉反馈对步行动作的调节作用。

#### 4. 神经功能的自然恢复

失神经支配的过程可以部分甚至全部自然恢复。Barbeau等发现去皮质的猫可以自发性地恢复运动、避开障碍物、觅食和进行复杂运动的全部技能。

### 二、减重负荷

减重的程度越高（即悬吊的重量越大），单腿和双腿支撑期时间越短、最大髋膝摆动角越小，肌电活动越低，步速受到限制。因此需要根据患者的实际情况和训练目标选择恰当的减重程度。国际上普遍采用的减重程度为≤40%体重。

### 三、临床应用

#### 1. 脑卒中

神经促进技术是脑卒中患者传统的训练方式，其共同目标是：改善肌肉收缩力；增加功能稳定性；促进运动模式的再学习；促进对多方向外力的反应能力；增加运动神经元募集；增加步态控制能力；增加下肢的承重能力。但是神经促进技术本身并不能直接改善步态。有人认为新的神经促进技术治疗目标应该是：合理的肌肉激活、和谐的肌肉收缩时相、足够的承重能力和耐力。

PWS 是最有效的脑卒中步态训练技术。有研究发现，经过较长时间的减重步态训练，可改善步态功能、腿和躯干功能、步态参数，但瘫痪下肢的肌肉张力和肌力无显著改变。此外，研究发现，PWS 可以使患者步行对称性改善，髋关节摆动期的伸展能力提高、抗重力肌肉的兴奋性增高，股二头肌活动增加，同时非受累侧胫前肌活动降低。将PWS与功能性电刺激结合，则可以更好地提高脑卒中患者的步态训练效果。

传统的拐杖步行和平行杠步行训练的目标是减轻患肢的负重，但对步态无显著有利的影响。相反由于训练需要患者有强大的上肢支撑力量，上身姿势往往错误，而形成新的不正确步态。

#### 2. 脊髓损伤

交互步态促进下肢感觉反馈，通过CPG机制产生节律性屈肌和伸肌的电活动。感觉反馈、活动平板速度、关节负荷和髋关节位置均可改变肌电的振幅和时间，因此PWS活动平板训练是完全和不完全性脊髓损伤康复有效的针对性训练方法。有研究显示，不完全性胸髓损伤患者，以40%PWS平板运动，20 min/次，5 次/周，共计12 周，患者的步行速度和耐力显著提高，而能量消耗显著降低。

#### 3. 骨关节疾病

Hesse 等研究发现髋关节置换术后患者，在15%减重的条件下进行步态评估，发现患者在活动平板运动和持拐步行时，步频降低，步幅加大，手术侧髋关节外展能力提高，步行对称性改善。

虽然 PWS在临床的应用增多，但国际上的研究尚没有达到循证医学水平的论证，并且近年来已经开始有负面的报道。

### 四、减重步行训练的发展

运动平板减重步行训练在临床上的应用越开越广泛，它主要是用减重吊带使患者步行时下肢负重减少，借助于运动平板进行步行能力训练。在训练时一般需要两名治疗师，一名帮助患者腿摆动、支撑期患足跟着地，防止支撑期膝过伸。另一名帮助患者进行身体重心转移、髋伸展、骨盆旋转，并保持患者躯干的直立，人力成本非常高。为降低人力成本，更好控制患者在减重训练中的精确度，近年来，国内外多家研究机构兴起了康复机器人的研究热潮，并取得了一定的成果。他们利用机器人技术相继开展了代替理疗师辅助患者自动完成减重步行康复训练的设备。利用这种康复训练机器人进行步行康复训练，不仅减轻了治疗师的工作强度，而且步行训练参数重复性好，时相指标可以准确设定，能够有效加快康复进程，提高疗效。由于康复机器人的开发还处于初始阶段，研发费用昂贵，至今还未在临床普及。

减重步行康复训练机器人按动力输入方式可分为腿部驱动和足底驱动两种类型。腿部驱动减重步行康复训练机器人通过牵引患者大腿和小腿协调摆动完成腿部步行动作，如外骨骼机械腿，其主要特点是具有类似人腿的仿生外骨骼结构，有大腿、小腿、髋、膝、踝关节等。使用时，外骨骼机械腿穿戴在人体下肢上，机械腿的大、小腿分别带动患者大、小腿摆动，完成步行动作；足底驱动减重步行康复训练机器人通过驱动患者足部模拟步行过程中踝关节的运动轨迹来进行步行训练。按动力源的不同，减重步行康复训练机器人又可以分为电机驱动、液压驱动和气压驱动，电机驱动因体积紧凑，操作与维护简单方便，而被广泛采用。此外，还有一种由运动平板直接驱动一个机构带动患者小腿屈曲的辅助步行训练装置。

## 【思考题】

**1. 关键性思考和讨论**

（1）思考偏瘫患者步行周期中主要参数的改变及原因分析。

（2）查阅资料了解减重步态训练在康复医学中的应用进展。

**2. 实验操作练习**

（1）练习各种助行杖及助行器的使用；

（2）练习减重步态训练仪的操作。

### ◎　参考文献

[1]纪树荣.运动疗法技术学[M].北京:华夏出版社，2011.

[2]燕铁斌.物理治疗学[M].北京:人民卫生出版社，2013.

[3]王玉龙.康复功能评定学[M].北京:人民卫生出版社，2013.

（陈　建）

# 第六章 肺部物理治疗技术

【学习目标】

1. 了解肺部物理治疗的理论机制。
2. 熟悉肺部物理治疗的适应证。
3. 正确指导患者进行呼吸功能训练。
4. 熟练操作各种辅助排痰技术。

## 第一节 概 述

对呼吸系统疾病或胸部外科手术前后的患者所采取的一系列以运动疗法和物理因子疗法为主要内容的治疗方法称为肺部物理疗法。肺部物理治疗技术是临床康复物理治疗技术的重要组成部分，不仅用于肺部疾病的康复，也用于胸、腹部术后预防肺部并发症，各种疾病恢复期体弱病人亦常用呼吸训练作为早期的锻炼方法，临床治疗效果好，是物理治疗师必须掌握的一项临床操作技能。本书重点介绍呼吸功能训练、咳嗽训练和辅助排痰技术。

### 一、肺部物理治疗目标

通过运动疗法和物理因子疗法改善肺部的通气功能，提高呼吸效率，改善呼吸肌肌力、耐力和协调性，保持或改善胸廓的活动度，达到维持和改善患者的体力、恢复活动能力、重返社会等目标。

### 二、肺部物理治疗适应证

（一）限制性障碍：包括胸膜粘连、肺结核后遗症、肺纤维症、肺结核、肺癌术后肺切除所造成的肺泡障碍等病症；

（二）阻塞性障碍：常见有慢性支气管炎、慢性肺气肿等引起的气道功能障碍；

（三）混合型障碍：如支气管哮喘、支气管扩张症等。

（四）呼吸不全：ICU（Intensive Care Unit，重症监护病房）、CCU（Coronary Care Unit，冠心病监护病房）等重症患者合并呼吸功能障碍、未成熟儿、新生儿肺不张等。

（五）呼吸肌障碍：颈髓与上段胸髓损伤、进行性肌萎缩症、格林巴利综合征引起的呼吸肌无力等。

### 三、肺部物理治疗理论机制

**（一）解剖生理学依据**

呼吸肌不是直接作用于肺和支气管，而是作用于胸廓，通过改变胸廓大小使胸腔内压力产生相应变化，从而引起肺泡的扩张和回缩，驱动气体吸入和呼出。通常吸气过程是主动完成，而呼气过程则是胸廓和肺的弹性回缩而被动完成。吸气时，呼吸道内外压力差增大、弹性成分对小气道的牵引作用增强，以及交感神经兴奋等因素，都使气道口径增大，阻力减小；呼气时则相反，气道口径变小，阻力增大，这就是哮喘病人呼气比吸气更为困难的主要原因。限制性肺疾病患者由于胸廓的扩张或肺的弹性功能下降而导致吸气功能障碍，故对于限制性肺疾病患者应着重改善吸气功能，而对于阻塞性肺疾病患者主要病理改变为呼吸道的狭窄或堵塞导致呼气功能障碍，故阻塞性肺疾病患者应着重改善呼气功能。

### （二）呼吸运动的调节

呼吸运动是一种节律性活动，主要受低位脑干调节，而脑桥上部有抑制吸气活动的中枢结构，脑桥中下部可能存在能兴奋吸气活动的长吸中枢，延髓有产生呼吸节律的基本中枢。关于正常呼吸节律的形成有两种解释，一是起步细胞学说，一是神经元网络学说。起步细胞学说认为，节律性呼吸犹如窦房结起搏细胞的节律性兴奋引起整个心脏产生节律性收缩一样，是由延髓内具有起步点样活动的神经元的节律性兴奋引起的。神经元网络学说认为，呼吸节律的产生依赖于延髓内呼吸神经元之间复杂的相互联系和相互作用。上述两种学说中哪一种是正确的或哪一种起主导作用，至今尚无定论，但有一点是肯定的，那就是即使存在起步细胞，神经元网络对于正常节律性呼吸活动的样式和频率的维持也是必不可少的。

节律性呼吸活动虽然起源于脑，但可受到来自呼吸器官本身以及血液循环等系统感受器传入冲动的反射性调节。主要包括化学感受性呼吸反射、肺牵张反射、呼吸肌本体感受性反射和防御性呼吸反射。详细解释请参阅人民卫生出版社《生理学》第五章第6版。

### （三）肺功能代偿机制

肺功能有较大的潜力，成人肺的潮气量仅为肺活量的1/6，健康人动脉氧分压降至60mmHg时血氧饱和度仍可保持在90%以上，血液仍可携带足够量的氧不致发生明显的低氧血症。而即使做全肺叶切除手术，在静息状态下肺动脉压仍可维持在正常范围，即使出现部分症状，通过呼吸训练仍有可能产生足够的代偿能力。呼吸运动中枢接受中枢神经系统的调节，例如在唱歌、运动等活动中音韵的控制、言语的断续都需要呼吸运动的协调，而在大强度运动时肺的最大通气量甚至可达到150L，是静息状态下的25倍，说明肺功能有较大的储备力。

### （四）辅助排痰技术原理

以支气管解剖为基础，借助重力并辅以改变体位、背部叩击、震颤、主动咳嗽等各种有效技术促进气道分泌物的排出。辅助排痰技术可以有效地减少肺部痰液量、减轻炎症，为呼吸功能训练提供较好的前提条件。

## 四、肺部物理治疗作用

（一）通过有意识地主动呼吸控制练习，可以改善肺部通气功能。

（二）减少肺部残气量，增加氧的摄入和二氧化碳的排出，降低肺部炎症的发生率。

（三）改善胸廓和肺的顺应性，有利于炎症的吸收和肺组织的修复。

（四）改善心脏功能水平，提高患者全身体能水平。

# 第二节　呼吸训练

呼吸训练是肺部疾病患者整体肺功能康复方案的一个重要组成部分，包括腹式呼吸训练、局部呼吸训练、抗阻呼吸训练、缩唇呼吸训练、胸部扩张训练等。患者在开始训练之前，必须掌握正确的呼吸技术，此技术训练要点是建立膈肌呼吸，减少呼吸频率，协调呼吸，调节吸气与呼气时间比。

## 一、腹式呼吸训练

正常平静状态下呼吸主要靠膈肌收缩下降，使胸腔内压力减小而主动吸气，由胸廓和肺的弹性回缩而被动呼气，膈肌的运动占呼吸功的70%，深吸气时，肋间内外肌分别参与呼气和吸气，而当呼吸困难时辅助呼吸肌也参与呼吸运动。慢性阻塞性肺疾病（Chronic Obstructive Pulmonary Disease，COPD）患者的膈肌下降而变得平坦松弛，且肺过度膨胀失去弹性回缩力，膈肌难以上升，膈肌运动只占呼吸功的30%，为弥补呼吸量的不足，在平静呼吸时肋间肌和辅助呼吸肌也参与，即以胸式呼吸代替，吸气费力时呼气也主动进行且呼吸频率加快，从而增加了呼吸肌的耗氧量。

腹式呼吸主要依靠腹肌和膈肌的收缩运动进行，腹式呼吸较胸式呼吸缓慢而深长，可以有效地增加通气量，横膈活动每增加1厘米可增加肺通气量250～300毫升，深而慢的呼吸可减少呼吸频率，增加潮气量，提高动脉血氧饱和度。膈肌较薄，活动时耗氧不多，减少了辅助呼吸肌不必要的使用，因而可以提高呼吸效率，有效缓解呼吸困难。缓慢膈肌呼吸还可以防止气道过早塌陷，减少空气滞留，减少功能残气量。

#### （一）腹式呼吸特点

1.腹肌与膈肌运动。

2.气体交换容量大。

3.对内脏有按摩作用。

4.改善肺底部通气，有助于正常呼吸模式的恢复。

5.降低呼吸肌群的能耗，提高呼吸效率。

#### （二）腹式呼吸训练方法与步骤

1.体位：取站、坐、卧（体弱者）位均可。以前倾依靠坐位较为适用，即头向前靠，置于前面桌上的枕垫上，两手放于枕垫下；此体位有助于放松肩背部肌群，并可固定肩带部以减少在呼吸时的过度运动，同时也有助于降低腹肌张力（图6-1）。

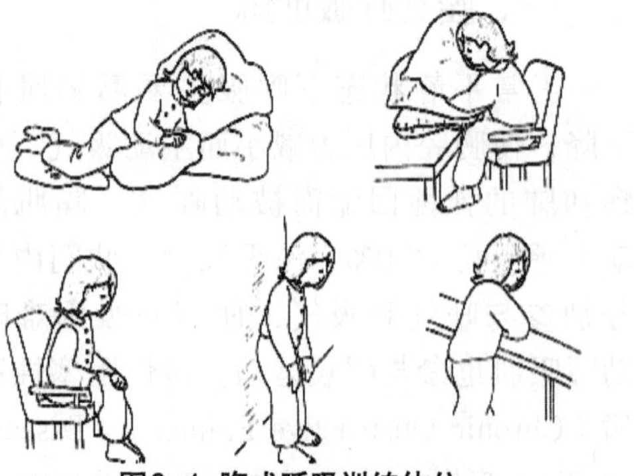

图6-1 腹式呼吸训练体位

站立位训练时，可将两手置于身后下腰部，并使身体稍前倾，有利于腹式呼吸的进行。

2.全身放松，静息呼吸。将左右手分别放在腹部和胸部，以感知呼吸时胸腹部呼吸运动的起伏，集中患者的注意力。

3.先闭嘴，用鼻深吸气，同时尽力挺腹；腹部之手随腹壁上抬；然后用口缩唇呼气，腹肌收缩；同时腹部之手加压，膈肌上抬。缓呼深吸，增加膈肌移动度，增加肺泡通气量。

4.反复训练，每日2～3次，每次10～20分。以后逐步增加训练次数和时间，使之成为不自觉的呼吸习惯，并融入日常生活活动中去。

5.腹式呼吸要领：思想集中，全身放松，先呼后吸，吸鼓呼瘪，呼时经口，吸时经鼻，细呼深吸，不可用力。

## 二、抗阻呼吸训练

抗阻呼吸训练可以改善呼吸肌的肌力和耐力，故又称呼吸肌训练，主要针对吸气肌无力、萎缩，特别是膈肌及肋间外肌。常用的训练方法有以下几种。

**1. 腹肌训练**

卧位时将1千克重的沙袋放在脐与耻骨间的下腹部，作挺腹训练，即吸气时腹部隆起，呼气时腹部下陷，沙袋重量以不妨碍膈肌活动及上腹部隆起为宜，以后每2日增加一次重量，渐加至3千克，每日训练2次，每次10～20分。

**2. 吹蜡烛**

坐位，点燃的蜡烛放在口前10厘米处，蜡烛与口同高，吸气后用力将蜡烛火苗吹向对侧且不能吹灭，每次训练3～5分钟，休息数分钟后再反复进行，以后逐渐增加吹烛的距离与时间。

**3. Triflo II Incentive Spirometer（图6-2）**

主要用于吸气训练，可以改善吸气肌的肌力及耐力，减少吸气肌的疲劳。适用于吸气功能差的患者（限制性肺疾病），练习时用嘴含住嘴套，用力吸气使三个不同颜色的球悬浮于指定刻度水平，尽量保持一段时间，以后逐渐增加训练时间。练习的同时，注意眼睛注视训练仪内球的运动，通过视觉回馈来控制吸气速度和吸气量。

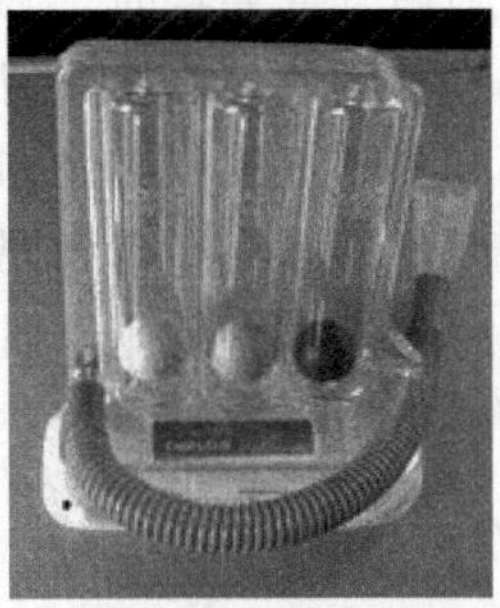

图6-2 Triflo II Incentive Spirometer

**4. 抗阻呼吸训练注意事项**

避免长时间进行呼吸肌的抗阻练习，因膈肌与四肢骨骼肌不同，在抗阻收缩后膈肌不能完全松弛，如果长时间进行抗阻呼吸会导致膈肌疲劳，呼吸时出现颈肩部肌肉明显收缩则表明膈肌疲劳，故在抗阻呼吸训练过程中应注意适当间隔或休息。

## 三、胸部扩张练习

### （一）定　义

也称局部呼吸训练，是重点作用于某一侧或某一肺叶的呼吸练习。适用于因手术后疼痛及防卫性肺扩张不全或肺炎等原因导致肺部特定区域的换气不足。

### （二）胸部扩张练习的作用

1.有利于肺组织膨胀、扩张。

2.促进胸廓运动。

3.改善通气－灌注关系。

4.有助于松动、移动过多的支气管分泌物。

5.有助于呼吸肌群的训练。

### （三）胸部扩张练习方法

1.患者取放松体位，如取侧卧位或坐位，要扩张的肺区必须放在最上部。

2.治疗师把手的掌侧面轻放在需扩张的肺区对局部胸壁加压，以获得本体感受器刺激。

3.要患者感觉治疗师的手，深吸气，并用他扩张的肺推治疗师的手（使用口令“让所有的气通过我的手”通常是有帮助的）。当患者吸气时，治疗师可在胸壁给予轻度阻力，可让患者吸入更充分，充分吸气后保持3秒。

4.要患者用口呼出所有的气。在呼气时，治疗师有时可轻轻挤压胸壁鼓励患者呼出残气。

5.当熟练掌握后，要求患者自己用手来控制呼吸。

### （四）胸部扩张练习举例

1.患者仰卧位或坐位，治疗师将手放在要进行局部呼吸的胸壁相应位置上，嘱患者放松胸壁肌肉，治疗师从呼气末期开始逐渐用力压迫胸壁，患者鼻吸，边吸气边减轻手部的力量。（图6-3）

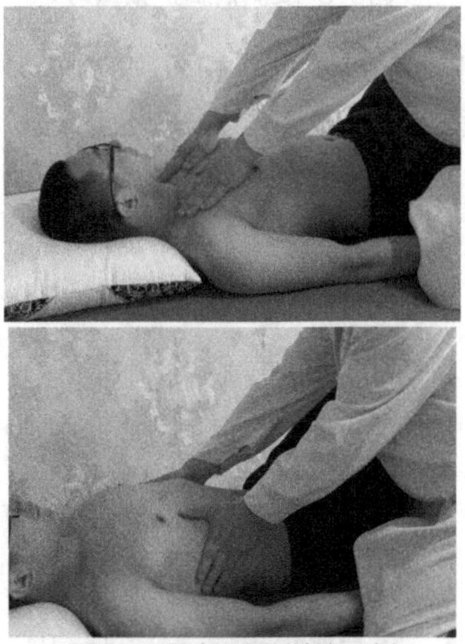

图6-3 局部呼吸训练示例

2.进行下部胸式呼吸时可用宽布等物，从肩胛下方缠绕到胸前交叉，双手交叉握住宽布带，当进行右下部胸式呼吸训练时，右手抓紧，左手按照用手局部压迫时要领，呼气

时拉紧，吸气时放松。（图6-4）

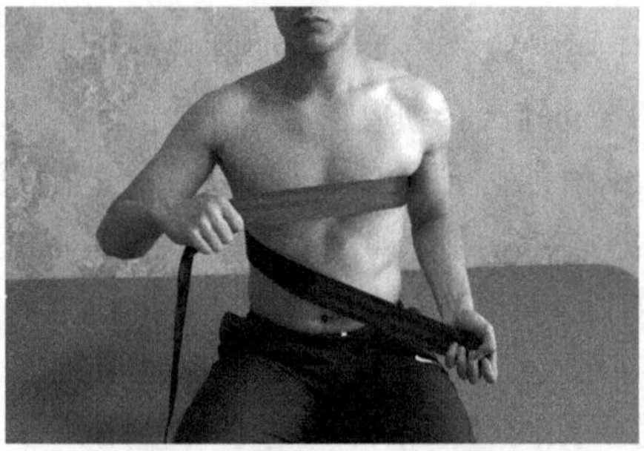

图6-4 局部呼吸训练示例

3.单侧低胸扩张练习（图6-5）

4.双侧低胸扩张练习（图6-6）

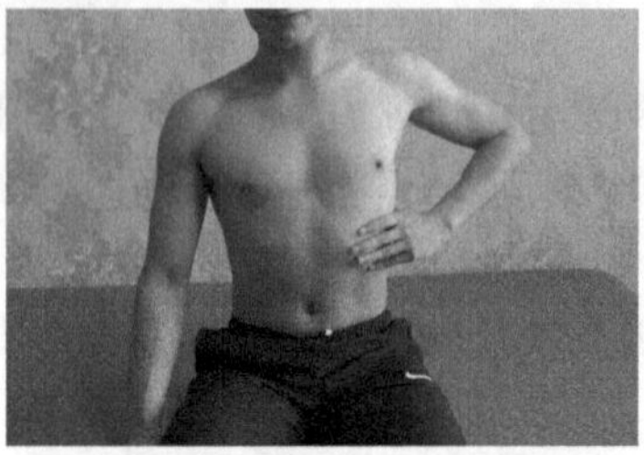

图6-5 单侧低胸扩张训练

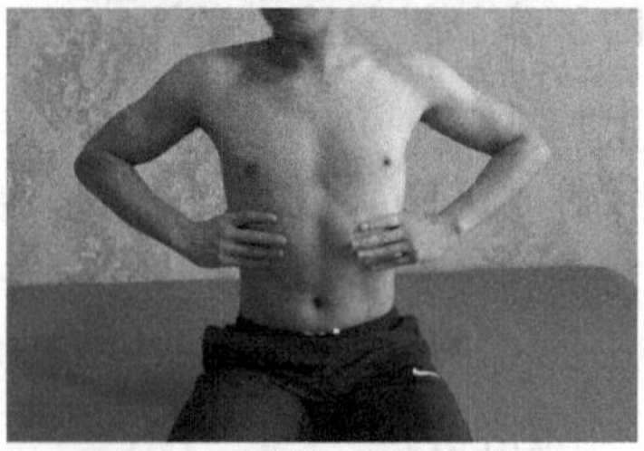

图6-6 双侧低胸扩张练习

5.胸背部扩张练习（图6-7）

6.肺尖部扩张练习（图6-8）

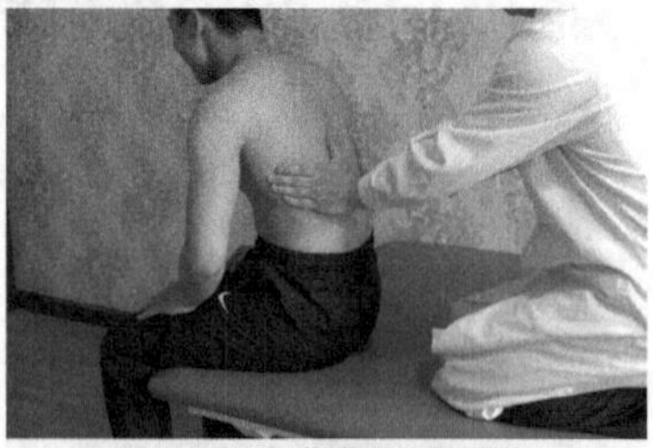

图6-7 胸背部扩张练习

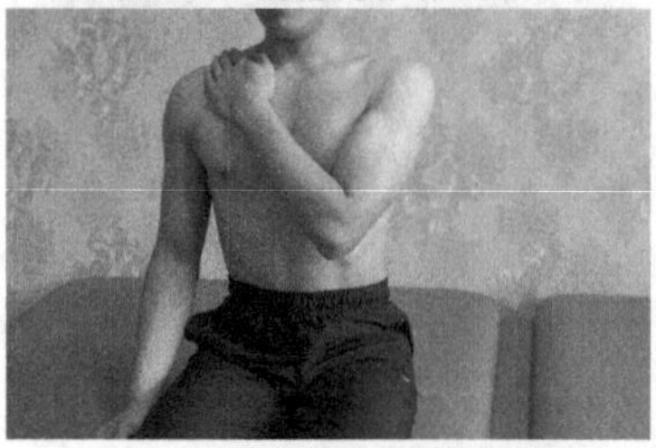

图6-8 肺尖部扩张练习

## 四、胸廓松动练习（Exercises to Mobilize the Chest）

胸廓松动练习是深呼吸结合躯干或肢体运动所完成的主动练习，当胸廓、躯干、肩胛带影响肺通气或姿势时，胸廓松动练习可以维持或改善胸壁、躯干及肩部的活动，增强吸气深度和呼气控制。例如当患者一侧躯干肌活动性下降则会影响到同侧胸廓的扩张，深呼吸时牵拉这一侧躯干肌可以改善同侧肺部的通气功能。

**1. 松动一侧胸廓（图6-9）**

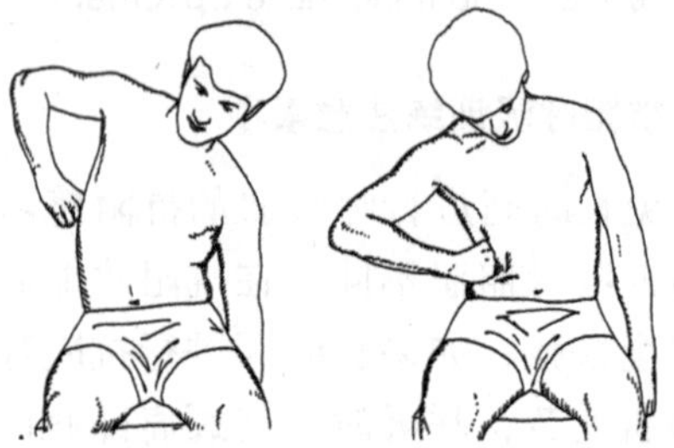

图6-9 松动一侧胸廓

（1）患者坐位，吸气时向躯干紧张侧对侧侧屈躯干以牵拉紧张侧胸廓。

（2）呼气时向紧张侧侧屈躯干同时用同侧握拳的手推这一侧胸廓。

（3）进展：向紧张侧对侧侧屈躯干同时举起上肢过头，可以更多地牵拉紧张侧胸廓。

**2. 松动胸廓上部（图6-10、图6-11）**

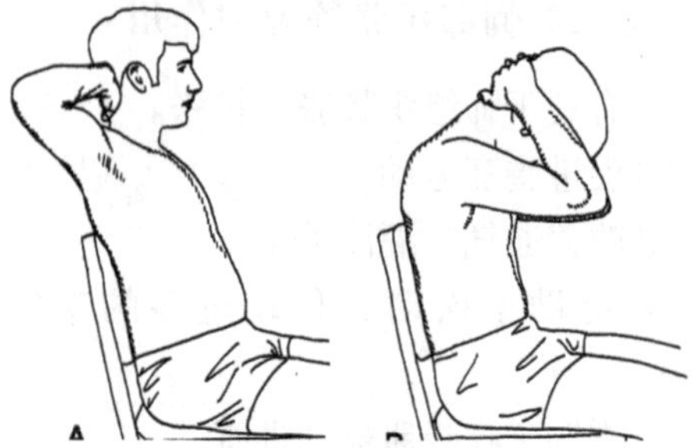


图6-10 松动胸廓上部

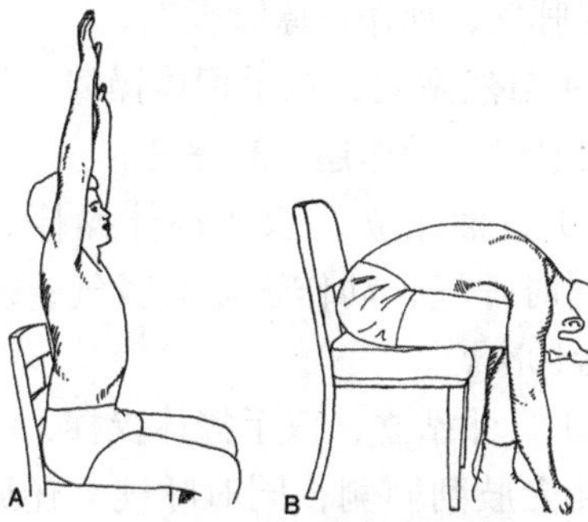


图6-11 松动胸廓上部

（1）患者坐位，双手枕后交叉，深吸气时双肩关节水平外展。

（2）呼气时双肘靠近，肩关节内收，头颈前屈。

（3）吸气时双上肢上举过头，呼气时躯干前屈，以手触地。

## 五、缩唇呼吸

又称吹笛式呼吸，这种方法能提高呼气期支气管内压力，防止小气道过早塌陷闭塞，有利于肺泡气的排出。在呼气时使口腔和支气管内的压力升高2～5cm$H_2O$，而防止病变气管的过早塌陷。

练习方法：用鼻吸气、口呼气。呼气时将口形缩小似口哨状并发生轻微声响。吸与呼时间之比为1∶2，慢慢地吸呼时间达到1∶5作为目标。也可与吹蜡烛火苗结合练习，距蜡烛的距离从20厘米开始，逐次延长到90厘米，并逐渐延长时间。

## 六、2段呼吸和4段呼吸

2段呼吸：平静吸气后再做一次速度略快的深吸气，然后做缓慢而长的呼气动作，如图6-12A所示。此呼吸方法可使横膈充分下降，有效地改善吸气障碍。

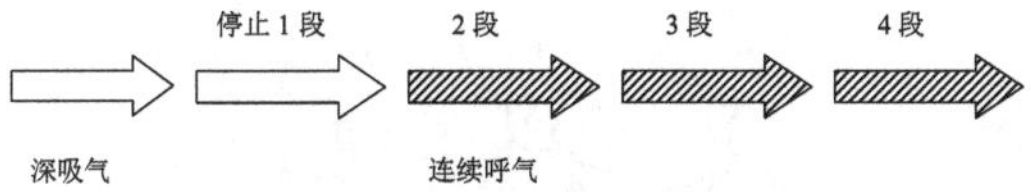


图6-12A

4段呼吸：在深吸气后采用四段呼气法呼气，如图6-12B所示。此呼吸方法使横膈充分上抬，有效地改善呼气障碍，有利于肺内残气的排出，从而改善通气功能。

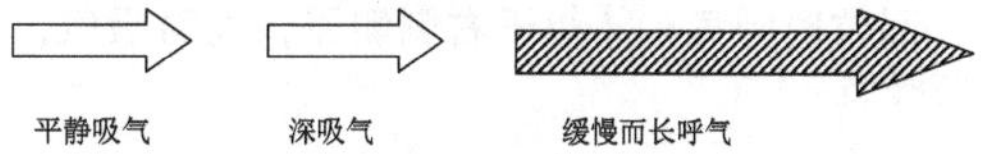


图6-12B

## 七、呼吸体操

在熟练掌握腹式呼吸方法的基础上配合躯干和四肢运动，主要应用于呼吸系统和心血管系统疾病康复治疗早期，改善肺通气功能、增强体力和全身耐力水平。包括呼吸肌群的柔韧性训练和力量训练，形式有徒手练习和器械练习。呼吸体操分卧位体操、坐位体操和立位体操，原则上从卧位体操开始，熟练掌握后按顺序逐渐过渡到坐位和立位体操。

### 1. 卧位呼吸体操（图6-13）

动作步骤：①双手置于腹部，屈髋屈膝；②作抬臀动作，同时吸气，到高处稍停留并屏气，然后轻轻放下，同时呼气；③仰卧位双下肢作骑自行车动作，配合口令，数“1”时吸气，数“2”时屏气，数“3”时呼气；④仰卧伸膝，双下肢向上抬高，吸气；⑤停留5秒并屏气；⑥缓慢放下，呼气。

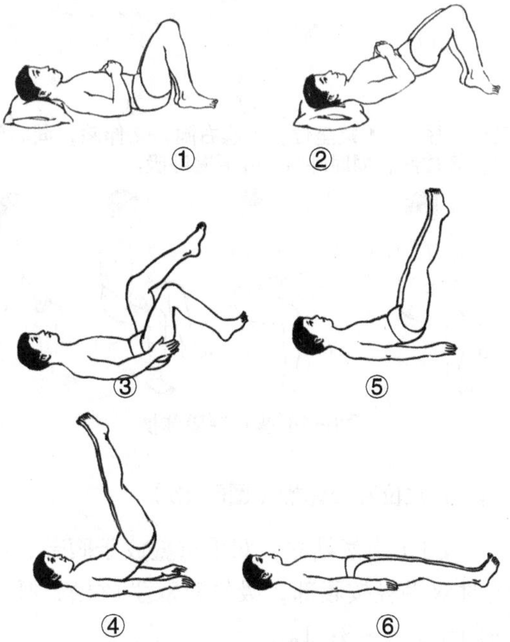


图6-13 卧位呼吸体操

2. 坐位呼吸体操（图6-14）

**动作步骤1：①端坐位，自然呼吸；②双手叉腰；③右上肢外展上举过头顶，躯干左侧侧屈，同时吸气，回位时呼气；④躯干右侧侧屈，同时吸气，回位时呼气。**

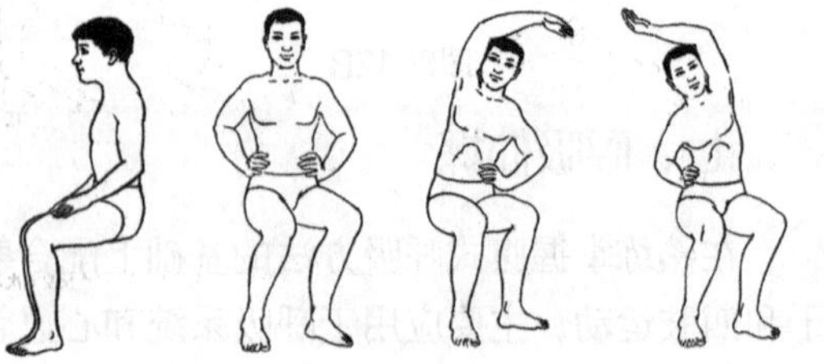

① ② ③ ④

**动作步骤2：①端坐位，双手交叉握在枕后；②躯干右侧旋转时吸气，回位时呼气；③躯干左侧旋转时吸气，回位时呼气。**

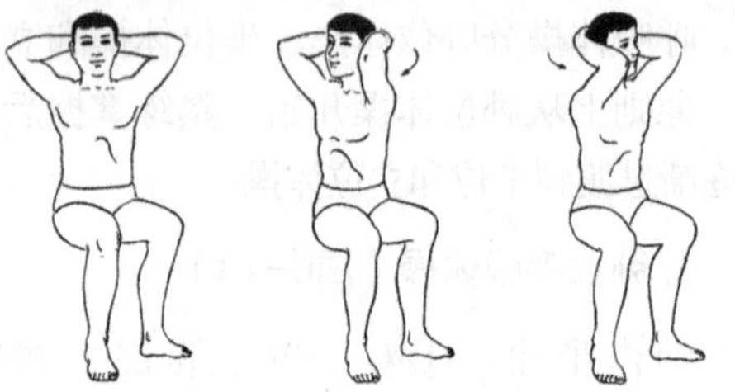

① ② ③

**动作步骤3：①端坐位，自然呼吸；②右腿向前迈一步落地，同时吸气，还原时呼气；③左腿作同样动作。**

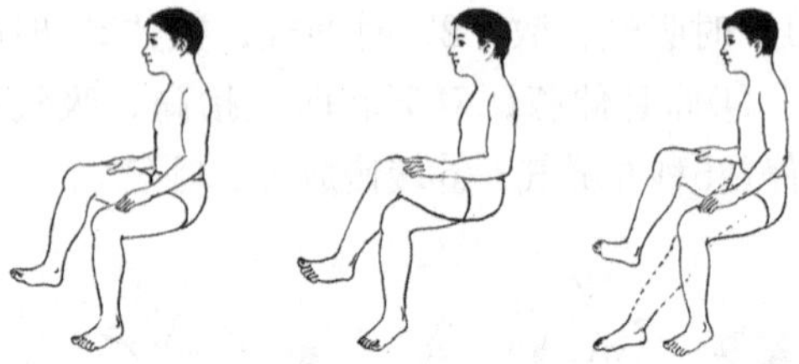

① ② ③

**动作步骤4：①端坐位，抬起右腿；②伸膝，同时吸气；③屈膝，同时呼气；④调整呼吸。**

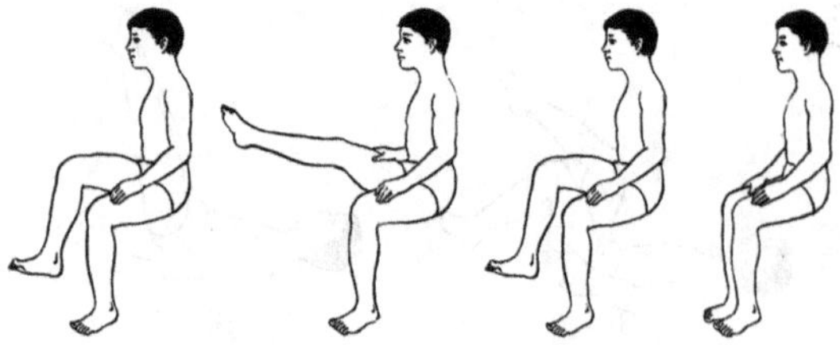

图6-14 坐位呼吸体操

3. 立位呼吸体操（图6-15）

（1）自然站立，双手重叠放于腹部，呼气时双手轻按腹部，吸气时双手放松，呼吸时间比2：1～3：1。

（2）自然站立，双手握体操棒，躯干前屈，同时呼气，动作还原时吸气。

（3）自然站立，双手握体操棒，躯干后伸，同时吸气，动作还原时呼气。

（4）自然站立，双手握体操棒，躯干侧屈，同时呼气，动作还原时吸气，左右交替，进行10次。

（5）自然站立，双手握体操棒，一侧上肢拉对侧上肢到同侧，同时呼气，还原时吸气，左右交替，进行10次。

（6）双手叉腰或双手将体操棒固定于腰部，呼气时上身右转，还原时吸气，左右交替，进行10次。

（7）自然站立，双上肢自然下垂，耸肩时吸气，放松时呼气，进行10次。

（8）自然站立，颈部前屈时呼气，颈部后伸时吸气，缓慢进行10次。

（9）自然站立，颈部侧屈时呼气，还原时吸气，左右交替，缓慢进行10次。

（10）自然站立，颈部旋转时呼气，还原时吸气，左右交替，缓慢进行10次。

（11）自然站立，调整自然呼吸，吸气时双手举过头顶，双手还原时呼气，同时目视双手，仿佛置身于海边、湖边和森林间，以轻松自然的呼吸结束呼吸体操。

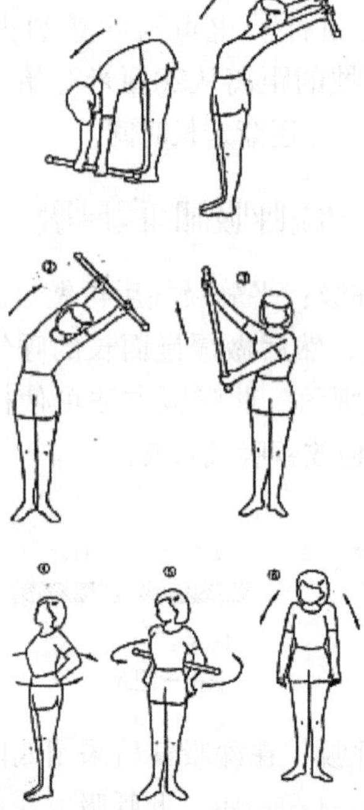

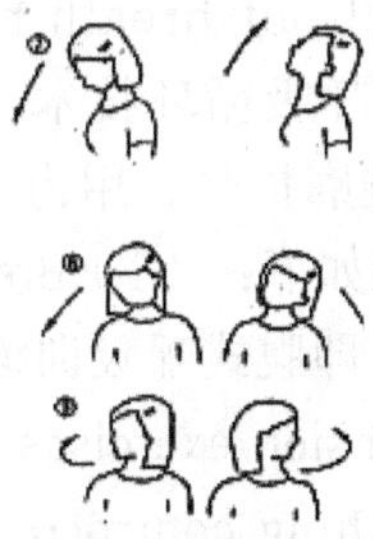

图6-15 立位呼吸体操

## 八、呼吸训练的注意事项

1.根据病情选择适当的准备姿势（仰卧或侧卧位、坐位、半坐位、立位、行走或运动中）。

2.因人而异选择合适的呼吸训练，限制性疾病作吸气比呼气长的吸气练习；阻塞性疾病作呼气比吸气长的呼气练习。

3.鼻吸口呼，自然均匀、有节律、深长适度。

4.吸气后不宜长时间憋气。

5.支气管扩张、慢性支气管炎等患者禁忌过度深吸气，以免引起肺泡破裂。

6.在室外新鲜空气中做呼吸练习，在室内应该打开门窗。

7.注意呼吸与日常活动相协调原则

（1）运用腹式呼吸、缩嘴呼吸。

（2）身体屈曲时呼气，伸展时吸气。

（3）用力时呼气，放松时吸气。

（4）步行/上下楼梯时步伐配合呼吸节奏。

（5）避免活动中憋气。

# 第三节　辅助排痰技术

## 一、咳嗽训练

咳嗽是呼吸系统的防御功能之一，有效的咳嗽是为了排除呼吸道阻塞物并保持肺部清洁，但无效咳嗽只会增加患者痛苦和消耗体力，并不能真正维持呼吸道通畅。慢性阻塞性肺疾病患者多数咳嗽的突发排气量小，不能产生排痰的作用，反而消耗体力。故咳嗽训练的目的就是控制无效咳嗽，学会有效咳嗽，以促进呼吸道分泌物的排出。

### （一）咳嗽训练机制

正常咳嗽分为5个阶段，（1）深吸气阶段：有效咳嗽最低吸气容量至少是吸气量的75%，若肺活量低于15毫升/千克，则其吸气量常不足以引起一次有效的咳嗽。（2）吸气后短暂闭气：目的是使气体在肺内得到最大的分布，同时使胸腔内压力增大，气管至肺泡的驱动压力尽可能保持持久。（3）关闭声门：进一步增加气道中的压力，所以咽喉部肌肉组织的功能状况是有效咳嗽的一个重要因素。（4）增加胸内压：增加胸内压是呼气时产生高速气流的重要措施，肺泡内压和大气压之间的差值越大，则在呼气时所产生的气流速度越快；声门关闭时增加胸内压的方法是增加腹内压，腹内压的增加可以迫使膈肌上抬，缩小胸腔容积，同时肋间肌也收缩以固定胸廓不使其扩张，胸腔内压可超过9.8kPa（100cm$H_2O$），有时甚至达19.6kPa（200cm$H_2O$）。（5）声门开放：当肺泡内压力明显增高时突然将声门开放，即可形成由肺内冲出的高速气流。这种高速气流可使呼吸道内分泌物移动，分泌物越稀，黏液毯连续性越大，纤毛移动程度也越大，痰液也就越容易随咳嗽排出体外。黏液毯是气道的正常防御功能，在气管、支气管壁上皮细胞中含有大量黏液腺即杯状细胞，当受到刺激后即增大并呈炎性反应。健康人每天产生支气管分泌物约100毫升，在气管、支气管内壁形成不间断的覆盖物，纤毛的摆动推动黏液向喉头方向上移，吸入的微小异物及粉尘即被清除体外。

### （二）咳嗽训练方法

1. 患者取合适体位（躯干前倾位或坐位较好），治疗师把手放在患者上腹部。

2. 患者先缓慢深呼吸几次，以达到必要的吸气容量。

3. 闭气片刻，身体稍前倾，两臂屈曲两

肘部轻轻向下肋部加压，治疗师的手可同时用力向上挤压促进咳嗽。

4. 然后突然咳嗽时腹壁内陷，连续咳嗽2～3声。

5. 咳嗽完毕，缩唇将余气尽量吐尽，深呼吸几次，休息片刻，准备再作下一次咳嗽动作。

### （三）咳嗽训练注意事项

1. 因为在低肺容量时，咳嗽促使气道关闭，所以在咳嗽前后要注意深呼吸。

2. 分泌物浓稠，不易咳出时，可先让患者雾化吸入或让患者喝一点水以湿化气道。

3. 咳嗽只能咳出近端支气管的分泌物，对远程细支气管的分泌物，必须结合体位引流、叩打、振动等技术，先将分泌物移动到近端支气管，才能有效咳出。

4. 咳嗽训练禁忌证：慢性阻塞性肺疾病、手术肺气肿、低心输出量、颅内高压等患者。

## 二、用力呼气技术（The forced expiration technique，FET）

用力呼气技术方法和咳嗽基本相同，不过用力呼气技术强调在中、低肺容量时用力呼出。如果在高肺容量时用力呼出，则其效果与咳嗽一样。用力呼气技术排痰效果要优于咳嗽，可以移动更远程的分泌物（呼气时肺容量越低，等压点的位置越靠近远程气道）。

用力呼气技术常用哈气（Huffing）动作，哈气是声门打开的咳嗽，即在腹式呼吸时从中度吸气位到最大吸气位之间时让声门开放，发出“哈——”声音数次并进行快速呼气。在哈气过程中胸内压的增加没有咳嗽那么高，在低及中等肺容量时哈气可以有效地推动远处支气管内的分泌物排出。这种方法很少引起受伤部位的疼痛、颅内压增高、胸腔内压力上升等，对循环系统影响不大，对末梢气道的分泌物排出是有效的。但对意识障碍、理解困难、呼吸肌麻痹的患者咳嗽以及哈气是需要协助的。

Active cycle of breathing technique（ACBT）主动呼吸循环技术，即患者主动将呼吸控制、胸廓扩张、用力呼气技术循环进行，循环步骤如下：（1）Breathing control 呼吸控制训练，即腹式呼吸训练；（2）TEE（thoracic expansion exercises）胸廓扩张训练；（3）Breathing control；（4）Huffing（forced expiration techniques）哈气；（5）Breathing control。

## 三、体位引流技术

以支气管解剖为基础将身体摆放于不同位置，病变部位在上，支气管开口处在下，借助重力并辅以各种有效辅助技术促进气道分泌物的排出，称为体位引流技术。

### （一）机制与意义

呼吸系统疾病时呼吸道内分泌物明显增多，患者在大部分时间有痰液生成，主动咳出的仅是其中一部分，由于重力的影响使分泌物积聚在气管末端或下垂部位，一旦分泌物增多易合并感染并阻塞呼吸道。因此，利用重力使液体流向低处的原理，根据支气管走向合理改变患者的体位有利于分泌物的排出，进行体位引流，可以有效地控制感染，减轻呼吸道阻塞，有利于肺功能康复。（图6-16）

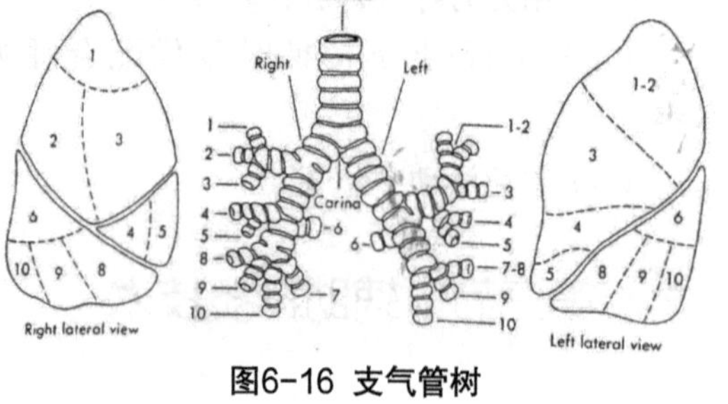


图6-16 支气管树

### （二）临床应用

1. 适应证：①适用于痰量多（每天多于30ml）或痰量虽然不太多，但用其他方法不能排出者以及急性肺脓肿。长期不能消除肺内分泌物，如支气管扩张，囊性纤维化等；③由于身体虚弱，高度疲乏，或有术后并发症而不能咳出肺内分泌物者。

2. 禁忌证：对合并心肌梗死，心功能不全，肺水肿、肺栓塞、胸膜渗出、急性胸外伤、出血性疾病均禁施体位引流。

3. 注意事项

（1）明确病变部位后，选择相应的引流体位。

（2）引流进行时间：清晨、晚餐前，引流应在饭前1～2小时进行，因饭后易致呕吐。

（3）引流持续时间：每次1 个部位引流5～10分，整个引流时间约30分钟，2～4次/天（多）；1～2次/天（常规）。

（4）注意引流先后次序和引流过程中生命体征变化。

（5）引流时鼓励患者适当咳嗽，痰黏稠时可先用生理盐水雾化吸入或用祛痰药等以稀释痰液。

（6）由于头低足高位并不舒适，有些患者不能耐受，会产生心慌、气促等症状，此时应立即恢复平卧或坐位。如情况严重，出现发绀、呼吸困难，或咯血等，应同时加用氧气。

（7）引流的体位不宜刻板执行，必须采用患者能接受而又易于排痰的体位。

（8）引流中可作相应辅助手法，有助于排痰。

4. 提高引流效果的方法

（1）饮温水，雾化吸入。

（2）药物：支气管解痉药，化痰药。

（3）胸部扩张练习，呼吸控制，有效咳嗽。

## （三）体位引流辅助手法

### 1. 背部叩击

其手法是手掌屈成杯状，以腕力双手交替拍打胸壁，使该部位的痰被引流，应利用腕关节自然活动弯曲的力量，注意勿叩击骨突起处、脊椎骨及腰部以下，患者本身尽量采用腹式呼吸，常可使引流效果更为满意。（图6-17）

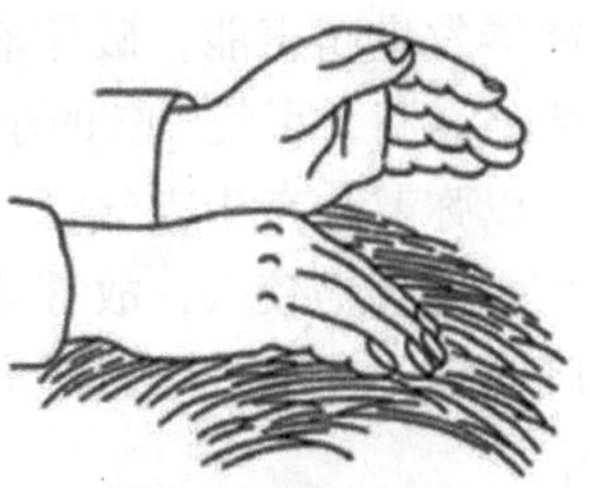

图6-17 叩击手法

### 2. 震　颤

在患者呼气末时采用震颤手法可帮助黏附于气道的痰液脱落及向在气道流动，手法是直接将双手并拢置于相应胸壁部位，在患者呼气时柔和地压迫并急速地振动胸壁，震颤动作借助治疗师上肢肌肉等长收缩来完成。

震颤禁忌证：①有出血倾向者，如结核，癌症，支气管扩张等；②急性炎症期；③高年龄及非常紧张的病人；④伤口未愈合或植皮伤口处；⑤肋骨骨折及有倾向者；⑥制动患者，如作脊椎融合术或椎骨骨折；⑦气管痉挛；⑧不稳定心血管疾病；⑨有高度危险自发性气胸患者；⑩凝血因子不正常。

### 3. 摇　动

摇动是一种剧烈形式的振法，是治疗师在患者呼气时用手以大幅度的动作形成一个间歇性的弹跳手法。治疗师两拇指互扣，张开的手直接置于胸壁，同时压迫并摇动胸壁。

### 4. 雾化吸入疗法

雾化吸入疗法是将药物或水分散成微小颗粒状悬浮于气体中，通过吸入的方法进入呼吸道直接作用于病灶局部的一种治疗方法。

雾化吸入疗法优点：①湿化气道，稀释痰液；②可以将药液直接送到呼吸道局部，甚至可达下呼吸道，减少全身用药机会；③用药量少，副作用少，尤其对儿童副作用小。

常用药物通常选择支气管扩张药、解痉平喘药、祛痰药、抗生素等，用生理盐水配成一定浓度，根据情况可选用手球气雾器、蒸气雾化器或超声雾化器等。超声雾化器的作用原理是超声波发生器输出高频电能，通过晶体换能器发生超声能，破坏液体表面张力形成细微的雾滴，可使90%的小于3μm的药物颗粒得以弥散分布于支气管，但由于超声雾化产生的雾粒仍较大，故雾化颗粒主要沉积在上呼吸道，使上呼吸道湿润，有助于分泌物液化。

喷气式雾化器是利用空气压缩泵为动力的雾化器，产生的雾化颗粒可达0.5μm，可以在下呼吸道和肺部沉积，能有效地治疗下呼吸道病变。喷气式雾化器设有吸入控制阀，不需要患者掌握吸入药物技巧，适合于老人、儿童，家庭使用方便。

雾化吸入疗法注意事项：①使用超声雾化器时药液须现配现用；②使用超声雾化器时雾量较大，应根据患者耐受程度调节雾量；③使用超声雾化吸入时，作膈肌深呼吸，可使药微粒更广泛地深达肺底；④雾化吸入治疗宜在饭前进行，且尽力将痰液咳出以利雾滴吸入；⑤雾化吸入治疗结束后应结合辅助排痰技术，鼓励患者咳嗽，促进排痰如果立即进行体位引流，排痰效果更好；⑥治疗结束后注意雾化罐、含嘴等设备进行清洗消毒处理。

5. Flutter device

其基本原理是持续呼气保持正压、使胸廓振动；适应证包括慢性阻塞性肺疾病、肺内有分泌物患者（慢支、支气管扩张、肺气肿、哮喘、肺囊肿等）；禁忌证：气胸、严重肺结核、右心衰竭、咯血等。（图6-18）

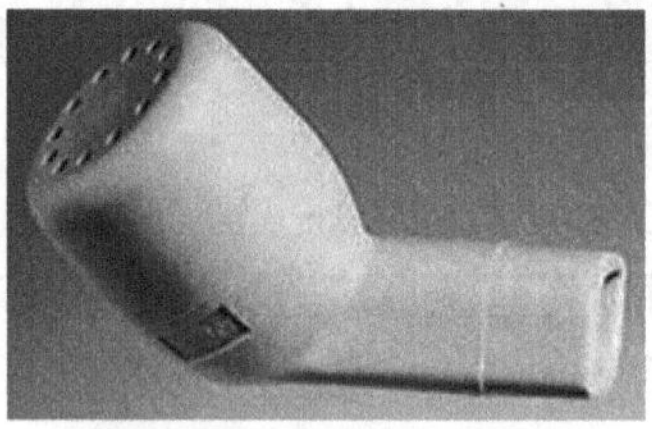

图6-18 Flutter device

6. 体位引流床（图6-19）

图6-19 体位引流床

**（四）体位引流程式**

1. 饮水、雾化、湿化。
2. 处理管线，放置体位。
3. 3～4次扩张练习，调整呼吸。
4. 辅以叩击和震颤，深呼吸2～3次，屏气片刻。
5. 腹肌收缩，用力咳嗽，排痰，放松。
6. 循环进行。
7. 结束处理：嘱患者缓慢坐起并休息，防止体位性低血压；另外，告诉患者即使引流当时没有痰液排出，治疗结束一段时间后可能会咳出一些分泌物。
8. 评估引流效果并记录：记录内容包括分泌物形态、颜色、数量；患者对引流的耐受程度；血压、心率、血氧饱和度等；肺部听诊音的变化；患者呼吸方式的变化；胸廓扩张对称性的变化等。

**（五）停止治疗标准**

1. 痰量少于30毫升/天。
2. 患者在24～36小时未发热。
3. 肺部听诊呼吸音有相对的正常。
4. X-ray有相对改善。
5. 能正常活动。
6. 患者可自行咳嗽、深呼吸。

## （六）不同肺叶段引流体位（图6-20至图6-34）

1. 引流前段

床尾抬高30° ~45°，仰卧位，膝下垫枕

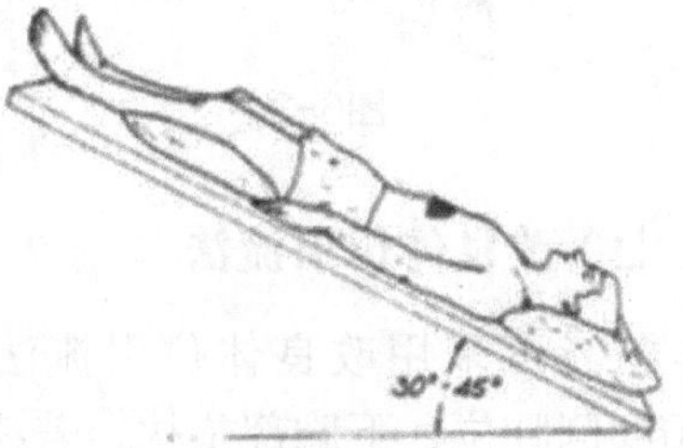


图6-20

2. 引流后段

床尾抬高30° ~45°，俯卧位，腹下垫枕

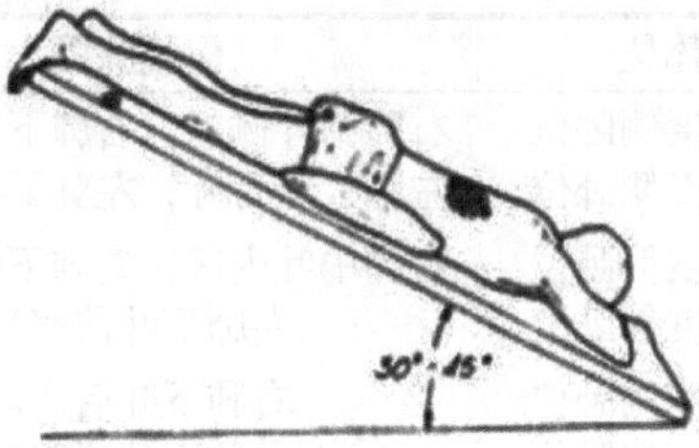


图6-21

3. 引流左侧段

床尾抬高30° ~45°，右侧卧位

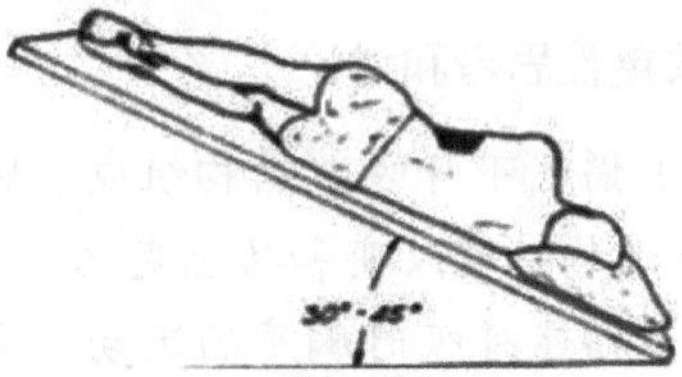


图6-22

4. 引流舌叶

床尾抬高15° ~30°，右侧半仰卧位，膝下垫枕

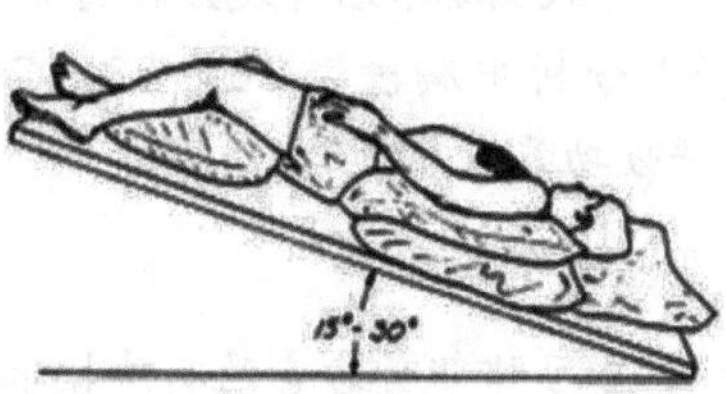


图6-23

5. 引流中叶

床尾抬高15° ~30°，左侧3/4仰卧，膝下垫枕

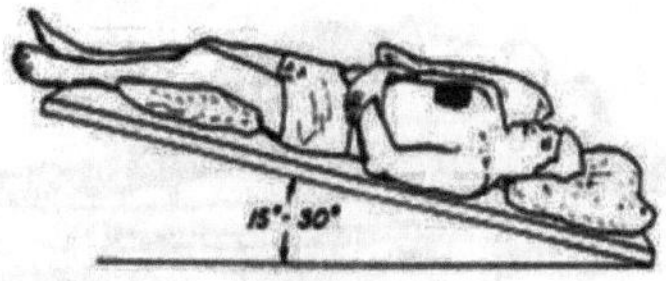


图6-24

6. 上叶尖段前面后面

前面：坐位，背后靠枕，稍向后斜坐
后面：坐位，头部伏于双上肢

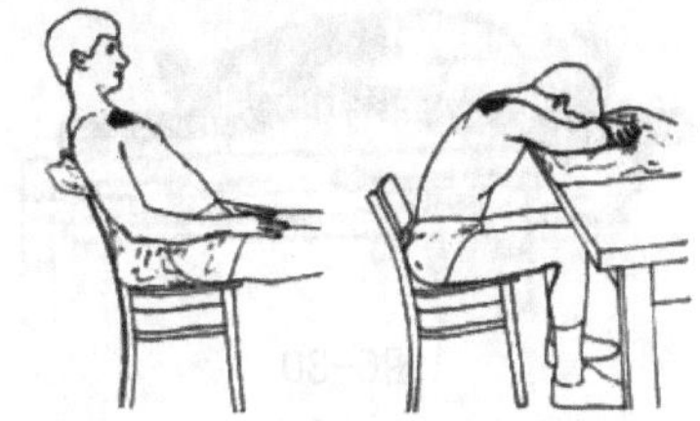

图6-25

7. 上叶前段

平躺于床上，膝下垫枕

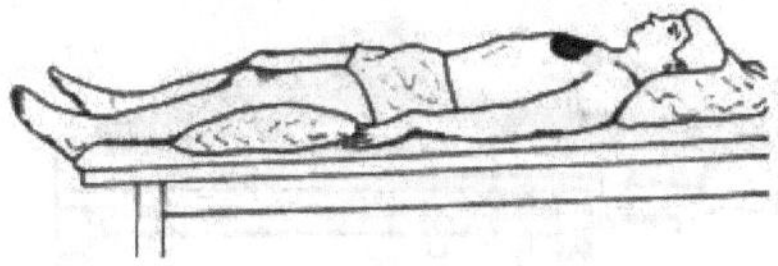

图6-26

8. 左上叶后段

床头摇高30° ~45°，右侧卧位，前胸靠于枕上

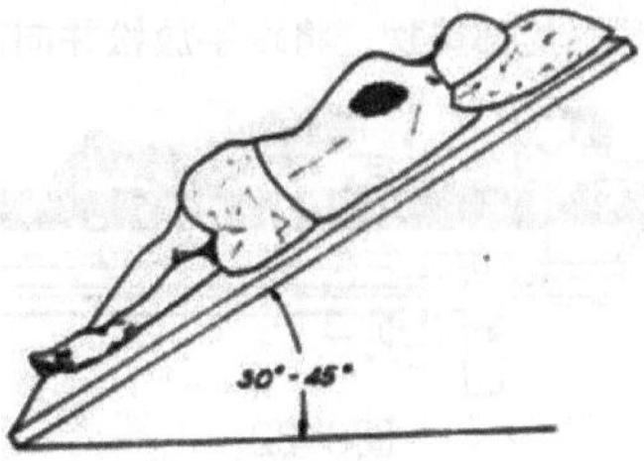


图6-27

9. 右上叶后段

右侧卧位，胸腹部垫枕，前胸靠于枕上

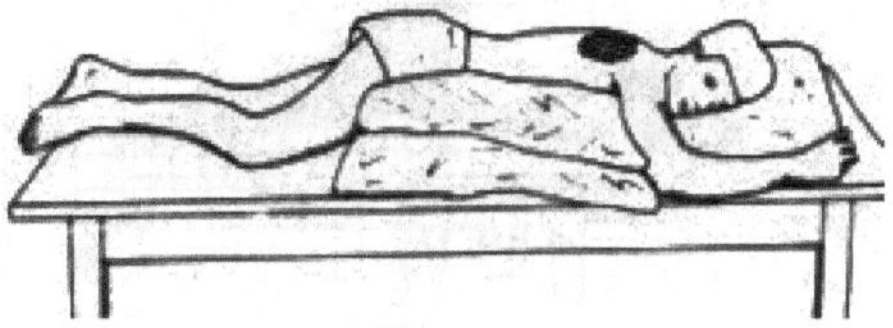

图6-28

10. 左上叶舌段

床稍摇高，臀部位于最高处，右侧卧位，以枕头垫于左肩及左侧背部

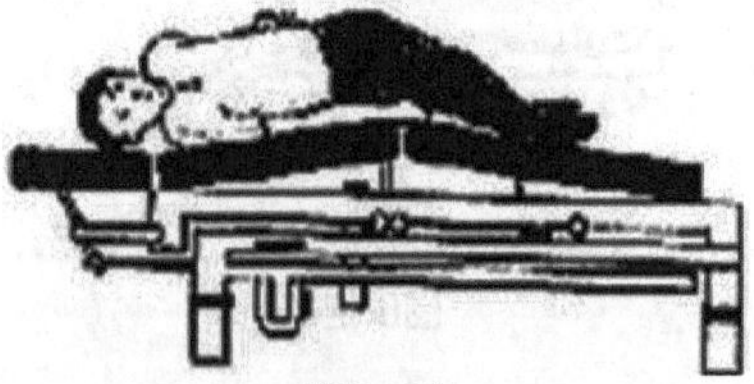

图6-29

11. 下叶前底段

床稍摇高，臀部位于最高处，仰卧位

图6-30

12. 下叶后底段

床稍摇高，俯卧位，腹部在最高处，将双手放松并向前伸展

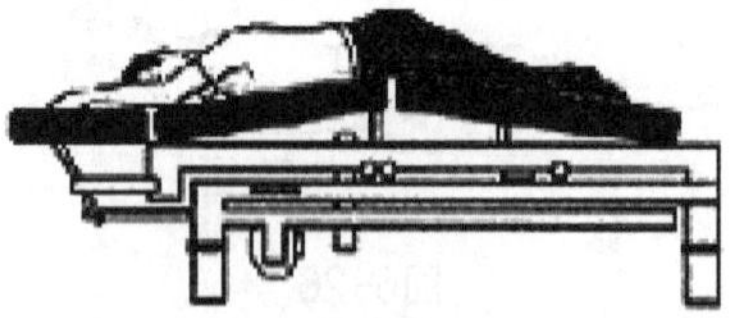

图6-31

13. 下叶上段

俯卧位，腹部垫枕，将双手放松并向前伸展

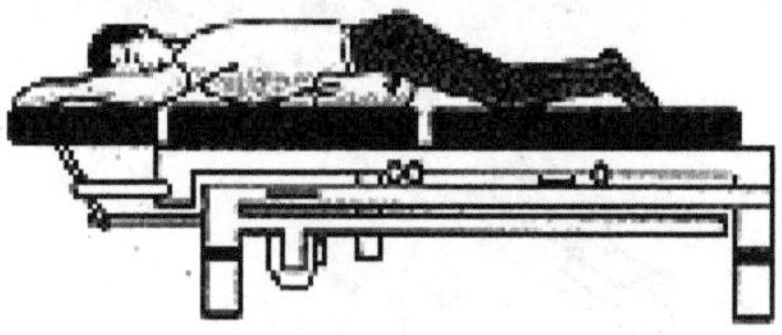

图6-32

14. 右中叶侧段及中段

臀部抬高，左侧卧位，以枕头垫于右肩及右侧背部

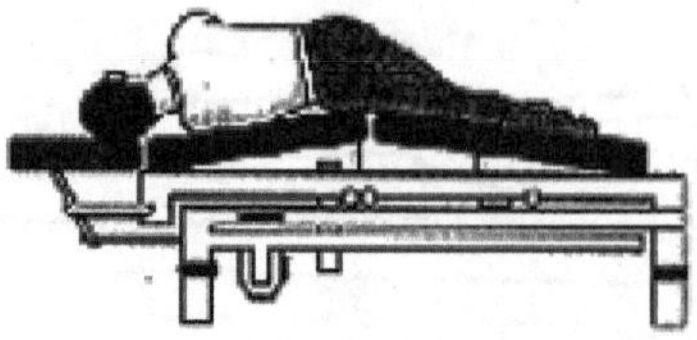

图6-33

15. 左下叶侧底段

臀部抬高，右侧卧位，以枕头垫于左肩及左侧背部

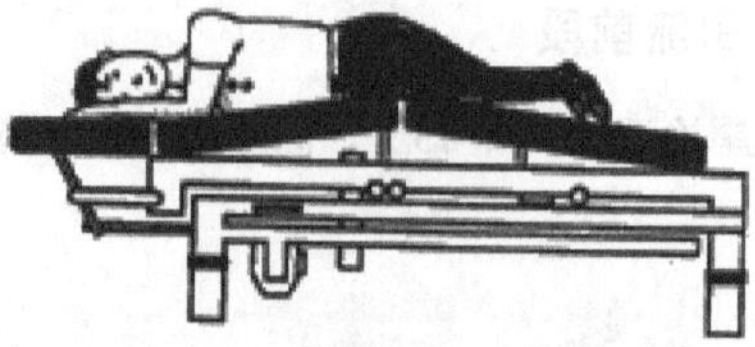

图6-34

### （七）改良体位引流法

体弱者可采用改良体位引流法，先取左右90度侧卧位，下胸部垫枕。若痰液排出不多，则作左右45度仰卧位或左右45度俯卧位，具体引流肺段见表6-1。

表6-1　改良体位引流法

| 体位 | 引流肺段 |
|---|---|
| 左90度侧卧位 | 右肺中叶侧区，右肺下叶侧底区 |
| 右90度侧卧位 | 左肺上叶舌叶，左肺下叶侧底区 |
| 左45度仰卧位 | 右肺中叶内区，右肺下叶前底区 |
| 右45度仰卧位 | 左肺下叶前底区 |
| 左45度俯卧位 | 右肺下叶后底区 |
| 右45度俯卧位 | 左肺下叶后底区 |

## 【思考题】

1. 关键性思考和讨论

（1）描述下呼吸道结构组成、肺部疾病时下呼吸结构病理改变和功能变化。

（2）描述呼吸时胸廓的运动、主动呼吸肌和辅助呼吸肌作用形式。

（3）比较阻塞性与限制性肺疾病特点及处理原则。

（4）导致胸廓术后并发症的因素有哪些？

（5）分析中胸段、C6、C3、C4脊髓损伤患者呼吸功能状态。

2. 实验操作练习

（1）复习肺部听诊音的听诊技术。

（2）复习肺功能评定技术。

（3）操作体位引流程式（包括辅助手法操作和咳嗽指导）。

◎　**参考文献**

[1]纪树荣.运动疗法技术学[M].北京:华夏出版社，2011.

[2]燕铁斌.物理治疗学[M].北京:人民卫生出版社，2013.

[3]王茂斌.心肺病康复治疗图解[M].上海:上海科学技术文献出版社，2003.

[4]关骅.临床康复学[M].北京:华夏出版社，2005.

[5]缪鸿石.康复医学理论与实践[M].上海:上海科学技术出版社，2000.

（陈　建）

# 第七章 医疗体操

【学习目标】

1. 掌握医疗体操的编操要求，肌肉放松练习的方法与注意事项。

2. 熟悉医疗体操的概念与特点，肌肉放松的概念与意义以及各部分医疗体操的作用。

3. 了解医疗体操的常见分类。

4. 能指导常见病症（颈部、腰部、偏瘫和截瘫）患者进行医疗体操锻炼。

## 第一节 概 述

医疗体操是一种重要的康复治疗手段，在临床医学和康复医学中占有重要地位。国际上在通常的物理治疗工作中，医疗体操占有较大的比重。随着康复医学基础理论研究的深入，运动疗法获得了极大地丰富和发展，形成了针对各种运动功能障碍性疾患独具特色的治疗体系。医疗体操对治疗疾病、促进疾病的康复、加速病后身体机能的恢复、延缓衰老、改善心理和生理状况都有积极作用。

### 一、医疗体操的概念

医疗体操是根据患者伤病的情况，为达到预防、治疗及康复的目的而专门编排的体操运动及功能练习。对运动器官损伤、手术后、瘫痪患者等的运动器官功能恢复具有良好的作用，也可用于某些脏器疾病如冠心病等的康复治疗。医疗体操是运动疗法的重要内容之一，属于物理治疗的部分，在临床上已得到广泛应用。

### 二、医疗体操的特点

医疗体操是康复医学重要的治疗手段之一，与其他康复手段相比具有以下特点。

1. 选择性强：由于医疗体操是按照伤病情况编排的体操动作及功能练习，故可根据各种伤病的性质和病情特点进行编排，有针对性地选择运动内容，使其既可以作用到全身，也可以作用在某一关节或肌群等身体局部。选择不同的准备姿势、活动部位、运动方向、运动幅度、运动速度、动作要求及肌肉收缩程度等，可收到不同的效果。在具体操作中，可以采取个体化原则，根据需要来选择，针对患者伤病情况进行区别对待。

2. 运动量易控制：医疗体操可以根据伤病的情况，调节运动的强度和运动量以适应不同功能水平的患者的需要。通过选择不同的运动强度、动作幅度、持续时间、重复次数等，准确地控制医疗体操的运动负荷，使患者及早康复。

3. 适应性强：根据不同的伤病，采取不同方法编排的医疗体操，可分别达到发展肌肉力量、耐力、关节活动幅度、速度、协调、平衡等目的，适合患者进行不同身体素质的康复锻炼。

4. 动作多样化：医疗体操动作多样化，不仅可以根据病情进行编排，还可以根据患者的兴趣爱好进行编排。通过不同的医疗体操，采用多元化的练习，也可以达到相同的康复锻炼目的。这将有助于提高患者的情绪，取得良好的锻炼效果。

## 三、医疗体操的分类

### （一）根据锻炼目的分类

1. 矫正体操：为保持正常的姿势或使不良姿势及病态姿势恢复正常功能所进行的一系列的体操训练。常用来矫正脊柱和胸廓的畸形、扁平足和某些外伤引起的畸形等。

2. 放松练习：针对全身大肌群或某一特定肌肉进行有节律、柔和而不用力的练习活动，有肢体的摆动性放松和主动意识性放松等，广泛应用于痉挛性麻痹、高血压、血栓闭塞性脉管炎和支气管哮喘等病例。肌肉用力收缩后和医疗体操结束前，也应作放松运动，以消除肌肉疲劳。

3. 恢复训练：患者处在伤病的恢复过程中，为缓解心身紧张状态，锻炼不经常使用的身体部位，提高运动系统和心肺功能，恢复全身体力而进行的训练。该方法常用于自主神经失调症、神经官能症等。运动员的放松训练主要是用于消除疲劳，恢复体力。

4. 协调运动：肢体和躯干对称或不对称动作协调性的运动以及逐步由简单到复杂、由单个肢体到多个肢体的联合协调运动，训练动作的精确性、反应速度以及动作的节奏性等。协调运动主要应用于中枢和周围神经的疾病和创伤。

5. 平衡运动：锻炼身体的平衡能力，直接作用于前庭器官，可加强它的稳定性，从而改善身体的平衡功能，常应用于因神经系统或前庭器官病变而引起的平衡功能失调。

6. 呼吸运动：通过有节律的呼吸调整，改善呼吸功能，促进血液循环，减轻心脏负担，或在体疗中调节运动量；治疗呼吸系统疾病和促进疾病的康复，如慢性支气管炎、肺气肿和胸膜炎等。

姿势矫正体操训练请参阅第九章《姿势矫正训练》，本章重点介绍放松训练、体力恢复训练和常见病症的医疗体操。

### （二）根据运动方式分类

1. 被动运动：一种完全依靠外力帮助来完成的运动，被动运动的肢体肌肉在进行活动时应完全放松。适用于各种原因引起的肢体运动功能障碍，能起到放松痉挛肌肉，牵引挛缩的肌腱、关节囊和韧带，恢复和保持关节活动幅度的作用。

2. 助力运动：患肢尚无足够力量完成主动运动时，由医务人员、患者本人的健侧肢体或利用器械如滑轮、各种回旋器、水的浮力等提供力量来协助患肢进行的一种运动。适用于创伤后无力的肌肉或不完全瘫痪肌肉的功能锻炼，以及体力虚弱的患者。最常用方式是治疗人员的帮助。

3. 主动运动：患者在没有辅助情况下完成的一种运动。通过肌肉收缩和放松运动引起关节活动，也可通过静力性肌肉收缩训练增长肌肉力量，特别用于被固定的肢体和软弱的肌肉及神经损伤后的早期。

4. 抗阻运动：肌肉在克服外来阻力时进行的主动运动。阻力的大小根据患肢肌力而定，以经过用力后能克服阻力完成运动为度。阻力可由他人、自身的健肢或器械（如哑铃、沙袋、弹簧、橡皮筋等）进行。能恢复和发展肌力，广泛用于各种原因所致的肌肉萎缩。

### （三）根据是否使用器械分类

1.徒手医疗体操：不使用任何器械，徒手进行肢体运动，适合于徒手肌力检查为3级肌力水平的练习者。

2.器械医疗体操：使用体操棒、球、圈、带、绳等器械进行体操运动，适合于徒手肌力检查在3级水平以上的练习者。

## 四、医疗体操的编制要求

医疗体操的编制必须考虑其科学性和安全性，向患者提供合理而有效的方案，才能保证康复锻炼的实效和预期目标的实现。医疗体操编操时要明确编制原则、考虑训练时的体位、掌握编排的要素以及医疗体操的禁忌证与注意事项。

### （一）医疗体操编制的原则

1. 目的明确：重点锻炼部分一般应占全部体操的2/3，例如呼吸功能减退的肺气肿患者，应重点突出呼吸体操内容。而骨折恢复期患者，治疗目的是改善关节功能，应突出增强该关节肌力和关节活动范围的操节。

2. 个别对待：根据患者的疾病特点、功能水平、年龄和对运动的经历来选择医疗体操的方法、预备姿势、运动强度和运动量（包括运动速度、幅度、重复次数和用力程度等）。

3. 循序渐进：编操要由简到繁，由易到难，逐渐加大运动量的原则。即使每一个患者参加集体治疗，也要有其个人重点要求。循序渐进要求运动量由小到大，动作由简单到复杂，使身体逐渐适应，并在不断适应过程中提高机能，治疗疾病。任何突然加大运动量都可能加重病情，进一步损害机能。

4.局部专门运动与全身性运动相结合：各组肌群的运动也应交替进行，并合理安插呼吸运动来调节运动量。在编制医疗体操中，要防止运动过于集中于某一部位，以免产生局部疲劳，因此既要突出重点，又要与全身运动相结合。

5. 结构完整：每次医疗体操应包括准备部分、基本部分和结束部分。准备部分一般采用运动量较小的健身运动和呼吸运动。基本部分中针对疾病特点的专门运动应占较大比重，而且运动量要达到应有水平。结束部分进行必要的放松练习和整理活动，使运动量逐渐降下来。

6. 趣味性：体操编排应注意患者情绪，心理状态，注意趣味性，避免单调，如集体练习时可增加一些竞赛性活动，个人操练习可适当增加群众喜闻乐见的拳、功、操有关动作。

### （二）医疗体操训练的体位

在康复锻炼中根据锻炼目的的不同，常常选择的医疗体操类型为姿势矫正体操、肌肉放松练习和体力恢复训练。在进行医疗体操训练时，体位的选择如下：

姿势矫正体操：根据姿势矫正目的可选择站立位、长跪位、坐位、仰卧位、俯卧位等。

肌肉放松练习：常选用仰卧位和坐位。

体力恢复训练：可选用卧位、坐位和立位。

### （三）医疗体操实施程序

医疗体操是一种特殊的体操，它的各种动作是根据患者的需要来挑选安排的，运动量的大小，也是根据疾病的性质和患者体力的强弱来决定的。但医疗体操的编制要按照一定的程序进行。

#### 1. 健康状况评定

为患者编制医疗体操时，首先要进行评定，了解其身体健康状态、活动能力和有关环境，以获得为编制医疗体操和制定运动处方所需要的全面资料。评定内容包括患者的全身情况、疾病史及该病发病机制、病理变化、临床症状，以及功能障碍的程度、过去和现在的身体锻炼状况、运动能力等。对患者进行健康检查，全面评价身体状况，判断能否从事运动，是否存在潜在性疾病或危险因素，预防运动事故的发生，这是编制医疗体操的重要前提。

#### 2. 医疗体操编排与教学

根据健康状况评定结果，遵照医疗体操编排原则，有针对性为患者编排一套完整的医疗体操。

（1）医疗体操编排

编排原则如前所述，此外应注意医疗体操结构的完整性，主要包括全套操的名称、节数、动作名称、预备姿势、做操的拍数、开始姿势、动作部位、动作方向、动作方法、结束姿势、每节的动作要点等，最后每节操最好要附上简图或照片。

（2）医疗体操教学

医疗体操教学方法主要包括语言法和直观法。

①语言法

包括口头语言，如讲解、讲述、叙述和描述；口令；指示；提示；口头评定；音乐伴奏；默诵与自我暗示等等；

讲解与讲述要求说明所学的动作名称、要领，揭示完成动作的关键及原理。讲解语气要肯定，表达要生动形象，比喻要恰当，并富有趣味，这样会加快学习者建立动作形象与动作概念。

口令要正确、清楚、有力、节奏感强。

提示和指示有语言提示和手势提示。

口头评定是指治疗师用口头语言评定练习者做操情况；一般应以表扬为主。

音乐伴奏是徒手操教学不可缺少的教学手段，用音乐的节奏和旋律指导练习者进行练习，对提高动作的节奏感和优美感都有很大的作用，同时还能激发练习者学习的兴趣。一般常用钢琴、风琴、录音机、响铃手鼓、各种打击乐器等。

默诵与自我暗示：默诵就是用无声的语言在心里想动作，这种心理活动与肌肉的感觉是有联系的。它不仅在头脑中表达将要进行的动作，而且还能出现表达动作的形象。运动心理学称此过程为运动表象，一般是在做动作前让学生先想一想动作的顺序、要领等。自我暗示是指用无声语言警告自己的一种方法，在做动作前回忆教师的提示等，这样有利于树立完成动作的信心。

②示范法

示范是最生动、最逼真、最真实的直观教学，治疗师在做示范时应注意以下几点：（1）示范动作力求规格、正确、轻松和优美。（2）示范动作要有目的性，可完整动作示范，也可进行分解示范、重点示范或慢速示范。（3）选择合适的示范方法，包括正面示范也称镜面示范，即面对学生做反方向的动作，此法便于观察学生和管理学生。侧面示范即治疗师侧对练习者做动作，便于显示动作路线等。背面示范即背对学生做同方向的动作，便于练习者模仿动作，对初学者或动作较复杂时多采用此法。（4）选择正确教具模型、图解、照片、电影、录像等。

**3. 医疗体操练习**

（1）准备活动部分：在每一次进行医疗体操活动时，通常要有5～10分钟做作准备活动。体操开始时，常常先做3～4节呼吸体操，或健康肢体的简单活动，使患者精神振作，注意力集中，全身血液循环活跃，新陈代谢旺盛，同时使紧张的肌肉放松，便于体操基本部分的有效进行。

（2）基本部分：对患者的身体状况进行评价，结合患者的意愿，确定编制医疗体操的训练目标。每套医疗体操，一般由五六节至十余节组成。在重点操练时，应该通过调整操的快慢，重复次数，每节操的间歇时间，动作幅度，复杂性和用力程度等来调节运动量。例如：编制脊柱畸形矫正体操时，先对患者的姿势，脊柱畸形的方向角度，周围肌力的情况等进行评价，分析可能的原因，结合患者年龄、全身机能等条件设计医疗体操，并遵守以下原则：增强凸出一侧已被拉长的并衰弱的肌肉力量；牵伸凹入一侧已缩短的肌肉和韧带；进行变形方向相反的运动。还要指导患者在日常生活中注意正确姿势。

（3）结束部分：在基本部分结束后，有5分钟左右作整理活动。要做2～3节呼吸体操，或者其他放松活动，使整个身体逐步恢复安静，使肌肉保持放松的状态。

**4. 综合分析与评定**

在进行医疗体操康复过程中，要进行治疗情况阶段性评定，并根据患者的自身情况的变化，有针对性地调整医疗体操方案，以便提出新的康复目标和治疗计划。

### （四）医疗体操的禁忌证

1.病情严重，血压控制不稳，处于休克状态或神志不清，全身衰竭或显著恶病质者。

2.疾病的急性期，或病情进展恶化者；明

显炎症尚未控制者。

3.慢性病活动期，疾病有恶化如体温日见升高，血沉不断加快、出血继续存在且不断增多，或症状日渐严重者。

4.重症精神病或高度不合作者。

5.创伤的创面过大，尚未处理，骨折、脱位尚未妥善处理或在主要神经干或大血管附近有尖锐异物者。

6.恶性肿瘤未经妥善处理或已广泛转移，有剧烈疼痛者。

7. 严重骨质疏松，在运动时极易造成骨折等损伤的。

### （五）医疗体操的注意事项

1. 锻炼前应向患者解释医疗体操的目的及治疗效果，并为患者示范编排好的医疗体操，确定患者了解每个动作的细节。可使患者共同配合努力做好训练，并防止因动作不正确造成的不必要的损伤。

2. 在开展医疗体操时，要做好医务监督，包括自我监督。可以通过脉搏变化等判定运动量的大小，还可据锻炼后身体的反应判定。如果进行某一项锻炼后，病情缓解、功能改善、体重增加、精神振作，则说明采用的项目和运动量是合适的。如在锻炼后有发热、失眠、体重逐渐下降、产生明显的疲劳感觉、病情无改变或加重，则说明所采用的项目或运动量不合适，应暂时停止锻炼，并到医生处检查，及时做出相应的调整。

3. 医疗体操必须坚持经常性和长期性才能取得良好效果。经常性就是坚持每日一次或隔日一次；长期性，对外伤或手术后患者的康复治疗，应坚持到机体和肢体的功能基本恢复为止，有时还应坚持更长一些时间来巩固疗效。对高血压、冠心病和肺气肿等慢性病，更应长期锻炼，不应限期中止。

4. 要注意结合其他治疗手段综合治疗。医疗体操优点较多，疗效显著，是恢复身体素质、提高躯体功能、预防疾病的有效措施。但是，不可片面强调其锻炼对疾病的防治作用。实践证明，在采用医疗体操运动的同时，还应配合其他治疗手段，如药物、物理、心理、饮食等疗法综合治疗，才能收到更好的疗效。

5. 注意日常生活、工作方面的配合。在开展医疗体操活动的同时，应注意日常生活和工作的配合，如劳逸结合、生活起居作息有规律等；并注意对站、坐、卧、行中的不良姿势及习惯的纠正；同时还应戒除烟酒等不良嗜好。

## 第二节　肌肉放松训练

### 一、肌肉放松训练的概念

肌肉放松训练是一种常用的放松疗法，它通过肌肉放松，达到对机体的主动控制，改变人的紧张状态。Jacobson认为肌肉放松意味着骨骼肌纤维完全无收缩，处于伸长和松弛状态，在肌电图上几乎无放电显示。肌肉的放松运动，是有节律、柔和而不用力的练习活动，有肢体的摆动性放松和主动意识性放松等。运动员的放松训练主要是用于消除疲劳，恢复体力，放松不参与工作的肌肉，使力量得以更充分的发挥，以最佳的实效和经济性完成动作，使动作轻松自如。

### 二、肌肉放松的意义

**1. 缓解痉挛，减轻疼痛**

肌肉放松只能发生在受意识支配的随意肌即骨骼肌，但事实上，一旦骨骼肌放松，处于自主神经支配下的平滑肌（心肌，血管、胃肠道平滑肌等）也间接地产生松弛效应。因为胃肠道等内脏器官出现功能紊乱，可反射性地引起肌紧张，肌肉出现痉挛，进一步激惹引起疼痛。为此，肌肉放松训练常被用于自主神经失调症、神经官能症的治疗。在康复治疗中，肌肉放松训练的目的之一是缓解疼痛。肌肉紧张时，刺激被传导至脊髓，引起相应脊髓阶段感觉神经元的兴奋，此时，即使通常不引起疼痛的阈下刺激也会引起疼痛；相反，肌肉松弛时，通常可以引起疼痛程度的轻刺激，也不引起疼痛。利用肌肉放松疗法可阻断恶性循环，缓解疼痛，进一步可消除不安，改善睡眠，调整全身状态，使病情向良好的方向发展。

**2. 消除疲劳，恢复体力**

肌肉不可能一直处于紧张收缩状态，即使是静力性练习，也只能坚持较短时间就要转为放松。其中一个重要原因就是紧张收缩的肌肉压迫肌肉中的血管，影响该处血液流动；而当肌肉放松时，则大大改善肌肉血液循环条件，肌肉中血液流动可提高15～16倍。由于血液循环旺盛，能将局部肌肉中的堆积的酸性代谢产物迅速转运进入血液循环，达到缓冲酸性产物的作用；同时血流丰富，有利于骨骼肌细胞吸收一定量的氧，有利于肌肉进行ATP的再合成。在短跑后程肌肉僵硬和中长跑中肌肉疲劳以至痉挛等现象发生时，可利用肌肉放松而减轻症状。运动员进行放松训练，有助于消除疲劳，恢复体力，而且避免损伤的发生。

**3. 放松肌肉，协调用力**

人体关节周围肌肉群的配布存在一定的规律，在运动过程中，当屈肌收缩时，伸肌要充分放松，减少屈肌收缩的阻力。在肌肉连续收缩放松的过程中，只有放松充分，肌肉连续收缩才能发挥更大的力量。肌肉放松能使关节周围的韧带、肌肉的伸展性得到提高，减小韧带活动的黏滞性和关节活动阻力，使关节运动幅度增大，提高关节灵活性及柔韧性，可使力量得以更充分的发挥，以最佳的实效性和经济性完成动作，且使动作轻松自如。肌肉的放松能力强弱和动作协调性有关，有些人完成一定技术动作时僵硬、紧张而不协调，肌肉放松能力差是重要原因。运动技能形成的过程中，若肌肉放松能力差，不该收缩的肌肉收缩，该放松的肌肉处于紧张状态，将造成动作僵硬、不协调，多余动作多，使泛化过程的时间长，分化能力差，运动技能形成慢。反之，肌肉放松能力强，肌肉迅速收缩和放松的转换能力强，将提高各协调肌群之间的密切配合，有利于协同肌、对抗肌配合工作的协调，并使参与关节运动的原动肌力量增大。

## 三、肌肉放松练习方法

肌肉放松练习的方法很多，常见的有采用暗示、意志和想象的力量进行身心调节达到身心放松的心理性治疗；通过静力牵张进行整理放松的牵拉放松方法；通过肌肉交替收缩和放松使肌肉放松的渐进性松弛法；以及采用水疗、按摩、针刺、肌电图生物反馈疗法，均可以有效地提高肌肉的放松能力。下面将重点介绍以运动为主的牵拉放松疗法和渐进性松弛法。

### （一）牵拉放松法

在每次练习间歇和运动训练后，采用静力牵张练习的方法进行整理放松活动，可以有效地提高肌肉的放松能力。下面针对不同部位的肌肉，分别介绍双人和自我肌肉牵拉放松方法。

**1. 双人牵拉放松法**

（1）上　肢

①平拉肩：患者坐位，两手向两侧平伸，掌心向前。治疗师站其背后，两手分别搭在对方手腕部，逐渐用力向后牵拉。时间20秒，主要牵拉肩部前侧肌群及胸大肌。

②上举提拉肩：患者坐位，挺胸，双手向上伸，掌心向前。治疗师站其背后，双手分别抓住对方上臂前外侧，逐渐向上和向后提拉。时间20秒，主要拉开肩关节以牵拉其前下和后下方肌群。

③环抱前扳肩：患者坐位，双手交叉分别搭在对侧肩上，双肘上抬与肩同高。治疗师蹲其背后，双手环抱对方肩肘，用力将其肘部扳向对侧。时间15秒，主要牵拉肩后侧肌群和背部的斜方肌、菱形肌。

④屈肘后扳肩：患者坐位，一只手上举屈肘。治疗师蹲其侧后方，一只手推住对方

背部，另一只手向后扳其肘部。时间15秒，双肩同样操作。主要牵拉上臂后侧的肱三头肌和肩后的大、小圆肌。

⑤后拉肩：患者坐位，双手后伸，掌心向下。治疗师蹲其背后，双手分别握住其双手腕部，渐用力向内靠近，然后向上抬起。时间20秒。主要拉开肩关节和肩前侧肌群。

⑥侧卧拉肩：患者左侧卧位，双臂交叉上举过头。治疗师骑跨式站于患者头端，双手分别握住对方双手，交叉上提肩关节。时间20秒，另一侧同样操作。主要牵拉肩的肩带肌。

⑦俯卧拉背：患者俯卧位，双臂向前伸直。治疗师骑跨式站立，双手分别握住对方双手，向上提起，使其上身离开床面。时间20秒，主要牵拉双肩前部的肌群，矫正胸椎序列以消除疲劳。

（2）下　肢

①分腿前压：患者坐位，两腿伸直分开，躯干前屈。治疗师站其身后，双手置于对方背部，用力向前和向下推压。时间20秒，主要牵拉双大腿内侧肌群和腰骶部。

②分腿侧压：患者坐位，两腿分开，身体压向右侧腿，左手抬起经头勾右脚。治疗师蹲其身后，右手扶住对方右肩，左手下压其左侧肩部。时间15秒，同样方法压对侧腿。主要牵拉大腿后侧肌群和躯干侧面肌肉。

③并腿前压：患者坐位，双腿并拢前伸，双手扳住双脚尖。治疗师站其身后，双手推压对方肩背部。时间15秒，主要牵拉双大腿后侧肌群和腰骶部。

④盘腿压腿：患者坐位，双膝屈曲左右分开，双脚掌对齐靠近身前。治疗师蹲其身后，双手分别按压对方双膝部。时间20秒，主要牵拉大腿前内侧和前外侧肌群。

⑤仰卧扳腿；患者仰卧，右腿直抬至90度。治疗师站其身右侧，用左膝部抵住对方右膝前部，时间20秒，主要牵拉大腿后侧肌群。

⑥俯卧压腿：患者俯卧，膝关节尽力屈曲。治疗师站其腿后，双手分别将其脚压向臀部。时间20秒，主要牵拉大腿前侧肌群，挤压小腿后群肌肉。

⑦侧卧扳腿：患者左侧卧位，左腿伸直，右腿屈膝伸髋。治疗师站其身后，右手扳住对方右膝，左手握住其右脚背，逐渐用力向后上方扳。时间15秒，另一侧同样操作。主要牵拉大腿前肌群。

**2. 自我牵拉放松法**

（1）上　肢

①单侧拉手牵肩：站立位，双脚与肩同宽，左手于背后下拉右腕，头略偏向左前方。时间15秒，对侧同样操作。主要牵拉斜方肌上部。

②含胸前叉手平推：站立位，双脚与肩同宽，双手交叉掌心向前，用力平推手，同时含胸弓背。时间15秒，主要牵拉双侧背阔肌、斜方肌及肩后部肌群。

③挺胸后叉手下拉：站立，双脚与肩同宽，挺胸后仰头，双手后交叉掌心相对，用力下拉。时间15秒，挤压和放松颈椎与背部肌群。

④前扳肩：站立位，双脚与肩同宽，右手搭在左肩上，右肘抬起与肩平高，左手扳住右肘，用力扳向对侧。时间15秒，另一侧同样操作。主要牵拉肩后部肌群。

⑤头后扳肩：站立位，双脚与肩同宽，右肘抬起置于头后。左手扳住右肘，用力扳向对侧。时间15秒，同样方法扳拉左肩。主要牵拉背阔肌等。

（2）下　肢

①前下腰：并脚站立，腿伸直，向前弯腰，双手用力向下摸脚尖。时间15秒，主要牵拉大腿后侧肌群和腰骶部。

②后仰腰：站立位，双脚与肩同宽，双手叉腰，上身后仰抬头并慢慢左右偏移。时间15秒，主要挤压腰椎，矫正腰部脊柱。

③后蹬拉小腿：右腿前弓，左腿向后伸直且脚尖朝前，左脚跟不许抬起，身体前俯，双手于右脚前扶地。时间15秒，同样方法牵拉右小腿。主要牵拉小腿后群肌肉。

④侧拉大腿：下蹲，右腿充分侧伸，身体重心前移，双手于身前扶地。时间20秒，同样方法牵拉对侧大腿。主要牵拉大腿内侧肌群。

⑤分腿前压：坐位，两腿伸直分开，身体压向右侧腿。左手经头上勾右脚尖。时间20秒，同样方法牵拉左腿。主要牵拉双大腿内侧肌群和腰骶部。

⑥分腿侧压：坐位，两腿分开，身体压向右侧腿，左手经头上勾右脚尖。时间20秒，同样方法牵拉左腿。主要牵拉大腿后侧肌群和躯干侧面肌肉。

⑦并腿前压：坐位，双腿并拢前伸，双手扳住双脚尖。上身尽量前屈。时间20秒，主要牵拉双大腿后侧肌群和腰骶部。

⑧盘腿压腿：坐位，双膝屈曲左右分开，双脚掌对齐靠近身前，双手分别下压双膝。时间20秒，主要牵拉大腿前内侧和前外侧肌群。

⑨侧卧扳腿：左侧卧位，左腿屈膝屈髋，右手抓住右脚，逐渐用力向后上方扳。时间15秒，另一侧同样操作。主要牵拉大腿前肌群。

（3）躯　干

①侧拉背肌：站立位，双脚与肩同宽。将重心放在右脚上，右背向右挺出，双手交叉推向对侧。时间15秒，同样方法牵拉左侧背肌。主要牵拉背阔肌。

②仰卧侧转腰：仰卧位，上身保持不动，右腿屈膝随腰向左转，左腿伸直。时间20秒，同样方法牵拉对侧腰。主要牵拉腰肌，矫正腰椎及其小关节。

③后滚腰：仰卧位，双腿抬起带动臀部及腰部一起卷向头部，双肘着地，双手托住腰部。时间15秒，充分牵拉腰背肌和胸腰椎的关节及韧带。

### （二）渐进性松弛法

渐进性松弛法是通过反复练习骨骼肌的收缩和松弛，提高肌肉的感觉，使肌肉进入更深的松弛状态之中的放松方法，又称为Jacobson方法。这种方法是从一个肌群向另一个肌群，有意识地反复练习肌肉的紧张和松弛，使全身逐渐地进入松弛状态。它要求排除自我暗示，要求患者有很强的耐性和坚持长期训练，在此基础上领会和掌握完全的肌肉松弛。

**1. 准备阶段**

肌肉放松训练时，最好选择在既安静又不受他人干扰的房间，保持心情轻松。患者摘除眼镜、手表、腰带、领带等容易妨碍身体充分放松的物品。在一般情况下，放松训练程序要求患者先自行紧张身体的某一部位，如用力握紧手掌10秒，使之有紧张感，然后放松约5～10秒，这样经过紧张和放松多次交互练习，患者在需要时，便能随心所欲地充分放松自己的身体。通过这种方式来提高肌肉紧张的感受阈。

准备姿势时，患者取仰卧位，熟练后也可以坐在有靠背和扶手的椅子上。在仰卧位时，双下肢稍分开，双上肢掌心向下内旋位伸直，并与身体稍分离，手足不要交叉。

**2. 训练阶段**

通常施行渐进性松弛训练的身体部位是手、手臂、脸部、颈部、躯干以及腿部等肌肉。下面以腕关节的放松为例，说明具体操作程序。

（1）患者在准备姿势下，闭眼安静休息3～4分。

（2）将腕关节保持在背伸位数分钟。前臂背侧肘关节会感受到一种模糊的、部位不明确的紧张感觉，Jacobson把这种感觉称为紧张感。注意这种感觉不要混同于背伸时，腕关节屈侧被动性牵引时的牵拉感。如果不能体会肌肉的紧张感，就无法做到以后的松弛。为了体会这一点，可以让患者反复进行腕关节的屈伸，仔细体会。

（3）如果体会到紧张感，一旦停止背伸，手掌就会自然下落，紧张感就会随着肌肉的松弛而消失。因此，肌肉松弛不是故意的、积极发动的，而是自然产生的。

（4）再次强烈背伸腕关节，然后反复松弛。仔细体会紧张和放松时两种状态的不同感觉。

（5）如此反复进行，每天练习1～2次，每次可以持续30分钟。

患者掌握放松技巧后，逐渐可以将训练扩展到整个上肢、下肢、胸腹部、腰背部和头颈部，分别进行不同部位肌肉的交替紧张和放松。康复训练最好是达到全身肌肉松弛的程度，完全松弛的肌肉在被动运动时没有任何阻力。用下肢悬振性试验可证明此点，方法是让患者坐在桌子上下垂下肢，检查者抬起下肢，然后放开手，松弛的患者下肢将像钟摆一样持续摆动，但稍一紧张就立即停止摆动。

## 四、肌肉放松练习注意事项

在进行肌肉放松训练时要注意如下事项。

1. 要求患者练习时穿舒适、宽松的衣着，去掉一切装饰品，不要戴隐形眼镜，并让患者摘除眼镜、手表、腰带、领带等容易妨碍身体充分放松的物品。

2. 治疗者要为患者创造一个安静、舒适的环境，环境要清静。训练最好隔音设备较佳、光线不能太亮的房间内进行，准备好舒适座椅或躺椅，挂掉电话、关好门窗，避免一切外来因素干扰。

3. 放松时运用深呼吸，紧张后休息一段时间，按照一定的部位和顺序进行训练。

4. 务必做到持之以恒，坚持训练，并注意合理安排时间。每天练习1～2次，每次10～20分钟。最合适的是早、晚各1次。

5. 整个放松过程中切忌吸烟、吃零食等多余动作，注意力充分集中，减少干扰。在练习过程中存在的问题与出现的异常感觉等要充分引起注意。

# 第三节　体力恢复训练体操

## 一、体力恢复训练的概念

体力恢复训练是患者在疾病及外伤恢复过程中或已经基本恢复，为缓解心身紧张状态，锻炼不经常使用的身体部位，或为恢复全身体力而进行的训练。训练内容适宜于四肢、躯干、内脏有轻度损害的患者，亦可用于局部伤病，如下肢骨折石膏固定中的患者，可进行上肢部位与躯干的训练；上肢骨折患者，可进行躯干及下肢部位的训练。训练强度应掌握针对性和个体化原则，根据患者的疾病恢复时期、损害程度、体力情况选择合适的运动。运动量可以通过休息时间和运动次数来调节。训练时间一般为30分钟，包括休息时间。

## 二、体力恢复训练的意义

人体是一个有机的整体，构成机体的各个部分在结构上是不可分割，在生理上相互协调，相互为用；病理上相互影响，相互制约。疾病主要病理表现以局部变化为主，发病则以整体内、外动态力学平衡失调为主，这种相互影响决定着整个疾病过程的发展，甚至影响到疾病的预后和转归。机体需要进行运动以维持正常的功能，当组织损伤后，会出现损伤局部的活动受限，同时出现因停止运动或训练后身体素质的全面下降。如果全身状况不恢复，局部就得不到很好的恢复，这正是体力恢复训练的基本观点。

体力恢复训练并不是针对肌力低下或关节活动度受限的损害，而是以提高全身运动系统、循环系统和呼吸系统功能，从而达到提高全身体力为目的的一种训练。患者通过训练，可以有效地提高全身肌肉、关节、心脏和肺脏的活动能力，改善整体和局部的状况，提高自身的健康水平，并尽快恢复活动、训练或比赛。体力恢复训练是一种基本性训练，随着康复医学基础理论研究的深入，运动疗法不断地丰富和发展，其应用范围逐渐扩大。

## 三、体力恢复训练的练习方法

体力恢复训练的练习方法，可分为卧位体操、坐位体操和立位体操。卧位体操是体力恢复训练的基本体操，在本章中将进行重点介绍。原则上进行体力恢复训练均应用卧位体操开始，其适用范围较广，可用于卧床病人，也可用于经过一阶段步行锻炼的人。患者可根据自身的情况，在操作步骤上选择进行，重复次数可适当加以调节。

**1. 练习方法一**

（1）取仰卧位，双手放于体侧。

（2）双下肢屈曲，双上肢充分向上伸展抓住床头固定杆。

（3）双手握拳屈肘，上臂贴在季肋部。

（4）上下肢还原，回到准备姿势。

（5）深呼吸，即深吸气－憋气－缓慢吐气；反复进行3次。

**2. 练习方法二**

（1）取仰卧位，双手放于体侧。

（2）双下肢屈曲，双上肢充分向上伸展抓住床头固定杆。

（3）右上肢屈曲贴在季肋部，左上肢仍抓住固定杆。

（4）上半身充分向右屈。

（5）上半身还原，右上肢复原并抓住固定杆。

（6）上下肢还原，恢复准备姿势。

（7）深呼吸，即深吸气－憋气－缓慢吐气；反复进行3次。

**3. 练习方法三**

（1）取仰卧位，双手放于体侧。

（2）双下肢伸直位，双上肢充分向上伸展。

（3）上半身向右旋转。

（4）上半身还原，双上肢保持伸展姿势。

（5）上下肢还原，恢复准备姿势。

（6）深呼吸，即深吸气－憋气－缓慢吐气；反复进行3次。

**4. 练习方法四**

（1）取仰卧位，双手放在腹部，双膝尽量屈曲。

（2）臀部尽量抬高，处于悬空姿势。

（3）轻轻放下臀部，恢复准备姿势。

（4）深呼吸，即深吸气－憋气－缓慢吐气；反复进行3次。

（5）随着体力的恢复，采用轻度屈曲膝关节或采用双下肢交替进行的方法，可增加负荷进行。如一侧下肢外伤固定，可采用健侧下肢进行。

**5.练习方法五**

（1）取仰卧位，双手放于体侧。

（2）抬起左下肢，双手在腘窝部交叉相握。

（3）足背屈、跖屈、外翻、内翻运动。

（4）足向内翻转、向外翻转各3次。

（5）趾背屈、趾跖屈运动。

（6）放下左下肢，抬起右下肢重复进行上述运动。如果存在下肢骨折等不能抬高肢体时，可在足伸展位进行训练。

（7）恢复准备姿势，深呼吸，即深吸气－憋气－缓慢吐气；反复进行3次。

**6.练习方法六**

（1）取仰卧位，立起上半身。

（2）伸直双臂，躯干前屈，握住足尖。

（3）放平上半身。

（4）深呼吸，即深吸气－憋气－缓慢吐气；反复进行3次。

**7.练习方法七**

（1）取仰卧位，双下肢同时抬高，并尽量保持伸直位。若不能抬太高时，视情况抬高45度即可。

（2）抬起数5个数后，缓慢放平下肢。

（3）深呼吸，即深吸气－憋气－缓慢吐气；反复进行3次。

## 第四节　常见病症的医疗体操

医疗体操应用的范围较广，包括运动器官创伤与疾病、神经系统疾病、代谢障碍疾病、内脏疾患等慢性伤病。可应用医疗体操运动治疗的疾病较多，如颈椎病、肩周炎、脊柱侧凸、糖尿病、肥胖症、神经衰弱、瘫痪等。在本章节将重点介绍颈部、腰部的医疗体操以及偏瘫、截瘫的医疗体操。

### 一、颈部医疗体操

#### （一）颈部医疗体操的作用

颈部的医疗体操主要是通过颈肩部肌肉力量锻炼和颈部活动度锻炼，增强肌力，改善肌肉的顺应性，缓解肌肉的挛缩紧张，改善颈部血液循环，促进炎症消退，减轻疼痛，恢复肌肉功能。同时，防止关节僵硬，维持颈椎的稳定性。对于颈部的伤病可以起到巩固疗效，减少复发的作用。

#### （二）颈部医疗体操的操作方法

颈部医疗体操主要是进行颈部肌力锻炼和颈部关节活动度锻炼。患者在锻炼前进行放松运动，取站位或坐位，闭上双眼，做深而慢的呼吸，让全身放松。在做好准备活动后，可以选择性地进行以下内容的锻炼。

1.左右旋转运动：站位或坐位，双手叉腰，头交替向左、右旋转。动作要慢，当转至最大限度时，自觉酸胀感，使肌肉和韧带等组织受到充分牵拉。每次收缩10秒，间隔10秒，每组10次。

2.颈部拔伸运动：站位或坐位，两肩放松下垂，同时颈部尽量上顶，似用头顶球，每次收缩10秒，间隔10秒，每组10次。

3.颈部后伸运动：站位或坐位，两手交叉置于枕部，头颈用力向后伸，两手用力阻止后伸，成对抗相持状态，每次收缩10秒钟，间隔10秒，每组10次。

4.颈项环绕运动：站位或坐位，颈放松，呼吸自然，缓慢转动头部，顺时针与逆时针方向交替进行，重复10次。

5.旋肩舒颈运动：站位或坐位，双手置两侧肩部，掌心向下，两臂先由后向前旋转20至30次，再由前向后旋转20~30次。

6.按摩颈部：站位或坐位，两手轮流擦颈项部各20～30次，亦可十指交叉贴于后颈部，左右来回轻轻摩擦，次数同前，并用两手拇指或中指点按有关穴位，如太阳、风池、肩井、曲池、手三里、内关、合谷等。

7.躯干颈项相持运动：站位或坐位，两手紧贴大腿两侧，两腿不动，头转向左侧时，上身旋向右侧；头转向右侧时，上身旋向左侧，每次收缩10秒，间隔10秒，每组10次。

8.颈部后仰旋转运动：站位或坐位，头用力左旋，并尽量后仰，眼看左上方10秒，复原后，再旋向右，看右上方10秒。间隔10秒，每组10次。

#### （三）颈部医疗体操的注意事项

1.颈部医疗体操主要是进行颈部肌力锻炼和颈部关节活动度锻炼，每天可进行3～4次，每次10～15分钟。

2. 各项锻炼均应缓慢渐进进行。动作要缓慢平稳，逐步增加运动强度，不要急促用力，以不引起明显疼痛为度，但允许有肌肉牵扯感和轻度不适。

3. 对于已经出现相应颈肩部症状的患者，一定要及时就诊，进行正确诊断与治疗，然后在医生的指导下选用合适的动作进行锻炼。

4.对于脊髓型颈椎病及椎动脉型颈椎病患者发作期应当限制运动，骨质增生明显者需慎重进行。

5.练习后应感到轻松舒适，如有疼痛或眩晕，常示动作过速或幅度过大，可适当减慢速度、减小幅度，感觉明显时停止运动。

## 二、腰部医疗体操

### （一）腰部医疗体操的作用

腰部医疗体操的目的是发展腰背肌力量，扩大椎管容量，纠正腰部畸形。通过上下肢及腰腹部协调运动，促进腰部的血液循环，增强软组织的柔韧性，减轻腰部的疼痛不适，提高腰部的活动能力。腰部医疗体操对缩短腰部疾患的病程，减少慢性腰痛的发病率，改善功能有重要作用。

### （二）腰部医疗体操的操作方法

腰部医疗体操主要是进行腰腹肌力锻炼和腰及下肢的柔韧性训练。患者在锻炼前进行放松运动，取仰卧位，闭上双眼，做深而慢的呼吸，让全身放松。在做好准备活动后，可以选择性地进行以下内容的锻炼。

1. 燕式运动（俯卧两头起）：俯卧，两腿伸直。双上肢后伸，上身和下肢抬起并同时后伸，膝不能屈曲，维持5秒，重复10次。也可以分为俯卧抬头和俯卧抬腿两步进行，俯卧抬头运动要求取俯卧位，两腿伸直，两臂放于身体两侧，头后仰，头和胸部以离开床面或地面为原则，维持5秒，重复10次。俯卧抬腿运动要求体位同上，两腿伸直，双手置于头下，交互将左、右腿抬起，维持5秒，重复10次。

2.船式运动：仰卧，两腿并拢自然伸直，两臂于头后自然伸直。起坐时，两腿两臂同时上举下压，向身体中间靠拢，使身体形成对折。维持5秒，然后恢复原状，双上肢后伸，膝不能屈曲，重复10次。也可以分为仰卧位抬头运动和仰卧位抬腿运动两步进行。前者要求仰卧，双腿弯曲，用力缩紧腹肌，肩胛离床面30度，颈部屈曲靠近胸部，维持5秒，再渐渐躺下，重复10次。仰卧抬腿运动体位同上，双手置于枕部，两腿伸直，将两腿同时慢慢抬起30度，维持5秒，重复10次。

3.双侧抱膝：仰卧屈膝，抱双膝触胸，慢慢抱紧，直到感觉背部被伸展为止。维持5秒钟左右，再慢慢回到起始位置，放松后重复，重复10次。也可以进行单侧抱膝运动，要求取仰卧位，双膝屈曲，臀部用力夹紧，收缩腹部，再双手抱单膝靠近胸部，维持5秒左右，再慢慢回到起始位置，放松换另一侧膝部，重复10次。

4. 下蹲起立：站位，双足分开30度或保持相距30度，足跟不能离地，脊柱呈C形弯曲，头低下，慢慢下蹲，双手不动，手指指向并触及地面，然后慢慢起立，回到起始位置。重复10次。

5. 单侧直腿抬高：仰卧，单膝弯曲，另一侧伸直平放，夹紧双臀，收缩腹部，将伸直的一侧下肢抬高，维持5秒，然后慢慢放下，换另一侧肢体。重复10次。

6. 桥式运动：仰卧，两腿伸直并拢抬起臀部，挺腰，维持5秒，重复10次。也可采用半桥式运动，仰卧，两腿屈曲下，抬起臀部同时挺胸挺腰，维持5秒，重复10次。

7. 体侧屈运动：站立位，两腿分离与肩同宽或略宽。左臂上举，同时上体右侧屈，右臂右后侧下举，还原成预备姿势后进行对侧锻炼。重复10次。

8. 摸脚尖运动：坐位，双腿尽量分开，勾脚尖，双手平举，躯干向左旋转上身前倾，用右手抓住左脚脚尖；左手后伸，眼睛看左手手指。维持10秒左右，再慢慢回到起始位置，进行对侧锻炼，重复10次。

### （三）腰部医疗体操的注意事项

1.医疗体操在腰部疼痛明显减轻后逐渐开始，先易后难，循序渐进。开始时重复次数宜少，以后酌情渐增。

2.一般医疗体操，尤其腰背肌的练习要持续相当长时间（半年左右），才能取得较巩固的效果，要持之以恒。

3.运动前后要放松，以解除肌肉紧张，运动时动作力求柔和缓慢，在运动之间注意适当配合呼吸运动。

4.进行医疗体操锻炼的同时，必须注意日常生活中坐、站、走路中的不良姿势和注意腰部劳逸结合才能巩固疗效。

5. 在训练过程中患者需视情况而定，并不要求每个动作一定要达到极限强度。训练引起的肌肉疲劳，以短时间休息后就能恢复为宜。

## 三、偏瘫医疗体操

### （一）偏瘫医疗体操的作用

医疗体操是一种全面的，积极的治疗方法。其对偏瘫患者的治疗与康复作用主要表现在以下几方面。

1.医疗体操是一种极好的体力活动，可以防止偏瘫患者因体力活动减少而引起的全身衰弱。适当的体操活动，使患者精神振作，心肺活动功能增强，降低周围血管阻力，调节血压，改善血液循环，降低血液黏度。使全身情况得到改善，对疾病的抵抗力增强。

2.医疗体操活动可防止患侧肢体关节应长期不动所致关节活动受限，肌肉萎缩等并发症；可抑制异常姿势和活动，缓解肌痉挛，促进肢体协调控制能力恢复。可以使肌肉里的毛细血管扩张，血液循环丰富，肌肉得到充足的营养，防止肌肉萎缩退化。关节周围肌肉韧带受到良好刺激，保持弹性和伸展性，使关节能够保持正常的活动度，不至于发生僵硬与畸形。

3.医疗体操活动有助于身体发挥“代偿”作用，增强身体健康部分的功用，来弥补疾病所引起的缺陷。例如由大脑传达命令到肌肉的一条神经通路，要是被疾病破坏，经过适当的体操锻炼，有助于形成新的神经通路，使肌肉的活动功能重新建立。同时，可以通过健侧肢体主动活动及感觉刺激诱发患侧偏瘫肌群收缩。

4.坚持每天一定量的体操活动，可以使患者生活丰富，提高情绪，增强与疾病做斗争的信心。这一点，对于偏瘫患者来说是不容忽视的。

### （二）偏瘫医疗体操的操作方法

偏瘫患者处在功能恢复的不同阶段，能完成动作的程度不一。针对康复阶段的不同和患者功能恢复的不同，分别设计了初、中、高级医疗体操，采用相应的体操动作。

#### 1. 偏瘫康复初级医疗体操

初级医疗体操主要是以健侧主动活动为主。针对患者早期患侧肢体无力及痉挛初期编制的体操的，内容重点是加强健侧肢体的主动或抗阻活动，诱发联合反应、共同运动等来诱导患侧肌肉的收缩反应，提高患者对患侧肢体的注意，加强感觉信息的传入，促进患肢功能活动的出现。患者体位为仰卧位，作缓慢的深呼气和深吸气运动，调整好呼吸。

（1）健手梳发：头转向患侧，用健侧手从健侧额部开始向头后颈部梳理，要求手指紧压头皮，缓慢向后推动，重复20次。

（2）捏挤患手：用健侧手将患者手臂置于胸前，用健手拇指、食指沿患侧各手指两边由远端向近端捏挤，并在手指近端根部紧压20秒，每个手指重复5次。

（3）健手击拍：将患侧手臂置于胸前，用健侧手掌或握拳从患侧肩部沿上肢外侧拍打至手部，往返进行20次。

（4）交叉上举：用健侧手与患手交叉于胸前，患手拇指压在健手拇指上，然后健手带动患手用力前举或上举过头，直至两肘关节完全伸直，保持10秒后复原，重复20次。

（5）环绕洗脸：将健手抓住患手使其伸展，然后在健手带动下在脸部作顺向和逆向模仿洗脸的动作，重复10次。

（6）半桥运动：双上肢伸展置于体侧，双下肢屈髋、屈膝位，可用枕或由家属或治疗人员将患侧下肢固定或将患腿跷于健膝上，然后尽量抬臀离开床面，保持10秒，重复作5～10次。注意不应有憋气动作。

（7）抗阻夹腿：双下肢屈髋、屈膝，两足支撑于床面，由他人固定患腿，然后让健腿向患腿靠拢，同时由他人在健膝内侧施加一定的阻力，以增强完成抗阻力夹腿力量，重复20次。

（8）跷腿摆动：患腿被动屈髋屈膝支撑，由他人固定于足部，健腿跷在患膝上，在健腿的带动下向左、右摆动髋部，活动中要求健腿对患腿起固定作用，重复20次。

（9）直腿抬高：健侧下肢伸直抬高30度，保持10秒，也可将健腿托住患腿作直腿抬高，重复5次。

（10）手足相触：用健侧手去触及健侧足背，重复进行10次。

（11）健足敲膝：用健侧足跟击及患侧膝，从膝下沿小腿前外侧由上向下至足外侧来回敲打10次。

**2. 偏瘫康复中级医疗体操**

中级医疗体操重点强调患侧肢体的助力或主动活动，防止患侧肢体关节活动受限，肌肉萎缩。为了抑制偏瘫侧上肢的屈肌痉挛和下肢的伸肌痉挛模式，在动作的设计上，上肢以伸展性综合动作为主，下肢以屈曲性综合动作为主，并根据恢复期功能先近端后远端恢复的特点，加强近端关节功能活动。患者体位为坐位或仰卧位，做好准备活动，充分调整呼吸。

（1）搭肩上举：患侧上肢向前上举，要求肘关节充分伸展。如力量较差，可用健手固定患侧肘后再作此动作，也可将健侧上肢向前平举，让患侧手掌沿健侧肩部向手部来回转换，每个动作重复10次。

（2）对角击掌：患侧上肢取外展侧上举位，掌心朝上，健侧上肢向前平举，让患侧上肢渐向健侧肢体靠拢，同时用力击掌，重复做10次。

（3）耸肩运动：双肩同时向前向上耸起，并做环绕运动，重复20次。

（4）合掌击肘：双手合掌置于额前，然后分别做两肘夹紧及分开运动，重复10次。

（5）跷腿运动：健腿屈髋、屈膝支撑于床面，将患腿翘在健膝上，如患腿伸肌张力较高，让患腿取弯曲状态置于膝上和放下。完成上述动作困难者，可将健腿取伸直位，然后患腿置于健膝或小腿上并放下，重复10次。

（6）左右摆髋：双腿弯曲、靠拢支撑于床面，分别向左右两边摆动髋部，重复10次。

（7）夹腿屈曲：双腿伸直靠拢，然后同时屈髋、屈膝，要求足跟紧贴床面移动，在充分弯曲后，双足抬起，双膝向腹部靠拢。如果患腿力量不足，则将患足置于健足上完成这一动作。

（8）单腿半桥：双上肢伸展置于体侧，患腿屈髋、屈膝，足撑于床面，健腿伸直抬高30°~40°，或跷在患膝上，用力抬臀伸髋，并保持10秒，重复10次。

（9）抗阻伸肘：健侧上肢弯曲置于胸前，患手与健手对掌并用力向前推，以达到肘关节充分伸展。要求健手给予相反方向的阻力，重复左10次。

**3. 偏瘫康复高级医疗体操**

高级医疗体操主要是针对功能大部分已恢复，但协调控制能力较差而编制的。内容重点突出两侧肢体的主动活动，加强肢体的精细分离运动，提高肢体的协调控制能力。

（1）左右击锤：取坐位或站立位，一侧上肢向前平举，手握拳，拳心向上，另一侧手握拳，在体侧做画圈锤击动作，并握拳敲击另一侧拳，然后交换动作，两边交替进行10次。

（2）手膝相拍：取站立位，双上肢伸直置于体侧，下肢做屈髋屈膝踏步活动，用一侧手举起去拍打对侧膝部，然后换另一侧手重复上述动作，交替进行20次。

（3）手足打拍：取仰卧位，两上肢伸直于体侧，掌心朝下，两侧手腕紧贴床面，双手交替在床面上打拍，然后两下肢弯曲，足跟紧贴床面，做左右交替击拍动作，也可在座位或立位下双手、双足交替拍打桌面或地面。可重复进行直至疲劳。

（4）下肢画圈：取仰卧位或坐、立位，两侧下肢足跟紧贴床面或地面，交替做画圈动作，重复10次。

（5）半桥踏步：取仰卧位，在前面半桥运动的基础上，双下肢弯曲支撑抬臀位下，双足交替抬起作踏步动作，重复10次。

（6）侧位踏踩：取健侧卧位，患腿做从前向后画圈踏踩自行车的运动或坐位下踏踩自行车，重复作20次。

（7）敲击跟腱：取仰卧位或坐位，健腿充分伸展，患足从健膝沿小腿前外侧至足外侧来回敲击，往返10次。

（8）旋转屈伸：取仰卧位，患侧下肢屈髋、屈膝，以足支撑于床面，将髋外旋放倒膝部，腿外侧贴于床面，再做髋内旋回到开始时的支撑位，然后伸直下肢，重复进行20次。

（9）床边摆腿：取仰卧位，患腿取外展位，将小腿置于床沿自然下垂于屈膝90度，（注意屈膝时避免屈髋），然后进行膝屈伸的小腿摆动活动，重复20次。

### （三）偏瘫医疗体操的注意事项

偏瘫患者由于肢体活动存在不便，在锻炼过程中有许多需要注意的地方，无论是完成哪节体操，都应注意如下几点。

1.在完成体操的过程中，应配合有节律的呼吸运动，避免过度屏气造成血压升高。在运动过程中要注意心血管反应，憋气和部分运动具有一定的升血压反应或对心血管造成额外的负荷，对偏瘫患者要避免过分用力或憋气。

2.患者应根据自己的体能，循序渐进地从初级向高级体操过渡，每级体操不一定要求全做，可选择自己能完成的5～6个动作，每节动作完成的次数可上下调整，每天重复1～2次。

3.活动的肢体应充分放松，置于舒适的位置，活动的关节要充分支持好。

4.被动运动应缓慢而柔和，要有节律性，避免做冲击性动作。活动范围要逐步加大，尽量不引起明显的疼痛，逐渐达到伸展麻痹肌肉和活动关节的目的。当关节有显著粘连时，应避免暴力强行运动。

5.脑血管意外患者应病情稳定、生命征平稳后进行。对血压偏高时（150/120 mmHg以上）或血压波动较大者，暂时停止进行体操活动。

6.偏瘫早期运动量不宜过大，活动量可通过心率掌握以心率不超过110次/分钟为宜。

## 四、截瘫医疗体操

### （一）截瘫医疗体操的作用

医疗体操是截瘫患者整体综合治疗的重要组成部分。其作用主要体现在以下几方面。

1.通过开展医疗体育活动，保持和改善肢体肌力和关节活动，预防并发症，增强体质，使患者能做到生活自理、就业或参加社会活动。

2.通过积极的残存肌肉的增强和关节活动范围的训练，促进残存部位的活动性；同时，使瘫痪部位的躯干和下肢获得适当的柔软性。

3. 医疗体操活动有助于身体发挥“代偿”作用，增强身体健康部分的功用，来弥补疾病所引起的缺陷。通过锻炼促进神经、肌肉功能的重建，对不能恢复的功能损害努力发展代偿功能或功能补偿。

4.对于截瘫患者来说进行医疗体操活动还会起到心理效果和社会效果。心理效果体现在对身体活动的自信恢复，脱离精神孤独，解除精神紧张，使精神活动旺盛，乐趣与意志力提高，参与社会的满足感，以及社交、友情与竞争心的萌生等心理效果。社会效果则表现在促进自己融入社会，获得更多的伙伴和朋友，学会自主、自理的能力等社会效果。

### （二）截瘫医疗体操的操作方法

截瘫患者根据病损平面不同，受累部位和活动能力也存在较大差异。健康肌肉应鼓励加强主动运动，保持肌力。病损面以下的健康肌肉或有恢复迹象，而肌力差的肌肉，亦应早期主动锻炼，借以促进恢复功能。截瘫患者医疗体操的开展主要是肌肉力量训练，尤其是对未截瘫肌肉施与充分训练，应着重训练肩带，背部和上肢的肌肉，尤其是降肩胛肌（如斜方肌下部，伸肘肌），如有可能，也应多训练腹肌和腰肌，以上练习可加强上肢支撑力和维持坐，立正姿势的能力，为日后用手控制轮椅或用拐杖步行打下基础，以上未受累肌肉的操练在仰卧位和俯卧位下进行，除徒手外，还可利用哑铃，弹簧、弹力带等进行抗阻力练习，每次锻炼时间可加至30～60分钟，（视患者体力和健康情况而定）。对于关节活动范围的训练，主要是维持脊柱和四肢的活动范围，防止关节挛缩。急性期由治疗者被动进行，而恢复期则患者主动活动来扩大关节的活动范围。

1.长坐位训练：患者坐于床上，保持长坐位（即坐位时要求膝部保持伸直位），治疗师位于患者身后给予一定的保护，指示患者将双上肢从前方、侧方抬起至水平位，保持长坐位。当患者可独立保持长坐位平衡时，治疗师可与其进行长坐位抛球训练。

2.支撑训练：患者坐于床上，保持长坐位。双手放在床面或支撑器上，头及躯干尽量向前方倾斜，双手向下用力将臀部抬起，并保持在此体位5秒。重复10次。

3.翻身训练：仰卧位，患者双手互握，双上肢上举，向左侧翻身时，先起坐将右腿放在左腿上，尽力向身体左侧摆动，利用摆动的惯性将身体翻向一侧，即向左侧翻转上身及臀部，呈俯卧位，使患者顺利完成床上的翻身动作。然后换右侧重复上述动作。重复20次。

4.仰卧起坐：仰卧位，双上肢后伸，治疗师拉住患者双手帮助其抬起上身呈反弓状。重复20次。

5.俯卧背伸：俯卧位，上肢向后伸，头背向后仰使头及躯干上半部分尽量离开床面。

6. 腰背弓锻炼：仰卧位，双上肢放于体侧，尽量把腰部向上弓，抬高颈部和腰背部，使之离开床面，双肘支撑于床面。维持5秒，重复10次。

7.举哑铃锻炼：患者根据情况取长坐位或仰卧位，手持哑铃，进行上举和平分动作，各重复20次。

8.下肢锻炼：仰卧位或俯卧位。俯卧位利用滑轮吊环或在治疗师的协助下，固定患者踝关节，在牵拉力的作用下交替完成膝关节的屈伸动作。仰卧时，可将双下肢悬空吊起，借助滑轮的滚动，练习屈膝、屈髋动作。交替进行，重复20次。

9.坐位站起训练：患者坐于轮椅前部，将躯干尽量前屈，双手握住平行杠，同时用力，将身体拉起，臀部向前，将髋关节处于过伸展位，保持站立。扶平行杠站立时可以一只手扶杠，另一只手做提沙袋、抛球、拍球、投弹等活动，双手互相交换动作，或锻炼一只腿站立，另一只做提腿、摆腿、抬腿、旋转骨盆等活动。

10.关节活动度锻炼：各关节的活动要求在活动范围内进行，达到极限范围时停留5秒，重复20次。

### （三）截瘫医疗体操的注意事项

截瘫患者在锻炼过程中有许多需要注意的地方，无论是在床上锻炼还是离床锻炼，都应注意如下几点。

1. 向患者说明医疗体操锻炼的目的和方法，了解锻炼产生的作用，让患者掌握正确的训练方法和要领，使其配合、努力训练，才会取得好的效果。

2. 在训练时，指导人员应该全程陪同，防止发生意外损伤。

3. 避免急剧而过度的被动运动，否则易导致软组织损伤，可引起异位骨化或疼痛。活动范围要逐步加大，尽量不引起明显的疼痛，逐渐达到伸展麻痹肌肉和活动关节的目的。动作应限于不引起骨折部疼痛的强度和关节角度。当关节有显著粘连时，应避免暴力强行运动。

4. 切忌影响脊柱的受伤部位。例如，肩

部负重时的屈曲运动能迫使腰椎前弯，非对称性运动能导致旋转，这种运动在损伤的急性期应该避免。

## 【思考题】

**1. 关键性思考和讨论**

（1）医疗体操的编制要求有哪些？

（2）肌肉放松练习方法有哪些？锻炼的肌群各包括哪些？

（3）颈部医疗体操的操作方法有哪些？试针对颈椎病患者进行医疗体操的编制。

（4）腰部医疗体操的操作方法与注意事项有哪些？

（5）针对偏瘫患者不同康复阶段的情况各编制一套医疗体操。

（6）截瘫患者进行医疗体操锻炼的意义包括哪几方面？如何进行医疗体操康复锻炼？有哪些注意事项？

**2. 实验操作练习**

（1）与同伴配合，进行一对一上肢和下肢的双人牵拉放松练习；或者各自进行自我放松练习，并相互纠正和改进练习动作。

（2）在床上进行卧位体力恢复体操运动1至运动7的练习，可进行新动作的创编。

（3）指导颈椎病患者、腰部损伤患者分别进行颈部医疗体操、腰部医疗体操练习，并了解病患运动后的恢复情况。

## ◎ 参考文献

[1] 王茂斌.康复医学[M].北京：人民卫生出版社，2009.

[2] 王茂斌.神经康复学[M].北京：人民卫生出版社，2009.

[3] 纪树荣.运动疗法技术学[M].北京：华夏出版社，2011.

[4] 姚洪恩.体育保健学[M].北京：高等教育出版社，2006.

[5] 矫玮.运动损伤学双语教程[M].北京：北京体育大学出版社，2003.

（荣湘江）

# 第八章　麦肯基自我疗法

【学习目标】

1. 了解麦肯基疗法的基本原理。
2. 熟悉麦肯基疗法的诊断方法。
3. 掌握颈肩腰痛的麦肯基姿势治疗方法。

## 第一节　概　述

颈腰背痛对人类健康的影响已经是人所共知的事实。从某些方面来说，它已经是个社会性的问题。腰痛对80%的成年人有影响，发病时对患者的工作和生活都造成很大影响，是45 岁以下人群中劳动力丧失的主要原因，且有易复发的特点。在发达国家，治疗下腰背痛的费用及误工所致的经济损失占国内生产总值的1.7%。引起颈腰背痛的原因有很多，我们所讨论的主要是由于常年的不良姿势，缺乏体育运动及脊柱系统退行性变导致的软组织弹性降低，长度适应性缩短，最终引起以脊柱或脊柱周围的疼痛、感觉异常、麻木等不适为临床表现的综合征。这种非特异性的软组织病损有着不同的、有些目前尚未研究清楚的病理损伤机制。由于人们对颈腰背痛这种复杂的病症尚未完全认识清楚，因此就出现了这样一个现象：一个颈腰背痛患者在不同医院或不同医师诊室里就诊，可以得出不同的诊断和不同的治疗方案。一些简单的颈腰背痛患者带着数张CT或MRI要求继续就诊，过度的诊断治疗增加了患者的经济负担，各种模棱两可的诊断名称又给患者增加了不必要的精神压力。麦肯基诊疗法主要针对的是非特异性颈腰背疼痛，通过判断患者是否存在脊柱的姿势或功能不良，从而避免了过度诊断带来的弊端。

### 一、麦肯基力学疗法的发展简史

麦肯基力学诊疗技术是由新西兰物理治疗师罗宾·麦肯基（Robin McKenzie）创立的一种主要通过姿势矫正和相关医疗体操以及必要时的治疗手法来治疗颈腰痛的方法，提出了通过教育可以帮助患者自我治疗和预防复发的观点，此方法在全世界被广泛应用，不仅最大限度地减轻了病人痛苦，也节省大量医疗费用。

麦肯基力学诊疗系统的创立源于一个偶然的病例。1956年，麦肯基接待了一位有右侧腰痛、右侧臀部、大腿和膝部疼痛，弯腰不受限，腰后伸受限的患者。他按常规治疗方法进行了3周的治疗，但症状没有缓解。有一天，当患者来诊所时，他被告知到治疗室床上等待。工作人员没有注意到治疗床的一端已经被抬起，患者上床后脸朝下趴在床上使得腰处于过度伸展位。在当时，腰伸展位被认为是对腰痛患者非常有害的体位。大约过了10分钟，麦肯基走进治疗室时，患者感到腿痛已经消失，右侧腰痛转移至腰正中部，腰后伸受限也明显改善，从俯卧伸展位变换至站立位后没有再出现腿痛，症状没有反复，好转得以维持。患者认为这是3周以来他得到的最好的治疗。第二天，麦肯基有意让此患者重复昨天同样的姿势进行治疗，结果腰正中部位的疼痛完全消失。从这个偶然的病例开始，麦肯基尝试对所有腰痛的患者进行腰椎伸展的治疗，结果是部分患者好转，部分患者症状加重。为了解释这些临床现象，他开始研究各种体位、各种运动对腰部疼痛等症状的影响，并试图探讨其机制。经过多年的努力，麦肯基逐步创立和完善了独特的诊断和治疗方法，并命名为麦肯基力学诊断治疗方法。

1931年，罗宾·麦肯基出生于新西兰奥克兰市，在Wairarapa College完成学业后，又在New Zealand School Physiotherapy继续学习，于1952毕业。麦肯基于1953年开始在威灵顿市私人诊所执业，他对脊柱疾病有着浓厚的兴趣。20世纪60年代，麦肯基创造了一套独特的慢性下腰背痛的检查和治疗方法，现在他已成为世界公认的治疗下腰背痛的权威。他的治疗方法现在已经在北美，欧洲，亚洲，澳洲和新西兰等地广泛地应用。

麦肯基有3本著作：《背部自我疗法》《颈部自我疗法》和《腰椎的力学诊断治疗》，前两部已有多国译本流传。1982年麦肯基获American Physical Therapy Association授予的终身荣誉会员；1983年麦肯基被推选为International Society for the Study of the Lumbar Spine的会员；1984年，他成为American Back Society会员；1985年他获得新西兰Physical Therapy Association颁授的荣誉会员。

1982年在美国成立了麦肯基国际学院，除了从事麦肯基诊疗法的正规教学以外，还进行有关人体脊柱和肢体骨骼肌肉系统疾病的病因、诊断和治疗方法的研究。麦肯基诊疗法标准化课程由课程A至E组成，课程难度是序列化，必须按照次序完成，各课程之间的间隔有一定要求，以保证学员有足够的时间在临床应用所学的方法，并带着问题开始新阶段的学习。教学的重点是现场演示诊断和治疗的过程，并观察治疗效果。

麦肯基诊疗法传入我国时间不长，2004年，中国康复研究中心博爱医院的纪树荣教授主编的《运动疗法技术学》首次将麦肯基诊疗法纳入高等医学院校康复治疗专业教材。由顾新教授编译的《麦肯基力学疗法》从发展简史、理论基础、诊断方法和治疗技术方面进行了详细的阐述。但是由于麦肯基诊断法不同于传统的临床诊断，必须经过专门的培训才能完全理解和掌握它的评估方法和治疗。因此，我们在该书的基础上结合香港慕容玉莲老师编译的《脊柱自我疗法》编写了此章节，目的在于使临床治疗师甚至颈腰背痛的患者能够理解和应用。

## 二、麦肯基力学疗法的理论基础

### （一）颈腰背痛的致痛因素

1. 化学性疼痛：当组织受损或有炎症反应时，组织中的组胺、缓激肽、5-羟色胺、乙酰胆碱、氢离子和钾离子等化学物质的浓度增高，超过化学性伤害感受器的阈值时，伤害感受器被激活，产生化学性疼痛。化学性疼痛通常发生于创伤后20~30天之内，或有炎症反应时，或感染性疾病时，如急性类风湿性关节炎、强直性脊柱炎、结核、其他细菌感染等。引起疼痛的化学物质浓度下降后，疼痛逐渐减轻至消失。

2. 机械性疼痛（力学性疼痛）：组织在外力的作用下会产生机械性变性，当变性的程度超过机械性伤害感受器的阈值时，伤害感受器被激活，产生机械性疼痛，无病理改变。任何方向的活动过度或长时间保持在运动终点可引起即时疼痛，外力终止，疼痛消失。间歇性颈肩腰腿痛通常是机械性疼痛。出现机械性疼痛时不一定存在组织损伤。以手指为例：你用右手将自己的左手食指向手背方向用力牵拉，当用力达到一定强度和（或）掌指关节伸展达到一定角度时出现局部的疼痛；松开外力左手食指回复至中立位后，疼痛消失。此过程中左手食指出现了疼痛，但没有组织损伤，只有组织变性引起机械性伤害感受器的激活。

3. 疼痛性质的鉴别和治疗：化学性疼痛的一个重要特点是持续性疼痛。持续性疼痛是指患者从醒来至入睡每时每刻都有疼痛或不适感觉。疼痛可以由活动或休息而加重或减轻，但从不完全消失。机械性疼痛可以为持续性，也可以为间歇性，由组织变形的特点决定。持续性的组织变形引起持续性的机械性疼痛，间歇性的组织变形引起间歇性的机械性疼痛。长时间的力学性疼痛可转化为化学性疼痛。持续性的机械性疼痛常伴有活动范围受限，活动对疼痛有明显的影响，某些方向的运动可以减轻或缓解疼痛，相反方向的运动则加重疼痛，在疼痛减轻时，受限的活动范围也随之改善。根据疼痛产生的机制，化学性疼痛的程度与化学物质的浓度有关，缓解疼痛的方法应从避免进一步损伤，减轻炎症反应，减少渗出物质着手，以药物治疗为主。而机械性疼痛的治疗则不同，因化学性药物对改变力学关系无直接影响，故药物治疗对缓解机械性疼痛效果不佳，而力学治疗方法能够改变组织变形的程度，使得疼痛减轻直至消失。

## （二）脊柱运动学

### 1. 颈椎运动学

根据解剖和功能的差异，颈椎可以分为上颈椎（C0～C1～C2）和下颈椎。

（1）上颈椎运动

上颈椎亦称枕-寰-枢复合体，包括C0～C1和C1～C2两个节段，其运动最为独特。与脊柱其他节段运动相比，上颈椎的运动幅度较大，尤其是C1～C2的轴向旋转运动。从解剖结构上看，上颈椎椎管相对较大，轴向旋转运动的轴线靠近脊髓，从而保证在较大的上部颈椎运动中不损伤脊髓。

C0～C1和C1～C2节段的屈伸运动和侧弯运动幅度基本相同，但侧屈活动均较屈伸运动小。C1～C2节段的轴向旋转运动幅度明显大于C0～C1。实际上整个颈椎50%左右的轴向旋转运动发生在C1～C2节段，枕骨髁关节面凸起，与C1上关节突的凹面密切对合，限制了C0～C1间的轴向旋转。而C1～C2关节面在矢状面是上均为凸面，允许有大幅的运动。而C1～C2后部结构为疏松、活动性大的寰枕后膜，缺乏具有预张力的黄韧带，也促使其运动幅度增加。

上颈椎的平移活动很小，C0～C1间平移极不显著，上颈椎的平移运动主要发生在C1～C2，C1～C2前后平移受到C1前弓、齿突及横韧带的限制，正常为2～3毫米。Jackson发现在完全屈曲和后伸活动时，成人此值较恒定，最大为2.5毫米。

上颈椎在各个运动方向上存在非常明显的耦合运动，寰椎的轴向旋转运动伴有明显的上下方向的位移，C1～C2节段产生4度的侧弯运动竟伴有14.2度的耦合轴向旋转运动。寰枢椎关节面的双凸形状和齿突的方向是这种耦合运动的形态学基础。

在屈伸运动时，C1～C2节段的瞬间旋转轴（Instant axis rotation，IAR）通过齿突中心，而轴向旋转的IAR位于C2中部。在侧弯运动时，C0～C1节段的IAR位于齿突尖上方2～3厘米。

（2）下颈椎运动

下颈椎（C3～C7）在解剖上与枕寰枢复合体有明显的不同，其运动学也有特殊性，其各节段的运动范围见表8-1。

表8-1 颈椎运动范围　　单位：度

| 节段 | 屈曲/后伸 | 单侧侧屈 | 单向轴向旋转 |
|---|---|---|---|
| C0～1 | 25（10～45） | 5（2～13） | 5（0～11） |
| C1～2 | 20（3～41） | 5（1～17） | 40（27～49） |
| C2～3 | 10（5～16） | 10（11～20） | 3（1～10） |
| C3～4 | 15（7～26） | 11（9～15） | 7（3～10） |
| C4～5 | 20（13～29） | 11（0～16） | 7（1～12） |
| C5～6 | 20（13～29） | 8（0～16） | 7（1～12） |
| C6～7 | 7（6～26） | 7（0～17） | 6（2～10） |
| C7～T1 | 6（4～17） | 4（0～17） | 2（0～7） |

颈椎的大多数屈曲/后伸活动出现在中位颈椎，尤其是C5～C6节段，侧屈和轴向旋转活动则是往下逐渐变小。屈/伸活动时，下颈椎最大的前后平移为2.7毫米，代表值为2.0毫米。Panjabi测量平均前移为1.9毫米，后移为1.6毫米。因此White和Panjabi建议以3.5毫米作为下颈椎正常前后平移的上限，对下颈椎其他方向上的平移活动尚无文献报道。

在下颈椎，其运动类型与颈椎小关节的取向密切相关。节段的各项运动之间存在耦合，如侧弯运动与轴向旋转运动之间的耦合。由于下颈椎小关节面在矢状面上与水平面呈45度，侧弯运动时伴有轴向旋转运动，当左侧弯时，上位颈椎的左下关节突沿下位颈椎的左上关节突下移，使上位颈椎的左侧向后移动。同时，右下关节突沿下位颈椎的右上关节突上移，使上位颈椎的右侧向前移动。其综合效果是产生左轴向旋转，棘突移向右侧。Lysell测量在C2～C3节段每3度的侧弯运动伴有2度的C2轴向旋转运动，而在C7每7.5度侧屈伴有1度的轴向旋转。从C2～C7侧弯的耦合轴向旋转运动逐渐减小，这与颈椎小关节面在矢状面上的倾角从上至下逐渐减小相符合。

下颈椎的屈伸运动和轴向旋转运动的瞬间旋转轴位于下位颈椎椎体的前部，而侧弯运动瞬间旋转轴位于下位颈椎椎体的中间。

**2. 胸椎运动学**

胸椎参与胸廓的构成，其运动幅度比颈椎和腰椎的要小（表8–2）。上、下位胸椎分别与颈椎和腰椎的结构相近。上位胸椎相对较小，小关节面的取向与颈椎相似，但在矢状面上的角要大些。胸椎小关节面从上至下逐渐转向矢状面，因而上位胸椎的轴向旋转运动比下位胸椎的要大。

上位胸椎（T1～T5）的平均屈伸运动范围为4度，中位胸椎（T6～T10）为6度，下位胸椎（T11～T12和T12～L1）为12度。上、中位胸椎的运动范围相似，为6度，下位胸椎则提高到8～9度。而上位胸椎轴向旋转运动范围为8～9度，越往下越小，在下部胸椎只有2度，这由胸椎小关节面逐渐转向矢状面有关。

胸椎的耦合运动类型与颈椎相似，胸椎侧弯运动与轴向旋转运动相互耦合。在上位胸椎，这种耦合作用非常显著，侧屈时棘突同时转向凸侧。但在中、下位胸椎的耦合运动则不明显，而且耦合作用的方向亦不一致，例如左向侧屈时，棘突可以向右侧旋转，也可以向左侧旋转。

**表8–2　胸椎运动范围**　　单位：度

| 节段 | 屈曲/后伸 | 单向侧屈 | 单向轴向旋转 |
|---|---|---|---|
| T1～2 | 4（3~5） | 5（5） | 9（14） |
| T2～3 | 4（3~5） | 6（5~7） | 8（4~12） |
| T3～4 | 4（2~5） | 5（3~7） | 8（5~11） |
| T4～5 | 4（2~5） | 6（5~6） | 8（5~11） |
| T5～6 | 4（3~5） | 6（5~6） | 8（5~11） |
| T6～7 | 5（2~7） | 6（6） | 7（4~11） |
| T7～8 | 6（3~8） | 6（3~8） | 7（4~11） |
| T8～9 | 6（3~8） | 6（4~7） | 6（6~7） |
| T9～10 | 6（3~8） | 6（4~7） | 4（3~5） |
| T10～11 | 9（4~14） | 7（3~10） | 2（2~3） |
| T11～12 | 12（6~20） | 9（4~13） | 2（2~3） |
| T12～L1 | 12（6~20） | 8（5~10） | 2（2~3） |

3. 腰椎运动学

与颈椎、胸椎不同，腰椎承受的载荷很大。腰椎和骨盆的运动构成了躯干的活动。由于小关节面的取向，腰椎的轴向旋转运动是很小的，但有较大的屈伸活动（表8-3）。

表8-3　腰椎运动范围　单位：度

| 节段 | 屈曲/后伸 | 单向侧屈 | 单向轴向旋转 |
|---|---|---|---|
| L1～2 | 12（5～16） | 6（3～8） | 2（1～3） |
| L2～3 | 14（8～18） | 6（3～10） | 2（1～3） |
| L3～4 | 15（6～17） | 8（4～12） | 2（1～3） |
| L4～5 | 16（9～21） | 6（3～9） | 2（1～3） |
| L5～S1 | 17（10～24） | 3（2～6） | 1（0～2） |

腰椎的屈伸运动范围从上至下是逐渐增加的，其中L5～S1节段屈伸的运动最大。除L5～S1节段的侧弯运动和轴向旋转运动较小以外，腰椎节段的侧弯运动和轴向旋转运动时相近的。L4～5和L5～S1节段承受的载荷最大。其独特的生物力学机制与临床上这两个节段疾患较多的现象有密切的联系。

屈曲/后伸活动时出现前后方向的平移是腰椎运动的重要组成，常用于确定腰椎不稳。Pearcy根据立体影像学的研究，认为腰椎正常的前向平移为2毫米。Posner根据体外研究，建议2.8毫米作为正常前向平移的上限。在所有节段，后伸时平均后向平移为1毫米。Pearcy观察到屈伸运动时耦合2度的轴向旋转运动3度的侧弯运动，尤其是侧弯运动与屈伸运动的耦合更为显著。另外，侧弯运动伴有轴向旋转运动，且棘突移向同侧，这与颈椎、上位胸椎的棘突移向是相反的。

## （三）脊柱的力学性能

1. 椎　体

椎体是由软骨板、骨松质及骨密质组成的复合结构。这些不同的成分具有各自独特的生物力学性能。不同成分在抗轴向载荷方面的作用尚不清楚。椎体主要是承受压缩载荷。随着椎体负重由上而下地增加，椎体也自上而下地变大，如腰椎椎体的形态比胸椎和颈椎的又厚又宽，承受较大的负荷。椎体的力学性能与解剖形状、骨量相关。

椎体在承受压缩负荷方面起重要作用。不同椎体承受负荷所占体重的百分比均有所不同，总的趋势是自上而下逐渐增大，由L1～5分别为50%、53%、56%、58%和60%。椎体的长度随年龄增长而减弱，尤其是40岁以后表现得更为明显。当椎体骨量减少25%时，其抗压强度可减低50%，而这一变化与椎体骨松质抗压强度的变化基本平行。在骨质疏松患者，由于骨量的减少，出现微骨折，是出现疼痛的原因之一。

在压缩载荷下，首先破坏的结构是终板。在腰椎，椎体在40岁以前可承受大约8000N的压缩负荷，40～60岁时降低至55%，60岁以后则进一步降低到45%，当椎体因压缩而破坏时，终板总是首当其冲。其骨折形式可分为三种类型：中央型骨折、边缘型骨折及全终板骨折。椎间盘正常时最易出现中心型骨折，压缩载荷使髓核长生液压力，该压力使纤维环的外层纤维拉伸并使终板中心承受压缩载荷，因应力与弯矩成正比，终板中心的弯矩最大，所以最可能首先骨折。当椎间盘退变时，髓核不能产生足够的液压，压缩载荷大部分传递到下一椎体的周围，以致终板四周骨折，而中心变形很小。载荷极高时导致整个终板骨折。终板及其附近骨松质的骨折可影响其本身的通透性，从而破坏椎间盘髓核的营养供应。即使骨折愈合后通透性亦仍然受到妨碍，从而导致椎间盘的退变。而这一薄弱区域也可能被髓核穿过向椎体内凸入，形成所谓Schmorl结节。

2. 椎间盘

椎间盘构成脊柱整个高度的20%～33%，主要由髓核、纤维环和软骨终板三部分构成。髓核是一种液态团块，由含有大量亲水性氨基葡萄糖聚糖的胶样凝胶组成，位于椎间盘的中央，在下腰椎则较偏向后方。髓核含有70%～90%的水分，但随着人的衰老，水分含量逐渐减低。但水分含量变化时，椎间盘的黏弹性就会改变。这些变化是椎间盘变化的基础。纤维环由纤维软骨组成，纤维软骨内有多层相互交叉的胶原纤维束。纤维环纤维与椎间盘平面呈30度角，相邻的两层纤维束的走向相互交叉，呈120度夹角（图8-1）。纤维环纤维的独特排列方向使椎间盘具有一定程度的抗扭转能力。纤维环的后部与后纵韧带相编织。纤维环内层纤维附于软骨终板，而外层纤维则直接止于椎体的骨性部位，这些纤维叫作Sharpey纤维，在后部与后纵韧带相编织。在椎体与纤维环、髓核之间为软骨终板，由透明软骨构成。

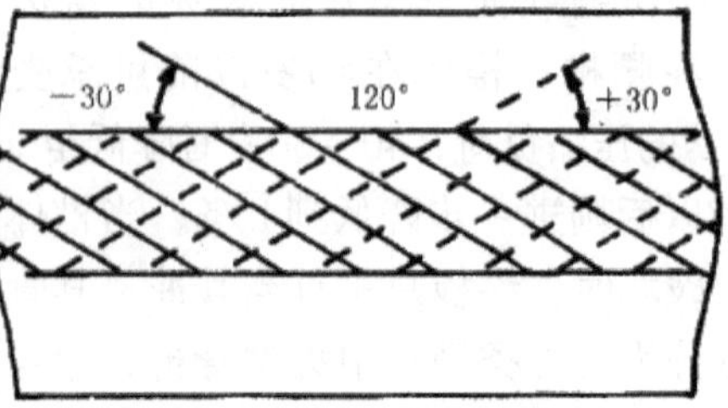


图8-1 纤维环排列结构图

椎间盘可承受并分散负荷，同时能制约过多的活动，这是其重要的生物力学功能。压缩载荷通过终板作用于椎间盘的髓核和纤维环，髓核内部产生的液压使纤维环有向外膨胀的趋势。外层纤维环承受了最大的张应力，内层纤维环承受的张应力较外层的小，但承受了一部分压应力。在严重退变的椎间盘中，由于髓核脱水，压缩载荷在椎间盘内的分布发生较大的变化，表现为终板中心的压力减小，周围的压力增高，相应纤维环外层的张应力减小，压应力增加，但纤维环纤维承受了更大的应力。（图8-2）

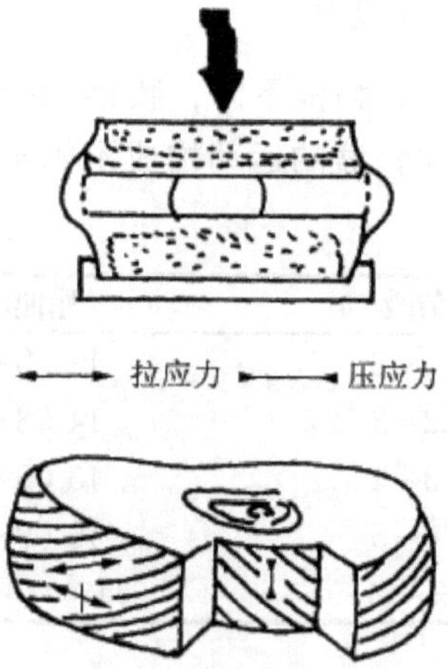


图8-2 退变椎间盘承受压力时的应力分布

椎间盘承受压缩载荷时，髓核内的压力为外压力的1.5倍，纤维环承受的压力为0.5倍，而后部纤维环的张应力是外压力的4～5倍。胸椎纤维环内的张应力要比腰椎的小，原因是胸椎与腰椎的椎间盘直径与高度之比不同。

椎间盘在压缩载荷作用下的载荷－变形曲线呈“S”形，表明椎间盘在低载荷时主要提供脊柱的柔韧性，并随负荷的增加而加大刚度，在高负荷时则提供脊柱的稳定性。研究表明即使过大的压缩载荷只会造成椎间盘的永久变形，也不会造成髓核突出，甚至在椎间盘后外侧有纵向切口使椎间盘突出也不会发生。当加大压缩负荷直至超过限度，最先发生破坏的始终是椎体，而与椎间盘正常与否无关。这说明椎间盘突出，即使临床上常见的后外侧椎间盘突出是由某些特定的载荷类型造成的，而非纯压缩载荷造成的。

节段运动可以使椎间盘的部分承受拉伸载荷。例如当脊柱弯曲时，脊柱的一侧承受拉伸，另一侧承受压缩。因此，弯曲载荷在椎间盘产生拉伸和压缩的应力，各作用于椎间盘的一半。研究表明椎间盘的拉伸刚度小于压缩刚度，弯曲载荷和扭转载荷，而不是纯压缩载荷，可以造成椎间盘损伤。

扭转是引起椎间盘损伤诸负荷中的最主要类型，扭转载荷在椎间盘的水平面和竖直面上产生剪切应力，其应力大小与距旋转轴的距离成正比（图8-3）。在椎骨-椎间盘-椎骨的轴向扭转实验中，记录扭转载荷与扭转角度，绘制载荷-角度曲线，可以将曲线划分为3个节段；初始阶段的扭转角度范围0～3度，所需载荷很小；往后的3～12度扭转范围内，载荷与扭角呈线性关系；大约在20度时，扭转达到最大，椎骨-椎间盘-椎骨试件破坏。纤维环对抗扭转负荷的能力较弱，这是由其各向异性的特点所决定的：纤维环层间纤维相互交叉，当其被扭转时仅有一半纤维承负；同样，外层纤维所受扭力要大于内层纤维，因而也就更容易发生撕裂。有研究表明：正常腰椎节段最大扭矩为80.3N/m，髓核摘除后节段的最大扭矩为49.9 N/m，而单纯腰椎间盘的最大扭矩为45.1 N/m，破坏形式为椎间盘破裂、椎体和关节突骨折。蜕变椎间盘的破坏扭矩比正常椎间盘的小25%。

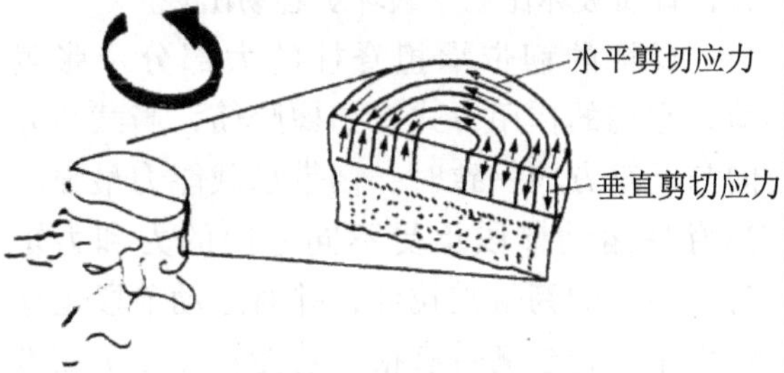

图8-3 椎间盘承受扭转载荷时应力分布

当力沿水平方向作用于脊柱功能单位时，脊柱节段承受剪力，椎间盘内剪切应力也为水平方向。研究表明，腰椎间盘的剪切刚度为242 N/mm，这表示在正常节段上产生不正常的水平移位需要很大的力，进一步证实临床上纤维环的破坏不是纯剪切力造成的，而可能是弯曲、扭转和拉伸复合作用的结果。

椎间盘还具有粘弹特性，主要表现为蠕变和松弛。所谓蠕变（creep）系指在一段时间内在负荷持续作用下所导致的持续变形，也就是变形程度因时间而变化。而应力松弛（stress relaxation）或负荷松弛（load rlaxation）则指材料承受负荷后变形大一定程度时应力或负荷随时间而减低。

椎间盘的黏弹性使其自身能够有效地缓冲和传递负荷。负荷量越大，所产生的变形就越大，蠕变率也越高。已有研究发现，腰椎的前屈范围在正常情况下傍晚要比早晨大5度左右，而向尸体腰椎活动节段施加前屈蠕变负荷以模拟一天的活动时发现其抵抗前屈的能力明显减弱。这说明前屈负荷在早晨所产生的应力更大，腰椎也因此更容易受到损伤。椎间盘的黏弹性还表现为具有滞后特性。滞后系指黏弹性材料在加负与卸负过程中的能量丢失现象：卸负后负荷-变形曲线如低于加负时，则表示滞后现象出现。通过滞后这一过程，椎间盘可有效地吸收能量，而且载荷越大，滞后作用也越大，从而具有防止损伤的功能。椎间盘的滞后程度还与年龄、负荷量及节段有关。椎间盘变性后，水分减少，以至弹性减低，逐步丧失储存能量和分布应力的能力，抗载能力也因此减弱。当椎间盘第二次承载时，其滞后作用减小，这可能是椎间盘抵抗重复载荷能力很低的原因之一。

椎间盘的退行变对其自身的黏弹性亦有明显的影响。当椎间盘发生退行性变化后，蠕变率与初始松弛率均增加，达到平衡所需时间也相应缩短，达到平衡时的负荷也将减低。这说明椎间盘发生退行性改变后缓冲和传递负荷的功能相应减弱。

### 3. 椎弓根和关节突

目前，对有关椎弓生物力学特性的研究不多。一些力学试验表明，椎弓的破坏多发生于椎弓根和椎弓峡部，采用三维有限元方法分析亦证实着两个部位均为应力集中区域。但椎弓根部的损伤临床上非常少见，多数椎弓峡部裂患者亦无明显外伤，故目前多数意见认为腰椎椎弓峡部裂实质上系由局部应力异常增高所致的疲劳骨折。

脊柱阶段的活动类型取决于椎间小关节面的取向，而小关节面的取向在整个脊柱上有一定的变化。下颈椎的小关节面与冠状面平行，与水平面呈45度，允许颈椎发生前屈、后伸、侧弯和旋转运动。胸椎的小关节面与冠状面呈20度，与水平面呈60，允许侧弯、旋转和一定程度的屈曲。腰椎小关节面与水平面垂直，与冠状面呈45度，允许前屈、后伸和侧弯，但限制旋转运动。

关节突除引导节段运动外，还承受压缩、拉伸、剪切、扭转等不同类型的负荷，其承受负荷的多少因脊柱的不同运动而变化。后伸时关节突的负荷最大，占总负荷的30%（另外70%由椎间盘负荷）。前屈并旋转时关节突的负载也较大。以往腰椎关节突关节承受压缩负荷的作用常被忽视，但据椎间盘内压测定结果，关节突关节所承受的压缩负荷占腰椎总负荷的18%。关节突关节承受拉伸负荷主要发生在腰椎前屈时，当腰椎前屈至最大限度时所产生的拉伸负荷有39%由关节突关节来承受。此时上、下关节突可相对滑动5～7毫米，关节囊所受拉力为600N左右，而正常青年人关节囊的极限拉伸负荷一般在1000N以上，大约相当于人体重量的2倍。

当腰椎承受剪切负荷时，关节突关节大约承受了总负荷的1/3，其余2/3则由椎间盘承受。但由于椎间盘的黏弹性受负后发生蠕变和松弛，这样几乎所有的剪切负荷均由关节突关节承受，而附着于椎弓后方的肌肉收缩使上、下关节突相互靠拢，又在关节面上产生了较大的作用力。还有人认为关节突关节只承受了向后的剪切力，而在承受向前的剪切负荷时不起主要作用。

腰椎关节突关节的轴向旋转范围很小，在1度左右。实验表明：当轴向旋转范围超过1度时即可造成关节突关节的破坏。因此有人提出，限制腰椎的轴向旋转活动是腰椎关节突关节的主要功能。

**4. 韧　带**

韧带的主要成分为胶原纤维和弹力纤维，胶原纤维使韧带具有一定的强度和刚度，弹力纤维则赋予韧带在负荷作用下延伸的能力，韧带大多数纤维排列近乎平行，故其功能多较为专一，往往只承受一个方向的负荷。脊柱韧带的功能主要是为了相邻脊椎提供恰当的生理活动，同时也可产生所谓“预应力”以维持脊柱的稳定。脊柱离体标本在牵拉负荷作用下仍保持一定的椎间盘内压，这种预应力在相当程度上来源于韧带的张力。以黄韧带最为突出。所有韧带均具有抗牵张力的作用，但在压缩力作用下，疲劳很快。韧带强度与韧带的截面积密切相关，实验研究发现，韧带的疲劳曲线呈典型的三相改变。在初始相，施加轴向载荷就很容易牵拉韧带，此相是韧带的中性区，阻力很小就可以出现形变；接着随着载荷增大，韧带出现变性的阻力也增大，此相为弹性区。最后，在第三相随着载荷增大，韧带迅速出现变形，此相发生邻近破坏之前。在脊柱韧带中，腰椎韧带的破坏强度最高。另一点必须考虑韧带与骨的界面。界面部的破坏由这两种结构的相对强度决定。在严重骨质疏松患者，骨质破坏比韧带破坏更容易出现。

脊柱的韧带承担脊柱的大部分牵张载荷，它们的作用方式有如橡胶筋，当载荷方向与纤维方向一致时，韧带承载能力最强。当脊柱运动节段承受不同方向的力和力矩时，相应的韧带被拉伸，并对运动节段起稳定作用。脊柱韧带有很多功能：（1）韧带的存在既允许两椎体间有充分的生理活动，又能保持一定姿势，并使维持姿势的能量消耗降至最低程度；（2）通过将脊柱运到限制在恰当的生理范围内以及吸收能量，对脊柱提供保护。（3）在高载荷高速度加载伤力下，通过限制位移，吸收能量来保护脊髓免受损伤。上述功能特别是能量吸收能力，随年龄的增长而减退。

一般认为，前纵韧带甚为坚强，与后纵韧带一起能够阻止脊柱过度后伸，但限制轴向旋转、侧屈的作用不明显。小关节囊韧带在抵抗扭转和侧屈时起作用。棘间韧带对控制节段运动的作用不明显，而棘上韧带具有制约屈曲活动的功能，研究方向棘上韧带具有很高的破坏强度，实际上结合它们与IAR的距离，此韧带在脊柱稳定性方面发挥重大的作用。横突间韧带在侧屈时承受最大应力，该韧带与侧屈活动的IAR相对较远，杠杆臂较长，故有良好的机械效益。在所有脊柱韧带中，黄韧带在静息时的张力最大，单纯切除黄韧带不会引起脊柱不稳定，但动态运动条件下尤其是屈曲和后伸时其确切的作用尚不清楚。有一点可以明确，脊柱不稳定会促进黄韧带的退变和骨化。

对脊柱的前纵韧带、后纵韧带、关节囊韧带、黄韧带和棘间韧带进行的破坏实验显示，前纵韧带小关节囊最强，棘间韧带和后纵韧带最弱。破坏载荷的范围在30～500N，腰段脊柱的韧带数值最大。刚度最大的结构是后纵韧带，棘上韧带有最大的破坏前变形量，而前纵韧带和后纵韧带的破坏变形量最小。表8-4所列为颈椎韧带的测量结果。

**表8-4　静态载荷下颈椎韧带的力学性能**

| 节段 | 前纵韧带 | | 后纵韧带 | | 黄韧带 | | 关节囊 | | 棘间韧带 | |
|---|---|---|---|---|---|---|---|---|---|---|
| | F(N) | D(mm) | F(N) | D(mm) | F(N) | D(mm) | F(N) | D(mm) | F(N) | D(mm) |
| C23 | 207±98 | 8.7±3.8 | 84±81 | 9.6±9.3 | 86±61 | 5.8±0.8 | 211±130 | 8.9±4.6 | 37±2 | 7.0±1.6 |
| C34 | 47±14 | 4.2±1.8 | 82±66 | 7.4±7.1 | 75±1.5 | 3.7±1.5 | 224±60 | 8.7±2.2 | 33±2 | 6.6±6.1 |
| C45 | 47±13 | 4.8±2.9 | 47±11 | 3.4±1.4 | 56±17 | 12.8±7.3 | 170±20 | 9.1±6.0 | 26±24 | 6.9±2.9 |
| C56 | 89±67 | 5.0±1.7 | 85±50 | 4.8±2.0 | 89±48 | 8.0±4.4 | 144±36 | 8.7±7.9 | 33±15 | 5.5±3.1 |
| C67 | 176±25 | 13.7±5.7 | 102±29 | 5.0±1.6 | 160±38 | 7.7±0.4 | 277±147 | 10.0±3.9 | 31±12 | 9.2±6.5 |
| C7T1 | 97±28 | 7.6±3.8 | 95±23 | 6.4±1.6 | 221±67 | 9.9±6.0 | 264±88 | 6.8±2.8 | 45±32 | 8.7±5.9 |

注：F为破坏载荷，D为破坏前形变（引自Myklebust J B，1988）。

**5.肌　肉**

许多实验均忽略椎旁肌对脊柱稳定性的影响。但是，椎旁肌在维持脊柱站立姿势中的作用不能低估。在休息和活动时，没有完整的椎旁肌作用，脊柱动态的稳定性就无法保持。肌力为保持姿势的必要条件。神经和肌肉的协同作用产生脊柱的活动。主动肌引发和进行活动，而拮抗肌控制和调节活动。与脊柱活动有关的肌肉可根据其所处的位置分为前、后两组。位于腰椎后方的肌肉又可进一步分为深层、中间层和浅层三组：（1）深层肌肉，包括起至于相邻棘突的棘间肌、起止于相邻横突的横突间肌以及起止于横突和棘突的回旋肌等；（2）中间层肌肉，主要指起于横突、止于上一椎体棘突的多裂肌，也可将其划入深层肌肉；（3）浅层肌肉，即骶棘肌，自外向内又可分为髂肋肌、最长肌和棘肌三组。前方的肌肉包括腹外斜肌、腹内斜肌、腹横肌和腹直肌等。

放松站立时，椎体后部的肌肉的活动性很小，特别是颈、腰段。据报道，这时腹肌有轻度的活动，但不与背肌活动同时进行，腰大肌也有某些活动。支持躯体重量的脊柱，在中立位具有内在的不稳性，躯体重心在水平面的移动，要求对侧有一有效的肌肉活动以维持平衡。因此，躯体重心在前、后、侧方的移位分别需要有背肌、腹肌和腰大肌的活动来保持平衡。前屈包括脊柱和骨盆两部分运动，开始60度运动由腰椎运动节段完成，此后25度屈曲由髋关节提供。躯干由屈曲位伸展时，其顺序与上述相反，先是骨盆后倾，然后伸直脊柱。腹肌和腰肌可使脊柱的屈曲开始启动，然后躯干上部的重量使屈曲进一步增加。随着屈曲亦即力矩的增加，骶棘肌的活动逐渐增强，以控制这种屈曲活动，而髋部肌肉可有效地控制骨盆前倾。

脊柱完全屈曲时，骶棘肌不再发挥作用，被伸长而绷紧的脊柱后部韧带使向前的弯曲获得被动型平衡。在后伸的开始和结束时，背肌显示有较强活动，而在中间阶段，背肌的活动很弱，而腹肌的活动随着后伸运动逐渐增加，以控制和调节后伸动作。但做极度或强制性后伸动作时，需要伸肌的活动。

脊柱侧屈时，骶棘肌及腹肌都产生动力，并由对侧肌肉加以调节。在腰椎完成轴向旋转活动时，两侧的背肌和腹肌均产生活动，同侧和对侧肌肉产生协同作用。

### （四）力学性脊柱痛的易患因素

#### 1. 动态间盘模型

力学性脊柱痛的患者，脊柱反复运动后，症状的部位和程度发生变化，麦肯基首先提出动态间盘模型理论来解释这一临床现象。脊柱进行某一方向的反复运动时，对运动节段的椎间盘产生了非对称性的挤压力，使椎间盘内的髓核向挤压力的相反方向移动。不同方向的髓核移动改变了纤维环或神经根的张力，从而使疼痛的部位和程度发生变化。

#### 2. 易患因素

不良坐姿和频繁的腰部屈曲是脊柱力学性疼痛的主要原因：前屈坐位（图8-4）使腰椎处于屈曲，腰椎后凸使椎间盘压力增大，腰椎后方韧带终点过度牵伸，所以不良坐姿不仅引起腰痛而且可以加重腰痛。同时，腰部的前屈使颈部向前移动，下颌前凸，颈椎下段（C4～C7）产生向前的弯曲，上颈椎（C1～C3）与头部之间的关节向后弯曲，使颈椎正常的生理弯曲改变，颈椎下段椎间盘前方应力加大，椎间盘发生向后移动，造成了颈部力学疼痛的发生。

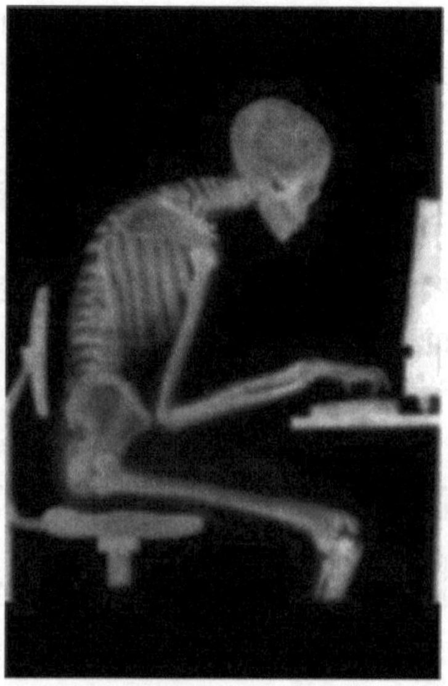

图8-4

#### 3. 脊柱力学性疼痛的动态间盘模型

腰椎反复屈曲—椎间盘前侧压力增大—髓核向后移动—间盘内层出现裂痕—椎间盘膨出—椎间盘破裂（突出、脱出）。

## 第二节　麦肯基力学诊断方法和治疗原则

麦肯基力学诊断治疗方法是从患者的评定开始的，因为麦肯基方法仅适用于治疗机械性疼痛，而不适合治疗化学性疼痛。因此，在开始治疗之前进行恰当的评定，以确定疼痛的性质是非常重要的。麦肯基创立了独特的评测方法，其重点是在病史采集时详细了解疼痛的特点，在体格检查时仔细地评测脊柱的活动与疼痛的关系，从而确定疼痛的性质，决定是否应该应用麦肯基方法进行治疗。

### 一、病史采集

#### （一）一般资料

询问患者姓名、性别、年龄、职业、日常工作姿势、日常娱乐活动项目等，以了解患者日常活动对脊柱可能产生的不利影响，推测可能的诊断。

### （二）现病史

重点询问疼痛的特点：疼痛的部位（包括目前的疼痛部位、发病时的疼痛部位、发病后疼痛部位是否变化）、此次发病的病程长短、发病原因、各个部位的疼痛是持续性的还是间歇性的、症状在一天中有无变化，症状变化与时间的关系（早晚变化规律）、症状变化与体位和活动的关系（卧位、坐位、站立位与行走时症状的变化）。根据以上资料，推断患者疼痛的性质是机械性的、化学性的、或创伤性的，初步判断该患者是否适用麦肯基方法，如果适用，应选择哪种治疗原则。

### （三）既往史

了解患者既往颈肩臂或腰腿疼痛的发作情况，确定首次发病时间及原因，询问总发作次数，询问既往发病时的治疗方法及其疗效，询问此次发病是否与既往发作有不同。这些问题的了解对治疗方法的选择有一定的参考价值。

重点了解患者服用药物，尤其是止痛药的情况，询问患者近期有无手术创伤，有无不明原因的体重骤减，有无二便的明显变化，这些问题有助于排除麦肯基方法的禁忌证。

## 二、体格检查

### （一）姿　势

在问诊时注意观察患者的坐位姿势，不良的坐姿是颈腰疼痛的重要原因。还应检查患者的站立姿势，并观察有无脊柱畸形存在。

### （二）运动范围

检查受累节段脊柱各个方向活动范围是否正常，在运动过程中是否有偏移。在评测时应充分考虑到正常活动范围存在着明显的个体差异，并询问患者此次发病之前的活动范围。运动范围的检查除了能够了解患者的活动情况，确定下一步运动试验是否进行及进行的程度以外，还能以此为基准，与运动试验之后和治疗后相比较，判定特定方向的运动对患者的作用。

### （三）运动试验

运动试验是麦肯基评定系统中最关键的部分，通过运动试验来确定患者的力学诊断。进行运动试验时，在每一个新的运动开始前，一定要明确患者当时症状的程度和部位，以当时的症状为基准，与运动后相比较，才能准确判定每个运动方向对症状的影响。用以下术语对运动试验后症状的变化进行描述。

1. 加重：运动中原有症状程度加重。

2. 减轻：运动中原有症状程度减轻。

3. 产生：运动前无症状，运动中出现症状。

4. 消失：运动中症状消失。

5. 向心化：运动中症状的部位向脊柱中心区变化。

6. 外周化：运动中症状的部位向肢体远端变化。

7. 无变化：运动中原有症状的程度和部位无变化。

8. 好转维持：运动中发生了减轻、消失、向心化等现象，这些变化在运动后能够持续存在。

9. 好转不维持：运动中发生了减轻、消失、向心化等现象，在运动后又恢复至运动前的基准。

10. 加重维持：运动中发生了加重、产生、外周化等现象，这些变化在运动后能够持续存在。

11. 加重不维持：运动中发生了加重、产生、外周化等现象，在运动后又恢复至运动前的基准。

**1. 颈椎运动试验的顺序**

（1）坐位前突。

（2）坐位反复前突。

（3）坐位后缩。

（4）坐位反复后缩。

（5）坐位后缩加伸展。
（6）坐位反复后缩加伸展。
（7）卧位后缩。
（8）卧位反复后缩。
（9）卧位后缩加伸展。
（10）卧位反复后缩加伸展。
（11）坐位侧屈。
（12）坐位反复侧屈。
（13）坐位旋转。
（14）坐位反复旋转。

**2. 胸椎运动试验的顺序**

（1）坐位屈曲。
（2）坐位反复屈曲。
（3）坐位伸展。
（4）坐位反复伸展。
（5）俯卧位伸展。
（6）俯卧位反复伸展。
（7）仰卧位伸展。
（8）仰卧位反复伸展。
（9）坐位旋转。
（10）坐位反复旋转。

**3. 腰椎运动试验的顺序**

（1）站立位屈曲。
（2）站立位反复屈曲。
（3）站立位伸展。
（4）站立位反复伸展。
（5）卧位屈曲。
（6）卧位反复屈曲。
（7）卧位伸展。
（8）卧位反复伸展。
（9）站立位侧方滑动。
（10）站立位反复侧方滑动。

### （四）静态试验

对于多数患者，在进行运动试验时可以发现某个运动方向对患者的症状有影响，并根据运动试验的结果进行诊断和决定治疗方案。但如果各个方向的运动都不能影响患者的症状，需要进行静态试验。静态试验是让患者维持在受累脊柱节段某个方向的终点位置3分钟，观察患者的症状有无变化。

**1. 颈椎静态试验**

（1）前突体位。
（2）后缩体位。
（3）屈曲体位。
（4）伸展体位。

**2. 胸椎静态试验**

（1）屈曲位。
（2）伸展位。
（3）旋转位。

**3. 腰椎静态试验**

（1）弓背坐姿。
（2）挺直坐姿。
（3）弓背站立。
（4）挺直站立。
（5）俯卧腰椎伸展位。
（6）直腿坐位。

### （五）其他检查

为了明确诊断，必要时进行感觉、运动、反射等检查。在诊断不明确时，应对邻近关节进行检查，如髋关节、骶髂关节、肩胛、肩关节等，以明确是否存在四肢关节病变。

## 三、脊柱力学性疼痛的三大综合征

### （一）姿势综合征（posture syndrome）

患者年龄通常30岁以下，多为早期患者，职业多为办公室工作，缺乏体育运动。其症状多局限，疼痛常在脊柱中线附近，不向四肢放射。疼痛为间歇性。患者可分别或同时有颈、胸和腰椎各部位的疼痛。体检无阳性体征，运动试验结果无变化，运动中无疼痛，仅于长时间的静态姿势后出现疼痛，活动后疼痛立即缓解。疼痛的原因是正常组织被长时间过度地牵拉。如果脊柱各节段在其活动范围的终点长时间静态承受负荷，则会引起软组织机械性变形，从而引起疼痛。长时间不良的坐姿和站姿易引起姿势综合征。

### （二）功能不良综合征（dysfunction syndrome）

患者年龄通常30岁以上(创伤除外)，发病原因多为长年不良姿势并缺乏体育运动，使得软组织弹性降低，长度适应性缩短；也有许多患者的发病原因为创伤后组织纤维化愈合过程中形成了短缩的瘢痕。疼痛的原因是短缩的组织受到过度牵拉。当患者试图进行全范围活动时，机械性地牵拉短缩的软组织而引起疼痛。疼痛为间歇性，多局限于脊柱中线附近，疼痛总是在活动范围终点发生，绝不在运动过程中出现。运动试验结果为在进行受限方向全范围活动时产生疼痛，加重不维持。当有神经根粘连时可出现肢体症状。

### （三）移位综合征（derangement syndrome）

患者年龄范围广泛，长期坐姿不良，他们经常有突发的疼痛，即在几小时或1～2天内，可由完全正常的情况发展至严重的功能障碍。通常发病时无明显诱因。症状可能局限于脊柱中线附近，可能放射或牵涉至远端，症状为疼痛、感觉异常或麻木等。疼痛可为持续性，也可为间歇性。进行某些运动或维持某些体位时，对症状有影响，使症状产生或消失，加重或减轻。疼痛的范围可以变化，疼痛的程度可以加重或减轻，疼痛可能跨越中线，例如：从腰右侧发展至腰左侧。运动或体位引起的症状变化的结果是可以持续存在的。即运动试验结果为产生、加重、外周化、加重维持；或减轻、消失、向心化、好转维持。移位综合征中，尤其是严重的病例，可能出现运动功能明显丧失。在严重病例中常可见急性脊柱后凸畸形和侧弯畸形。

移位综合征根据患者距离脊柱最远端的症状的部位和是否出现急性畸形分型，共分为7型，其中胸椎仅有前3型。1～6型为后方移位，7型为前方移位。

#### 1. 移位综合征一

颈椎移位1：C5～C7水平中央或对称性疼痛，肩胛或肩痛少见，无畸形。

胸椎移位1：T1～T12水平中央或对称性疼痛，无畸形。腰椎移位1：L4～L5水平中央或对称性疼痛，臀部或大腿疼痛少见，无畸形。

#### 2. 移位综合征二

颈椎移位2：C5～C7水平中央或对称性疼痛，肩胛、肩或上肢疼痛可有可无，颈椎后凸畸形。

胸椎移位2：T1~T12水平中央或对称性疼痛，胸椎后凸畸形(极少见，多为创伤的结果)。

腰椎移位2：L4～L5水平中央或对称性疼痛，臀部和(或)大腿疼痛可有可无，腰椎平坦或后凸畸形。

#### 3. 移位综合征三

颈椎移位3：C5～C7水平单侧或不对称性疼痛，肩胛、肩或上肢疼痛可有可无，无畸形。

胸椎移位3：T1～T12水平单侧或不对称性疼痛，可在胸壁范围内出现疼痛、

腰椎移位3：L4～L5水平单侧或不对称性疼痛，臀部和(或)大腿疼痛可有可无，无畸形。

#### 4. 移位综合征四

颈椎移位4：C5～C7水平单侧或不对称性疼痛，肩胛、肩或上肢疼痛可有可无，急性斜颈畸形。

腰椎移位4：L4～L5水平单侧或不对称性疼痛，臀部和(或)大腿疼痛可有可无，腰椎侧弯畸形。

**5.移位综合征五**

颈椎移位5：C5～C7水平单侧或不对称性疼痛，肩胛和肩的疼痛可有可无，上肢症状至肘关节以下，无畸形。

腰椎移位5：L4～L5水平单侧或不对称疼痛，臀部和(或)大腿疼痛可有可无，症状至膝关节以下，无畸形。

**6.移位综合征六**

颈椎移位6：C5～C7水平单侧或不对称性疼痛，肩胛和肩的疼痛可有可无，上肢症状至肘关节以下，颈椎后凸畸形或急性斜颈畸形。

腰椎移位6：L4～L5水平单侧或不对称疼痛，臀部和(或)大腿疼痛可有可无，症状至膝关节以下，腰椎侧弯畸形。

**7.移位综合征七**

颈椎移位7：C4～C6水平对称或不对称性疼痛，颈前或前侧方疼痛可有可无，无畸形。

腰椎移位7：L4～L5水平对称或不对称性疼痛，臀部和(或)大腿疼痛可有可无，伴脊柱过度前凸畸形。

## 四、向心化（centralization)现象

作为某一反复运动或某一体位调整的结果，源于脊柱的放射性症状和远端牵涉性症状可减轻并趋向于脊柱中线的近端。出现“向心化”现象，说明治疗所采取的运动方向或体位是正确的，如疼痛向外周扩展，则治疗是错误的。在“向心化”现象发生时，邻近脊柱或脊柱自身的局限的中心性疼痛可增加。“向心化”现象仅发生于移位综合征。（图8-5）

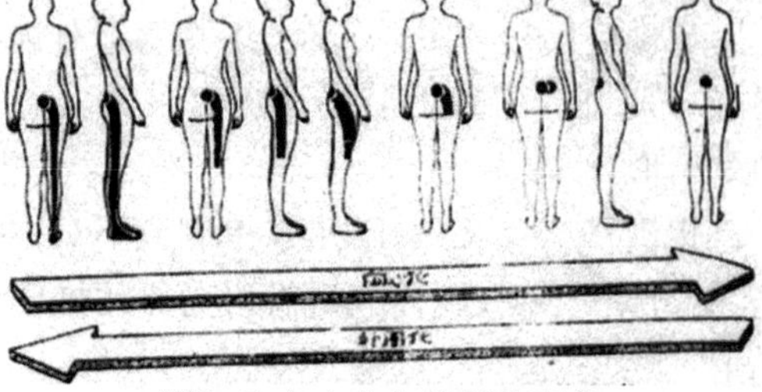

图8-5 向心化与外周化现象

## 五、治疗原则

### （一）姿势综合征的治疗原则

1. 姿势矫正：使患者避免产生姿势性疼痛的应力，正确的姿势工作生活（图8-6）。

2. 健康教育：使患者认识到姿势与疼痛之间的关系，自觉保持正确的姿势，出现疼痛时，知道通过调整姿势来缓解症状。

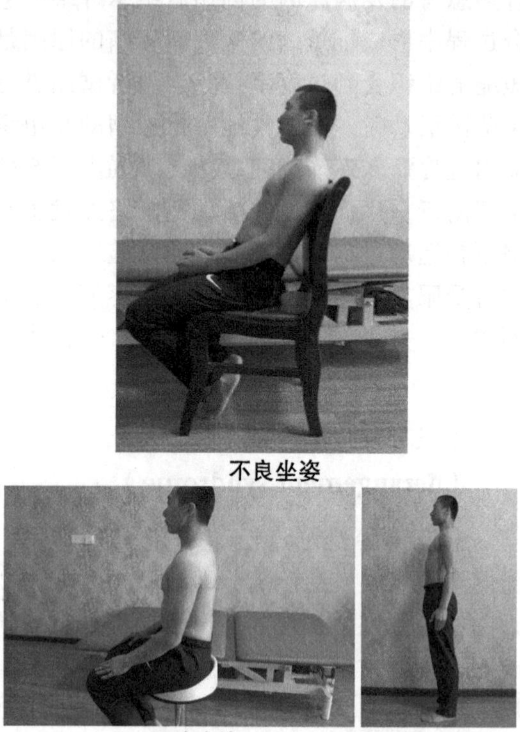

不良坐姿

正确坐姿　　正确站姿

图8-6 不良姿势与正确姿势

### （二）功能不良综合征的治疗原则

1. 姿势矫正：排除姿势因素引起的症状。

2. 有效牵伸的原则：对短缩的组织进行牵伸，牵伸要有一定的力度，否则短缩的组织无法重塑牵长。有效牵伸力度的临床标准是：牵伸时一定要出现瞬间疼痛。有效的牵伸还需要一定的频率，建议的牵伸频率是每1～2小时1组，每组10次，每天10组。有规律地重复是有效牵伸的重要因素。

3. 安全牵伸的原则：对短缩的组织进行牵伸，牵伸的力度不能引起微细损伤。安全

牵伸的临床标准是：在牵伸中引起的疼痛在牵拉力去除后立即消失，一般要求10～20分钟以内必须消失。

### （三）移位综合征的治疗原则

1. 姿势矫正：见第九章相关内容。

2. 复位：根据移位的方向，选择脊柱反复单一方向的运动，反复运动产生复位力，将移位的髓核复位。后方移位时需要应用伸展方向的力复位，前方移位时需要应用屈曲方向的力复位，后侧方移位时需要应用侧方的力复位。

3. 复位的维持：在短时间内，避免与复位相反的脊柱运动，使复位得以维持。如后方移位的病例，通过伸展原则使移位复位，短时间内必须避免屈曲的运动，因为屈曲可能使后方移位复发。

4. 恢复功能：在症状消失后，逐渐尝试与复位时方向相反的脊柱运动，使各方向的脊柱运动范围保持正常，且不出现任何症状，防止功能不良综合征的发生。

5. 预防复发：通过姿势矫正、适度体育锻炼、日常生活活动正确姿势指导来防止复发，教育患者重视复发先兆，在症状初起时进行恰当的自我运动治疗，防止症状加重。

6. 力的升级：为了保证治疗的安全性，在开始选择治疗方向时，需使用较小的力，一旦出现了症状减轻或向心化现象，表明该方向是适合的治疗方向，则在必要时，逐渐增加该运动方向的力。一般情况，力的升级是从静态体位、患者自我运动开始，增加到患者自我过度加压、治疗师过度加压，其后再进行松动术、手法治疗，以确保治疗的安全性和有效性。

（1）腰椎：侧方偏移的手法矫正；俯卧伸展位加压带加压；俯卧伸展位治疗师加压；伸展松动术；伸展手法；伸展位旋转松动术；伸展位旋转手法；屈曲位旋转松动术。

（2）颈椎：后缩治疗师加压；后缩松动术；治疗师牵引下后缩伸展旋转；侧屈/旋转治疗师加压及松动术。

## 六、临床禁忌证

### （一）绝对禁忌证

1. 原发或继发性肿瘤。
2. 各种感染。
3. 疾病炎症活动期。
4. 中枢神经受累（脊髓受压体征、马尾病灶等）。
5. 严重的骨骼疾病。
6. 骨折、脱位和韧带撕裂等骨关节肌肉系统不稳定因素。
7. 血管性疾病。
8. 糖尿病晚期。

### （二）相对禁忌证

1. 轻至中度骨质疏松，无并发症。
2. 结构性/先天性疾病。
3. 炎症性疾病非活动期。
4. 孕妇，尤其是最后2个月。
5. 骨关节炎晚期或多节段。
6. 既往腹部或胸部手术。
7. 近期重大创伤后。
8. 近期手术后。
9. 服用止痛药后在止痛效应期内
10. 严重疼痛不能活动。

## 第三节　颈部治疗技术

我们在应用麦肯基技术治疗颈部疼痛的时候，首先应确定该患者是否适合麦肯基治疗。上文讲过，机械性疼痛才是麦肯基疗法的最佳选择。

颈部的机械性疼痛可以简单地分为急性损伤和慢性损伤。急性损伤主要是颈部突然的扭转或外力直接作用于软组织，这种情况不为人的意志控制，所以极难预防，损伤后应以休息为主，并有选择地进行麦肯基治疗。更多的时候，是由于颈部长时间过度牵伸导致肌肉或韧带的损伤。前者通常在一两周就会恢复，但转成慢性后易反复发作。后者的损伤恢复的时间要长些，如果损伤了关节囊和韧带会形成疤痕组织，其弹性和长度会下降。这时即使正常的活动也会引起疼痛，所以必须逐渐地伸展已经紧缩的韧带或关节囊，以恢复它们的柔韧性。不良的坐姿和睡姿是后者最常见的原因（图8-7，图8-8），也是麦肯基自我疗法主要对象。

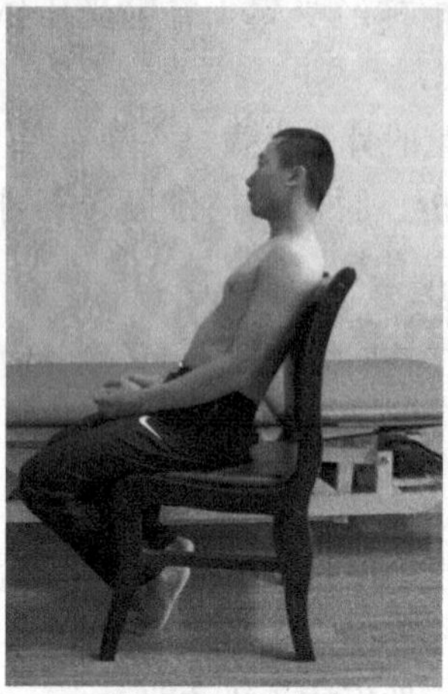

图8-7 不良坐姿

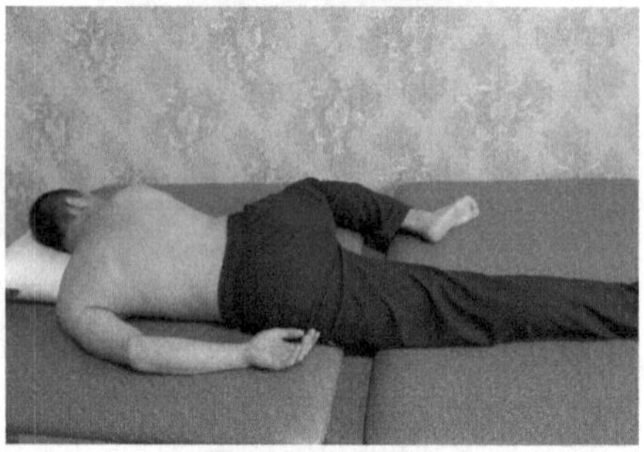

图8-8 不良睡姿

颈部慢性损伤的临床表现不尽相同，有的患者表现为颈痛，尤其是C7的周围，有时一侧（图8-9-1），有时双侧（图8-9-2）；有的是肩臂痛或肩胛内侧疼痛（图8-10-1），有的表现为一侧头痛（图8-10-2），或头部紧箍感（图8-11）。多为持续性的酸痛，胀痛，易反复发作。

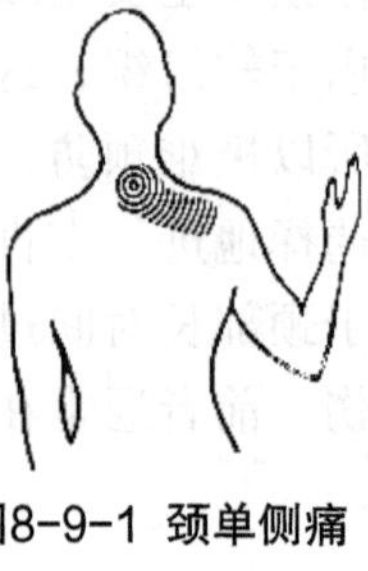

图8-9-1 颈单侧痛

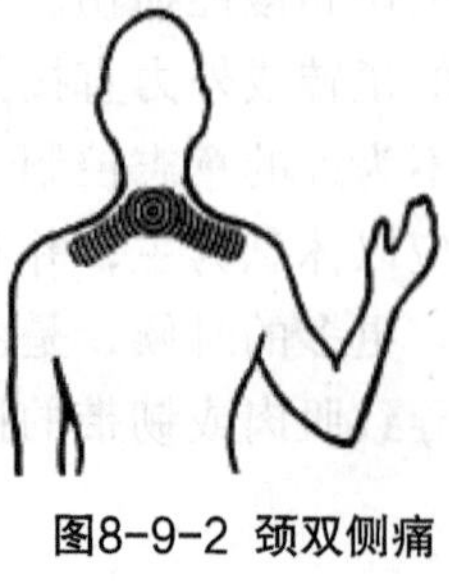

图8-9-2 颈双侧痛

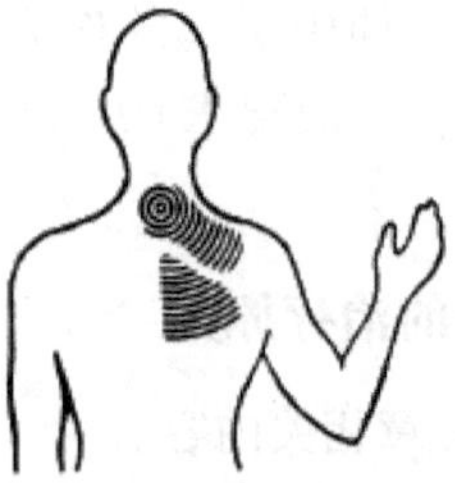

图8-10-1 肩及肩胛内侧痛

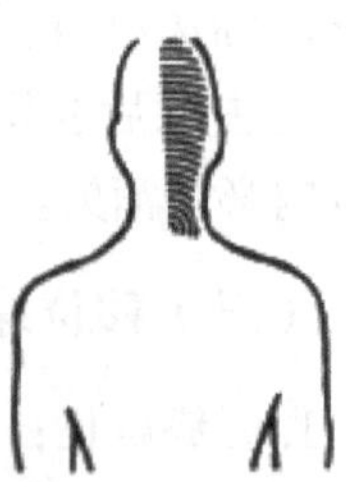

图8-10-2 一侧头痛

图8-11 头部紧箍感

## 一、姿势的矫正

### 1. 坐姿的矫正

当我们处于端坐位时，头部的支撑主要来自于颈椎和周围的肌肉，由于我们经常会长时间地将头部和颈部处于前倾位，此时肌肉就容易疲劳。并且由于头颈部长时间地前倾，慢慢会出现背部的佝偻，因此必须先矫正肩背部的姿势。罗宾.麦肯基先生强调下背部在站立时的自然凸出必须在坐时也要保持，以确保坐姿正确。因此坐位时腰部放置一个卷垫是必需的（图8-12），卷垫的直径约91.5～121.9厘米，尽量保持充实。

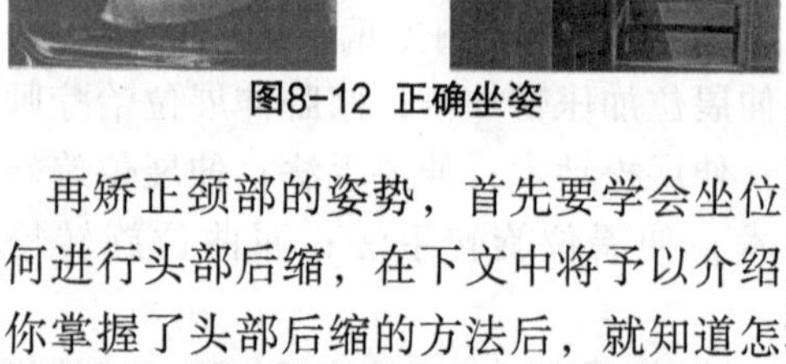

图8-12 正确坐姿

再矫正颈部的姿势，首先要学会坐位时如何进行头部后缩，在下文中将予以介绍。当你掌握了头部后缩的方法后，就知道怎样保持正确的坐姿。最初矫正下背及颈的坐位姿势时，会有些不适，这是由于新的姿势需要一个适应过程，这些不适数天内就会消失。期间也会由于过于集中工作，渐渐忘记保持正确的姿势。所以应定时提醒自己中断工作，然后练习后缩和伸展颈部5～10分钟后再开始工作。无论颈部处于何种姿势都应定时以舒展性活动。

**2. 卧姿的矫正**

不良的躺卧姿势是第二个最常见的颈痛原因。不良的睡姿在晨起时会出现颈部疼痛或僵硬。由于人在熟睡时经常会翻来覆去，辗转不停，所以改善睡觉的器具远比改变睡姿要容易得多。

枕头的功能主要是承托头部和颈部。所以枕头应保持碟形凹陷，以保证与颈部的生理曲线相吻合。枕头的材料宜选择较为柔软的物质，如丝棉或羽毛。最好的睡姿是仰卧位，当然有些人习惯了侧卧位或俯卧位。以何种姿势睡觉并不是最主要的问题，前提是睡觉的姿势不会引起颈部的不适。总的来说，以保持颈部正常的生理弯曲的姿势睡觉是最佳的选择。

**3. 剧烈活动后的休息**

通常我们在完成剧烈运动后会习惯地坐下休息（图8-13）。例如踢足球，跑步等。剧烈活动时肌肉长时间处于紧张的状态，同时由于组织的温度增高，使韧带等一些结缔组织的柔韧性增大。此时，如果长时间处于某一种姿势容易出现组织变形。

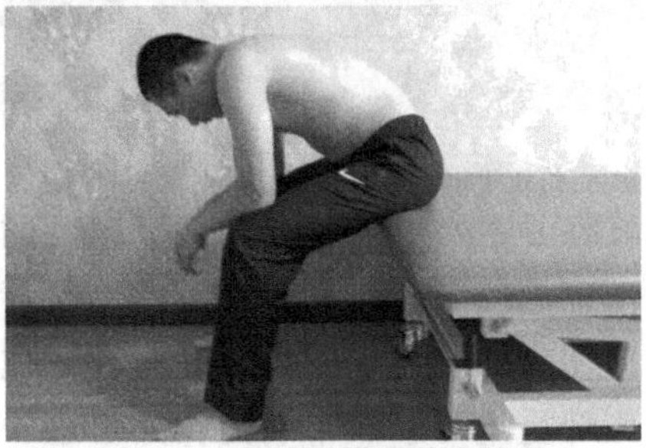

图8-13 运动后错误休息姿势

所以，在剧烈活动后应马上进行头部的后缩和前伸练习，连续5～6次，每次6～10秒。在坐下休息时应避免头部前倾的姿势。

**4. 工作环境的改善**

有时候我们不得不长时间在条件很差的环境中工作。如空间很狭小，桌椅不合适，电脑位置过低等。这时颈部常常会前屈或偏向一侧，时间长了就产生疼痛。

在工作中尽量选择合适的工作条件。椅子的标准高度应该是：人在坐位时踝关节，膝关节，髋关节均为屈曲90度的位置，桌子的高度使肩关节处于前屈60～70度的位置，电脑显示屏的高度与双眼正好平行。除了改善工作条件外，最重要的是有规律地间歇地变换工作的姿势。另外，定时地进行颈部的运动练习。

## 二、运动练习

麦肯基运动练习的目的是消除疼痛和僵硬，以及尽可能地恢复正常的功能。如果是消除疼痛，运动的幅度应该是刚刚触及疼痛后就放松，回到原位，反复如此。如果是缓解僵硬，可以通过施加外力来增加运动的强度，以求达到最大的活动范围，力量应柔和持久。

可以通过观察疼痛部位的变化来判断练习是否有效。如果疼痛的范围逐渐地局限化或集中化，尤其是疼痛逐渐向脊柱集中，说明治疗有效，反之则无效，应停止练习。如果疼痛非常剧烈，练习应谨慎缓慢地进行，并且应采取卧位姿势练习。刚开始练习时疼痛会加重，或出现在性质和位置上都不同于以前的疼痛，这是正常现象，随着练习的进行疼痛将逐渐减轻。

当开始麦肯基运动练习时，应该停止任何其他类型的运动。如健身运动或体育运动。待疼痛完全消失后再开始这些运动。

**1.练习一**

坐位后缩：端坐于椅上，完全放松，头部轻度前倾，即起始位（图8-14）。然后慢慢地将头部后移，下颌后缩至最大范围。在运动过程中头部必须保持水平位，双眼平视前方，脸朝向正前方，既不低头也不仰头（图8-15）。

保持这个姿势数秒钟后回到原位。

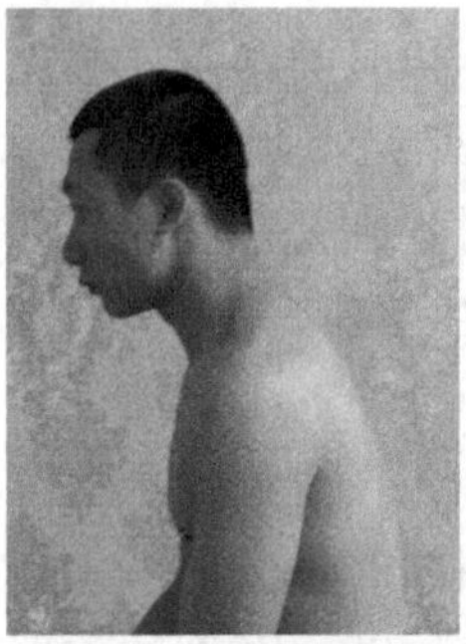
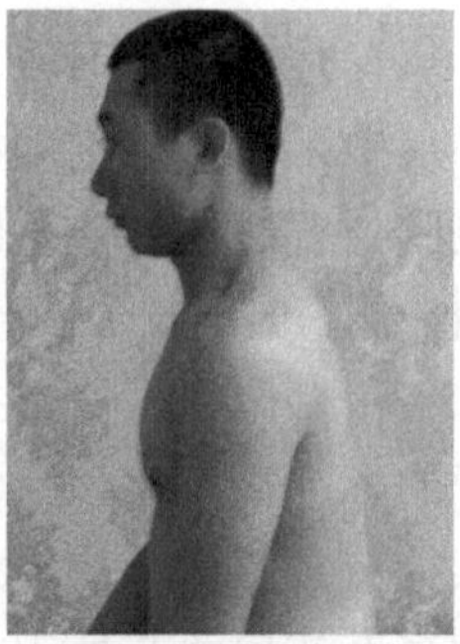

图8-14　图8-15

坐位加力后缩：在上述后缩最大范，患者用单手或双手在下颌部施加压力，将头部推向更后的位置（图8-16）。

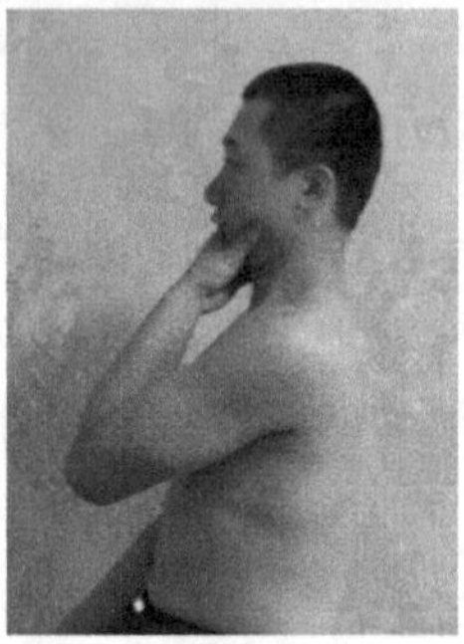

图8-16

练习1主要用于治疗颈痛，每组重复10次，每日6～8组。该练习同时可用于预防颈痛，可以每天2～3组，每组5～6次。

2.练习二

坐位头部后伸：开始先将练习1法重复3～5次，然后在头部后缩至最大范围时，缓慢将头部后伸至最大范围（面部在正上方）（图8-17、图8-18），并左右旋转各4～5次，旋转时鼻尖至少偏离中线2厘米（图8-19、图8-20）。

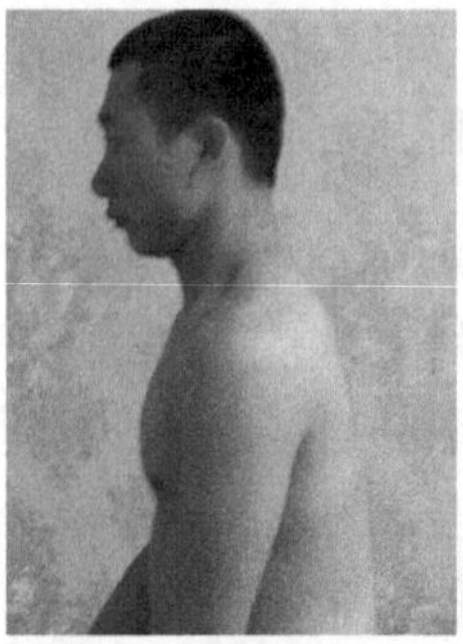
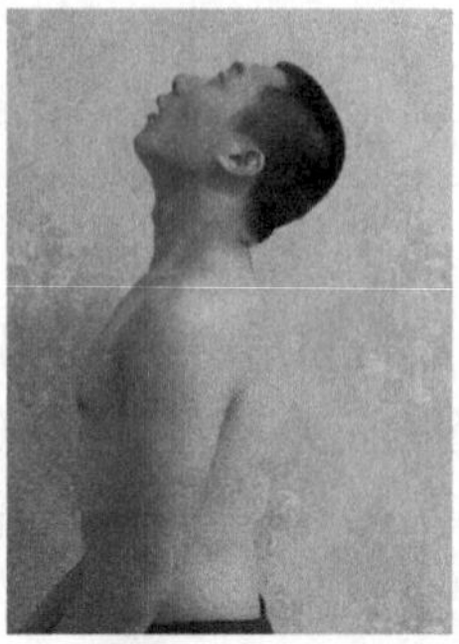

图8-17　图8-18

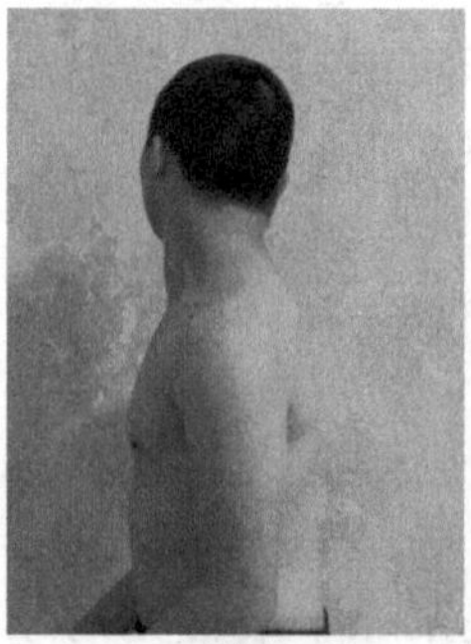
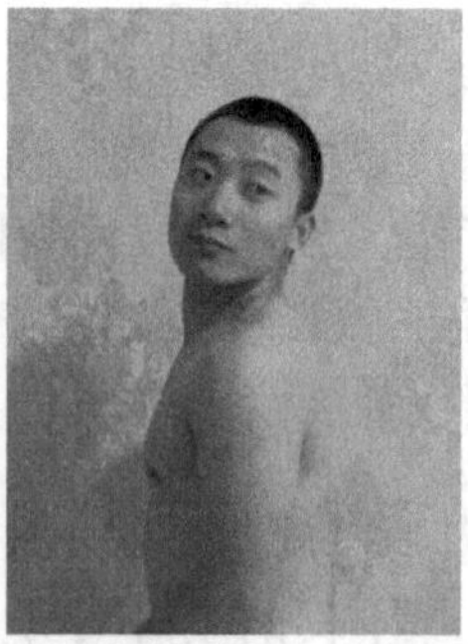

图8-19　图8-20

此练习主要用于治疗和预防颈痛。每组10次，每天6～8组。练习中如疼痛加重或向周边扩散应停止该练习。

3.练习三

仰卧位头部后缩：患者取仰卧位，头部向后压向床面，同时下颌后缩（图8-21、图8-22）至最大范围，保持3～5秒钟后回至原位。练习过程中颈部和头部始终保持中立位。

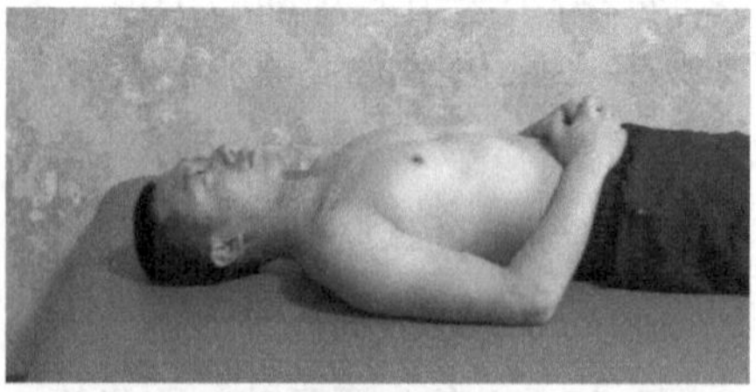

图8-21

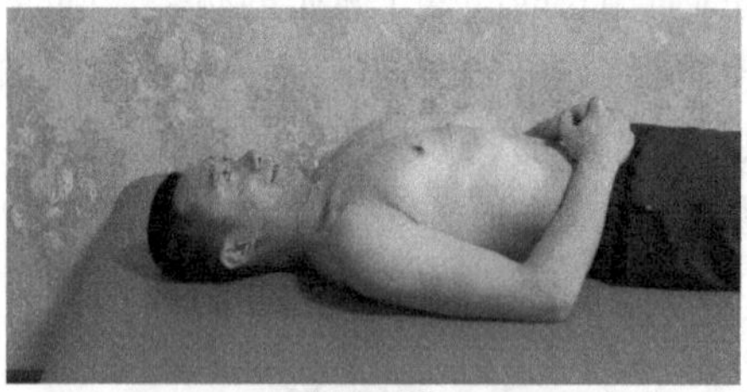

图8-22

该练习主要用于不适合练习1、2的剧烈性颈部疼痛。卧位时颈椎可不承受负荷而减轻疼痛使后伸容易。此外，在这种体位下后伸，头部重量可形成牵引力，亦可进一步减轻疼痛。每组10次，每日6～8组。如疼痛加重或扩散则停止练习。

### 4.练习四

仰卧位后伸：该练习应在练习3之后进行。仰卧位，将头颈部伸出床沿（图8-23），床沿约平T3、T4水平，缓慢将头部后伸至最大范围（图8-24），保持1秒钟后头部开始左右旋转，鼻子偏离中线幅度约2厘米（图8-25、图8-26）。然后用手托住头部回到中立位并移至床沿以内。

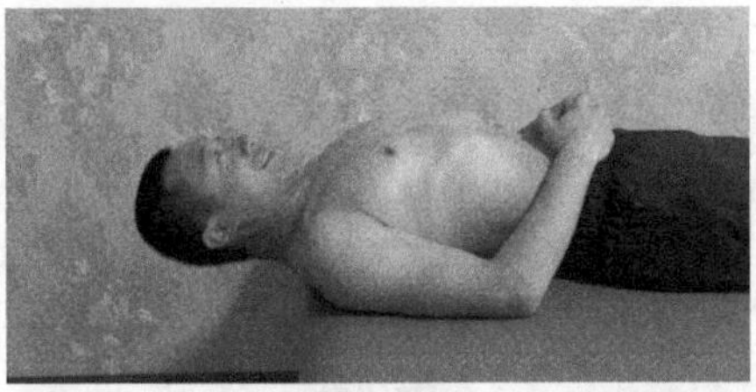
图8-23

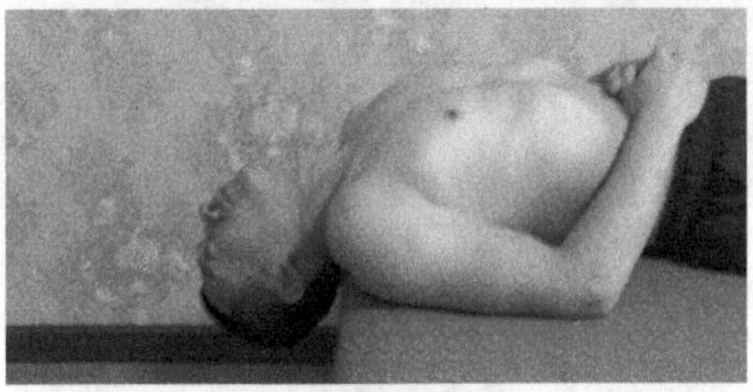
图8-24

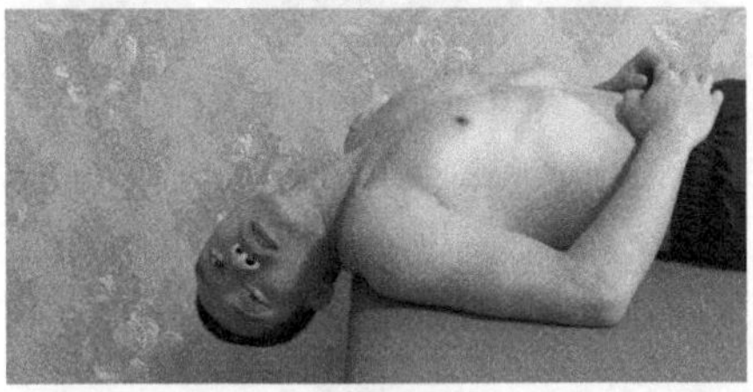
图8-25

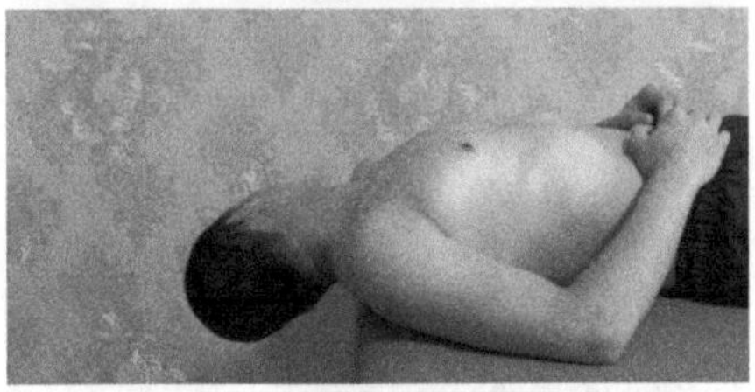
图8-26

如同练习3一样，练习4也是用于治疗严重的颈部疼痛。练习4必须在练习3之后进行，每次只进行一下，每日3次，在开始治疗后的最初24～28小时，疼痛应减轻或局限化。此时应改用练习1、2以代替练习3、4。当练习3已使疼痛减轻，但继续练习不能使症状再改善，则应配合练习4。

### 5.练习五

颈部回缩并侧屈：患者取坐位，先重复练习1数次，然后将头部保持在后缩的位置并向疼侧屈曲（图8-27、图8-28），同时要保持回缩状态。如果疼痛减轻不明显，可用手法加压。此时病人用侧屈方向的对侧手抓住椅子以稳定躯干，另一只手绕过头顶，放在对侧的耳部，尽量用力向侧屈方向牵拉，到最大范围时维持1秒（图8-29），然后再重复进行，治疗中一定要避免旋转，如果疼痛剧烈，应采取仰卧位。

该练习适用于一侧的颈部疼痛或一侧疼痛较剧烈的颈痛。每组10次，每天平均6～8组。

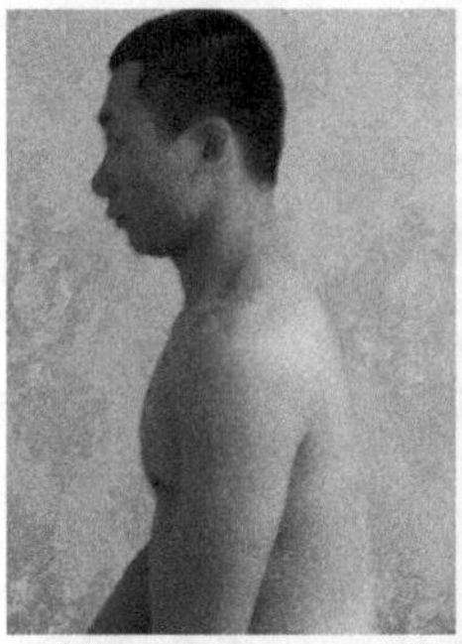
图8-27

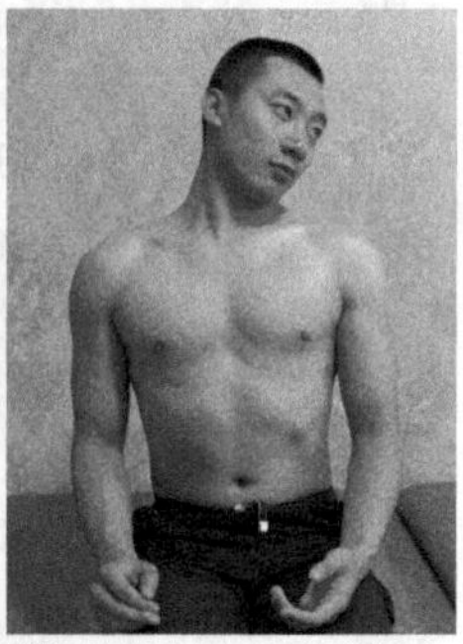
图8-28

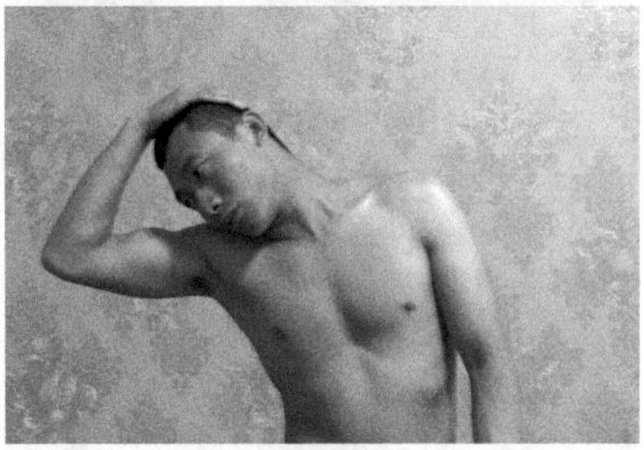
图8-29

### 6.练习6

颈部回缩并旋转：患者取坐位，先重复练习1数次，然后将头部保持在后缩的位置并向疼侧旋转（图8-30、图8-31），到患者最大范围时维持1秒。为使练习更有效，在旋转至最大范围时，将无痛侧的手从头后置于痛侧耳部，另一只手放下颌部，轻柔地、稳定地将头推向更后并维持1s，再回至原位（图8-32、图8-33、图8-34）。如疼痛剧烈，此步骤可取卧位进行。

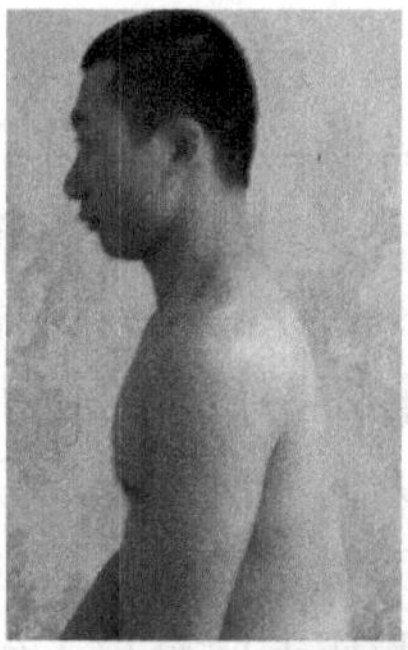
图8-30

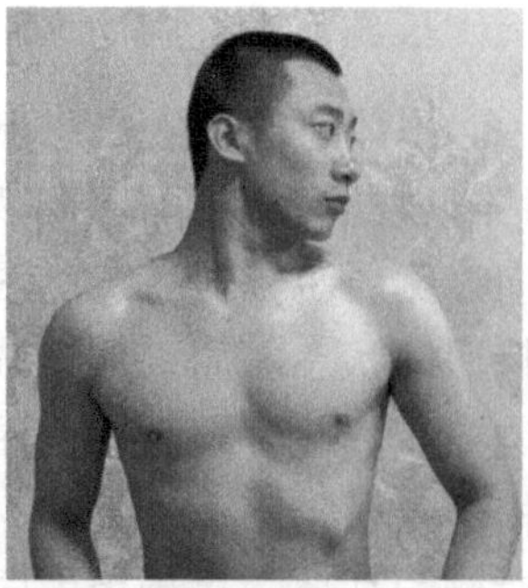
图8-31

图8-32

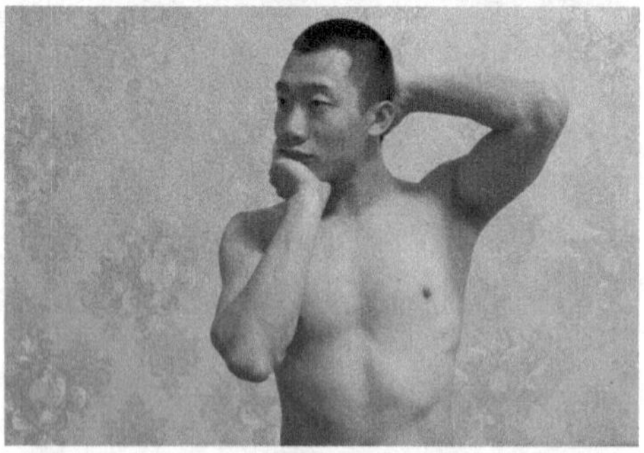
图8-33

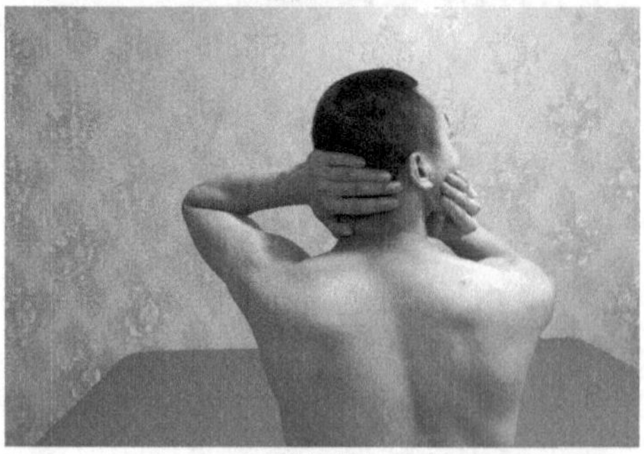
图8-34

练习6主要用于治疗和预防颈痛或颈部僵硬。在治疗颈痛或颈部僵硬时，每组10次，每日6～8组。无论疼痛减轻或局限化与否，在练习6之后必须进行练习1、2的运动。如果是预防性练习，则每周有3～4天的练习，每天2～3组，每组5～6次即可。如症状无改善建议由专业治疗师进行手法治疗。

7.练习7

坐位颈部前屈：患者坐位，颈肩部放松（图8-35），头部缓慢向前屈曲至下颌部贴近胸壁（图8-36），这时双手置于后枕部，手指相扣，然后放松手臂，利用上肢的重量增加屈曲的程度（图8-37、图8-38），在保持3～5秒钟后回到起始位。为了增加效果，手上可稍加用力，使颈部屈曲尽可能地达到最大范围。

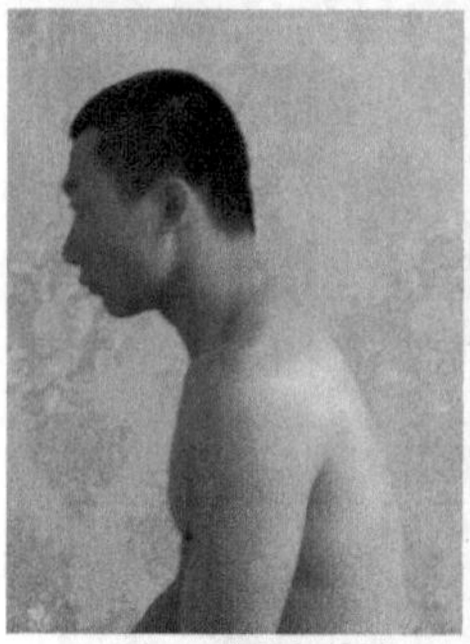
图8-35

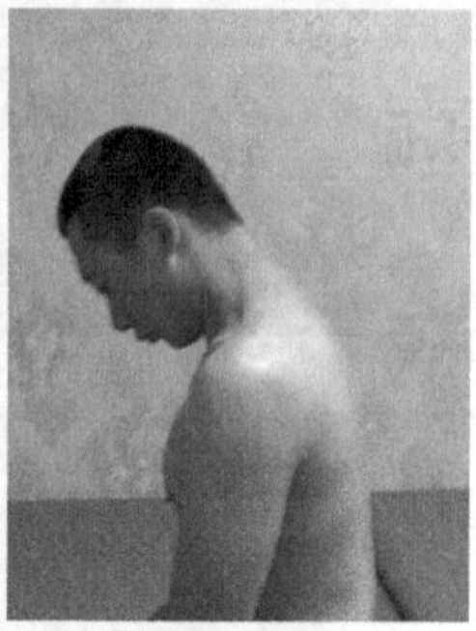
图8-36

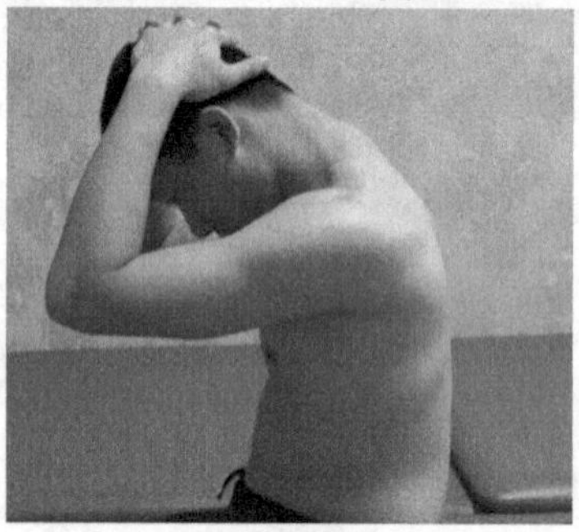
图8-37

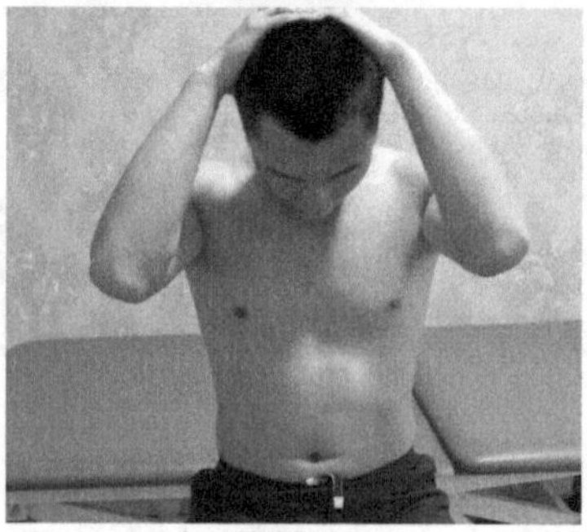
图8-38

练习7主要用于治疗头部疼痛的，但剧烈的颈部疼痛症状减轻后也可用该法消除颈部的疼痛和僵硬。每日6～8组，每组2～3次。治疗头痛时，应结合练习1。治疗颈痛时应结合练习1和练习2。

# 第四节　腰部治疗技术

## 一、下腰背痛机械性因素

有研究证实腰椎产生疾病机概远远高于其他椎体，而且因天气原因导致的下腰背痛很少见。多数下腰背痛是由于力学性的压迫引起的。肌肉的损伤相对较少，因为肌肉的柔韧性较好，除非很大的力量才会引起肌肉的损伤。而且，肌肉损伤后修复得很快，通常在2～3周就可痊愈。多数的下腰背痛都是脊柱周围的韧带和关节囊被长时间牵伸所致。这与长期的不良姿势密切相关。韧带和关节囊受损痊愈后通常会形成疤痕组织。由于疤痕组织的挛缩使组织柔韧性下降，一些正常的生理范围内的活动也会因为疤痕组织的牵伸而出现疼痛，很多时候，这种疼痛会持续数年。另外，椎间盘退变引起的腰椎周围的疼痛也是原因之一。

## 二、下腰背痛常见的部位

下腰背痛最常见的部位是腰骶部，有时在正中央（图8-39），有时在一侧（图8-40），疼痛也可以延伸至臀部（图8-41）或下肢的侧面（图8-42）和后面（图8-43），很少波及下肢的前面。有时疼痛的程度和部位会因为姿势的改变而改变。

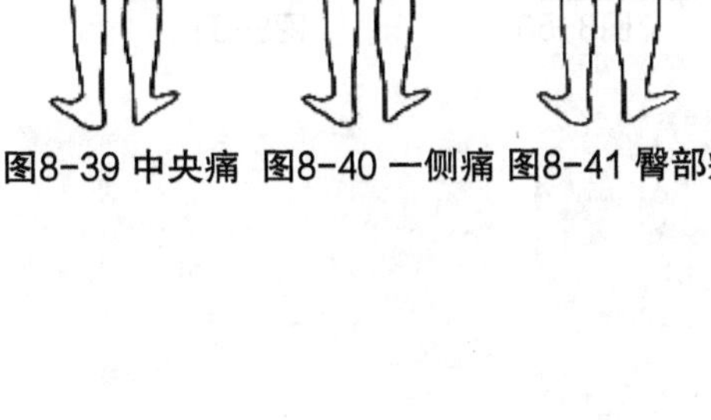

图8-39 中央痛　图8-40 一侧痛　图8-41 臀部疼痛

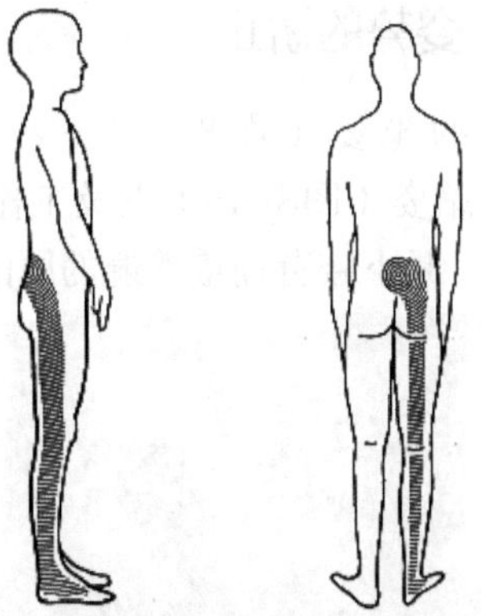

图8-42 下肢侧面痛　图8-43 下肢后面痛

## 三、麦肯基治疗下腰背痛的适应证

为了明确那些下腰背痛的患者适合麦肯基自我疗法，我们设计了9个问题。如果9个问题全部存在，就是麦肯基疗法的最佳选择人群。如果存在4个或4个以上的问题，宜谨慎练习，并随时与骨科医师和物理治疗师联系，报告病情的变化。如果只有3个或3个以下的问题有关系，则必须经骨科医生检查后并排除其他的疾病才可以练习。

1.一天中有没有你觉得没有疼痛（即使10分钟）？

2.疼痛是否只局限于膝关节以上部位？

3.是否在你坐了很长时间，或者起立时，疼痛会变得更严重？

4.是否在你长时间弯曲或俯身时，如整理床铺、吸尘打扫、熨衣服、从师园艺铺或砌混凝土等，疼痛会加重？

5.是否在你早上刚起床时，疼痛会更明显，大约半个小时后却又好转一些？

6.是否在你静止不活动时，疼痛会比在活动时明显？

7.你是否在走路时感觉好些？

8.你是否在俯卧时感觉好些？如果在最初几分钟里你或会感觉更痛，但随后疼痛便消退。在这种情况下，答案仍是“是”。

9.在过去数月或者数年内，你曾经有过数次剧烈的下腰背疼痛吗？

## 四、姿势的矫正

不良的坐姿（图8-44）、卧姿（图8-45）、站姿（图8-46）以及工作时的姿势（图8-47）是下腰背痛最普遍的原因。

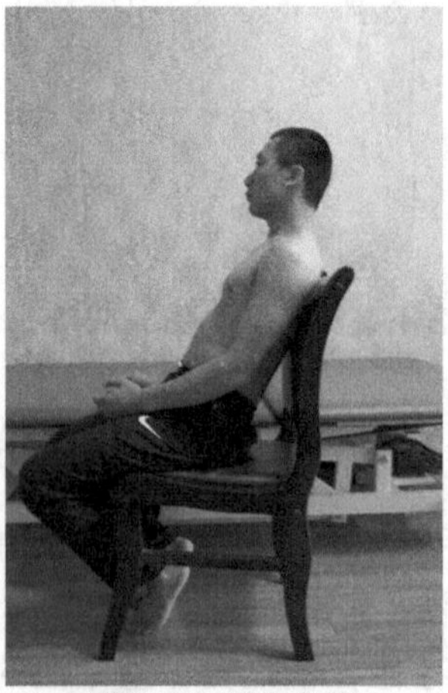
图8-44 不良坐姿

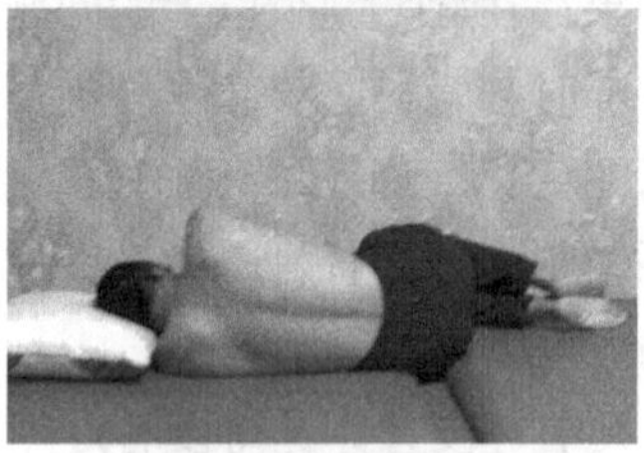
图8-45 不良睡姿

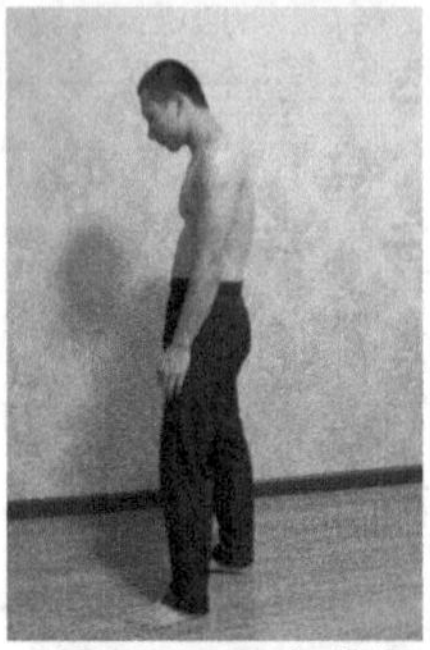
图8-46 不良站姿

图8-47 不良工作姿势

大多数不良的姿势都表现为腰椎前屈，反复、长时间地使腰椎失去正常的生理性前凸，导致脊柱系统退化加速，最终生理弯曲消失，结缔组织硬化，正常关节结构改变，肌纤维断裂，椎间盘变形突出。这些情况反过来又限制了腰椎的活动范围，形成恶性循环。而到了老年，严重的脊柱前屈甚至会影响其他器官的功能，如呼吸系统、消化系统等。可见姿势的矫正在预防下腰背痛和运动系统退化是相当重要的。

### 1. 坐姿的矫正

坐姿的矫正在所有姿势矫正中尤为重要。一个正确的坐姿应该是身体挺直，保持各节段脊柱的生理弯曲（图8-48）。正确的坐姿对椅子也有一定的要求。椅子的高度要求双脚能平放于地面，满足膝关节和髋关节呈90度屈曲位，扶手的高度使肩关节较为舒适的放置（图8-49、图8-50）。椅背于腰部之间应有一个圆柱形的腰托以保证坐位时腰椎的前凸（图8-51、图8-52）。座椅不宜过软如沙发，靠背角度不宜过大（图8-53）。

图8-48

图8-49

图8-50

图8-51

图8-52

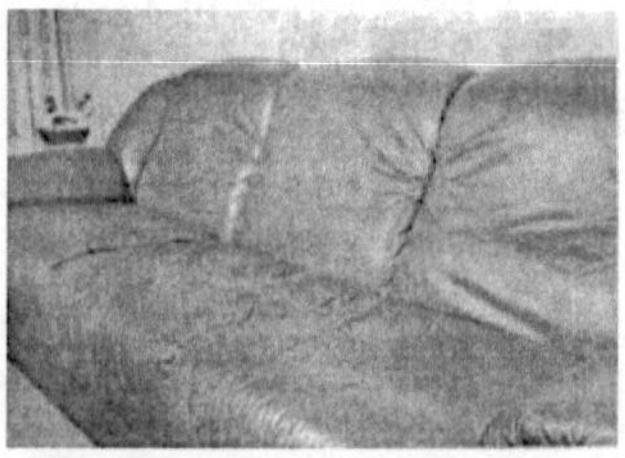
图8-53

不良坐姿的矫正练习。以前倾的姿势为练习的起始位，缓慢地到后伸位，最后恢复到正确的坐姿（图8-54、图8-55、图8-56）。每组10～15次，每天3次，最好早中晚各一次。此外每当因为不良坐姿出现腰部不适时，就可以做此练习。

有规律的活动也可以预防因为长时间坐姿导致的下腰背痛。比如在长途汽车或飞行途中，经常会有酸楚等不适出现，又不能躺下休息。这时应该有规律地中断坐姿，做脊柱后伸的练习（见练习4），这样可以减轻椎间盘的压力和周围软组织的张力。

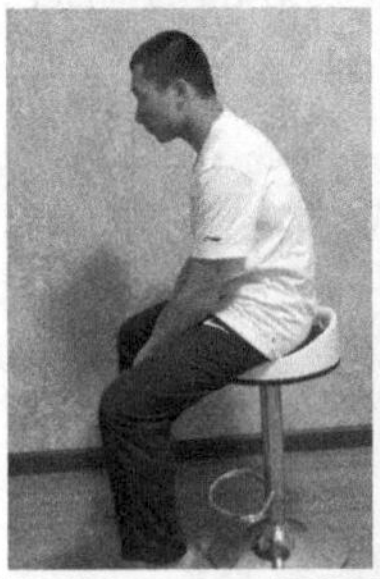

图8-54

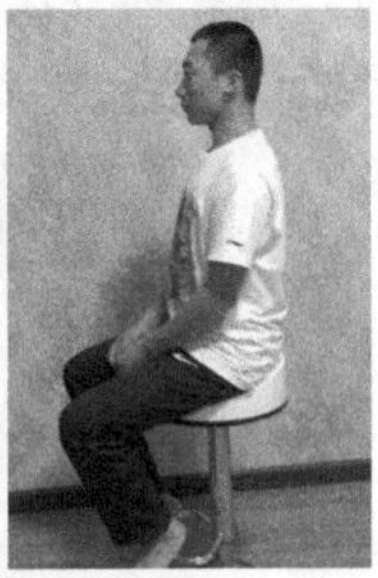

图8-55

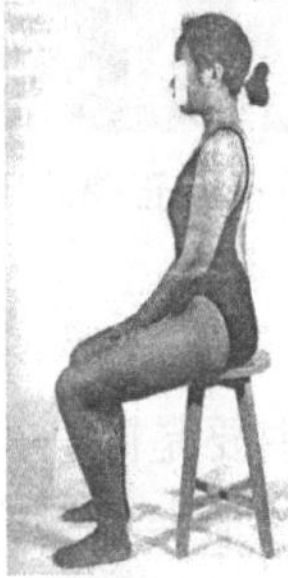

图8-56

**2. 俯身工作时的防患**

很多时候，我们不得不弯下腰来去从事一些事情。例如拖地，修理，手术，打针，园艺，整理床铺等（图8-57）。

图8-57

图8-58

这种情况有时是一个小时，有时是几个小时。众所周知，直立位的前屈，椎间盘的负荷仅次于坐位时前屈，而且其对腰部的肌肉，韧带的损害也是极大的。因此，如何将风险性降至最低是我们必须面对的。应有规律地中断前屈的姿势，并且进行脊柱后伸的练习（练习4）。我们在脊柱的生物力学基础上提到腰椎的前屈范围在正常情况下傍晚要比早晨大5度左右，这说明前屈负荷在早晨所产生的应力更大，腰椎也因此更容易受到损伤。这与麦肯基强调上午应多加练习的要求是吻合的。

**3. 提举重物时的防患**

俯身搬运物品时，腰椎间盘所承受的压力以及腰背部肌肉的张力要远比直立高出许多。因此在下腰背痛的诱发因素中，不正确的俯身搬运物品所占的比例是最高的（图8-59）。尤其是在久坐或久卧后没有经过任何的热身练习就立刻搬运物品是非常危险的。

图8-59

因此提举重物时必须采用正确的方式方法。详细步骤是：①靠近物品，两脚分开站稳；②保持脊柱前凸；③屈膝下蹲，同时保持背部挺直；④抱起物品并使其尽量靠近

躯体；⑤以平稳的速度站起，始终保持背部挺直；⑥利用脚步转移而不是腰部的扭转。（图8-60）

图8-60 正确提举重物动作

需要提醒的是，在搬运之前和之后，均应进行腰部后伸的练习（详见练习4）。在连续搬运期间应有规律地中断工作而进行练习。如果是下腰背痛患者，应避免搬运的工作，如果不能避免，则搬运物品的重量一定不能超过15公斤。

4. 剧烈活动后的防患

通常我们在进行剧烈活动时并没有腰背痛，如手术，做园艺，竞技体育等。但当坐下或躺在椅子上休息一段时间后才开始出现不适。这是由于剧烈活动后，韧带，关节囊等软组织因为体温的增加其柔韧性也随之增加，突然停下休息加之不良的休息姿势（图8-61、图8-62），使冷却的软组织不能回缩到原来的长度，出现疼痛。因此，剧烈活动后应在直立位进行腰背部后伸练习5～6次（详见练习4），然后再坐下休息。在休息时，应保持腰椎的前凸，如加一个腰垫。

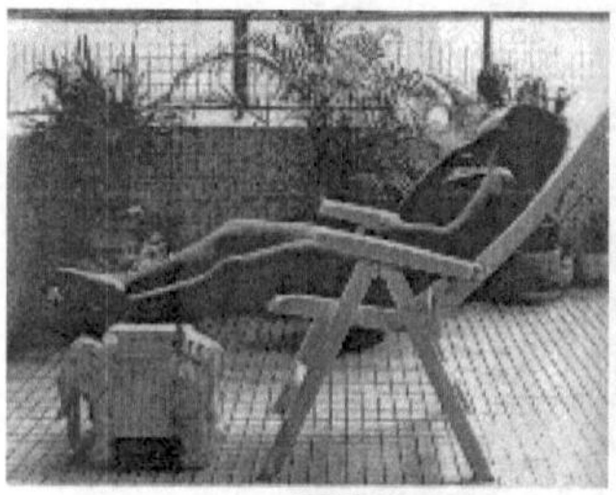

图8-61

图8-62

5.站姿的矫正

长时间的不良站姿是导致下腰背痛的另一因素。站立时既不能前屈也不能过度后伸。（图8-63）

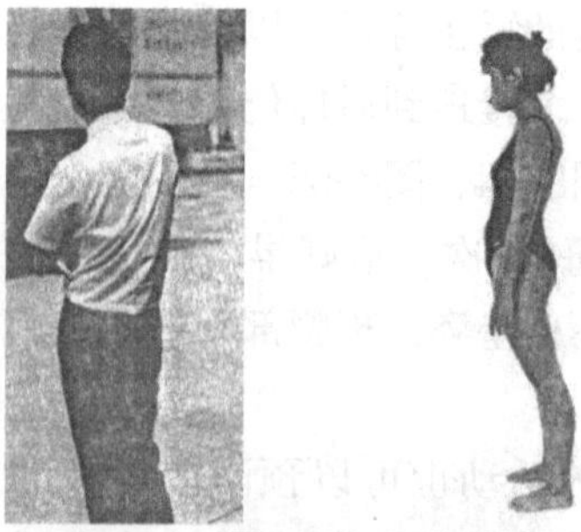

图8-63 不良站姿

正确的站姿是保持自然的腰椎前凸，腹部和臀部收缩，胸部挺起。（图8-64）

刚开始此站立姿势时，会感到很难有效地维持，但多练习并养成好的习惯后，一切都变得顺其自然。

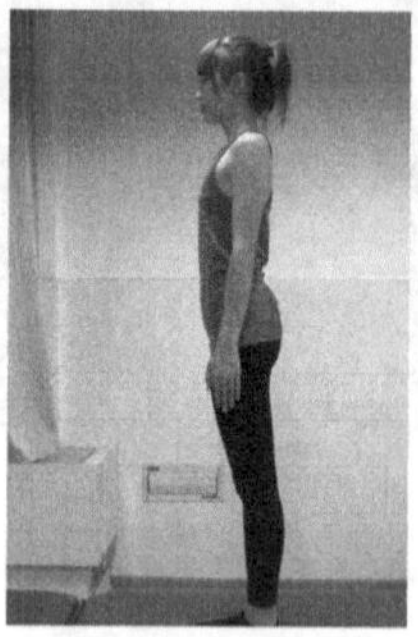

图8-64 正确站姿

6.卧姿的矫正

卧姿的矫正主要是睡姿的矫正。因为人在清醒时可以持续地保持一个正确的姿势，但在睡眠过程中很难持续地保持同一种姿势。人熟睡时会有规律地改变姿势，有时侧卧，有时俯卧。（图8-65-1）

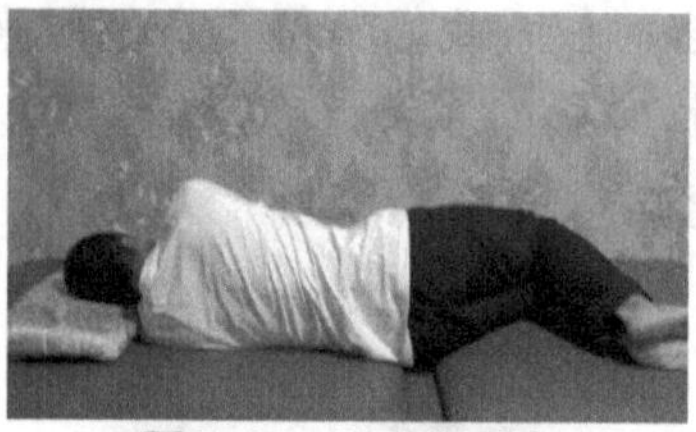

图8-65-1 不良睡姿

以何种姿势睡觉并不是最主要有的问题，关键是改变睡觉的器具使睡眠时有一个良好的生理曲线。首先是床垫不能过软或过硬，尤其要保证床垫不会下陷。绝大部分睡姿导致的下腰背痛是由于床垫下陷所致。最好是将较软的床垫置于硬板上。其次是睡觉时可以在腰部围上一个承托性的卷垫（图8-65-2）。卷垫的作用是充填卧位时骨盆和肋缘之间的自然凹陷，以保证腰椎前凸。卷垫可用浴巾或床单做成，直径约7.5cm，长度因人而异，将其固定于腰部，避免熟睡时上下移动。

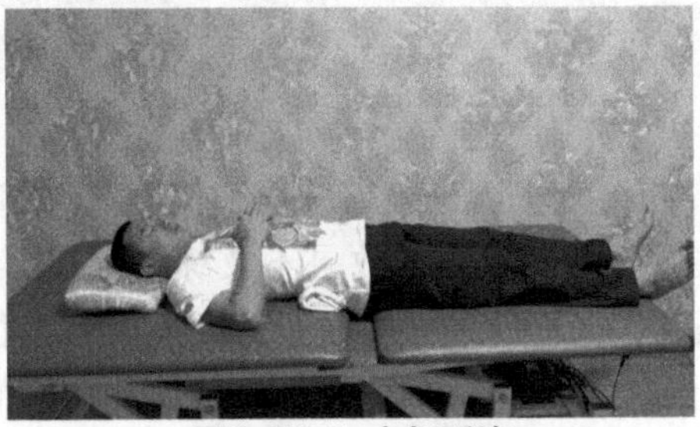

图8-65-2 良好睡姿

## 五、运动练习

运动练习的方法共有6种，前4个是伸展性练习，后两个是屈曲练习。练习的目的主要是消除疼痛和恢复正常的 生理活动范围。如果治疗的目的是消除疼痛，则每个练习的幅度仅限于刚刚达到痛阈，即回到起始位，再开始下一个。如果治疗的目的是增加活动范围，则每个练习的幅度尽可能最大。

每次练习之后，在日常生活和工作中均应保持正确的姿势，以维持练习的效应。良好的姿势习惯是预防复发的根本。

判断治疗的效果，必须时刻观察疼痛的程度和部位的变化。疼痛程度的减轻和疼痛部位的局限化是好转的征兆，也是继续练习的指针。研究证明，如果练习使疼痛部位局限化，提示彻底恢复的概率很高。如果练习后疼痛部位扩散或加重，则应该停止练习，至少应改变练习方法。

练习的开始阶段会出现疼痛的加重或出现新的不同性质和部位疼痛，随着练习的进行，疼痛会很快减轻。甚至，如果没有新的疼痛出现，则可以认为练习方法不对或练习强度不够。一旦疼痛部位出现局限化，则通常2~3天内会迅速减退，一周内会完全消失。如果是反复发作的慢性下腰背痛，经过正规的练习，大概10~14天，症状开始改善。

选择了麦肯基自我疗法后，原则上应终止其他运动治疗。至少应在疼痛消失后再开始其他运动治疗。

### 1. 练习一

俯卧法：患者俯卧位，双上肢紧贴于躯体两侧，面部朝向一侧，深呼吸数下，然后全身完全放松4~5分钟。（图8-66）

图8-66

该练习主要用于治疗腰背部较剧烈的急性期疼痛，每天6~8组，每组1次，大约每隔2小时一次。严重疼痛阶段应避免坐位姿势。任何一种练习开始之前必须先将练习1做一遍。

### 2. 练习二

肘屈曲俯卧位伸展：起始位即练习1的姿势，第一步，屈曲双肘至90度，然后肩关节随之屈曲并缓慢抬起上半身（图8-67），以上肢为支撑，背部肌肉完全放松，持续该姿势5分钟。

练习2同样是用于急性期严重的下腰背痛，应紧随练习1后进行。

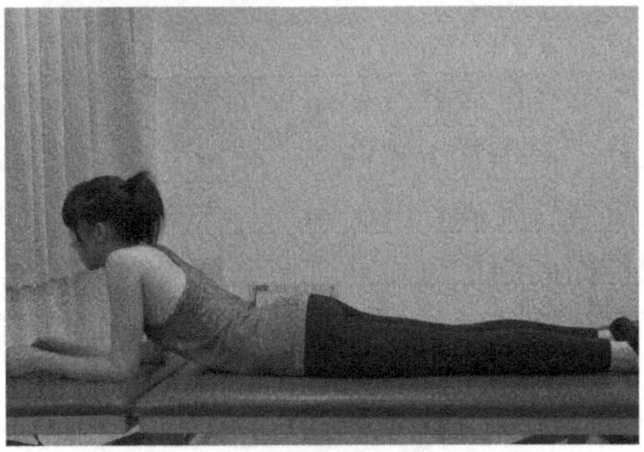

图8-67

### 3. 练习三

肘伸直俯卧位伸展：（1）俯卧位，面部

朝下，双手置于躯体两侧；（2）双手掌平放于同侧肩下，做支撑状；（3）伸直肘关节，缓慢地将上身撑起，直至腰椎呈过伸位，并保持腰部下垂1～2秒，再回到起始位（图8-68、图8-69）。此时尽量保持后背，骨盆，臀部及下肢完全放松。下一组练习时，尽量使腰椎后伸的幅度超过上一次，使背部得到最大的伸展。每组10次，每天6～8次。

练习3是治疗下腰背痛最有效的方法，练习时间必须至疼痛或僵硬完全消失。

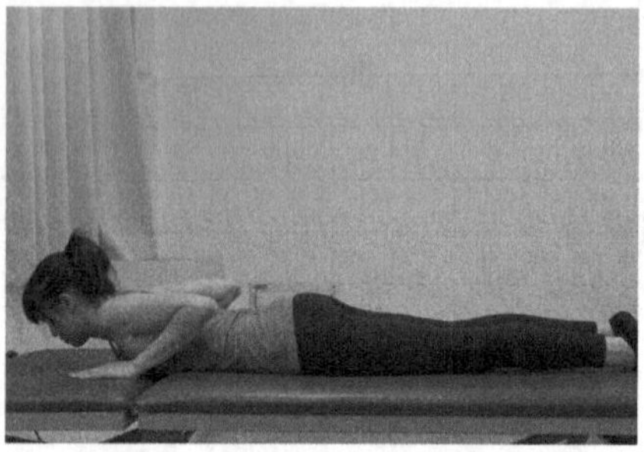

图8-68

图8-69

4. 练习四

站立位伸展：起始位是患者直立，双脚微分，双手置于腰两侧（图8-70），缓慢将上身向后伸展（图8-71），并保持1～2秒钟后再回到起始位。运动时双膝要保持伸直，下一组练习时，尽量使腰椎后伸的幅度超过上一次，使背部得到最大的伸展。

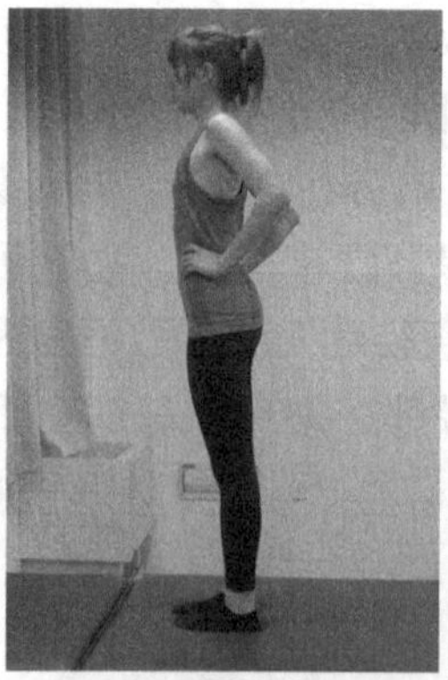

图8-70

图8-71

当疼痛不允许躺着练习3时，可以用该练习替代，但练习4的效果不及练习3。当疼痛完全消失后可以继续该练习，练习4可以很好地预防下腰背痛的再发。在前文所介绍的许多不良工作姿势中，均可以以练习4进行矫正性练习。

5.练习五

仰卧位屈髋：起始位是患者仰卧位，面部朝上，双手置于躯干两侧（图8-72），然后缓慢屈髋屈膝至胸部（图8-73、图8-74），并双手环抱于膝关节（图8-75）。保持该姿势1～2秒后回到起始位。需要注意的是练习时避免头部抬离床面。下一组练习时，尽可能使髋关节屈曲度幅度超过上一次，最好使膝关节能够贴紧胸部，以保证腰椎最大的屈曲。该练习需小心进行，最初每组只做5～6次，每天3～4组。而且每次练习5之后必须做一次练习3。

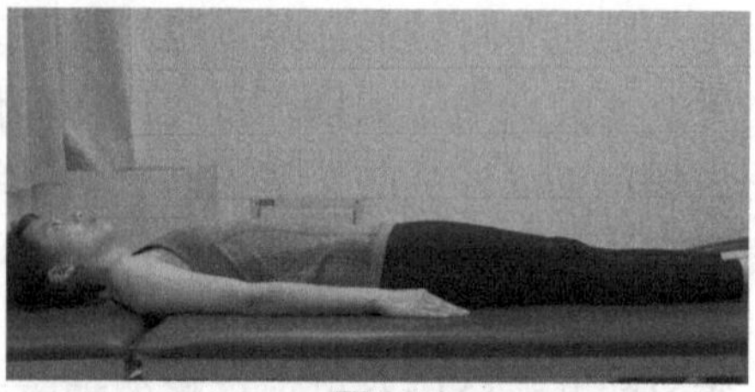

图8-72

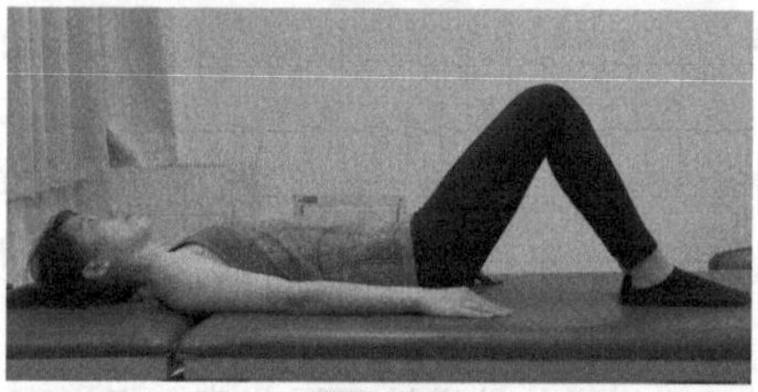

图8-73

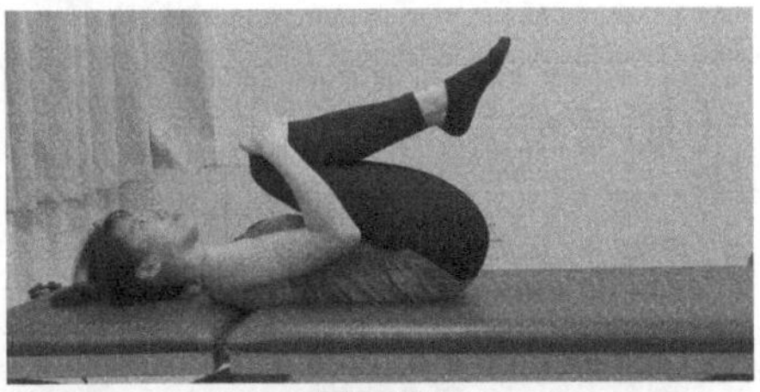

图8-74

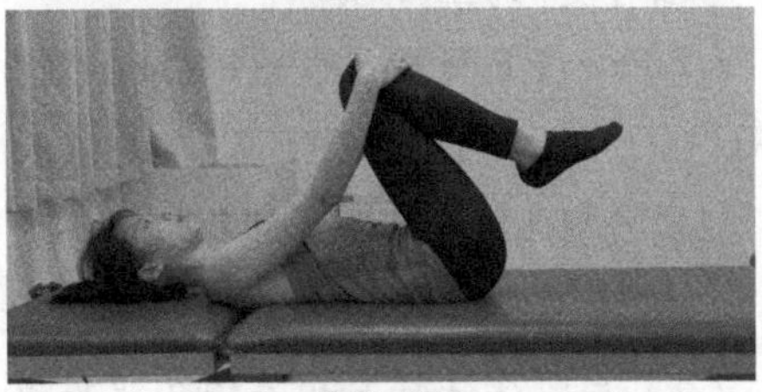

图8-75

练习5主要用于劳损后出现的下腰背僵硬感，由于纤维组织损伤后，疤痕组织使脊柱的活动范围下降。所以需要进行腰背部的屈曲练习以恢复组织的柔韧性。如果做练习5时没有了背部疼痛和紧张感，便可以停止该练习，转而进行练习6的动作。

**6.练习六**

坐位屈曲：起始位是端坐于方凳或圆凳上，下肢大幅度分开，双手分别平放于同侧的腿上。然后上身开始向前下方屈曲至双手触地，此时双手握住两侧踝关节，进一步屈曲，尽可能使头部靠近地面（图8-76）。下一组练习时，尽可能使躯干屈曲度幅度超过上一次，以达到最大范围的屈曲。

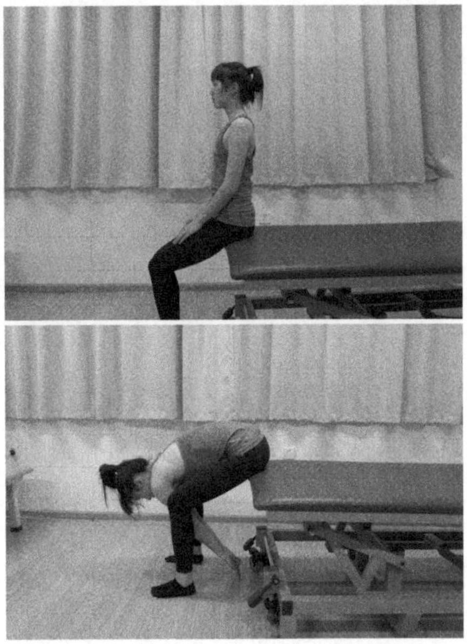

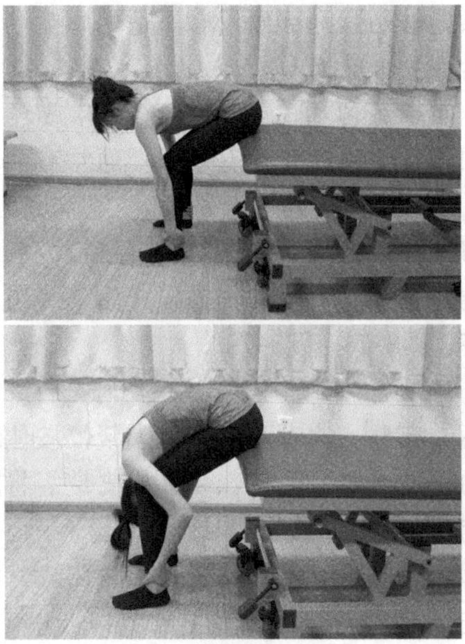

图8-76

练习6的作用同练习5相同，但必须记住每次进行练习6之前都应将练习5完整地做一遍。

## 六、练习方法的合理应用

在疼痛较为剧烈时，无论做什么动作或何种姿势似乎都不能使疼痛缓解。这时应该以卧床休息为主，如果能够坚持俯卧一段时间后，便可以进行练习1至练习3的治疗。练习结束后立刻仰卧，并将一个卷垫放于腰部。如果是中等程度的疼痛也可以进行练习1至练习3的治疗。

刚开始练习时会出现疼痛加重，但随着练习的继续逐渐减轻，而且疼痛的范围也会缩小，最终疼痛消失，代之的是背部紧缩或僵硬感。这时可以恢复日常生活和工作，并开始练习3和练习4的治疗，特别是环境不允许时应有规律的间歇性地进行练习4的治疗，每天必须做2～3次。

4~5天之后便开始练习5和练习6的治疗。最好先进行几天的练习5治疗，由于刚愈合的组织比较脆弱，躺着练习可以降低再损伤的危险性。刚开始练习5时，背部中央或腰骶部会有些轻微的疼痛，这是正常的现象，随着练习的进行慢慢会消失。若果疼痛反而加剧则应停止练习，再回到练习3和练习4。如果双膝能够贴紧胸部而没有不适的感觉则可以开始练习6的治疗了。

如果练习后3、4天疼痛没有减轻也没有加重，说明治疗没有效果。通常有两种原因。一是疼痛只集中于一侧，在进行练习1和练习2时应将臀部移向健侧，保持1分后回到原位并完全放松4～5分钟再开始下一组（图8-77、图8-78、图8-79）。

另一个原因是在进行练习3时，腰部下垂得不够充分。这时可以让他人帮忙按住练习者的骨盆或用一些特殊装置如皮带等将腰部固定。

如果上述治疗还没有效，建议找骨科医生进一步诊断和治疗。

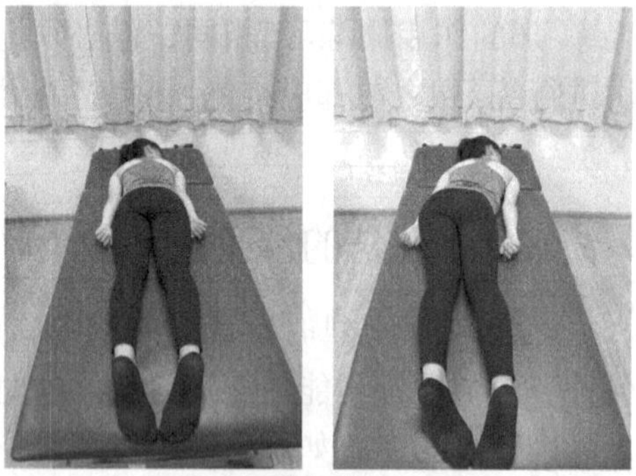

图8-77

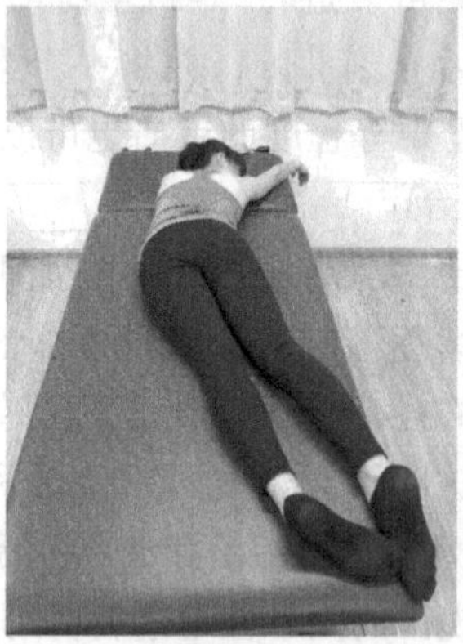

图8-78

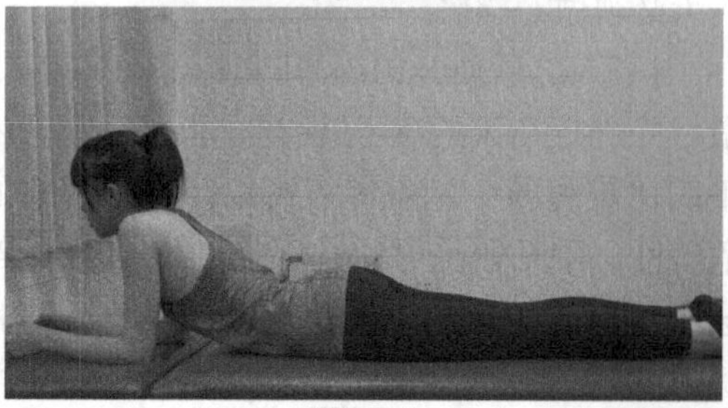

图8-79

## 【思考题】

**1. 关键性思考和讨论**

（1）思考腰椎间盘组织结构特点和生物力学基础与发病机制的关系。

（2）如何鉴别腰椎化学性疼痛与机械性疼痛。

**2. 实验操作练习**

（1）与同伴结对互相进行正确姿势的练习。

（2）与同伴结对互相进行颈部和腰部的姿势练习。

◎ **参考文献**

[1]侯树勋.脊柱外科学[M].北京：人民军医出版社，2005.

[2]纪树荣.运动疗法技术学[M]. 2版. 北京：华夏出版社，2011.

（罗盛飞 徐 晖）

# 第九章 姿势矫正训练

【学习目标】

1. 掌握影响姿势的因素。
2. 能独立进行常见不良姿势的评定。
3. 能正确指导常见不良姿势患者进行矫正训练。
4. 熟悉导致不良姿势的原因。

## 第一节 基本概念

### 一、姿势的定义

姿势是构成身体的各个组织器官，尤其是骨骼、肌肉、内脏、神经系统互相关联所构成的自然姿态，其中尤以脊柱最为重要。一般说来姿势主要指站立位姿势、坐位姿势和卧位姿势。

### 二、影响姿势的因素

影响人体姿势的因素较多，主要包括以下因素。

1.解剖结构原因导致永久性变形：骨骼形态如半椎体、韧带松弛、骨盆角异常、先天性畸形、发育异常等。

2.生活习惯因素：如不良姿势习惯、静止而缺乏活动的生活方式。

3.工作环境：课桌椅、工作台面、电脑桌椅等不符合人类工程学原理。

4.心理因素：尤其是自卑心理状态。

5.年龄因素：正常的发育和退化过程。

6.疼痛：导致自我保护机制而避免某些姿势如腰痛致腰椎侧弯。

7.代偿机制：由于肌肉力量不平衡、痉挛或挛缩，如紧张的髂腰肌增加腰椎前凸。

8.呼吸状态：吸气时胸廓扩张帮助提肋使胸椎前凸，呼气反之。

9.一般性的乏力。

10.身体成分：如体重过大而增加脊柱负荷。

11.运动因素：错误的运动技术动作、本体感觉缺损导致下肢不稳。

12.肌张力异常：如臀大肌、腹肌、竖脊肌等。

13.神经性输出或输入：中枢神经系统或周围神经损伤后导致姿势改变。

### 三、良好姿势

当维持脊柱和关节的周围软组织处于平衡状态时人体即处于良好姿势，如图9-1所示。此时从身体侧面观察重心线，是从耳垂经过肩峰、胸廓和腹部的中央、股骨大转子、膝关节前方（腓骨头）、外踝尖；背面观重心线时头颈、脊柱、臀裂和两足跟应在一条直线上，两侧肩峰、肩胛骨、髂嵴上缘高度一致。当人体处于良好姿势时各个关节承受最小的压力，且需要最小的肌肉活动保持此姿势。

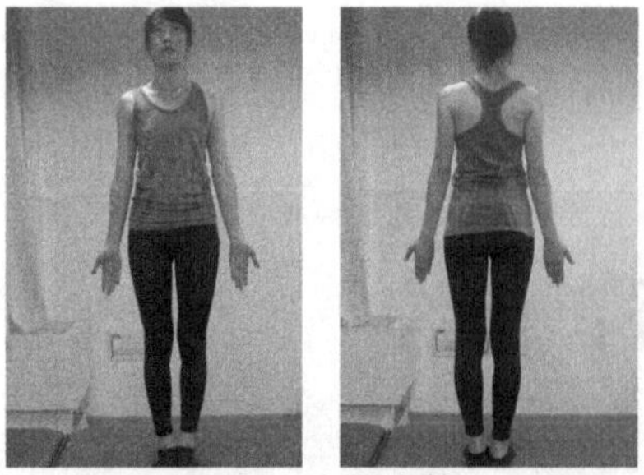

图9-1 良好姿势

## 四、不良姿势

当维持脊柱和关节的周围软组织处于失衡状态时人体即处于不良姿势，任何增加关节压力的位置都可被看作是不良姿势，此时如果有强壮且柔韧性好的肌肉则有能力改变姿势而不会影响到关节，如果有关节僵硬、肌肉无力或肌肉长度改变则不能调整姿势，从而导致微小累积性创伤。骨盆前倾角增大或减小、关节压力增大、代偿机制形成、关节僵硬、肌肉无力或缩短拉长等均会导致不良姿势的产生。

### （一）骨盆倾斜角

即髂后上棘与耻骨联合连线与水平线之间的夹角，正常为30度（图9-2)。正常站立位时髂后上棘应比髂前上棘略高，骨盆倾斜角度增大为骨盆前倾，骨盆前倾时脊柱后伸，髋关节前屈，多由于屈髋肌紧张或挛缩致骨盆前面被牵引向下，此时要保持上半身挺直就必须代偿性增加腰椎的前凸角度；骨盆倾斜角度减小为骨盆后倾，骨盆后倾时脊柱前屈，髋关节后伸，多由于伸髋肌紧张或挛缩致骨盆后面被牵引向下，此时要保持上半身挺直就必须代偿性减少腰椎前凸角度。

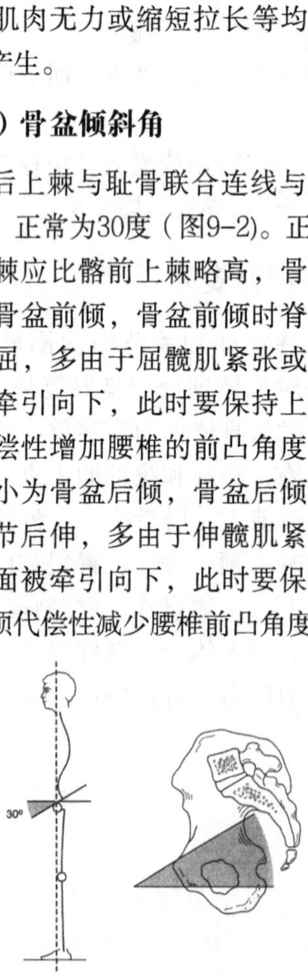


图9-2 骨盆倾斜角

矢状面维持骨盆位置的肌肉主要有四组（图9-3），即前上部、前下部、后上部、后下部；前上部肌肉为起于躯干前面，止于骨盆前面，主要为腹肌如腹直肌；前下部肌肉为起于骨盆前面，止于下肢前面，主要是屈髋肌如髂腰肌、股直肌；后上部肌肉为起于躯干后面，止于骨盆后面，主要为脊柱伸肌如骶棘肌；后下部肌肉为起于骨盆后面，止于下肢后面，主要为伸髋肌如腘绳肌、臀大肌等。前下和后上肌肉紧张或前上和后下肌肉松弛时导致骨盆前倾，前上和后下肌肉紧张或前下和后上肌肉松弛时导致骨盆后倾。

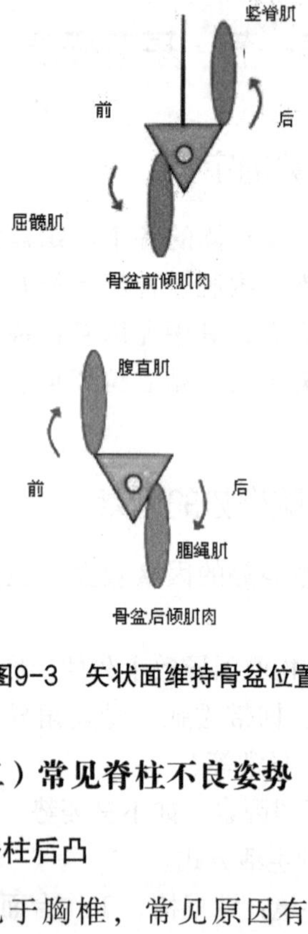


图9-3 矢状面维持骨盆位置肌群

### （二）常见脊柱不良姿势

#### 1. 脊柱后凸

常见于胸椎，常见原因有脊柱结核、脊椎压缩性骨折、强直性脊柱炎、老年性关节炎、肿瘤、脊柱前凸代偿性、先天性畸形（部分节段缺陷）、截瘫等。脊柱后凸常见表现及原因见表9-1。

表9-1 脊柱后凸常见表现及原因

| 身体对线 | 短缩 | 无力 | 练习 |
|---|---|---|---|
| 背部中段屈曲 | 上腹肌 | 胸廓伸肌<br>斜方肌中下部 | 主动或被动胸廓扩张练习 |
| 肩胛后缩 | 前锯肌、肩内收肌、肩内旋肌 | 斜方肌中下部<br>菱形肌 | 前锯肌、胸小肌练习 |
| 肋间隙减小 | 肋间肌 | | 深呼吸 |
| 肩胛后翘 | 胸小肌 | 斜方肌下部 | 胸大肌、背阔肌练习 |
| 肩胛上提 | 斜方肌上部、肩胛提肌 | 斜方肌下部 | 斜方肌中下部练习 |
| 颈部过伸 | 颈伸肌 | 颈屈肌 | 颈屈肌练习 |

表9-2 平背常见表现及原因

| 身体对线 | 短缩 | 无力 | 练习 |
|---|---|---|---|
| 骨盆后倾 | 腘绳肌 | | 牵伸腘绳肌 |
| 腰椎前屈 | | 背部伸肌 | 背部伸肌力量练习 |
| 髋关节后伸 | | 屈髋肌 | 屈髋肌力量练习 |

常见脊柱后凸有以下4种。

（1）Round back（龟背）

特点：①骨盆倾斜角减小（<30度），胸椎后凸增大，脊柱呈长圆形。②躯干呈现前屈，腰椎屈度减小。③伸髋肌及躯干屈肌紧张，屈髋肌和腰段伸肌无力（图9-4D）。

（2）Flat back（平背）

特点：骨盆倾斜角减小至20度，腰段脊柱生理弯曲度减小，腰椎前凸减小（图9-4C）。平背常见表现及原因见表9-2。

（3）Sway back（凹驼背）

①骨盆倾斜角增大，约40度，胸椎后凸增大。②导致骨盆前倾，髋关节后伸。③为保持重心在正常位置，胸椎相对于腰椎屈曲，胸椎后凸，腰椎前凸；④合并有伸髋肌、下腰段伸肌和上部腹肌紧张，以及屈髋肌、下腹肌和下胸段伸肌无力。（图9-4B）

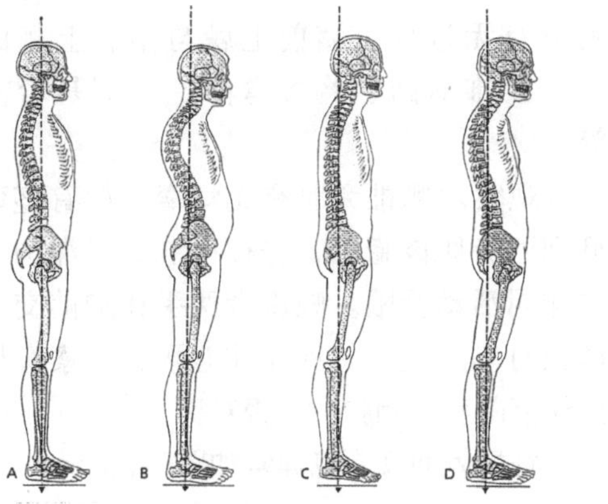


图9-4 常见脊柱不良姿势

（4）Hump back（驼背）

特点：胸椎局部急剧向后呈角畸形。（图9-5）

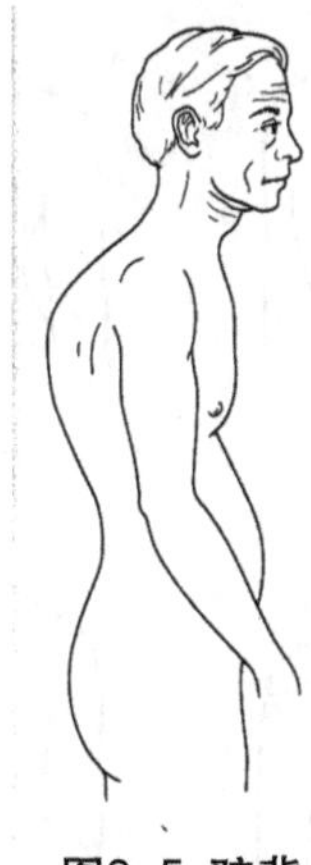

图9-5 驼背

**2. 脊柱前凸**

常见于颈椎和腰椎前凸增大，常见原因有畸形、腹肌松弛合并屈髋肌和腰椎伸肌紧张或挛缩、大腹便便（体重过大或怀孕）、胸椎过度后凸导致代偿性腰椎前凸、先天性髋关节脱位、穿时髦高跟鞋、脊柱滑脱等。脊柱前凸常见表现及原因见表9-3。

表9-3 脊柱前凸常见表现及原因

| 身体对线 | 短缩 | 无力 | 练习 |
|---|---|---|---|
| 骨盆前倾 | 屈髋肌 | 腹肌 | 牵伸屈髋肌<br>腹内外斜肌力量练习<br>避免全范围仰卧起坐 |
| 髋屈曲 | | 伸髋肌 | 臀大肌力量练习 |
| 下腰部过伸 | 下背部伸肌 | | 牵伸下腰部伸肌 |

3. 脊柱侧凸

（1）非结构性脊柱侧凸：常见于姿势问题、癔症、神经根受刺激、炎症、双下肢不等长代偿性等。

（2）结构性脊柱侧凸：常见于骨畸形、椎体缘或半椎体、神经肌肉性（上下运动神经元损伤）、关节挛缩，此类脊柱侧凸表现为进行性（因有骨畸形）。

特发性脊柱侧凸约占75%～85%。常见脊柱侧凸类型如图9-6所示。

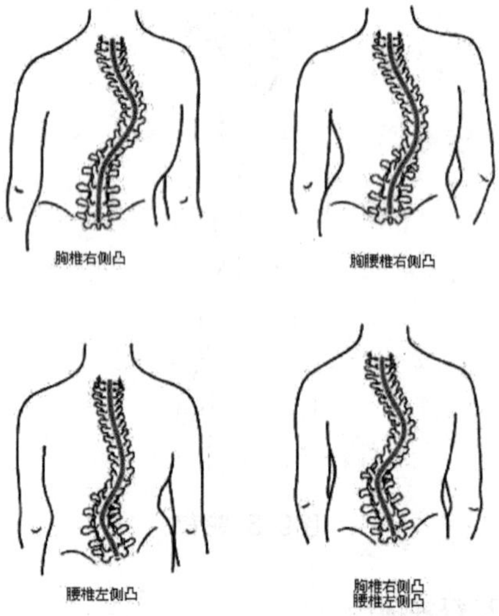


图9-6 脊柱侧凸类型

### （三）不良姿势对肌肉和脊柱的影响

肌肉习惯性保持在拉长的位置从而导致力量下降称为牵张性无力；肌肉习惯性保持在缩短的位置而使弹性下降，虽然在缩短的位置下肌力足够，但当拉长时力量也下降，称为紧张性无力。不管是牵张性无力还是紧张性无力均会导致肌肉力量下降而不能维持骨骼于正常形态，从而出现异常姿势。

不良姿势对肌肉和脊柱可以产生以下影响：（1）由于增加了肌肉负荷而容易疲劳；（2）更多的体重远离中线；（3）有效的肌肉角度和长度减少；（4）当骨密度下降时增加了脊柱负荷而易骨折；（5）心肺系统效率下降，肺的扩张性下降（尤其是肺尖）；（6）肌肉效率、力量、弹性下降而降低了工作能力（躯体活动和运动中）。

# 第二节 常见不良姿势评定与矫正训练

## 一、脊柱后凸

### （一）评 定

1. 视 诊

嘱患者自然站立，侧面观察生理弯曲度有无改变，是否有成角畸形，常见的脊柱后凸有角状后突（结核、骨折、肿瘤等）、圆弧形后突（强直性脊柱炎、佝偻病、姿态性驼背等），胸段原为后凸，轻微后凸容易察觉，颈、腰段原为前凸，轻微后突不易察觉，故应注意头部位置和骨盆位置的观察。还需观察足纵弓、踝关节有无跖屈挛缩、膝关节有无过伸、髂前上棘与髂后上棘的关系、腰椎前凸、胸椎弯曲、头部是否前伸等。

观察两侧椎旁肌有无痉挛，如有痉挛可见到两旁肌肉膨出，脊柱中线成一深沟，脊柱伸屈活动受限。嘱患者两手在胸前交叉，搭在对侧肩上，然后向前弯腰，观察脊柱的活动范围和两侧胸廓是否对称。

脊柱侧面观常见异常如图9-7所示。

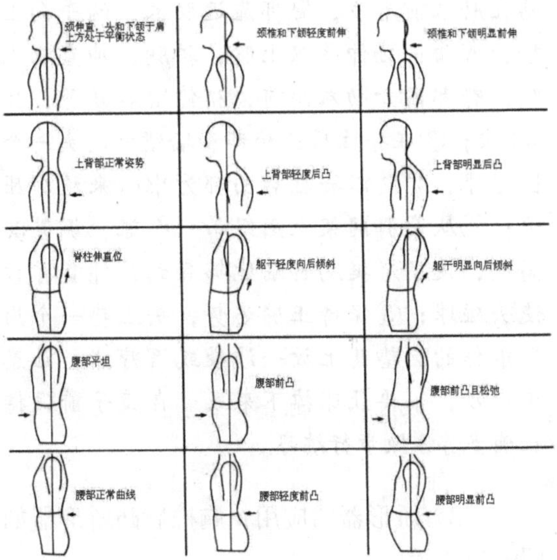


图9-7 脊柱侧面观常见异常

图9-7注解：左侧为站立位侧面观察头、颈、下颌、上背部、腹部、下背部正常姿态，中间和右侧均为异常表现，如颈部向前、下颌前伸、胸段脊柱后凸呈现圆背、躯干向后倾斜、腹部前凸下垂、腰部前凸增加等。评分标准，左侧图为正常，积分10分；中间图为一般，积分5分；右侧图为差，积分0分。

脊柱正面观察内容包括有无足内翻、扁平足、足大趾外翻、腓骨头及髌骨是否同高、膝反张、膝内外翻、骨盆对称、肩锁及胸锁等高、头部有无倾斜等。

2. 触　诊

两侧椎旁肌肉痉挛时触之坚硬，用食、中两指沿着棘突从上而下划过可以摸清轻微的后突畸形和压痛点。颈椎下段最突出的棘突为C7，两侧髂嵴最高点的连线通过L4棘突，以此二处作起点可以确定胸、腰椎的位置。颈部触诊时取俯卧位，双手掌心重叠，前额置于掌心，可依次检查枕骨粗隆、乳突、颈椎棘突和横突、钩椎关节以及关节突关节。胸腰椎触诊依次检查胸腰椎棘突、横突、棘上韧带、骶髂关节、骶棘肌等，注意有无棘突压痛、异常隆起或凹陷、棘突间隙是否一致、棘上韧带有无异常。

背部常见压痛点：（1）棘突压痛，多见于棘上韧带损伤或棘突骨折；（2）棘间韧带压痛，多见于棘间韧带损伤；（3）脊肋压痛，见于肾脏疾病；（4）腰背部局限性压痛，多见于腰背肌劳损；（5）椎旁压痛伴下肢放射痛，多见于腰椎间盘突出症。

3. 动诊和量诊

患者脱去衣服，嘱患者主动前屈，观察脊柱的活动度和受限程度。颈段主动活动范围前屈后伸45度，左右侧屈50度，左右旋转70度；弯腰动作包括屈腰和屈髋两个动作，因此在测定腰段的活动度时，须用两手固定骨盆。腰段主动活动范围前屈45度，腰椎屈曲活动也可记录弯腰双手下垂时中指尖离地面的垂直距离，正常小于10厘米，后伸30度，左右侧屈30度，左右旋转45度。

### （二）训　练

脊柱后凸矫正训练应针对评定结果采取去除病因治疗，如果是脊柱病变引起应针对原发病采取积极治疗，如果没有原发病而仅仅是习惯性或姿势性引起则应积极干预，采取姿势矫正运动疗法来矫正。包括纠正骨盆后倾、增加腰椎前凸、减轻胸椎后凸、松弛或牵伸过度紧张或挛缩的肌肉、强化肌力减弱的背部肌群等。

1. 被动训练

（1）手法矫正：可实施局部后凸脊柱的后前向关节松动术，同时不要忽略肩胛骨和骨盆异常姿势的矫正。具体手法操作参见临床康复运动疗法部分第三章关节松动术。

（2）肌肉牵伸技术：挛缩肌肉的被动手法牵伸，如腹部肌肉、胸部肌肉等，如图9-8、图9-9、图9-10示。

图9-8 脊柱后凸的姿势矫正（治疗师徒手）

图9-8注解：患者屈腿坐位或伸腿坐位，

双手十指交叉置于枕后，治疗师单腿跪于后方，以一侧膝抵局部后凸的脊柱，双手握患者肘部，缓慢帮助扩胸。

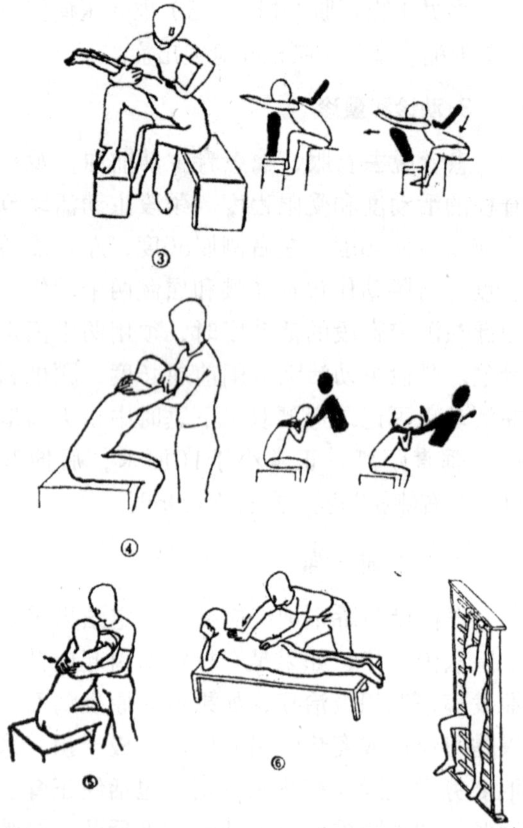


图9-9 脊柱后凸的姿势矫正（治疗师徒手和利用自身体重）

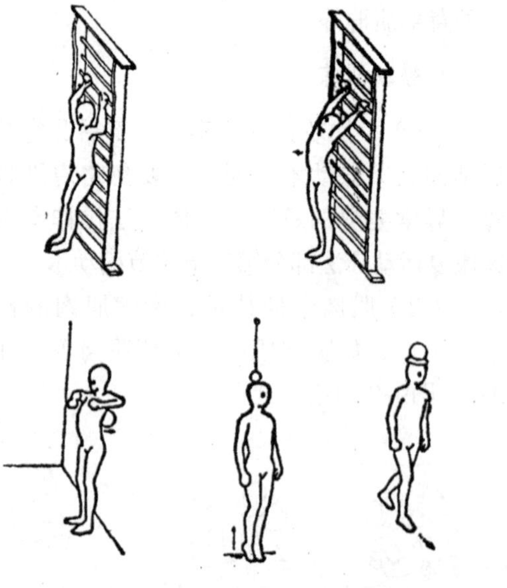

图9-10 脊柱后凸的姿势矫正（利用健康部位力量作伸展练习）

图9-10注解：①背向肋木，两脚并立站在肋木前半步，臀部靠近肋木，两手向上举稍弯曲；②伸展双上肢，扩胸、伸直双上肢，臀部离开肋木向前，稍停留后复原，反复3次；③在脊柱后凸局部和墙壁之间夹一个医疗球，扩胸以脊柱后凸部为中心来施加压迫；④从牵引网架上用绳吊一个球，调整其高度，使患者挺胸时刚能够碰到，伸直脊柱使头碰球；⑤保持正确姿势，头上垫一个用毛巾作的圆垫其上放一沙袋或医疗球，让患者走步，不要让球掉下来或者在镜子前保持正确姿势，做步行练习。

（3）矫形器的应用：胸椎后凸矫形器如图9-11所示。

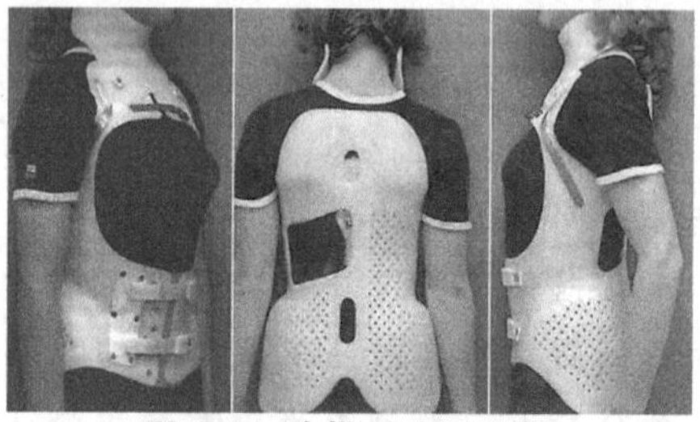

图9-11 胸椎后凸矫形器

2. 主动训练

（1）徒手操：伸展脊柱医疗体操。

（2）器械练习：借助肋木伸展脊柱练习、仰卧位胸腹部肌肉自我牵伸练习、增强背部肌肉力量练习。

## 二、脊柱侧凸

### （一）评 定

1. 视 诊

先观察脊柱生理弯曲度是否正常，棘突是否在一条直线上，两侧肩胛下角连线与两侧髂嵴连线是否平行，两侧肩胛骨距中线是否对称，从枕骨粗隆向地面作垂线应通过骶骨中线和臀裂，若有脊柱侧凸，侧凸最明显部位多为原发性侧凸，患者常有一反方向的继发性侧凸。还需观察有无足内外翻、扁平足、膝内外翻、双侧股骨大转子高度、双侧骨盆高度、翼状肩、头颈部有无侧偏等。

脊柱后面观察常见异常表现如图9-12所示。

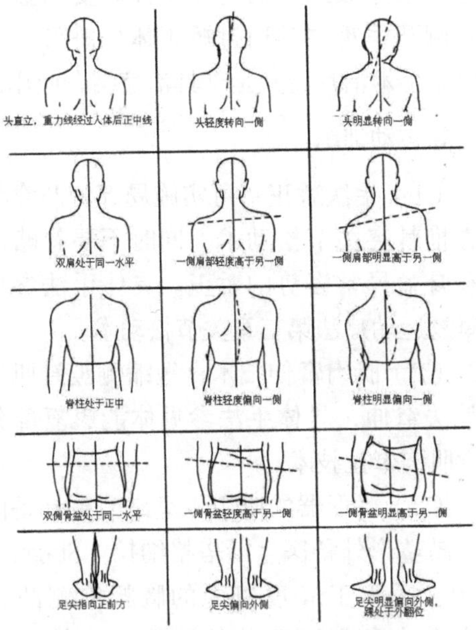


图9-12 脊柱后面观常见异常表现1

图9-12注解：左侧为站立位后面观头、颈、肩胛、脊柱、骨盆、足的良好姿势表现，中间和右侧为异常姿态，常见异常姿势有头扭向一侧、肩胛不在同一水平、脊柱向一侧弯曲、骨盆不在同一水平、踝外翻、足尖没有指向前方等。评分标准，左侧图为正常，积分10分；中间图为一般，积分5分；右侧图为差，积分0分；脊柱侧面观和后面观积分总分在80～100分为良好姿势，50～79分为一般，0～49分为差。

除上述直立位后面观察外，还可令被检查者站立躯干向前屈曲来观察背部形态，如图9-13所示，脊柱侧凸患者在此体位可明显观察到背部胸廓不等高，凸侧胸廓变窄、肋骨凸起。

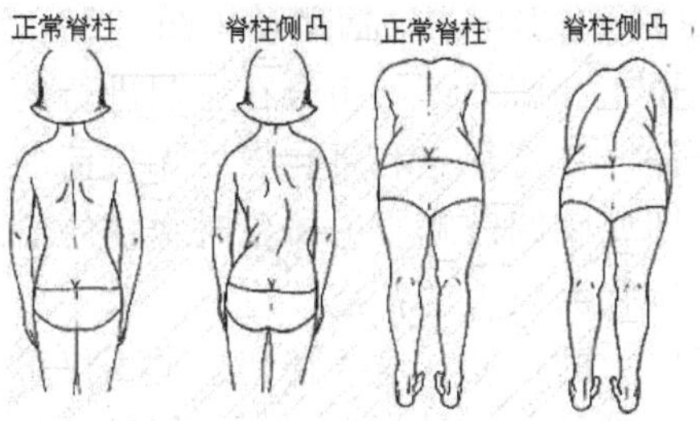


图9-13 脊柱后面观常见异常表现2

2. 触　诊

用食、中两指沿着棘突从上而下划过在皮肤上可以清楚地显出一条红线，可看出脊柱有无侧凸畸形；

3. 动　诊

怀疑其他原因引起侧凸时让患者坐位，侧凸若消失要进一步检查双下肢长度，若坐位侧凸仍存在，嘱患者前屈，若侧凸消失则提示为姿势性侧凸。

4. 量　诊

测定脊柱侧凸角度可动态监测侧凸进展程度。Cobb's angle科布氏角测定是常用的方法，即脊柱弯曲上下两端向凹侧倾斜最显著的上椎体的上终板延长线之垂线与下椎体的下终板延长线之垂线交叉形成的夹角，如图9-14所示，科布氏角在20～40度是脊椎侧突矫形器的绝对适应证，而大于50度应手术治疗。

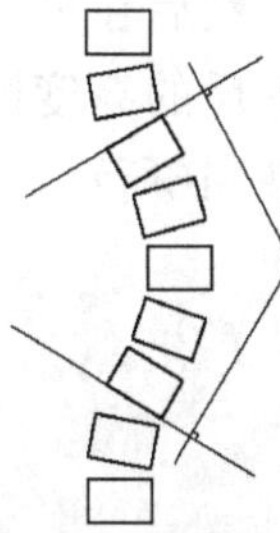


图9-14 Cobb's angle

此外，还应进行下肢长度测量以排除腿不等长导致代偿性脊柱侧凸，具体测量方法参阅华夏出版社《康复疗法评定学》第五章第二节。

双侧下肢不等长导致功能性脊柱侧凸如图9-15所示。

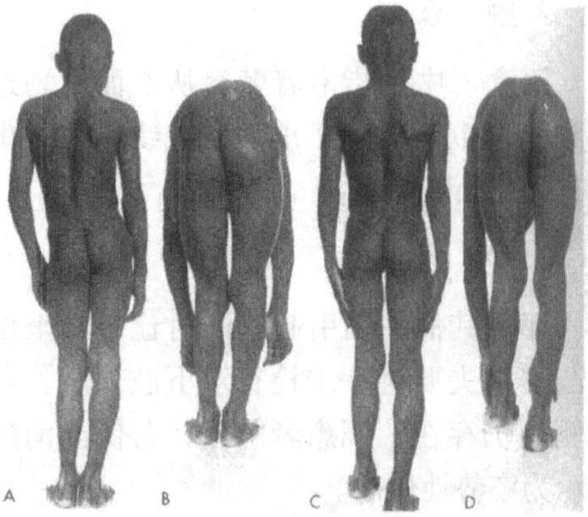

图9-15 功能性脊柱侧凸

图9-15注解：图中A和B是双下肢不等长站立位和站立躯干前屈位所见异常表现，C和D为较短一侧向前迈纠正不等长后站立位和站立躯干前屈位所见。

脊柱侧凸患者站立躯干向前屈曲，可用一水平尺测量两侧胸廓高度差，将水平尺中间刻度0放于最凸起胸椎棘突上，水平尺一端置于凸起的肋骨，然后在另一侧相同距离处测量肋骨距离水平尺的高度即为双侧胸廓不等高的程度，如图9-16所示。

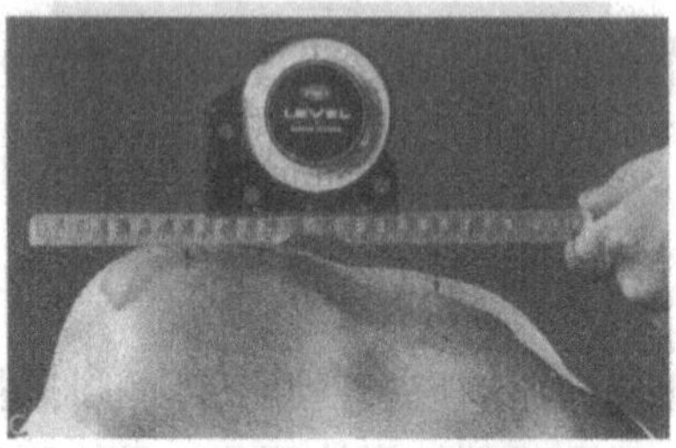

图9-16 脊柱侧凸胸廓测量

## （二）训 练

脊柱侧凸在生长发育期进展明显，在幼儿时期早期进行康复治疗易于矫正，在进行期或更晚时期则难以矫正。矫正体操的作用原理是有选择地增强脊柱维持姿势的肌肉，通过凸侧的骶棘肌、腹肌、腰大肌、腰方肌等肌肉力量训练，调整两侧的肌力平衡；牵伸凹侧的挛缩的肌肉、韧带和其他软组织，以达到矫形目的。矫正体操对不同发展阶段和不同类型的脊柱侧凸有不同的效果，特别对少儿或青春前期轻度特发性侧凸、可屈性好尚无明显结构性改变者，体操疗法可达到良好的治疗效果。而对结构性改变明显及先天性侧凸很难单独通过矫正体操矫形，需和其他非手术治疗特别是支具治疗结合应用。

### 1. 被动训练

（1）手法矫正：可实施局部侧凸脊柱的侧方推棘突关节松动术，同时不要忽略肩胛骨和骨盆异常姿势的矫正。具体手法参见临床康复运动疗法第三章关节松动术。

（2）肌肉牵伸技术：短缩侧竖脊肌的被动手法牵伸，具体手法参见体能康复部分第三章肌肉牵拉技术。

（3）矫形器的应用：里昂型支具是由法国里昂整形外科医生斯塔格纳拉（Stagnara）设计，适用于50度以内的胸腰椎侧凸，采用合金支条和可调节的压垫连接件。（图9-17）

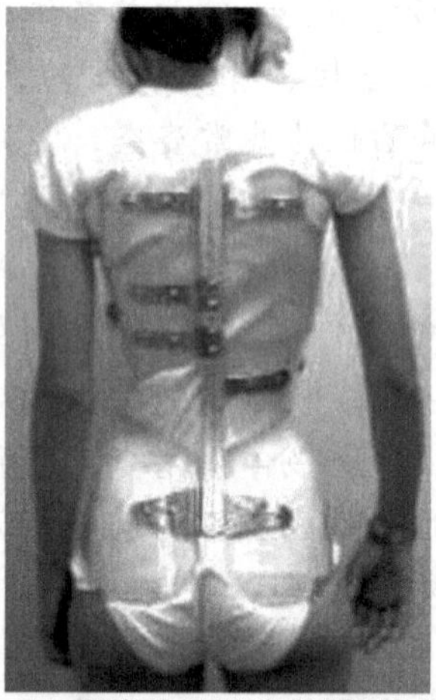

图9-17 斯塔格纳拉脊柱侧凸矫形器

### 2. 主动训练

（1）徒手操：①矫正主动运动（图9-18）；②伸展一侧脊柱医疗体操（图9-19）；③Klapp匍匐运动（图9-20）是将脊柱矫正和肌力练习组合在一起进行的一系列体操，其特征是利用在脊柱无负荷的水平位，即屈膝四肢爬行的体位时脊柱的活动范围在额状面较大的特点，进行一系列矫正和增强肌力的运动，这些匍匐运动不仅可在训练室内进行，在日常生活的任何时间都可进行，为了保护膝部和手可戴护膝和手套。

图9-18 脊柱侧凸矫正主动运动

图9-18注解:凸侧的膝部向侧方伸出，屈肘放到凸侧的腰肋部，凹侧的膝部成屈膝，上肢高举，边压凸侧的季肋部同时向凸侧方向侧屈。

图9-19 脊柱侧凸徒手操

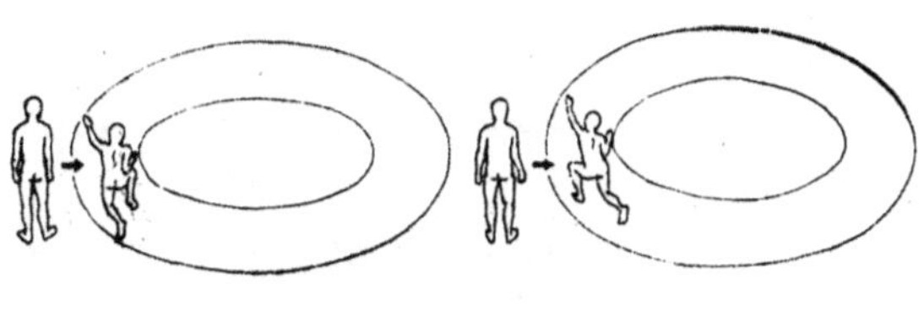

图9-20 Klapp匍匐运动

图9-20注解：①同侧手足交叉四肢爬行：胸椎右凸侧弯时以右凸侧为中心，按侧弯矫正匍匐线来爬行，右侧手足接近，交叉；②对侧手足伸展四肢爬行：S状侧弯时（胸椎右凸腰椎左凹）左上肢前伸，右下肢向后同时伸出，以右侧为中心来画圆圈爬行。

（2）器械练习：增强侧凸一侧背部肌肉力量练习；侧卧位悬垂矫正体操。（图9-21）

图9-21 侧卧位悬垂矫正体操

图9-21注解：①凸侧向上，握住吊环或横梁进行侧卧位悬垂（弛缓性侧方悬垂）；②伸展身体使弯曲下部向上牵（伸展性侧方悬垂）；③两腿分开，将上方腿上举，对代偿性侧弯有效。

## 三、上下交叉综合征（Upper & Lower Cross syndrome）

上下交叉综合征是一组典型的不良姿势，主要是由于身体两侧部分肌肉短缩而另外一部分肌肉力量下降导致肌肉力量不平衡而引起肌肉骨骼系统变形、姿势异常的表现。主要症状表现为局部疼痛、运动功能障碍或运动效率差，最常见于司机和办公室工作人员，往往由于长期习惯性体位而导致不良姿势的恶性循环。

### （一）上交叉综合征（Upper Cross syndrome，简称UCS）

#### 1. 定　义

上交叉综合征主要影响颈-肩胛带区，是颈-肩胛带区肌肉力量不平衡而导致颈肩部异常姿势的表现。

2. 主要特征

表现为头部前伸、上颈段伸展、下颈段屈曲、肩胛前伸上举、呈现翼状肩、胸椎后凸增加、胸骨柄下降、肱骨内旋等。（图9-22）

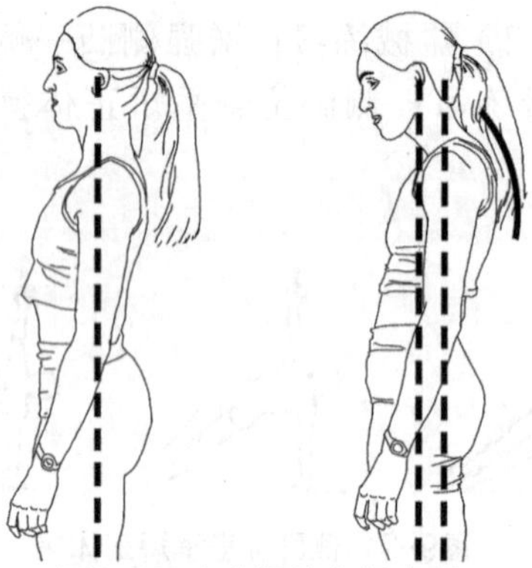

图9-22 上交叉综合征表现

3. 原　因（图9-23）

（1）紧张或短缩的肌肉：胸大肌、斜方肌上部肌纤维、肩胛提肌、胸锁乳突肌、前斜角肌、小圆肌、背阔肌、三角肌前部等。

（2）无力或抑制的肌肉：头最长肌、前锯肌、菱形肌、斜方肌中下部肌纤维、肩袖肌后部等。

（3）常见损伤：头痛、肩部撞击综合征、胸廓出口综合征、肩部不稳定等。

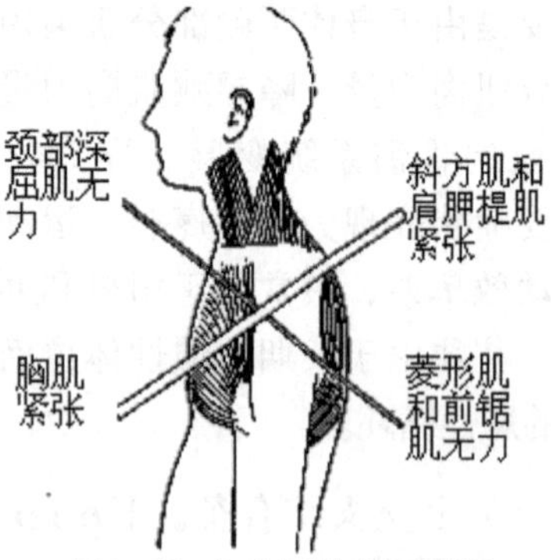


图9-23 上交叉综合征原因

4. 评　定

（1）肌肉长度测量：目前尚无针对胸大肌、斜方肌、肩胛提肌、胸锁乳突肌、斜角肌、小圆肌、背阔肌、三角肌等肌肉长度测量的试验检查，但通过关节主动活动度和被动活动度的检查了解活动末端有无肌肉牵拉感或紧张感来判断有无肌肉挛缩。

（2）肌肉力量评定：测定头最长肌、前锯肌、菱形肌、斜方肌中下部肌纤维、肩袖肌后部肌肉力量，可通过徒手肌力测定（MMT）或等速肌力测定来完成，具体测定方法参阅华夏出版社《康复疗法评定学》第七章、第八章。

5.康复训练

（1）控制疼痛。

（2）牵拉紧张或短缩的肌肉。

（3）增强无力肌肉力量训练。

（4）纠正身体不良对线。

### （二）下交叉综合征（Lower Cross syndrome，简称LCS）

1. 定　义

下交叉综合征主要影响腰-骨盆区，是腰-骨盆区肌肉力量不平衡而导致颈肩部异常姿势的表现。

2. 主要特征

骨盆前倾增大，腰椎前凸增大，腹部下垂等。

3. 原　因（图9-24）

（1）紧张或兴奋性的肌肉：股直肌、髂腰肌、竖脊肌、腰方肌、阔筋膜张肌、外展肌等。

（2）肌无力或抑制：腹直肌、腹斜肌、臀大肌、臀中肌、腘绳肌等。

（3）常见损伤：下腰痛、膝痛、腘绳肌拉伤等。

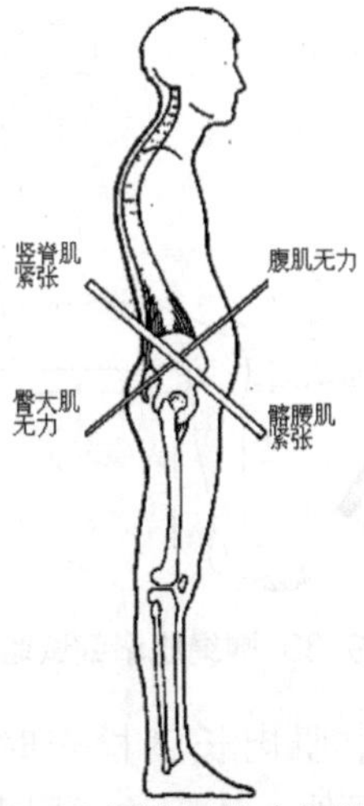


图9-24 下交叉综合征原因

4. 评　定

（1）肌肉长度测量

①Thomas test托马斯试验：通常用于评定有无屈髋肌挛缩，检查方法：受试者平卧于硬板床，健侧髋膝尽量屈曲，双手抱健侧膝部使腰椎平贴于床面。正常对侧下肢不离开床面，如对侧下肢不能与床面接触提示该侧屈髋肌有挛缩。如果将抬离床面的下肢下压贴于床面，另一手置于腰椎处则可明显触摸到腰椎前凸增加。如果在做此试验检查时对侧下肢不是抬离床面而是向侧方外展则表明该侧髂胫束短缩或紧张。（图9-25）

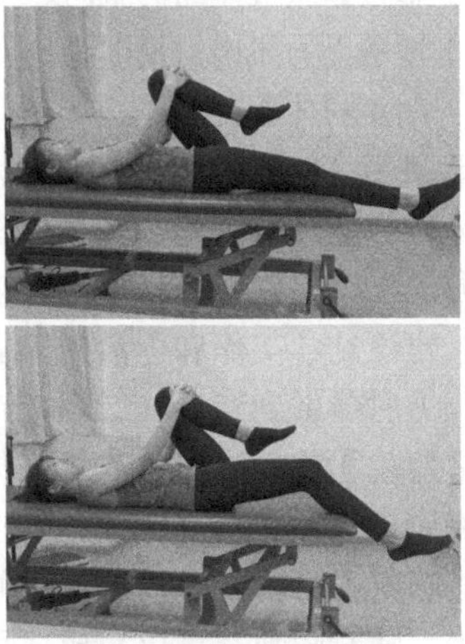

图9-25 Thomas test

②Rectus Femoris Contracture Test（Kendall Test）股直肌挛缩试验一：受试者仰卧于治疗床沿，双小腿自然下垂，双手抱住一侧膝关节并屈向胸部，对侧膝关节应保持近90度，如果对侧膝关节出现伸直则表明股直肌有挛缩。（图9-26）

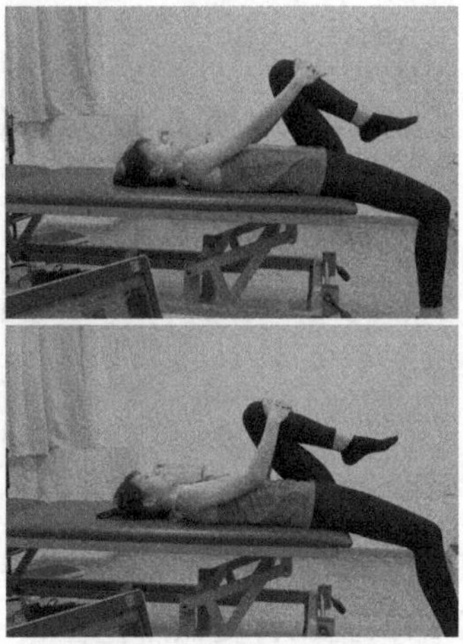

图9-26 Kendall Test

③Rectus Femoris Contracture Test（Ely's Test）股直肌挛缩试验二：受试者俯卧位，检查者被动屈曲患者一侧膝关节，如果同侧髋关节同时出现屈曲则为阳性，表明同侧股直肌挛缩。（图9-27）

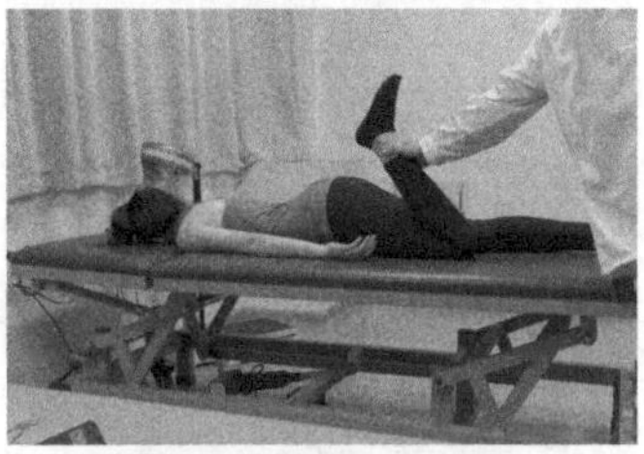

图9-27　Ely's Test

④Hamstring Contracture Test（Method 1）腘绳肌挛缩试验一（90-90直腿抬高试验：受试者仰卧，双侧屈髋屈膝90度，双手抱大腿后面以固定髋关节于90度，尽量主动交替伸膝，正常伸膝可达70度，即有20度受限，如果不能达到此范围或末端有肌肉牵拉感则提示腘绳肌挛缩。（图9-28）

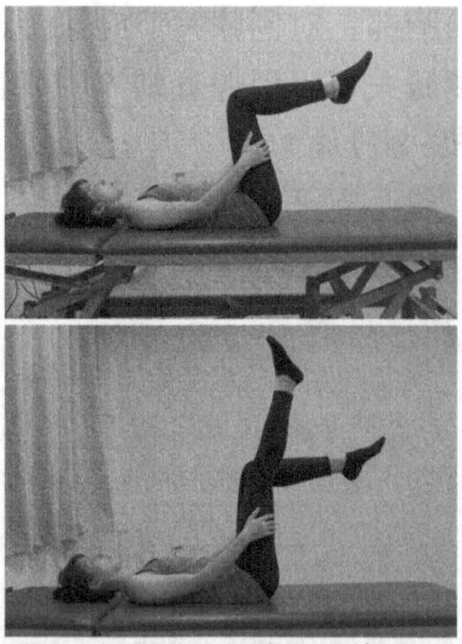

图9-28 90－90直腿抬高试验

⑤Hamstring Contracture Test（Method 2）腘绳肌挛缩试验二：受试者坐位，一侧屈髋屈膝贴于胸廓，另一侧下肢伸直，令受试者尽量触摸伸直一侧下肢的脚趾。正常可以触摸到脚趾，如果不能则提示腘绳肌挛缩。（图9-29）

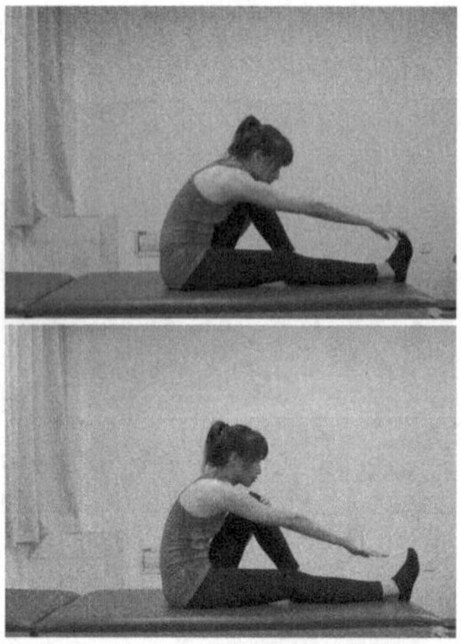

图9-29 腘绳肌挛缩试验二

⑥Hamstring Contracture Test（Method 3）腘绳肌挛缩试验三：受试者坐于床沿，上身保持挺直，双小腿自然下垂，检查者被动伸直受试者一侧膝关节，如果受试者出现躯干后仰则提示腘绳肌挛缩。但需注意与坐骨神经牵拉引起刺激症状相鉴别。（图9-30）

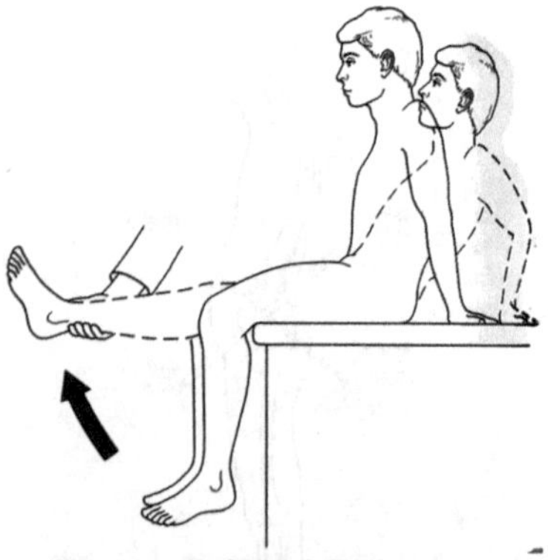

图9-30 腘绳肌挛缩试验三

在做以上肌肉长度检查时治疗师除了观察关节表现外，还应注意用手触摸被检查肌肉有无紧张感，如果没有触摸的肌肉紧张感则可能来源于关节本身结构挛缩（如关节囊的紧张）。此外，以上检查均应作双侧比较。

（2）肌肉力量评定：测定腹直肌、腹斜肌、臀大肌、臀中肌、腘绳肌等肌肉力量，可通过徒手肌力测定（MMT）或等速肌力测定来完成，具体测定方法参阅华夏出版社《康复疗法评定学》第七章和第八章。

**5.康复训练**

（1）控制疼痛：选择一个舒服或疼痛减轻的姿势，通常是功能位或中立位。

（2）牵拉紧张或短缩的肌肉。

（3）增强无力肌肉力量训练。

（4）纠正身体不良对线。

每天进行自我牵伸和肌肉力量练习10～30分以保持良好姿势和身体柔韧性，如练习瑜伽或普拉提健身操，辅以适度抗阻力量练习。建议日常工作和生活间隙做以下主动练习：①肘部举到背后；②颈部牵伸；③下颌前后伸；④前后滚肩；⑤背部伸直；⑥坐位体前屈；⑦伸直上部脊柱；⑧空划船。以上这些练习不受时间、场地、气候等环境因素影响，随时随地都可以完成，可以有效地减轻局部肌肉酸痛、预防姿势异常和颈肩腰腿痛等慢性损伤。图9-31列举了一些办公桌或电脑桌前的主动牵伸活动，每个动作保持10秒钟，重复3次。

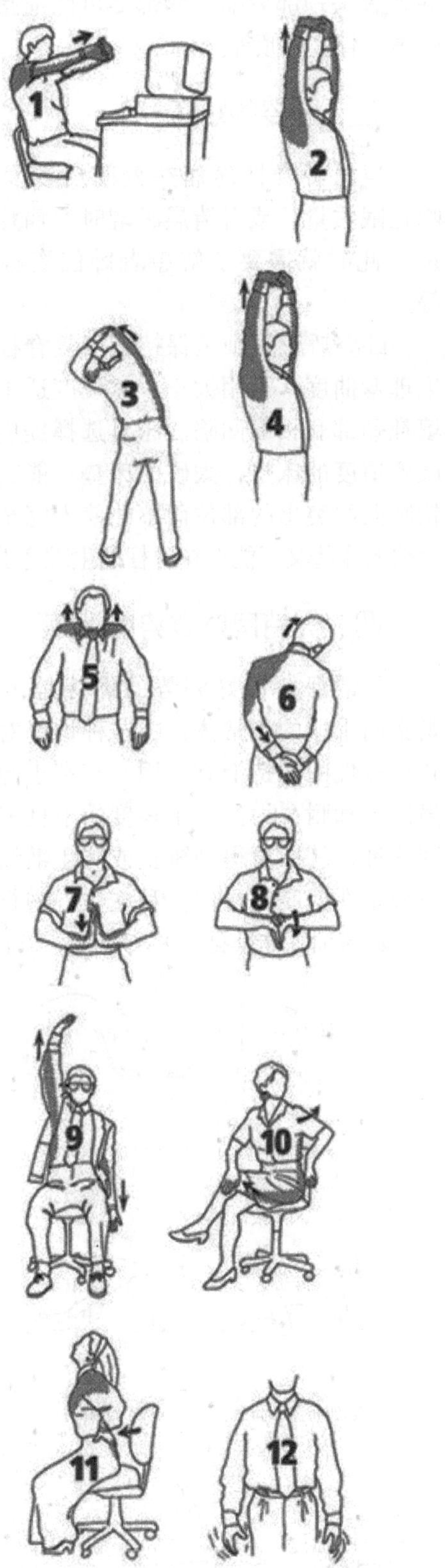

图9-31　办公桌或电脑桌前的主动牵伸活动

# 第三节　良好姿势保持训练

## 一、坐姿的矫正

首先让患者知道什么是正确的坐位姿势，然后指导患者如何长时间地保持正确的坐姿。无论患者的症状在脊柱哪个节段，矫正坐姿时必须从骨盆开始，然后是腰部，最后是颈部。

错误坐姿：先让患者坐在无靠背的椅子上，腰部尽可能地弯曲，头颈部前伸，此姿势是坐位最不利姿势，因为腰椎屈曲每增加5度，椎间盘内压力增加0.7kPa；脊柱前屈时将髓核推向后方，脊柱后伸时将髓核挤向前方，脊柱旋转时髓核仅受一半的纤维环保护，在屈曲和旋转时髓核的后方易受攻击，松弛的腹肌导致骨盆前倾，致L5/S1剪力增加。

最佳坐姿：患者先处于坐位最不利姿势，然后让患者缓慢地坐直，即伸直腰部达到最大腰前凸角度，头颈部尽量后缩，同时头顶向上使头的位置恰好在脊柱的正上方，此姿势为坐位最佳姿势。让患者从最不利姿势到最佳姿势连续有节律地进行，体会脊柱各部位的相对位置和感觉。

正确坐姿：需要注意的是最佳姿势并不是正确的坐姿，因为人们不可能长时间保持最佳姿势，且长时间保持于最佳姿势时使相应组织处于最大收缩或拉长位置而出现疼痛。正确坐姿是先取最佳坐姿，然后腰椎从最大前凸角度放松10%，颈椎从最大后缩位放松10%。在日常工作中长时间保持正确的坐姿比较困难，故可以选用有靠背的椅子和垫枕来保持腰椎前凸角度。

**1. 身体位置对腰椎负荷的影响**

（1）放松直立位时椎间盘压力来自椎间盘内压、被测部位以上的体重和作用在该运动节段肌肉活动应力等。

（2）放松而无支撑的坐位时，骨盆后倾，腰椎前凸变直，原本位于腰椎腹侧的身体上部重力线进一步移向腹侧，使躯干重量所产生力的力臂增大，从而加大腰椎载荷。

（3）有支撑坐位时由于上部身体的重量有一部分由靠背支持，故腰椎的载荷小于无支撑坐位。

（4）仰卧位由于没有体重产生的载荷，脊柱承载量最小。

**2. 靠背倾斜度和背部支撑物对腰椎负荷的影响**

靠背的后倾与腰椎的支持物可以进一步减小腰椎载荷。（图9-32）

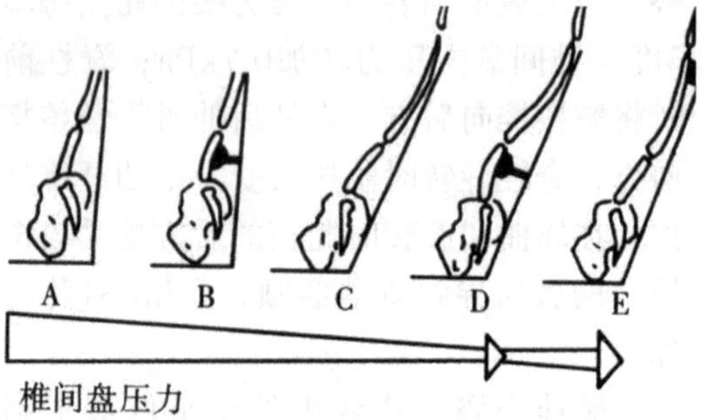


图9-32　靠背倾斜度和背部支撑物对腰椎负荷的影响

A. 靠背倾斜90度，椎间盘压力最大。

B. 加一腰部支撑物，椎间盘压力减小。

C. 靠背向后倾斜110度而无腰部支撑物，椎间盘压力变小。

D. 加一腰部支撑物而靠背倾斜度加大时，压力进一步减小。

E. 支撑物移向胸段，将身体向前推，使腰椎前凸，椎间盘压力增加。

从以上理论可以总结出腰部靠枕应置于第3～4腰椎水平，不能太大，软硬度适中；当患者忽略了正确坐位姿势而产生疼痛症状时可以立即采取最佳坐位姿势并维持数分钟，不良坐姿引起的疼痛能得到较明显缓解。

## 二、站姿的矫正

常见的不良站姿是头颈部前伸、胸部下陷、胸椎后凸增大、骨盆前倾增大，腰椎处于过伸位。

指导患者恢复正确站立位姿势，包括引导患者头颈部后缩、胸部尽可能前抬挺起、收腹、骨盆后倾等。

## 三、卧姿的矫正

当患者脊柱疼痛在夜间反复发生而影响睡眠质量，或者清晨睡醒时疼痛症状最严重，此时就需要了解患者卧位姿势和床具等。

卧姿矫正原则是保持或恢复脊柱正常的生理弯曲度，可用大小、软硬度适中的枕头填补颈部和腰部凹陷。床具选择提倡使用软硬度适度的床垫，太硬的床垫只能支撑人体轮廓曲线突出的部位而不能使人完全放松，太软的床垫又不能保持脊柱的生理弯曲度。

## 四、保持良好姿势的训练

所谓保持良好姿势的训练是不使肌肉紧张而采取的正常体位，这种训练对可动性和柔软性的保持上有作用，有利于健康和增强体力和耐久力。对于轻度的不良姿势，仅用这种训练即可得到矫正或防止继续进展。一般是在四肢爬行体位和立位下进行矫正训练，具体训练体操见图9-33所示。

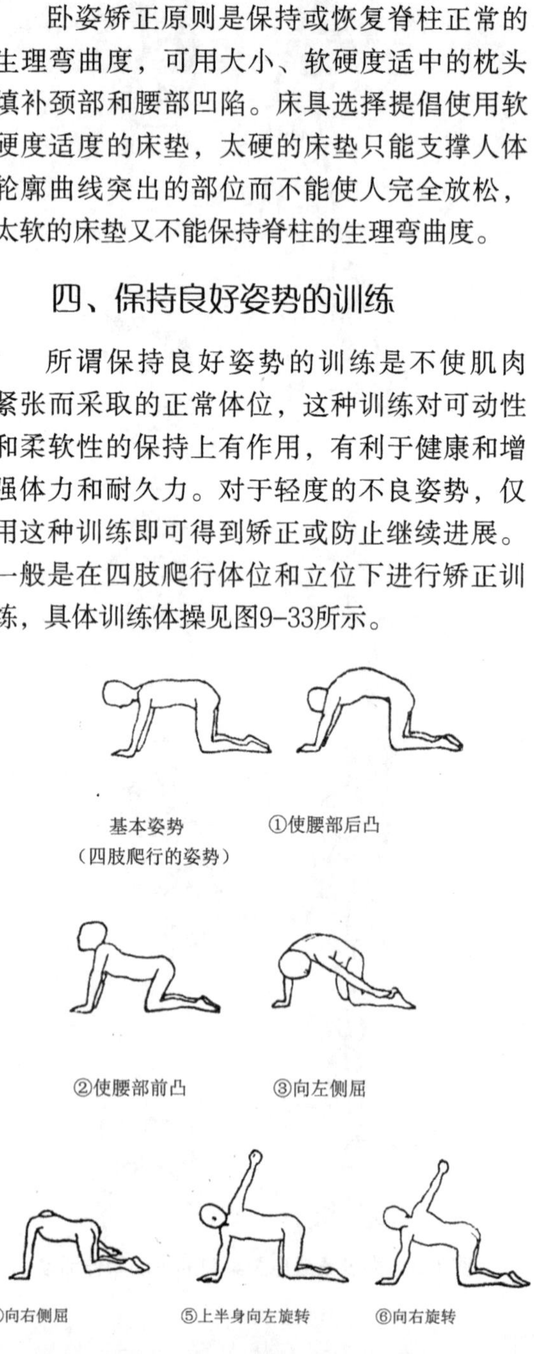


**1.四肢爬行体位体操（根据体力情况反复3～6次）**

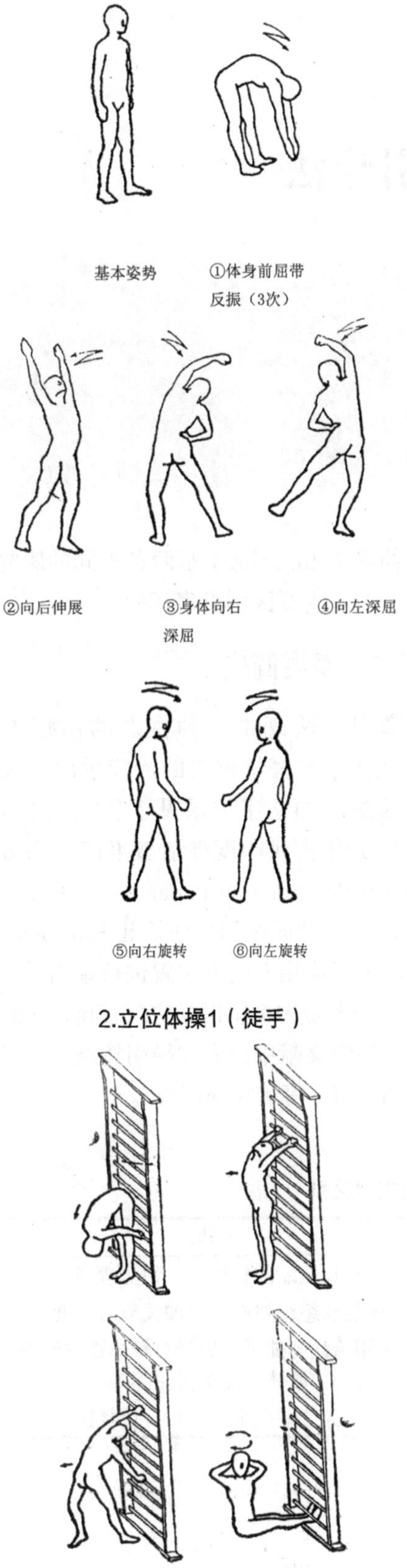


图9-33 保持良好姿势训练体操

## 【思考题】

### 1. 关键性思考和讨论

（1）区分颈椎与腰椎在解剖结构和功能方面的异同点；当肌肉劳损、关节病变、柔韧性不平衡时这些因素如何影响治疗手段的选择？

（2）颈椎和腰椎在日常活动中的功能区别有哪些？

（3）如何区分肌肉长度和关节僵硬对关节活动范围的影响？

（4）如何理解紧张性无力和牵张性无力？

### 2. 实验操作练习

（1）用铅垂线分别从侧面和后面评定姿势。

（2）分别在仰卧位、俯卧位、侧卧位、坐位和站立位触摸颈椎和腰椎。

（3）指导长期伏案工作人员正确地进行保持良好姿势的体操练习。

◎ **参考文献**

[1]裴福兴，邱贵兴.骨科临床检查法[M].北京：人民卫生出版社，2008.

[2]周士枋，丁伯坦.运动学[M].北京：华夏出版社，2004.

[3]赵辉三.假肢与矫形器学[M].北京：华夏出版社，2004.

（钱菁华）

# 第十章 牵引疗法

【学习目标】
1. 熟悉牵引疗法的作用机制。
2. 正确操作颈椎牵引治疗技术。
3. 正确操作腰椎牵引治疗技术。
4. 正确操作关节功能牵引治疗技术。

## 第一节 概 述

### 一、定 义

牵引（traction）疗法是应用作用力和反作用力的原理，通过手法、器械或电动装置产生的外力，作用于人体脊柱或四肢关节，达到分离关节、牵伸关节周围软组织以缓解肌肉紧张、整复骨折或脱位、预防和矫正软组织挛缩的一种治疗方法。

牵引疗法广泛应用于临床骨科、中医骨伤科、康复医学科等脊柱和四肢疾患，影响牵引疗法临床疗效的关键因素包括牵引的角度、重量和时间即力学基本三要素。牵引术与牵伸术（stretching）是两种不同的康复治疗技术，二者主要区别见表10-1。

### 二、发展简史

牵引疗法既是一种古老的治疗方法，也是现代康复医学重要的治疗手段。关节牵引疗法最早的文字记录见于公元前3500–公元前1000年古代印度神话叙事诗的宗教文献《Srimad Bhagwat Mahapuranam》，其中有描述Krishna应用轴向牵引方法矫正其信徒Kubja的驼背。最早应用专门的装置进行牵引以治疗脊柱侧凸的人是古希腊医学之父Hippocrates，我国古代医学文献中也有“导引按跷”、“摇筋骨，动支节”等治疗的记载。

表10–1 牵引与牵伸的主要区别

| | 牵引 | 牵伸 |
|---|---|---|
| 治疗目的 | 分离关节、减小关节内压力 | 拉长短缩的软组织、预防挛缩 |
| 治疗作用 | 减轻疼痛、增加关节活动度 | 恢复软组织弹性、增加关节活动度 |
| 治疗设备 | 多运用电动装置、绳索、滑轮、电脑程序控制等 | 多运用治疗师徒手、患者自身体重或健侧肢体、简单器械等 |
| 治疗时间 | 一次半小时或更长 | 一个部位一次维持30秒，重复10次 |

19世纪末脊柱生物力学概念的建立、解剖学和生理学的发展，为现代牵引技术的发展和临床应用奠定了理论基础。1929年Taylor首先应用控制性颈椎牵引装置以减轻和制动颈椎损伤，他使用头套装置固定于枕骨隆凸、以下颌作为牵引的支点的方法成为现代脊柱牵引技术的基石。20世纪初，牵引成了治疗腰椎间盘突出症的普遍方法。20世纪中期，美国大部分康复医学科安装了现代化牵引装置，牵引技术的应用逐渐广泛。近年来，牵引技术装置从较原始的自重牵引逐步发展形成重锤牵引、机械牵引和电动牵引，牵引动力也从简单的人工或机械装置逐渐被微电脑控制的电子机械装置所代替，使单一不变的牵引角度、重量、时间参数组合变成数码调节的多种多维参数组合，特别是电脑三维电动牵引系统的临床应用，为颈腰椎病患者的牵引治疗丰富了手段、提高了疗效、拓宽了临床应用范围，使牵引这一古老的治疗方法焕发出新的生机。

但牵引疗法的发展也不乏争议和矛盾，Armstrong1958年在复习了关于腰椎间盘突出症各阶段的牵引效果的文献后认为腰椎牵引几近无效。Bianco1968年则认为单纯的卧床休息1~3周可使大多数下腰痛患者症状缓解，牵引对急性症状或未被卧床休息所缓解的腰椎间盘突出症患者无效。20世纪60~70年代，以Colachis等学者就脊柱牵引技术进行了相当理性的研究，发表了有关颈椎牵引重量、牵引角度、牵引时间、间歇牵引方法等作用效应的实验性研究论文，他得出以下结论：颈椎牵引时30磅（13.62千克）的牵引重量可在7秒即产生椎间隙增大的效果，通常椎间隙增大的峰值发生于牵引25分钟以内；牵引使椎间隙增大的数值与牵引时间的延长无关，而与牵引时屈曲角度的增大呈正相关；且增大椎间隙的效果在牵引结束后20分仅部分剩留于椎间隙的前部。这些研究结果不仅给脊柱牵引的作用提供了有力的证据，而且也是临床方法学重要的参考。

近20年来，脊柱牵引技术虽然也存在争议，但牵引疗法依然是颈腰椎疾病康复治疗的主要手段。Basmajian认为不论是由于损伤，还是退变或椎间盘突出，一旦导致脊神经根刺激或压迫产生症状，治疗的最佳选择为牵引疗法。

脊柱牵引疗法至今仍广泛应用于临床主要原因有以下几点：（1）颈腰椎疾患发病率和复发率呈现上升趋势，在西方国家约有80%的人在一生中有一次以上的腰痛经历，颈腰椎疾患的复发率约60%；在我国，有调查显示：颈椎病发病约7%~10%，且40岁以下占一半，80%成年人有腰痛病史，我国腰椎病患者已突破2亿，颈腰椎病发病年龄呈现低龄化；（2）治疗方法观念的转变，近年来更多的观点支持在外科手术之前有必要先考虑采取非手术治疗措施，并认为非手术治疗也是一种积极的治疗方法，可以在一定程度上缓解疼痛等症状，牵引疗法是非手术治疗中重要手段之一。

为使牵引疗法更合理、更有效地发挥作用，需要临床各科医务人员以脊柱解剖、生理、生物力学、病理学等为基础，进一步进行关于牵引疗法的基础和临床研究，更多地明确其作用机制、适应证、禁忌证、不良反应、注意事项、操作程序等，真正做到循证实践（Evidence-Base Practice）。

## 三、分 类

牵引疗法分类方法较多，主要有以下几种分类方法：

**1. 根据牵引部位分**

（1）脊柱牵引：①颈椎牵引；②腰椎牵引；③胸椎牵引。

（2）关节牵引：①皮肤牵引；②骨性牵引。

**2. 根据牵引体位分**

（1）坐位牵引。

（2）卧位牵引：①仰卧位牵引；②俯卧位牵引。

（3）斜位牵引：介于坐位和卧位之间的体位。

（4）垂直位牵引：①悬吊牵引；②倒立牵引。

**3. 根据牵引作用时间分**

（1）连续牵引；（2）持续牵引；（3）间歇牵引。

**4. 根据牵引力来源分**

（1）自身体重牵引；（2）机械牵引；（3）动力牵引。

**5. 根据牵引力大小和作用时间长短分**

（1）慢速牵引；（2）快速牵引。

## 四、牵引的治疗作用和机制

**1. 脊柱机械性拉长**

Bridger1990年用精确的可调定位身高测量器材对腰椎牵引后身高的变化进行了研究，结果表明牵引可使身高显著增加，25分钟牵引后身高平均增加8.94毫米，而对照组仰卧25分钟后平均增加3.33毫米，且牵引前15分钟作用最明显。

可能的作用机制：（1）牵引使脊柱产生机械性分离；（2）脊柱两侧肌肉的牵伸放松效应；（3）椎间孔的增宽；（4）脊柱生理弯曲度变直等。

**2. 椎体小关节的松动**

牵引力作用于脊柱可使椎体小关节包括关节突关节、钩椎关节、肋横突关节等产生松动的效应，从而纠正脊柱小关节的紊乱、恢复脊柱的正常位置排序。主要包括以下作用效应：（1）关节面的滑动或转动；（2）关节面的分离；（3）关节面的吻合等。

**3. 脊柱肌肉韧带的牵伸**

Hood在应用肌电图对持续腰椎牵引和间歇腰椎牵引时腰部骶棘肌肌电活动观察的结果表明牵引可使腰部肌肉较好地放松。牵引在牵伸脊柱肌肉的同时也可作用于脊柱周围韧带，缓解韧带的紧张，从而减轻疼痛、进一步产生椎间隙增大的作用。

**4. 缓解疼痛**

可能的机制：（1）牵引改善脊柱局部的血液循环，缓解椎间孔处硬脊膜、血管和脊神经根的压力；（2）增大椎间隙，减少脊神经根受刺激或压迫；（3）牵引促使椎体小关节复位；（4）牵引使脊柱间活动度恢复，从而降低活动受限引起的疼痛；（5）神经生理方面的假说：①牵引刺激了局部的机械性感受器，在脊髓脑干水平阻止疼痛刺激的传递；②牵引产生反射性抑制作用可降低来自于肌肉紧张产生的不适感。

## 五、影响牵引效果的因素

**1. 牵引角度**

牵引角度即牵引作用力的方向，是沿身体纵轴的牵引力与牵引重锤之间的夹角。生物力学研究表明，牵引角度的大小直接与牵引力的位置有关。颈椎牵引角度小时最大应力位置靠近颈椎上段，随着牵引角度的增大最大应力的位置逐渐下移。颈椎前屈25度位牵引可使颈椎正常的生理曲度变直，而前屈35度则可产生最大的椎间隙增宽效果。当颈椎生理曲度发生改变时牵引角度与最大应力位置的关系也相应发生改变。因此，选择颈椎牵引角度的关键是将牵引的最大应力集中于病变部位。（图10-1）

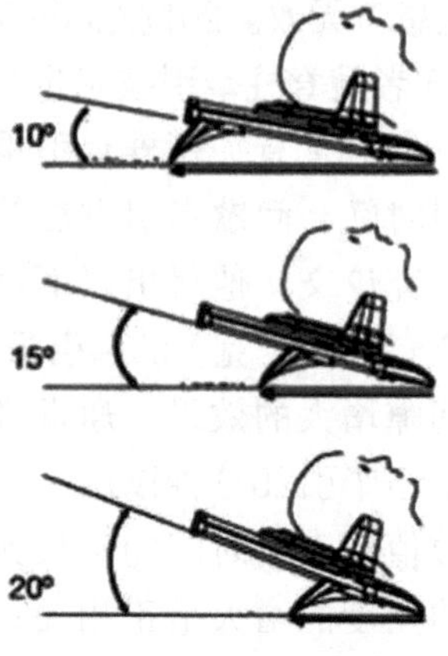


图10-1 仰卧位颈椎牵引角度

腰椎牵引时通过调整骨盆牵引带两侧牵引绳的位置，可以调节腰椎牵引作用力的角度。当牵引力点靠近腹侧时由于骨盆倾斜角增大而使腰椎弯曲度加大，当力点靠近背侧时则骨盆倾斜角减小而使腰椎弯曲度减小，有助于腰椎的充分伸展，减小腰椎生理弯曲度。腰椎牵引角度也会随患者牵引体位的改变而改变，仰卧位时牵引力靠近腹侧，俯卧位时牵引力靠近背侧。仰卧屈髋屈膝时由于骨盆倾斜角减小使牵引力靠近背侧，且仰卧屈髋屈膝位时腰椎间盘内压力较小，更有利于降低椎间盘内压力，从而促使突出物回纳。（图10-2）

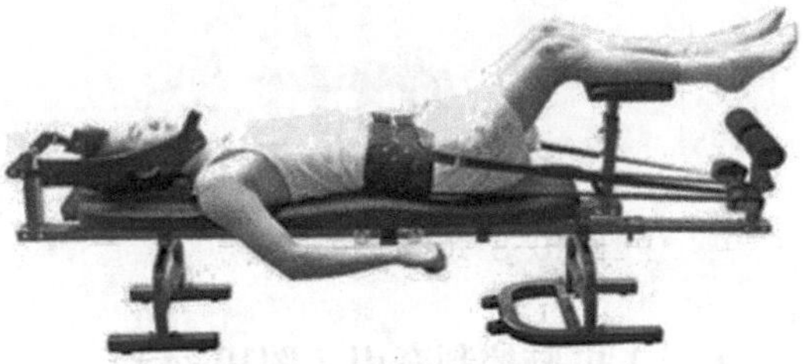

图10-2 仰卧位腰椎牵引角度

2. 牵引重量

牵引重量是影响椎体间机械性分离的最重要因素，不同的牵引重量对椎体间产生分离作用明显不同。颈椎牵引需要体重的7%～10%方可达到分离椎体的作用，欲达到分离颈椎椎体目的，最小牵引重量至少要大于患者头部重量与颈背部肌肉张力所产生阻力之和，通常应为11.25～13.5千克（20～30磅）。坐位与仰卧位颈椎牵引时为达到分离颈椎目的所需牵引重量有所差别，为达到同等分离颈椎效果仰卧位牵引重量要比坐位牵引重量要小，但具体数值有待研究。

腰椎牵引时至少要大于25%体重的牵引重量才可克服牵引时的摩擦力，达到分离腰椎椎体的目的，所需的最小牵引重量一般为31.78～40.86千克（70～90磅）。同样，不同体位所需牵引重量不尽相同。

牵引重量大小与牵引时间也有一定关系，即应用大重量牵引时间相应要缩短，应用小重量牵引时间相应延长。但并不是牵引时间越长所产生的机械分离效应就越好，一般椎体分离效果在牵引进行的前几分钟最好，过大的牵引重量不仅不增大椎间隙反而会出现反射性肌痉挛，而对抗牵引。

腰椎慢速牵引的重量一般为体重的25%～110%，而快速牵引可达体重的3～4倍。

此外，患者的体位、体重大小、牵引床的摩擦力、牵引方式、患者放松的程度、牵引装置机械效应等多种因素都可能影响牵引重量的大小。

3. 牵引时间

牵引时间包括一次牵引持续时间和整个牵引疗法持续的疗程时间。间歇牵引和持续牵引在开始时均可导致脊柱周围肌电活动的增加，7分钟后即可恢复至近乎休息水平。Harris有关研究结果表明，20～25分钟的牵引时间对肌肉放松是适宜的。

持续牵引是一种应用稳定或静态的牵引重量保持数分钟、数小时直至数天的牵引方法，主要应用于卧位牵引，尤其是体弱的住院患者。持续数天的持久牵引目的是制动，多用于治疗颈椎脱位或半脱位。持续数分钟的牵引主要应用于门诊患者，目的是分离椎体、放松肌肉、牵伸软组织等。

间歇牵引即牵引重量间歇性施加于椎体，可根据要求或患者耐受程度设定牵引时间与休息时间比，牵引重量持续一定时间后减轻或完全撤除，放松一定时间后又开始牵引，如此反复直至牵引结束。

（1）持续牵引与间歇牵引产生的生理效应不同

持续牵引：牵引重量较小，患者可长时间耐受，主要对脊柱产生制动效果，可完全放松痉挛的肌肉并使脊柱椎间隙同等增宽。

间歇牵引：由于牵引重量较大，且一牵一松，使椎间盘节律性产生负压“吸吮”作用，有利于椎间盘突出物回纳、促进局部血液循环、恢复脊柱周围软组织弹性、松解局部神经根的粘连等。

（2）持续牵引与间歇牵引的临床应用比较

持续牵引：由于牵引重量小、持续时间长，从而强迫患者绝对卧床休息，且对牵引局部刺激较小，通常应用于急性期住院患者。

间歇牵引：牵引重量较持续牵引重量大，持续时间较短，对牵引局部刺激相对较大，通常应用于慢性期或已接受牵引治疗一段时间后的患者。

**4. 牵引体位**

牵引体位也是影响牵引效果的一个不可忽视的因素，当患者处于不同的体位进行牵引或由于不规范的操作而使牵引力的方向发生改变，从而影响牵引效果。

颈椎牵引临床通常采用坐位和仰卧位。坐位牵引时相对而言，患者的体位不易固定较容易发生改变，从而影响牵引效果。而卧位牵引时，患者完全放松，头颈部位置相对固定，牵引角度不易发生改变，牵引力效果较好。

腰椎牵引体位临床通常采取仰卧位和俯卧位。俯卧位牵引可增加腰椎后凸角度，同时方便治疗师在牵引时施加其他手法以加强疗效，但有心脑血管及呼吸系统疾病患者不宜采用俯卧位牵引。仰卧位时又可采取屈髋屈膝位和伸髋伸膝位，屈髋屈膝位小腿下垫枕牵引时可使腰椎弯曲度变小，且此时腰椎间盘内压力较小。腰椎间盘突出症患者在俯卧位伴略微保持生理前凸的条件下牵引时效果较好，而小关节功能紊乱和椎间盘退行性变的患者在仰卧位和腰椎生理曲度伸展时牵引效果更好。

## 第二节 颈椎牵引技术

### 一、牵引设备

#### （一）机械重锤牵引

颈椎牵引带：目前临床多应用颌枕吊带，前方为下颌带、后方为后枕带，两者在左右侧向上汇合成颌枕延长带，两侧颌枕延长带挂钩分别挂于牵引弓。（图10-3）

辅助设备：包括牵引弓、牵引绳、滑轮、固定架、牵引重锤等。牵引弓的宽度应稍大于头的宽度，以避免牵引带束缚颞部过紧导致颞部疼痛。牵引绳通常采用钢丝绳，牵引重锤有不同级别的重量。

图10-3 颈椎坐位牵引架

#### （二）电脑控制牵引（图10-4）

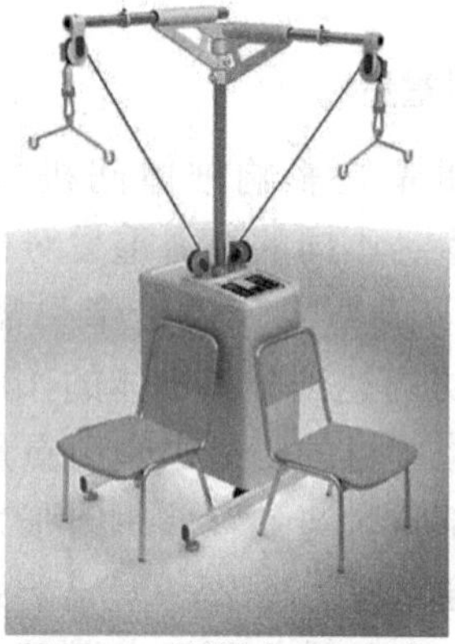

图10-4 颈椎电动牵引架

**1. 常用类型**

（1）坐位牵引架；（2）卧位牵引床。

**2. 常用参数设置**

（1）牵引模式：①间歇牵引；②持续牵引。

（2）牵引重量：以公斤或磅为单位。

（3）牵引期时间：设置牵引期时间，以秒（s）或分（min）为单位。

（4）间歇期时间：设置松弛期时间，以秒（s）或分（min）为单位。

（5）间歇期维持重量：设置松弛期维持牵引的重量。

（6）牵引治疗时间：设置牵引总的治疗时间，以分（min）为单位。

### （三）便携式家用颈椎牵引器

便携式家用颈椎牵引器主要用于慢性期颈椎病患者或家庭保健预防颈椎病。对长时间工作、学习或驾车造成的颈部疼痛等症状有明显的缓解效果。此类颈椎牵引器是利用充气施加外在牵引力的方法来完成牵引，使用时用充气球打气直到感觉力度合适，牵引固定治疗每天至少 2 ～ 3 次，每次30分钟左右。（图10-5）

图10-5 便携式家用颈椎牵引器

## 二、牵引操作程序

### （一）机械重锤牵引

#### 1. 准备工作

（1）治疗师准备：在进行牵引操作之前，治疗师必须熟悉颈椎牵引装置操作规范，熟悉牵引装置设备性能及注意事项。

（2）设备准备：治疗师需根据患者体型选择不同尺寸的颌枕带、牵引锤重量、牵引座椅、牵引床等。

（3）患者准备

要求患者去除耳机、耳环、眼镜等容易影响牵引带固定的物品；

患者体位：坐位牵引时取端坐位，座椅高度以患者坐位双脚平放地面为宜，注意保持胸腰段脊柱生理弯曲度。卧位牵引时患者仰卧位，全身放松，颈部垫枕；

固定颌枕带：治疗师用颌枕带固定于下颌和枕部，颌枕带松紧度以患者舒适为宜，注意不能固定太紧，否则会影响头面部血液供应或损害局部皮肤，颌枕带太松则使牵引力不稳定而影响牵引效果。

教育患者：治疗师需告诉患者在牵引治疗过程中哪些反应是正常的，哪些反应是不正常的，当出现异常反应时如何通知治疗师或使用应急开关。

（4）试验性牵引：在首次牵引治疗前应用徒手牵引方法了解患者对牵引的反应，通常采用3千克左右重量试验性牵引2～5分钟，牵引前后对患者的症状进行简要评估，如果试验性牵引后症状有缓解则可给予牵引治疗，如果徒手试验性牵引加重了症状则不宜实施牵引治疗。此外，还可通过询问或试验性牵引获取牵引的最佳体位，即患者在什么体位下症状有所缓解。

#### 2. 治疗操作

（1）牵引角度：颈椎牵引角度是影响牵引治疗效果的关键因素，通常颈椎牵引分前屈位、中立位和后伸位。牵引角度与牵引应力的位置密切相关，当牵引角度小时牵引最大应力位置靠近颈椎上段，随着牵引角度的增大，牵引最大应力逐渐下移。而当患者颈椎生理弯曲度发生改变时牵引最大应力位置也发生改变，故颈椎牵引治疗时最佳角度是牵引最大应力作用于病变部位的角度。

①前屈位：颈椎前屈角度不同时牵引最大应力作用部位也不同，参见表10-2。

表10-2 颈椎前屈角度与牵引作用部位对应表

| 颈椎前屈角度 | 牵引作用部位 |
|---|---|
| 0° ～5° | C4～C5 |
| 10° ～15° | C5～C6 |
| 20° ～25° | C6～C7 |
| 25° ～30° | C7～T1 |

当颈椎前屈24度时达到颈椎生理弯曲度变直，当前屈超过30度时向上牵引力减小，而水平方向的牵引力增加，难以维持颈椎生理平衡。临床上可根据颈椎病的分型及颈椎X线表现来决定牵引角度，神经根型通常采用前屈20～30度，颈型前屈15～20度，椎动脉型前屈5～10度；X线示病变在上颈段时采

用前屈角度小或中立位，病变在中段采用前屈10~20度，病变在下段时采用前屈15~30度。

②中立位：即保持颈椎生理弯曲度体位牵引，此体位牵引可放松颈部肌肉、舒展扭曲的椎动脉，从而改善局部血液循环，缓解脑部缺血症状，中立位牵引通常用于治疗椎动脉型颈椎病。

③后伸位：颈椎后伸5~10度牵引可防止寰椎向前滑动，加强寰枢关节的稳定性，主要应用于寰枢关节半脱位和颈椎反弓。由于后伸位牵引可使椎间隙后部变窄、椎管前后径变小，导致椎管相对狭窄、颈椎平面关节不稳和椎基动脉供血不足等危险性，故临床上一般不选择后伸位牵引，尤其是脊髓型颈椎病，以防意外。

（2）牵引重量：颈椎牵引重量遵循由轻到重，根据患者的反应循序渐进增加牵引重量，以患者牵引时感觉舒适为原则。有研究表明，以体重7%~10%的牵引重量可使颈椎分离，20千克的牵引重量使颈椎椎间隙最大程度分离。临床应用时首次牵引从3千克开始，根据患者的反应增加重量，直到体重的10%，年老体弱者为体重的5%。牵引重量不可过大，否则容易损伤颈部肌肉、韧带、关节囊等软组织。

（3）牵引时间：牵引效应发生在牵引的最初阶段（10~15分钟），30分后牵引使椎间隙增加的作用不再增加。因此，临床颈椎牵引治疗最佳时间是15~20分钟。牵引重量较大时牵引时间稍短些，牵引重量较小时牵引时间稍长些。

（4）牵引疗程：门诊患者一般1次/天，住院患者可2次/天，10次为一疗程，直到症状消失，一般需要2~3个疗程。

**3. 结束工作**

（1）患者处理：治疗结束时治疗师注意用手维持牵引带，然后再去除牵引重锤和颌枕带，否则容易刺激患者。嘱患者坐位或仰卧位休息片刻，略微主动活动颈部后站起。如有头晕、恶心、肢体麻木等症状，应让患者躺下休息并给予对症处理。

（2）设备处理：整理好牵引带、牵引重锤、座椅等以备下次治疗使用。

（3）治疗记录：规范填写牵引治疗记录单，重点记录牵引治疗参数和治疗前后主观感觉、客观检查，以备评定。

### （二）电动牵引

近年来，国内外生产商生产多种型号的微电脑控制程序的电动牵引装置，牵引参数调节精确、操作简便，可根据个体差异进行牵引重量和时间设置的多种组合。准备工作和结束工作同机械牵引，主要是牵引参数的设置要合理。

**1. 牵引参数**

（1）持续牵引：牵引角度、牵引重量和牵引时间的设置要求参照机械牵引。

（2）间歇牵引

牵引重量：间歇牵引重量可稍大，可从6~8千克开始，但如果是首次进行颈椎牵引或患者对牵引有恐惧感，牵引重量宜采用更轻，可从4~5千克开始，以后根据患者的反应逐渐增加牵引重量，最大不超过20千克，当症状减轻后维持或逐渐减轻牵引重量。

牵引时间：有牵引时间和间歇时间，初次进行间歇牵引建议使用牵引时间与间歇时间比为1：1或2：1，当患者适应间歇牵引模式后可增加为3：1或4：1，由于间歇牵引在短时间内完成牵引、放松、再牵引、再放松的循环过程，如果频率过快会激惹患者症状而引发不适感。因此，临床操作时应根据患者对间歇牵引的反应设置牵引时间与间歇时间比。

**2. 调整治疗方案**

（1）如果牵引治疗后患者主观症状和客观检查都有所改善，则继续之前的治疗方案；

（2）如果牵引后患者症状加重，可尝试调整牵引角度、牵引模式、牵引时间等，观察治疗反应再定；

（3）如果牵引后症状体征没有变化，

可增加牵引重量1～2千克继续牵引治疗，如果仍无变化，则继续增加牵引重量并增加牵引时间5分钟，如果连续调整3次治疗仍无改善，则说明牵引无效，应及时查找病因做针对性处理。

**3. 安全操作规范**

（1）注意用电安全，注意检查电缆线有无缠绕、磨损、断裂等现象，检查插座是否安全有效，下班前注意牵引设备断电。

（2）牵引治疗室内禁止烟火。

（3）牵引装置应相对固定位置摆放，尤其是在牵引过程中不可随意摇晃，牵引座椅和牵引床的高度也要适宜，以方便患者移动。

（4）治疗师在操作前应仔细阅读操作说明书，熟悉仪器操作规范。

（5）开始牵引治疗前应检查仪器能否正常运转、牵引参数是否回零。

（6）在牵引治疗过程中应观察患者的反应，如果发生意外应教会患者使用应急开关。

（7）定期清洗和消毒。

（8）定期检查和维护。

## （三）徒手牵引

以治疗师的手对患者颈部进行牵引的一种治疗方法，分坐位或卧位徒手牵引。徒手牵引主要应用于正式机械牵引或电动牵引前的评估，作为颈椎牵引的预试验，如果患者牵引过程中感觉症状缓解则提示牵引治疗有效。通常颈椎徒手牵引也是中医推拿治疗颈椎病常用手法之一。

**1. 坐位牵引**

（1）患者体位：端坐位，颈部放松。

（2）治疗师体位：站立于患者侧方，前方手虎口托患者下颌，后方手虎口托患者枕部，双肩关节外展。

（3）牵引手法：双肩关节由外展缓慢内收，双手平稳、持续向上沿身体纵轴牵引患者头部，并维持30秒。

**2. 卧位牵引**

（1）患者体位：仰卧于治疗床，头颈部放松。

（2）治疗师体位：治疗床高度适中以便治疗师操作，治疗师站立于治疗床头，上方手虎口托患者下颌，下方手虎口托患者枕部。

（3）牵引手法：治疗师身体缓慢后仰，利用身体重量持续、稳定施加牵引力量于患者颈部。

徒手牵引时治疗师要注意双手同时稳定地施加牵引力，也可以人为调节牵引角度、牵引时间、牵引重量。治疗师通过被动将患者颈椎置于不同的起始位来改变牵引角度，通过双手持续耐力的控制来改变牵引时间，通过双手等长收缩力量大小来控制牵引重量。治疗师在改变以上牵引三要素牵引时注意观察患者的反应，以供机械牵引或电动牵引设置参数参考。

## （四）家庭牵引

家庭牵引具有设备简单、操作简便、实用有效等特点，主要适合于慢性颈椎病患者及家庭保健预防颈椎病。

**1. 牵引设备**

目前，市场可供选择家庭牵引设备主要有两种，一种是前面提及的便携式家庭颈椎牵引器，另外一种是悬挂于门框的简易牵引装置。

**2. 临床应用**

主要适合于轻度和慢性颈椎病，没有时间去医院治疗的患者。充气式家庭颈椎牵引器在使用时主要注意充气压力要适宜，不可充过高或过低，充气过高易引起呼吸不畅、头晕眼花等，充气过低则没有支撑牵引的作用。在家使用悬挂于门框的简易牵引装置时，要注意以下几点：（1）固定要牢靠，注意绳索牢固性；（2）颌枕带松紧适中；（3）牵引带高度适中，牵引重量不可过大；（4）调整好座椅位置来调节牵引角度，以舒适为宜；（5）牵引时间不可过长，一旦发生不舒服等情况应及时去医院就诊。

3. 注意事项

在家庭进行牵引之前，必须经过专科医师明确诊断和治疗师的技术指导，了解安全操作规范，遵循科学正确操作程序，牵引重量、牵引角度、牵引时间应遵医嘱，切不可自行决定。

## 三、临床应用

### （一）适应证

各型颈椎病，包括神经根型、颈型、椎动脉型颈椎病、轻度脊髓型（脊髓受压症状不明显）；颈部肌肉痉挛或紧张；颈椎生理曲线改变；颈椎骨折或脱位的固定；颈椎间盘突出症等。

### （二）禁忌证

1.颈椎活动绝对禁忌的疾病：包括颈椎及其邻近组织的肿瘤、结核、严重骨质疏松、颈椎严重失稳、颈脊髓明显受压、突出的椎间盘破碎、颈椎椎体骨折、脏器功能严重损害、出血性疾病、动脉瘤等。

2.牵引后症状加重：包括强直性脊柱炎、类风湿性关节炎、急性损伤、妇女月经期、孕妇等。

3.相对禁忌证：如椎动脉硬化或畸形、心肌梗死恢复期、高血压、心脏病等。

### （三）不良反应及其预防

1.牵引重量过大加重疼痛：来自新鲜尸体实验表明44.76千克的牵引重量可导致C5C6椎间盘破裂，牵引重量过大时颈椎局部肌肉保护性痉挛，也会加重疼痛。

2.颌枕带诱发颞下颌关节综合征：长时间牵引后颌枕带会传递部分牵引重量至颞下颌部，导致颞下颌关节疼痛、红肿、活动不灵活等。临床现有采用改良的颈椎牵引带，无须下颌带而改为固定于前额的牵引带；也可在颞下颌关节与牵引带之间局部垫一薄毛巾以减轻局部受压。

3.牵引应用原则：（1）采用最小牵引重量获得最大的牵引治疗效果；（2）确保牵引重量的方向与所需分离的方向一致；（3）确保被牵引局部处于松弛状态下完成牵引。此三点原则也适用于腰椎牵引。

# 第三节 腰椎牵引技术

## 一、牵引设备

随着电子科技的发展，国内外生产的腰椎牵引床可谓琳琅满目，但大体上分两大类，一类是利用手摇产生牵引动力，另一类是应用非常广泛的电脑控制牵引程序的电动牵引床。

### （一）机械重锤牵引

目前在临床已较少见，主要由胸廓和骨盆牵引带、滑轮、重锤、治疗床组成。而滑动分离牵引床是除了腰椎电动牵引床外使用较多的牵引床（图10-6），主要构成部件有手摇动齿轮、胸廓牵引带、骨盆牵引带、牵引床等。

图10-6 滑动分离腰椎牵引床

### （二）电脑控制牵引

以电动牵引装置提供牵引动力代替滑轮重锤进行腰椎牵引，主要装置由牵引床、牵引动力源、电脑控制盘、胸背板、可滑动的臀腿板、胸廓和骨盆固定带、肩部固定装置等组成。电脑控制盘可精确地设置牵引模式、牵引重量、牵引时间、间歇时间、间歇维持重量等参数。

1. 普通型

牵引力沿水平方向作用于相应腰椎部

位。（图10-7）

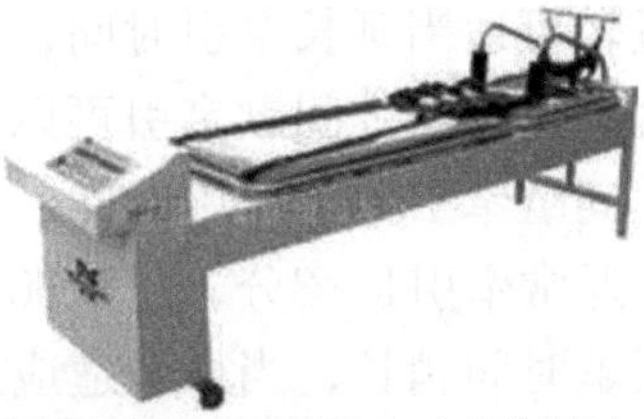

图10-7 电动牵引床（普通型）

2. 多功能型

可在水平面、矢状面和冠状面提供牵引力，实现三维立体牵引。电脑控制将牵引参数传递给治疗床，由液压传动装置控制使床体完成各种预先设定的牵引动作，床体的胸腰板可向头端移动，臀腿板可屈曲和旋转，牵引力可随牵引时受到的阻力（来自患者腰部肌肉和韧带的张力）而自动调节。（图10-8、图10-9）

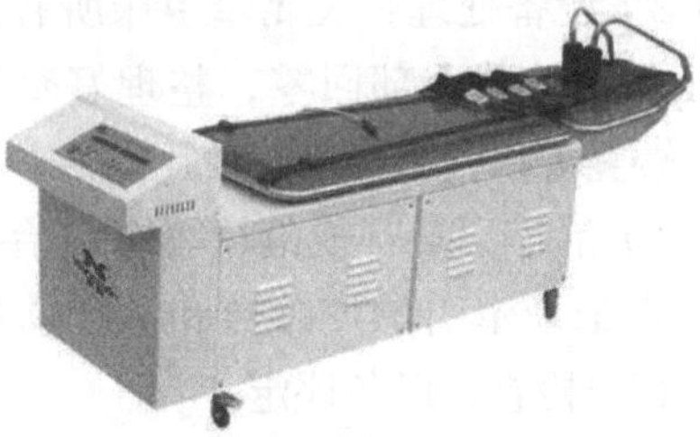

图10-8 电动牵引床（三维型）

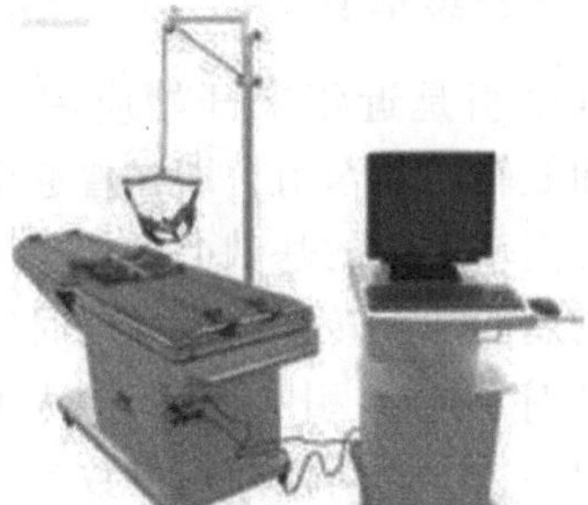

图10-9 电动牵引床（电脑控制型）

## 二、牵引操作程序

### （一）机械重锤牵引

1. 牵引体位

通常采取仰卧位，屈髋屈膝90度，小腿垫高，骨盆牵引带固定于骨盆髂嵴上方，胸廓牵引带固定于床头，骨盆牵引带连接牵引绳分别通过安装在床尾的滑轮悬挂重锤。通过调节固定滑轮的高度来调整牵引角度，通常滑轮距床面15～20厘米，滑轮间距与骨盆宽度大体一致。

2. 牵引重量

一般每侧10～15千克，以后根据患者的牵引反应来调节牵引重量，以牵引后症状缓解为原则。

3. 牵引时间

每牵引1小时，休息20分钟，非睡眠时间牵引。

4. 临床应用

该方法适合于症状较轻的腰椎疾患，关键是根据病情需要和个体差异设置牵引重量和牵引时间。长时间牵引的患者要注意定期用作抬臀或按摩等方法预防褥疮的发生，也可在牵引时在髂前上棘、股骨大转子等骨突起部位垫棉垫或薄毛巾以保护局部皮肤。

### （二）电动牵引

电动牵引是目前临床应用较为广泛的腰椎牵引方法，具有牵引参数精确控制、操作方便、患者易接受等优点。

1. 准备工作

（1）治疗师准备：在进行牵引操作之前，治疗师必须熟悉腰椎电动牵引设备操作规范，熟悉牵引装置设备性能及注意事项。

（2）设备准备：治疗师首先要试运行牵引设备，确保牵引床处于正常工作状态。此外需根据患者体型调节胸廓固定带、骨盆牵引带等。

（3）患者准备

要求患者解除腰带，取出裤袋里面物品等免影响牵引带固定；

患者体位：根据需要选择仰卧位或俯卧位；

固定牵引带：通常先固定胸廓固定带，固定位置位于胸廓下部（第8~10肋处），注意松紧适宜，过紧会影响患者正常呼吸，过松会导致牵引力下降；骨盆牵引带固定于髂嵴上方，同样要注意松紧；固定牵引带时还要注意牵引带两侧水平对称性以及骨盆牵引带的高度。

教育患者：治疗师需告诉患者在牵引治疗过程中哪些反应是正常的，哪些反应是不正常的，当出现异常反应时如何通知治疗师或使用应急开关。

（4）试验性牵引：在首次牵引治疗前应进行试验性牵引以了解患者对牵引的反应，通常采用小于体重50%的重量试验性牵引2～5分，牵引前后对患者的症状进行简要评估，如果试验性牵引后症状有缓解则可给予牵引治疗，如果试验性牵引加重了症状则不宜实施牵引治疗。此外，还可通过询问或试验性牵引获取牵引的最佳体位，即患者在什么体位下症状有所缓解。

**2. 治疗操作**

（1）牵引体位与角度：通常取仰卧位和俯卧位，调节牵引角度有两种方法，一种方法是通过调整骨盆牵引带两侧牵引绳位置来调节牵引角度，另外一种方法是通过屈髋屈膝角度变化来调整腰椎牵引角度，临床较常用后者，一般在小腿下垫矮凳。研究提示髋关节屈曲角度从0度到90度过程中，椎间隙后部的分离逐渐增大，尤以L4～L5、L5～S1最为明显，实际应用时应根据患者病变部位来决定屈髋屈膝的角度。

俯卧位牵引时腹部垫枕以使腰椎前凸变平近于中立位，通过改变垫枕的高度来调节腰椎屈曲的角度，俯卧位牵引时可同时实施脊柱其他治疗手法以增强疗效。

（2）牵引重量：一般认为当牵引力超过体重的25%时即可有效地增宽腰椎间隙，首次牵引以不超过体重的50%为宜，持续牵引可从10～20千克开始，间歇牵引可从体重的80%开始，以后根据患者的反应，逐渐增大牵引重量，以患者症状改善的牵引重量维持牵引，通常以能取得疗效而患者又能耐受为度，最大不超过患者体重。

（3）牵引时间：持续牵引一般为20～30分，重量轻可适当延长牵引时间，重量大可适当缩短牵引时间。间歇牵引可以预先设置牵引力、间歇牵引力、牵引时间、间歇时间等参数，通常牵引1～3分，间歇30秒，开始阶段可间歇时间稍长，当患者适应后可适当延长牵引时间，缩短间歇时间。

（4）牵引疗程：门诊患者一般1次/天，住院患者可2次/天，10次为一疗程，直到症状消失，一般需要2～3个疗程。

**3. 结束工作**

（1）患者处理：治疗结束时先锁定牵引床，再去除牵引带。嘱患者卧位休息片刻，略微主动活动腰部和骨盆后站起。如有头晕、恶心、肢体麻木等症状，应让患者躺下休息并给予对症处理。

（2）设备处理：关闭牵引床所有控制开关，显示器计数全部回零，整理好牵引带、电缆、矮凳等以备下次治疗使用。

（3）治疗记录：规范填写牵引治疗记录单，重点记录牵引治疗参数和治疗前后主观感觉、客观检查，以备评定。

### （三）三维牵引

三维牵引是近年来开始应用于临床，又称屈曲旋转快速牵引，即在普通电动牵引床水平方向牵引力的基础上增加了矢状面和冠状面的屈曲和旋转动作瞬间同时完成，通过电脑程序控制牵引力、牵引时间、松弛力、牵引步数、牵引模式等参数。目前最新设备集机械、液压、电气、计算机技术于一体的自动控制反馈系统，采用闭环控制，WindowsXP下的C语言编程，PCI总线控制，整个系统更加稳定、安全可靠。

**1. 牵引床特点**

（1）设计合理，具备三维腰椎快、慢速牵引联动功能，使患者在治疗中腰椎避免不必要的肌肉拉伤。

（2）快速牵引治疗时，速度指标高，真正体现了快速的理念。

（3）具备颈椎自动牵引功能，力量自动监控补偿。

（4）由Windows系统控制，技术参数稳定、可靠。

（5）牵引后回程复位平稳、可控、治疗效果更佳。

（6）独具七重安全保护

（7）集腰椎三维快、慢速牵引、复合牵引于一体，提高了设备的治疗效果和适用范围。

**2. 牵引体位**

患者俯卧于牵引床，解除腰带并暴露腰部，使腰椎病变部位与两板之间的间隙相对应，胸廓和骨盆分别固定地牵引床的胸背板和臀腿板，要求同电动牵引。

**3. 牵引参数**

根据患者性别、年龄、身体状况、症状、体征及影像学检查结果合理选择牵引模式、牵引速度，治疗师站立于患者患侧，用手指或掌根按压于患部棘突，准备好后以脚踏开关控制启动牵引治疗程序。

可供选择的牵引模式包括先牵后旋、同牵同旋；持续牵引、间歇牵引、手动牵引。可供选择的牵引速度包括三维腰椎快速牵引（距离保护）、三维腰椎慢速牵引（距离、力量双重保护）、三维快、慢速复合牵引（快慢速联动）。此外，还有独具摆角功能和安全保护。

（1）快速牵引：距离 0～70毫米（可调）、牵引力：>3000N（可调）。

快速牵引冲程时间：<0.3秒。

快速旋转冲程时间：<0.3秒。

快速牵引重量为患者体重的1.5～2倍，作用时间0.5～2.0秒。

（2）慢速牵引：距离0～70毫米（可调）、牵引力：<1000N（可调）。

慢牵持续时间：0～99分（可调）。

慢牵间歇时间：0～99分（可调）。

慢速牵引重量为患者体重的30%~120%，牵引时间20～40分。

（3）牵引角度

倾角角度：－10～＋25度（可调）。

旋转角度：－25～＋25度（可调）。

摆角角度：－10～＋10度（可调）。

岳寿伟教授临床总结经验参数如下：牵引距离45～60毫米，屈曲角度11～16度，旋转左右各0～18度，若选用背伸，度数为-4度，不设旋转角度。

**4. 牵引后处理**

实施三维牵引后患者应平卧硬板床3天，腰部以腰围保护制动，同时辅以非甾体类消炎药，也可地塞米松5～10毫克入20%甘露醇250毫升静脉滴注，1次/天，连用3天，以消除炎症、减轻局部反应性水肿。3天后重新检查评估，根据需要配合物理因子或按摩疗法以巩固疗效。如需再次牵引需待1周后方可进行。

### （四）徒手牵引

**1. 仰卧位**

（1）患者体位:①双下肢伸直；②屈髋屈膝。患者双上肢可上举抓握床头。

（2）治疗师体位:站立于床尾，患者双下肢伸直时双手交叉握患者踝部；患者屈髋屈膝时，患者双下肢悬挂于治疗师双肩，治疗师双上肢环抱患者双下肢。

（3）牵引方法:治疗师身体后倾利用体重持续牵引。

**2. 俯卧位**

（1）患者体位：俯卧于治疗床。

（2）治疗师体位：2~3名治疗师同时配合操作，一名治疗师站立于床头，双手抓握患者双侧腋下；一名治疗师站立于床尾，双手抓握患者双侧踝部；还有一名治疗师站立于患侧，双手掌重叠以掌根部置于病变腰椎。

（3）牵引方法：立于床头和床尾的两名治疗师同时向相反方向牵引，站立于患侧的治疗师在腰椎病变部位实施按压或其他复位手法。

腰椎徒手牵引一次维持半分钟左右，重复1～2次，临床多用于配合按摩手法或用于腰椎牵引预试验。

**（五）自我牵引**

腰椎自我牵引较常用的方法是肋木悬垂牵引法，患者双手悬吊于肋木或门框或单杠等物体，使身体悬空利用自身体重进行牵引，双足离开地面或足尖点地以控制牵引重量，也可同时做双下肢的前后、左右或旋转摆动。每次悬吊数秒至数分钟，或以上肢能耐受为度，重复进行2～3次，每天1～2次。适用于轻度腰椎间盘突出症、体质较好的青壮年患者，也可用于腰椎间盘突出恢复期的巩固治疗，通常与医疗体操同时进行。

## 三、临床应用

**1. 适应证**

腰椎间盘突出症、腰椎管狭窄、腰椎小关节紊乱、腰椎退行性病变、腰椎滑脱、无并发症的腰椎压缩性骨折、腰部肌肉痉挛或紧张等。

**2. 禁忌证**

脊髓受压、马尾综合征、腰椎感染、腰椎结核、腰椎肿瘤、椎板骨折、重度骨质疏松、严重高血压、心脏病、有出血倾向、腰部软组织急性损伤、动脉瘤、腹疝、孕妇等。

**3. 注意事项**

（1）严格遵照医嘱执行牵引治疗，不可随意更改牵引参数设置。

（2）认真填写治疗记录单，包括牵引治疗参数及牵引治疗前后主观感受和客观检查。

（3）加强自我防护和自我观察，如有异常及时向主治医师反映，切不可强忍或麻痹大意。

（4）应根据每次牵引治疗前后专科功能评定结果及时调整治疗计划。

（5）老年人应以小重量牵引为主。

（6）在牵引疗程中，应遵照医嘱适当休息或有保护性功能锻炼，不宜从事体力劳动。

# 第四节　关节功能牵引

## 一、基本原理

利用杠杆力学原理将关节近端肢体固定于特制的牵引架，在远端肢体的远端按所需方向施加一定重量进行牵引，达到牵伸关节或增大关节活动范围的作用。关节功能牵引多应用于各种原因导致关节挛缩或僵硬的患者。关节功能牵引可使关节周围软组织发生塑形、恢复弹性而达到改善关节功能活动。

## 二、基本方法

**1. 牵引架**

各关节牵引架不尽相同，可以自制简易牵引架，也可以选择楔形垫，股四头肌训练板，功能牵引网架配滑轮、绳索、固定带等。临床以功能牵引网架最为常用，因其可随意调节方向、角度、重量、体位等。

**2. 操作程序**

（1）患者取舒适正确体位，暴露局部被牵引关节。

（2）以固定带固定患者被牵引关节的近端肢体。

（3）以固定带支托好被牵引关节的远端肢体。

（4）根据需要固定好滑轮。

（5）根据需要选择合适的牵引沙袋或重锤。

**3. 牵引时间**

每次20～30分，每天至少1～2次，也可进行小重量长时间牵引。牵引疗程取决于患者关节功能改善的情况，如果牵引有效则可继续进行，直到功能不再改善为止。

## 三、临床应用

**1. 适应证**

四肢骨折、脱位后关节功能障碍；软组织损伤术后挛缩；关节周围烧伤后疤痕粘连。

**2. 禁忌证**

骨性关节强直；新近骨折未愈合；关节内或周围有感染；剧烈疼痛；关节有血肿或出血倾向等。

**3. 注意事项**

（1）牵引重量不可过大，以不引起明显疼痛为度，否则会导致新的损伤；

（2）牵引受力局部垫以薄绷带以保护皮肤；

（3）牵引前局部关节先进行温热疗法以改善局部血液循环，增强牵引治疗效果；

（4）关节功能牵引的同时应配合关节被动运动和主动运动等功能锻炼。

## 附：骨科牵引

**1. 皮肤牵引**

凡牵引力通过对皮肤的牵拉使作用力最终达到患处，并使其复位、固定与休息的牵引技术，称皮肤牵引。（图10-10、图10-11）

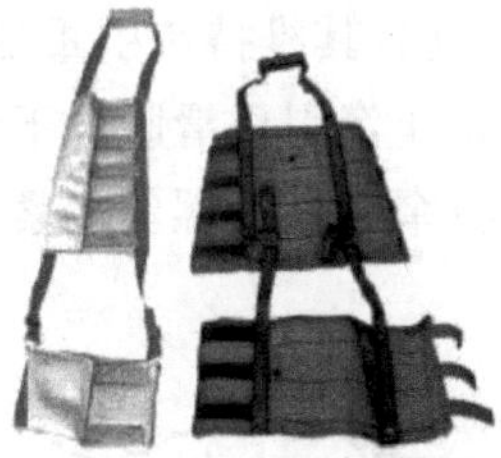

图10-10 下肢皮肤牵引套

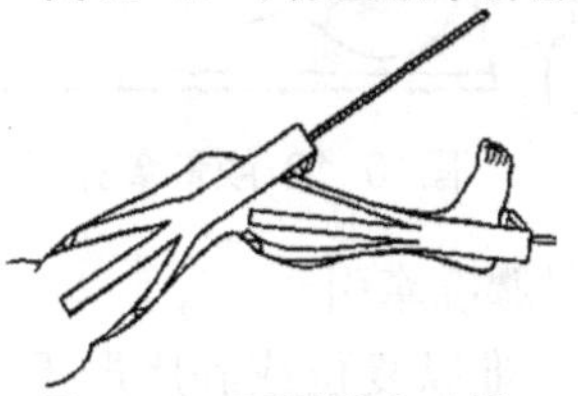

图10-11 下肢胶布牵引

（1）适应证与禁忌证

适应证：骨折需要持续牵引疗法，但又不需要强力牵引或不适于骨牵引、布带牵引的病例。如小儿股骨干骨折、小儿轻度关节挛缩症、老年股骨转子间骨折及肱骨髁上骨折因肿胀严重或有水泡不能即刻复位者。

禁忌证：皮肤对胶布过敏者；皮肤有损伤或炎症者；肢体有血液循环障碍者，如静脉曲张、慢性溃疡、血管硬化及栓塞等；骨折严重错位需要重力牵引方能矫正畸形。

（2）牵引方法

①按肢体粗细和长度，将胶布剪成相应宽度（一般与扩张板宽度相一致），并撕成长条，其长度应根据骨折平面而定，即骨折线以下肢体长度与扩张板长度两倍之和。

②将扩张板粘于胶布中央，但应稍偏内侧2～3厘米，并在扩张板中央孔处将胶布钻孔，穿入牵引绳，于板之内侧面打结，防止牵引绳滑脱。

③防止胶布粘卷，术者将胶布两端按三等分或两等分撕成叉状，其长度为一侧胶布全长的1/3～1/2。

④在助手协助下，骨突处放置纱布，术者先持胶布较长的一端平整地贴于大腿或小腿外侧，并使扩张板与足底保持两横指的距离，然后将胶布的另一端贴于内侧，注意两端长度相一致，以保证扩张板处于水平位置。

⑤用绷带缠绕，将胶布平整地固定于肢体上，勿过紧以防影响血液循环。

⑥将肢体置于牵引架上，根据骨折对位要求调整滑车的位置及牵引方向。

⑦腘窝及跟腱处应垫棉垫，切勿悬空。

⑧牵引重量根据骨折类型、移位程度及肌肉发达情况而定，小儿宜轻，成人宜重，但不能超过5千克。

（3）注意事项

①须及时注意检查牵引重量是否合适，太轻不起作用，过重胶布易滑脱或引起皮肤水泡。

②注意有无皮炎发生，特别是小儿皮肤

柔嫩，对胶布反应较大，若有不良反应，应及时停止牵引。

③注意胶布和绷带是否脱落，滑脱者应及时更换。

④特别注意检查患肢血液循环及足趾（指）活动情况。

2. 骨牵引

骨牵引又称为直接牵引，系利用钢针或牵引钳穿过骨质，使牵引力直接通过骨骼而抵达损伤部位，并起到复位、固定与休息的作用。

（1）骨性牵引优点

可以承受较大的牵引重量，阻力较小，可以有效地克服肌肉紧张，纠正骨折重叠或关节脱位造成的畸形；牵引后便于检查患肢；牵引力可以适当增加，不致引起皮肤发生水泡、压迫性坏死或循环障碍；配合夹板固定，保持骨折端不移位的情况下，可以加强患肢功能锻炼，防止关节僵直、肌肉萎缩，以促进骨折愈合。

（2）骨性牵引缺点

钢针直接通过皮肤穿入骨质，如果消毒不严格或护理不当，易导致针眼处感染；穿针部位不当易损伤关节囊或神经血管；儿童采用骨牵引容易损伤骨骺。

（3）适应证

①成人肌力较强部位的骨折。

②不稳定性骨折、开放性骨折。

③骨盆骨折、髋臼骨折及髋关节中心脱位。

④学龄儿童股骨不稳定性骨折。

⑤颈椎骨折与脱位。

⑥皮肤牵引无法实施的短小管状骨骨折，如掌骨、指（趾）骨骨折。

⑦手术前准备，如人工股骨头置换术等。

⑧关节挛缩畸形者。

⑨其他需要牵引治疗而又不适于皮肤牵引者。

（4）禁忌证

①牵引处有炎症或开放创伤污染严重者。

②牵引局部骨骼有病变及严重骨质疏松者。

③牵引局部需要切开复位者。

（5）操作方法

①颅骨牵引

适用于颈椎骨折脱位。患者仰卧，头枕沙袋，剃光头发，用肥皂及清水洗净，擦干，用甲紫在头顶正中划一前后矢状线，分头顶为左右两半，再以两侧外耳孔为标记，经头顶划一额状线，两线在头顶相交为中点。张开颅骨牵引弓两臂，使两臂的钉齿落于距中点两侧等距离的额状线上，该处即为颅骨钻孔部位；另一方法是由两侧眉弓外缘向颅顶画两条平行的矢状线，两线与上述额状线相交的左右两点，为钻孔的位置。以甲紫标记，常规消毒，铺无菌巾，局部麻醉后，用尖刀在两点处各作一长约1厘米小横切口，深达骨膜，止血，用带安全隔板的钻头在颅骨表面斜向内侧约45度角，以手摇钻钻穿颅骨外板（成人约4毫米，儿童为3毫米）。注意防止穿过颅骨内板伤及脑组织。然后将牵引弓两钉齿插入骨孔内，拧紧牵引弓螺丝钮，使牵引弓钉齿固定牢固，缝合切口并用酒精纱布覆盖伤口。牵引弓系牵引绳并通过滑车，抬高床头进行牵引。牵引重量一般第C1～C2用4千克，以后每下一椎体增加1千克。复位后其维持牵引重量一般为3～4千克。为了防止牵引弓滑脱，于牵引后第1~2天内，每天将牵引弓的螺丝加紧一扣。（图10-12）

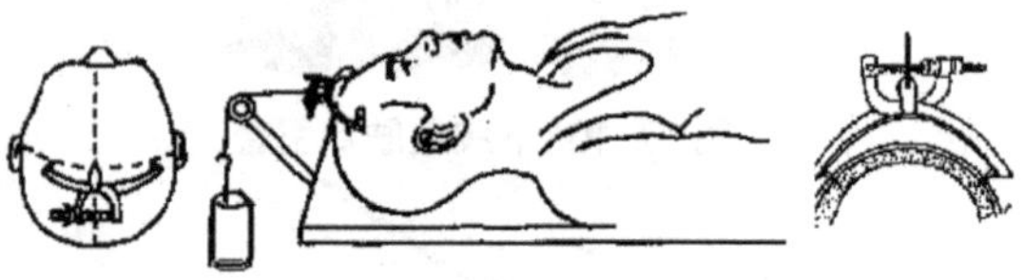

图10-12 颅骨牵引

②尺骨鹰嘴牵引

适用于难以复位或肿胀严重的肱骨髁上骨折和髁间骨折、粉碎型肱骨下端骨折、移位严重的肱骨干大斜形骨折或开放性骨折。患者仰卧位，屈肘90度，前臂中立位，常规皮肤消毒、铺巾，在尺骨鹰嘴下2厘米，尺骨嵴旁一横指处，即为穿针部位，甲紫标记，局麻后，将克氏针自内向外刺人直达骨骼，注意避开尺神经，然后转动手摇钻，将克氏针垂直钻入并穿出对侧皮肤，使外露克氏针两侧相等，以酒精纱布覆盖针眼处，安装牵引弓进行牵引。儿童患者可用大号巾钳代替克氏针直接牵引。牵引重量一般为2～4千克。

③股骨下端牵引

适用于股骨干骨折、转子间骨折、髋关节脱位、骶髂关节脱位、骨盆骨折向上移位、髋关节手术前需要松解粘连者。患者仰卧位，伤肢置于牵引架上，使膝关节屈曲40度，常规消毒铺巾，局麻后在内收肌结节上2厘米处标记穿针部位，此点在股骨下端前后之中点。向上拉紧皮肤，以克氏针穿入皮肤，直达骨质，掌握骨钻进针方向，徐徐转动手摇钻，当穿过对侧骨皮质时，同样向上拉紧皮肤，以手指压迫针眼处周围皮肤，穿出钢针，使两侧钢针相等，酒精纱布覆盖针孔，安装牵引弓，进行牵引。穿针时一定要从内向外进针，以免损伤神经血管。穿针的方向应与股骨纵轴成直角，否则钢针两侧负重不平衡，易造成骨折断端成角畸形。牵引重量一般为体重的1/6～1/8，维持量为3～5千克。（图10-13）

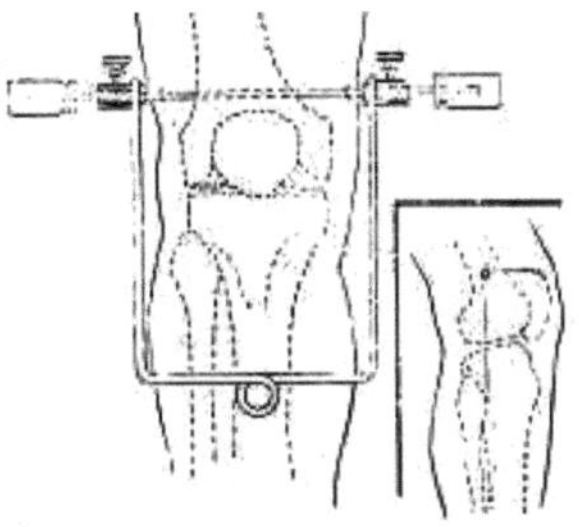

图10-13 股骨下端牵引

④胫骨结节牵引

适用于股骨干骨折、伸直型股骨髁上骨折等。将患肢置于牵引架上，穿针的部位在胫骨结节向后1.25厘米，在此点平面稍向远侧部位即为进针点，标记后消毒铺巾，局部浸润麻醉后，由外侧向内侧进针，以免伤及腓总神经，钢针穿出皮肤后，使两针距相等，酒精纱布保护针孔，安置牵引弓进行牵引。如用骨圆针作牵引时，必须用手摇钻穿针，禁用锤击，以免骨质劈裂。牵引重量为7～8千克，维持量3～5千克。（图10-14）

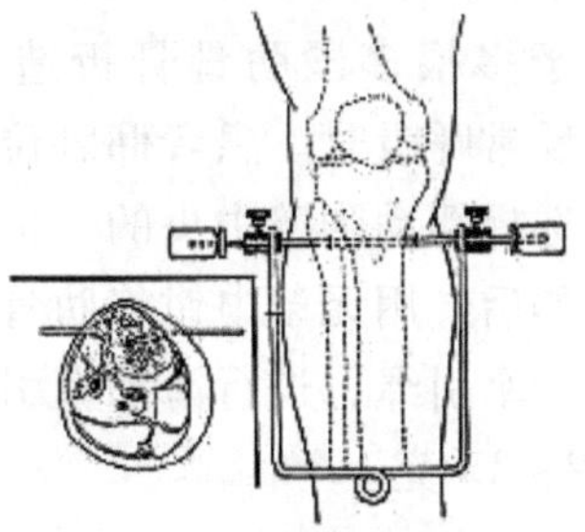

图10-14 胫骨结节牵引

⑤跟骨牵引

适用于胫骨髁部骨折、胫腓骨不稳定性骨折，踝部粉碎性骨折、跟骨骨折向后上移位、膝关节屈曲挛缩畸形等。将伤肢置于牵引架上，小腿远端垫一沙袋使足跟抬高，助手一手握住前足，一手握住小腿下段，维持踝关节中立位。内踝尖与足跟后下缘连线的中点为穿针部位，或者内踝顶点下3厘米处，再向后画3厘米长的垂线，其顶点即是穿针处。以甲紫标记，常规消毒铺巾，局部麻醉后，以手摇钻将骨圆针自内侧钻入，直达骨质。注意穿针的方向，胫腓骨骨折时，针与踝关节面呈15度，即进针处低，出针处高，有利于恢复胫骨的正常生理弧度。在此角度上旋转手摇钻，骨圆针缓慢贯通骨质，并穿出皮肤外，酒精纱布覆盖针孔，安装牵引弓进行牵引。跟骨牵引成人最好用骨圆针，骨圆针较克氏针稳妥，不易拉豁骨质。牵引重量为3～5千克。（图10-15）

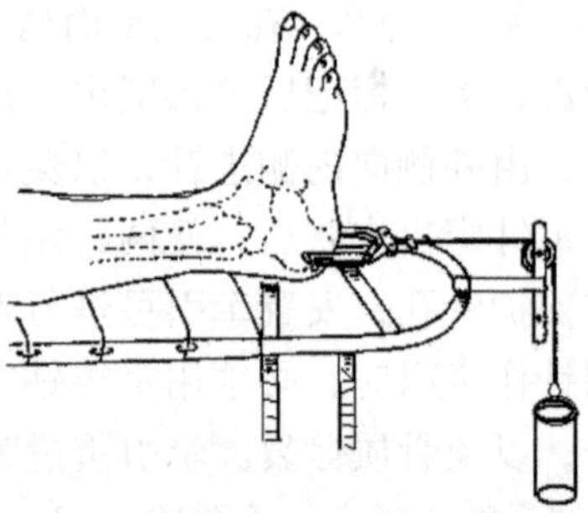

图10-15 跟骨牵引

⑥肋骨牵引

适用于多根多段肋骨骨折造成浮动胸壁，出现反常呼吸时。患者仰卧位，常规消毒铺巾，选择浮动胸壁中央的一根肋骨。局部浸润麻醉后，用无菌巾钳将肋骨夹住，钳子一端系于牵引绳，进行滑动牵引。牵引重量一般为2～3千克。

3. 注意事项

（1）牵引装置安置完毕后将牵引针两端多余部分剪去，并套上小瓶，以防止针尖的损害。

（2）注意牵引针两侧有无阻挡，如有阻挡应及时调整，以免减低牵引力。

（3）经常检查针眼处有无感染，为防止感染，隔日向针孔处滴75%酒精2～3滴。如感染明显又无法控制，应将其拔出，并根据病情采用他法。

（4）注意牵引针有无滑动或将皮肤拉豁。此种情况多见于克氏针，应及时调整牵引弓或重新更换。

（5）注意肢体有无溃疡。

（6）鼓励患者及时练习肌肉运动和指（趾）功能锻炼。

（7）每天测量肢体长度与健侧比较。

（8）在牵引最初数日，应及时进行X线透视或摄片，以便及时了解骨折对位情况，如对位不良，应相应调节牵引方向或重量。牵引重量应一次加到最大量，以矫正骨折重叠移位。如系关节挛缩可逐渐增加重量，但应注意肢体运动情况及有无血液循环障碍。

## 【思考题】

### 1. 关键性思考和讨论

（1）颈椎牵引时患者体位是如何影响牵引角度？如何选择最佳牵引体位？

（2）腰椎牵引时患者体位是如何影响牵引角度？如何选择最佳牵引体位？

（3）牵引效果受哪几个关键因素影响？

（4）如何针对不同类型颈椎病选择设定牵引参数？

### 2. 实验操作练习

（1）三个同学一组分别操作颈腰椎牵引程序，一人演治疗师，一人演患者，一人负责监督检查操作程序是否规范。

（2）练习利用功能牵引网架进行肩肘腕和髋膝踝六关节的功能牵引。

（3）指导颈腰椎病慢性恢复期患者正确地进行家庭牵引和自我牵引。

◎ **参考文献**

[1]纪树荣.运动疗法技术学[M].北京：华夏出版社，2004.

[2]燕铁斌.物理治疗学[M].北京：人民卫生出版社，2008.

[3]缪鸿石.康复医学理论与实践[M.上海：上海科学技术出版社，2000.

[4]岳寿伟.腰椎牵引[J].中华物理医学与康复杂志，2006，28（6）：429-431.

（汪学红）

# 第十一章　神经发育疗法

【学习目标】
1. 了解神经发育疗法的基本原理。
2. 掌握Bobath疗法的基本治疗技术。
3. 掌握Brunnstrom疗法的基本治疗技术。
4. 熟悉上下肢PNF技术的操作要点。
5. 了解PNF技术在体育运动中的应用。

## 第一节　概　述

神经发育疗法（Neurodevelopmental treatment，NDT）是根据神经生理学与神经发育学的理论，应用特殊的运动模式、反射活动、本体感觉和皮肤刺激等来抑制异常的运动模式、促进正常的运动，或顺应中枢神经损伤后运动功能恢复的规律，促进运动功能的恢复，以治疗神经、肌肉疾病，特别是中枢神经损伤导致的运动功能障碍的一类康复治疗方法。在康复治疗中应用较普遍的方法有Rood 方法、Bobath技术、Brunnstrom技术、神经肌肉本体促进技术（proprioceptive neuromuscular facilitation，PNF）和运动再学习法（Motor relearning theory）等。每种方法都有不同的理论和技术，但近来各种方法趋于同化，临床应用也多整合使用，本教材主要介绍Bobath技术、Brunnstrom技术、神经肌肉本体促进技术（proprioceptive neuromuscular facilitation，PNF）和运动再学习疗法。

### 一、神经发育疗法治疗技术共同特点

**1. 治疗原则**

以神经系统损伤或疾病为治疗重点对象，将神经发育学、神经生理学的基本原则应用到运动功能障碍的康复治疗中。

**2. 治疗目的**

把治疗与功能活动特别是日常生活活动结合起来，在治疗环境中学习动作，在实际环境中使用已经掌握的动作并进一步发展技巧性动作。

**3. 治疗顺序**

按照运动功能发育顺序由头侧向尾侧、由近端向远端、由粗大运动向精细运动的顺序治疗，将治疗过程视作学习和控制动作的过程。在治疗中强调先作等长练习，后作等张练习；先练习离心性控制，再练习向心性控制；先掌握对称性的运动模式，后掌握不对称性的运动模式。

**4. 治疗方法**

应用多种感觉刺激，包括躯体、语言、视觉等，并认为重复强化训练对动作的掌握和控制及协调具有十分重要的作用。

**5.工作方式**

强调早期治疗、综合治疗以及各相关专业的全力配合，以患者为中心组成工作组的形式开展治疗与训练，并重视患者及其家属的主动参与。

## 二、神经发育疗法相关基本概念

1.运动模式：所完成的动作是按照中枢神经系统事先编排好的程序进行并达到某种程度的自动化。

2.共同运动：中枢神经系统损伤后的患者出现的异常的协同运动，又称联带运动，是患侧肢体肌群以错误的时空关系与力量收缩产生被组织在一起的结果，即不能随意、独立地进行单关节运动，代之以肢体刻板的整体运动。

3.联合反应：中枢神经系统损伤后的患者当健侧身体某一部位进行抗阻力运动或主动用力时，患侧肢体所产生的异常的自主性反应，是丧失随意运动控制的肌群出现的一种张力性姿势反射。

4.联合运动：通常在要加强身体某部位的运动精确性或非常用力时出现，见于正常人。

5.分离运动：中枢神经系统损伤后患者恢复期共同运动模式已逐渐减少，逐渐出现相对独立的、随意的关节运动，有部分分离和完全分离运动形式，具体运动形式将在Brunnstrom功能分级中详细描述。

## 三、有关脑卒中康复研究的进展情况

### （一）基础理论研究方面

以脑和脊髓的可塑性和有关痉挛的研究为中心，在脑和脊髓的可塑性（plasticity）方面，主要集中在：

#### 1. 突触的可塑性

功能上主要以易化（facilitation）理论为中心，研究突触膜电位在时间和空间上叠加和积累的变化，在细胞水平解释兴奋和抑制现象，理解休眠和活化突触的存在和暴露（unmasking），即潜伏神经通路的启用，揭示易化的本质为神经元的基因表达增加。

形态上主要表现为轴突的发芽（sprouting）和树突量的增加；集中在神经生长因子的作用研究上，解释树突和轴突突触量可以增加的事实。

**2. 失神经支配后的超敏感性（denervation super-sensitivity）是神经元胞体可塑性的一种表现。**

#### 3. 学习和记忆

（1）主动性：不管是真正意义上的主动还是在本能强迫下的“主动”，个体主动地实施某种活动是“学会”的基础。没有主动性的“被动性”活动，学习的效果是很差的。

（2）实践性：要想“学会”，必须反复实践，不断地在使用中“学习”。因此，学习的过程具有明显的“使用依赖性”。例如：不实际主动地去活动运动器官，就不可能学会复杂的运动功能。

（3）重复性：功能或技能的形成或巩固，需要不断地重复，需要在相当长的时间内反复实践。因此，学习的过程具有明显的“时间依赖性”。例如：学会弹钢琴绝不是十天半个月的事。

（4）适量性：学习的刺激要有恰到好处的强度（或难度）。在特定的时间里只有恰当强度的刺激才能取得最佳的学习效果。因此，学习的过程又具有明显的“强度依赖性”。循序渐进是人人都懂得的道理。

（5）刺激的丰富性：为了强化地学习某种功能，需要把多种刺激按该功能的需要在时间和方向上叠加起来。例如：为了学习外语，听、说、读、写都要用上才能学好。

可见，中枢神经系统这种记忆和学习的能力是建立在脑的可塑性基础上的。如果没有神经元和神经突触在形态和功能上的重塑，就没有神经元之间广泛联系的重塑，也没有大脑功能区域的重塑……人类就不可能“学习”。

#### 4. 中枢神经对运动的复杂和双侧支配

近年来，对于大脑皮层运动区的了解有了很大的提高。除了中央前回的4区把来源于大脑其他部分的指令转换成信号并编码成各种运动信息，通过皮质脊髓束直接引起肌肉收缩外，已经至少发现大脑有6个区域参与了随意运动的形成。4区被称为“初级运动区”或“一次运动区”（Primary motor areas，M1），而其他区域被称为“次级运动区”或“二次运动区”（Secondary cortical motor areas）。后者包括：

（1）补充运动区（Supplementary motor area，SMA）：额上回中后部大脑半球的内侧面上。PET和FMRI证实：在简单动作时，对侧SMA激发但血流量明显少于M1区；在复杂动作时，则M1和双侧SMA均明显激发；而在假想的复杂动作时，M1激发不明显而双侧SMA明显激发，Pre-SMA相对激发。可见SMA与高级随意运动相关（特别是运动和语言的启动；运动皮层的传入-传出偶联，即动作的顺序性计划和执行；凭借记忆组织的复杂运动序列）。

（2）前补充运动区（Pre-SMA）：又分为吻部（额上回内侧面）、尾部（SMA-Proper，通过前连合、前后连合连线的垂线之前方20毫米处）。Pre-SMA偏向于运动的记忆（如感觉的辨别、判断、运动的选择和运动的学习）；而SMA-Proper则在运动的启动和执行中起重要的作用。

（3）前运动区（Pre-motor cortex，PM）：6区的外侧面。在感觉条件（视、听、触觉等）下的运动学习中起重要的作用。可见补充运动区在自发的随意运动中发挥作用，而前运动区在感觉条件下的随意运动中发挥作用。

（4）扣带回运动区：在额叶内侧面，可分为吻部（CMAr）和尾部（CMAc）。明显与先行于运动的细胞活动有关，既有与一次运动区的直接联系，也有直接与脊髓投射区的联系。详情还有待于进一步的研究。

（5）顶叶5、7区：可能与神经心理学的运动有关。例如引导注意力转向视觉空间中的物体。

（6）额叶前部（PF）：额叶内侧面前部，与Pre-SMA和SMA-Proper前后依次排列。似与意识活动支配的随意运动有关，有待进一步研究。

**5.区域性功能重组（functional reorganization）**

解释区域性功能代偿或替代的问题。另外这种功能重组可能是与外界刺激的程度（时间依赖性和强度依赖性）、环境刺激的丰富性有密切的关系。定向性的重复训练（使用依赖性）可以重塑大脑皮层的神经元联系。许多研究发现即使在成年动物的大脑皮层也具有化学和解剖学的可塑性。饲养在较复杂环境中的动物较之一般条件的动物来说，其每个神经元都有较多的树突分支和突触以及对营养因子有更高的基因表达。而病灶周围组织的功能重组则已经可以充分地得到实验和影像学证据的证实。因此在成人，使用依赖性脑功能重组具有重要的意义。

其他：神经生长因子；神经干细胞；脑细胞移植等的研究正在进入临床阶段。

## （二）脑卒中的康复评定问题

临床治疗医学针对的是“疾病”（治愈或稳定病情），而康复医学针对的是“功能”（ICF三个水平上的功能）。因此，强调康复评定应在三个不同的功能水平上进行。

1.损伤（残损）的评定：如Fugl-Meyer，MAS 等量表在偏瘫时的应用。可以说在脑卒中的残损评定量表方面，已开始走向成熟和趋于一致。在偏瘫的康复评定上，由于常会引起误解，因此临床一般不使用徒手肌力检查。

2.活动能力（残疾）的评定：特别是功能独立性评定（functional independence measure，FIM）量表应用的扩大并已成为脑卒中康复后果评定的主要手段。ICF checklist的量表和评分方法已逐步开始应用于临床。

3.社会参与（残障）的评定：总的说来，在脑卒中的残障评定方面，还没有公认成熟的量表。研究和发展生存质量评定量表似乎是一个方向，如主观取向的QOL（subjective - oriented quality of live）评定和疾病相关的QOL（disease - related QOL）评定成为一个热点，建议使用ICF checklist的量表和评分方法。

而评价脑卒中康复的后果（outcome）或效果，目前国际上主要依靠日常生活活动能力和生活质量的提高程度，建议使用ICF checklist的量表和评分方法。

### （三）有关偏瘫康复治疗技术问题

#### 1. 综合性康复措施优于传统的物理治疗方法

传统的物理治疗方法（如Bobath，Brunnstrum，PNF，Rood技术、MRP等神经生理学方法），在过去几十年来曾得到了很大的发展，在一段时间里成为占主导地位的脑卒中康复方法，并且发现有剂量依赖性（强化康复训练可达6小时/天）和使用依赖性。但近年来，一些研究认为综合性康复措施在偏瘫的康复效果上，优于传统的物理治疗方法。如部分减重的步行运动、功能性电刺激、兴奋运动的药物、抑制痉挛的药物、生物反馈等与神经生理学疗法的综合应用，在运动功能的恢复上优于单纯地应用神经生理学方法。

#### 2. 强制性使用运动疗法

（1）概　念

由美国Alabama大学神经科学研究人员通过动物实验而发展起来的治疗上运动神经元损伤的一种训练方法。20世纪60～70年代主要在实验室内使用，80年代后经过临床验证，发现此方法可以明显提高脑损伤慢性期患者患侧上肢完成运动的质量，增加患侧上肢的使用时间。强制性使用运动疗法的基本概念是在生活环境中限制脑损伤患者使用健侧上肢，强制性反复使用患侧上肢。该疗法的优点是需要的人力（投入）少，花费少，能达到较好的治疗效果。其理论基础来自于行为心理学和神经科学的研究成果“习得性失用（learned non-use）”的形成及其矫正过程。

（2）适应证

强制性使用运动疗法主要针对上肢的功能，但目前认为减重步行训练也是针对下肢的强制性运动训练。目前，强制性使用运动疗法主要用于慢性期脑卒中患者（发病6个月～1年后）的上肢治疗。被治疗患者的上肢至少要具备伸腕10度，拇指掌侧或桡侧外展10度，其余4指中任意2指的掌指和指间关节可以伸10度。患者没有明显的平衡障碍，能自己穿戴吊带（一般第1天在治疗人员监督下练习如何操作），能安全地戴着吊带走动。无严重的认知障碍，如感觉性失语、注意力不集中、患侧忽略、视觉缺陷、记忆障碍。无严重合并症，无严重的痉挛和疼痛。

（3）治疗方案

①限制使用健侧，用休息位夹板或吊带将健侧上肢固定，每天在清醒时的固定时间不少于90%，持续12周。

②强制性使用患侧，实施“针对性治疗（shaping procedure）”，训练患者使用患侧上肢，每天6小时，每周4次，持续2周。“针对性治疗”是指根据患者的具体运动障碍，选择适宜的治疗活动。如果患者在一开始不能完成该项活动，则将运动按顺序分解，并帮助患者完成该序列活动。在完成过程中，对患者的任何改善均给予及时、清晰的语言反馈。凡参加治疗者，均需要签署同意书，保证在14天内，90%的非睡眠时间均要使用吊带固定健侧肢体，同时接受10天（每周5天）根据患侧上肢状况的治疗。

#### 3. 作业治疗（occupational therapy，OT）

作业治疗的作用和规模明显增加，以至在国外一些康复医疗单位中OT的规模甚至超过了PT，这主要是因为以个体活动功能和社会参与功能的评分为主要的后果评价手段时，用手从事的作业活动所占的比重较大，而且手功能的恢复也比较困难。

## 第二节　Bobath技术

Bobath治疗技术是英籍德裔物理治疗师Berta Bobath 根据“运动发育控制理论”，经过多年的康复治疗实践而提出的方法，流行较广，被认为是20世纪中治疗神经系统疾病，特别是中枢神经系统损伤引起的运动障碍最有效的方法之一，主要用于治疗成人偏瘫和儿童脑瘫。Bobath治疗技术主要特点是在患者身上选出一些控制运动的关键点（Key point），对痉挛的部分采用反射抑制模式（reflex inhibiting pattern，RIP）进行抑制，待痉挛被控制以后，让患者进行运动的、小范围的、不太用力的和不引起痉挛的关节运动，或通过平衡、翻正或保护反应引出运动，其后再利用让肢体负重并在负重的肢体上取得平衡，被动或主动地将肢体停放在关节活动范围的任一点上，在此位置上控制住不动，并在此点上主动上升和下降，然后再复原等，用这样的方法训练对运动的控制，最后进行各种有意义的日常生活活动训练，逐渐向正常运动过渡。

## 一、Bobath治疗技术的特点

### （一）先评定后治疗

1.在不同位置和运动中，姿势和肌张力的变化。

2.异常的姿势和运动模式表现如何？何种占优势？

3.功能和残疾的情况。

### （二）明确治疗目的

1.是要降低？增高？还是稳定姿势张力？

2.哪些异常运动模式需要抑制？哪些需要促进？

3.哪些是患者将要准备训练的功能性技巧性活动？其先后次序如何？

### （三）主要观点

1.中枢神经系统病损后，在通常状态下脊髓和脑干不应出现的异常姿势反射由于失去控制而释放，常表现为异常的姿势和运动模式，干扰了正常的运动，因此要用反射性抑制模式对之进行抑制，否则正常的运动难以发生。

2.中枢神经系统病损后，难以产生或不能产生主动的运动，在抑制了异常运动之后，要运用各种促进技术进行促进，当出现运动后，要按运动发育的程序从低级到高级进行促进和训练，促使正常运动功能的恢复。

3.要尽量应用患侧，不主张用健侧代偿。

4.对痉挛和弛缓分别对待：对痉挛采用抑制的原则；对弛缓采用促进的原则。

5.物理治疗要和作业治疗和护理方法相结合。

## 二、治疗的对策

有关治疗的方法见表11-1。

表11-1　Bobath 疗法的原则

| | 表现 | 处理原则 | 具体方法 |
|---|---|---|---|
| 正常不应出现而病后出现的 | 异常的运动模式，如上肢的痉挛模式：内收、内旋屈肘、前臂旋前、屈腕指、内收拇指；下肢的痉挛模式：外展、内旋、伸髋及膝、跖屈踝、上抬骨盆 | 抑制 | 反射性抑制模式（RIP），上肢：外展、伸肘、前臂旋后、伸腕指；下肢：内收、内旋、屈髋及膝，背伸踝 |
| | 联合反应：如训练下肢屈曲时，同侧上肢出现痉挛和屈曲；健手用力时，病手屈曲、痉挛等 | 抑制 | 训练下肢时，用Bobath式握手，用健手将病手伸展过头处于伸展位；健手用力时，将病手固定不动等 |
| | 异常的姿势反射：常见的有不对称性紧张颈反（ATNR）：头转动时，面向侧肢体伸展；头向侧肢体屈曲。<br>紧张性迷路反射（TLR）：仰卧促进伸肌；俯卧位促进屈肌等 | 抑制、避免或暂时利用 | 需伸肘时，头转向肘侧；需促进屈肌时，采俯卧位；为避免影响伸肌或屈肌的张力，采用侧卧位等 |

续表

| | 表现 | 处理原则 | 具体方法 |
|---|---|---|---|
| 正常应出现而病后减弱或消失的 | 正常的反应如平衡、伸展防护反应、翻正反应等的减弱或（和）消失 | 促进 | 在坐位、跪立位、站立位上，以及在平衡板或Bobath球上训练平衡、伸展防护和翻正等反应 |
| | 肌张力的减弱（和）消失 | 促进 | 采用轻拍、压缩关节、牵张关节等触觉和本体感觉的刺激 |
| | 正常的各种运动 | 促进 | 先抑制痉挛，然后小范围地、不用力地伸屈关节、在肢体上负重、平衡、进行定位放置和控制训练，成功后再进行日常生活活动训练 |

## 三、治疗程序

### 1. 痉挛型

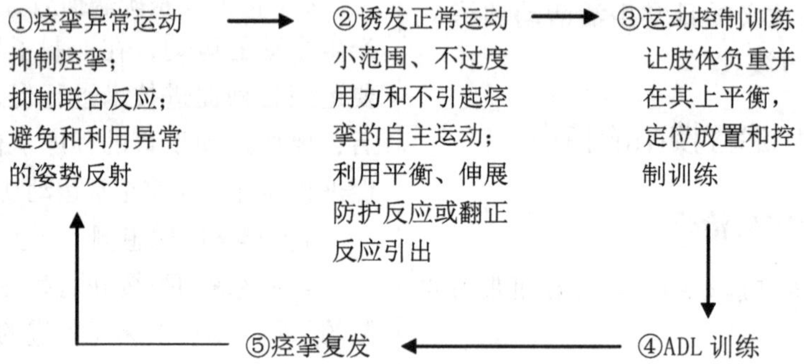


### 2. 弛缓型

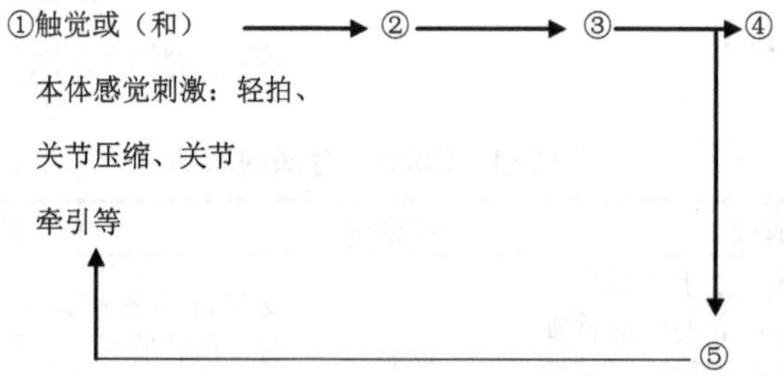


## 四、常用的技术

### （一）控制的关键点

是治疗者改变患者异常的运动模式，抑制痉挛，引导患者进行主动运动时操纵患者的关键部位。近端的有颈、脊柱、肩、骨盆、胸骨柄、肩胛骨等；远端的有：指、趾、腕、踝等。

## （二）反射抑制模式（reflex inhibiting pattern，RIP）

### 1. 基本原理

（1）兴奋痉挛肌本身的高尔基腱器，对痉挛肌产生抑制性的影响：RIP时往往对痉挛的肌肉施加一种与它本来收缩方向相反的牵张力，如肱二头肌痉挛引起屈肘时，RIP却使之伸肘，结果肱二头肌在痉挛收缩的基础上又受到进一步的牵拉，致使其肌腱部的高尔基腱器兴奋，冲动经Ⅱb传入纤维传向脊髓前角α细胞，向痉挛肌发出抑制性冲动，使痉挛肌松弛。

（2）通过交互抑制：RIP帮助痉挛肌的对抗肌收缩，通过交互抑制，使痉挛肌松弛。

（3）通过痉挛让步于运动的原理：痉挛让步于运动的原理，已是一种公认的事实。因痉挛往往使人处于一种静止状态。而运动不仅是动态的，而且需要各种肌肉（包括痉挛肌的对抗）的协调运动、关节的屈伸、肢体的旋转等，在这些运动中，痉挛肌不断地受到对抗，因而受到了抑制。

### 2. 常用的反射抑制模式

（1）手：让患者双手掌心相对，十指交叉地握手，患侧拇指在健侧拇指的上方。其作用是防止患臂旋前，使患指在掌指关节处伸展，使患拇有较大的外展，从而对抗腕、指的屈曲，促进腕、指的伸展，此种形式的握手又称Bobath式握手。（图11-1）

（2）上肢：使患者上肢处于外展、外旋、伸肘、前臂旋后、伸腕或指外展的位置，以对抗上肢的异常屈曲痉挛模式（与痉挛姿势相反，下同）。（图11-2）

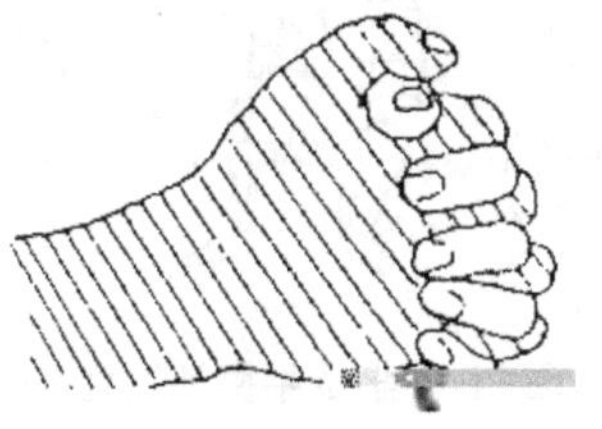

图11-1 Bobath 式握手

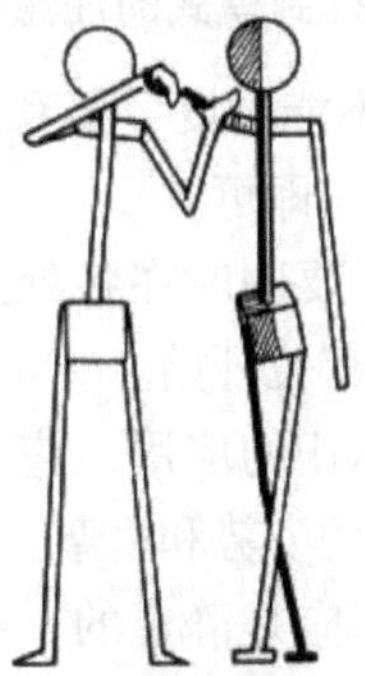

图11-2　上肢反射抑制模式

（3）下肢：轻屈髋、膝，内收、内旋下肢，背伸踝、趾。用以对抗下肢的痉挛模式。

（4）躯干：让患者侧卧，患侧在上，治疗者一手扶其肩；另一手扶其髋，扶肩手向前推；扶髋手向后拉，使肩和髋做反向运动。以牵张患侧痉挛的躯干侧屈肌。（图11-3）

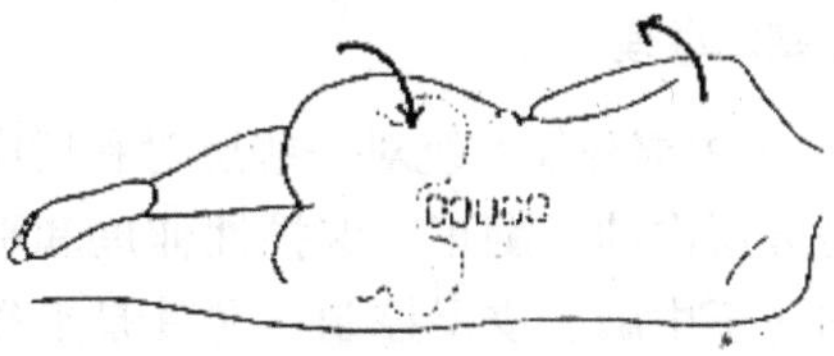

图11-3　躯干反射抑制模式

（5）对抗全身性屈肌痉挛的RIP：让患者俯伏于一楔形垫上，胸部比腹部高，脊柱处于伸展状态，双上肢伸直，外展外旋，高举过头。物理治疗师操纵其上肢或肩胛带，进一步伸展和放置躯干。

（6）对抗全身性伸肌痉挛的RIP：一种方法是让患者采取坐位、膝屈向胸、双手环抱于胫前部、屈颈向膝，物理治疗师在侧方一手扶其背，一手扶其膝，使抱成一团的患者作前后的滚动。另一法使患者仰卧在治疗垫上，物理治疗师在其足端两手分别持患者左右踝上方，前推双下肢使膝髋向其胸部屈曲，术者以胸部抵住患者双足，保持髋膝屈曲，膝向腹，胸接近位，术者腾出双手将患者后伸的手位向前屈。

3. 应用反射抑制模式的注意事项

（1）用力不能过度，要和患者的耐力相一致达到松弛痉挛即可。

（2）RIP不要同时在各处进行，也不应从痉挛最明显的部位开始。

（3）随着RIP的应用，应使患者能自己学会克服其异常的姿势和痉挛。

（4）RIP不应是静止的，应在几个部位上轮流进行或插入其他促进技术。

（5）进行RIP时要注意充分运用头、肩胛、骨盆等关键点。

## （三）运动的促进技术

1. 基本内容

此处所述的促进，指对翻正反应、平衡反应和上肢伸展防护反应的促进，重点是对平衡反应的促进。

2. 基本原理

（1）中枢神经系统对一些反射和反应的控制是分层次的，翻正、保护性伸展和平衡反应均属于中脑、皮层控制，尤其是平衡和视翻正反应，基本上是由大脑皮层控制的，这些在脑损伤后也和随意运动同时减弱或消失，但由于上述反应是在种族发生上长期形成的，在大脑皮层上的运动程序编码建立得比随意运动的较为牢固，因而有可能较易恢复，另一方面这些反应对坐、站、走基本运动功能是基本的和重要的，因此要先促进这些反应的出现，然后再将运动由反应性质向随意性质引导、逐步促进随意运动的恢复。

（2）已如前述，痉挛有让步于运动的倾向，上述反应是由多种运动组成，因此引出上述反应，有助于减轻痉挛。

3. 促进的方法

（1）翻正反应的促进

①头翻正反应：多用于小儿，如A：抓住小儿的双足，头朝下地提起，再缓缓向垫子上放成俯卧位，在此过程中，脊柱髋伸展，由于头翻正反应，小儿应伸颈、抬头。B：治疗师跪坐着，将小儿面对自己并坐其腿上，用手抓住小儿向前伸直的双上肢向前送，使小儿慢慢地向后仰倒，由于头翻正反应，小儿将屈颈抬头。C：让小儿右侧倾地坐在治疗垫上，治疗师抓住小儿伸直的左上肢将他向右侧推，小儿头应向左侧屈曲翻正。

②躯干对头的翻正：亦多用于小儿，如让小儿俯卧伸颈，治疗师位于小儿头端，一手托其颏、指尖指向右或左、另一手扶其头顶，指尖指向左或右，两手缓缓轻柔地向相反方向作揉球样运动，使小儿头沿身体长轴旋转，小儿的身体将随头的转动方向旋转，直到身体和头的方向相一致为止。

（2）平衡反应的促进

平衡反应是当人体突然受到外界刺激而致重心的位置改变时，四肢、躯干出现下意识的运动以恢复平衡的反应。训练平衡反应的原则是：在监护下先将患者被动向各个方向移动到失衡或接近于失衡的点上，然后让他自行返回中位或平衡的位置上。训练可在肘撑俯卧位、手膝位、跪位、立位或站位上进行如图11-4～图11-10所示。

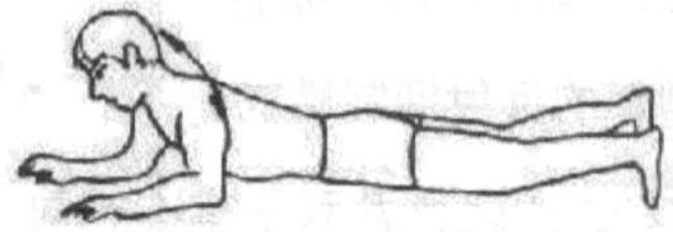

图11-4 肘撑俯卧位平衡训练

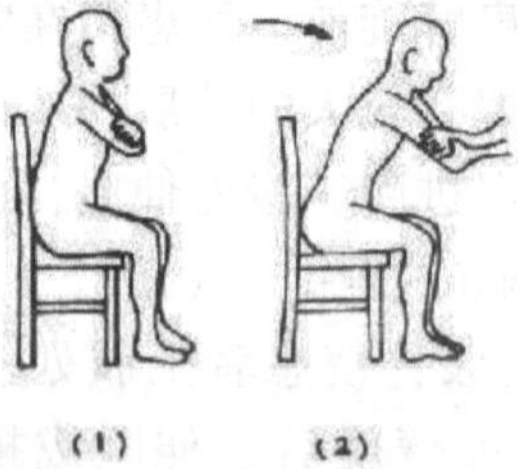


图11-5 坐位平衡训练之一

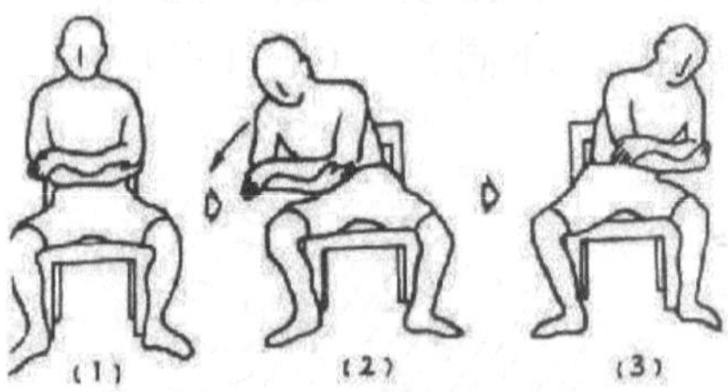


图11-6 坐位平衡训练之二

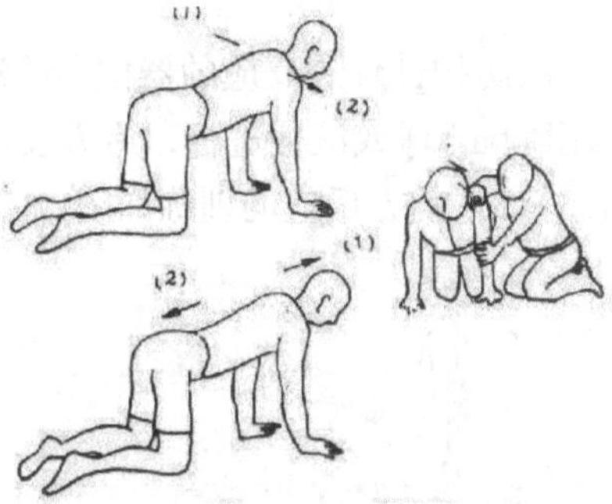

图11-7 手膝位平衡训练之一

图11-8 手膝位平衡训练之二

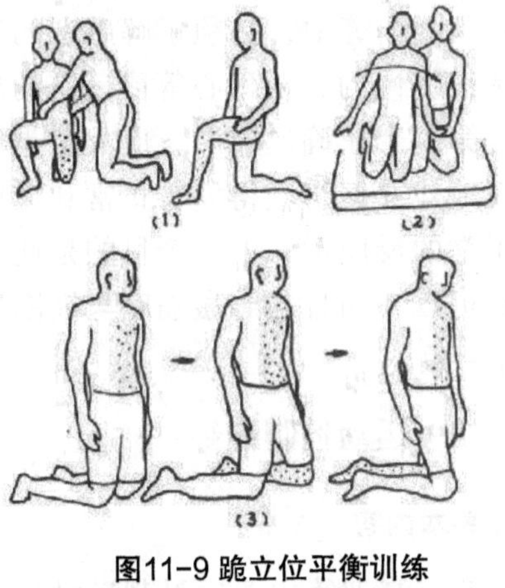

图11-9 跪立位平衡训练

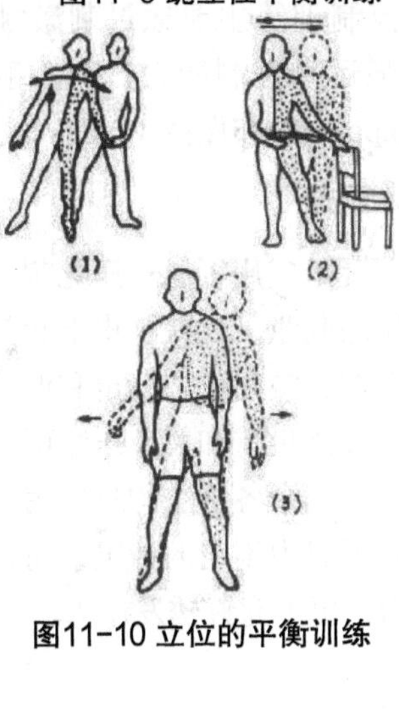

图11-10 立位的平衡训练

平衡反应的训练，可在床、椅、地面等稳定的基础上进行，也可在平衡板上、摇椅、滚筒、Bobath球等活动的基础上进行。一般先在稳定的基础上，之后再在支撑面活动的基础上进行。

训练时要注意：①要从前面、后面、侧面或对角线的方向上推或拉患者，让其达到或接近失衡点；②要密切监控以防意外，但不能把患者扶牢，否则患者不能作出反应。③一定让患者有安全感，否则因害怕、紧张而诱发出全身痉挛。

（3）防护反应的促进

指身体突然被推动失去平衡时，四肢伸出防护跌伤的反应。训练时一般以上肢为主，训练可徒手或借助圆塑料滚筒、大体操球等器械训练。

①上肢的防护性伸展反应的徒手训练法

前方的：正常人在跪立位时，若被人从后方推向前方失去平衡时，两上肢向前伸出，手掌着地以防跌倒，训练患者时让患者采取手膝位、术者在后方把持患者双肩部。（图11-11）

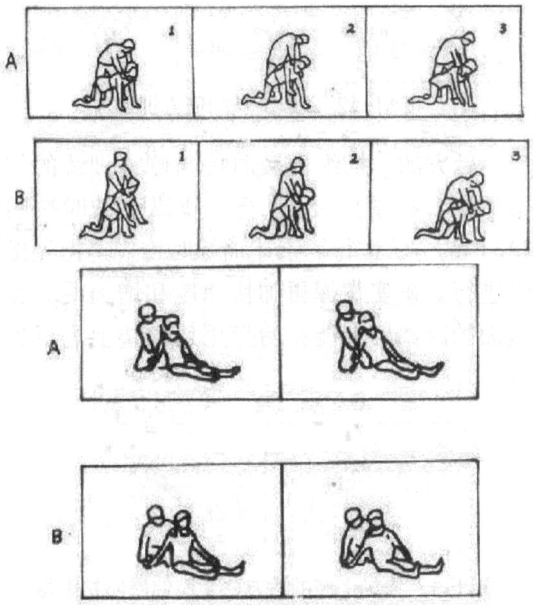

图11-11 一侧（A）和两侧（B）的训练法

先做一侧的训练（图11-11A），术者右手将患者肩提起（图A之②），使右手掌离地、此时患者右上肢应伸肘、腕背伸，手指伸展、术者放松右手，患者右手掌落回地面（图A之③）。开始时速度要慢。以后逐步加快，并要逐步加大手掌与地面的距离，右上肢训练后再如法训练左上肢，接着按（图B）进行双侧训练，直到跪立位也能做出这种反应为止。

侧方的：正常人在长坐位下，双手放膝上时，如被推向一侧失去平衡，倾跌侧的上肢将伸出，手背屈、手指伸开、准备着地以防跌伤。训练右侧的反应时，患者采取长坐位，左手掌放一膝上，术者位于患者的右后方如图11-11。左手持患者肩、向患者右手掌的方向推，使患者体重右倾，右手持患者的右肘、防止屈曲、以便左上肢能负重（图11-11A）。如伸肘困难，术者可用右手轻叩患者肘部伸肌群，然后返回原位，再次进行，每次改变手的着地点，接着改为肩手操纵法（图11-11B），令患者体重右移，握患者右手掌使着地，亦不断改变手的落地点。一侧训练完毕，用同法训练另一侧，侧方的训练也可操纵下肢。（图11-12）

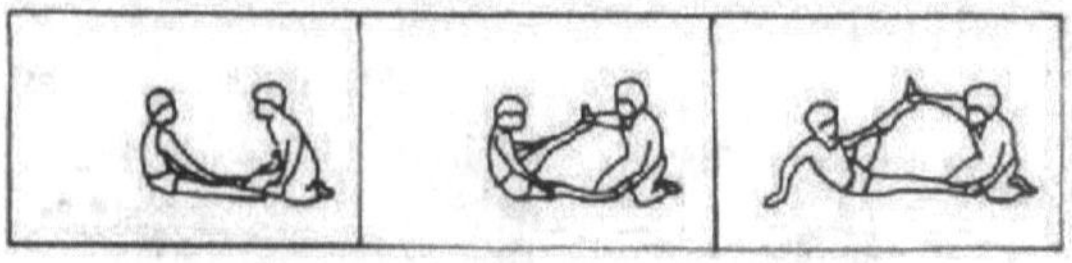

图11-12 操纵下肢的侧方训练

后方的：操纵上肢肘按与侧方训练的相似原则，按图11-13进行。操纵下肢时按图11-14的方法进行。上述训练时均应遵循先慢慢进行。确实掌握再加快速度和增大手掌和地面的距离，如能在治疗用运动垫上进行更好。

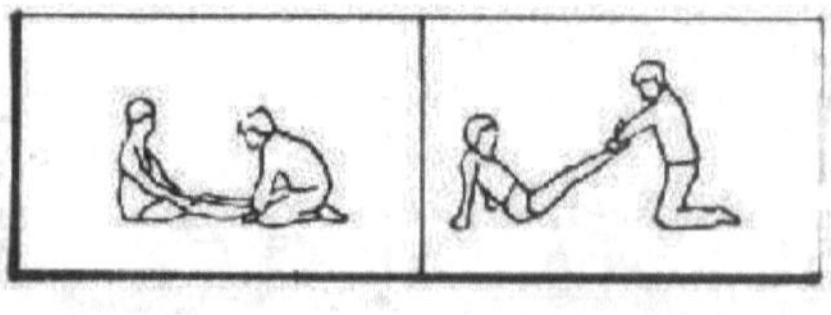

图11-13 操纵上肢的后方、上肢伸展防护训练

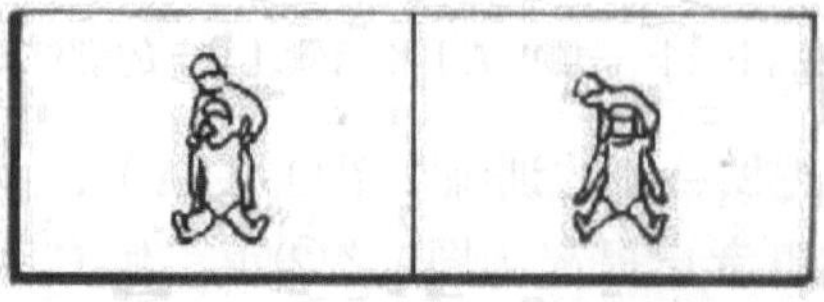

图11-14 操纵下肢的后方、上肢伸展防护训练

②上肢防护性伸展反应的器械训练法：

常用Bobath球或滚桶进行，后方反应的训练如图11-15，前方反应的训练如图11-16。

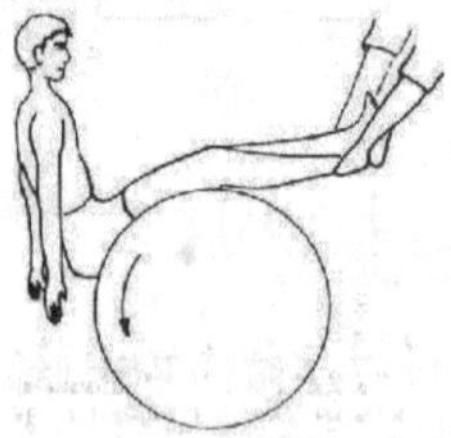

图11-15 Bobath球后方反应训练

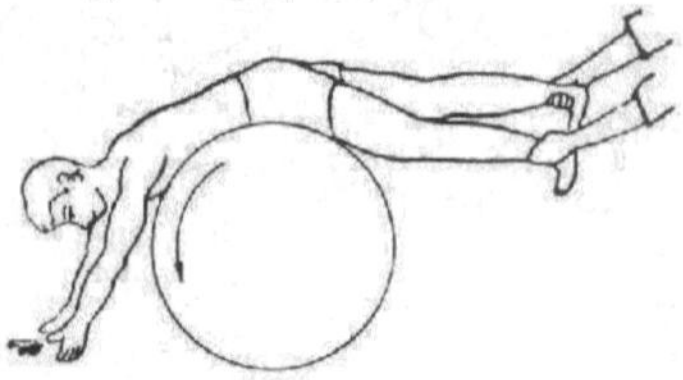

图11-16 Bobath球前方反应训练

其方法是患者伏在大球上，术者持其双腿加以操纵，当术者前推患者时，球沿箭头转动，患者头向地接近，双手前伸以作防护。

在以上训练中，必须了解患者的反应，起初是很缓慢的，要耐心等待反应的出现，当获得第一个正确反应后，应大量重复以使之牢固地建立。当获得姿势正常和反应速度接近正常的反应后，下一个目的是使之反应迅速和可靠，而且与刺激强度与周围环境的需要相一致。

### （四）运动控制训练

#### 1. 基本内容

运动控制训练主要通过刺激触觉和本体感觉来加强运动控制能力，刺激手法主要包括轻拍（tapping）和保持（holding）。

#### 2. 基本原理

轻拍无疑是应用了触、压觉刺激，肢体负重和关节压缩刺激了皮肤、皮下和关节的压力和本体感受器，空间位置确定和保持均与位置觉有关。除肢体负重和关节压缩可用痉挛尚未完全消除外，其余各手法均只适用于痉挛已完全消失，留下肌力不足的情况，而且进行中不能过度用力，更不允许诱发痉挛。

3. 基本方法

肢体负重和关节压缩是刺激本体感受器，一方面增加患者对肢体的控制；另一方面在肢体一侧出现肌肉痉挛时，负重可改善伸屈肌间的平衡，增加肢体的稳定性；再者，使骨负重时防止骨质疏松等并发症的出现。关节压缩是在因故不能负重时采用的一种代替办法，但也可在肢体负重时加强刺激而附加地应用，具体应用如下。

（1）促进对患侧上肢的控制，患者采取坐位，患侧上肢外旋、伸展、伸肘、前臂旋后、伸腕指、支托在床面上负重、术者在患者肩上沿上肢长轴施加关节压缩，并让患者在负重情况下轻微地伸屈肘关节。

（2）改善站、走时膝关节的不稳定：让患者坐在靠椅上、伸患侧腿、术者一手托住患侧踝，用托踝的手沿患侧下肢的长轴作关节压缩，如力量不足，可用术者膝部顶住托踝的手背协助以增加压力，在加压的情况下，让患膝作5~10度的小范围伸展。

（3）为下肢站立做准备：让患者采取坐位，屈膝90度，足平放于地板上，术者在患者膝上加垂直向下的力，以进行关节压缩。

（4）空间定位放置：是让患者按要求将肢体平稳地控制在空间各指定的位置上，初期可能因控制不良而使肢体逐步下落，此时治疗师可在肢体下落方向上加轻拍，使之返回规定的位置上。

（5）保持：是肢体位置在空间确定后，患者用力保持在这一位置上，使之维持一段时间，在此期间肢体肌肉实际上是进行一种等长收缩。

（6）轻拍：常辅助应用，如在患者走路前后平衡不佳时，术者可站在患者侧面，一手靠近其胸前，一手靠近其背后，当患者前倾时，靠近胸的手向后轻拍，向后倾时靠近背的手向前轻拍，是使之保持平衡的一种有效方法。

Bobath主要在治疗前要对患者的姿势、运动进行评价，找出阳性（正常不应出现的反射和反应）体征和阴性（正常应出现而现在消失的反射和反应）体征，对阳性体征在治疗中贯彻用RIP等抑制技术，对阴性体征在治疗中贯彻促进的技术。另在治疗中依据不同情况应用感觉刺激，另一方面Bobath主张把运动疗法与作业疗法，言语治疗和护理密切结合。

## 第三节 Brunnstrom技术

Brunnstrom方法是美籍瑞典治疗师Signe Brunnstrom在广泛复习文献资料的基础上，结合临床观察和应用而创立的一种治疗脑损伤后运动障碍的方法。

其治疗思路与Bobath的相当不同，Bobath认为脑卒中后出现的刻板连带运动和联合反应等都是异常的运动模式，应设法抑制和避免。Brunnstrom则认为这些动作在运动发育早期是正常存在的，这些模式是在正常随意运动恢复之前患者必须经历的过程中的一个必然阶段；在脑卒中后，应视为功能恢复过程的一部分。并认为脑卒中后高级运动功能的恢复也出现在这些粗大的屈伸协同之后，因此认为在恢复期（Ⅰ~Ⅱ期）应当帮助患者去控制和利用这些模式以获得一些运动反应，一旦这些协同动作能较随意和自由地进行，它们就可以被修正，最终才有可有摆脱这些模式而变为正常模式。

### 一、基本观点

1.认为联合反应和异常的协同动作是脑疾患后，运动功能正常恢复顺序中的一部分，应予利用而不是加以抑制。

2.在偏瘫的恢复初期，由于中枢神经系统功能障碍，使高级中枢对动作的修正受到影响，另因肢体的原始反射重新出现，乃出现联合反应和协同动作Brunnstrom认为这些作用和反射可用来引起肌肉反应，然后将之与主观努力相结合，产生出一种有被加强的半自主运动。因此在无随意运动时，应充分利用本体感受和体外皮肤刺激诱发协同动作，以及利用联合反应引起患侧的肌肉收缩，当已确立了某种程度的协同动作后，则用各种方法抑制协同成分，使其分离为较单一的动作，最后去分别训练。

3.意识和感觉在恢复中有重要作用，Brunnstrom认为偏瘫不仅是运动功能障碍，更重要的是感觉上的障碍，认为运动障碍是由感觉障碍所引起的，所以可称为是感觉运动障碍。此观点已被Mptt，Sherrington等的研究所支持。因此在功能恢复中必须强调意识集中，充分利用感觉和视听觉的反馈，以及主动的参与。

## 二、理论基础

**1. 中枢神经损伤后将出现刻板的联带运动模式**

CNS损伤后运动功能有向人类进化早期的方向退步的趋势，屈肌和伸肌出现一种在进化过程中保留下来的类似于两栖类动物姿势的原始模式－刻板的联带运动（stereotypic synergies），而不是正常的协同动作，其表现如表11-2。

表11-2　CNS损伤后刻板的连带运动模式

| 屈肌协同动作 | 伸肌协同动作 |
|---|---|
| **上　肢** | |
| 肘：屈曲 | 肘：伸 |
| 前臂：旋后 | 前臂：旋前 |
| 肩：外旋<br>外展 | 肩：内旋<br>内收 |
| 肩胛带：后缩 | 肩胛带：前伸 |
| **下　肢** | |
| 跗：背伸 | 跗：跖屈、内翻 |
| 踝：背伸、内翻 | 踝：跖屈、内翻 |
| 膝：屈曲 | 膝：伸 |
| 髋：屈曲<br>外展<br>外旋 | 髋：伸<br>内收<br>内旋 |

**2. 脑卒中后偏瘫的运动功能恢复的特点**

Brunnstrom总结的脑卒中后上下肢功能恢复过程的变化等级如表11-3所示。

表11-3　Brunnstrom脑卒中运动功能恢复阶段

| 阶段 | 前臂 | 手 | 下肢 |
|---|---|---|---|
| Ⅰ | 无任何运动 | 无任何运动 | 无任何运动 |
| Ⅱ | 仅出现协同运动的模式 | 仅有极细微的屈曲 | 出现极少的随意运动 |
| Ⅲ | 屈肌异常运动模式达到高峰 | 可做钩状抓握，但不能伸指 | 伸肌异常运动模式达到高峰 |
| Ⅳ | 出现脱离协同运动的活动：<br>1.肩0° 肘屈90° 的情况下，前臂可旋前旋后<br>2.在肘伸直的情况下，肩可前屈90°<br>3.手背可触及腰骶部 | 能侧捏及松开拇指，手指有半随意的小范围的伸展 | 1.坐位时可屈膝90° 以上，使脚向后滑动<br>2.坐位时膝关节伸展<br>3.仰卧位髋伸展 |
| Ⅴ | 出现相对独立于协同运动的活动：<br>1.肘伸直时肩可外展90°<br>2.在肘伸直，肩前屈30° ~90° 的情况下，前臂可旋前和旋后<br>3.肘伸直、前臂中立位，臂可上举过头 | 可作球状和圆柱状抓握，手指可一起伸展，但不能单独伸展 | 1.坐位膝关节伸展，踝关节背伸<br>2.坐位，髋内旋<br>3.立位，踝背伸 |

续表

| 阶段 | 前臂 | 手 | 下肢 |
|---|---|---|---|
| Ⅵ | 运动协调近于正常，手指指鼻无明显辨距不良，但速度比健侧慢（但≤5s） | 所在抓握均能完成，但速度和准确性比健侧差 | 在站立位可使髋外展到超出抬起该侧骨盆所能达到的范围；在坐位伸直膝的情况下可内外旋下肢，合并足内、外翻 |

**3. 根据刻板联带运动模式在恢复过程中的变化规律制定的治疗原则**

其内容概括如表11-4所示。

**表11-4 Brunnstrom疗法基本原则**

通过 { 联合反应（AR）、TNR、ATNR、TLR、皮肤、本体感觉等刺激 } → 引起刻板的联带运动 → 加上患者主观上的努力控制 → 成为半自主的协同动作

→ 经过反复的训练及随着病情的改善 → 协同动作逐渐地被修正和抑制 → 逐步脱离刻板的联带运动模式 → 单个或少数肌肉协同的、接近正常的运动（从刻板联带中分离出来的运动）

AR，联合反应（associated reaction）：健侧用力 抗阻收缩，患侧出现类似的紧张性活动。

TNR，紧张性颈反射（tonic neck reflex）：头前屈时上肢屈肌张力上升，下肢伸肌张力上升，头后伸时则相反。

ATNR，非对称性紧张性颈反射（asymmetric tonic neck reflex）：又称拉弓反射，如同拉弓箭时一样，脸朝向侧上肢伸直；枕朝向侧上肢屈曲。

TLR，紧张性迷路反射（tonic labyrinthic reflex）：仰卧时伸肌张力上升；俯卧时屈肌张上升。

## 三、方法与技术

### （一）上　肢

1.患侧伸肌协同动作的引出：患者仰卧，健侧上肢伸直，肩前屈20～30度，使健手抬起，治疗师握健手，抵抗健肢的进一步上抬，患者用力前屈肩以抵抗治疗师施加的阻力，通过AR即可引出患侧上肢的肩前屈和伸直。面部如再转向患侧，由于ATNR的缘故，患侧上肢的伸直将进一步加强。（图11-17）

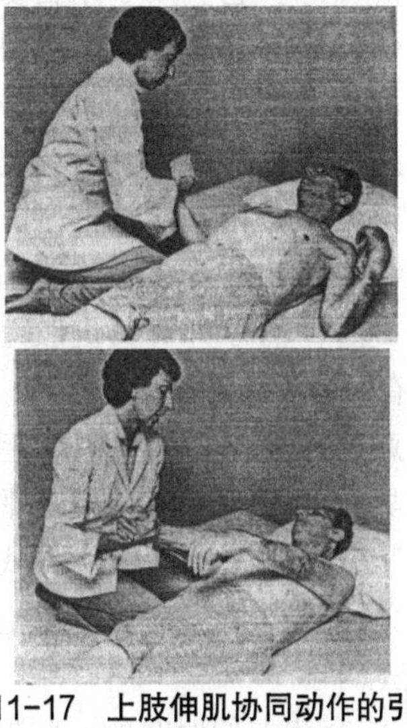

图11-17 上肢伸肌协同动作的引出

2.患侧屈肌协同动作的引出：对患者健侧屈肘施加抵抗，由于联合反应，患侧上肢也屈曲。如面转向健侧，则后枕所对的患侧由于ATNR的作用而使屈曲进一步加强。

3.促进伸肘：患者患侧上肢常呈屈肘状态，伸展困难，起初常无法发动伸肘动作。

4.在Brunnstrom疗法的Ⅰ～Ⅲ阶段可用下

述方法：

（1）利用Raimiste现象引起患侧的胸大肌反应和诱发肱三头肌反应，当患者基本无法开始伸肘动作时可用此法。患者采坐位，治疗师站在其面前，用手将患者双上肢托于前平举位，让患者尽力内旋肩关节，在术者用手在健侧上臂内侧施加阻力的情况下让患者用力内收上臂，由于Raimiste现象，患侧胸大肌将有反应，由于在伸肌协同中，肩和肘紧密相连，胸大肌的收缩将引起肱三头肌收缩。

（2）利用挤压腰部（waist squeezing）动作进一步促进伸肘，在肱三头肌出现收缩后，让患者伸肘，前臂旋前至最大，用力使两手腕背部向内挤压治疗师的两侧腰部。

（3）试随意地伸肘：在“挤腰”训练后，让患者前屈肩30～45度左右，试随意地伸肘。

（4）双侧抗阻划船训练（rowing exercise），这在Brunnstrom疗法的Ⅰ～Ⅲ阶段是很有用的训练。它利用了来自健侧肢体的躯干的本体冲动的促进效应，这种效应对患肢的屈伸和患者难于进行的推、拉或往返运动都有良好的促进作用。其方法是患者与治疗师面对面坐着，相互交叉握手，作划船推拉双桨把手的动作；让患者推时前臂旋前，拉时前臂旋后，治疗师对其健肢施加阻力，等患肢也有运动后，酌情给予阻力。

要注意的是治疗师与患者的握手方式，如患者无异常的抓握反射（触及掌心即反射性的屈指），可用正常的握手方式，如患者有抓握反射，则应采用仅握住拇指和大鱼际的握持方法。

（5）能全范围伸肘时的一些促进伸肘的刺激

①在伸肘前主动或被动地使前臂旋前，因旋后会抑制伸肘。

②在肱三头肌表面皮肤上有力地来回推摩。

③头转向患侧，利用ATNR的作用促进伸展。

④躯干转向正常侧，利用紧张性颈反射（TNR）促进伸肘。

⑤患肢伸肘负重，可坐在床上，用患侧上肢伸肘支撑在侧方床面上，将体重转移到该侧上肢上。

⑥利用紧张性迷路反射，如坐位伸肘有困难，改仰卧位，由于紧张性迷路反射是仰卧时促进伸肌，故易于伸肘。

（6）当能较随意地控制屈伸协同动作时，迅速将这应用到功能活动中去。

①伸肌协同动作：用于健手书写时用患手稳定纸张等物品；患手持衣服让健手穿进袖子；将瓶子等固定在患手和前腹壁间让健手开启瓶盖等。

②屈肌协同动作：可用患手携外衣、公文包，患手握住牙刷，让健手涂牙膏等。

③屈伸肌协同动作的联合交替应用：如擦桌子、熨衣服、使用拖把、使用吸尘器等，后两种动作当然仍需健手支持。

5.Brunnstrom疗法Ⅳ—Ⅴ阶段的训练：此阶段的训练主要集中在修正协同动作和使运动从协同模式中摆脱出来。

前述的划船训练的变形有助于将运动从协同模式中摆脱出来。在划船推拉双桨的运动中，拉时结合了屈肌协同的模式，推时结合了伸肌协同的模式，现对之加以修改，拉时加入肩内收的伸肌协同成分，推时加入肩外展的屈肌协同成分。

另在屈曲协同模式中若肩的部分很明显，则患者的手将不能放到口、头或身体各部，这是由于肩强烈外展、外旋所致，这时必须加入胸大肌的肩内旋成分予以修正，如屈肘时将肘紧压、在身体的一侧以抑制肩的外展；屈肘时将手放到对侧肩，抑制肩外展和激活胸大肌等。

（1）在Ⅳ阶段，臂的类似性质的活动如下。

①将患手背接触后腰部：此动作不仅在沐浴、穿衣、从后裤袋中取物等功能活动中重要，而且还能使胸大肌的作用从伸肌协同模式中摆脱出来，训练时取坐位，先让患

者用手背推摩同侧胁腹部，逐步移向后背中央。

②肩前屈90度使伸直的上肢前平举：若不能摆脱屈肌协同模式或从屈肌模式中分离出来，则不仅肘不能伸直，而且肩前屈将合并外展；若不能从伸肌协同中分离出来，由于胸大肌的牵制，肩前屈达不到90度。

③在伸直肘的情况下使前臂旋前旋后：因旋前是伸肌协同模式中的成分；旋后是屈肌协同模式中的成分。伸肘旋前是破坏屈肌协同；旋后是破坏伸肌协同。在上述训练中如患者不能完成时，应分析其原因，对弱的部分施用各种促进技术，对过强而形成障碍的部分施用一些抑制的技术。

（2）在第Ⅴ阶段，臂的活动应能脱离协同的模式。

①肩外展90度，肘伸直：此运动结合了伸肘、前臂旋前的伸肌协同成分和肩带退缩和肩外展的屈肌协同成分。除非两种协同的影响已减到最小，否则是做不到的。因为协同模式明显存在时，不是表现为伸的模式就是表现为屈的模式，不可能是二者的结合。

②肩外展90度肘伸直掌心向上下翻转：这是此阶段最难的动作，掌心向上需前臂旋后，若伸肌协同仍然存在是做不到的。

（3）以上是Ⅳ～Ⅴ阶段臂的训练，至于手，可试做下列训练，如完成不理想，则只好待恢复到Ⅵ阶段后再进行。

①诱发抓握：可通过近端牵引反应（proximal traction response）引出，即治疗师使患腕保持伸展（屈肌受牵引），让患者坚握手指，这样牵引和随意冲动的相互作用可引起手指的不完全屈曲。

②练习伸腕以利抓握：治疗师一手支托前屈的患肢，另手叩击腕伸肌；或一手支托住外展90度的患肢，另一手对掌或掌的近端施加阻力。轻拍腕伸肌时，让患者同时作紧握的动作；在患者伸腕握拳时将其肘引向伸，松弛释放时将其引向屈等。还可使用下述方法：治疗师左手将患拇指拉出掌心，另四指紧压患手大鱼际，同时使患侧前臂被动地旋后；用右手轻拍患者伸侧以引起伸展反应；用手卷屈患指以牵动其伸肌；患指开始伸展；在保持拇指伸展的情况下使患臂旋前，另手各指的掌面与患指各指尖的掌面相接触，向上托患手进入患肩前屈90度或过头的位置，以利用Souques现象（手举过头后，易于伸指。）从患侧指间关节向指尖推摩；个别地牵张患指肌以进一步强化伸指。

第Ⅵ阶段，此阶段已接近完全恢复，可进行加强肌力和协调性的各种训练，尽量充分地功能性利用整个上肢。

## （二）下　肢

1.伸肌协同动作的引出：患者仰卧，下肢伸直，治疗师对其作背屈的健足施加阻力，通过联合反应即可引起患侧下肢的伸肌协同动作，为了加强，可让患者脸转向患侧，由于ATNR的关系，促进脸朝向侧上下肢的伸展。（图11-18）

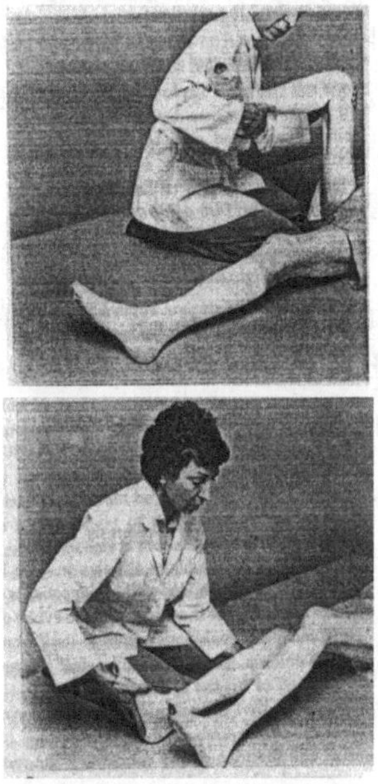

图11-18 下肢伸肌协同动作的引出

2.屈肌协同动作的引出：患者仰卧，伸直健腿，让患者屈足，治疗师从足底对屈足施加阻力，即可引出患侧的屈肌协同动作。脸向健侧转，利用ATNR枕向侧促进屈曲的原理，可使病侧屈曲得到加强。

3.下肢外展的促进：患者仰卧，让患者

用力外展健侧下肢，治疗师对其外展施加阻力，患侧下肢即外展。其原因是Raimiste现象——健侧抗阻作一种运动时患肢出现类似活动。

4.下肢内收的促进：患者仰卧，通过被动或主动活动使患肢外展，健肢亦外展，然后让患者用力内收健侧下肢，治疗师对其内收施加阻力，由于Raimiste现象，患肢也内收。

5.整个下肢异常协同运动模式的分离：患者仰卧，治疗师立于其足端，不加牵拉地轻轻地将其双足抬离床面约30度，轻柔而小范围地左右摆动其双下肢，即可收到协同动作分离的效果。

6.下肢协同运动模式分离的桥式运动：患者仰卧，双上肢伸直，前臂旋前，放于体侧，屈双膝，利用双吊蹬床和伸髋等使臀部离开床面，进行从侧面看其形状如桥的活动。此动作虽不是Brunnstrom的原有动作，但通过肌电研究证实，将此运动与Brunnstrom疗法结合应用，对下肢有异常协同运动模式的患者有特殊的效果，可打破下肢屈和伸的异常协同模式。

7.足背伸的促进

（1）Bechterev/Marie－Foix反射：治疗师将患足的足趾压向跖屈，以牵引趾背屈肌的肌梭，通过此反射即可引起趾背屈、踝背屈、屈膝和屈髋的反应。（图11-19、图11-20）

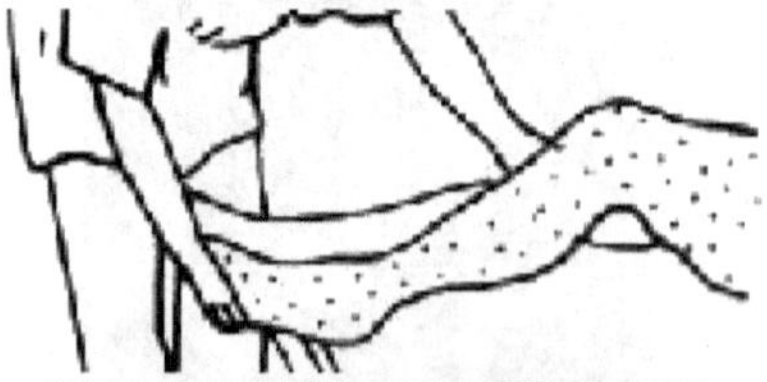

图11-19 足背屈协同动作的分离

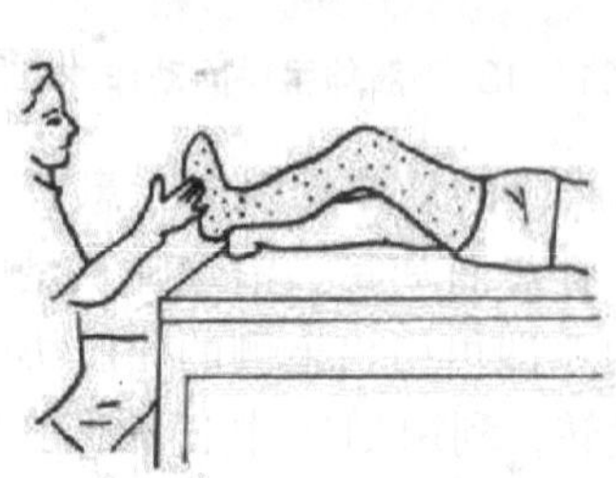

图11-20 足背协同动作的分离（摩刷法）

（2）冰块刺激：用冰刺激足前外侧可促进足背屈，剧烈时患侧上下肢均屈曲。

（3）毛刷刺激：用毛刷刺激患足足背侧，约30秒可见足出现背屈反应。

（4）手指叩击：用指尖快速扣击足背外侧，可促进踝前屈。

（5）绷带法：患侧踝部自足底内侧开始“8”字形缠绕法。

### （三）躯　干

Brunnstrom对躯干的训练是在早期开始的，内容主要有增强躯干平衡和躯干肌活动两个方面：平衡训练取坐位，方法与Bobath的相似，无特殊；躯干肌的活动是先训练屈肌，然后是伸肌，最后是旋转肌。练习躯干前屈时需要辅助，此时让患者双前臂合抱，健臂在下给患者以支持，治疗师面对患者坐着，支持患者双肘，并借此引导其前屈，复原为直坐位则由患者主动进行，训练中切忌牵拉患者的肩。正前屈训练后，练习左前屈和右前屈；最后练习旋转躯干，躯干转向右时使头转向左，然后相反，因为这样可利用ATNR和TLR诱发肩的活动。

*注：Brunnstrom疗法中忽略了对不需要的运动的抑制，在治疗中应注意对非治疗所需的运动的抑制。*

## 第四节　本体感觉神经肌肉促进技术

神经肌肉本体感觉促进技术（proprioceptive neuromuscular facilitation，PNF）是由美国神经生理学家和内科医师Herma Kabat于世纪40年代创立，并首先在脊髓灰质炎患者的康复治疗中使用。半个世纪以来，PNF技术得到不断发展和完善，已经成为神经肌肉系统疾病的有效康复治疗手段，目前已成为临床康复治疗师的基本治疗手段之一。

神经肌肉本体感觉促进技术是利用牵张、关节压缩和牵引、施加阻力等本体感觉刺激和应用螺旋形对角线运动模式（spiral and diagonal pattern）来促进运动功能恢复的一种治疗方法。

## 一、理论基础

### （一）基本理论

1.充分挖掘潜能：所有个体都有尚未开发的潜能，治疗时利用患者较有力的运动模式来增强其无力或较弱的运动模式。

2.利用各种反射：早期运动由反射活动控制，成熟运动通过姿势反射得到强化或加强。

3.按照正常运动发育顺序：治疗时首先要发展头和颈的运动，其次是躯干，最后是四肢；在四肢应先发展近端运动，再发展远端运动。只有控制了头、颈和躯干的运动才有可能恢复精细的运动；动作发展是按照运动和姿势的总体模式的一定顺序进行的；动作的发育具有一定的规则和顺序，但并非按部就班，其间可有跳跃和重叠。

4.拮抗中平衡：早期的动作是在屈肌和伸肌优势交替转换中向前发展的，正常运动与姿势取决于“协同作用”与拮抗肌的相互平衡影响。

5.注意双向运动（屈→伸，伸→屈）：早期动作是有节律性的、可逆转的、自发性的屈伸运动。

6.重复所学动作：动作能力的提高依赖于动作的学习，反复刺激和重复动作可促进和巩固动作的学习，发展肌力和耐力。

7.强调感觉反馈：提倡在治疗过程中应用多种刺激促进患者运动的学习和掌握，如借助于视觉、听觉、前庭感觉、本体感觉、平衡反应。

8.治疗要有目的：通过有目的的活动促进自理活动和行走功能，借助促进技术加强有目的性的活动。

### （二）采用螺旋形对角线活动的理由

姿势和运动的发展按一定的顺序，先双侧对称，后双侧不对称，然后是双侧交互、再后是单侧形式，而对角线运动是最高的形式，因此应大力采用对角线式运动。提倡对角线式运动的理由还有。

1.这些形式符合正常生理上的运动形式，多数肌肉的附着和纤维排列也符合这种形式。

2.曾认为研究大脑整合功能的成果支持这种观点，即自主运动由大量的运动模式而不是由单个的肌肉运动组成。

3.对角线形式运动是屈伸、内外旋、内外展三对拮抗肌的结合运动，是正常发育的最后部分和最高形式。

4.所有对角线形式运动都超过中线，能促进身体两侧的相互作用。

5.对角线运动总是合并有一种旋转的成分，而旋转是发育的最后的最高形式之一。

## 二、基本方法与技术

### （一）基本操作

1.最大阻力（maximal resistance，MR）：MR是对较强的肌群施加阻力，以使兴奋向较弱的肌群扩散，但需注意，所谓最大是相对的，一是不能大到患者收缩时发生震颤，二是施加的阻力不应使患者不能作最大范围的ROM运动。阻力施加是递增的，一般在ROM的1/3时达最大，并维持到最后。目的是增强肌力和耐力、改善强肌和弱肌的不平衡。进行ROM的时间不宜过长，否则有害。目前大多数临床实践者都主张使用“适宜阻力”或“恰当阻力”。

2.手法接触（manual contact）：治疗师手的抓握刺激患者皮肤感受器和其他压力感受器，给患者提供有关运动正确方向的信息，为控制运动及抵抗旋转治疗师原则要求使用蚓状肌抓握（图11-21），蚓状肌抓握能使治疗师很好控制运动而不会因挤压或给予身体骨骼的压力太大而引起患者疼痛，不要用指甲顶住患者的肢体，在手掌接触机体时应根据需要对其施加不同的压力，压力可施加于运动肢体的任何部分，但方向要与运动的方

向相反。（图11-22、图11-23）

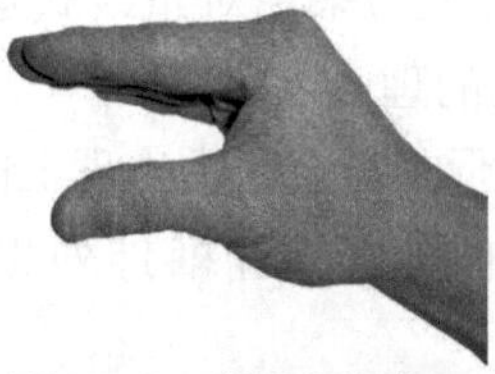

图11-21 蚓状肌抓握

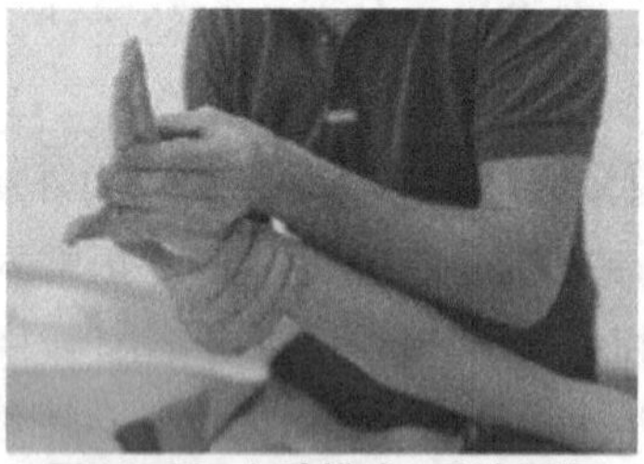

图11-22 上肢模式-手的抓握

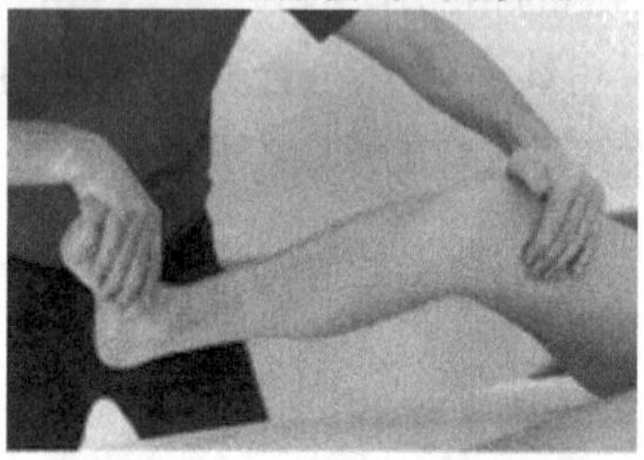

图11-23 下肢模式-手的抓握

3.言语指令（verbal commands）：中等强度的声音易于引起运动神经元的活动，较大的声音可以改变α运动神经元的活动。在PNF治疗中不强调安静，常用柔和的声音以促进稳定，用较大的声音以促进运动。治疗前治疗师要向患者说明一切，言语必须清楚、简练、易懂，应告诉患者将进行什么动作和怎样做，必要时由治疗师先作示范，或引导患者的肢体被动地预先练习；治疗中要告诉患者何时开始，何时用力，何时暂停？可让患者的眼睛追视治疗师的手或患者肢体的运动方向，因为其视觉有较强的空间感，听觉也有很好的时间感。声调的模式对听觉是一种刺激：强而尖锐的声调，如治疗师喊："用力！再用力！"使患者有一种紧迫感，在强的抵抗中可用这种刺激。在患者稍加努力即可完成的动作中，可用适当的中等强度的鼓励性语言刺激。对某些有恐怖感或紧张的患者，应采用柔和的声调刺激，如多鼓励、多交谈等。无论什么状态，在用词上都应用易使患者理解的语言，并注意自己发音的音调。在完成一部分运动以后，要及时地将结果反馈给患者，让他知道何者为正确，何者为错误且必须加以纠正。

4.视觉（vision）：眼睛的转动可以影响头和身体其他部位的运动，治疗时应利用视觉刺激来帮助患者控制和校正体位和运动，来自视觉系统的反馈能促进更有力的肌肉收缩。此外，患者和治疗师之间眼神的接触为治疗提供了另外一条信息交流的途径，有利于治疗过程中加强彼此间的协调。

5.强调时间顺序（timing for emphasis，TE）：时间顺序（timing）是在任何运动中肌肉收缩的顺序，其目的是保证运动的协调，这种顺序是由远端到近端的，如上肢用手取物；也有由近端到远端的，如下肢的迈步。强调时间顺序（TE）是在适当考虑时间顺序的条件下，重点对运动模式中较强的一部分（常为近端或远端）施加阻力，以使兴奋向弱的部分扩散，促进模式中弱的成分。如在上肢的UD2EUE模式中，腕向桡侧是最强的部分，其他则较弱，此时可利用TE对腕施加足够的阻力限制其运动而让肩进行屈曲；又如在下肢中屈髋强而伸膝弱，对髋加阻力使其不能屈曲而做等长收缩，然后让膝做反复收缩（RC）。总之TE是在一种运动模式中，仅某一部分无力时，是一种有效的技术。

6.体位（body position）：治疗师的体位与运动方向一致时可以获得对运动的有效控制，当治疗师改变位置时阻力的方向和患者的运动也随之改变。治疗师在实践操作过程中应遵循以下几点规则：（1）治疗师的肩和骨盆必须面对运动方向，臂和手的排列与运动方向一致；（2）治疗师应合理地利用身体的重量提供阻力，手和臂保持相对放松，只有这样治疗师才能较好地体会患者的运动反应。

7.牵引和挤压（traction and approximation）：牵引可以刺激关节感受器和拉长肌肉，常用于促进运动和牵张手法时有助于肌肉组织拉长。牵引的力量应是逐渐增加并在整个运动过程中维持，注意与适当的阻力相结合。挤压是对躯干或四肢关节的推、挤，使关节面接近、关节间隙变窄，挤压常用于改善稳定性、促进负重和抗重力时肌肉收缩、对抗运动的某些成分。挤压有两种方式，一种为快速挤压以诱发反射反应，另一种是慢速挤压即逐渐加力直到患者不能忍受，无论是快速挤压还是慢速挤压，治疗师都必须维持力量和给予一定的阻力直到产生肌肉的反应，使用过程中注意与恰当的口令结合起来效果会更好。

8.牵张（stretch）：牵张刺激发生于肌肉被拉长时，可以引出肌肉的牵张反射而引起相应肌肉收缩，也可以拉长肌肉和降低肌肉疲劳。牵拉后肌肉收缩的力量受患者的意向也受所给指令的影响。在实践应用中，牵张主要用于促进肌肉收缩的准备活动。

### （二）运动模式的命名

由一系列大写英文字母和阿拉伯数字组成，其排列和意义如下：第1个字母代表双侧性，单侧用U（unilateral）代表，不写U时即可理解为双侧；第2个字母（如为双侧时，由于B不标出，故变为第一字母）常用D代表对角螺旋形式（diagonal）；第3个字母用阿拉伯数字，1代表1型，2代表2型；第4个字母代表伸或屈，伸用E（extension）表示，屈用F（flexion）来表示。上肢填入UE（upper extremity），下肢填入LE（lower extremity）。如UD1FUE即表示上肢单侧1型屈曲式对角螺形式运动，对于躯干一般用三个字母表示：第1和第2个字母来表示上或下躯干，上躯干用UT（upper trunk），下肢干用LT（lower trunk）；第3个字母表示伸或屈，伸用E（extension）表示，屈用F（flexion）表示，如UTF代表上躯干的屈曲型、LTE代表下躯干的伸展型。

### （三）常用运动模式的作用及操作

#### 1. 上肢单侧运动模式

这些模式的名称、代号，主要训练的肌肉和治疗目的如表11-5。

图例说明：空白——患者；黑——术者（起始位）；斜线——术者（中途位）；虚斜线——术者（终止位）。

表11-5　上肢单侧运动模式作用示例

| 模式名称 | 代 号 | 图 号 | 主要训练的肌肉 | 目 的 |
|---|---|---|---|---|
| 屈、内收、外旋、腕掌屈桡侧偏 | UD1FUE | 11-24 | 前锯肌、胸大肌锁骨部、三角肌前部、喙肱肌、肱二头肌屈肩部分、旋后肌、桡侧腕屈肌、掌长肌、拇长屈肌、拇短屈肌、拇收肌 | 促进运动控制的技巧阶段，增加运动从远端到近端发生的时间顺序的准确，促进对抗肌的逆转 |
| 伸、外展、内旋、腕背屈尺侧偏 | UD1EUE | 11-25 | 肩胛提肌、菱形肌、胸大肌、胸小肌、大圆肌、背阔肌、三角肌后部、肱三头肌长头、旋前方肌、尺侧腕伸肌、指总伸肌、小指固有伸肌、小指展肌、背侧骨间肌、蚓状肌、拇展短肌、拇长伸肌 | 促进桡尺关节或更远端的稳定，增大肩ROM；间接地促进近端肌特别是肩袖肌 |
| 伸、内收、内旋、腕掌屈尺侧偏 | UD2EUE | 11-26 | 胸小肌、锁骨下肌、肩胛下肌、胸大肌、旋前圆肌、尺侧腕屈肌、掌长肌、指浅屈肌、指深屈肌、掌侧骨间肌、蚓状肌、拇长屈肌、拇短屈肌、拇对掌肌、掌短肌 | 促进腕、指的运动（在腕指屈曲拇对掌时进行） |
| 屈、外展、外旋、腕背屈桡侧偏 | UD2FUE | 11-27 | 斜方肌、小圆肌、冈上肌、冈下肌、三角肌中部、肱桡肌、桡侧腕伸肌、指总伸肌、小指固有伸肌、背侧骨间肌、蚓状肌、拇长伸肌、拇长屈肌、拇短伸肌、第一背侧骨间肌 | 促进运动控制的技巧阶段；增加运动从远端到近端发生的时间顺序的准确，促进对抗肌的逆转 |

（1）UD1FUE运动模式操作手法

起始位：UD1EUE终止位。

终止位：UD1FUE终止位。

操作手法：近端手握患者手掌中部，给予手指、腕关节屈曲与前臂旋后动作的阻力，注意不要接触患者手的背部；远端手握患者上臂上内侧，给予肩关节屈曲、内收、外旋3个方向动作的阻力。（图11-24）

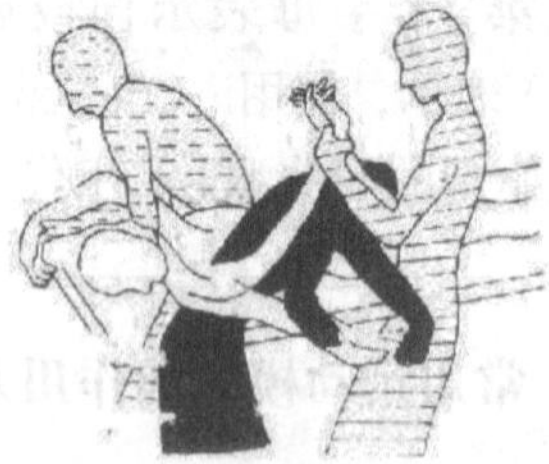

图11-24 上肢UD1FUE模式

（2）UD1EUE运动模式操作手法

起始位：UD1FUE终止位。

终止位：UD1EUE终止位。

操作手法：近端手握患者上臂下外侧，给予肩关节伸展、外展、内旋3个方向动作的阻力；远端手握患者手背部，给予手指与腕关节伸展、前臂旋后动作的阻力；注意不要将手指放置于患者手指间以免诱发手指的内收与屈曲。（图11-25）

图11-25 上肢UD1EUE模式

（3）UD2EUE运动模式操作手法

起始位：UD2FUE终止位。

终止位：UD2EUE终止位。

操作手法：近端手握患者上臂的下内侧给予肩关节伸展、内收、内旋3个方向动作的阻力；远端手握患者手掌的中部给予手指、腕关节屈曲与前臂旋前动作的阻力。（图11-26）

（4）UD2FUE运动模式操作手法

起始位：UD2EUE终止位。

终止位：UD2FUE终止位。

操作手法：近端手握患者手背部给予手指、腕关节伸展与前臂旋后动作的阻力，注意不要将手指放置于患者手指间，以免诱发手指的内收与屈曲；远端手握患者上臂的上外侧给予肩关节屈曲、外展、外旋3个方向动作的阻力。（图11-27）

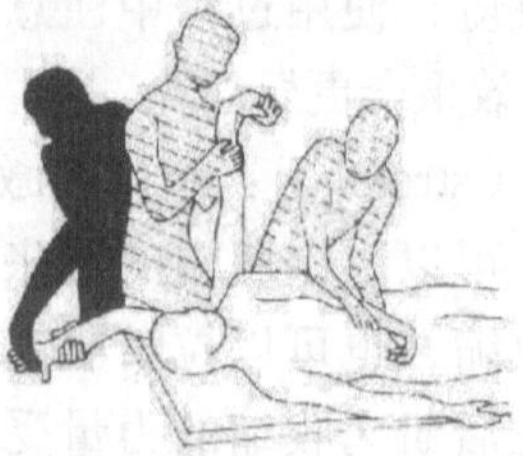

图11-26 上肢UD2EUE模式

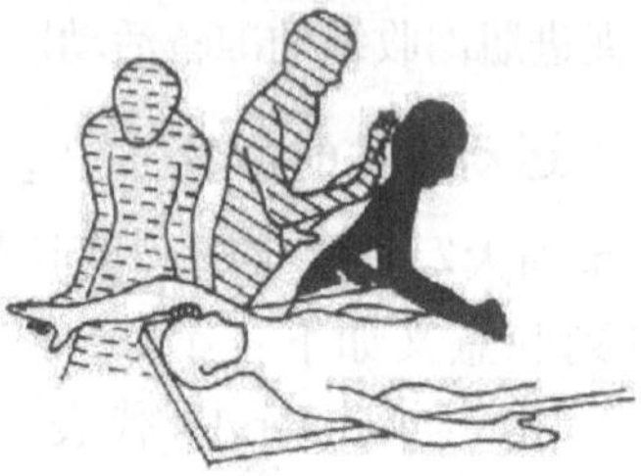

图11-27 上肢UD2FUE模式

2. 上肢双侧运动模式

双侧模式是用患者强壮上肢的扩散以促进较弱上肢的运动或肌肉，并使治疗师和患者在力量和控制方面得到最大的进步，治疗师可以在任何姿势运用任何模式的组合。将患者置于较少支撑的体位，如仰卧位、坐、跪或站立位等，图11-28所示为仰卧位，左上图为双侧D1屈，右上图为D1伸，左下图为双侧D2伸，右下图为D2屈，也可双侧不对称模式组合。

图11-28 上肢双侧运动模式

在上肢双侧模式中，肩、肘、前臂和腕指的运动形式见表11-6。

**表11-6　上肢双侧模式运动的成分**

| 模式 | 运动成分 |
|---|---|
| D1F | 肩关节屈曲、内收、外旋，伸肘，前臂旋后，腕关节掌屈、桡侧偏，手指屈曲 |
| D1E | 肩关节伸展、外展、内旋，伸肘，前臂旋前，腕关节背伸、尺侧偏，手指伸展 |
| D2F | 肩关节屈曲、外展、外旋，伸肘，前臂旋后，腕关节背伸、桡侧偏，手指伸展 |
| D2E | 肩关节伸展、内收、内旋，伸肘，前臂旋前，腕关节掌屈、尺侧偏，手指屈曲 |

上肢双侧模式主要训练和加强的肌肉见表11-7。

**表11-7　上肢双侧模式主要训练和加强的肌肉**

| D2F | D1F |
|---|---|
| 斜方肌<br>三角肌中部纤维<br>外旋肌 | 前锯肌<br>三角肌前部纤维<br>外旋肌 |
| D1E | D2E |
| 菱形肌<br>三角肌后部纤维<br>内旋肌 | 胸小肌<br>胸大肌胸骨部<br>内旋肌 |

**3. 下肢单侧运动模式**

下肢单侧常用运动模式的名称、代号、主要训练的肌肉和治疗目的如表11-8。

**表11-8　下肢运动模式示例**

| 模式名称 | 代 号 | 图 号 | 主要训练的肌肉 | 目 的 |
|---|---|---|---|---|
| 屈、内收、外旋、足背屈内翻 | UD1FLE | 11-29 | 腰大肌、腰小肌、髋肌、闭孔外肌、耻骨肌、肌内收短肌、内收长肌、缝匠肌、肌趾肌内侧部、胫前肌、趾长伸肌、趾短伸肌、踇长伸肌、踇展肌、背侧骨间肌、蚓状肌 | 增加腘绳肌的延展性，增大直腿抬高的ROM |
| 伸、外展旋内、足跖屈外翻 | UD1ELF | 11-30 | 臀中肌、臀小肌、股二头肌、腓肠肌外侧头、比目鱼肌外侧部、腓骨长肌、趾长屈肌、趾短屈肌、踇短屈肌、踇收肌、小趾短屈肌、跖方肌、跖骨间肌、蚓状肌 | 加强左方所有肌 |
| 屈、外展、内旋、足背屈外翻 | UD2FLE | 11-31 | 阔筋膜张肌、股直肌外侧部、趾长伸肌、踇长伸肌、腓骨短肌、趾短伸肌、小趾展肌、背侧骨间肌、蚓状肌 | 增加腘绳肌的延展性，增大直腿抬高的ROM |
| 伸、内收、外旋、足跖屈内翻 | UD2ELE | 11-32 | 臀大肌、梨状肌、上^肌、下^肌、闭孔内肌、股方肌、内收大肌、半膜肌、半腱肌、跖肌、腓肠肌内侧头、比目鱼肌内部、胫后肌、趾长屈肌、踇短屈肌、跖骨间肌、蚓状肌 | 增加左方所有肌 |

（1）UD1FLE运动模式操作手法

起始位：UD1ELE终止位。

终止位：UD1FLE终止位。

操作手法：近端手握患者踝关节内侧给予髋关节内收、外旋动作的阻力，注意手掌根部不要接触患者踝关节的外侧；远端手握患者足背部给予髋关节屈曲、踝背伸与内翻动作的阻力。（图11-29）

（2）UD1ELE运动模式操作手法

起始位：UD1FLE终止位。

终止位：UD1ELE终止位。

操作手法：近端手握患者踝关节外侧给

予髋关节外展、内旋动作的阻力，注意手指不要接触患者踝关节的内侧；远端手握患者足底给予髋关节伸展、踝跖屈与外翻动作的阻力。（图11-30）

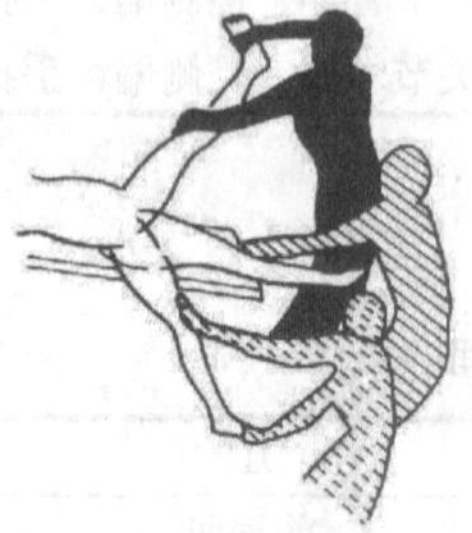

图11-29 下肢UD1FLE 模式

图11-30 下肢UD1ELE模式

（3）UD2FLE运动模式操作手法

起始位：UD1ELE终止位。

终止位：UD1FLE终止位。

操作手法：近端手握患者踝关节外侧给予髋关节外展、内旋动作的阻力，注意手指不要接触患者踝关节的内侧；远端手握患者足背给予髋关节屈曲、踝背伸与外翻动作的阻力。（图11-31）

（4）UD2ELE运动模式操作手法

起始位：UD2FLE终止位。

终止位：UD2ELE终止位。

操作手法：近端手握患者踝关节内侧给予髋关节内收、外旋动作的阻力，注意手掌根部不要接触患者踝关节外侧；远端手握患者足底给予髋关节伸展、踝跖屈与内翻动作的阻力。（图11-32）

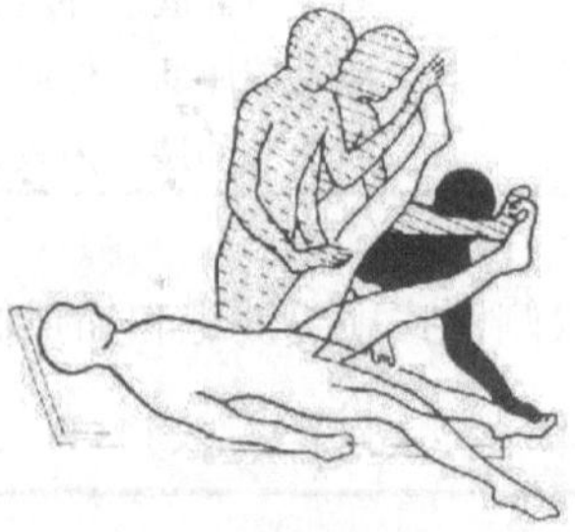

图11-31 下肢UD2FLE模式

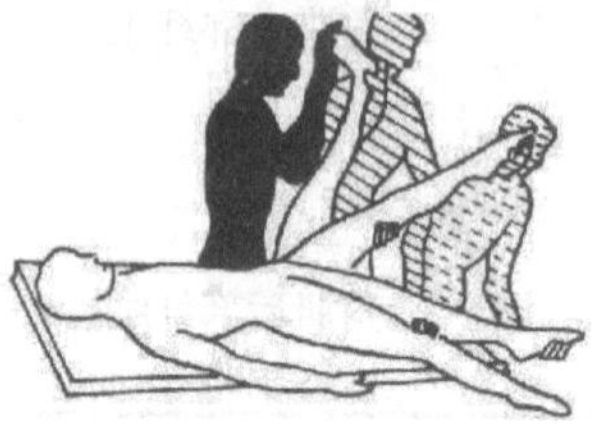

图11-32 下肢UD2ELE模式

#### 4. 下肢的双侧模式

下肢双侧模式已见于图11-33，左上图为D1伸，右上图为D1屈，左下图为D2屈，右下图为D2伸。

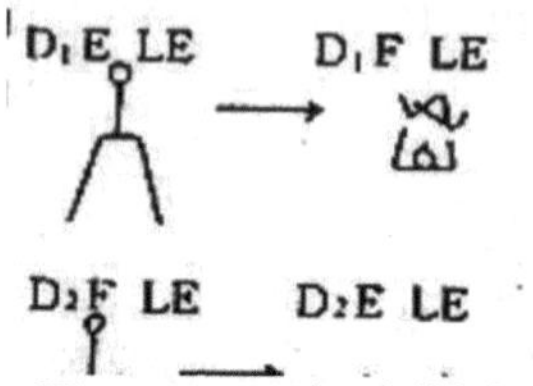


图11-33 下肢双侧模式

下肢双侧模式的运动成分见表表11-9。

表11-9 下肢双侧模式的运动成分

| 模式 | 运动成分 |
| --- | --- |
| D1F | 髋关节屈曲、内收、外旋，伸膝，踝背伸，伸趾 |
| D1E | 髋关节伸展、外展、内旋，伸膝，踝跖屈，屈趾 |
| D2F | 髋关节屈曲、外展、内旋，伸膝，踝背伸，伸趾 |
| D2E | 髋关节伸展、内收、外旋，伸膝，踝跖屈，屈趾 |

下肢双侧模式主要训练的肌肉如表11-10。

**表11-10 下肢双侧模式主要训练和加强的肌肉**

| 模式 | D2F | D1F | D1E | D2E |
|---|---|---|---|---|
| 肌肉 | 外侧躯干屈肌<br>阔筋膜张肌 | 下腹肌<br>髋腰肌 | 背伸肌<br>臀中肌 | 背伸肌<br>臀大肌 |

**5. 躯干的运动模式**

躯干运动模式的名称、代号、主要训练的肌肉和治疗目的如表11-11。

**表11-11 躯干运动模式示例**

| 模式名称 | 代号 | 图号 | 主要训练的肌肉 | 目的 |
|---|---|---|---|---|
| 上躯干<br>屈曲合并向一侧<br>旋转 | 斜劈<br>（chop） | 1-11-33 | 左腹外斜肌、右腹内斜肌、右腹直肌、左胸横肌（Left transverses thoraciis）、右内肋间肌、右肋下肌（腰方肌） | 促进躯干屈曲及旋转；增加腹肌主要是上腹肌、增加越过中线的活动；促进身体的相互作用；改善上躯干活动和促进翻身；促进兴奋从一上肢向另一上肢和双下肢的扩散；促进对抗肌的逆转 |
| 上躯干<br>伸展合并向一侧<br>旋转 | 上抬<br>（lift） | 1-11-34 | 左背棘肌、背阔肌、背髂肋肌、腰髂肋肌、腰方肌、棘间肌、横突间肌、后上锯肌、外肋间肌、右前半棘肌、肋提肌、多裂肌、回旋肌、后下锯肌、腹横肌 | 增加上躯干伸和旋转；促进双上肢的兴奋向躯干和双下肢的扩散 |
| 下躯干<br>屈曲合并向一侧<br>旋转（屈膝） | LTF | 1-11-35 | 左腹外斜肌、腹直肌左部、腰方肌、右腹内斜肌 | 加强下躯干及下肢肌；改善身体两侧的相互作用，促进兴奋向下肢扩散；促进下肢的多肌群综合收缩 |
| 下躯干<br>屈曲合并向一侧<br>旋转（伸膝） | LTF | 1-11-36 | 阔筋膜张肌、股直肌（外侧肌部）、股间肌、股外侧肌、趾长伸肌、踇长伸肌、腓骨短肌、趾短伸肌、小趾展肌、前侧骨间肌、蚓状肌 | 增加腘绳肌的延展性；增大直腿抬高的范围；加强下躯干及下肢肌、促进兴奋向下肢扩散 |

（1）上躯干的斜劈模式操作手法

起始位：患者仰卧，靠近治疗床左侧，左上肢（引导臂）伸展外展内旋，右上肢（跟随臂）伸展内收内旋，右手抓握左手的腕部。

终止位：左侧上肢伸展，颈部向左侧屈曲，躯干上部尽可能向左侧屈曲。

操作手法：治疗师跨步站立在治疗床左侧，左手抓握患者左手，右手置于患者前额，右手指指向患者的头顶，对左侧上肢和肩胛进行牵引，直到治疗师感到患者躯干肌被拉长。主要的阻力施加于手臂并通过手臂作用于患者躯干，直到治疗师感到和观察到腹肌开始收缩为止，然后让患者的手臂和头部完成其对抗阻力的运动，以维持躯干屈肌的收缩。（图11-34）

图11-34 上躯干的斜劈模式

（2）上躯干的上抬模式操作手法

起始位：患者仰卧并靠近治疗床的左侧，左上肢（引导臂）屈曲外展外旋，右上肢（跟随臂）屈曲内收外旋，右手抓握左手的腕部。

终止位：上肢屈曲，左臂靠近左耳，头向左侧伸展，躯干伸展和向左侧拉长。

操作手法：治疗师跨步站立在治疗床头侧靠左侧，左手抓握患者的左手，右手置于患者的头顶，手指指向患者颈部的左侧，对患者左臂和肩胛进行牵引，直到治疗师感到手臂和躯干肌被拉长，牵引头部以使颈部伸肌拉长。对手臂和头部运动进行抗阻，用阻力保持手臂和头部在运动的开始，直到治疗师感到和看到患者背部伸肌开始收缩，然后让上肢和头部在对抗充分阻力下完成运动，以保持躯干伸肌的收缩。（图11-35）

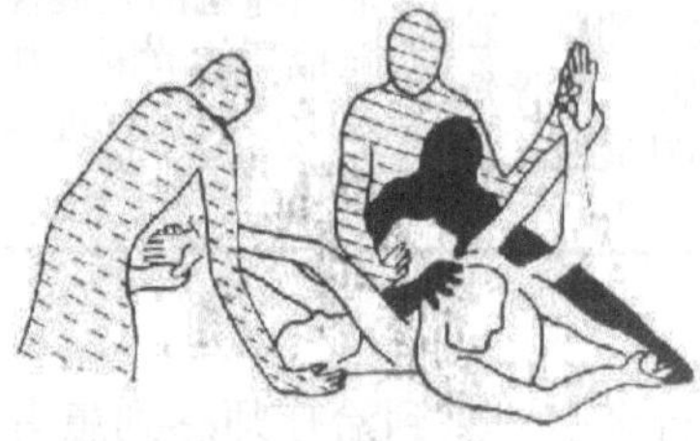

图11-35 上躯干的上抬模式

（3）下躯干屈曲模式（屈膝）

起始位：仰卧，双下肢并拢右下肢伸展、外展、内旋，左下肢伸展、内收、外旋。

终止位：躯干被向左侧伸展和拉长，伴左侧旋转和侧弯。

操作手法：治疗师右手放于患者大腿下面并抱住患者双大腿，左手握患者双足，不可将手指置于患者的双腿之间，如果患者双足太大难于抓握可让患者一脚放在另一脚上面以减少宽度。（图11-36）

图11-36 下躯干的屈曲模式（合并屈膝）

（4）下躯干屈曲模式（伸膝）

起始位：仰卧，双下肢并拢，左侧下肢髋内收外旋，右侧下肢髋外展内旋。

终止位：躯干被向左侧伸展和拉长，伴左侧旋转和侧弯。

操作手法：治疗师左手放于患者大腿下面并抱住患者双大腿，右手握患者双足，不可将手指置于患者的双腿之间，如果患者双足太大难于抓握可让患者一脚放在另一脚上面以减少宽度。（图11-37）

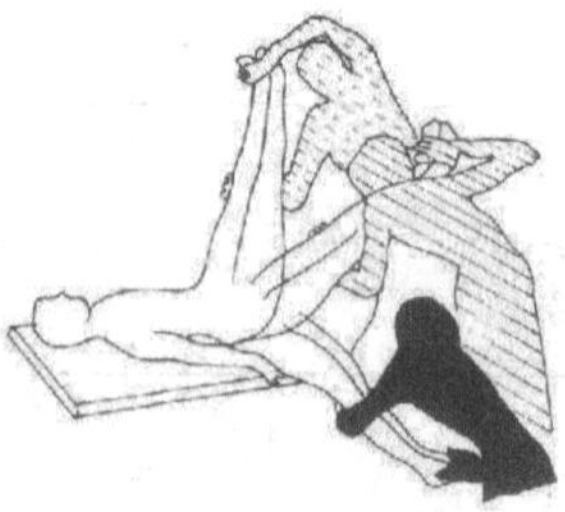

图11-37 下躯干的屈曲模式（合并伸膝）

### 6.骨盆的运动模式

骨盆运动模式类型和主要训练加强的肌肉见表11-12。

表11-12 骨盆运动模式主要加强的肌肉

| 运动 | 主要训练和加强的肌肉 |
|---|---|
| 前上提 | 腹外斜肌、腹内斜肌 |
| 后下压 | 对侧腹内斜肌、腹外斜肌 |
| 后上提 | 腰方肌、背阔肌、髂肋腰肌、胸长肌 |
| 前下压 | 对侧腰方肌、背阔肌、髂肋腰肌、胸长肌 |

（1）前上提

起始位：患者侧卧，患侧在上。

终止位：骨盆向上向前，不增加骨盆的前后倾，上方躯干缩短并侧屈而腰椎前凸不变。

操作手法：治疗师一手手指绕在髂嵴前半部，另一手重叠在上；将骨盆的髂嵴向后下拉，指示患者向前上提骨盆，阻力方向沿着患者的身体曲线。（图11-38）

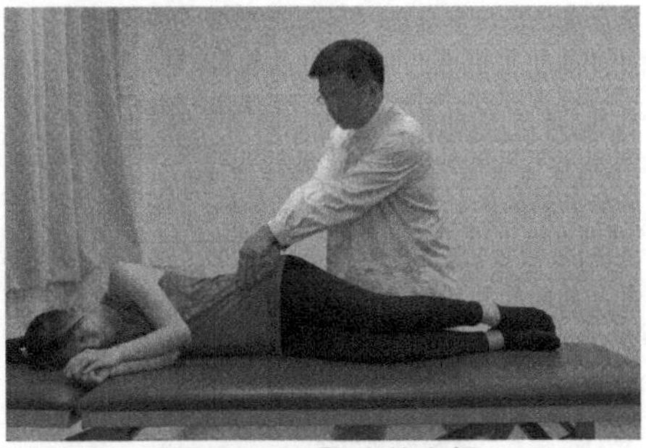

图11-38 骨盆前上提

（2）后下压

起始位：患者侧卧，患侧在上。

终止位：骨盆向下向后运动而不增加骨盆的前后倾，上面躯干被拉长而不改变腰椎前凸。

操作手法：治疗师一手掌根部置于坐骨结节上，另一手重叠其上；向前上推坐骨结节，指示患者向后下降骨盆，加在坐骨结节上的阻力始终向上，同时沿对角线推。（图11-39）

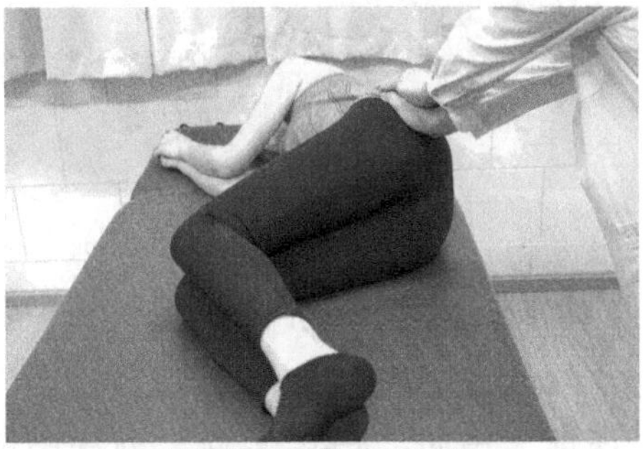

图11-39 骨盆后下压

（3）后上提

起始位：患者侧卧，患侧在上，屈髋屈膝。

终止位：骨盆向上向后而不增加骨盆的前后倾，上面的躯干缩短并侧屈，而增加腰椎前凸。

操作手法：治疗师一手掌根置于髂嵴，另一手重叠其上；将骨盆向下向前推，指示患者向后向上提骨盆但不伴倾斜。（图11-40）

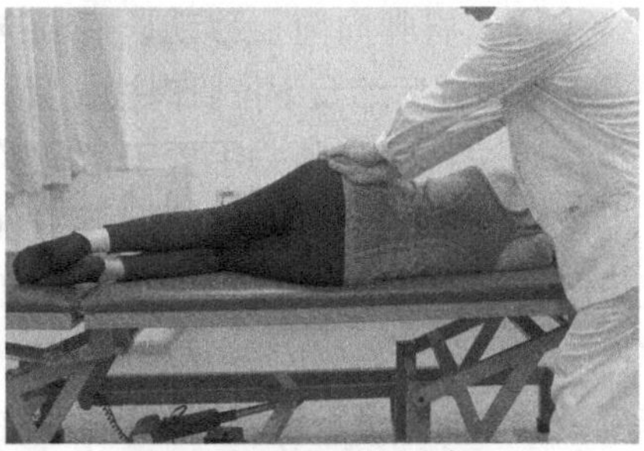

图11-40 骨盆后上提

（4）前下压

起始位：患者侧卧，患侧在上，屈髋屈膝。

终止位：骨盆向前向下，而不增加前后倾；躯干被拉长而不增加腰椎前凸。

操作手法：治疗师一手置于股骨大转子，另一手握髂前下棘下方；或一手置于髂前下棘，另一手置于膝关节前方；将骨盆向上向后移动，指示患者向前向下运动骨盆，运动开始时阻力朝向患者胸椎下段，而后阻力线沿着身体的曲线。（图11-41）

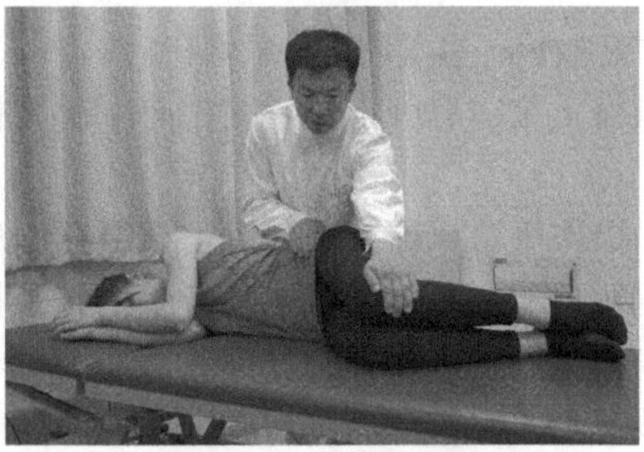

图11-41 骨盆前下压

**7.肩胛骨的运动模式**

肩胛骨运动模式类型和主要训练加强的肌肉见表11-13。

表11-13　肩胛骨运动模式主要加强的肌肉

| 运动 | 主要训练和加强的肌肉 |
|---|---|
| 前上提 | 肩胛提肌、菱形肌、前锯肌 |
| 后下压 | 前锯肌（下部）、菱形肌、背阔肌 |
| 后上提 | 斜方肌、肩胛提肌 |
| 前下压 | 菱形肌、前锯肌、胸小肌、胸大肌 |

（1）前上提

起始位：患者侧卧，患侧在上。

终止位：肩胛向前上移动，肩峰向患者鼻子靠近，肩胛后缩及下拉肌肉被拉紧。

操作手法：治疗师一手置于盂肱关节前面，手指呈握杯状握住肩峰，另一手置于前一手上给予支持，以手指接触患者肩部，不要用手掌接触。将整个肩胛向后下方向牵拉；阻力随着患者身体曲线呈一条弧线，开始时治疗师肘部放低，前臂与患者背部平行，结束时肘伸直并使身体直立。（图11-42）

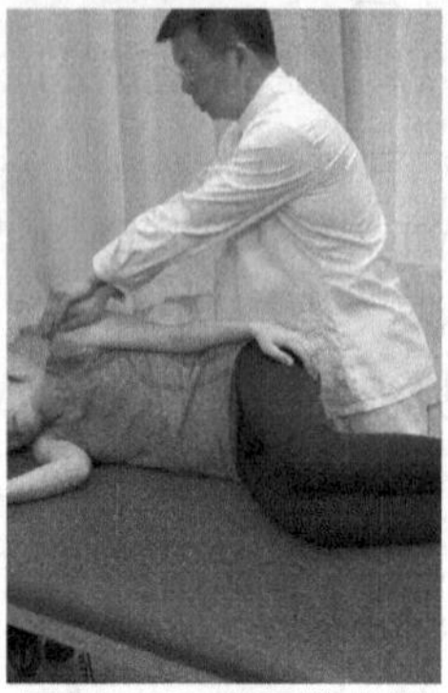

图11-42 肩胛前上提

（2）后下压

起始位：患者侧卧，患侧在上。

终止位：肩胛下压后缩，向下部胸椎移动。

操作手法：治疗师一手掌根部置于肩胛骨的内侧缘，另一手放在前一手上，手指放在肩胛上指向肩峰；治疗师屈肘使前臂与阻力线平行，将重心移到后脚，并使肘随着患者肩胛向后下移动而向下；阻力线是沿患者身体曲线的一条弧线（图11-43）。

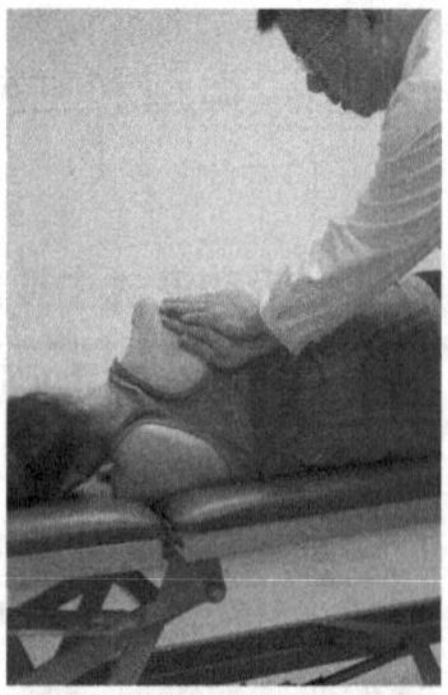

图11-43 肩胛后下压

（3）后上提

起始位：患者侧卧，患侧在上。

终止位：肩胛上抬并内收。

操作手法：治疗师双手置于斜方肌上，保持肩胛冈侧上方，双手重叠；阻力沿着患者身体的曲线，指示患者肩胛向上后耸起。（图11-44）

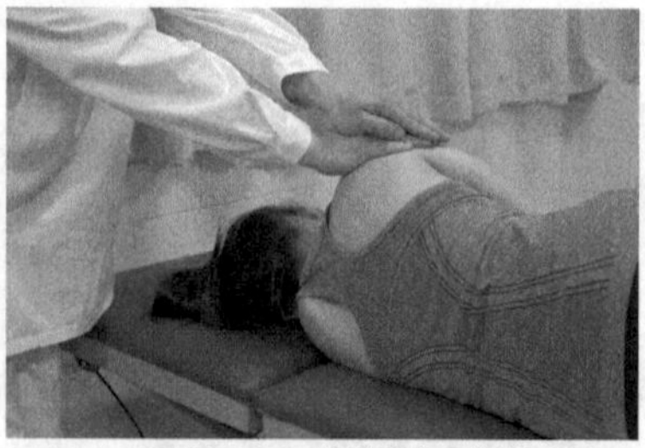

图11-44 肩胛后上提

（4）前下压

起始位：患者侧卧，患侧在上。

终止位：肩胛向前旋、下压及外展。

操作手法：治疗师一手放在肩后，用手指握肩胛外侧缘，另一手在肩前握胸大肌腋缘和喙突（或握患者前臂），双手手指指向对侧髂骨；阻力沿着患者身体的曲线，指示患者肩胛向前下即对侧髂前上棘方向运动。（图11-45）

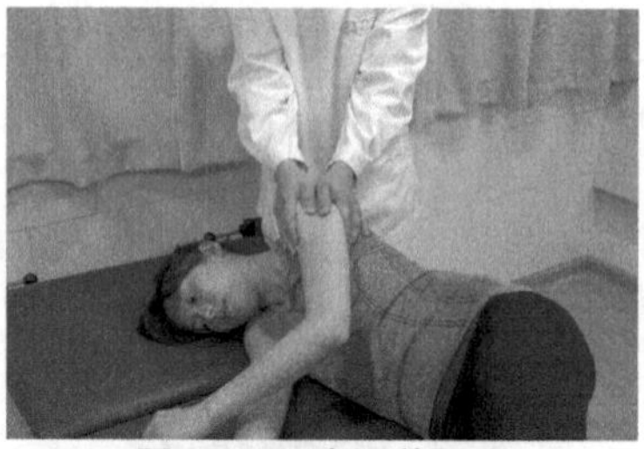

图11-45 肩胛前下压

**8.体育运动中所见的PNF范型**

（1）上肢

伸展、内收、内旋范型：网球中的发球，排球中的扣球。

屈曲、外展、外旋范型：柔道。

伸展、外展、内旋范型：自由泳。

屈曲、内收、外旋范型：仰泳。

（2）下肢

伸展、内收、内旋范型：柔道。

屈曲、外展、内旋范型：空手道。

伸展、外展、内旋范型：柔道。

屈曲、内收、外旋范型：足球。

## 三、特殊手法的应用

1.节律性起动（rhythmic initiation，RI）：RI是先给患者进行数次被动运动，然后让患者利用病变轻的肢体或借助滑车、重锤等工具给患肢进行数次自主的辅助运动，再试让患者自己作主动运动，成功后可作轻的抗阻运动。要注意与运动方向相反的运动是由治疗师完成的，如让患者训练屈肘，可用RI的方法训练屈曲，但伸肘的运动则由治疗师协助被动地完成。RI有改善起动运动的能力。RI对于帕金森综合征、较严重痉挛等难以起动运动的情况有用。

2.节律性稳定（rhythmic stabilization，RS）：RS是交替地使协同肌和对抗肌作等长收缩，是发展稳定性，刺激协同肌的活动和松弛对抗肌的手法。如要稳定颈肌，让患者坐直从侧方向患者施加压力，让患者克服此阻力作2～3s的等长收缩，然后迅速从相反方向施加阻力，让患者反向克服此阻力作等长收缩，如有必要还可从前后的方向按类似的方法进行。

此外，在ROM活动时有疼痛而又需加强肌力时，RS也很合适，因不用改变ROM就可增加肌力；在稳定性缺乏的共济失调病例中，RS也是适用的。因此RS有提高肌力、提高稳定性和协调性的作用。

3.重复收缩（repeated contraction，RC）：是根据在中枢神经传导通路上进行反复刺激可使神经冲动传导变得容易的理论而提出的。RC的目的是增加肌力的耐力，提高协调性和改善平衡。RS在以下3种肌无力的状态中应用特别有效。

（1）肌力仅为Ⅰ、Ⅱ级的情况，此时随意发动运动有困难，可用快速牵张激起肌肉收缩、一旦收缩立即施加阻力，反复进行。要注意的是在肌力为Ⅰ、Ⅱ级时，往往对牵张不敏感，因此牵张要重复几次，同时加上强的口令。

（2）当肌力为Ⅲ级及在整个ROM内力量均弱的情况：可在肌肉反复收缩到短范围时加上等长收缩。

（3）当在ROM内肌力强度不均时，可在肌力减弱点处增加一次等长收缩。

4.保持-放松（hold- relax，　HR）：HR是将患者的肢体被动地移到ROM的受限点上，术者限制肢体和关节的活动，使患者作5s的等长收缩，然后松弛。HR在因肌肉紧缩而致ROM受限时有用。例如腘绳肌紧张而限制了伸膝，可在受限点上让腘绳肌进行抗阻5s的等长收缩，然后放松，往往可增大ROM。HR一般来说比被动ROM训练更有效。

5.收缩-放松（Contract relax，CR）：CR与HR之不同点仅在于CR时不作等长收缩而作等张收缩，此技术同样可以增大ROM。有些学者发现HRT和CR不仅可使同侧的ROM增大，而且可使对侧的ROM也增大，并可防止肌萎缩。

6.慢逆转（slow reversal，SR）：慢逆转是使对抗的两个肌群缓慢地交替地作等张收缩，在逆转中没有间歇，若关节周围的肌肉不平衡，阻力应先加在强的肌群上，阻力的强度应使患者能完成最大范围的ROM运动，SR的作用是促进协同肌，松弛对抗肌，增加协同肌的肌力、耐力及协调协同肌和对抗肌之间的运动。其原理是利用Sherrington的相继诱导定律（low of successive induction），即对抗肌收缩停止的瞬间，对协同肌有促进作用。

在临床上，上述几种手法多用于下述情况：（1）帮助帕金森病或痉挛严重的患者起动运动，可用RI；（2）加强肌力，可用SR、RC、RS；（3）增加关节稳定性，可用RS；（4）促进肌肉松弛，可用HR、CR、RS；（5）改善协调性：在因部分肌肉无力引起的不协调中，SR最有效；（6）在肢体运动模式中，如某一部分肌力弱可用TE。

## 四、临床应用

### （一）适应证

1.PNF目前多用于骨科、运动创伤、周

围神经损伤等疾患，但急性的骨科、外科疾患、骨质疏松、皮肤感觉减退、本体感觉缺乏、关节不稳定等不宜应用。

2.婴幼儿、意识障碍、听力障碍的患者，由于无法理解治疗师的言语指导，效果会受到影响，一般不将这类患者作为主要的治疗对象。

3.PNF中由于大量采用了抗阻的运动形式，因此在脑卒中后偏瘫、颅脑损伤后、小儿脑瘫、多发性硬化等中枢性疾病引起的功能障碍中，在抗阻运动易诱发痉挛或联合反应时，不能应用。但在随意运动已恢复、抗阻运动不引起任何痉挛和联合反应时则可应用。

4.在中枢神经系统疾患引起的运动障碍中，早期就可应用PNF中RI技术的是帕金森综合征。

**（二）禁忌证**

1.合并骨折部位、骨折未愈合或有开放性损伤部位的患者，不能应用牵伸手法。

2.持续抗阻的重复收缩不能用于脑血管病急性期。

3.有以下情况的患者也不适宜使用PNF技术：伤口和手术刚缝合部位、皮肤感觉缺乏部位、听力障碍的患者、对命令不能准确反应的婴幼儿患者、无意识的患者、骨质疏松患者、血压非常不稳定患者、关节不稳定、本体感觉障碍的部位。

**（三）具体操作技术的选择**

1.从治疗需要考虑

（1）帮助帕金森病或痉挛严重的患者发起运动可用RI。

（2）加强肌力可有SR、RC、RS。

（3）增加关节稳定性可用RS。

（4）促进肌肉松弛可用HR、CR、RS。

（5）改善协调性：在因部分肌肉无力引起的不协调中，SR最有效。

（6）在肢体运动模式中，如有一部分肌力弱可用TE。

2.从运动控制四阶段的要求出发，对运动有良好的控制，需经历4个阶段，各阶段训练中适用的技术如下：

（1）活动度（mobility）：可用RI、RC帮助发起运动、可用RI、HR、CR、RS以增大ROM。

（2）稳定性（stability）：可用RS、SRH；

（3）受控的活动（controlled mobility）：可用RS、SRH、RC、TE；

（4）技巧（skill）：可用SR、TE、RC、SRH、TE。

## 第五节 运动再学习法

此法是20世纪80年代由澳大利亚学者Janet H.Carr等提出的一种运动疗法。他把中枢神经系统损伤后运动功能的恢复训练视为一种再学习或再训练的过程，正常人的运动技能也是通过后天学习获得的，患者和正常人一样可以通过学习解决存在的运动功能障碍。主要以神经生理学、运动科学、生物力学、行为科学等为理论基础，以作业或功能活动为导向，在强调患者主观参与和认知重要性前提下，按照科学的运动学习方法对患者进行再教育，以恢复其运动功能的一种方法。此法主要用于中风患者，也可用于其他运动障碍的患者。

### 一、基本理论

1.偏瘫患者功能性恢复主要依靠脑的可塑性（plasticity）——大脑的功能重组（functional reorganization）。实现重组的主要条件是需要练习特殊的活动，需要越多，重组就更自动、更容易。早期练习有关的运动动作对促进大脑可塑性有好处，而缺少有关练习可能产生继发性神经萎缩或形成不正常的神经突触。

2.重获运动技能（如起立、行走等）是一个学习过程，运动技能学习包括三个阶段：认知阶段（知道要做什么），联结阶段（如何做），自动化阶段（只需很少或不需注意就能完成，即动作定型）。具体的运动动作最好通过反复练习该动作来获得，并能适应各种环境进行操作。

3.运动技能学习可分三种形式：部分-整体动作（part-whole）学习，即先练分解动作再练整体动作；重复（block）学习，即反复练习一个动作，尽量少想；随机（random）学习，即随机练习不同的动作。

4.反馈对运动控制极为重要。除了外部反馈（眼、耳、皮肤等）、内部反馈（本体感受器和迷路等）外，反馈还包括脑本身信息的发生。动机、意志等在动作技巧的形成和改善中起主导作用，并通过意向性运动输出和所制订的运动方案的比较，对运动进行监测。此法还强调在运动学习中利用视觉和语言反馈的重要性，以及时矫正错误动作。

## 二、训练要点

1.目标明确、难度适当、逐步增加复杂性。要针对患者的问题进行分析和训练。训练中不要把时间耗费在患者已做到的作业上，一旦患者已有一些控制，练习就要向前进展。

2.要多练习与日常生活功能相联系的特殊作业。

3.闭环性训练技术和开环性训练技术相结合。前者指导训练相对稳定的环境中进行，技能容易习得；后者指训练在随时随地发生变化的环境中进行，要求灵活地对变化的环境作出反应。

4.要做好解释工作。让患者了解自己的主要问题及解决对策，主动参与和集中注意力，使基尽快从学习的认识阶段过渡到自动阶段。即要让患者认识到如何学习所需的技能，从依赖环境的提示，如视觉和治疗者的言语和手法指示，到依靠本体感觉的反馈，形成纠正错误的内部系统，以及从有意识地运动过渡到条件反射式地下意识地完成运动的自动阶段。

5.整体训练和分解训练相结合。训练中指令要明确、简练。

6.避免错误的训练。同时要避免不用患侧。

7.训练安排应为持续性。要制定治疗时间以外的训练计划。

8.出现疲劳时要考虑可能的伤病。解除正常范围的疲劳，可采取适当休息。

9.创造学习和恢复的环境是中风患者康复的必要条件。适宜的环境可以刺激脑的适应和重组，使患者能按照此方法持续练习，确保训练从康复部门向日常生活活动的转移，使其能重获运动控制、推理能力和社会技能。这种环境应能做到：

（1）能进行有效治疗和预防并发症。

（2）尽早开始康复治疗，防止患者养成不用患肢的习惯。

（3）针对患者问题制定康复计划：这不仅包括运动，而且还应包括克服特殊的视力、认知和语言等问题的内容。安排患者过“正常”的生活，学习培养负责精神和重获时间概念。

（4）要保持作来训练的一致性，关于这一点各种康复专业人员和其他有关人员在训练中都要遵循之。

## 三、治疗步骤

此方法由6个部分组成，包括日常生活中的基本运动功能，即上下肢功能、从仰卧到床边坐起、坐位平衡、站起与坐下、站立平衡、步行等。治疗人员可根据情况，选择最适合于患者的任一部分开始治疗。每部分应尽量按下述的4个步骤进行。

1.观察、分析、比较。根据正常的活动规律对患者的运动进行观察、比较来分析缺失的成分和异常表现。

2.练习丧失的运动部分。练习中使用解释（使目的明确）、示范、言语指导、手法指导等强化练习正确动作，使用言语和视觉等反馈及时纠正错误动作。

3.作业的练习。除包括解释、指示、练习、语言和视觉反馈、手法指导等外，还要在经过一段时间治疗后进行再评定，经常给患者以鼓励等。

4.将训练转移到日常生活中去。为保证患者能将所学的运动技能应用于各种日常生活活动中去，需在各种各样的实际场合中进行训练，为保证能达到这种目的，应采用下述方法：

（1）创造良好的学习环境，安排和坚持连贯的训练。

（2）训练的内容要与日常生活需要紧密结合。

（3）练习中要学会自我监控，以便在各种场合中能独立活动。

（4）有亲属和有关工作人员的参与。

## 四、训练内容和方法

### （一）上肢功能训练

**1. 观察、分析和比较**

（1）上肢正常功能

大多数日常活动都包含复杂的上肢活动，如能从不同方位抓放移动物体，在掌中向各个方向活动物体，两手同时操作各种工具等。这些活动包括肩、肘、腕、指关节及其有关肌群的复杂运动。臂功能的基本成分为肩外展、内收、前屈、后伸、内旋、外旋、肘的屈伸、前臂的旋前、旋后、以保证手在空间操作的位置。手功能的基本成分为腕桡、尺侧偏、腕屈伸、手指对掌、对指、指间与掌指关节的屈伸等，以使手指抓放物体和使用工具。

（2）中风后常见问题和代偿方法

臂：肩胛活动差（特别是侧旋与前伸）和肩带压低；肩关节的肌肉控制不良，主要为肩外展、前屈差，患者常以过度的上抬肩带或用躯干侧屈代偿；过度的屈肘、肩关节内旋和前臂旋前。

手：伸腕抓握困难；指间、掌指关节微屈时的屈伸障碍，手抓放物体困难；拇指外展、旋转障碍，难于抓放物体，或放开握持的物体时要屈腕或过伸拇指及其他手指抓或拾起物体时，前臂有过度旋前倾向，对指困难等。

**2. 练习丧失的成分和有关的作业活动**

（1）诱发肌肉活动及训练伸向物体的控制能力

①仰卧位，支持患者上肢于前屈90度，让其上抬肩带使手伸向天花板，让患者的手随治疗人员的手在一定范围内活动，让患者用手触摸自己的前额、枕部等。

②坐位、练习用手向前、向上指向物体并逐步增大范围。

（2）维持肌肉长度，防止挛缩

坐位、帮助患者将患臂后伸、肘伸直，肩外旋，手平放在训练床上承受上部身体的重量。

坐位或站位，帮助患者上肢外展90度，肘伸直，将手平置于墙上，并承受身体的压力。

（3）诱发手操作的肌肉活动和运动控制训练

①训练伸腕

坐位，手臂放桌上，前臂处于中立位，手握一杯子或物体，然后试着将杯子或物体抬下、伸腕、屈腕。训练中要桡侧偏移，不要屈肘，同时要在不同的屈曲和伸展的范围内练习。

姿势同上，练习用手背向后移动以触碰物体（背伸腕部）。可沿桌面伸腕部以推动物体，移动的距离可逐渐增加。

②训练旋后

坐位，手臂放桌上，手指环握圆柱形物体，让前臂旋后以使该物体上端接触桌面。

姿势同上，让前臂旋后用第三掌骨压橡皮泥以留下压痕。

姿势同上，让前臂旋后，手掌向上接住掉落的小物体（如米粒）。

注意：练习中不能抬高前臂离开桌面。

③训练拇指外展和旋转

坐位，手臂放桌上，前臂在中立位及伸腕，让患者抓和放开杯子。操作时确保拇指外展而不能用伸展拇指腕掌关节来代替，要用拇指指腹而不是用拇指内侧去抓物体、不能屈腕或前臂旋前。

姿势同上，侧移拇指去触碰物体，逐渐增加推的距离。不能用屈腕以代偿拇外展。

④训练对指：前臂旋后，练习拇指和其他指的对指活动，要确保两者腕掌节在活动，指尖和拇指尖要碰上，特别是小指和拇指。

⑤训练操作物体

练习用拇指分别和各个手指捏起各种小物体。如从一个碗里将小物体捡起放在另一碗内。确保用拇指指腹而不是用拇指内侧去抓东西。

练习从杯口上方向下抓住塑料杯的周边拿杯子而不使其变形；将一个杯子的水倒到另一个杯子里。

练习从对侧肩部捡起一块小纸片。

向前伸患手去捡起或触碰一个物体。

用患侧手从桌面上捡起一物体并将其放在前面。

后伸患手，抓、放物体。

用双手完成不同的活动。练习中患者要不断向更困难的活动进展；如完成某个特定动作有困难，应分析该动作丧失的成分，并通过不同方法和活动来进行练习。

⑥改善餐具的使用

以使用匙子为例：

当拿起匙而很难将匙移到手中适当的位置时，可练习以下动作：前臂旋后位、让患者练习尽可能快地用拇指分别触碰各指尖；前臂旋后位，让患者转动手中的一个小物体。

当从盘中拿起匙送到口时，难于调整抓握以保持匙的水平位时，可让患者先移动拿着盛有液体的匙的手臂，成功后再练习将匙移向口。

将训练转移到日常生活中去。为使上肢功能恢复，要避免继发性软组织损伤（尤其是肩部）。要鼓励使用患肢，限制不必要的代偿活动。在康复部门治疗以外的时间，患者集中练习治疗人员留下的作业。要正确摆放肢体的位置，特别要防止上肢固定于内旋屈曲位。

### （二）从仰卧到床边坐起训练

**1. 从仰卧到床边坐起活动正常时的基本成分**

（1）转向侧位：颈的旋转和屈曲；髋和膝屈曲；躯干旋转；

（2）从侧卧位坐起：提起双腿向床边放下；颈和躯干侧屈；伸展下面的手臂。

**2. 训练同样包括以下4个过程**

（1）观察、分析、比较。根据正常的活动规律对患者的运动进行观察、比较来分析缺失的成分和异常表现。

（2）练习丧失的运动部分。练习中使用解释（使目的明确）、示范、言语指导、手法指导等强化练习正确动作，使用言语和视觉等反馈及时纠正错误动作。

（3）作业的练习。除包括解释、指示、练习、语言和视觉反馈、手法指导等外，还要在经过一段时间治疗后进行再评定，经常给患者以鼓励等。

（4）将训练转移到日常生活中去。

### （三）坐位平衡训练

坐位平衡正常时的基本成分如下。

1.双足、膝并拢。

2.体重平均分配。

3.髋、膝、踝关节均能屈曲90度。

4.躯干伸展，两目平视。

### （四）坐←→站立位训练

坐→站立位正常时的基本成分包括（站立→坐位时相反）。

1.双足放置位置适当（一般平行放置，靠近椅子；如要训练一侧下肢肌力，则此侧下肢稍靠后作为主要负重腿，对侧稍靠前）。

2.屈髋使躯干伸直前倾。

3.双膝稍前移，同时臀部离凳。

4.伸展髋、膝并站直。

5.站稳，并且整个站起过程中动作对称。

### （五）站立平衡训练

站立平衡正常时的基本成分包括：

1.静止站立姿势（双足分开5~10厘米，均匀负重，髋、膝伸展，躯干直立，双肩水平，头中立位）。

2.体重左右移动。

3.一腿负重，另一腿前后迈步、侧向迈步等。

### （六）步行训练

正常步行的基本成分包括：

1.支撑期：足跟着地期（踝关节背屈）；支撑中期（躯干、骨盆水平侧移，髋、膝保持伸展）；蹬离期（髋伸展，膝由稍屈到伸，踝跖屈）。

2.摆动期：摆动初期（踝由跖屈到中立位，髋、膝由伸到屈）；摆动中期；摆动末期（踝背屈，髋屈曲，膝伸展）。

## 五、关于如何选择应用神经生理学疗法的问题

神经发育疗法有多种，各有各的理论和观点，在临床实践中如何选择应用？在这一问题上，著名康复医学专家Basmajian曾提出这样观点的：凡是有能力将所有方法折中地结合应用，而不是孤守一种方法的治疗师，才能是把自己武装得最好的治疗师，才在康复医疗实践中应付自如地治疗各种较难治的神经疾患病人。我们无疑是同意这种观点的，只有博取各家之长，寻求出一种切合患者实际而又有效的方法为上策。但为便于读者选择应用，根据权威人士的经验，对20世纪前50年的经验，加以归纳，以便读者参考。

1.根据患者总体的肌张力情况选择表11-14从表可知，肌张力低时，四者均可应用，但对肌张力高的情况，仅适用Bobath、Rood二法，而且Rood法只适于张力高的肌肉的对抗肌上这是应用时值得注意的。

2. 根据患者局部的情况选择，如果作用于局部，可根据局部情况按表11-15选用所列各项。

表11-14 依据肌张力情况选用NDT

| 张力过低 | 张力过高 |
|---|---|
| Bobath利用翻正、平衡等反射引起反应 | Bobath利用RIP |
| Brunnstrom利用联合反应原始反射引起反应 | Rood 利用皮肤刺激促进法刺激其对抗肌 |
| PNF利用对角线活动 | |
| Rood利用皮肤刺激促进法 | |

表11-15 NDT技术的局部应用

| 局部情况 | 应用的方法 | 目的 | 作用 |
|---|---|---|---|
| 弛缓性麻痹，肌肉的反应近乎零 | 用电流刺激神经或肌肉，记录其肌电图并反馈给病人 | 维持组织的弹性，防止肌萎缩，通过用人工方法引起明显的肌缩和用肌电图仪录得的残存运动单位的电活动，向病人证明恢复的可能依然存在 | 促进 |
| 重要的主动肌（肘伸肌，屈膝肌）极度软弱 | 通过强肌收缩的溢流或辐射引起弱肌的协同收缩和联合反应 | 在尚有残存功能的肌肉（即所谓强肌）的最大随意收缩的情况下，诱发弱肌收缩，对抗阻力，消除痉挛 | 促进 |
| 能够运动，但不注意病肢或由于极度软弱而易疲劳 | 浅的皮肤按摩，深的肌肉震颤，被动的ROM活动，引导非常虚弱或不稳定的随意运动通过正确的轨道，向它提供增强的感觉反馈，语言反馈，并提醒病人注意由于肌肉收缩或运动时产生的感觉 | 当患肢静止时将注意力引向患肢；当患部运动时帮助病人注意运动觉的输入 | 促进 |

续表

| 局部情况 | 应用的方法 | 目的 | 作用 |
|---|---|---|---|
| 主动肌中度有力但在静止位置和运动时受到痉挛的对抗肌的限制 | 将痉挛肌放于反射性抑制的位置上（包括利用前庭刺激引起肌张力的广泛的改变）和应用手或应用支具或夹板进行慢的延长牵张 | 使病人免除因肌肉痉挛而对活动范围的限制；改变肌张力，使静止时的位置比较正常 | 抑制 |
| 肌肉能活动，中度有力，但ROM有限且协调不良 | 长时间冷敷，肢体冰水浸浴 | 局部性降低使ROM受限和妨碍机体功能性应用的痉挛 | 抑制 |
| 在独立收缩中肌肉有力，但肌肉不平衡或缺乏交互松弛使得关节位置不正常和某些活动的范围受限 | 运动头和身体引起TLR、TNR以及肢体和躯干的平衡反应 | 调节肌张力的静息分配，加强人对体位和运动的体验 | 混合性 |
| 主动肌仍相对地较弱，但在随意努力下收缩的张力日益增加 | 快速牵张（或先快牵张协同肌后继之以慢牵张其对抗肌）；后在肌腹上反复拍打或震颤 | 在需要随意运动之前期间应用 | 促进 |
| 主动肌仍相对地较弱，但在随意努力下收缩的张力日益增加 | 皮肤刺激，刷指或刺激 | 分散地促进个别肌肉的收缩，使本体促进效果达到最大 | 促进 |
| 需要局部地调节张力以使肌肉平衡进而使病人能采取较正常的姿势和进行较平衡的短而快的运动 | 在痉缩肌的对抗肌上，应用上述任一类型的促进方法 | 通过交互支配松弛痉缩肌，此法应用了皮肤和本体刺激，因为传出活动和脊髓反射直接与运动神经元有关而且都遵从相同的交互支配原则 | 抑制 |
| 当病人松弛时肌张力在正常范围，但在企图进行任何复杂程度不同的随意运动时，张力波动和不稳定仿佛在手足徐动性脑性瘫痪中一样 | 强化运动感觉或用人工的电子传感器提供位置的反馈来代替，以此加强病人的位置稳定性，并据此讯息来控制短而快的活动 | 细微地改进运动技能 | 混合的 |
| 广泛性的张力过低共济失调和手足徐动 | 连续诱导：节律性稳定，关节压缩 | 为达到近端姿势的稳定，促进协同肌和对抗肌的共同收缩 | 促进 |
| 共济失调和手足徐动 | 应用器械实施各种抗阻训练（抗各种液压阻力） | 加强弱肌，同时将运动限于理想的轨道内（并能容易和客观地定量） | 促进 |

## 【思考题】

### 1. 关键性思考和讨论

（1）神经发育学疗法的理论基础对实践操作指导的意义；

（2）如何针对不同神经损伤患者选择不同的神经发育疗法治疗技术；

（3）如何应用PNF技术提高运动员平衡能力、肌肉力量？

### 2.实验操作练习

（1）和同伴结对练习PNF实践操作技术；

（2）和同伴结对练习Brunnstrom评定和治疗技术；

（3）和同伴结对练习Bobath手法。

## ◎ 参考文献

[1]纪树荣.运动疗法技术学[M].北京：华夏出版社,2004.

[2]燕铁斌.物理治疗学[M].北京：人民卫生出版社,2008.

[3]刘钦刚.实用PNF治疗[M].昆明：云南科技出版社,2003.

（钱菁华 陈 建 张葆欣）

# 下篇　康复体能训练

# 第十二章 体能概述

【学习目标】
1. 掌握体能的概念和分类。
2. 掌握体能训练的基本要求。
3. 熟悉健康体能的四大要素。
4. 了解健康体能与竞技体能的区别。

## 第一节 体能的定义与分类

### 一、体能的概念

体能，又称体适能（physical fitness）是指人体心脏、血管、肺脏、肌肉等组织能够充分发挥功能，以适应各种环境活动的需求。体能是一切人类生命活动和目标行为的动力基础，更是人们达到休闲健身和高水平竞技运动目标的基本条件。

### 二、体能的分类

根据不同的对象、性别、职业、年龄等人群的体能需求，大致可分成健康体能（Health related physical fitness）和竞技体能（Sports related physical fitness）两大类。

#### （一）健康体能

##### 1. 健康体能定义

健康体能是指人体器官组织如心脏、肺脏、血管、肌肉等都能发挥正常功能，使身体同时具有胜任日常工作、享受休闲娱乐生活及应付突发状况的能力，亦即身体能力是健康的。健康体能要求有最低限度的心肺功能、肌肉力量与肌肉耐力、适度的关节柔韧性及适宜的身体成分，在活动过程中运动强度较低，运动频率与持续时间也较小，活动项目以有氧运动为主，参与者在参与活动时的感觉较自然、舒适、愉快。健康体能是普通人群为了促进身心健康，预防各种疾病，增进工作效率，提升生活质量等目的所需的体能，属于自我锻炼性质，只会排解心理压力，并不会增加额外的心理负担，健康体能的活动是终生性的活动，在参与的过程中较易获得所欲达成的目标，因此较好的健康体能是每一个人所应具备的基本身体素质。

##### 2. 健康体能四大要素

健康体能和心、肺及肌肉的表现有关，受年龄、性别、遗传、习惯、运动量及饮食的影响，体能也会影响心理及情绪。健康体能包括四大要素，即身体成分组成、肌力与耐力、心肺耐力和柔韧性。

（1）身体成分：是指体内脂肪所占百分比，人体是由脂肪及非脂肪组织（如肌肉、骨骼、水与其他脏器等）所组成，保持理想体重对维持适当的身体组成很有帮助。近年来，由于肥胖情况相当普遍，与肥胖有关的疾病也非常多，如心脏病、高血压、糖尿病、脂肪代谢失常等，肥胖者也较易产生心理异常，肥胖被视为危害生命健康的危险因子，因此体脂肪所占的百分比是否适当也被列为健康体能的重要因素。如何通过运动与饮食控制，消除不必要的脂肪，并维持应有的净体重，对个人健康的维护相当重要。（表12-1）

表12-1　不同体型人体脂肪的范围

| 体型 | 女性 | 男性 |
|---|---|---|
| 运动员 | 17% | 10% |
| 偏瘦 | 17%~22% | 10%~15% |
| 正常 | 22%~25% | 15%~18% |
| 平均水平以上 | 25%~29% | 18%~20% |
| 脂肪过多 | 29%~35% | 20%~25% |
| 肥胖 | > 35% | > 25% |

（2）肌力与肌耐力：肌力是肌肉收缩所能产生的最大力量，肌耐力是肌肉持续收缩的能力。良好的肌力与肌耐力可以维持正确的姿势与提高工作效率；肌力与肌耐力不好的人较容易产生肌肉疲劳与酸痛的现象。肌力较好的人，工作不易疲劳，也可以减少伤害发生。肌力不足易发生于上臂、肩背、腹部等部位，尤其下背部如果肌力下降，容易造成下腰痛等疾病，对患者正常生活影响相当大，因此拥有较佳肌力是正常生活所必需的。

（3）心肺耐力：心肺耐力是指人体的心脏、肺脏、血管、血液等组织的功能，它负责氧气与营养的输送与代谢废弃物的排出，人自出生后无时无刻不依赖心肺耐力循环系统的充分发挥功能而生存，因此锻炼出健全的心肺耐力是健康体能中最重要的任务，一般心肺耐力较差者平日比较容易精神萎靡，稍微活动即发生气喘，容易显出疲劳状，同时患心血管疾病的概率也较高。拥有良好心肺耐力的人，能比别人更有效地完成日常活动，而不容易感到疲累。

（4）柔韧性：是关节的最大活动范围，使四肢和躯干伸展而不会感到疼痛感的一种能力，影响因素包括年龄、性别、骨骼关节结构与关节周围的肌肉、脂肪、皮肤与结缔组织等，具有良好柔韧性的人，肢体的活动范围较大，肌肉不易拉伤，关节也不易扭伤。若柔韧性不好，也会造成姿势不良的问题，如下背痛及肩颈疼痛等。运动是影响身体柔韧性的重要因素，平时经常活动的关节柔韧性较好，较少活动的关节往往比较僵硬，较理想的柔韧性可以使参与活动者做出更优美的动作，且肢体活动的效率也较好，并避免运动伤害。但活动范围太大也容易使关节变得不稳定，容易导致运动损伤。

## （二）竞技体能

### 1. 竞技体能的定义

竞技体能是运动员参加运动竞赛时所需的体能，其对象仅限于参与体育竞技的运动员，它除了须具备健康体能外，还强调力量、速度、耐力、爆发力、敏捷性、协调能力等，运动过程中所使用的强度较健康体能高，运动频率也较大，且运动持续时间较长，除了有氧运动外，相当重视无氧运动。在运动过程中，参与者的感受是运动相当激烈，运动时的呼吸急促，运动后容易出现肌肉酸痛，运动中发生运动伤害的概率较高，运动后也容易产生疲劳现象。体能是运动员的基本运动能力，是运动员竞技能力的重要构成因素。

### 2. 竞技体能三要素

运动员竞技体能发展水平是由其身体形态、身体机能及运动素质的发展状况所决定的。

（1）身体形态是指机体内外部器官组织构成的形态，是影响竞技体能的外在决定因素；

（2）身体机能是指机体各器官系统的功能水平，是决定竞技体能的关键要素，体能训练重在提高运动员身体在各种环境下的机能水平。身体机能水平需采取医学方法科学获取，是指导运动员科学进行体能训练的重要依据。身体机能水平是体能的内在表现。

（3）运动素质是指机体在活动时所表现出来的各种基本运动能力，通常包括力量、耐力、速度、柔韧和灵敏等。运动素质是体能的外在表现，运动训练主要以发展各种运动素质为基本内容。

竞技体能的三要素既相互独立，又相互密切联系，既彼此制约，又相互影响，其中每一要素都会影响着其他要素水平和体能整体水平。

## 第二节　体能训练概述

### 一、体能训练的定义

体能训练是指为提高机体的运动能力、预防运动损伤的发生而进行身体素质的训练。包括健康体能训练和竞技体能训练，两者主要区别。（表12-2）

表12-2　健康体能训练与竞技体能训练的主要区别

| | 健康体能训练 | 竞技体能训练 |
|---|---|---|
| 训练目标 | 强身健体、提高生活质量 | 体现现代奥林匹克精神 |
| 训练对象 | 普通人群 | 竞技运动员 |
| 训练强度 | 较小 | 较大 |
| 训练方法 | 简便易学 | 相对系统全面 |

竞技体能训练通常又分为一般体能训练和专项体能训练，一般体能训练采用多种多样的非专项的身体练习方法，改造运动员的身体形态、增进身体健康、提高身体机能水平和全面发展运动素质。一般体能训练是专项体能训练的基础。专项体能训练则是根据专项运动技能的需要而采取与专项技术动作密切联系的专门的身体练习方法，发展和改善与专项运动成绩有直接联系的专项运动素质和专项所必需的身体形态与机能。

### 二、体能训练的意义

竞技体能训练的目的在于根据各个项目竞赛的需要，提高运动员的运动素质，改善运动员的机能状况，使运动员的身体形态适合特定运动项目的要求，从而使运动员的体能状况能够适应比赛中战术活动的进行与技术水平的发挥，同时保障运动员在训练过程中能够掌握新的技战术，并将已经获得的素质在运动竞赛中充分地发挥出来。

健康体能训练的目的是改造运动参与者的身体形态、提高身体机能水平，增进健康和发展运动素质。拥有较好的体适能可以使我们胜任日常工作，在工作之余更有充沛的体力享受休闲生活，且可以应付突发情况下身体的需求，因此拥有较佳体适能可以使我们工作更有效率，生活更充实，身体更健康，同时降低了疾病的威胁。

科学的体能训练对于增进现代人的身心健康水平、加强运动能力，具有其他手段无法替代的作用。系统坚持体能训练，能够有效地促进我们形成积极、健康的生活方式，优化生活、工作和学习质量。体能训练更是职业运动员提高运动成绩的重要方式。因此，无论是体育运动爱好者还是职业运动员，都应将体能训练作为运动训练的重要内容。

体能训练与技战术训练、心理训练有着密切的联系：

1.良好的体能训练是技、战术训练和提高运动成绩的基础。

2.良好的体能训练是运动员承受大负荷训练和高强度比赛的基础。

3.良好的体能训练是运动员在训练和比赛中保持技术稳定和良好的心理状态的基础。

4.良好的体能训练有助于预防运动损伤，延长运动寿命。

### 三、体能训练的基本要求

人体不同类型的体能能力是将人体的体能转化为专项运动成绩的桥梁，也是在运动员个体条件、运动规则和比赛环境等因素的制约下，人体学习和控制动作多种能力的综合表现。人体运动的能量供应是通过三大能量代谢系统的供能，神经、骨骼、肌肉等系统协调工作实现，运动训练或比赛所需要的速度、力量、耐力、灵敏和柔韧等素质是通过改善运动员的能量代谢、神经、肌肉、骨骼等系统的功能，并使之符合项目的需求来实现。由于不同的体育运动项目运动技能要求不同，对各个体能素质的要求也不尽相同，不可能单纯依靠某个代谢系统的工作来完成能量供应，而是三大能量代谢系统相互影响、协同完成，更不是三大能量代谢系统和速度、力量、耐力等素质的简单组合。因此，体能训练首先要解决的问题是认识运动员在比赛中的活动方式，并据此回答如何提高运动项目需要的能量代谢能力，如何改善运动员的神经、骨骼、肌肉等系统的功能等。

体能训练应遵循以下几个基本原则。

1.合理安排一般体能训练和专项体能训练。一般体能训练可全面发展运动员的力量、耐力、速度、灵敏和柔韧等运动素质，提高运动员各个器官系统的机能水平，使运动员身体各个部位得到均衡发展，为提高专项运动所需要的身体素质奠定基础。安排一般体能训练，应注意训练目标有主有次，以主带次，不可盲目求全而不分主次。在合理安排一般体能训练的同时还必须结合专项体能训练，一般体能训练并不能代替专项体能训练。

2.体能训练应与技术、战术、心理和智能训练有机结合，选择体能训练手段应力求结合专项技术动作形式和生物力学特征。

3.因人、因时、因项目不同合理安排体能训练在整个运动训练中所占的比例，以及一般体能训练与专项体能训练的比例。

4.应利用运动员身体素质发育关键敏感时期有针对性进行各运动素质的训练，以取得事半功倍的效果。

5.在体能训练中加强运动员思想教育和意志品质的培养。

6.教练员应采用有效的训练手段和新颖的训练方法以减少体能训练的枯燥和单调。

◎ **参考文献**

[1]田麦久.运动训练学[M].北京：人民体育出版社，2000.

[2]张英波.现代体能训练方法[M].北京：北京体育大学出版社，2006.

[3]杨桦等.运动训练学导论[M].北京：北京体育大学出版社，2007.

（杨　翼）

# 第十三章　增强肌力训练

【学习目标】

1. 掌握增强肌力训练的原则。
2. 能够独立指导患者增强肌力训练实践操作。
3. 能够熟练操作等速测试仪增强肌力训练程序。
4. 熟悉增强肌力训练的生理学机制。
5. 熟悉肌力训练的临床适应证和禁忌证。
6. 了解康复医学临床增强肌力训练的新技术。

## 第一节　概　述

### 一、基本概念

#### （一）肌　力

肌力是指肌肉收缩时所能施出的最大力量，以肌肉最大兴奋时所能负荷的重量来表示。依据肌肉不同的收缩形式产生的力量将肌力分为等张肌力、等长肌力和等速肌力。

1.等张肌力：又称动力性肌力，是肌肉通过等张收缩以进行关节全范围运动时所能施出的最大力量。等张肌力的大小常用1Rm（Repetition Maximum）或10Rm表示，1Rm即受试者能完成一次关节全范围运动时所承受的最大负荷量。

2.等长肌力：又称静力性肌力，是肌肉通过等长收缩所能施加于一个固定不动的物体上的最大力量。等长肌力的大小用肌肉收缩坚持5秒所承受的最大负荷表示。

3.等速肌力：恒定的角速度运动，在关节整个活动范围内均表现出最大用力程度。观察指标多（绝对峰力矩、相对峰力矩、总功、到达峰力矩时间、任一时间点角度的力矩、疲劳指数等）、准确、科学。

竞技体育中的力量是指人体神经肌肉系统工作时克服或对抗阻力的能力。当前体育界将力量素质分类进一步细化，具体分类参见表13-1。

表13-1　力量素质的分类

| | 分　类 |
|---|---|
| 最大力量 | 神经肌肉支配能力、肌肉横断面 |
| 快速力量 | 启动快速力量、结束快速力量 |
| 力量耐力 | 最大力量耐力、次最大力量耐力、有氧力量耐力 |
| 反应力量 | 短程式反应力量、长程式反应力量 |

最大力量素质分为神经肌肉支配能力即神经募集率起决定作用和肌肉横断面决定力量大小两类；快速力量分在最短时间内达到最大的力量值即启动快速力量和在技术动作结束时获得最大的力量值两类；反应力量根据运动员跳深的踏跳时间将跳深分为短程式即（踏跳时间＜170毫秒和长程式即踏跳时间＞170毫秒）。

#### （二）爆发力

运动生理学给爆发力定义为：人体在短时间内所完成的最大做功能力。功等于力和物体沿力的方向移动距离的乘积，功率是指单位时间内所做的功。功率的计算公式为：P＝w/t=F×D/t，公式中：W表示功（千克·米），F表示力（千克），D表示位移的距离（米），P表示功率（千克·米／秒），t表示做功时间（秒）。

1.绝对爆发力：当一个运动员的体重较大，而且绝对力量较大时，运动员具有较大的爆发力。这种主要由体重和绝对力量决定的爆发力称为绝对爆发力。绝对爆发力对于投掷项目运动员、美式橄榄球防守运动员及日本相扑运动员是十分重要的。

2.相对爆发力：有些运动项目，如短跑的冲刺、跳跃、拳击和击剑等，运动员必须快速移动，在这些项目的运动中，相对爆发力显得更为重要。所谓相对爆发力，是指每公斤体重的输出功率。对于从事快速移动躯体项目的运动员来说，虽然通过训练可使肌肉增大、绝对肌力增加、爆发力得到提高，但是如果肌肉的体积太大、体重过重反而影响移动速度。

在运动训练中是极大限度地提高相对爆发力还是绝对爆发力，取决于在所从事的运动项目中哪种素质更为重要。如短跑、跳跃等项目的运动员应保持较轻的体重，使肌肉的相对力量得到提高，同时又要通过训练使肌肉的收缩速度得到提高。对需要提高绝对爆发力的运动员，如投掷项目运动员、美式橄榄球防守运动员及日本相扑运动员，应增加肌肉的体积，提高运动员的绝对爆发力。这样可能使加速度有所下降，但不应下降到引起绝对爆发力下降的水平，问题在于找到使绝对爆发力与加速度两者结合能达到最佳运动能力的那一点。

## 二、影响肌力大小的因素

影响肌力大小的因素主要包括以下几点：

1.解剖学因素：肌肉的生理横切面即横切所有肌纤维的断面，单位生理横断面所能产生的最大肌力称为绝对肌力，肌肉绝对力=肌肉生理横断面×比肌力3.6千克/平方厘米；

2.生理学因素：在生理范围内肌力与肌肉的初长度紧密相关，最适初长度为静息长度的1.2倍，当肌小节长度为2~2.2μm时主动张力最大，因此时肌动蛋白与肌球蛋白处于最佳重叠状态。故投掷铅球时必须充分屈曲肘关节，以尽可能牵张肱三头肌，利用肱三头肌收缩力量抛铅球。此外，肌力与肌肉收缩速度在一定范围内成反比；

3.力学因素：参与收缩的运动单位的同步性；肌肉收缩产生的实际力矩输出受运动节段杠杆效率的影响，在一定范围内肌肉止点离关节轴越远杠杆作用越好，有学者报道髌骨切除后股四头肌力臂缩短使伸膝力矩减小约30%。

4.运动单位募集率：肌肉收缩时同时被激活的运动单位的数量，反映肌肉的募集状态。参与收缩的运动单位数量越多肌力也就越大。肌肉收缩时运动单位募集率主要受中枢神经系统功能状态的影响，当运动神经发出的冲动强度增大或冲动的频率增加时被动员或激活的运动单位也增多。中枢神经系统内，小运动神经元兴奋性高，阈值低，在较低刺激下即可发生放电，大神经元的兴奋性低，阈值高，需较大刺激才能启动放电，此现象称为有序募集。运动神经元的兴奋性与细胞大小呈负相关，其抑制性与细胞大小呈正相关，即受抑制时，首先是大运动神经元被抑制，最后才是小运动神经元被抑制，这种现象称为运动神经元活动的“大小”原则。

5.肌纤维走向与肌腱长轴的关系：肌纤维与肌腱成角连结，羽状连结的肌纤维越多，成角也越大，肌肉越粗，能产生较多的力，如腓肠肌；而比目鱼肌肌纤维与肌腱的连结很少成角，故具有较高的持续等长收缩力。

6.年龄与性别：20岁达到峰值，35岁以后每10年递减10%~20%；同年龄女性肌力相当于男性的2/3，尤其以握力和垂直跳的力量最为明显，女性握力只相当于同年龄男性的1/3~1/2，垂直跳力量约为男性的65%。

7.心理因素：不同心理状态下表现出不同的肌力水平，在暗示、短暂有力口令及有练习欲望时训练者所发挥的肌力明显比自主最大收缩力要大。因此，在进行增强肌力训练中应注意适当结合这些心理因素来刺激练习者。

### 三、导致肌力下降的原因

1.年龄增加：据研究，人的肌力在25～30岁最强，而在35岁以后，肌力每10年递减10%～20%，且下肢肌肉力量下降比上肢要快，一般从下肢近端承重肌肉开始减退，等速肌力中快速收缩力量减退较大。

2.失用性肌萎缩：在心肺疾病住院绝对卧床期间、骨折固定等状态下由于制动而出现肌肉萎缩导致肌力下降。实验鼠后肢被固定后快肌纤维在固定后的16小时即发生失用性改变，慢肌纤维在固定第3天即失重10%，统计学有显著性差异。有报道称人在完全卧床休息状态下肌力每周减少10%～15%，卧床休息3~5周后肌力即可减少一半。

3.神经系统疾病：如脑血管病、脑损伤、脑瘫等中枢神经系统损伤导致肢体的瘫痪；此外周围神经损伤也是导致肌肉力量下降的常见原因，如臂丛神经损伤、鼠标手、腓总神经损伤等均为临床常见损伤。

4.肌源性疾病：即源于肌肉本身病变而导致的肌肉萎缩如肌营养不良、多发性肌炎等，进行性肌营养不良与遗传因素有关，主要表现为四肢近端肌肉、躯干肌萎缩与力量下降。多发性肌炎是一组以骨骼肌间质性炎变和肌纤维变性为特征的综合征，主要表现为四肢近端肌、颈部肌群等肌力减退。

### 四、增强肌力训练的作用机制

关于增强肌力训练的作用机制，目前主要从以下几方面来解释。

1. 超量恢复原理：运动前后肌肉经历了一个疲劳和恢复的过程。肌肉疲劳时，肌肉的收缩力量、速度和耐力都会明显下降，同时肌肉内能源物质、收缩蛋白与酶蛋白都有所消耗。在休息过程中，这些消耗物质获得补充，生理功能逐渐恢复。在恢复到运动前水平后，可出现一个超量恢复阶段，即各项指标继续上升并超过运动前水平，以后再下降到运动前水平。如果下一次肌力练习在前一次练习后的超量恢复阶段内进行，那么就可以从该超量恢复阶段的生理生化水平为起点，使超量恢复巩固和叠加起来，实现肌肉形态及功能的逐步发展。超量恢复是肌力训练的生理学基础。要掌握适宜的练习频率，尽量使后一次训练在前一次训练后的超量恢复阶段进行。

2. 肌肉收缩强度与训练效果的关系：肌肉收缩强度相当于最大收缩强度的40%，运动单位募集率较低，而且主要募集I型肌纤维，对增强肌肉耐力有效；收缩强度增加时募集率增高，IIa型、IIb型肌纤维也依次参与募集，对增强肌力有效，故应根据需要选用不同的收缩强度进行训练。

3. 强度-时间关系：在增强肌力训练中，负荷强度（即阻力）的大小和持续时间决定了不同的治疗作用。强度较大，持续时间较短，对增强肌肉力量有利；而强度较小，持续时间较长，对增强肌肉耐力有利；但强度也不宜过大，否则易导致损伤，失去肌肉锻炼价值。

## 第二节　肌力训练的原则和方法

### 一、肌力训练的原则

1. 超负荷原则：即训练时运动必须超过一定的负荷量和持续一定的时间，达到一定的运动强度，才能达到增强肌力的目的。超负荷并非指超过本人的负荷能力，而是指这种阻抗负荷应超过平时所遇到的负荷阻力，这种较之平常为大的阻力能刺激肌肉产生相应的生理学适应，从而导致肌力增加。阻力的大小应略超出患者目前的肌力水平或至少相当于使肌肉产生最大收缩所需负荷的60%，并持续训练6周，才能促使肌力增强。如股四头肌训练中能承受3公斤阻力，适应后可将负荷增至4公斤，肌力才能不断进步；肌力为Ⅱ级，可在抗重力体位训练，促进肌力达Ⅲ级，但注意循序渐进。

2. 适度疲劳原则：在肌力训练中应遵循“疲劳但不过度疲劳”的原则，即肌力训练会引起一定程度的肌群疲劳，没有肌肉疲劳就没有超量恢复出现，肌力训练也难以取得明显效果；但如果练习间隔太短，肌肉疲劳未完全恢复，继续练习将加重疲劳，以至引起肌肉劳损；而间隔太长超量恢复已消退，就无从积累，达不到肌力增强的目的。因此治疗中应注意观察，一旦出现过度疲劳就应停止训练。肌肉疲劳主要表现为肌肉不适感，甚至疼痛、抽筋，收缩肌肉颤动；肌肉收缩时有卡住的感觉，动作不协调；无力完成全范围的动作；产生代偿动作；无力继续低强度的活动；等速测试中力矩峰值降低。

3. 合理顺序原则：即先大后小，先练大肌群、后练小肌群。因小肌群比大肌群更容易疲劳，从而影响大肌群的训练效果。遵循合理顺序原则目的在于延迟疲劳的发生，提高肌群之间的相互良性作用。

4. SAID原则（Specific Adaptation to Imposed Demands）：即个体化原则，针对不同个体制定特殊的治疗计划，此原则帮助治疗师制定运动处方及选择最佳治疗计划以达到特殊的功能需求。不同的运动专项练习对身体各肌群的要求是不同的。实验显示，男子投掷铁饼成绩与各肌群的相关系数分别为：肩带肌（r=0.735）、躯干肌（r=0.629）、腿 肌（r=0.680）

根据这一关系，对力量训练的部位比例安排应为：肩带肌的力量练习占45%、下肢肌的力量练习占25%、躯干肌的力量练习占15%，其余的15%应安排全面力量练习。同样，针对不同损伤疾病后全身主要肌力水平而采取不同的训练方法。

5. 重复性原则：由于机体对力量练习产生的适应性改变是短暂的，停止力量练习一周内肌肉活动能力即开始下降。因此，建议患者将力量练习作为长期训练计划的重要内容。

6. 合理的训练间隔原则：通过阻力练习获得的肌肉力量是可逆的，中断或完全停止训练会使获得的肌肉力量迅速下降。因此，要保持良好的力量素质，必须不断地给机体适宜的刺激，一般同一肌群的力量练习每周不得少于两次。

7. 全面性原则：全身各主要肌群必须均衡发展。德国专家认为“完成竞技体育中的任何一个动作都需要一个完整的动力链，而动力链是由关节肌肉构成的”。其言外之意是动力链上的任何一个环节出问题，都会影响技术动作的质量，或都会影响运动成绩。因此，力量训练必须全面，不允许出现薄弱环节。

## 二、肌力训练的方法

### （一）肌力训练方法的选择原则

肌力训练的目的是获得更高级别的肌力水平，如徒手肌力评定为1级，则短期治疗目标为选用各种措施促使肌力达到2级或以上，即可在去重力体位，治疗师辅助下进行肌力增强训练，肌肉收缩需克服自身的重量及引起关节活动。不同肌力水平练习方法可参照表13-2。

在选择肌力训练方法时要考虑到安全性、有效性、经济实用性等原则。当患者肌力水平有所提高时则需要修改训练计划和练习方法，如何不断增加练习难度呢？可参考表13-3中列出的因素及原则。

表13-2　不同肌力水平练习方法

| 肌力 | 训练方法 | 目标 |
|---|---|---|
| 0-Ⅰ级 | 功能性电刺激运动<br>助力运动 | 诱发主动肌肉收缩，避免肌肉萎缩；<br>保持关节活动度，避免挛缩和粘连；<br>促进运动神经功能恢复。 |
| Ⅱ级 | 主动助力运动 | 促使肌力达到Ⅲ级，产生功能性关节主动活动 |
| Ⅲ级 | 主动运动，轻微抗阻 | 促使肌力达到Ⅳ级 |
| Ⅳ-Ⅴ级 | 抗阻运动，等速运动 | 促使肌力和肌肉耐力恢复正常。提高心肺功能和耐力。 |

表13-3　增强肌力训练程序进展考虑因素

| 因素 | 进展方式 |
|---|---|
| 强度（负荷大小） | 亚极量至极量（或接近极量）<br>小负荷至大负荷 |
| 身体位置（不负重至负重） | 取决于病理及残损程度、限制负重（疼痛、肿胀、不稳定）和康复程序目标 |
| 重复次数及组数 | 由少至多 |
| 频率 | 取决于练习强度和组数次数 |
| 肌肉收缩类型 | 静态至动态；向心性至离心性 |
| 关节活动度 | 小幅度至大幅度；稳定活动部分至不稳定活动部分 |
| 运动面 | 单面至多面 |
| 运动速度 | 慢速至快速 |
| 神经肌肉控制 | 近端至远端 |
| 功能活动模式 | 简单至复杂；单关节至多关节；近端控制至远端控制 |

运动神经在力量产生的过程中具有主导和支配作用，是决定包括最大力量、快速力量、反应力量和力量耐力等所有力量水平的基础和关键。在体育运动训练的力量训练中，特别是在优秀运动员的力量训练中，应该加强对神经支配能力的训练，在不增加或少增加肌肉横断面的前提下发展最大力量，通过加快快肌运动单位的募集速度提高快速力量和反应力量，通过肌肉协调能力的改善提高力量耐力。同时，在重视神经能力训练的同时还必须注意不同专项和不同运动员的具体情况，根据专项和个体的差异确定力量发展的方向和具体的训练方法。

### （二）具体治疗训练技术

#### 1. 神经肌肉电刺激

利用低频脉冲电流通过预先设定的程序来刺激肌肉，达到预防肌肉萎缩、诱发肌肉主动收缩目的。主要适用于0～Ⅰ级肌力水平的患者，通常选用频率15～50赫兹，波宽200～300μs，通断比为1∶1～1∶3，波升波降时间为1～2秒，治疗电流的强度以能引起肌肉的明显可见收缩而无疼痛为度，避免波及邻近肌肉或引起过强的收缩，肌肉收缩的次数以不引起过度疲劳为度。治疗时将接阴极的点状电极（主电极）置于患肌或患肌的运动点上，另一个较大电极（副电极）接阳极置于肢体近端或躯干，电极下均应放厚衬垫。对大肌肉或病情严重的肌肉，应减少每分钟收缩的次数，刺激数分钟后休息数分钟，达到每次治疗共收缩40～60次。随着病情好转，逐渐增加收缩次数，缩短休息时间，达到每次治疗至少总收缩80～120次；运动点的位置也可能会发生变化，需及时调整。

此外，目前临床也较常用肌电生物反馈治疗仪来治疗各种神经损伤后肌力减退的患者，与神经肌肉电刺激完全被动刺激相比，肌电生物反馈治疗仪更能发挥患者的主动性，治疗过程中要求患者主动收缩肌肉达到一定阈值时才能启动治疗仪的电刺激开关，且有屏幕上波幅的显示反馈来激励患者练习。

2. 主动助力运动

（1）徒手助力主动运动：当肌力为1级或2级时，治疗师帮助患者进行主动运动。例如：腘绳肌肌力2级，患者俯卧位，治疗师站在训练一侧肢体旁，一手固定于大腿后部，让患者主动屈曲膝关节，另一手握踝关节辅助用力，当屈膝达90度时，重力作用可促进屈曲。也可在侧卧位，治疗一侧肢体在下，患者主动屈曲膝关节，治疗师一手托住上方下肢，另一手在下方小腿前稍加辅助力量。随着肌力的改善，可减少助力的大小。

（2）悬吊助力主动运动：利用绳索、挂钩、滑轮等简单装置，将运动的肢体悬吊起来，以减轻肢体的自身重量，然后在水平面上进行肢体运动训练。训练时可利用变化体位或滑轮的位置设计训练方法。（图13-1）

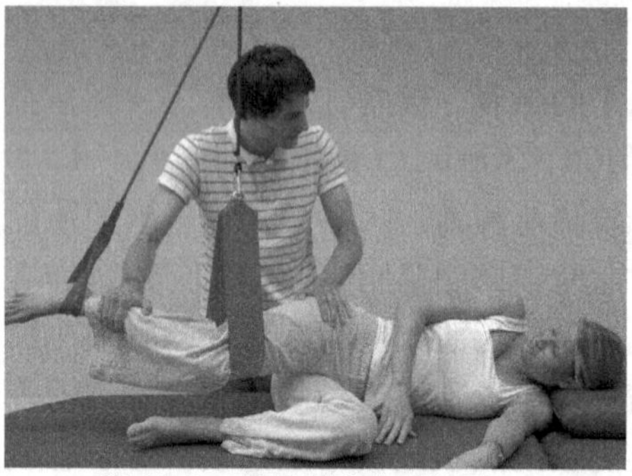

图13-1　悬吊助力主动运动

悬吊训练的固定方法可以分为两种：一种为垂直固定，固定点位于肢体重心的上方，用于支持肢体，在较小范围活动；另一种是轴向固定，固定点位于关节的上方，使肢体易于活动。例如训练髂腰肌肌力时，患者侧卧，患肢在上，分别在膝关节及踝关节垂直上方放置挂钩，吊带固定于膝关节及踝关节，用绳索悬吊，患者主动屈髋，这是垂直悬吊。若选用轴向固定方法，挂钩在垂直于髋关节股骨大转子的上方，患者体位、吊带位置及训练方法同前。随着肌力改善还可以调整挂钩位置、改变运动面的倾斜度来增加训练难度。

（3）滑板助力主动运动：滑板可减少肢体运动时的摩擦力，肢体在滑板上主动滑动可达到训练目的。如肱三头肌肌力为1～2级时，患者坐位，滑板置于治疗床上，治疗上肢放于滑板上，通过主动伸肘动作进行训练，也可同时轻拍或轻叩肱三头肌肌腹。随着肌力改善，可通过增加滑板的倾斜度来增加治疗难度。

3. 主动运动

通过患者主动收缩肌肉完成运动，训练时选择正确的体位和姿势，将肢体置于抗重力体位，防止代偿动作，对运动的速度、次数及间歇予以适当的指导。常见的主动运动形式为徒手体操练习。

4. 等张抗阻运动

利用徒手、哑铃、沙袋、滑轮、弹簧、重物、摩擦力等作为运动的阻力，施加阻力的大小、部位及时间应根据患者的肌力大小、运动部位进行调节。阻力通常加在需要增强肌力的肌肉远端附着部位，但不跨关节，以较小的力量产生较大的力矩，如增强肱二头肌肌力时，阻力加在前臂远端。但在肌力较弱时，也可靠近肌肉附着的近端。阻力的方向总是与肌肉收缩使关节发生运动的方向相反，每次施加的阻力应由小到大、平稳、勿跳动。以抗徒手阻力运动时，治疗师施加阻力的方向与运动肢体成直角。阻力施加时机应在关节活动到全范围的1/3时开始而不应在收缩前就施加阻力，即应在肌肉缩短一定程度后再施加阻力。为避免代偿动作的出现，肢体的固定是必需的，开放链中通常固定肌肉起始部位，而在闭合链抗阻力练习中则需要关节周围的固定肌固定保持身体。进行抗阻运动时需考虑以下几个因素：

（1）I（Intensity）练习强度：阻力练习强度必须满足于训练目标、肌肉收缩形式及剂量的其他方面。最初应以小负荷让练习者体会正确的练习方式和技巧，合适的阻力时练习者可以完成可控制的、平稳的、无颤抖的动作，而当练习者出现疼痛、不能完成全范围、出现代偿动作时则需要调整身体姿势、固定好或降低阻力大小。

（2）P（Percent）最大负荷百分比：力量大小用RM表示，可以个体化找到每个人的最佳练习重量。RM值的选择应该考虑多方面的因素，包括个体化、训练水平、训练年限、项目因素等。不同体育运动项目的RM适应不同，运动生理学研究提示：5RM的负荷能使肌肉纤维增粗，发展力量及速度，适应举重及投掷等运动；6～10RM的负荷能使肌肉纤维增粗，力量速度提高，但耐力增加不明显，适应短跑、跳跃等项目；10～15RM的负荷效果是肌纤维增粗不明显，力量速度、耐力均有所增加，适应中跑项目；30RM的负荷使肌肉毛细血管数量增多提高耐久力，但对力量及速度提高不明显，适合耐力项目。多少RM为最佳，尚无一致意见，一般看法是1～7RM属于大负荷，8～12RM属于中等负荷，13以上属于小负荷。

（3）I（Interval）间隔时间：即每两组力量训练的间隔。没有固定的模式，一般以肌肉完全恢复为度。组间隔应视负荷大小、训练水平及运动员的机能状况而定。一般在80秒至 5分钟内选择。

（4）R（Repetition）重复次数：中等力量练习时，经典的方案为4组：

1/4　10RM×10

1/2　10RM×10

3/4　10RM×10

4/4　10RM×10

优点：体现了力量训练的渐进原则。

（5）T（Time）完成练习的时间：完成力量训练的速度快慢对骨骼肌纤维类型的变化及线粒体的影响有所不同。一次练习的时间应控制在5～15秒内完成。耐力性项目由于RM值较高，重量轻，可适当延长至20～50秒内完成。

（6）S（Set）组数：一般在3～6组之间。

（7）F（Frequency）合理的训练频率：力量训练的时间间隔是多少才能保证已获得的力量不消退，并使力量得以有效地提高，是人们关心的问题。应根据运动员的训练水平、运动习惯及体质等区别对待。研究表明，对初次参加运动训练者，隔天训练的效果比每天训练效果好。每天进行力量训练的初训练者，训练10次以后，力量可以提高47%；而以同样的训练负荷进行隔天训练的受试者，经过10次训练后，力量提高77.6%。

抗器械阻力运动时，常选择渐进性抗阻训练的方法。

渐进性抗阻训练法（Progressive resistance exercise，PRE）是有效的等张运动法，训练前先测定需训练的肌或肌群通过规定范围对抗最大阻力完成10次动作的最大重量（只能完成10次，做第11次时已无力完成），这个量称作10RM，以该极限量为基准，分3组训练。第1组采用50%的10RM重量，重复进行10次锻炼；第2组采用75%的10RM重量，重复练习10次；第3组采用100%的10RM重量，重复练习10次。也有将上述训练分为4组，分别以10RM的25%，50%，75%和100%重量，每组重复练习10次。每组训练之间可休息一分钟，每日只进行一次训练。其中前几组可作为最后一组的准备活动。每周重新测定一次10RM，作为下周训练的基准。

其特点如下。

①负荷量逐渐增加：在最大负荷量已经决定的情况下，运动生理学的研究证实：从小量开始相当于训练有个“热身”过程，较为合理；反之，如一开始即用最大量，易于引起肌损伤，故PRE中，采用从小量开始的方法。

②采用大负荷、少重复：训练中常有小负荷、少重复的方法，实验和观察证明：小负荷、多重复的方法只能训练耐力；而大负荷、少重复的方法才能训练肌力，因此在PRE中，采用大负荷、少重复的方法。

表13-4列举运动训练中几种最大力量训练的方法。

表13-4 最大力量训练方法示例

| 要素 \ 训练方法 | | 金字塔训练法 | 健美训练法 | 最大力量训练法 | 次最大力量训练法 |
|---|---|---|---|---|---|
| | 训练目标 | 发展肌肉横断面 | 发展肌肉横断面 | 改善神经支配 | 改善神经支配 |
| | 收缩方式 | 向心 | 向心 | 向心/爆发式 | 向心/爆发式 |
| 强度 | 速度 | 中速连贯 | 中/慢速连贯 | 快速 | 快速 |
| 强度 | 重量（%） | 70～80～90～95～100 | 60～80 | 100 | 85～90～95 |
| 负荷量 | 次数（次） | 10～8～5～3～1 | 25～15 | 1～2 | 5～3～3 |
| 负荷量 | 组数（组） | 3～5 | 5～12 | 3～5 | 3～5 |
| 密度 | 次间隔（秒） | 2～5 | 2～5 | 5～10 | 5～10 |
| 密度 | 组间隔（分） | ≥2 | ≥2 | ≥3 | ≥3 |

**5. 等长抗阻运动**

等长收缩训练是增强肌力最有效的方法。肌肉收缩时，没有可见的肌肉缩短或关节运动，虽然肌肉没有做功（功=力×距离），但肌肉能产生相当大的张力，因此能增加力量。如骨折手术后石膏制动的早期训练中，为避免给损伤部位造成不良影响，可选用这种方法进行肌力增强训练。具体方法为：指导患者全力收缩肌肉并维持5～10秒，重复3次，中间休息2～3分钟，每天训练一次。为增加关节活动全范围内的肌力，需把关节置于不同角度分别训练。

短暂等长最大收缩训练（Brief Isometric Maximal Exercise，BIME）：由Rose及其同事提出，以某肌群目前能维持5秒的最大负荷重量等长收缩一次训练；每日增加0.6千克，重复5次左右，不断增加直到最大负荷量。

作用原理：肌肉等长收缩时血液暂时被阻断，但能量代谢仍在进行，以无氧酵解为主，产生较多的乳酸等酸性物质，当肌肉松弛时使较多的微细血管扩张，从而使肌肉获得更多的能源，有利于肌力的恢复和增长。但在强烈收缩的时间上，认为不宜长于6～10秒，否则肌肉将因血流阻断过长而受损。对于病肌，更应审慎，因而认为一般不宜长于5～6秒。为证明BIME是否比等张收缩的效果好，有研究者利用小鱼际肌的训练进行对照观察，结果表明BIME引起的肌力增加要比PRE明显。

短暂重复等长最大收缩训练（Brief Repetition Isometric Maximal Exercise，BRIME）：BRIME是Liberson等人提出的，BRIME与BIME的不同点，在于不是等长收缩一次，而是每日重复收缩6～20次，每次持续5～6秒，每次间隔至少20秒。试验证明这种训练方法更优于BIME。一些研究者认为：①由于肌力与肌电积分图之间存在有线性关系，实验证明PRE时肌电积分图幅度，只相当于BRIME时的25%，故认为BRIME效果较佳，是BRIME时肌肉的神经支配程度和肌肉的激活程度比其他方法高的缘故；②肌肉在静息长度下，比缩短时效率更高的事实，已被人们发现了有一世纪之久，而等长收缩正是肌肉在这种长度上的收缩，因而效率较高；③BRIME中的重复收缩，符合增强肌力应遵从的原则中训练次数宜多的原则。

**6. 超等长收缩法（plyometric exercises）**

美国田径教练Fred Wilt于20世纪70年代提出，又称弹性力量训练法或反射性力量训练方法，是利用预拉长肌肉或先反向运动而实现快速、有力的运动效果。在超等长收缩中，肌梭受到快速牵拉的刺激，引起了反射性肌肉活动，从而动员更多的运动单位参与收缩增加了主动肌的收缩作用，从而增加了肌肉产生的力。

超等长收缩周期包含3个时相，第一个时

相是离心时相，是主动肌的前负荷阶段（准备阶段），在这个时相中肌肉的肌梭受到刺激，通过Ia型神经纤维将冲动传至脊髓前根。以跳远为例说明实践中的情况，从前脚踏板开始至脚跟到达最低点时，为离心时相。

第二时相位于离心时相和向心时相之间，称过渡时相（转换阶段），是由肌肉的离心时相结束至向心时相开始的一段时间。离心时相和向心时相之间有一个延迟，这是Ia类传入神经纤维与α运动神经元在脊髓前根发生突触传递的时段，然后α运动神经元将冲动传递给主动肌，该时相是肌肉能否获得更强收缩力的关键，时间必须很短，如时间拖得太长，储存的弹性能便以热的形式释放出去，肌肉牵拉反射的能量也不能在肌肉工作的向心时相发挥。跳远踏板中停顿的一刹那就是过渡时相开始，一旦停顿结束、运动开始就是过渡时相的结束。

第三时相是向心时相（输出阶段），是身体对第一和第二时相的反应。在这个时相中，在离心时相储存的弹性能释放出来增加肌肉力或变成热能。肌肉的向心收缩如果有弹性能的参与，所产生的力超过了没有弹性能参与时分离的肌肉所能产生的力。另外，a-运动神经元刺激主动肌，引起反射性向心收缩。这些内部机制的效应是拉长收缩练习的基础。在跳远中，一旦向上的运动开始，向心收缩时相就开始了。在这个例子中，主动肌之一是腓肠肌，在踏板脚跟向下运动时，腓肠肌被快速牵拉（离心时相），在一个短暂的延迟（过渡时相）之后，肌肉向心收缩，跖屈踝关节，使运动员蹬离地面（向心时相）。

在超等长收缩练习中，肌腱拉长的速度至关重要。拉伸速度快，引起的肌肉募集多，向心收缩时相的活动就强。通过3种纵跳测试可以看出拉伸速度的重要性：静态下蹲起跳、下蹲后立即起跳、助跑几步起跳。在3种纵跳中，随着牵拉速度的加快，纵跳成绩会提高。在静态下蹲起跳中，运动员先蹲好（屈膝90度、屈髋90度）然后跳起，这种纵跳中没有利用上储存的弹性能，也因太慢而没有利用上牵拉反射作用来提高肌肉收缩力，因为根本就没有离心时相；下蹲后立即起跳的方式，具有一个快速的离心阶段，紧接着一个向心收缩（起跳），快速的离心阶段使运动员在肌腱单位中储存了弹性能，并刺激了牵拉反射，因而加强了弹跳力量；在助跑起跳中，离心阶段更加快速有力，这种离心阶段的快速度使得纵跳更为有力，跳得更高。

超等长收缩练习优点是高强度高速度从离心性收缩到向心性收缩可以更强烈地刺激肌肉、肌腱、韧带和关节内的本体感受器，使肌肉能产生更高的张力峰值，有助于提高肌肉的抗拉力水平；明显提高肌肉的收缩速度，对于提高爆发力水平的训练价值最大；提高肌肉在被迫退让阶段收缩时的抗拉力和转入缩短阶段的收缩力都有显著影响；对于提高球类项目、田径跳跃项目的弹跳力具有独特的训练价值。但拉长收缩也有缺点：若动作不当极易导致肌纤维拉伤，肌力较弱或少年儿童不能频繁使用，否则会发生伤害。

（1）下肢超等长收缩练习

下肢拉长收缩练习对几乎所有的运动项目都是合适的，比如田径的投掷、短跑、足球、排球、篮球、橄榄球、棒球等都可以进行下肢拉长收缩练习，这些项目中都需要运动员在较短时间内发挥最大力量。橄榄球、棒球及短跑在比赛中通常需要水平移动或侧向移动，而排球比赛中需要运动员水平移动和垂直移动，足球、篮球需要运动员在比赛进行快速、有力的变向。拿篮球中锋来说，就可以通过拉长收缩练习获得益处，因为中锋队员需要反复起跳抢篮板。一个好中锋一定要比对方中锋跳得高，抓到更多篮板球，下肢拉长收缩练习可使他在短时间内发力，因而跳得更高。

下肢超等长收缩练习方法举例如下。

①原地跳

A.双脚跳（图13-2）

强度水平：低。

跳跃方向：垂直向上。

起始姿势：两脚开立与肩同宽，舒适地站立。

手臂动作：无动作或双手摆动。

准备动作：起跳前一刻轻微下蹲。

向上运动：由脚踝发力跳起。

向下运动：落地后成起始姿势，立即接着下一次起跳。

注意：运动中向前、后、左、右的运动要小。

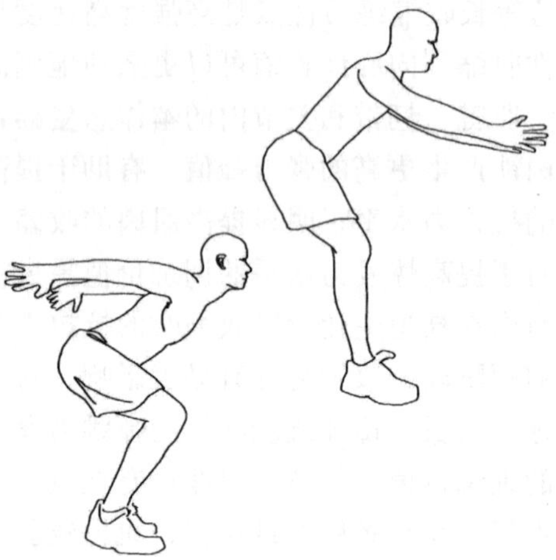

图13-2 双脚跳

B.蹲跳（图13-3）

强度水平：低。

跳跃方向：垂直向上。

起始姿势：两脚开立，与肩同宽，处于蹲位，大腿与地面平行，两手手指交叉，置于脑后。

手臂动作：无。

准备动作：无。

向上运动：猛然向上跳起，尽量地往高跳。

向下运动：落地成蹲位（起始姿势），立即接着下一次起跳。

图13-3 蹲跳

C.跳起摸高

强度水平：低。

跳跃方向：垂直向上。

起始姿势：两脚开立与肩同宽，舒适地站立。

手臂动作：在跳到最高点时双手摸高。

准备动作：下蹲。

向上动作：猛然向上跳起，摸高。

向下运动：在落地后成起始姿势，立即接着第二次起跳。

注意：垂直向上跳起，落地后尽量快地再次跳起。水平运动的幅度要小，垂直运动幅度也不要太大。

②立定跳

A.双腿纵跳

强度水平：低。

跳跃方向：垂直向上。

起始姿势：两脚开立与肩同宽，舒适站立。

手臂动作：双臂摆动。

准备动作：起跳前一瞬下蹲。

向上运动：猛然跳起，两手上摆摸高。

向下运动：落地成起始姿势，在下次起跳之前有短暂停顿。

B.跳越障碍

强度水平：中。

跳跃方向：水平，垂直。

设施：障碍物，如雪糕桶、栏架等。

起始姿势：两脚开立与肩同宽，舒适地站立。

手臂动作：两臂摆动。

准备动作：起跳前一瞬下蹲。

向上运动：跳越障碍物，髋和膝屈收便于越过障碍，双脚、腿并拢，不要左右移动。

向下运动：落地成起始姿势，开始下一次跳越之前有短暂停顿。

注意：障碍物高度可以逐渐地提高。

C.单腿纵跳

强度水平：高。

跳跃方向：垂直向上。

起始姿势：单脚舒适地站立。

准备动作：起跳前一瞬下蹲。

向上运动：猛然跳起，双手摆动向上摸高。

向下运动：落地成起始姿势，在开始下次起跳之前有短暂停顿。

注意：一组练习之后，间歇，变换起跳脚重复练习。

③多级跳

A.双腿之字跳

强度水平：高。

跳跃方向：斜线。

设施：之字形摆放10个雪糕桶或栏架，相距45~60厘米。

起始姿势：两脚开立与肩同宽，舒适地站立于第一个障碍物的外侧，两肘屈成90度，置于身体两侧。

手臂动作：双臂摆动。

准备动作：起跳前一瞬下蹲。

向上运动：由第一个障碍物跳向第二个，保持肩与所跳障碍物的中心线垂直。

向下运动：落地点在第二个障碍物的外侧，一旦落地，立即变换方向，向下一个障碍物跳去，一直将所有障碍物跳完为止。

注意：可以将障碍物摆成一条直线来练习，这样的强度较低。以单腿跳也可进行这样的练习，这样的练习强度更高。

B.双腿向前跳越障碍（图13-4）

强度水平：中。

跳跃方向：水平向前，垂直向上。

设施：障碍物，如雪糕桶、栏架。

起始姿势：两脚开立，面对障碍物放松站立。

手臂动作：双臂摆动。

准备动作：起跳前一瞬下蹲。

图13-4　双腿向前跳越障碍

向上运动：双腿跳过障碍物，越过障碍物时膝、髋关节屈收，避免碰及障碍物。膝、脚并拢，不要左右移动。

向下运动：落地成起始姿势，立即开始跳越下一障碍物。

注意：该练习的强度可以通过增高障碍物高度或变成单腿跳跃来由中级提高到高级。

C.横向跳越障碍

强度水平：中。

跳跃方向：水平侧向，垂直向上。

设施：障碍物如雪糕桶、栏架。

起始姿势：两脚开立与肩同宽，站在障碍物的侧面。

手臂动作：双臂摆动。

准备动作：起跳前一瞬下蹲。

向上运动：两腿跳越障碍物，膝、髋屈收，避免碰及障碍物，膝、脚并拢。

向下运动：在障碍物对侧落地后，立即向起始点跳越。

注意：该练习的强度水平可以通过增加障碍物高度或变成单腿跳以使中级变为高级。

④蹦 跳

强力跳步跑

强度水平：低。

跳跃方向：水平向前，垂直向上。

起始姿势：一腿抬起，屈髋90度，屈膝。

手臂动作：双臂同向摆动。

准备动作：起跳前一瞬支撑腿下蹲。

向上运动：一腿向前、上方跳起，非起跳腿向上抬，使髋关节和膝关节屈的程度加大，双臂同时摆动助跳。

向下运动：同一起跳腿落地成起始姿势，立即开始对侧腿的跳跃动作。

注意：强调跳的高度。

⑤跳箱练习

A.两腿交替蹬跳

强度水平：低。

跳跃方向：垂直向上。

设施：拉长收缩练习箱，高度为15～46厘米。

起始姿势：面对练习箱，一脚在箱子上，一脚在地面上站立，箱上脚跟在练习箱边缘。

手臂动作：双臂同向摆动。

准备动作：无。

向上运动：箱上脚发力跳起。

向下运动：地面脚落在箱上，箱上脚落在地上，在箱上落脚的时间稍早于在地面落脚的时间，一旦落脚，立即开始下次重复练习。

注意：通过增加练习箱高度可提高练习强度，起始高度以15厘米为宜。

B.侧向蹬跳（图13-5）

强度水平：低。

跳跃方向：垂直向上。

设施：拉长收缩练习箱，高度为15～46厘米。

起始姿势：侧对练习箱，一脚在箱子上，一脚在地面上，箱上脚的内侧在箱子的边缘上。

手臂动作：双臂同向摆动。

准备动作：无。

向上运动：箱上脚发力跳起。

向下运动：箱上脚落在箱上，地上脚落在地上，箱上脚落脚时间稍早于地面脚。一旦落地，立即开始下一次重复练习。

注意：提高箱子高度可增加练习强度，起始高度以15厘米为宜。

图13-5 侧向蹬跳

C.双脚跳箱（图13-6）

强度水平：低。

跳跃方向：垂直向上，微微水平向前。

设施：拉长收缩练习箱，高度为15～107厘米。

起始姿势：两脚开立与肩同宽，面对练习箱站立。

手臂动作：双臂同向摆动。

准备动作：起跳前一瞬下蹲。

向上运动：双脚发力跳上箱子。

向下运动：在箱上以浅蹲式落脚，然后走下箱子，重复下一次练习。

注意：通过增加箱子高度可提高练习的强度，起始高度以15厘米为宜。

图13-6 双脚跳箱

⑥跳深练习

A.多箱跳深（图13-7）

强度水平：高。

跳跃方向：垂直，水平向前。

设施：多个拉长收缩练习箱，高度均为

30～107厘米。

起始姿势：两脚开立与肩同宽，面对练习箱，轻松站立在第一箱子上，脚尖在箱子边缘上。

手臂动作：双臂同向摆动。

准备动作：由箱上跳下。

向下运动：双脚落地。

向上运动：一旦落地，立即跳上第二个箱子。

注意：由箱上跳下时，不要“走”下箱子，也不要向上跳；落地时间要短，不要停顿，立即往上跳；增加箱子高度可提高练习强度，起始高度为30厘米；两箱间距离因运动员能力和经验而定，越远练习强度越大（起始距离为61厘米）。

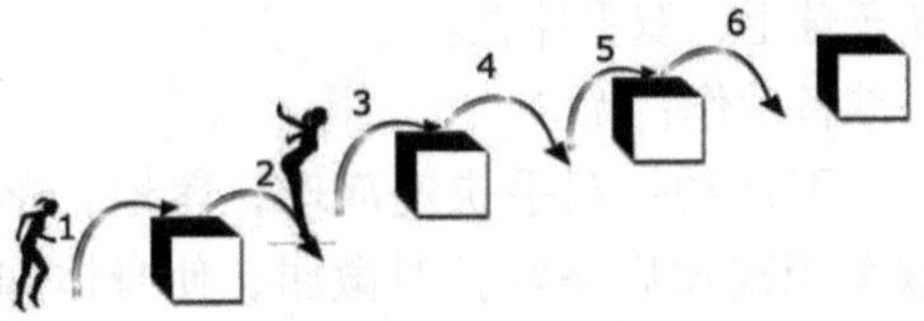

图13-7　多箱跳深

B.跳深急转

强度水平：高。

跳跃方向：垂直，水平向前。

设施：拉长收缩练习箱，高30～107厘米；一个同伴。

起始姿势：两脚开立与肩同宽，轻松站立于箱子上面，脚尖在箱子边缘。

手臂动作：双臂摆动。

准备动作：迈步跳下箱子。

向下运动：两脚落地，落地前同伴指出方向。

向上运动：一旦落地，立即朝同伴指出的方向冲刺。

C.单腿跳深

强度水平：高。

跳跃方向：垂直。

设施：拉长收缩练习箱，高30～107厘米。

起始姿势：两脚开立与肩同宽，轻松站立在箱子上面，脚尖在箱子边缘。

手臂动作：双臂同向摆动。

准备动作：迈步跳下箱子。

向下运动：单脚落地。

向上运动：一旦落地，落地脚发力向上跳，越高越好。

注意：本练习是很高级的跳深练习，只有在其他跳深练习中表现出足够能力和经验的运动员才能进行这样的练习。

（2）上肢超等长收缩练习

棒球、垒球、网球、高尔夫球、田径的投掷项目等都需上身快速有力地运动。例如，棒球项目中投球速度可以达到129～161千米/小时。要达到这样的球速，投掷手肩关节的运动要达到6000度/秒。肩关节的拉长收缩训练不仅能增加投掷手的投球速度，还可以预防肩、肘关节的损伤。上肢拉长收缩训练不像下肢拉长收缩练习那样应用广泛，相关的研究也较少，但对需要上肢爆发力的运动员却是必需的。常见上肢超等长练习如下。

①抛接胸前传接（图13-8）

强度水平：低。

抛接方向：向前。

设施：实心球或拉长收缩练习球，重量为0.9～3.6千克；反弹板或同伴。

起始姿势：两脚开立与肩同宽，面对同伴或反弹板轻松站立，距同伴或反弹板3m远，将球置于胸前，肘关节弯曲。

准备动作：在抛接前一瞬，将球微微向后撤。

手臂动作：两手伸肘将球抛向同伴或反弹板，等球弹回后接住，回到起始位置后立即开始下一次抛球。

注意：通过增加球的重量可以提高练习的强度，球的起始重量为0.9千克。

图13-8 上肢超等长收缩练习

②双手头顶抛接球（图13-9）

强度水平：低。

抛接方向：向前。

设施：实心球或拉长收缩练习球，重量为0.9~3.6千克；反弹板或同伴。

起始姿势：两脚开立与肩同宽，面对同伴或反弹板站立，距反弹板或同伴3米远，双手将球举在头顶上方。

准备动作：抛出前一瞬，将球微微后撤。

手臂动作：双手用力将球抛向反弹板或同伴，肘关节保持伸直，当球弹回或同伴抛回后，双手接住，回到起始姿势，立即开始下一次抛球。

注意：通过增加球的重量可提高练习强度，球的起始重量为0.9千克。

图13-9 双手头顶抛接球

③双手侧向抛球

强度水平：低。

抛球方向：向前，斜向。

设施：实心球或拉长收缩练习球，重量为0.9~3.6千克；反弹板或同伴。

起始姿势：两脚开立与肩同宽，面对反弹板或同伴站立，相距3米，双手持球于一侧肩上。

准备动作：抛球前一瞬，球微微后撤。

手臂动作：双手将球抛向反弹板或同伴，保持肘关节伸直，当球弹回或同伴抛回后，在对侧肩上接球，再立即将球抛出，重复练习。

注意：练习强度可以通过增加球的重量来提高，球的起始重量为0.9千克。

④爆发力俯卧撑

强度水平：中。

运动方向：垂直。

设施：实心球，重量为2.3~3.6千克。

起始姿势：俯卧撑的起始动作，只是双手置于球上，双手伸直。

准备动作：无。

向下运动：双手快速离球，落地，落地时双手距离比肩略宽，肘微屈，使身体胸部刚刚触球为止。

向上运动：立即爆发式地伸肘，推手离地，双手回到球上成起始姿势，重复练习。

注意：上身向上运动至最高点时，双臂伸直，双手应高于球面；通过增加球的直径可提高练习强度；球的起始重量为2.3千克。

（3）躯干超等长收缩练习

一般来说，很难进行针对躯干的、真正意义上的超等长收缩练习，因为很难具备拉长收缩练习所需的必要条件。常用45度仰卧起坐练习。

45度仰卧起坐

强度水平：中。

设施：实心球或拉长收缩练习球，重量为0.9~3.6千克；同伴。

起始姿势：坐于地面，躯干与地面成45度，同伴双手执球立于面前。

准备动作：同伴将球抛给练习者伸出的双手。

向下运动：双手接球，躯干微微后伸，立即将球抛回同伴。

注意：通过增加球的重量可提高练习强度，将球抛回同伴的力量主要来自腹肌。

（4）超等长收缩练习应用原则

①超等长收缩练习的强度：超等长收缩练习的强度指施加于相关肌肉、结缔组织、关节的可以通过练习类型来控制的刺激量。超等长收缩练习的强度范围很大，跳绳的强度较低，而跳深练习对肌肉和关节的刺激大，强度也大。除了练习类型外，还有些因素可以影响强度。通常当强度增加时，训练量应该减少。因为超等长收缩练习的强度意义重大，所以在不同的训练周期要仔细考虑、认真选择超等长收缩的练习方式。

②超等长收缩练习的频率：指每周进行超等长收缩练习课的次数。通常为1～3次，主要依运动项目、季节不同而定。像有关超等长收缩的其他因素一样，关于最佳的训练频率也缺少相关的研究，因而体能教练只能根据实践的经验来安排运动员进行超等长收缩练习的频率。有专家认为，安排超等长收缩训练频率应主要考虑超等长收缩课所需的恢复时间。一般认为，48～72小时是超等长收缩训练课间必需的恢复时间，按照这种看法每周可以安排2～4次超等长收缩练习。例如在比赛季中，橄榄球运动员每周进行一次超等长收缩课是合适的，而同样在比赛季中的田径运动员，每周可以进行2～3次的超等长收缩训练课。在基本期的训练中，橄榄球运动员的超等长收缩训练课可增至每周2～3次，田径运动员的超等长收缩训练课可增至3～4次/周。因为到目前为止，尚未有有关超等长收缩训练课频率的研究，因而在安排超等长收缩训练课频率的时候应主要考虑恢复时间。

③超等长收缩训练课的恢复问题：在提高无氧功率的超等长收缩训练中，需要运动员以最大努力去完成练习，因而，在练习的次与次之间、组与组之间、课与课之间，都要达到完全、充分的恢复。在跳深训练中，次与次之间的恢复时间应为5～10秒，组与组之间的恢复时间应为2～3分钟。组与组之间的间歇时间由练习休息比值来决定（如1：5～1：10），这种比值因项目不同、练习方式不同而有较大差别。超等长收缩练习的主要功用是提高爆发力，不要将其视为提高心肺功能的手段。与抗阻训练一样，超等长收缩练习的课间恢复一定要充分，避免过度训练（间歇时间依项目、所处训练周期而定，一般为2～4天）。另外，针对同一部位的超等长收缩练习不要连续两天都安排。虽然已有研究涉及训练频率和恢复时间，但就如何操作超等长收缩练习的次与次之间、组与组之间的恢复时间还需要更多的研究，提供更具体的时间。

④训练量：超等长收缩的训练量一般表示为一次课中练习的重复次数和组数。下肢练习中通常表示为每次课中脚触地的次数（单脚触地或双脚触地都算一次触地），也可表示为距离（像蹦跳练习）。例如，一个运动员开始单腿蹦跳练习时每次练习进行30米，但后来可以进步到了每次练习蹦跳100米。对下肢超等长收缩练习，建议针对不同运动员、不同水平来调整运动量。

⑤超等长收缩练习训练计划周期：尚无研究说明一个超等长收缩练习的训练计划要进行多长时间。虽然纵跳高度不可能在4周超等长收缩练习后有明显提高，但现行的超等长收缩训练计划一般为6～10周。通常超等长收缩训练计划的制定应与抗阻训练和有氧训练类似。那些需要快速、爆发力的项目可在整个训练周期中贯彻超等长收缩训练，运动强度和量的安排可按项目、所处训练周期而定。

⑥超等长收缩练习的渐进：超等长收缩练习是抗阻训练的一种形式，因而必须遵守抗阻训练的渐增负荷原则。渐增负荷是系统地增加训练频率、训练量、训练强度，并将三者增长有机地结合在一起。通常，当强度增加时，训练量要下降。运动专项、训练所处阶段、体能训练计划（抗阻训练，跑步，超等长收缩练习）等规定了训练的进程，也决定了负荷的渐进方法。处于运动训练的基本期，超等长收缩训练课可安排每周两次，训练的强度增加可以由低强度中低量，增加

到中强度中量，再由中强度中量向高强度中量增加。

⑦准备活动：和所有其他训练一样，超等长收缩练习之前必须有一般准备活动、牵拉以及专项准备活动。超等长收缩练习的专项准备活动应包括低强度的动态运动。

（5）超等长收缩训练的安全因素

超等长收缩练习并不是一种危险的练习，但像其他所有练习方式一样，具有损伤的危险性，意外可以导致损伤，但更多情况下是违背了正确的训练程序，或是体能训练基础不扎实，或是运动量和强度不合适，或是运动鞋不合适，或是场地不好，或是技术不好等造成的损伤。具体实施超等长收缩练习计划应考虑以下因素：

①对运动员进行评估：包括力量、速度、平衡能力等测试。要进行下肢超等长收缩练习，运动员的下蹲力量应达到自身体重的1.5倍以上，运动速度应该有能力以60%体重为负荷在5秒之内完成5次以上下蹲。要进行上肢超等长收缩练习，运动员的卧推力量必须达到自身体重的1倍（大体重运动员，体重达到100千克）或1.5倍（小体重运动员，体重小于100千克），或者能连续做5个拍手俯卧撑，运动速度应该能够在5秒之内，以60%体重为负荷，卧推5次以上。这些要求是进行高强度超等长收缩训练的最低标准。如果运动员达不到上述要求，不宜开始超等长收缩训练，要先发展其基础力量。

②合适设施和安全环境：为了避免损伤，下肢超等长收缩训练的地面必须有缓冲性能，比如草地、悬空式地板、胶垫等都是可供使用的地面；水泥地面、地砖地面、硬木地面等由于缺乏缓冲性而不宜用作下肢超等长收缩训练的地面。太厚的垫子（厚度大于15厘米）会使超等长收缩周期中的过渡期延长，不利于利用牵拉反射效应。小型弹网在康复中常常用于超等长收缩练习的开始阶段和平衡训练。有些设施对于康复训练使用是好的，如厚垫子和小型弹网，但对于正常运动员来说，由于这些设施延长了超等长收缩周期的过渡期，不能充分利用牵拉反射效应，因而不宜太多使用。练习所需要的空间大小因练习方式不同而有差异，大部分的蹦跳练习和跑跳练习需要30米以上的直道，也有些需要100米直道。对大多数立定跳、跳箱和跳深练习来说，很小的面积就够了，但空间要较高（3～4米）。用于跳箱和跳深练习的箱子一定要稳固，表面防滑，高度在15～107厘米之间，落地面积至少要46厘米×61厘米。箱子宜用扎实的木料或金属制成。箱子着地的表面要防滑，可以加装防滑垫，也可在油漆中加沙子，涂刷箱子表面，也可在箱子顶面铺橡胶地板。此外，适合的鞋袜也是避免损伤的关键，不可穿跑步鞋。

③设定有专项特点的目标：依据不同运动项目专项技术要求而设定不同的训练目标。

④把握训练的各种变量：为了使跳深练习既有效又安全，跳深的高度是有限制的。1.2米的高度能够使肌肉获得超负荷的刺激，但对大多数运动员来说，这个高度太高，不易掌握正确的技术。从这样的高度跳下增加了受伤的危险性，同时由于负荷太大，可造成超等长收缩周期中过渡期的延长，不利于利用牵拉反射效应。我们推荐的高度是41厘米至107厘米，一般在76～81厘米之间。体重超过100千克的运动员的跳深高度应为51～76厘米。

⑤指导运动员运用正确技术：在增加任何新的超等长收缩练习动作时，教练员必须先示范、讲解，以充分发挥练习的有效性。对下肢超等长收缩练习来说，正确的落地姿势非常重要，特别在跳深练习中，这一点更加重要。如果落地时重心偏离支撑，练习不能正确完成，极有可能造成损伤，落地时肩应在膝的正上方，这可以通过屈膝、踝和髋来达到。

⑥与其他练习组合：超等长收缩练习应与所有体能训练结合在一起，可以和抗阻练习结合在一起，也可以和有氧训练结合在一起。

（6）研究展望

超等长收缩训练增加肌肉爆发力的作用已得到广泛的报道。但有关这方面的研究尚不能确定这种效果的获得是通过力学适应还是神经生理学适应获得的。通过这样的训练肌肉或串联弹性组分能够肥大吗？牵拉反射的神经传导速度发生变化了吗？如何安排、组合训练才能获得最大训练效益？什么样的训练频率既能获得最佳效果、又不导致过度训练？一组练习后间歇多长时间才能获得必要恢复？训练课与课之间需要多长时间才能完全恢复？练习强度如何组合、如何渐进？所有这些问题的回答都需要进一步的研究，所有这些问题都必须回答，才能更好地利用超等长收缩练习提高运动成绩。

**7. 等速测试训练仪**

等速练习是一种动力性练习，可以预设肢体运动角速度且保持恒定不变，等速训练仪动力头不仅可以提供向心性、离心性测试与练习，还可提供多角度等长练习、被动关节活动度训练及本体感觉训练等。等速练习也称为顺应性阻力练习，即理论上动力头提供的阻力是随着练习者的用力程度而自动调节最终使练习者保持恒定的预定角速度运动，从而可以全面锻炼Ⅰ、Ⅱa、Ⅱb型肌纤维，等速练习是一种简便有效的增强肌力训练方法。

（1）等速力量练习的特点

①恒定速度：即肌肉缩短或拉长的速度是按预设的角速度，保持恒定通过关节活动范围；等速练习提供从0～500度/秒的角速度范围，通常将等速练习划分为慢速（30～60度/秒）、中速（60～180度/秒）和快速（180～360度/秒，或大于360度/秒，类似于正常人体功能运动的速度，行走时下肢运动平均角速度为230～240度/秒），离心练习选择慢速较好，从60～120度/秒开始。

②募集肌纤维类型：等速练习募集Ⅰ、Ⅱ型肌纤维取决于练习时用力程度。

③等速练习针对性：等速练习关键部分是速度，何种模式何种速度对增强肌力更有效，还有待进一步研究。

④关节压力：快速向心练习时力矩输出减少，对关节的压力也较慢速练习时要小。

⑤肌肉疲劳的适应性：等速练习时克服的阻力与动力头施加到附件臂上的力量相等，当肌肉疲劳时练习者仍然可以完成剩下的重复次数。

⑥在等速练习时如果练习者在运动弧的某一部分出现短暂疼痛，练习者可以减少用力程度通过这一疼痛部分，如果练习者由于突然出现疼痛而需要停止阻力运动可以按Comfort Stop键。

⑦肌肉共同激活：在肢体快速交替运动时主动肌与拮抗肌共同激活，有研究表明在伸膝肌快速向心练习时，屈膝肌离心收缩且在接近伸膝末端产生张力开始使伸膝减速。这种主动肌与拮抗肌共同激活对关节的动态稳定性起着关键作用，新近等速动力头设计的下肢闭链练习可以提供不同程度的下肢负重练习从而促进下肢肌肉共同激活。

（2）等速力量练习需考虑以下因素

①练习速度的选择：为使练习者安全有效地增强肌肉力量，提倡“velocity spectrum rehabilitation速度范围康复”，应根据预期的功能活动的速度要求来选择合适的练习速度或根据测试结果发现被测试者在哪一速度下肌肉力量不足来选择练习速度，通常选择中速到快速，且向心性练习速度较离心性练习速度要大。

②等速练习开始与进展：等速练习开始于康复后期当患者可以主动完成全范围活动且没有疼痛；开始练习时应以小幅度为主以避免出现疼痛或不稳定的活动，以后逐渐过渡到全范围活动；练习速度由慢中速过渡到快速；患者在离心性收缩练习之前必须能够完成最大向心性收缩练习，因向心性收缩练习易于学习和控制，而离心性收缩练习时阻力臂活动速度是由机械动力头控制。

③选择正确固定体位：基本原则是保证关节的安全，除被测关节的近端需要固定

外，腰部和躯干部也需很好地被固定以避免代偿运动。具体训练固定体位请参考等速测试训练仪操作手册；

④交替训练与单独练习：等速训练可以交替往返练习主动肌和拮抗肌向心性收缩，也可以主动肌向心性练习后紧随主动肌离心性练习，即一次仅练习一组肌群，此种肌肉收缩形式在日常功能活动中经常出现；交替训练与单独练习各有优点。

（3）等速力量练习的局限性

从实用性方面来讲等速练习需要患者到拥有等速测试训练仪的专业机构中进行康复训练程序；此外，在固定附件时必须由治疗师完成且在练习过程中通常要监护患者。因此，等速力量练习是相对费用高、周期长的康复程序。尽管等速力量练习提供了不同的练习速度，但日常真实活动和体育活动中关节运动速度往往超过仪器的最大速度设置。虽然有以上局限性，但向心性和离心性等速练习仍然是增强功能活动的有效方法。目前，常用的等速测试仪品牌有Biodex、Cybex、Isomed、Kinitech、Contrex等。（图13-10）

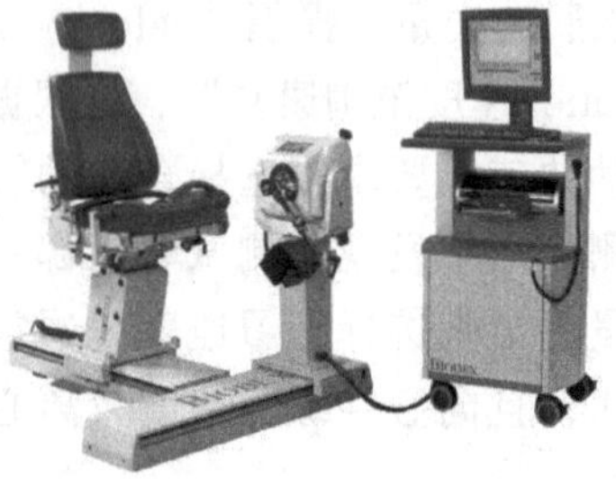

图13-10 BIODEX MULTI-JOJINT SYSTEM 4主件

8. 关节运动链训练

关节运动链是指人体的几个部位通过关节连接而组成一个的复合运动链。在关节康复治疗中具有重要的运动学与生物力学意义。运动链分为开放链（Open Kinematic Chain，OKC）和闭必合链（Closed Kinematic Chain，CKC）。开放链运动与闭必合链运动对同一肌肉所产生的作用不同。

（1）开放链练习：指运动时肢体或躯干远端呈游离状态，比如直腿抬高训练中，足部呈游离状态，膝关节单独伸屈的运动方式。开放链的运动特点是各关节链有其特定的运动范围，远端的运动范围大于近端，速度也快于近端。开放链练习经常出现在不负重的体位下。在等速测试评估中观察到，肌肉爆发力指标中到达峰力矩的时间（Time to Peak Torque，TPT），即伸屈膝部肌肉达到最大力量的时间，在放链短于必必合链运动，因此在强化肌力的训练中，肌肉爆发力的训练应选择放链。

（2）闭链练习：指肢体或者躯干远端组成环状，或者踏在物体上，运动时髋、膝、踝等多个关节运动时形成一个闭合的环。例如站立位进行下蹲运动，或踏车运动。必必合链通常在功能位下进行，运动类似膝关节日常生理负荷状态。对于肌肉，骨骼，肌腱，韧带，关节囊都承受一定负荷，运动时对关节及其周围组织的机械性感受器的刺激比放链运动训练明显，对促进关节平衡功能，膝关节周围组织的协调能力，敏感性的恢复和增强关节稳定性有明显作用。与放链不同的是，必必合链运动为线性运动，放链运动有旋转运动。（表13-5）

表13-5　开放链与闭合链特征

| 开放链 | 闭合链 |
| --- | --- |
| 远端肢体在空中游离运动 | 远端肢体固定 |
| 单独关节运动；邻近关节没有运动 | 相互依赖的关节运动；相邻关节活动 |
| 身体运动仅是从远端到运动的关节 | 身体运动可从远端和（或）近端到运动的关节 |
| 肌肉活动主要在活动部分 | 肌肉活动出现在多组肌群 |
| 通常在不负重体位 | 通常在负重体位 |
| 阻力作用在运动的远端 | 阻力同时作用于多个运动节段 |
| 外部旋转负荷作用 | 轴向负荷作用 |
| 通常需要外部固定（徒手或器械） | 借助肌肉力量、关节挤压、身体外形和姿势控制等实现内部固定 |

Fitzgerald GK对膝关节ACL重建术后必合链 和开放链训练的论述中，认为在两组相关资料的比较关于功能训练中能否对ACL移植肌腱产生过度应力导致ACL损伤的问题，仍然认为必合链安全性比开放链要高。两种训练方法在增加胫骨移动能力时开放链运动产生的剪切力大于必合链。必合链在运动时不增加关节的剪切力和纵向拉力，是对ACL、PCL、半月板重建术后康复起保护作用的训练方法。因为在必合链运动时，为完成膝关节伸屈动作，需要同时使伸肌与屈肌收缩，也就是使主动肌受到其拮抗肌抑制，主缩肌和拮抗肌共同协调收缩，维持关节稳定，减少力矩，减少新移植韧带的负荷受力。在膝关节韧带重建术早期，选择必合链训练方式，提高康复训练的安全性。此外，有研究证明，髌股关节的应力大小取决于训练中膝关节的运动范围，为避免髌股关节的产生过度的应力，开放链 训练时应该限制膝关节屈曲45～90度的活动度，必合链训练中控制运动角度在膝关节由完全伸直位至大约屈曲位。在ACL重建的病例中，则必合链训练控制运动角度在60～90度，显著地减小髌股关节的压力，能有效地防止或治疗髌股关节损伤。必合链的训练方式，可使数个关节同时运动，刺激关节本体感受器，产生肢体的运动和保护性反射弧活动，有利于保护ACL、必合链中多平面和加速减速运动使运动接近肌力专业训练的运动形式，既加强了协同肌也加强了对抗肌，能充分训练关节整体的协调性和促进关节本体感受器功能恢复，从而促进关节的稳定性，所以，通常认为必合链运动比开放链运动训练能获得更多的关节功能康复的效果。（表13-6）

表13-6　闭合链练习参数选择与进展

| 参数 | 进展 |
|---|---|
| 负重（%体重） | 部分→完全<br>（水中运动、平行杠；墙面俯卧撑→半俯卧撑→俯卧撑）<br>完全负重＋额外重量<br>（负重背心或皮带、手握沙袋、弹力带） |
| 支撑面 | 宽→窄；双侧→单侧；固定支撑面→滑动支撑面<br>静止→运动（地面→平衡板、跑台；地面、桌、墙→摇晃板、球<br>坚硬→柔软（地面、桌→地毯、泡沫塑料）<br>高度：地面→低台阶→高台阶 |
| 平衡 | 有外部支持→无外部支持<br>睁眼→闭眼 |
| 肢体运动 | 小范围→大范围<br>小幅度→大幅度 |
| 运动面及方向 | 单面→多面<br>前→后→对角线（前行→后退）<br>矢状面→额状面或水平面<br>前后方→侧方；前后方迈步→侧方迈步 |
| 运动速度和方向改变 | 慢→快 |

闭合链位置也是提高平衡能力和姿势控制的良好选择，表中列举活动原则同样适用于平衡训练。

## 第三节　全身主要肌群增强肌力训练方法

### 一、上　肢

#### 1. 肩关节前屈肌群

（1）徒手练习

| | 1～2级 | 3～5级 |
|---|---|---|
| 患者体位 | 健侧卧位，患侧上肢置于体侧，伸肘 | 仰卧位，训练侧上肢置于体侧，伸肘 |
| PT师体位 | 立于患侧，一手托患侧肘关节，一手托患侧前臂 | 立于患侧，一手握前臂远端，一手置于肱骨远端前面 |
| 训练方法 | 根据患者肌力情况给予助力前屈肩关节，同时配合口令刺激或拍打三角肌 | 置于肱骨远端前面的手向下施加阻力 |

（2）器械练习举例

①站立持铃前平举（图13-11）

②反握杠铃直臂上举（图13-12）

图13-11　站立持铃前平举

图13-12　反握杠铃直臂上举

2. 肩关节后伸肌群

（1）徒手练习

| | 1～2级 | 3～5级 |
|---|---|---|
| 患者体位 | 健侧卧位，患侧上肢置于体侧 | 俯卧位，上肢置于体侧，伸肘 |
| PT师体位 | 立于患侧，一手托患侧肘关节，一手托患侧前臂 | 立于患侧，一手放肩后固定肩胛骨，一手放肱骨远端 |
| 训练方法 | 根据患者肌力情况给予助力后伸肩关节，同时配合口令刺激或拍打三角肌 | 置于肱骨远端的手向下施加阻力 |

（2）器械练习举例

①站立持铃后伸（图13-13）

②杠铃（哑铃）划船（图13-14）

图13-13　站立持铃后伸

图13-14　肩后伸肌群哑铃划船

3. 肩关节内收肌群

（1）徒手练习

| | 1～2级 | 3～5级 |
|---|---|---|
| 患者体位 | 仰卧或健侧卧位，患侧上肢置于体侧 | 端坐位，患侧上臂外展，前臂中立位 |
| PT师体位 | 坐于患侧PT凳，一手托患侧肘关节，一手托患侧前臂 | 立于患侧，一手放肩后固定肩胛骨，一手放肱骨远端内侧 |
| 训练方法 | 根据患者肌力情况给予助力内收肩关节，同时配合口令刺激或拍打 | 置于肱骨远端内侧的手向外侧施加阻力 |

（2）器械练习举例

①坐位侧平举屈肘内收Fitness concept（图13-15）

②卧推（图13-16）

图13-15　肩水平内收练习仪

图13-16　卧推练习

### 4. 肩关节外展肌群

（1）徒手练习

| | 1~2级 | 3~5级 |
|---|---|---|
| 患者体位 | 仰卧位，患侧上肢前臂中立位 | 端坐位，患侧上肢垂于体侧 |
| PT师体位 | 坐于患侧PT凳，一手托患侧肘关节，一手托患侧前臂 | 立于患侧，一手放固定患侧肩胛，一手放于肱骨远端外侧 |
| 训练方法 | 根据患者肌力情况给予助力外展肩关节，同时配合口令刺激或拍打三角肌 | 置于肱骨远端外侧的手向内侧施加阻力 |

（2）器械练习举例

①持铃侧平举（图13-17）

②坐位屈肘臂侧抬（图13-18）

图13-17 持铃侧平举

图13-18 坐位屈肘臂侧抬

### 5.肩关节水平内收肌群

（1）徒手练习

| | 1~2级 | 3~5级 |
|---|---|---|
| 患者体位 | 端坐位，患侧肩前屈90° 置于床面 | 端坐位或仰卧位，患侧肩前屈90° |
| PT师体位 | 立于患侧，一手托上臂，一手托前臂 | 立于患侧或坐于PT凳，一手固定肩胛骨，一手置于肱骨远端内侧 |
| 训练方法 | 根据患者肌力情况给予助力水平内收肩关节，同时配合口令刺激或拍打 | 置于肱骨远端内侧的手向外侧水平施加阻力 |

（2）器械练习举例

①仰卧飞鸟（图13-19）

②上斜卧飞鸟（图13-20）

图13-19 仰卧飞鸟

图13-20 上斜卧飞鸟

### 6.肩关节水平外展肌群

（1）徒手练习

| | 1～2级 | 3～5级 |
|---|---|---|
| 患者体位 | 端坐位，患侧肩前屈90° 置于床面 | 端坐位或仰卧位，患侧肩前屈90° |
| PT师体位 | 立于患侧，一手托上臂，一手托前臂 | 立于患侧或坐于PT凳，一手固定肩胛骨，一手置于肱骨远端外侧 |
| 训练方法 | 根据患者肌力情况给予助力水平外展肩关节，同时配合口令刺激或拍打 | 置于肱骨远端外侧的手向内侧水平施加阻力 |

（2）器械练习举例

①站立持铃水平外展（图13-21）

②Theraband水平外展（图13-22）

图13-21 站立持铃水平外展

图13-22 肩关节水平外展Theraband练习

### 7.肩关节内旋肌群

（1）徒手练习

| | 1～2级 | 3～5级 |
|---|---|---|
| 患者体位 | 仰卧位，肩外展90° ，肘屈曲90° | 仰卧位，肩外展90° ，肘屈曲90° |
| PT师体位 | 坐于患侧PT凳，一手托上臂，一手托前臂 | 立于患侧，一手托患侧上臂并置于PT师内侧大腿，一手放于前臂背侧 |
| 训练方法 | 根据患者肌力情况给予助力内旋肩关节，同时配合口令刺激或拍打 | 置于前臂掌侧的手向前臂背侧施加阻力 |

（2）器械练习举例

①臂侧举屈肘持铃内旋（图13-23）

②Theraband内旋（图13-24）

图13-23 臂侧举屈肘持铃内旋

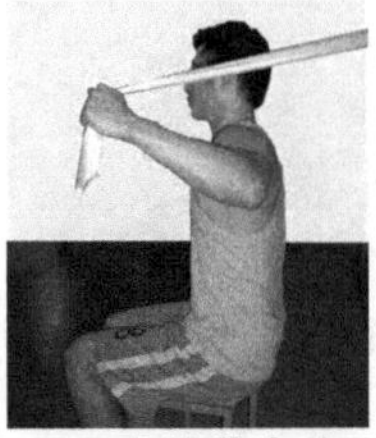

图13-24 肩关节内旋Theraband练习

### 8.肩关节外旋肌群

（1）徒手练习

| | 1～2级 | 3～5级 |
|---|---|---|
| 患者体位 | 仰卧位，肩外展90° ，肘屈曲90° | 仰卧位，肩外展90° ，肘屈曲90° |

续表

| | 1～2级 | 3～5级 |
|---|---|---|
| PT师体位 | 坐于患侧PT凳，一手托上臂，一手托前臂 | 立于患侧，一手托患侧上臂并置于PT师内侧大腿，一手放于前臂背侧 |
| 训练方法 | 根据患者肌力情况给予助力外旋肩关节，同时配合口令刺激或拍打 | 置于前臂背侧的手向前臂掌侧施加阻力 |

（2）器械练习举例

①臂侧举屈肘持铃外旋（图13-25）

②Theraband外旋（图13-26）

图13-25 臂侧举屈肘持铃外旋

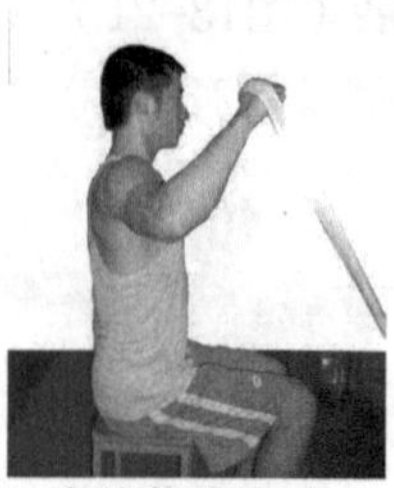

图13-26 肩关节外旋Theraband练习

**9.肘关节屈曲肌群**

（1）徒手练习

| | 1～2级 | 3～5级 |
|---|---|---|
| 患者体位 | 坐位，肩外展30°，被动伸肘位 | 仰卧上肢置于体侧，微屈肘，前臂旋后 |
| PT师体位 | 立于患侧，一手托患侧上臂远端，一手握患侧前臂远端 | 坐于患侧PT凳，一手置于肱骨近端，一手握前臂远端掌侧 |
| 训练方法 | 根据患者肌力情况给予助力屈曲肘关节，同时配合口令或拍打上臂前面 | 握前臂远端掌侧的手向足侧施加阻力 |

（2）器械练习举例

①锤击式臂弯举（图13-27）

②杠铃臂弯举（图13-28）

图13-27 锤击式臂弯举

图13-28 杠铃臂弯举

**10.肘关节伸展肌群**

（1）徒手练习

| | 1～2级 | 3～5级 |
|---|---|---|
| 患者体位 | 坐位，肩外展30°，被动屈肘位 | 仰卧上肢置于体侧，微屈肘，前臂旋后 |
| PT师体位 | 立于患侧，一手托患侧上臂远端，一手握患侧前臂远端 | 坐于患侧PT凳，一手置于肱骨近端，一手握前臂远端背侧 |

续表

| | 1～2级 | 3～5级 |
|---|---|---|
| 训练方法 | 根据患者肌力情况给予助力伸展肘关节，同时配合口令或拍打上臂后面 | 握前臂远端背侧的手向头侧施加阻力 |

（2）器械练习举例

①坐位头后弯举（图13-29）

②伸肘后举（图13-30）

③俯卧撑（图13-31）

图13-29　坐位头后弯举

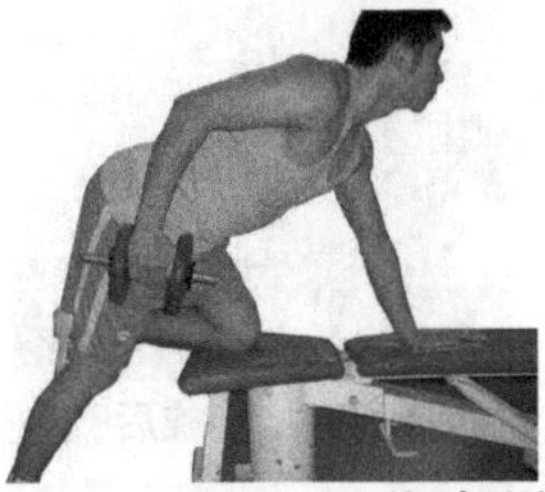

图13-30　伸肘后举

图13-31　俯卧撑

**11. 前臂旋前肌群**

（1）徒手练习

| | 1～2级 | 3～5级 |
|---|---|---|
| 患者体位 | 仰卧，上臂置于体侧，屈肘90°，前臂被动旋后位 | 仰卧，上臂置于体侧，屈肘90°，前臂旋后位 |
| PT师体位 | 一手固定上臂远端，一手握前臂远端 | 一手固定上臂远端，一手拇指置于桡骨远端掌侧，余四指置于尺骨远端背侧 |
| 训练方法 | 根据患者肌力情况给予助力前臂旋前，同时配合口令或拍打前臂桡侧 | 拇指向背侧，余四指向掌侧施加阻力 |

（2）器械练习举例

持铃旋前。（图13-32）

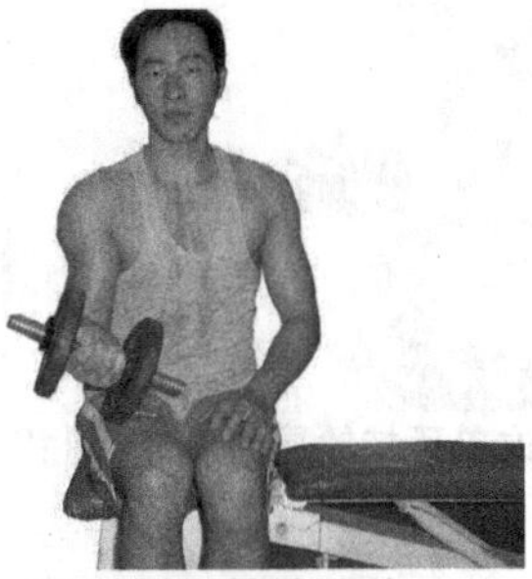

图13-32　持铃旋前

**12. 前臂旋后肌群**

（1）徒手练习

| | 1～2级 | 3～5级 |
|---|---|---|
| 患者体位 | 仰卧，上臂置于体侧，屈肘90°，前臂被动旋前位 | 仰卧，上臂置于体侧，屈肘90°，前臂旋前位 |

续表

| | 1~2级 | 3~5级 |
| --- | --- | --- |
| PT师体位 | 一手固定上臂远端，一手握前臂远端 | 一手固定上臂远端，一手拇指置于桡骨远端背侧，余四指置于尺骨远端掌侧 |
| 训练方法 | 根据患者肌力情况给予助力前臂旋后，同时配合口令或拍打上臂前面 | 拇指向掌侧，余四指向背侧施加阻力 |

（2）器械练习举例

持铃旋后。（图13-33）

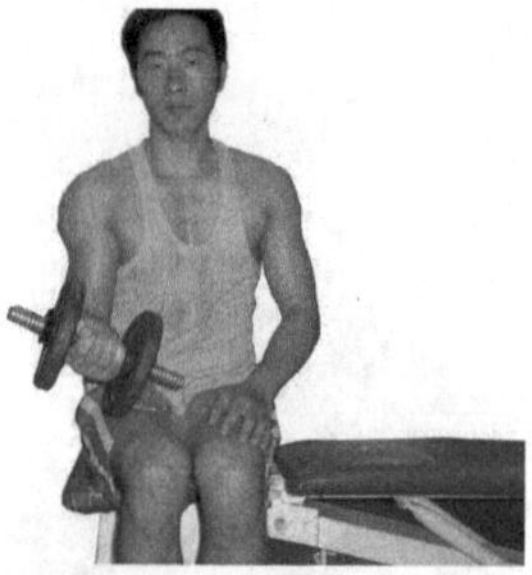

图13-33 持铃旋后

### 13. 腕关节掌屈肌群

（1）徒手练习

| | 1~2级 | 3~5级 |
| --- | --- | --- |
| 患者体位 | 坐位，前臂中立位，前臂置于治疗床 | 坐位，前臂旋后位，前臂置于治疗床 |
| PT师体位 | 坐于患侧PT凳，一手固定前臂远端，一手置于腕骨或掌骨 | 坐于患侧PT凳，一手固定前臂远端，一手置于腕骨或掌骨 |
| 训练方法 | 根据患者肌力情况给予助力屈腕，同时配合口令刺激或拍打前臂掌侧 | 置于腕骨或掌骨的手向手掌背侧施加阻力 |

（2）器械练习举例

①坐位单手持铃屈腕（图13-34）

②站立持铃屈腕（图13-35）

图13-34 坐位单手持铃屈腕

图13-35 站立持铃屈腕

### 14. 腕关节背伸肌群

（1）徒手练习

| | 1~2级 | 3~5级 |
| --- | --- | --- |
| 患者体位 | 坐位，前臂中立位，前臂置于治疗床 | 坐位，前臂旋后位，前臂置于治疗床 |
| PT师体位 | 坐于患侧PT凳，一手固定前臂远端，一手置于腕骨或掌骨 | 坐于患侧PT凳，一手固定前臂远端，一手置于腕骨或掌骨 |
| 训练方法 | 根据患者肌力情况给予助力，同时配合口令刺激或拍打前臂背侧 | 置于腕骨或掌骨的手向手掌掌侧施加阻力 |

（2）器械练习举例

坐位单手持铃伸腕。（图13-36）

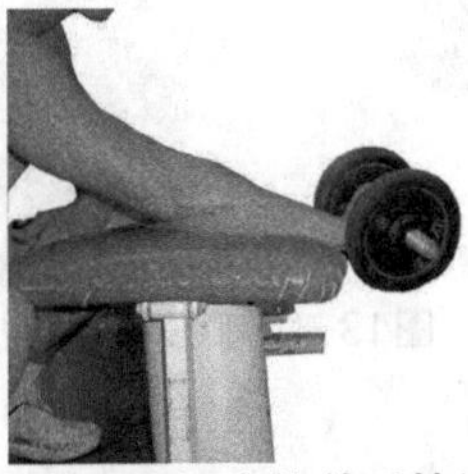

图13-36 坐位单手持铃伸腕

**15.腕关节桡侧偏肌群**

（1）徒手练习

| | 1~2级 | 3~5级 |
|---|---|---|
| 患者体位 | 坐位，前臂中立位，手伸出治疗床外 | 坐位，前臂中立位，手伸出治疗床外 |
| PT师体位 | 坐于患者对面PT凳，一手放前臂远端，一手握手背 | 坐于患者对面PT凳，一手放前臂远端，一手置于第1掌骨 |
| 训练方法 | 根据患者肌力情况给予助力桡侧偏腕关节，同时配合口令刺激或拍打 | 置于第1掌骨的手向尺侧施加阻力 |

（2）器械练习举例

①握铃桡侧偏（图13-37）

②Theraband桡侧偏（图13-38）

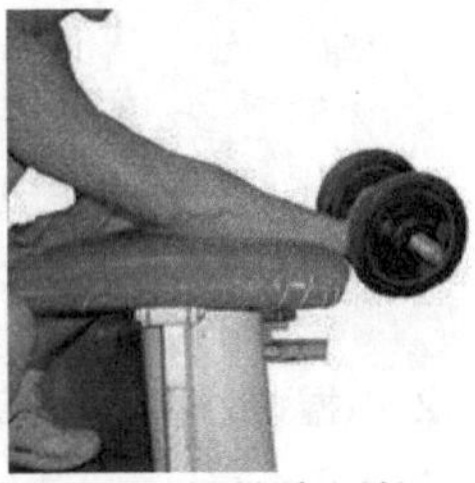

图13-37 握铃桡侧偏

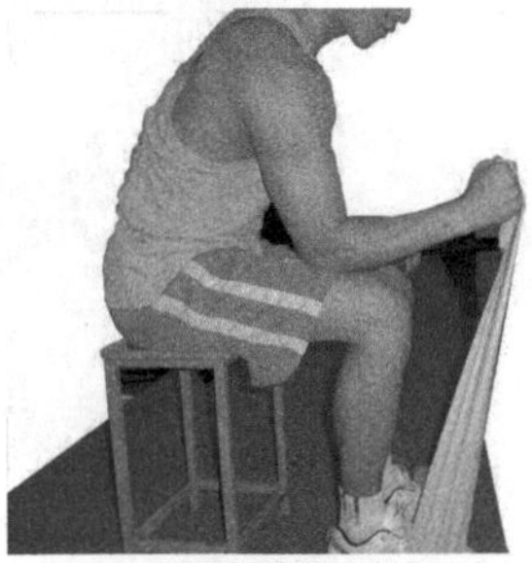

图2-2-38 腕关节桡侧偏Theraband练习

**16.腕关节尺侧偏肌群**

（1）徒手练习

| | 1~2级 | 3~5级 |
|---|---|---|
| 患者体位 | 坐位，前臂中立位，手伸出治疗床外 | 坐位，前臂中立位，手伸出治疗床外 |
| PT师体位 | 坐于患者对面PT凳，一手放前臂远端，一手握手背 | 坐于患者对面PT凳，一手放前臂远端，一手置于第5掌骨 |
| 训练方法 | 根据患者肌力情况给予助力尺侧偏腕关节，同时配合口令刺激或拍打 | 置于第5掌骨的手向桡侧施加阻力 |

（2）器械练习举例

①握铃尺侧偏（图13-39）

②Theraband（图13-40）

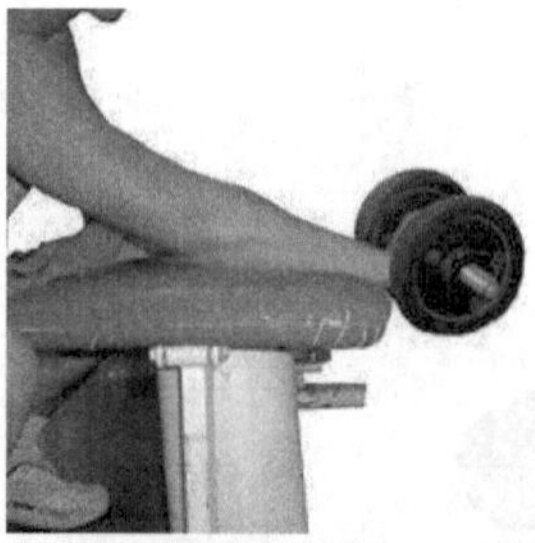

图13-39 握铃尺侧偏

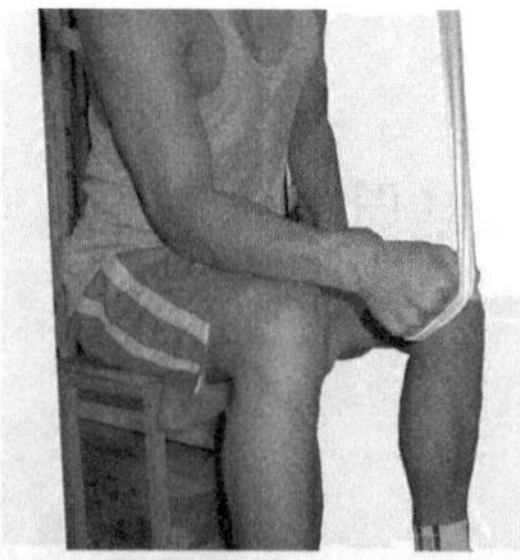

图13-40 腕关节尺侧偏Theraband练习

**17.手指屈曲肌群**

（1）徒手练习

| | 1~2级 | 3~5级 |
|---|---|---|
| 患者体位 | 坐位，前臂旋后，腕关节中立位 | 坐位，前臂旋后，腕关节中立位 |
| PT师体位 | 坐于患者对面PT凳，一手握掌骨，一手握远节指骨 | 坐于患者对面PT凳，一手握掌骨，一手握远节指骨掌侧 |
| 训练方法 | 根据患者肌力情况给予助力集团屈曲手指，同时配合口令刺激或拍打 | 握远节指骨掌侧的手向手指背侧施加阻力 |

（2）器械练习举例

①抓握握力计（图13-41）

②抓握弹力网或橡皮泥（图13-42）

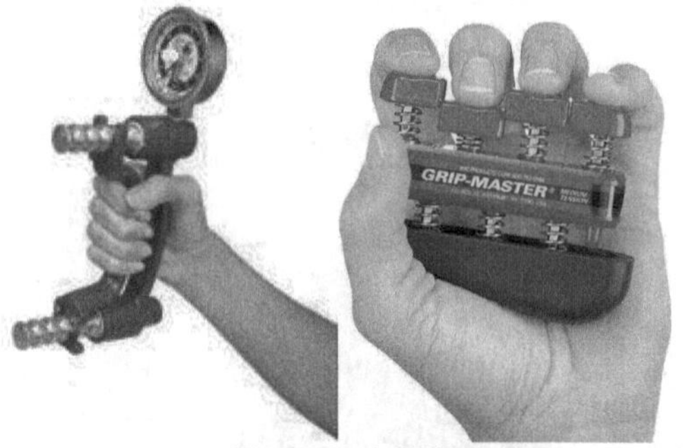


图13-41 抓握握力计

图13-42 抓握弹力网或橡皮泥

**18.手指伸展肌群**

（1）徒手练习

| | 1~2级 | 3~5级 |
|---|---|---|
| 患者体位 | 坐位，前臂旋后，腕关节中立位 | 坐位，前臂旋后，腕关节中立位 |
| PT师体位 | 坐于患者对面PT凳，一手握掌骨，一手握远节指骨 | 坐于患者对面PT凳，一手握掌骨，一手握远节指骨背侧 |
| 训练方法 | 根据患者肌力情况给予助力集团伸展手指，同时配合口令刺激或拍打 | 握远节指骨背侧的手向手指掌侧施加阻力 |

（2）器械练习举例

①橡皮筋（图13-43）

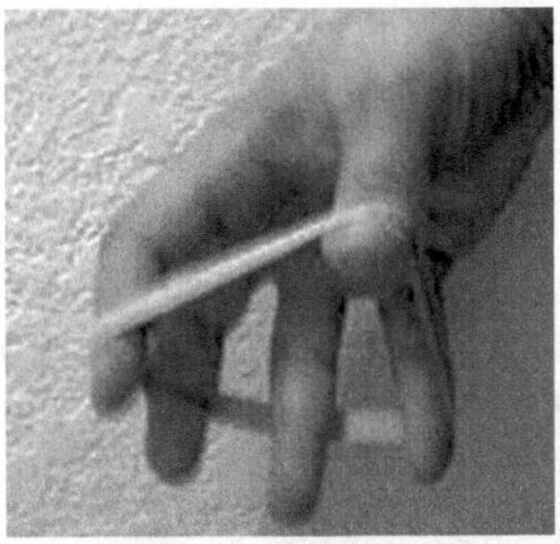

图13-43 橡皮筋练习

## 二、下　肢

### 1. 髋关节前屈肌群

（1）徒手练习

| | 1～2级 | 3～5级 |
|---|---|---|
| 患者体位 | 仰卧位或健侧卧位 | 仰卧位，患侧屈髋屈膝或伸膝 |
| PT师体位 | 立于患侧，一手托大腿远端，一手托踝关节 | 立于患侧，一手托踝关节，一手置于大腿远端（或双手十指交叉置于大腿远端） |
| 训练方法 | 根据患者肌力情况给予助力屈曲髋关节，同时配合口令刺激或拍打 | 置于大腿远端的手向足侧施加阻力 |

（2）器械练习举例

①沙袋（图13-44）

②Theraband（图13-45）

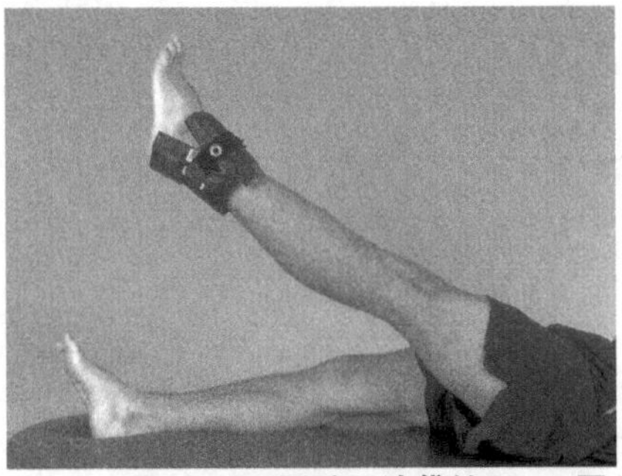

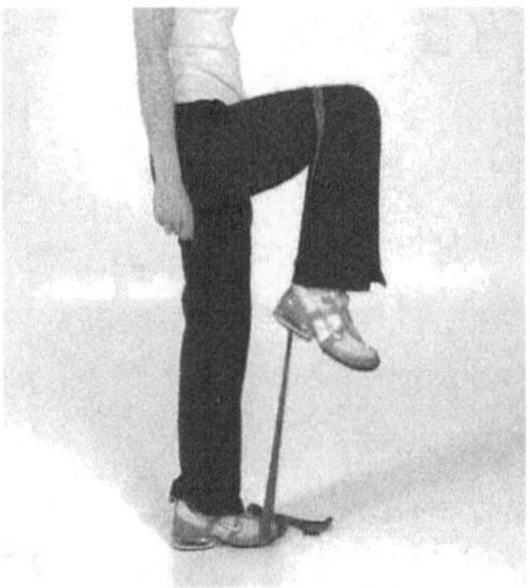

图13-44 屈髋肌沙袋练习　图13-45 屈髋肌Theraband练习

### 2. 髋关节后伸肌群

（1）徒手练习

| | 1～2级 | 3～5级 |
|---|---|---|
| 患者体位 | 健侧卧位，患侧屈髋屈膝90° | 俯卧位，伸膝或屈膝 |
| PT师体位 | 立于患侧身后，一手托踝关节，一手托大腿远端 | 面向患者站立，一手置于臀部固定骨盆，一手置于大腿远端后面 |
| 训练方法 | 根据患者肌力情况给予助力伸髋，同时配合口令刺激或拍打 | 置于大腿远端后面的手向下施加阻力 |

（2）器械练习举例

①负重下蹲（图13-46）

②Theraband（图13-47）

图13-46 负重下蹲

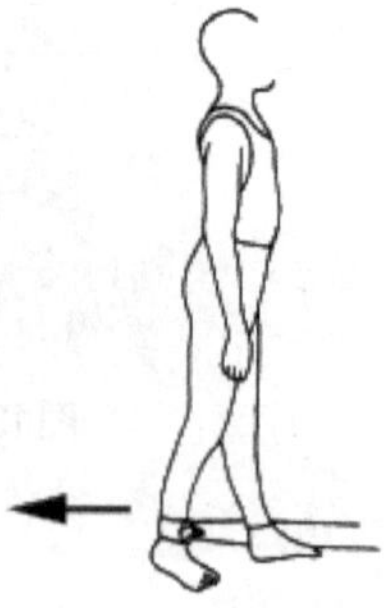


图13-47 伸髋肌Theraband练习

**3. 髋关节内收肌群**

（1）徒手练习

| | 1～2级 | 3～5级 |
|---|---|---|
| 患者体位 | 仰卧位，健侧下肢稍外展 | 仰卧位，健侧下肢稍外展 |
| PT师体位 | 立于患侧，一手置于膝关节，一手握踝关节 | 立于患侧，一手置于膝关节内侧，一手握踝关节内侧 |
| 训练方法 | 根据患者肌力情况给予助力内收髋关节，同时配合口令刺激或拍打 | 双手同时向患腿外侧施加阻力 |

（2）器械练习举例

Theraband。（图13-48）

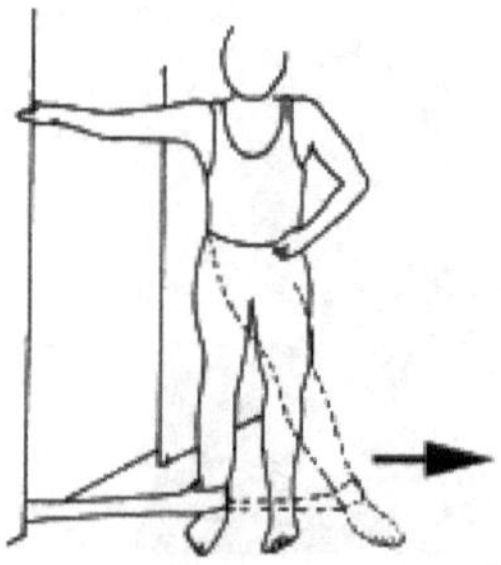


图13-48 髋内收肌Theraband练习

**4. 髋关节外展肌群**

（1）徒手练习

| | 1～2级 | 3～5级 |
|---|---|---|
| 患者体位 | 仰卧位，伸膝 | 仰卧位，伸膝 |
| PT师体位 | 坐于患侧PT凳，一手放大腿远端，一手托小腿或踝关节 | 坐于患侧PT凳，一手固定患侧骨盆，一手置于大腿远端外侧 |
| 训练方法 | 根据患者肌力情况给予助力外展髋关节，同时配合口令或拍打大腿外侧 | 置于大腿远端外侧的手向大腿内侧施加阻力 |

（2）器械练习举例

Theraband。（图13-49）

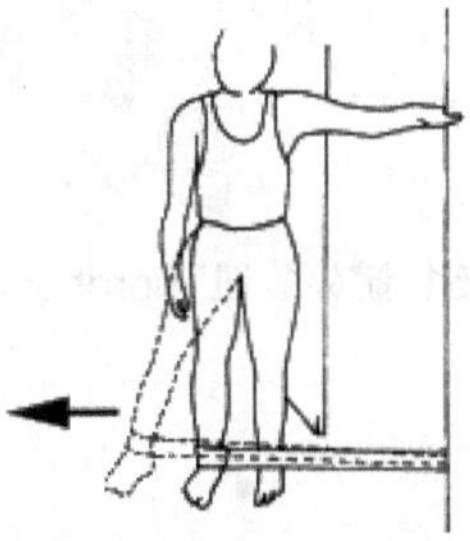


图13-49 髋外展肌Theraband练习

**5.髋关节内旋肌群**

（1）徒手练习

| | 1～2级 | 3～5级 |
|---|---|---|
| 患者体位 | 仰卧位，屈髋屈膝90° | 仰卧位，屈髋屈膝90° |
| PT师体位 | 站立于患侧，一手托腘窝，一手托踝关节 | 站立于患侧，一手托腘窝，一手托踝关节外侧 |
| 训练方法 | 根据患者肌力情况给予助力内旋髋关节（小腿外展），同时配合口令或拍打 | 托踝关节外侧的手向小腿内侧施加阻力 |

（2）器械练习举例

Theraband。（图13-50）

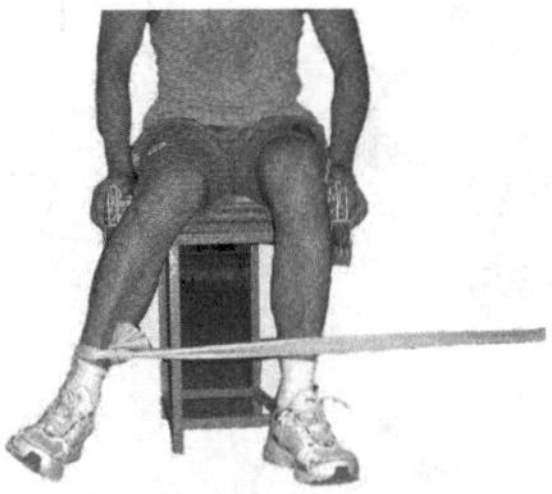

图13-50 髋内旋肌Theraband练习

**6.髋关节外旋肌群**

（1）徒手练习

| | 1～2级 | 3～5级 |
|---|---|---|
| 患者体位 | 仰卧位，屈髋屈膝90° | 仰卧位，屈髋屈膝90° |
| PT师体位 | 站立于患侧，一手托腘窝，一手托踝关节 | 站立于患侧，一手托腘窝，一手托踝关节内侧 |
| 训练方法 | 根据患者肌力情况给予助力外旋髋关节（小腿内收），同时配合口令刺激或拍打 | 托踝关节内侧的手向小腿外侧施加阻力 |

（2）器械练习举例

Theraband。（图13-51）

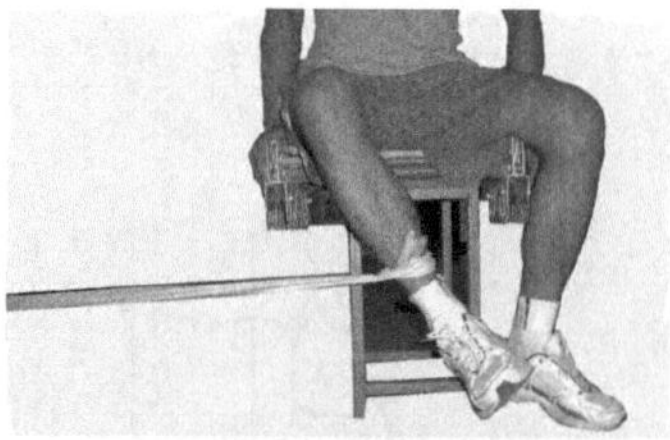

图13-51 髋外旋肌Theraband练习

7.膝关节屈曲肌群

（1）徒手练习

| | 1~2级 | 3~5级 |
|---|---|---|
| 患者体位 | 健侧卧位或俯卧位，伸膝 | 俯卧位，伸膝 |
| PT师体位 | 坐于患侧PT凳，一手固定患侧大腿远端，一手托患侧小腿远端 | 坐于患侧PT凳，一手固定患侧大腿远端，一手握患侧小腿远端后面 |
| 训练方法 | 根据患者肌力情况给予助力屈膝，同时配合口令刺激或拍打大腿后群肌肉 | 握患侧小腿远端后面的手向下施加阻力 |

（2）器械练习举例

①俯卧抗阻屈膝（图13-52）

②Theraband（图13-53）

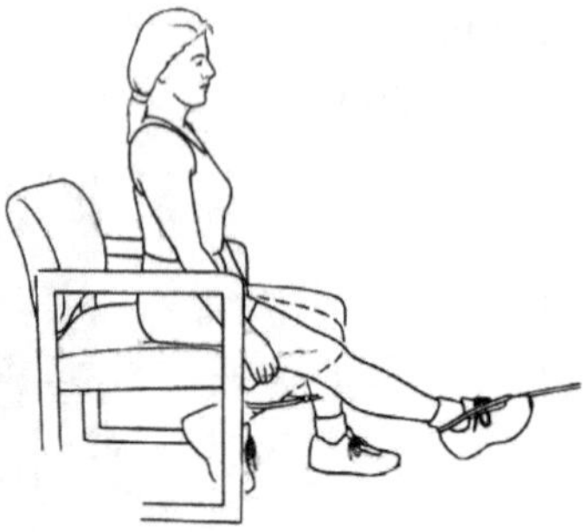

图13-52 俯卧抗阻屈膝　图13-53 屈膝肌Theraband练习

8.膝关节伸展肌群

（1）徒手练习

| | 1~2级 | 3~5级 |
|---|---|---|
| 患者体位 | 健侧卧位，屈膝 | 坐位，双下肢垂于床沿，腘窝处垫毛巾卷 |
| PT师体位 | 坐于患侧PT凳，一手固定患侧大腿远端，一手托患侧小腿远端 | 站立于患者前方，上方手固定大腿远端，下方手握小腿远端前面 |
| 训练方法 | 根据患者肌力情况给予助力伸膝，同时配合口令刺激或拍打大腿前群肌肉 | 握小腿远端前面的手向后施加阻力 |

（2）器械练习举例

①Compass Leg Extension和Fitness concept（图13-54）

②负重下蹲（图13-55）

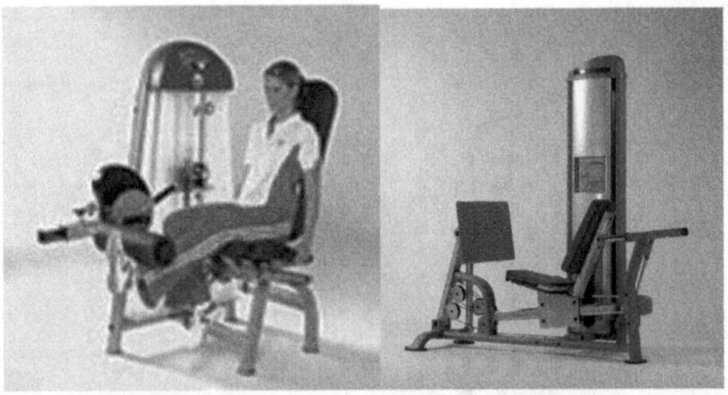

图13-54 伸膝肌Compass Leg Extension和Fitness concept练习

图13-55 负重下蹲

### 9.踝关节跖屈肌群

（1）徒手练习

| | 1～2级 | 3～5级 |
|---|---|---|
| 患者体位 | 健侧卧位，踝关节中立位 | 床边坐位，下肢自然下垂 |
| PT师体位 | 坐于患侧PT凳，一手固定小腿远端，一手握足背 | 坐于患侧PT凳，一手固定小腿远端，一手握足底前缘 |
| 训练方法 | 根据患者肌力情况给予助力踝关节跖屈，同时配合口令刺激或拍打 | 握足底前缘的手向上施加阻力 |

（2）器械练习举例

站立负重提踵（图13-56）

图13-56 站立负重提踵

### 10.踝关节背伸肌群

（1）徒手练习

| | 1～2级 | 3～5级 |
|---|---|---|
| 患者体位 | 健侧卧位，踝关节中立位 | 床边坐位，下肢自然下垂 |
| PT师体位 | 坐于患侧PT凳，一手固定小腿远端，一手握足背 | 坐于患侧PT凳，一手固定小腿远端，一手握足背前缘 |
| 训练方法 | 根据患者肌力情况给予助力背伸踝关节，同时配合口令刺激或拍打 | 握足背前缘的手向下施加阻力 |

（2）器械练习举例

①沙袋（图13-57）

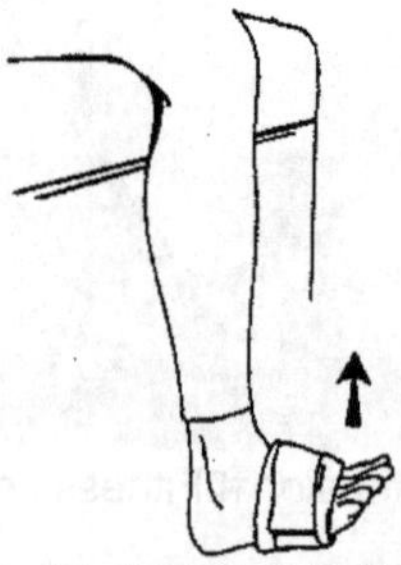

图13-57 踝背伸肌沙袋练习

### 11. 踝关节内翻肌群

（1）徒手练习

| | 1~2级 | 3~5级 |
|---|---|---|
| 患者体位 | 仰卧位，伸膝，踝关节中立位 | 仰卧位，伸膝，踝关节中立位 |
| PT师体位 | 坐于患侧PT凳，一手固定小腿远端，一手握足两侧 | 坐于患侧PT凳，一手固定小腿远端，一手握患足内侧缘 |
| 训练方法 | 根据患者肌力情况给予助力，同时配合口令刺激或拍打 | 握患足内侧缘的手向外上施加阻力 |

（2）器械练习举例

Theraband。（图13-58）

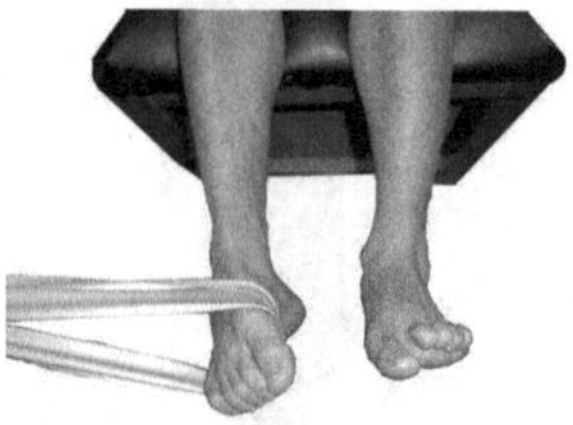

图13-58 踝内翻肌Theraband练习

### 12. 踝关节外翻肌群

（1）徒手练习

| | 1~2级 | 3~5级 |
|---|---|---|
| 患者体位 | 仰卧位，伸膝，踝关节轻度跖屈 | 仰卧位，伸膝，踝关节轻度跖屈 |
| PT师体位 | 坐于患侧PT凳，一手固定小腿远端，一手握足两侧 | 坐于患侧PT凳，一手固定小腿远端，一手握患足外侧缘 |
| 训练方法 | 根据患者肌力情况给予助力外翻踝关节，同时配合口令刺激或拍打 | 握患足外侧缘的手向内下施加阻力 |

（2）器械练习举例

①Theraband（图13-59）

图13-59 踝外翻肌Theraband练习

## 三、躯　干

### 1. 躯干前屈肌群

（1）徒手练习

| | 1~2级 | 3~5级 |
|---|---|---|
| 患者体位 | 仰卧位，固定下肢，双上肢置于体侧，背后枕楔形垫 | 仰卧位，屈膝，双手置于脑后 |
| PT师体位 | 坐于治疗床患者对面，双手拉患者双手 | 固定患者双足 |
| 训练方法 | 根据患者肌力情况给予助力完成抬头或躯干前屈，同时配合口令刺激 | 完成仰卧起坐动作 |

（2）器械练习举例

①沙袋或杠铃片（图13-60）

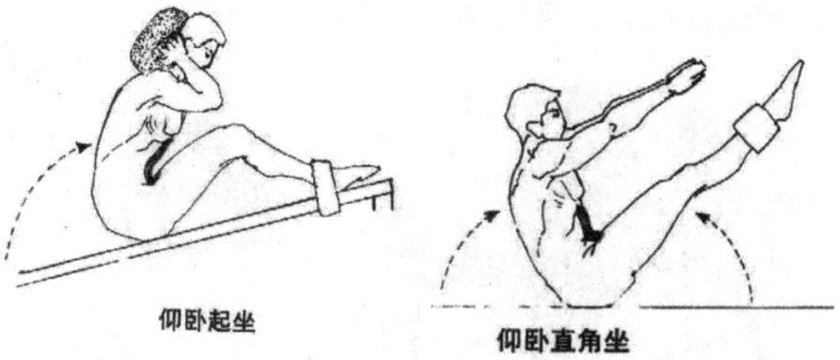


图13-60 腹肌沙袋或杠铃练习

②抗自身体重（图13-61）

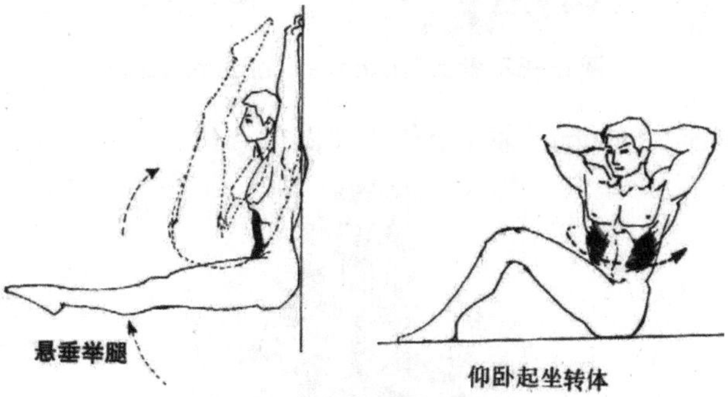


图13-61 腹肌抗自身体重练习

③Proxomed Tergumed Flexion（图2-2-62）

图13-62 腹肌Proxomed Tergumed练习

**2. 躯干后伸肌群**

（1）徒手练习

| | 1～2级 | 3～5级 |
|---|---|---|
| 患者体位 | 俯卧位，固定下肢，双上肢置于体侧，前胸枕楔形垫 | 俯卧位，固定下肢，双手置于脑后，躯干上部伸出治疗床外 |
| PT师体位 | 坐于患者侧面PT凳，双手置于患者双肩前面或一手置于胸骨柄，一手置于背部双肩胛之间 | 跪于治疗床，双手固定患者双侧大腿 |
| 训练方法 | 根据患者肌力情况给予助力完成抬头或躯干后伸，同时配合口令刺激 | 完成躯干上抬超过床面的动作 |

（2）器械练习举例

①Proxomed Tergumed Extension（图13-63）

图13-63 背肌Proxomed Tergumed练习

②Proxomed Tergumed Rotation（躯干旋转）（图13-64）

图13-64 腹肌Proxomed Tergumed练习

## 第四节 增强肌力训练的临床应用

### 一、增强肌力训练适应证

肌力训练是指通过肌肉的主动收缩来改善和增强肌肉的力量，主要应用于肌力下降而导致运动功能下降的患者。

**1. 骨骼肌肉系统损伤**

四肢或脊柱骨折、骨关节疾病引起的肌力不足，创伤后制动引起的废用性肌萎缩，骨关节置换术后、软组织损伤、关节不稳等。

**2. 神经系统疾病**

中枢神经系统疾病引起的偏瘫、截瘫、四肢瘫等，长期卧床导致肌力不足，肌营养不良，周围神经损伤等。

**3. 体育运动者**

作为常规体能训练的重要组成部分，也是预防运动损伤的基础练习。

### 二、增强肌力训练禁忌证

肌肉炎症或肿胀，关节脱位或不稳定，肌腱断裂，骨折未愈合，训练24小时后仍感肌肉酸痛等情况应禁用抗阻训练。

### 三、注意事项

**1. 合理选择训练方法**

增强肌力的效果与选择的训练方法直接有关。训练前应先评估训练部位的关节活动范围和肌力情况，根据评估结果选择合适的训练方法。

**2. 合理调整运动强度**

运动强度包括重量和重复频率。患者锻炼时的最大抗阻重量应该适当小于患者的最大收缩力，施加的重量或阻力应恒定。避免突然的暴力或阻力增加。若患者不能完成全范围关节运动、运动肢体疼痛、肌肉震颤或出现代偿性运动时应降低负荷或阻力。

**3. 无痛训练**

肌力训练时应该在无痛的前提下进行。因为疼痛提示肌肉损伤，疼痛时的肌肉痉挛也造成额外负荷，勉强训练将导致严重肌肉或软组织炎症或损害。

**4. 避免过度训练**

肌力训练后短时间内的肌肉酸痛是正常现象，有利于肌肉纤维的蛋白合成。但是运动当时肌肉严重疼痛提示运动强度过大，而次日晨的酸痛或疲劳增加说明运动量过大。这两种情况都需要避免。

**5. 充分进行准备活动和放松活动**

训练前必须有充分的准备活动，使即将运动的肌肉、韧带、关节和心血管系统预热，避免突然运动导致适应障碍和并发症。

**6. 注意心血管反应**

运动时心血管将有不同程度的应激反应。有高血压、冠心病或其他心血管疾病者应注意运动时的心血管反应，避免过度的训练导致心血管意外。注意避免Valsalva效应（深吸气后声门关闭腹肌收缩，腹内压和胸内压增大而出现动脉血压短暂急剧升高。）

### 四、力量训练一般要求

正确进行训练前准备活动和训练后放松活动，正确进行训练前伸展练习。

身体姿势：一般双脚间距大于肩宽取得平衡。

呼吸方式：不要憋气，口鼻同时呼吸，上举开始时吸气，在最用力的部分短暂屏气，练习完成时呼气。

口头指令或视觉反馈：当练习者进行力量练习时可用通俗易懂的语言提示，简短有力的指令可以正确提示和刺激练习者；等速力量训练时练习者可以看着显示器上波幅的升降或数字的增减反馈来增强训练效果。

不因体重增加烦恼，不过多改变饮食习惯。

## 五、力量训练安全措施

1. 不可单独训练，需要结伴训练互相保护。

2. 尽量采用必要的保护用具和安全器材。

3. 注意采用正确的练习动作和身体姿势。

4. 负重力量练习时尽量避免采用身体猛烈震动和扭转的练习。

5. 量力而行。

6. 避开旧伤。

## 六、运动员力量训练提示

在力量训练中应该重视发展肌肉的专门收缩特性，结合必要的肌肉灵活性和伸展性练习。

建议年轻运动员以多种多样的中等强度、较多组数、每组8～10次重复的一般力量训练作为基础。

女运动员力量训练的负荷量和强度增加应该循序渐进。

年轻运动员应该注意发展能够稳定骨盆上部脊柱肌群（腹肌和背肌）和脊柱旋转的肌肉。

最大力量训练时注意损伤的危险性（主动肌和拮抗肌力量不平衡、准备活动不充分或过度疲劳）。

肌肉疲劳或最大力量练习后不宜进行被动的动力性练习。

当参与练习的肌肉感到刺痛时立刻停止练习。

深蹲练习时应该穿插采用坐姿势蹬腿、伸膝、滑动下蹲等防止损伤半月板和韧带，同时注意发展拮抗肌力量。

不满16岁运动员在练习中不应采用肩部负重的练习以防影响脊柱生长发育；

肩部承受负荷时必须保持脊柱正直。

所有施加阻力必须与专项技术紧密相关。

## 【思考题】

### 1. 关键性思考和讨论

（1）在功能检查与评定时发现患者什么问题让你决定选择合适的力量训练？

（2）等长练习、等张练习和等速练习的优缺点是什么？

（3）人生中在肌肉力量和肌肉耐力方面会出现什么重要改变？

（4）为一组年龄在7~9岁男女足球队员制定一套力量训练计划，包括训练器材、负荷强度、训练组数、训练频率、休息时间等要素。

（5）分析5个目前你正从事或将来能够从事的日常生活动作或娱乐活动，鉴别肌肉活动成分是力量、爆发力还是耐力？以及其他功能要素，如柔韧性、稳定性、平衡和协调能力等。

（6）用弹力阻力设备设计一套正确而有效的力量练习方法。

（7）为门诊健身中心患者设计减重训练计划，注意给初始训练者和有一定基础者选择不同设备并提供训练指南，包括负荷强度、重复次数和组数、练习顺序、间歇休息和训练频率等。

（8）为社区老年活动中心65~85岁老年人设计一套力量练习程序作为其健身活动的一部分，你将建议他们选择何种阻力设备和阻力大小？注意告诉他们特别需要的注意事项。

### 2. 实验操作练习

（1）操作上下肢所有肌群徒手阻力练习，包括仰卧位、俯卧位、侧卧位和坐位，分析每种体位影响全范围力量操作效果的主要原因。

（2）为以下肌群评定1RM和10RM：肩关节屈肌、外展肌、外旋肌；肘关节屈伸肌；髋关节外展肌、屈肌；膝关节屈伸肌。评定无负荷时两种不同体位时的1RM和10RM，找出肌群能克服最大阻力的关节活动度位置，然后评定负荷时1RM和10RM，比较结果。

（3）利用弹力带增强上下肢主要肌群肌力，设计动作包括等张练习（开放链、闭合链练习）和等长练习。

◎　**参考文献**


[1]姚泰.生理学[M].北京：人民卫生出版社，2006.

[2]曲绵域，于长隆.实用运动医学[M].北京：北京大学医学出版社，2003.

[3]周士枋，丁伯坦.运动学[M].北京：华夏出版社，2004.

[4]纪树荣.运动疗法技术学[M].北京：华夏出版社，2004.

[5]燕铁斌.物理治疗学[M].北京：人民卫生出版社，2008.

[6]田麦久.运动训练学[M].北京：人民体育出版社，2000.

[7]张英波.现代体能训练方法[M].北京：北京体育大学出版社，2006.

[8]张英波.现代力量训练方法[M].北京：北京体育大学出版社，2007.

[9]杨桦，李宗浩，池建.运动训练学导论[M].北京：北京体育大学出版社，2007.


（杨　翼）

# 第十四章 核心稳定性训练

【学习目标】

1. 熟悉核心稳定性的解剖基础。
2. 了解核心稳定性的评定方法。
3. 能正确指导伤病患者进行核心稳定性训练。

## 第一节 概 述

近十年来，核心稳定性在康复医学和体育训练领域颇受关注，“核心稳定性”（Core Stability）一词是在20世纪90年代被一些欧美学者提出。Panjabi首先提出核心稳定性的概念，他认为脊柱的稳定由动态稳定（肌肉）和静态稳定（骨骼和周围的支撑组织）组成，而核心稳定性主要由前者提供。早期核心稳定性的训练主要集中于健身和康复功能恢复方面，Kibler将其扩展至竞技体育领域，他指出身体核心肌在运动中的三个主要功能：产生力量、传递力量和控制力量。虽然核心稳定性在力学、神经生理学和康复等诸多方面都有了深入研究，但是同时，过多的讨论又集中于其不明确的定义上面，其一是核心稳定性在腰背和下肢损伤方面的重要性究竟有多大；其二是核心稳定性在运动员提高耐力和爆发力方面有什么样的影响。所以，当我们在讨论核心稳定性时，首先建立一个一般性概念，以确保我们始终是围绕着同一个概念进行讨论。

### 一、核心及核心肌

之所以被冠以“核心”一词，是由于其在躯体的运动链中处于中心的位置。核心就如同一个“束带”，无论是否伴有肢体的运动，它始终是作为稳定躯干尤其是脊柱的要素而存在。核心又被形容成一个“能量房”，是所有肢体运动的基础和发动机。无论是在提高平衡力和局部肌力，或是在降低背部损伤的风险及保障最大力量控制方面都具有重要作用。核心的范围像一个“盒子”，前面是腹肌，后面是椎旁肌和臀大肌，顶部是膈肌，底部有骨盆肌和髋带肌共同构成。Kibler et al指出核心肌包括腹肌、髋肌、椎旁肌、骨盆肌和下肢的近端肌。这些肌肉主要负责维持脊柱和骨盆的稳定性以及使肢体动作的产生和力量的传递成为可能。

由此看出，核心是腰、骨盆、髋关节形成的一个整体（图14-1），是指人体的中间环节，具体是肩关节以下髋关节以上包括骨盆在内的区域。

图14-1 核心区的范围

### 二、核心稳定性和核心力量

目前没有一个有关核心稳定性的概念被广泛接受。Panjabi提出关于核心稳定性的概念必须具备三个要素：静态稳定、动态稳定和神经控制单元。基于此Kibler et al给的定义是：一种控制躯干-骨盆姿势和运动的能力，它允许产生最适应的力量和动作，形成最佳的传递和控制，最终将各个构建单元整合，完成一个动力学链的活动。该定义为核心稳定性在竞技体育中应用奠定了基础，指出身体核心部位在运动中的三个主要功能：产生力量、传递力量和控制力量。

尽管核心稳定性和核心力量有时被交替使用，但是核心力量始终只是核心稳定性概念的组成部分，两者的概念是不同的。核心稳定性是指人体在运动中通过核心部位的稳定为四肢肌肉的发力建立支点，为上下肢力量的传递创造条件，为身体重心的稳定和移动提供力量的准备。核心稳定性的优劣取决于位于核心部位的肌肉，韧带和结缔组织，以及它们之间的协作，核心力量是一种以稳定人体核心部位肌肉，控制重心运动，传递上下肢力量为主要目的的能力，核心力量不仅仅是人体核心稳定性形成的主要能力，而且在竞技运动中它还能够主动发力，是人体运动的一个重要“发力源”，因此，核心稳定性是人体核心力量训练的一个结果，而核心力量是一种与上肢下肢力量并列的，以人体解剖部位为分类标准的力量能力。因此核心力量是包含于核心稳定性的概念之中。

## 三、核心稳定性的解剖和生物力学基础

在解剖结构上，人体核心部位既包括了腰椎，骨盆和髋关节等骨骼以及它们周围的韧带和结缔组织，也包括附着在这些骨骼上的肌肉，图14-2是核心区域能够显示的位于表层和深层的主要肌肉。脊柱的稳定性是由静态稳定和动态稳定组成，静态稳定是通过骨关节和韧带实现的，动态稳定是通过肌肉组织实现的，任何一个组成部分遭到破坏，脊柱就会处于不稳定状态。同时稳定和运动需要脊柱周围所有肌群的精确协调，因此神经系统的控制能力也是非常重要的。

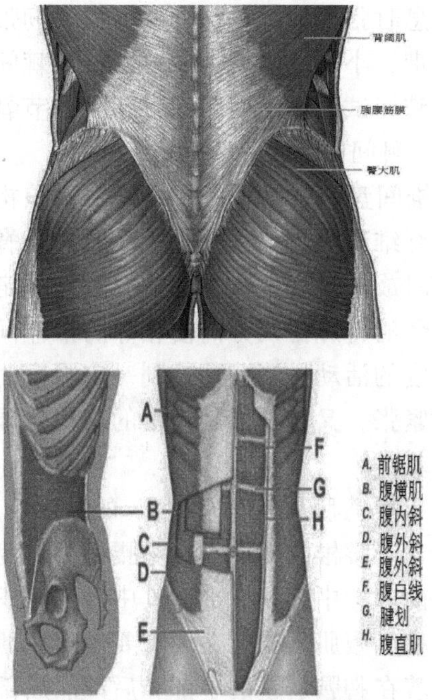

图14-2 主要核心肌肉示意图

### （一）静态稳定结构

椎体、椎间盘、关节囊、椎体周围的韧带和胸腰筋膜提供了脊柱的支持功能及吸收对脊柱的冲击能量。椎体主要承受压缩负荷。随着椎体负重由上而下地增加，在所有脊椎骨中，腰椎的体积最大，可以承受60%身体的重量。腰骶关节由第5腰椎和骶骨底以及第5腰椎两侧下关节突与第1骶椎上关节突的关节面构成，关节面方向较腰椎的关节面倾斜，近似额状位，可以防止第5腰椎在骶骨上向前滑动，同时在运动上具有较多灵活性。

脊柱的韧带承担脊柱的大部分牵张载荷，当载荷方向与纤维方向一致时，韧带承载能力最强。脊柱韧带有很多功能。首先韧带的存在使两椎体间有充分的生理活动，又能保持一定的姿势，并使维持姿势的能量消耗降至最低程度。其次通过将脊柱运动限制在恰当的生理范围内以及吸收能量。前纵韧带最为坚强，与后纵韧带一起能够阻止脊柱后伸，小关节囊韧带在抵抗扭转和侧屈时起作用。棘间韧带对控制节段运动的作用不明显，棘上韧带具有制约屈曲活动的功能，而横突间韧带在侧屈时承受最大应力，黄韧带

在静息时张力最大。对脊柱的前纵韧带、后纵韧带、小关节囊韧带、黄韧带和棘间韧带进行破坏试验显示前纵韧带和小关节囊韧带最强，棘间韧带和后纵韧带最弱。

椎间盘由软骨板、纤维环和髓核构成，其中纤维环除了负重外，更重要的是脊柱在运动时成为一个整体，保持脊柱的稳定性。纤维环的特殊排列方向使相邻的椎体间可以有轻度的活动，当运动达到一定限度时，纤维环紧张，又起到节制韧带的作用，限制旋转运动。

胸腰筋膜作为“天然”的腰带，起作用相当于腰椎的支持带。胸腰筋膜分为三部分：前部，中部和后部。其中后部组织对腰段脊柱和腹肌的支持尤为重要。腹横肌大部分附着在胸腰筋膜的中部和后部。后部又有两层构成：浅层的走向是内下方；深层的走向是外下方。胸腰筋膜起着上下肢的连接作用，在肌肉收缩时胸腰筋膜的本体感受器还可以将信息反馈给中枢神经系统。

### （二）动态稳定结构

关于核心肌肉的位置和数量问题目前还没有明确的定论，黎涌明等从解剖学的角度对附着在腰椎-骨盆-髋关节的肌肉进行了检索，发现在该部位有起止点的肌肉为33对+1块（表14-1），其中有7对+1块肌肉的起止点均在核心部位，它们主要起核心固定的作用，其余绝大部分肌肉只有起点位于核心部位，它们的收缩不仅对核心区域有固定作用，而且同时参与其他部位的运动（主要是下肢）。

Bergmark提出一个核心肌的分类方案，将其分为局部核心稳定系统（local stabilization system LSS）和整体核心稳定系统（global stabilization system GSS）。局部核心稳定系统主要是指相邻脊柱间的肌肉，主要控制脊柱的一到两个节段的活动范围，如横突间肌，棘突间肌及回旋肌.这些肌肉只位于相邻的脊柱之间.它们的肌梭极度致密，生理横截面非常小，因此它们被认为在初始启动时作为脊柱位置的传感器而发挥作用的。整体核心稳定系统肌群是指分布表浅，跨越多节段的肌群，肌肉的体积大，肌纤维长，如背阔肌、髂腰肌，腹直肌等。主要功能是使脊柱屈伸、侧弯、旋转等大范围活动、并可以产生很大的力量。局部核心稳定系统的功能就是提供脊柱的每个节段足够的稳定性，而整体核心稳定系统则为整个躯干的稳定性提供保障，使之能够完成日常生活或竞技体育中必要的静态的或动态的活动.在对称性的活动时，局部核心稳定系统肌群承受的负荷很小。在非对称性的大负荷活动时，局部核心稳定系统肌群主要扮演的是稳定的角色，而此时整体核心稳定系统肌群则要提供整个躯干的稳定和动作的启动。（表14-2）

**表14-1 核心区域的肌肉起止点分布及数量**

| 肌群 | 起、止点都在核心（7对+1块） | 肌肉起止点分布起点在核心（25对） | 止点在核心（1对） |
|---|---|---|---|
| 盆带肌（8对） | | 髂肌；腰大肌；梨状肌；臀大肌；臀中肌；臀小肌；闭孔内肌；闭孔外肌 | |
| 大腿肌（11对） | | 股直肌；缝匠肌；阔肌膜张肌；股二头肌长头；半膜肌；半腱肌；耻骨肌；长收肌；短收肌；大收肌；股薄肌； | |
| 背肌（9对） | 回旋肌；多裂肌；棘间肌；横突间肌 | 背阔肌；下后锯肌；竖脊肌（棘肌、最长肌、髂肋肌） | |
| 腹肌（5对） | 腹内斜肌；腹横肌；腰方肌 | 腹直肌 | 腹外斜肌 |
| 膈肌 | 膈肌 | | |

表14-2　核心区肌群的分类及功能

| | 局部核心稳定肌 | 整体核心稳定肌 |
|---|---|---|
| 位置 | 深层 | 浅层 |
| 形状 | 羽状 | 梭形 |
| 肌纤维构成 | 以慢肌纤维为主 | 以快肌纤维为主 |
| 主要工作类型 | 静力性（肌肉长度不变） | 动力性（肌肉长度改变） |
| 收缩影响因子 | 不受动作方向影响 | 受动作方向影响 |
| 激活阻力 | 低阻力下激活（30%~40%MVC） | 高阻力下激活（>40%MVC） |
| 主要功能 | 主要参与稳定和耐力运动 | 主要参与快速运动 |

### 1. 局部核心稳定系统肌群

椎旁肌群中多裂肌反应最快、最先起作用，共由5块分隔的束支组成，短纤维起于椎板和棘突中线，向骶尾侧分布，止于两个节段以下椎体的乳突，延伸到L5以下的纤维止于髂棘和骶骨，跨越2~3个腰椎节段，是维持腰部脊柱阶段性稳定的重要肌肉。回旋肌，横突间内肌和横突间外肌的力矩很短，内含有丰富的肌梭成分，对肌纤维长度的变化和脊柱节段的位置变化很敏感。腹横肌的肌纤维环绕整个腹部，形态为扁阔肌（图14-3）。部分腱膜横向绕过腹直肌后方，构成腹直肌鞘后壁，肌性部分直接穿越腹直肌后方。起于下位6个肋骨内侧面、胸腰筋膜、髂嵴和腹股沟韧带外侧1/3处并与膈肌起点相交织。止于白线并参与组成腹直肌鞘后壁。

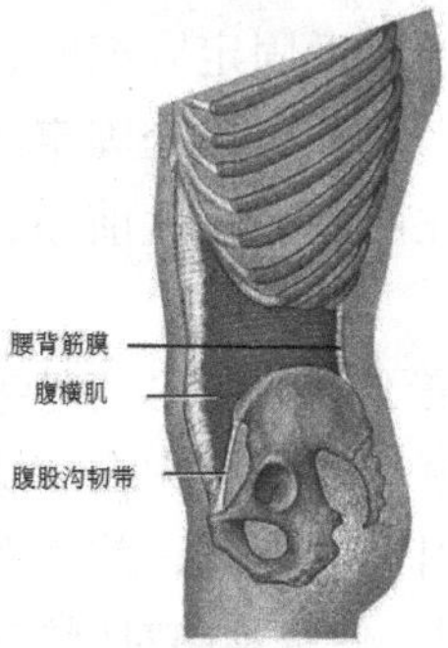

图14-3

腹横肌的收缩是由腰部四周向身体中心点收紧，单独收缩时像一个“铁箍”。它是维持脊柱稳定性和减轻背部负担相当重要的一块肌肉，腹横肌像一条束带一样对抗来自腹腔内部的压力，从而形成对脊柱和躯干部位的圆柱状支持作用，对身体核心区域的稳定性非常重要。腹横肌的活动通常先于肢体运动。腹内斜肌位于深层，与腹外斜肌附着于同一位置，肌纤维走向与腹横肌相似，围绕躯干两侧斜行向下（图14-4）。但是其“铁箍”效应却比腹横肌小得多。

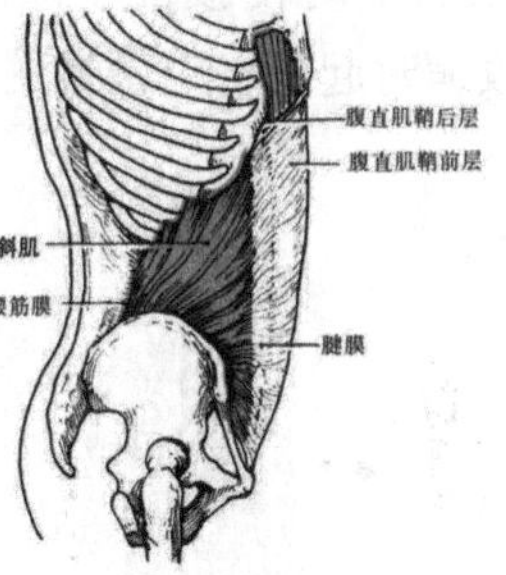

图14-4

膈肌是呼吸肌，位于“核心”的顶部，起自腰部（第1~4腰椎体，第二腰椎横突和第12肋）、肋部（第7~12肋内面）和胸骨部（剑突后面），膈肌为呼吸肌，也为腹压肌。收缩时其圆顶稍微扁平而下降1~3厘米，胸腔扩大吸气，放松时，圆顶升高吸气缩小转而呼气。无论是静止还是运动状态下，如举起或放下物品时，跑步或跳跃时，或脊椎的任何姿势突变时，均可造成腹内压的增加.现在研究表明，腹横肌和膈肌在一起，在做任意方向摆动上肢运动时，起到维持脊椎稳定的作用。膈肌的呼吸模式是核心力量训练的重要组成部分。腹横肌，腹内斜肌，膈肌和骨盆底肌协同收缩以增加腹内压并借助胸腰筋膜将压力传递至脊柱。棘突间肌也是LSS肌群的组成部分。

2. 整体核心稳定系统肌群

（1）椎旁肌

椎旁肌的GSS肌群包括最长肌和髂肋肌，合称竖脊肌（图14-5），起于骶骨背面、髂嵴后部、腰椎棘突和胸腰筋膜，止于颈、胸椎的棘突与横突、颞骨乳突和肋角。它们借助长长的肌腱将胸背部肌肉的活动传递至腰椎和骨盆。较长的力矩有利于腰椎的后伸，并且在腰椎前屈时会产生一个向后的剪切力。腰方肌类似方形，横截面较大，很薄，起于髂腰韧带和髂棘的后面，止于12肋骨的后缘和腰1～4的横突。分为下斜束，上斜束和纵束，上斜束和纵束没有直接作用于腰椎，被称为2级呼吸肌，在呼吸时固定第12肋。下斜束收缩时使腰椎小范围地侧屈，腰方肌等长收缩时起到稳定腰椎的作用。

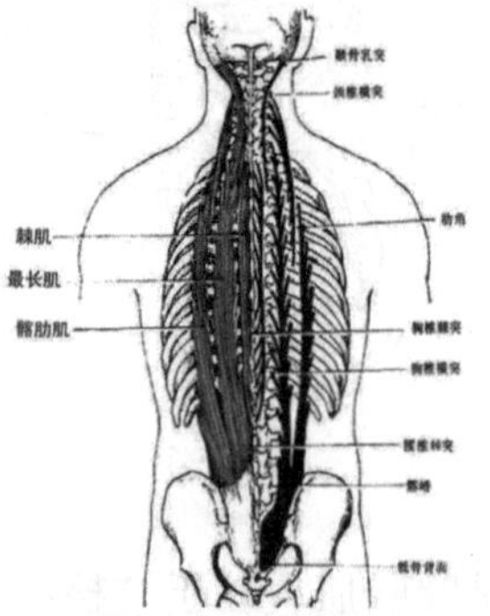

图14-5 竖棘肌

（2）腹肌

腹肌被认为是核心肌的重要组成部分，腹直肌和腹外斜肌属于GSS肌群。腹外斜肌是腹部最大、最表浅的肌肉，附着于肋骨、骨盆和筋膜上，其纤维围绕躯干两侧后部斜行向上腹外斜肌收缩时引起骨盆倾斜，当腰部后伸和旋转时呈离心的收缩模式。（图14-6）腹直肌位于腹部中线的两侧，其肌纤维从耻骨联合和肋骨，垂直走行，被横行的肌腱分成几个部分，当其收缩时使腰椎屈曲。多数训练方案过度强调腹直肌和腹内斜肌，使腹外斜肌相对薄弱，造成力量失衡，因此在训练时需注重等长收缩或躯干单侧旋转的动作。（图14-6、图14-7）

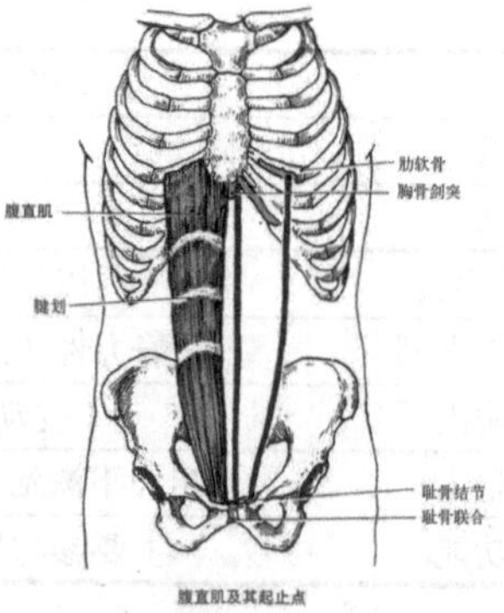

图14-6

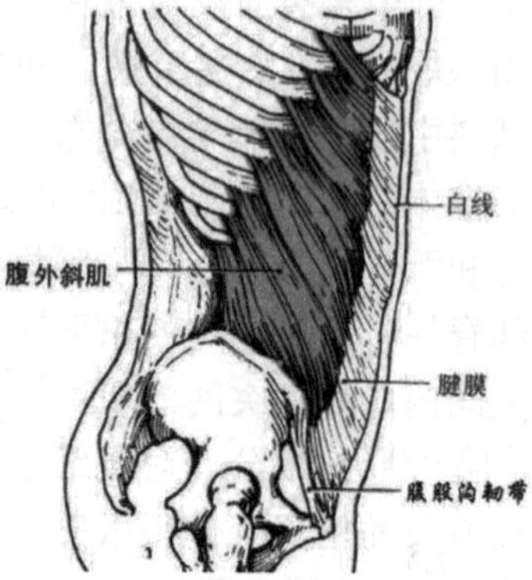

图14-7

（3）盆带肌

髂腰肌（髂肌、腰大肌）位于骨盆内侧面，由腰大肌和髂肌组成。腰大肌为单羽肌，二肌合并为双羽肌。腰大肌起于腰椎体侧面和横突；髂肌呈扇形起于髂窝。肌腱止于股骨小转子。近固定收缩时，使大腿在髋关节处屈曲、旋外。远处固定收缩时，两侧髂腰肌使脊柱前屈、骨盆前倾，一侧收缩使脊柱同侧屈。

梨状肌位于小骨盆内，呈梨形。起于骶骨前面，肌束穿过坐骨大孔，止于股骨大转子顶端，近固定收缩时，使髋关节外展和外旋。远固定时，使骨盆向对侧旋转。

臀大肌位于臀部皮下，是人体中最粗大有力的肌肉，为四方形扁肌。肌束平行排列，可分为上部肌束和下部肌束。起于髂骨翼外面后部和骶骨背面。止于肌束斜向下外，腱呈平板状止于股骨的臀肌粗隆和髂胫束。近固定收缩时，使髋关节后伸、外旋；上部肌束可外展髋关节；下部肌束使髋关节内收；远固定时，一侧收缩使骨盆向对侧旋转，两侧同时收缩使骨盆后倾，维持人体直立。

臀中肌和臀小肌位于臀部外上方，大部分被臀大肌所覆盖，两肌呈扇形，臀小肌位于臀中肌深层。二肌肌束均呈放射状排列，分为前、后两部分。两肌均起于髂骨翼外面。止于股骨大转子。两肌近固定收缩时，使髋关节外展；两肌的前部使髋关节屈曲和内旋；后部使髋关节后伸和外旋。远固定时，两肌一侧收缩使骨盆同侧倾；两肌的两侧前部肌纤维收缩使骨盆前倾，后部肌纤维收缩使骨盆后倾。

（4）大腿肌

股四头肌位于大腿前面，是人体中体积最大的肌肉之一。该肌共有四个头，即股直肌、股中肌、股外肌和股内肌。股直肌位于大腿前面皮下，股中肌位于股直肌深层，股外肌位于大腿前外侧，股内肌位于大腿前内侧。四头均为羽肌。其中股直肌是双关节肌。股直肌起于髂前下棘；股中肌起于股骨体前面；股外肌起于股骨粗线外侧唇；股内肌起于股骨粗线内侧唇。四头下行合并为一腱，包绕髌骨的前面和两侧，继而向下延为髌韧带，止于胫骨粗隆。近固定收缩时，使小腿在膝关节处伸，股直肌可使髋关节屈曲；远固定收缩时，使大腿在膝关节处伸，维持人体直立姿势。（图14-8）

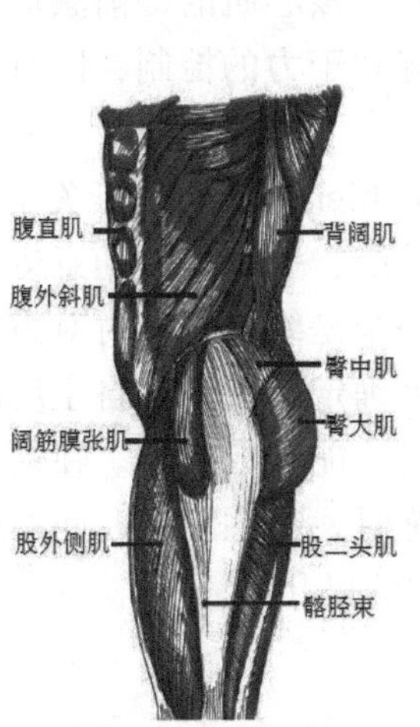

图14-8 盆带肌

缝匠肌位于股四头肌的前内侧，是全身最长的肌肉之一。起于髂前上棘，止于胫骨粗隆内侧面。近固定时使髋关节屈曲和外旋，屈曲膝关节和内旋小腿；远固定时两侧收缩，使骨盆前倾。

阔筋膜张肌位于大腿前外侧，包在大腿阔筋膜鞘内。起于髂前上棘，移行于髂胫束，止于胫骨外侧髁。近固定时使髋关节屈曲和内旋。

股二头肌位于大腿后面外侧，呈梭形；有长、短两个头，肌束平行排列。长头起于坐骨结节，短头起于股骨粗线，两头合并以长腱止于腓骨头。近固定收缩时，长头使髋关节后伸；长、短头使膝关节屈曲和外旋；远固定时，两侧收缩使骨盆后倾，一侧收缩使大腿在膝关节处屈。

半腱肌位于大腿后面内侧浅层，肌腱细而长，几乎占肌长的1/2。半膜肌位于半腱肌深层，半腱肌和半膜肌均为单羽肌，起自坐骨结节，半腱肌止于胫骨上端内侧，半膜肌止于胫骨内侧髁后面。近固定收缩时，使大腿在髋关节处伸，小腿在膝关节处屈曲并内旋；远固定时，两侧收缩使骨盆后倾，一侧收缩使大腿在膝关节处屈。

内侧肌群包括：耻骨肌、长收肌、短收肌、大收肌、股薄肌。近固定收缩时，使大腿在髋关节处内收，使小腿在膝关节处屈和旋内；远固定时两侧收缩使骨盆前倾。

Cholewicki and McGill指出，对于大多数人，腰椎稳定性是指椎旁肌和腹肌同时被激活达到一个最适宜的水平。因此，在执行一个动作时，尤其是日常的活动所需要的足够稳定性并不是通过均衡不同力量的肌群来实现。实际上当执行某一日常动作时，再激活的腹肌是非常少的（研究显示在日常生活中需要腹肌所提供的支持只占其最大收缩能力的5%，剧烈活动时占10%）。而且，背部所激活的肌群只占其最大收缩力的25%就能提供最大的关节稳定强度。在日常活动中，只需要较低比重的躯干肌最大等长收缩力就足以稳定脊柱。这说明，脊柱周围肌肉的力量，耐力，尤其是感觉—运动控制系统在提供核心稳定支持方面的重要性。比如，躯干的屈伸肌之比就比肌力或肌耐力的绝对值要重要得多，因为这一比例不正常的人常伴有下腰痛。

在过去十年中，已经充分认识到了在维持稳定性和获得理想的运动功能方面，肌肉系统中动作的目的性和动作整合的重要性。在动态运动中维持高效率的运动功能和平衡能力远比力量的发生过程要复杂得多。肌肉动作必须在规定的时间里准确地发生，并保障精确的持续时间和合适的力量。拮抗肌和主动肌间的相互作用在肌群的协调性方面也同样重要。这一切都需要通过机体从以往经验及对变化的预判中学得的固有反应能力将感觉、生物力学及运动—程序进行统一的调节。骨骼肌肉的本体感觉是感觉系统对运动控制初级单元。Gandevia et al陈述了与本体感觉相关的三个关键感觉类型：位置觉，关节运动觉和对肌肉收缩时间、收缩力及工作负荷的感知觉。

显然，躯干的动态稳定性是非常重要的，尤其是一些关键的关节，那些在神经肌肉系统控制下为躯体在各个平面运动中提供足够移动支持的关节，如膝关节。核心稳定性是关于躯干对内在或外部干扰的一种反应能力。这些干扰有可预判的也有不可预判的。当某一肢体开始运动前就会反射性地引起脊柱两侧和对侧的肌肉产生收缩及运动，由于是多阶段的运动，因此脊柱稳定必须有肌肉活动的参与。这提示在肢体运动中肌肉的控制对脊柱稳定的重要性。一般来说，神经系统对运动控制分为三个水平，第一级运动控制称为脊髓反射通路，是由肌梭、高尔基腱器官输入的本体感觉来调控的。（图14-9）

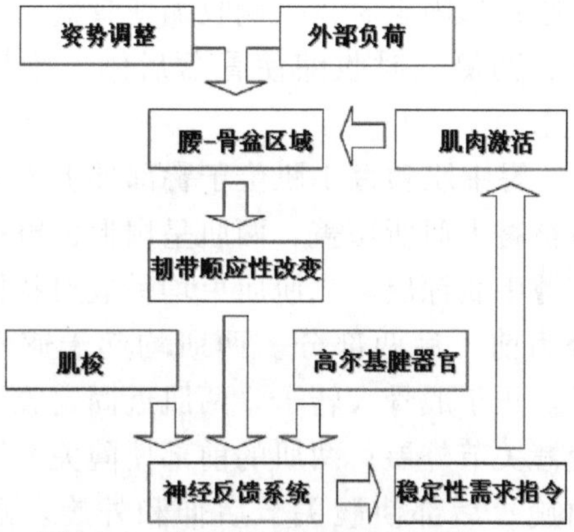

图14-9　核心稳定性建立示意图

而对于运动节段的自动控制原理，有人提出了韧带-肌肉反射机制。α运动神经元对慢肌纤维的控制有y-spindle系统的易化作用。二级运动控制即脑干通路，主要是对前庭器官和视器官输入的信息进行调节，同时也对本体感觉进行输入调节。三级运动控制是大脑的程序调节系统，引导随意运动的调节。神经系统可在肢体动作产生前提前激活肌肉，产生所谓预判性姿势调整。这些姿势调整可使躯体对抗不同的干扰，在有发力动作产生时提供足够的平衡。如投掷、踢射及跑步等动作。Ebenbichler et al阐述了当肢体进行某一动作产生的反作用力致使躯干有失稳趋向时，躯干的运动会先于代偿性的肢体运动，这一预判姿势调整使近躯干的关节更加稳定，远离躯干的关节更趋于灵活。如同前面所提到的，核心肌的提前激活所产生的交互运动更有利于力的控制，同时也增加了关节的负荷。

Ebenbichler et al介绍了关于随意运动的两个平行系统：一个是对随意运动构成元素的控制；一个是维持平衡时对力量大小的调节。在一个确定条件下，自主反应需要的时间与姿势稳定能力成反比。在进行一些特殊的运动训练时，自主反应时间的缩短说明姿势稳定能力的提升。

## 第二节　核心稳定性的评定

过去的几年，多种形式的核心稳定性检测被用于临床，治疗师和医生们在临床上用得最多的还是徒手核心稳定性测试，但客观数据不能量化是一大缺陷。目前，还没有一种方法能对某一核心肌或某一组核心肌进行肌肉力量和肌肉反应能力的测试。现行的主要测试方法主要集中于腰背肌的耐力和爆发力及平衡能力的测试。能够给予核心稳定性一定量化数据的主要测试手段包括肌电图，平衡功能测试仪，腹内压测试及刚刚兴起的Tegumed脊柱功能测试系统。

### 一、徒手测试核心稳定性

徒手测试核心稳定性主要是通过测试单腿或双腿站立时，双手伸展向外所能触及的范围。具体内容是受试者站于一平整地面，双上肢伸直，分别向前、后、左、右侧及旋转方向伸展至能触及的最远范围，向前伸展时肩关节保持屈曲90度，侧向伸展时肩关节保持外展90度，后向伸展时肩关节保持45度，旋转时肩关节水平外展位内收至最大角度伴随着躯干的旋转所能触及的最远距离，距离的测量是在中指端悬一垂线至地面，然后测该点至同侧小趾趾端的距离，双足站立测量时任意一足不能离开地面，低于常人值者为核心稳定性下降。

此外，也可通过徒手测试腰腹肌肌耐力来判断核心稳定性。主要测试动作包括侧桥（side bridge）、俯桥（prone bridge）、单桥（single leg bridge）、腹肌（abdominal bracing，躯干与床面呈60度角）和背肌（back extensor endurance test）耐力测试。（图14-10至图14-14）

图14-10 侧桥

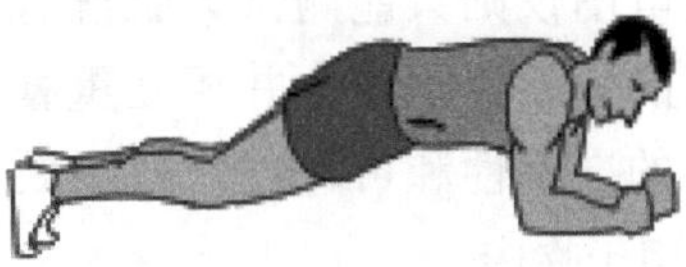

图14-11 俯桥

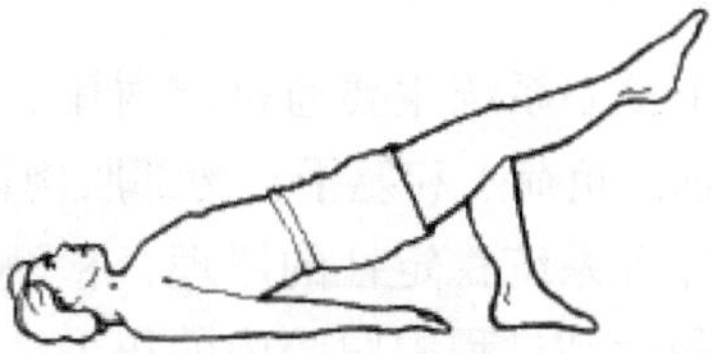

图14-12 单桥

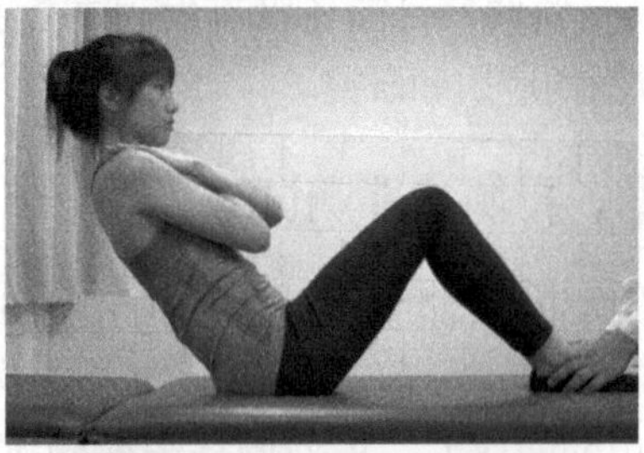

图14-13 abdominal bracing

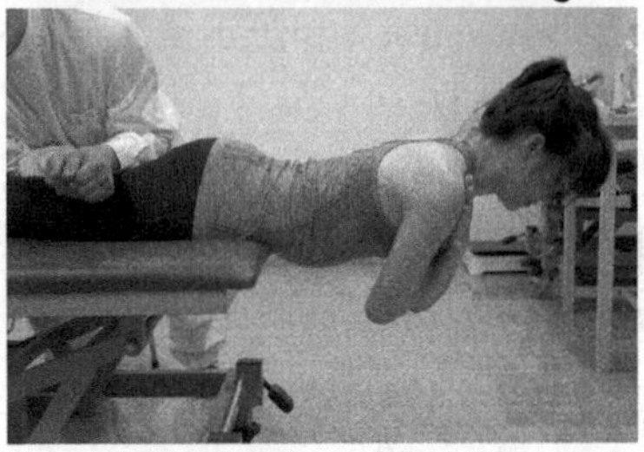

图14-14 back extensor endurance test

各测试参考值见表14-3。

表14-3　主要核心动作测试参考范围（单位：秒）

| 测试动作 | 男 | 女 |
|---|---|---|
| 右侧桥 | 95 | 75 |
| 左侧桥 | 99 | 78 |
| abdominal bracing | 136 | 134 |
| back extensor endurance test | 160 | 185 |

### 二、肌电图测试

常用的肌电图测试法包括表面肌电图和针刺肌电图，由于操作复杂，且该测试方法存在两方面的问题：一是不能从整体上检测和评价核心力量的水平，同时也不能准确检测不同核心肌肉之间的关系；二是如果运用表面肌电图仪则只能测试大肌群，深层的核心肌肉的横断面积较小并相互重叠，势必影响测试的准确性和可靠性。故主要用于科研，较少用于临床。

## 三、腹内压测量

基于核心系统主要通过腹内压，脊柱压缩力（轴向负荷）和躯干，髋部肌肉硬度等3种机制保证系统稳定性的原理，检测受试者在安静和运动过程中腹腔内的压力，以此评价核心部位的稳定程度。该方法主要用于医学和康复领域，目前还没有发现在竞技运动训练方面的应用和研究。

## 四、平衡功能测试

平衡功能测试是最早用于评估核心稳定能力的，目前常用的有重心平衡测试（stabilometry）、星型偏移平衡测试（star excursion balance test）和萨尔曼测试（sahrman test）3种测试方法。

重心平衡测试法即上文提到的Biodx平衡测试训练仪，该测试分为姿势稳定性测试，稳定控制范围测试，单腿平衡测试及摔倒风险指数测试。训练平面由系统微处理器控制，可以根据不同的情况选择测试时间、稳定等级，单腿平衡测试和稳定控制范围测试主要用于运动员的控制能力。

星型偏移平衡测试是运用8点星型偏移来检测和评价受试者的平衡能力。测试时，受试者单腿站立于8点星形图的中央，用非支撑腿分别向8个方向（前、后、左、右、左前、左后、右前和右后）尽可能地伸出，用伸出的距离与下肢长度之间的比值作为稳定能力的指标。也有用Y Balance Test替代星型偏移平衡测试，也即测试前、后内、后外三个方向伸出的距离，评定指标以三个方向伸出距离总和与三倍腿长比值乘以100，左右下肢相差在4厘米以内，如果超出此范围则预示受伤概率增加2～5倍。

萨尔曼测试是将一个内装有传感器的充气垫置于受试者的腰背下面，充气垫压强为4mmg，受试者在气垫上做不同难度的测试动作，躯干和骨盆的运动会给气垫一个压力，核心力量和平衡能力强的受试者在同样难度的测试中给予气垫的压力较小，在每一级难度的测试上以压强变化不超过10mmHg为标准。

## 五、脊柱功能测试评估训练系统

Tergumed系统作为一个适合物理康复及运动医学的脊柱测试评估训练治疗中心，由硬件和BioMC软件两部分组成。关于硬件部分前面已做了介绍。BioMC软件可以根据测试结果自动生成评估报告，报告可以显示脊柱每一个运动平面的力量缺陷与不平衡、关节活动度的限制。通过BioMC软件的计算处理，还可以显示一套完整的测试和一个疗程的训练数据（如：目标值、定义最大值、肌力降低和不平衡的百分数等），并用数字、不同颜色的图形或彩色的梯度来进行对比，使医师可以非常清楚地观察到患者在每台工作站上测试、评估、训练的历史记录。

# 第三节　核心稳定性训练方法和手段

## 一、核心力量训练的作用

核心力量存在于所有运动项目中，所有运动技术动作都是以中心肌群为核心的运动链，强有力的核心肌群对运动中的身体姿势、运动技能和专项技术动作起着稳定和支持作用。运动员和教练员已认识到核心肌群对完成运动技术动作的作用，但在训练中又忽略了对该部位整体力量的训练，如深层的小肌群和腰髋的衔接处，或苦于方法与手段的匮乏，加强核心部位的肌肉群不仅可以提高身体稳定性及全身姿势的正确性，还可以稳定和强化髋部及躯干在力量转换时提供能量输出，有利于提高速度，整合与传递整体用力，并减少运动损伤的发生。

**（一）稳定脊柱和骨盆、保持正确的身体姿态**

人体的大多数运动都是多关节和多肌群参与的全身运动，在这个整体运动中如何将不同关节肌群的收缩力量整合起来，形成符合专项力学规律的肌肉“运动链”，为四肢末端发力创造理想条件，核心力量发挥着重要作用。尽管骨盆、髋关节和躯干部位的肌肉并不像四肢肌肉那样，直接完成人体的运动，但它们稳定的收缩可为四肢肌肉的收缩创建支点，提高四肢肌肉的收缩力量。核心区域就像是承上启下的枢纽与桥梁，该环节的稳定性，不但影响四肢动作用力的支点是否牢固，还控制着全身动作的正确与否。例如，游泳运动员要减少在水中的阻力，其中重要的一条是减小身体在水中占用的空间，保持身体在水中符合流体力学原理的流线性。而核心力量的薄弱会使运动员在运动过程中下肢下沉或身体左右过度摆动，由此，加大了形状阻力，影响了运动成绩。花样滑冰运动员的单足提踵站立是一种不稳定平衡状态，若要使运动员在转体过程中保持身体平衡，就要尽可能地使人体转动轴始终通过人体重心，那么只有通过加强核心控制力的训练，竖脊肌稳定住躯干，才能确保运动员肢体绕纵轴旋转能力的增强，从而保证完美技术动作的完成。

**（二）提高身体的控制力和平衡性**

根据物理学关于转动力矩在封闭的个体中保持恒定的原理，运动员在跑动过程中，下肢产生一个向前的转动力矩，其他部位必然产生一个相反的转动力矩，这样才能达到平衡。此时对侧上下肢的配合就能保持这样的平衡。而在这个过程中，强有力的核心肌群力量起着承上启下的作用。同理，水上运动项目中，评价划船运动员技术动作的好坏，不仅仅是划桨技术动作的外形和用力的大小，更要看运动员的划桨技术效果，即船体的运行速度。许多划船运动员在平稳的测功仪上表现出非常高的技术水准和力量水平，但在实际比赛中，船体运行的速度并不快，原因之一是作用于桨叶上的力量并未形成对船体的向前推进力，而是为了控制船体的平衡，在划桨的技术成分上有部分力量则成了“平衡桨”的动力。

**（三）提高运动时由核心向四肢及其他肌群的能量输出**

核心力量可以改善近端固定的稳定性，提高末端肌肉的发力，提高不同肌肉之间的协作，以及动员全身不同环节的力量有序地参与运动，加大总体能量的输出。核心区域肌肉系统被视为一个盒子或者汽缸，腹部肌肉在前，背部和臀肌在后，横膈肌作为盖板，盆底肌和环绕髋部的肌肉群为盒底。当肢体发力时，核心肌群蓄积的能量从身体中心向运动的每一个环节传导。核心部位拥有的肌群最大，产能和储能也最多，无论是短跑技术中的迈腿伸髋和上肢摆动，还是跆拳道技法里的后横侧踢击打，看似脚对地面或人体的作用，而实则为来自于腰髋肌群的原动力，并向下肢形成有效的动量传递。又如标枪的出手、网球的挥拍和排球的扣球等被称为“鞭打”的动作，都需要核心力量的参与，它可以将下肢和躯干力量快速准确地传递到上肢，集结全身的力量于“鞭打”的动作。有研究认为，在网球运动员挥拍击球的动作中，髋和躯干的力量占整个击球力量的50%。

**（四）提高肢体协调工作效率，降低能量消耗**

专项技术的优劣主要取决于参与运动肌肉之间的协同水平和对高速运动中身体重心的控制能力，有强有力的核心力量作保证，躯干能得到稳固的支持，四肢的应力也能随之减小，由此肢体能游刃有余地进行更加协调的技术动作，加快力量的传递，整体上提高运动效率。例如游泳、赛艇、皮划艇和激流回旋皮划艇等水上项目，运动员不仅要具备良好的身体素质，更为重要的是要拥有对水的驾驭能力，运动员躯干以及船体的稳定是游泳和划船技术动作能否协调用力的关键，如此才能协调上下肢的发力，使力的产生、传递和控制达到最佳。又如健美操运动员在做跳跃（C组难度）时，强有力的核心力量能够保证身体在空中的姿态，腾空接俯撑姿势落地时，脚和手以控制的方式同时落地，尤其是该部位深层小肌群的协调控制能力是完成该类动作的重要保证。通过肌电的研究表明：速滑运动员在比赛中为了保持向前的快速度，在蹬离冰面瞬间需要让支撑腿发挥出最大的力量和速度。协调能力好、核心肌群力量强的运动员在滑冰阶段，能够很好保持身体的平衡，使支撑腿的肌群在此阶段处于适当的放松，避免无畏的能量损耗，而在蹬冰阶段能够集中动员、充分发力，由此，加大了蹬离冰面瞬间的功率，提高了蹬冰效果。

### （五）预防动作中的损伤

运动员在进行快速发力动作时，强有力的核心肌群能确保肢体在动作过程中保持在正常的位置，深层小肌肉群的稳定功能起到关键的保护作用，这大大预防了急性损伤的发生。比如下背痛、腹部扭伤、骨盆倾斜等等，这些损伤会直接影响训练效果。同时，核心力量还有助于运动员在运动过程中把握身体重心，使脚在落地时的支点与身体重心的投影点处在一个合理的位置，从而减少了运动员在下地支撑时的受伤几率。如体操、跳水或自由式滑雪空中技巧运动员在空中完成了一系列的翻转动作后，在落地瞬间能靠核心力量来调整身体重心的位置，加大了成功完成动作的把握。一方面可以提高肌肉收缩的力量水平；另一方面，还能够减小关节的负荷，达到预防损伤的目的。

## 二、核心稳定性的训练原则

核心稳定性训练的原则包括以下方面：

· 功能运动的训练优于单一肌肉的练习。

· 整体动作的精确控制，优于单关节的动作练习。

· 神经骨骼肌控制练习优于单纯力量练习。

· 遵循由稳定到非稳定，由静态到动态，由徒手到负重的难度递增顺序。

· 核心力量练习前应改善肌肉的柔韧性，矫正肌群间的失衡状况。

· 运动激活路径的随意调节能力较差和既往因运动损伤而出现恐惧-避免行为的人需要专门的时间接受运动模式和肌肉募集的再学习。

通常核心稳定性训练的第一步是腹部肌肉的练习，尤其是腹横肌，以尽快建立起腹部的“铁箍”效应。在具体的训练强度方面应做到因人而异，一般来说初期的核心稳定性训练每个动作要持续20～30秒，每组3次，间隔休息1分，每日3组，每周4～5次，练习中始终将姿势控制在中立位。后期为提升运动员的整体运动能力，保障在高水平运动状况下的核心稳定性，必须在训练模式和强度方面做相应的调整。一般是在抗干扰或不稳定的条件下进行，每个动作维持30秒，每组5次，间隔休息1分钟，每日3～5组，每周3次，练习时尽量控制姿势于中立位。黎涌明等编译了King的核心稳定训练指南（表14-4），可供参考。

表14-4　核心稳定训练指南一览表

| 特征 | 要求 |
|---|---|
| 动作质量 | 1.在保证动作质量的前提下进行练习<br>2.运用已掌握的动作来加强新的动作模式的学习<br>3.有耐心，因为核心稳定训练见效比力量训练慢（1堂训练课～2周）<br>4.如果出现增长的高原现象，增加其他动作模式或改变训练的肢体来转移训练重点 |
| 动作速度 | 1.从缓慢的、可控的一维平面动作开始<br>2.在保证动作质量的前提下逐渐增加运动的维度和速度<br>3.交换动作节奏进行相似动作的转换<br>4.增加和改变速度进行对侧肢体的练习<br>5.增加和改变速度进行多平面的练习 |
| 动作持续和间歇时间 | 1.根据动作难易，每个练习动作进行30～60秒<br>2.练习时间与间歇时间比为1：2 |
| 动作反馈 | 1.使运动员能通过视觉反馈纠正动作<br>2.练习开始阶段尽可能多地给予运动员反馈（视觉的、言语的和触觉的）<br>3.动作熟练稳定后，尽可能减少外部反馈，增加内部反馈（前庭的和本体的）（目光从肢体上转移开或闭眼） |
| 动作难度 | 1.独立进行单个肢体的动作<br>2.过渡到双上肢或双下肢的同时动作<br>3.过渡到左右侧肢体非对称的动作<br>4.过渡到对侧肢体的动作<br>5.过渡到改变动作方向和/或使用多平面的动作 |
| 动作阻力 | 1.开始阶段不要采用阻力<br>2.上肢位置能改变阻力矩的大小（如置于腹部、胸部、耳侧或上举） |

## 三、核心稳定性的训练方法和手段

### （一）徒手训练法

徒手训练法的特点是方法简单，容易操作，不需要特殊的设备与场地，适于低中强度核心力量的练习。主要核心力量练习初始阶段，目的在于使运动员深刻体会核心肌群的用力和有效地控制身体。

**1. 保持中立位姿势的控制性练习**

（1）仰卧位，膝关节屈曲90度，控制身体始终处于中立位。（图14-15）

（2）保持身体中立位，同时将一侧上肢伸过头顶。（图14-16）

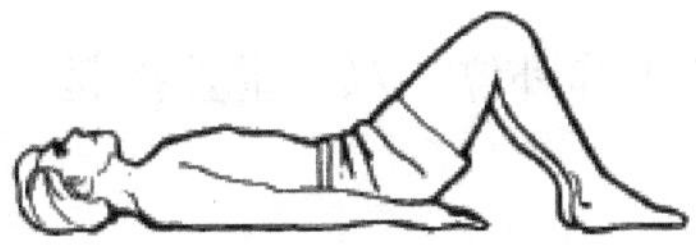

图14-15

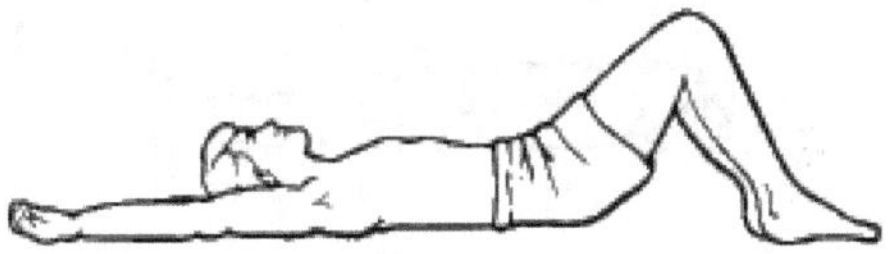

图14-16

（3）保持身体中立位同时，将两侧上肢都伸过头顶。（图14-17）

（4）保持身体中立位，同时抬高一侧下肢。（图14-18）

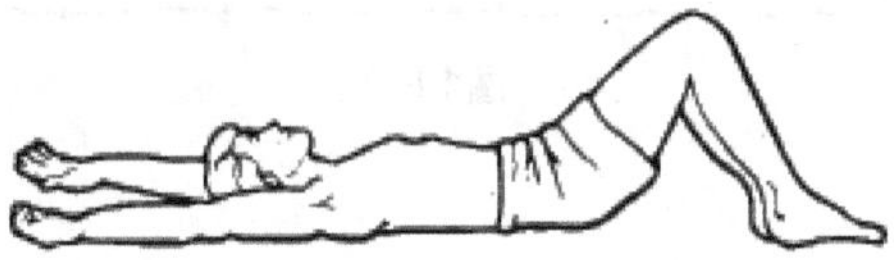

图14-17

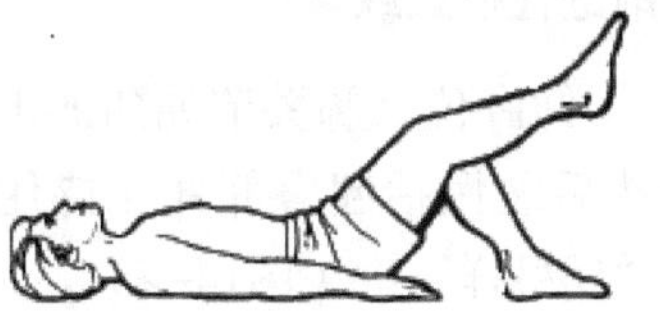

图14-18

（5）保持中立位，抬高一侧下肢，同时对侧上肢伸过头顶。（图14-19）

（6）保持中立位，抬高一侧下肢，将两侧上肢伸过头顶。（图14-20）

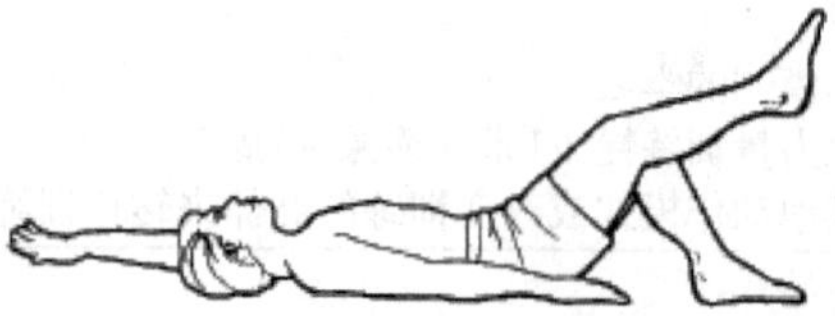

图14-19

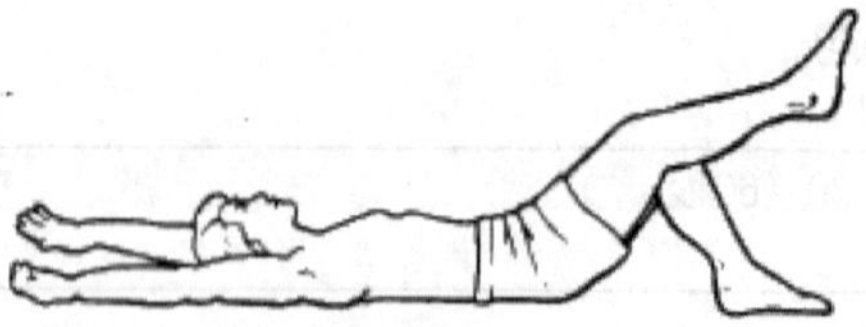

图14-20

（7）保持中立位，缓慢伸直下肢。（图14-21）

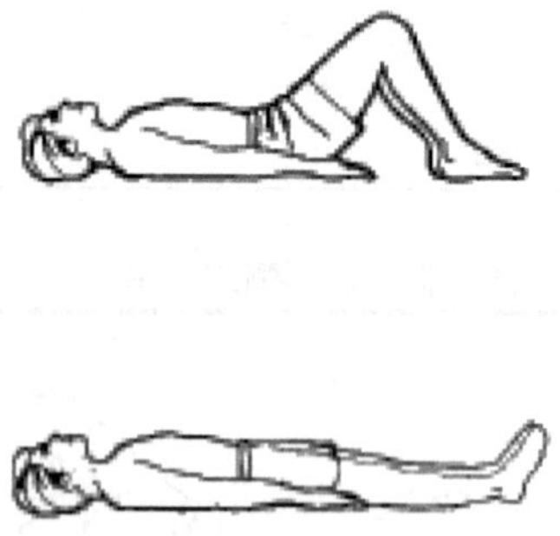

图14-21

（8）保持中立位及双侧下肢伸直位，同时将两侧上肢伸过头顶。（图14-22）

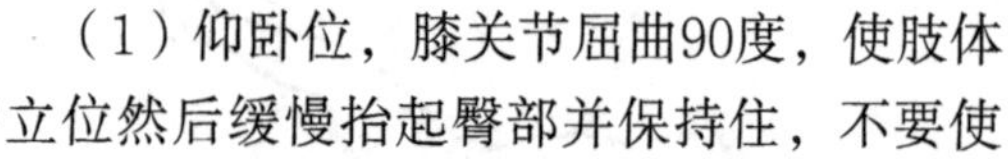

图14-22

2. 渐进性桥式练习

（1）仰卧位，膝关节屈曲90度，使肢体中立位然后缓慢抬起臀部并保持住，不要使腰部成“反弓样”。（图14-23）

（2）维持图①姿势，同时抬起一侧足跟。（图14-24）

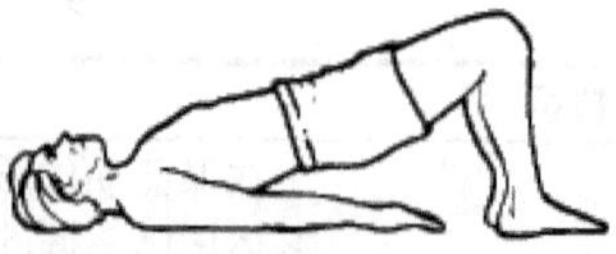

图14-23

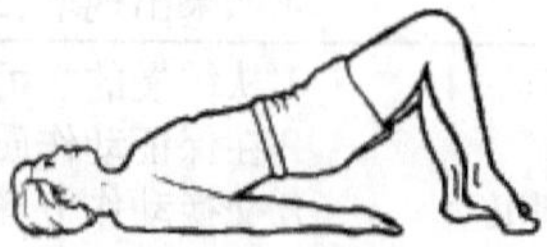

图14-24

（3）维持图①姿势，小幅度抬起一侧下肢。（图14-25）

（4）保持图①姿势，同时缓慢伸直一侧下肢并抬起。（图14-26）

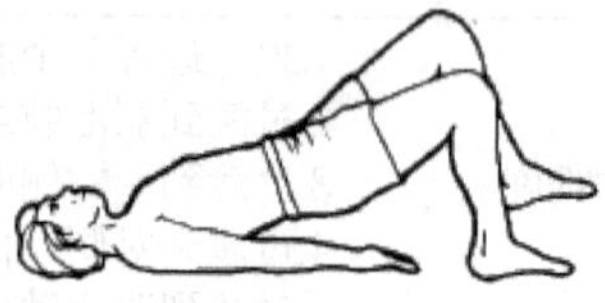

图14-25

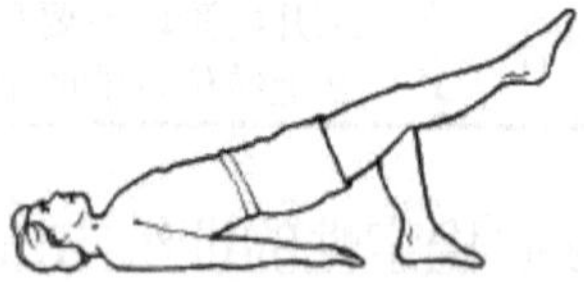

图14-26

（5）保持图（4）姿势，同时将臀部缓慢放下再抬起，重复练习。（图14-27）

图14-27

（6）仰卧位，双腿垂直抬起。（图14-28）

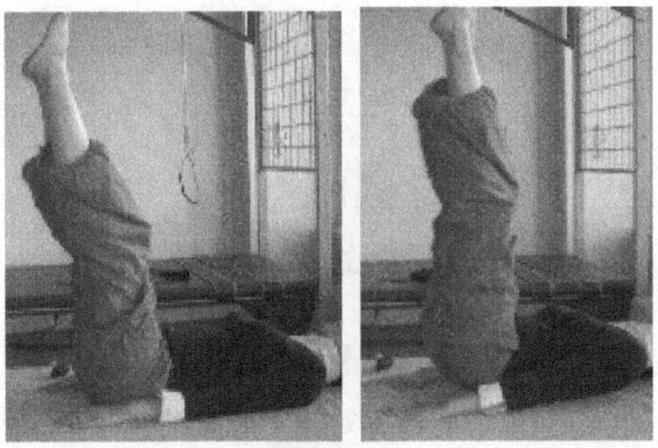

图14-28

3. 四点跪位的渐进性练习

（1）四点跪位，保持脊柱中立位，想象背部放了一个盛满水的杯子。（图14-29）

（2）保持脊柱中立位，缓慢将一侧上肢伸过头顶，腰部不能有移动。（图14-30）

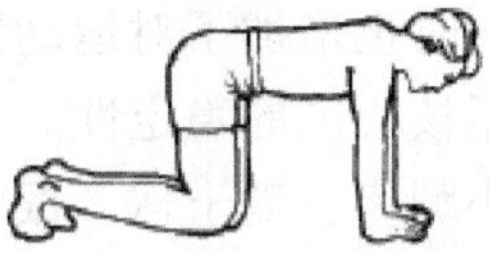

图14-29

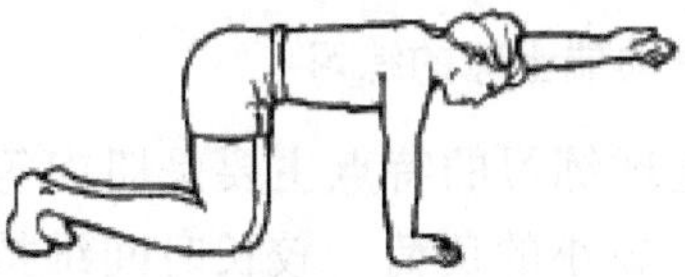

图14-30

（3）保持脊柱中立位，缓慢伸直一侧下肢。（图14-31）

（4）在上图基础上，伸出对侧上肢，保持腰部不能有移动。（图14-32）

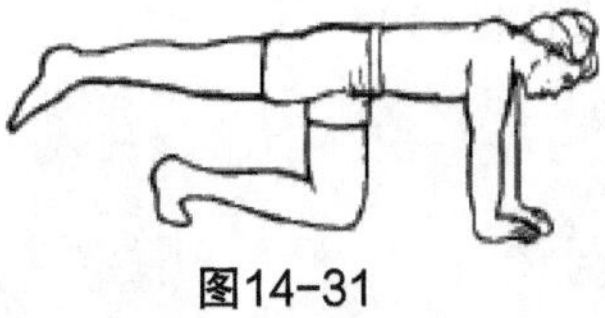

图14-31

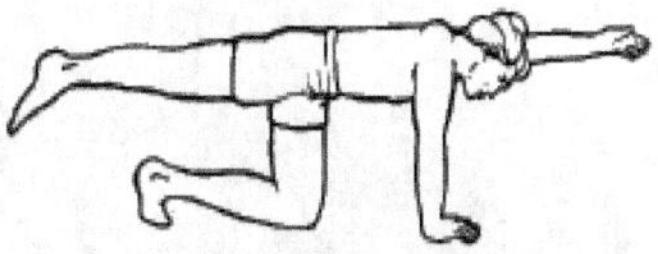

图14-32

（5）保持脊柱中立位，同时缓慢增加髋关节屈曲，腰部不能有移动。（图14-33）

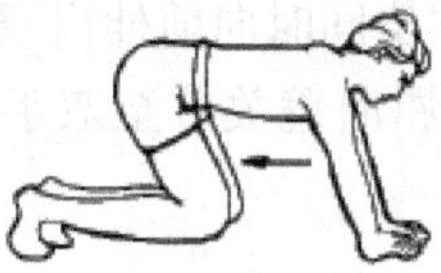

图14-33

（6）保持脊柱中立位，同时增加髋关节伸展，腰部不能有移动。（图14-34）

图14-34

4. 长跪位的渐进性练习

（1）长跪位，并保持肢体中立位。（图14-35）

（2）保持中立位同时将一侧上肢伸过头顶，并伴随骨盆逐步前倾。（图14-36）

（3）保持中立位同时将双上肢伸过头顶，并伴随骨盆逐步前倾。（图14-37）

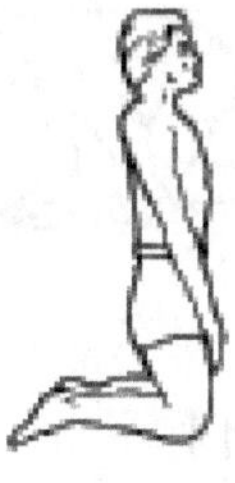

图14-35

图14-36

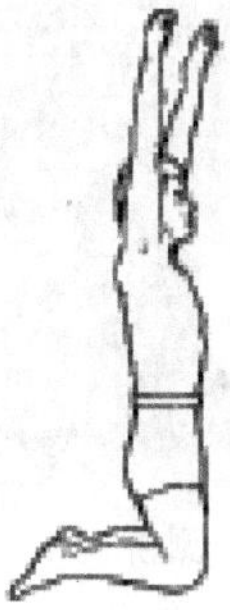

图14-37

（4）中立位同时向前伸出双上肢并保持住，然后缓慢屈曲髋关节至双手触地。（图14-38）

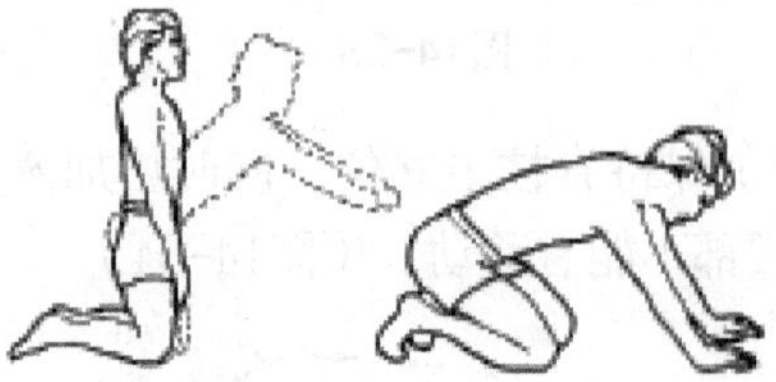

图14-38

（5）由图14-33的姿势开始完成图14-34的动作。（图14-39）

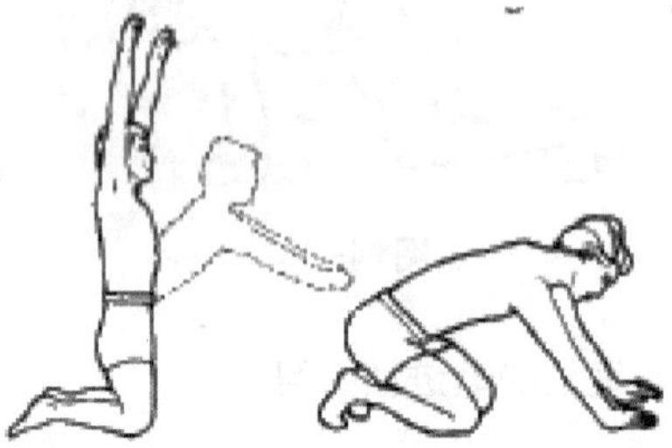

图14-39

（6）单腿跪地，双上肢伸过头顶，缓慢屈髋关节至双手触地。（图14-40）

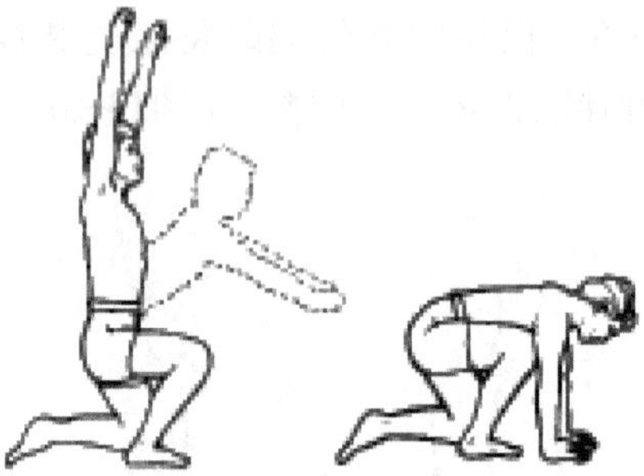

图14-40

5.侧卧位练习（图14-41）

侧桥

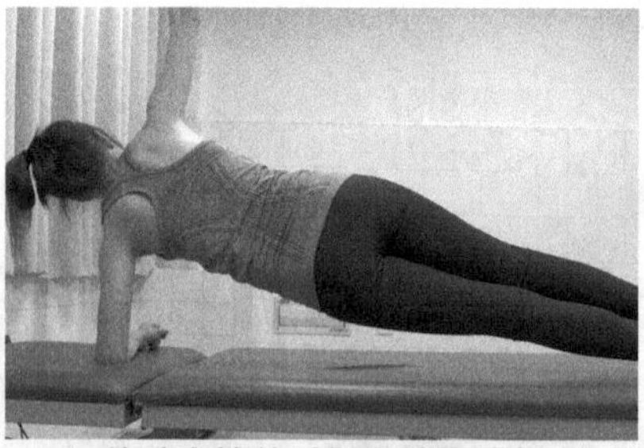

单臂支撑并对侧下肢直抬起

图14-41

## （二）简易器械练习

简易器械练习主要是在训练时通过创造一些外部干扰，使运动员的训练始终在不稳定的条件下进行。不仅可以提高肌肉的激活水平，募集更多的运动单元参与工作，提升肌肉力量，同时也增加了对运动感觉系统的刺激，提高了核心区的稳定性。常用的设备有平衡板、小蹦床、瑞士球、振动训练器、悬吊训练等等。

### 1. 借助瑞士球的练习

瑞士球练习的特点主要是肌肉等长收缩的运动，较小的负荷，较长时间维持一定的张力，有益于核心肌耐力和局部稳定系统肌力的提高。

（1）双腿伸直置于球上，髋关节保持中立位。（图14-42）

（2）双腿夹球，屈髋屈膝，保持脊柱中立位。（图14-43）

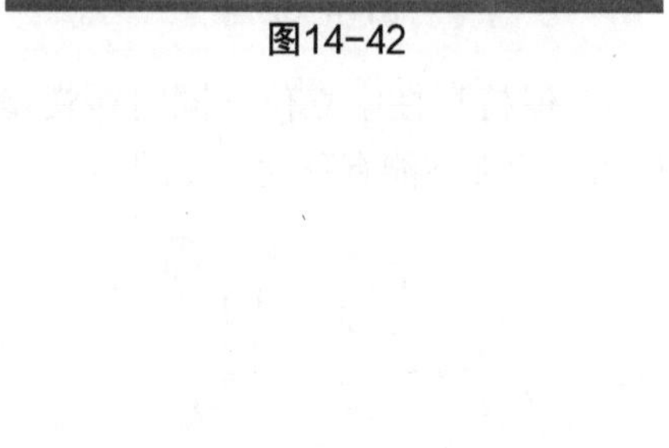

图14-42

图14-43

（3）一侧腿屈髋屈膝置于球上，另一侧腿向上伸直。（图14-44）

（4）双腿俯卧撑球，手撑地，维持脊柱中立位。（图14-45）

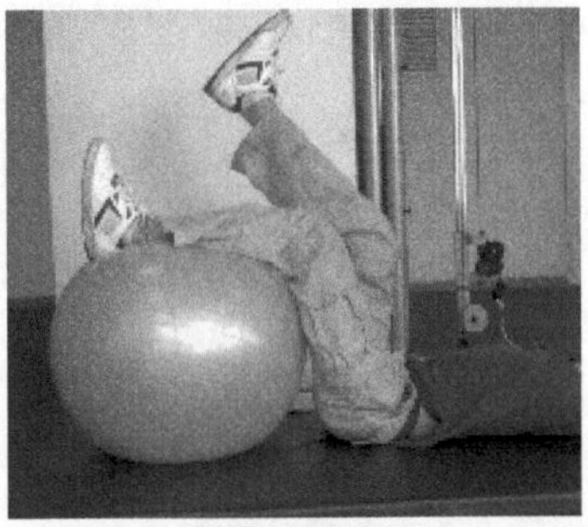
图14-44

图14-45

（5）双手撑球俯卧撑。（图14-46）

图14-46

（6）腹部撑于球上相对的上下肢伸展。（图14-47）

（7）腰部撑于球上，单腿撑于地面，另一下肢伸展。（图14-48）

图14-47

图14-48

（8）双手单腿俯卧撑球。（图14-49）

（9）单手双腿俯卧撑球。（图14-50）

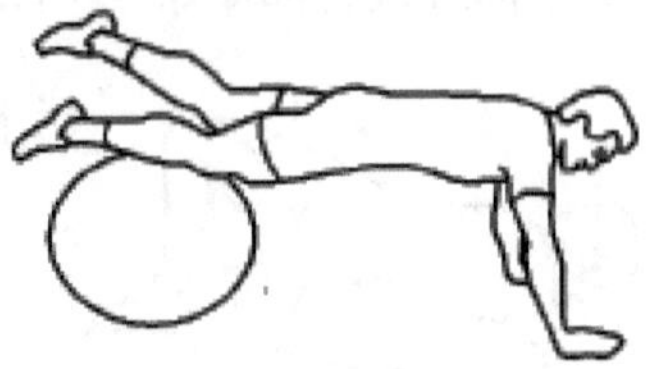
图14-49

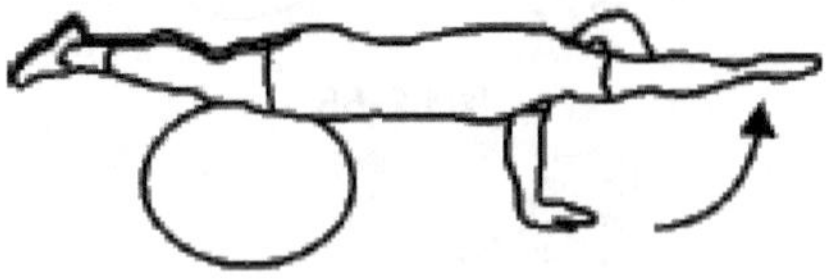
图14-50

（10）双手撑地，单腿俯卧撑球。（图14-51）

（11）双肩双脚仰卧撑球。（图14-52）

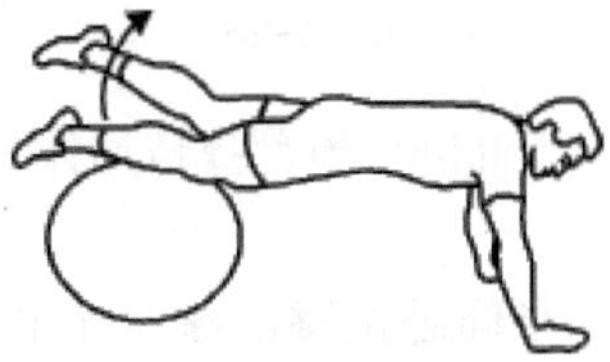
图14-51

图14-52

（12）双肩单脚仰卧撑球。（图14-53）

（13）双肩双脚仰卧撑球并挺髋。（图14-54）

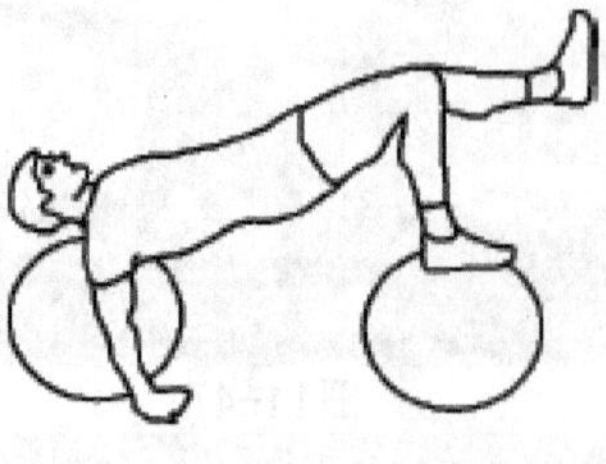

图14-53

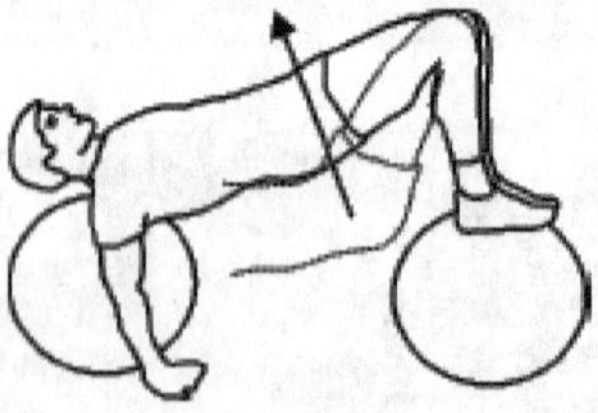

图14-54

（14）双肩单脚仰卧撑球并挺髋。（图14-55）

（15）半仰卧位臀部撑球。（图14-56）

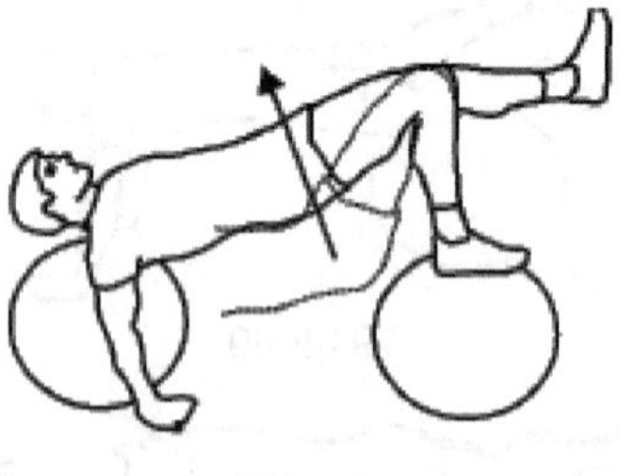

图14-55

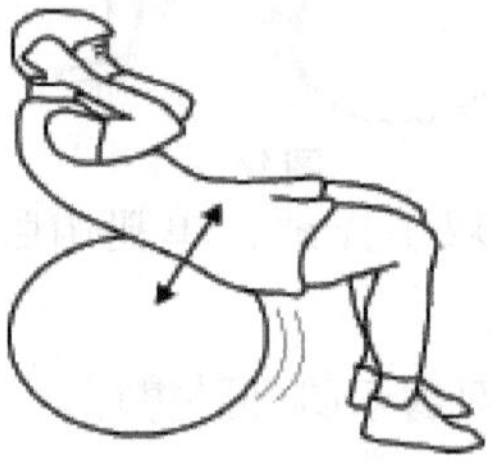

图14-56

（16）半仰卧位臀部撑球屈体。（图14-57）

（17）半仰卧位臀部撑球并单脚撑地。（图14-58）

（18）半仰卧位臀部撑球并单脚撑地转体。（图14-59）

图14-57

图14-58

图14-59

2. 平衡板

平衡板的练习已广泛地用于各个领域的康复治疗和运动训练。其主要通过增加肌梭的敏感度和姿势的控制来提高运动员的平衡能力，从而减少在运动中远端肢体损伤的可能性。也可以重复静态和动态姿势调节来提高专项运动技能。（图14-60）

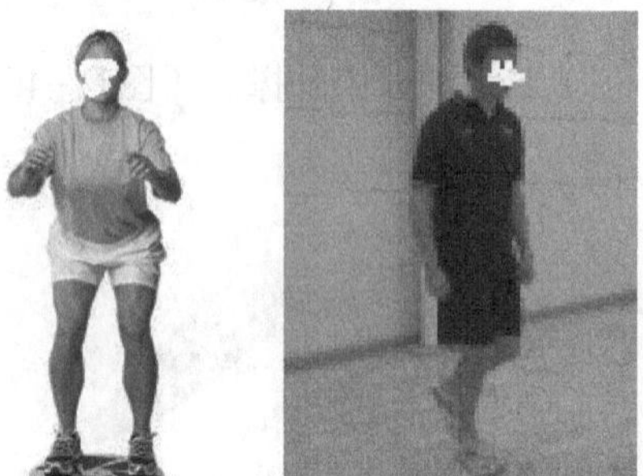

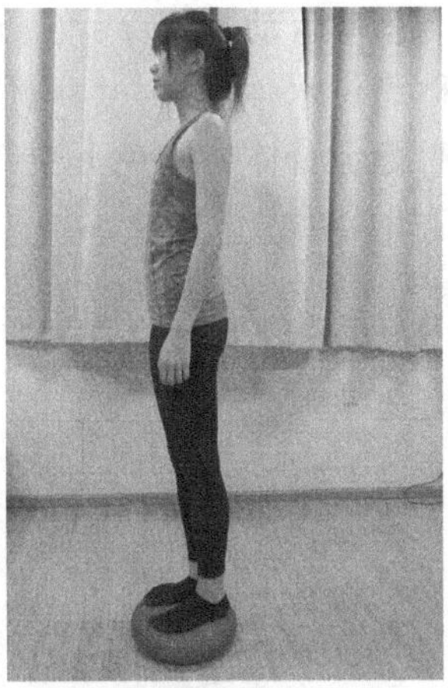

图14-60

### 3. 滑轮-缆绳练习

滑轮-缆绳练习是较为常用的核心力量练习，以较小的负荷，缓慢，持续的力量控制为特点，有站立位的水平面运动（图14-61），有坐位单纯上肢运动（图14-62），还有结合瑞士球的运动等（图14-63）。该练习以骨盆和腹肌的协调性运动为主，强调姿势的力线和肢体与意志的统一，练习过程中尽量使腰椎和骨盆处于中立位。

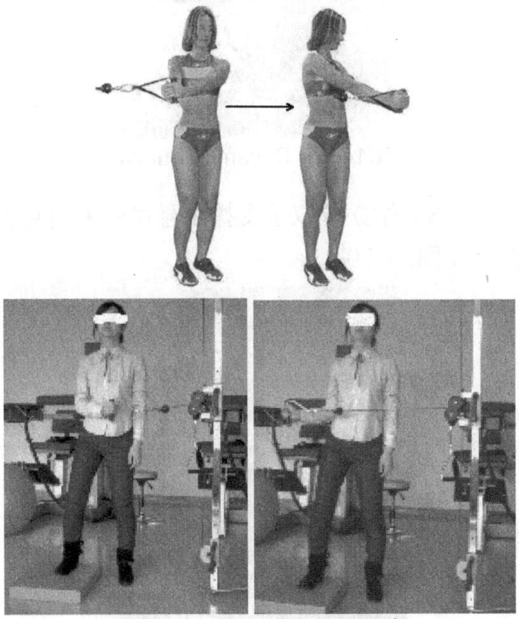

图14-61 站立位水平面运动

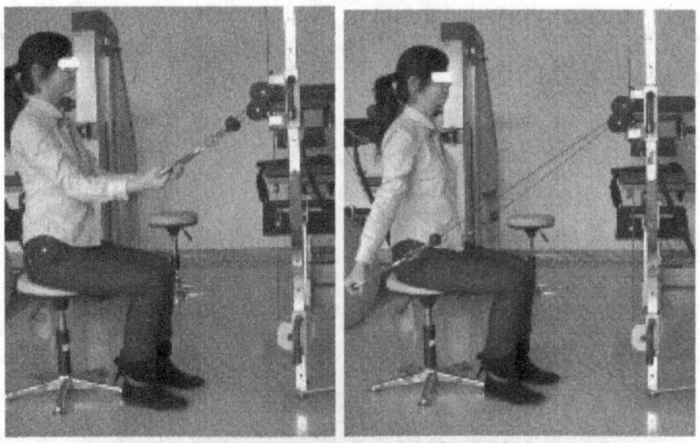

图14-62 坐位上肢后伸

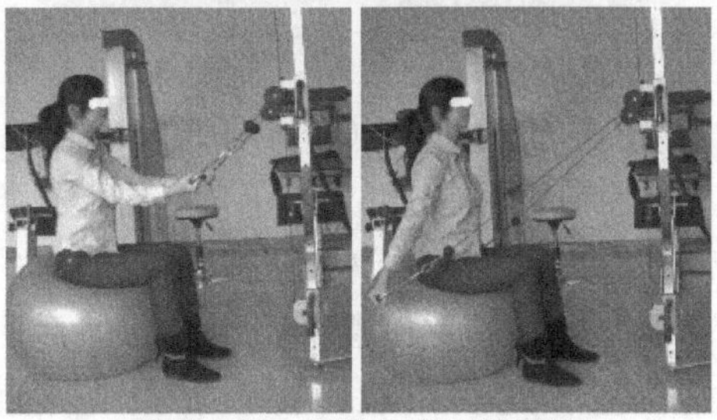

图14-63 坐瑞士球上肢后伸

### 4. 悬吊系统训练法（sling exercise therapy，SET）

悬吊系统训练最初用于骨科手术和骨科疾病的康复治疗，2000年以来逐步用于运动员的体能训练和运动损伤的恢复性锻炼。悬吊系统训练主要用于加强躯干部位深层肌肉力量，强化非主导侧肢体运动能力，在不稳定状态下进行的力量训练能够激发躯干肌肉和身体各大肌群之间的神经肌肉协调收缩能力，从而提高运动员高水平状况下的（如体操，跳水等）的运动能力。（图14-64）

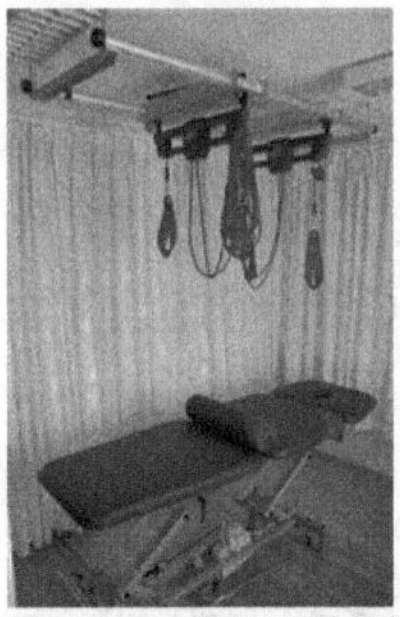

图14-64 Redcord 悬吊系统专业工作站

悬吊系统用于核心训练经典动作如下：

（1）桥式运动（Bridge，图14-65）：也称仰卧提髋，仰卧双腿各置于一条悬吊带，收腹提髋并双腿向下压以保持身体于水平，稳定身体避免下腰部呈弧形，然后回到起始位置，此动作也可以一腿置于悬吊带另一腿放松体位进行。

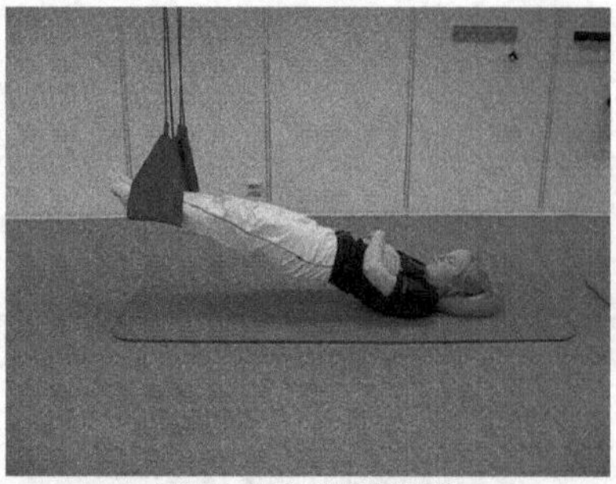

图14-65 仰卧提髋

（2）板式运动（The Plank，图14-66）：也称俯卧提髋，俯卧双腿置于一条悬吊带，以前臂支撑身体，收腹将身体成一水平平板位置，避免下腰部呈弧形，然后回到起始位置，此动作也可在双肘关节伸直位进行。

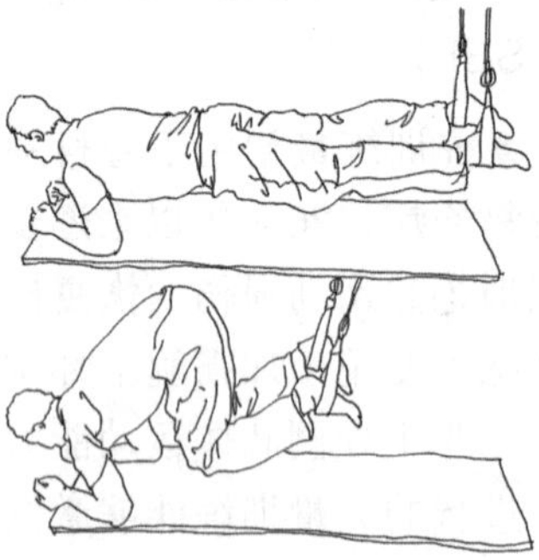

图14-66 俯卧提髋

（3）侧卧板式运动（Side-lying Plank，图14-67）：也称侧卧提髋，侧卧双腿置于一条悬吊带，以前臂支撑身体，收腹提髋使身体呈一直线，避免屈髋，然后回到起始位置，此动作也可在伸肘位进行。

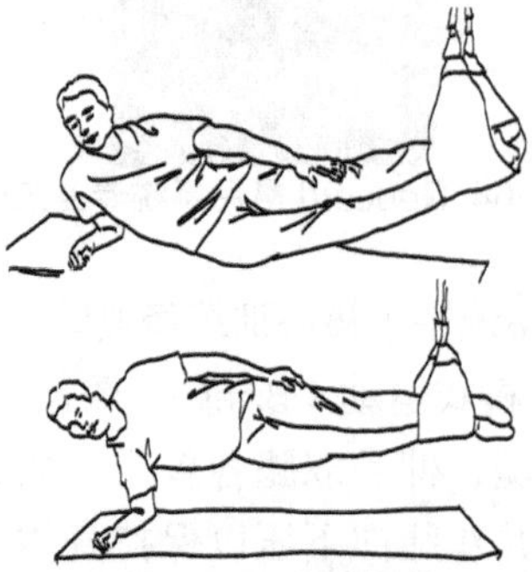

图14-67 侧卧提髋

（4）超人运动（Superman，图14-68）：也称跪位水平外展，膝跪位，收腹身体前倾同时稳定身体，避免下腰部呈弧形，然后回到起始位置。

图14-68 跪位水平外展

（5）动态收腹屈髋屈膝（Dynamic Crunch，图14-69）：俯卧双腿置于一条悬吊带，前臂支撑身体，收腹使身体呈平板状，屈髋屈膝使膝部贴近胸部，避免身体上部前倾，然后回到起始位置。

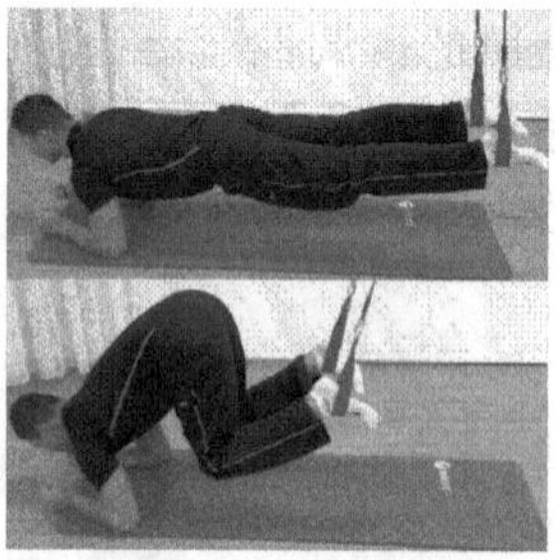

图14-69 Dynamic Crunch

（8）站立位双手支撑于悬吊带并身体前倾。（图14-70）

图14-70

（9）俯卧位双手支撑于悬吊带并双上肢水平外展。（图14-71）

图14-71

（10）俯卧位，双手双脚支撑于悬吊带，收腹使身体保持水平。（图14-72）

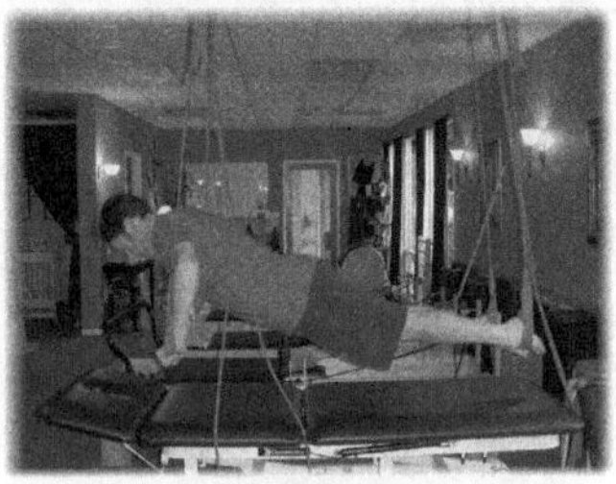

图14-72

关于sling exercise therapy详细治疗操作程序可浏览Redcord 官网http：//www.redcord.com。

## （三）特殊器械训练

### 1. Biodx平衡测试训练仪（图14-73）

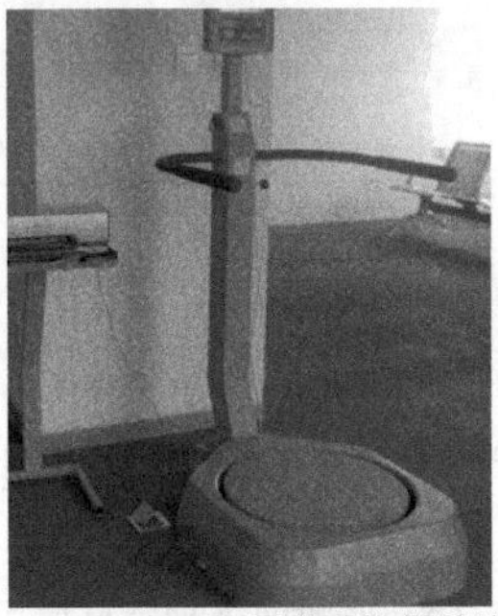

图14-73 Biodx平衡测试训练仪

Biodx平衡测试训练仪是一个多轴的活动平台，可进行静态的姿势控制，也可进行失稳状态下的平衡能力训练（图14-74）。训练内容包括姿势稳定性训练、稳定限制训练、重心转移训练、迷宫式控制训练和随意控制训练，每个训练都包含了12个难度等级。Biodx平衡测试训练仪不但可以精确地量化训练强度，还可在训练中通过视觉获得反馈信息进行自我调整。（图14-75）

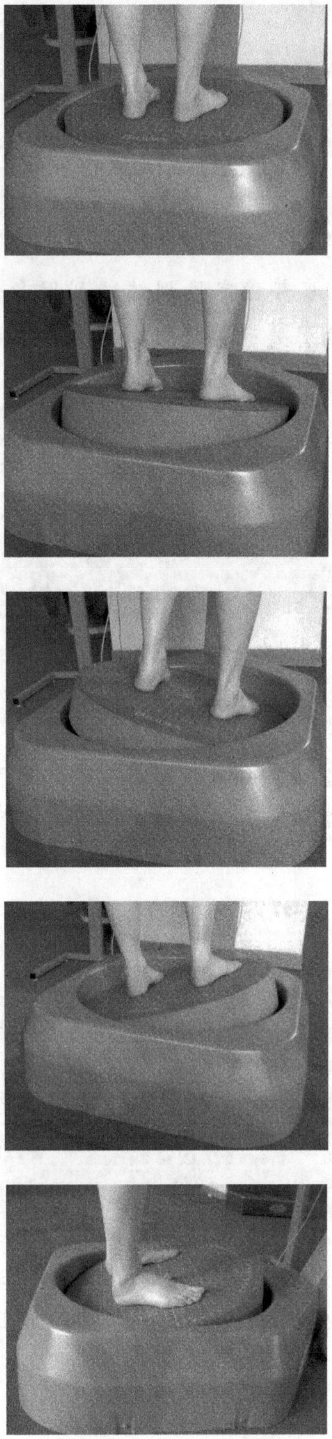

图14-74 平衡训练示意图

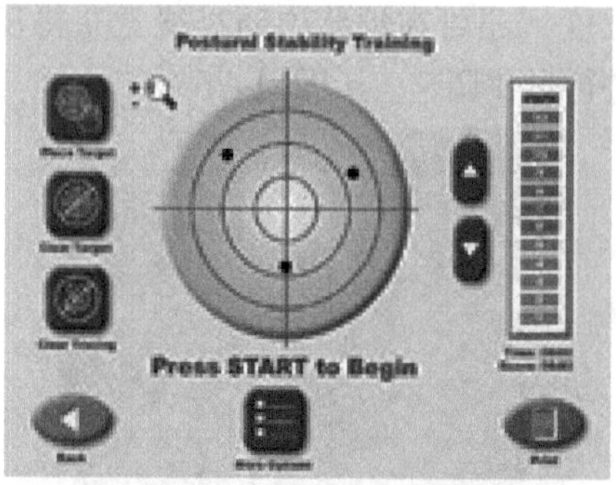


①姿势稳定性训练：利用身体重心标记击中屏幕上移动点，积分反映击中次数。

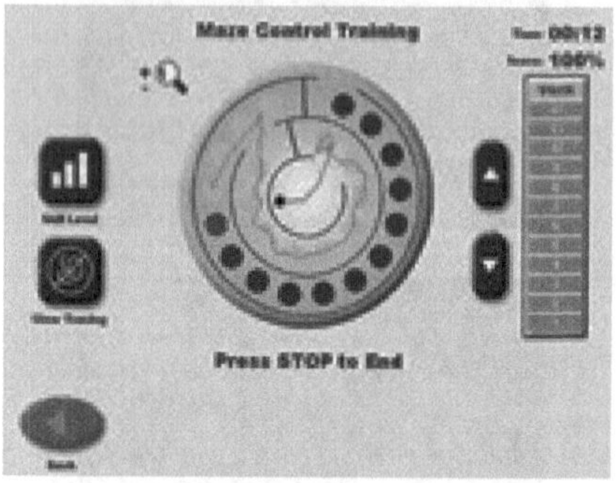


②迷宫控制训练：此项练习可以促进本体感觉和运动控制，可以调节练习难度。

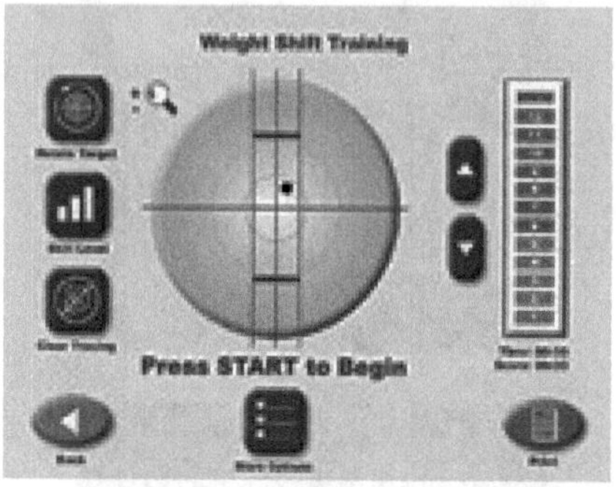


③转移重心训练：练习者控制身体重心在两条平行线内移动，通过改变两条平行线之间距离来调节难度。

④随意控制训练：要求练习者跟上随意移动的目标，目标大小和移动速度可调，可以有效地训练运动控制和前庭功能。

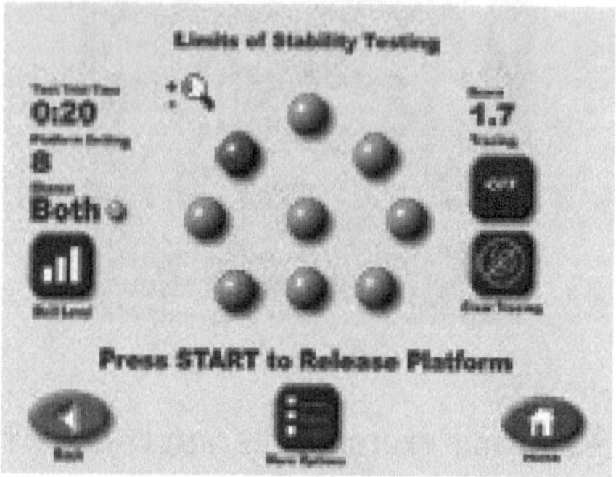


⑤稳定极限训练：通过向四周摆动身体来打挑战身体平衡极限。

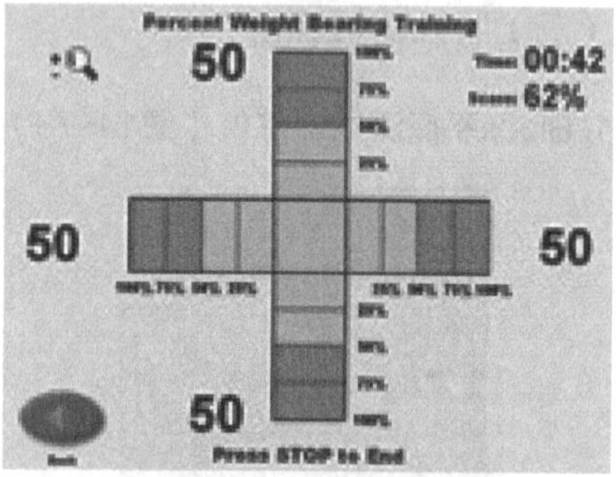


⑥负重比训练：当负重达到一定比例时目标区域内会改变颜色。

图14-75 平衡训练视觉反馈示意图

### 2. 脊柱功能测试评估训练系统

脊柱功能测试评估训练系统（以下简称Tergumed系统）结合生物反馈理论在训练环节中形成自己特有的训练模式：它强调患者以主动运动方式控制硬件系统，通过传感器将信号传递给软件系统分析处理，在电脑上显示结果反馈给患者，使患者在训练的过程中与设备之间形成一个闭合回路，达到改善患者脊柱协调控制能力的目的（图14-76）。患者经过Tergumed系统评估后就可以按照训练计划制定的模板曲线配合运动疗法进行等张训练和等长训练。患者在训练时始终能在显示屏上通过生物反馈曲线观察自己力量的变化，（图14-77）。根据反馈信息缓慢而持续地调整主动肌/ 拮抗肌比例，尽可能将自己的运动曲线与屏幕上给定的曲线吻合。Tergumed系统可以对脊柱从背伸、前屈、旋转、侧弯4 方面（图14-78）进行协调主动肌/ 拮抗肌比例的训练，增强患者本体感觉和脊柱运动的协调性，提高核心稳定性。Tergumed脊柱功能测试评估训练系统结合生物反馈理论和运动疗法，通过精确的数字量化的训练方式逐步提高脊柱的自我调节和自我控力。

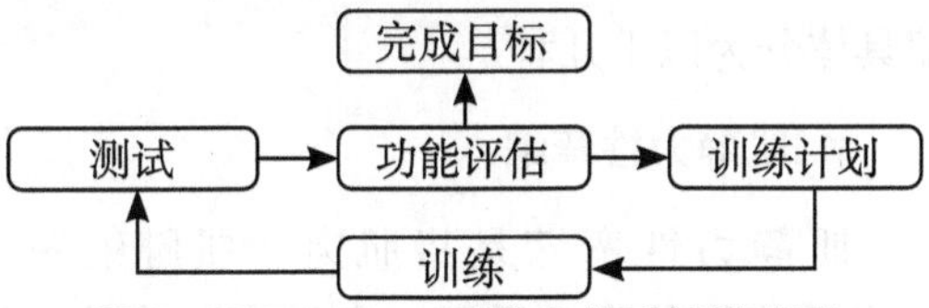


图14-76 Tegumed系统生物反馈模式图

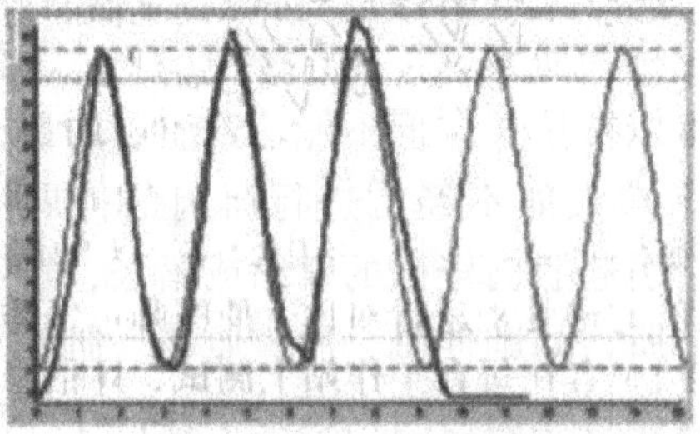

图14-77 力量反馈曲线图

背伸　　前屈

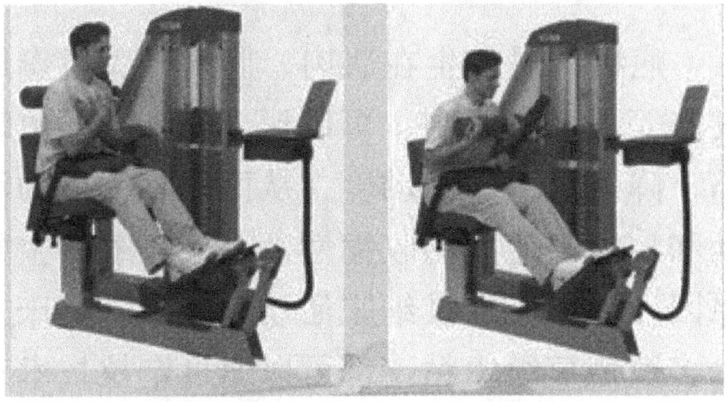

旋转　　侧屈

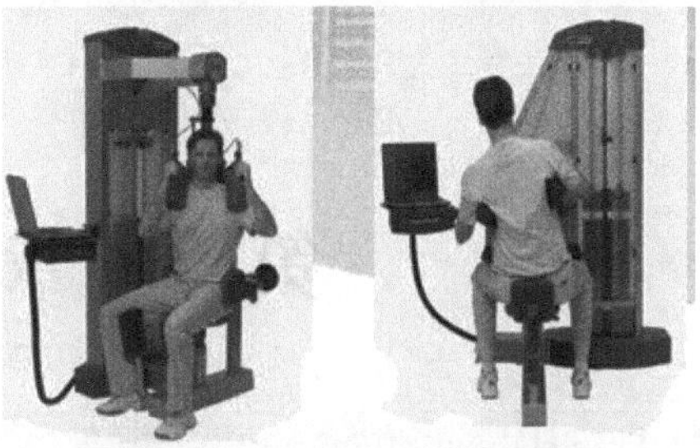

图14-78 Tegumed训练示意图

## 【思考题】

### 1. 关键性思考和讨论

（1）分析躯干不同部位组织损伤后对核心稳定性的影响。

（2）思考核心力量对不同运动项目运动员发挥专项技术动作的影响。

### 2. 实验操作练习

（1）在运动疗法实验室进行徒手核心稳定性练习。

（2）和同伴结对分别进行利用瑞士球和悬吊系统练习核心稳定性的实践操作。

### ◎ 参考文献

[1]王卫星,李海肖.竞技运动员的核心力量训练研究[J].北京体育大学学报,2007,30（8）:1119-1121.

[2]黎涌明，于洪军,等. 论核心力量及其在竞技体育中的训练—起源·问题·发展[J].体育科学2008,28（4）：19-29.

[3]侯树勋.脊柱外科学[M].北京:人民军医出版社,2005.

（杨　翼）

# 第十五章　肌肉牵拉技术

【学习目标】

1. 掌握肌肉牵拉技术的分类及各种牵拉方法。
2. 能独立操作全身主要肌肉牵拉技术。
3. 熟悉软组织挛缩及其类型。
4. 熟悉肌肉牵拉程序及注意事项。
5. 了解全身各种肌肉自我牵拉技术。

## 第一节　概　述

### 一、基础知识

#### （一）肌肉的特性

肌肉具有兴奋性、收缩性、伸展性和弹性等四种特性。兴奋性是肌肉受到外界刺激后具有主动收缩的特性；收缩性是指肌肉主动做功、长度变短的特性。兴奋性和收缩性是紧密联系而又互不相同的两种基本生理特性。兴奋必然引起肌肉收缩，即肌肉兴奋在前，收缩在后。肌肉的兴奋性和收缩性表现为在刺激作用下能发生兴奋，产生缩短的反应。伸展性是指肌肉放松，在受到外力牵拉时长度增加的特性；当外力去除后，肌肉恢复到原来长度的特性，称为弹性。

#### （二）软组织挛缩定义及其分类

软组织挛缩是指由于各种原因导致经过关节的肌肉、韧带、关节囊等软组织发生短缩，张力过高，关节僵硬，从而引起关节活动度降低，功能活动受限。软组织挛缩通常包括两类：一类是炎症与创伤修复过程中肌成纤维细胞的增殖和收缩；另一类是没有炎症过程、没有肌成纤维细胞参与的胶原结构性变化，称为被动挛缩。通过检查肌肉的张力和关节的活动度可以发现挛缩。根据挛缩发生的致病因素、组织及其性质，可以将挛缩具体分为以下几种。

**1.肌静力性挛缩**

肌静力性挛缩是指肌肉、肌腱缩短，关节活动范围明显受限，但没有明确的组织病理学表现。但肌肉、肌腱有一过性轻度挛缩，也称为肌紧张。在这种情况下，紧张的肌肉可以被拉长，但不能达到肌肉的最大长度。正常人如不经常进行肌肉的伸展性锻炼，会引起肌肉轻微的挛缩或紧张，特别是双关节肌，如腘伸肌、股直肌等。肌静力性挛缩在相对短的时间内通过牵伸治疗即刻可见效果。

**2. 疤痕粘连**

疤痕如果发生在肌肉、肌腱、关节囊或皮肤等正常组织中，可以形成粘连，导致挛缩，降低组织的活动度，从而限制关节的活动和功能。疤痕的收缩性是造成挛缩的主要原因，是肌成纤维细胞活动的结果。临床上大多数疤痕组织粘连都可以通过牵拉技术来预防或减轻。

**3. 纤维性粘连**

纤维性粘连是指由软组织的慢性炎症和纤维性改变而形成的挛缩，其不仅显著影响关节活动，而且缓解非常困难。

4.不可逆性挛缩

由于某些病理性原因使正常软组织或结缔组织被大量的非伸展性组织所替代，软组织或结缔组织永远失去伸展性，称为不可逆性挛缩，如骨化性肌炎、肌肉韧带钙化等。不可逆性挛缩常需要手术松解，而不能通过保守治疗来缓解。

5.假性肌静力性挛缩

上运动神经元损伤引起的肌张力异常增高可使肌肉处于一种不正常的持续收缩状态而引起关节活动受限，称为假性肌静力性挛缩。如偏瘫患者的上肢屈肌挛缩和下肢伸肌挛缩。

## 二、肌肉牵拉技术定义与分类

肌肉牵拉技术是一种以运用外力（人工或机械/电动设备）为手段的拉长挛缩或短缩的肌肉等软组织，预防患者因制动或活动减少等因素导致的肌肉等软组织短缩，增加或维持组织的伸展性和关节活动度，防止发生不可逆的组织挛缩的康复技术，其目的在于增加肌肉等软组织的伸展性，降低肌张力，提高或恢复关节的活动度。肌肉牵拉技术是治疗各种软组织挛缩等导致关节功能障碍的临床常用技术和方法之一，操作简单、方便、安全、有效。

肌肉牵拉技术的分类有很多，根据牵拉力量的来源分为手法牵拉、机械（电动）牵拉和自我牵拉；根据牵伸肌群分为屈肌群牵拉和伸肌群牵拉；根据牵伸强度分为低强度牵拉和高强度牵拉；根据牵伸力量来源和参与程度分为被动牵拉、主动牵拉和神经肌肉抑制技术；根据牵伸时间分为长时间牵拉和短时间牵拉，持续牵拉和间歇牵拉；根据牵伸部位分为脊柱牵拉（颈椎和腰椎）和四肢（肩部、肘部、腕部和手部，髋部、膝部、踝部、足部等）牵拉。

## 三、肌肉牵拉技术作用

### （一）增加关节的活动度

由于疾病使身体某部位长期制动，可导致肌肉紧张、软组织挛缩。坐位工作和不良的生活习惯，使正常人不能经常进行肌肉的伸展性锻炼，也会引起肌肉轻微的挛缩或紧张，特别是腘绳肌、股直肌等。牵拉技术是最基本的治疗手段之一，通过牵拉治疗可预防肌肉、韧带和关节囊等软组织挛缩，恢复和保持关节的正常活动度。

### （二）防止组织发生不可逆性挛缩

由组织创伤所导致的炎症和疼痛，经观察发现，关节固定4天后在组织学上就可见挛缩现象，初期可采用主动抑制技术，通过反射机制使紧张的肌肉松弛，尽量避免被动牵拉，以免增加疼痛和肌肉紧张度。纤维挛缩存在的时间越长，正常肌肉组织被粘连组织、疤痕组织取代得越多，缓解也就更困难。待肌肉紧张明显好转后，采用被动牵拉技术进一步拉长挛缩的肌肉，恢复生理性肌力平衡，增加活动范围。

### （三）降低肌张力

姿势异常或制动使肌肉、肌腱的弹性回缩力和伸展性降低，肌肉萎缩，通过牵拉刺激肌梭，降低肌张力，提高肌力。对于中枢性损伤性疾病导致的肌张力增高、肌痉挛，限制了关节活动，也可以通过牵伸技术降低肌张力，保持肌肉的休息长度，改善或重新获得关节周围软组织的伸展性。牵拉可减少肌肉劳损的发生，持续被动运动较静态牵拉更为有效。

### （四）阻断恶性循环、缓解疼痛

制动使韧带等纤维组织基质中水分减少，黏弹性减弱，纤维之间润滑作用降低；同时纤维与纤维之间的距离缩小，接触时间延长，致使化学横键形成，造成纤维之间的粘连；若同时存在组织炎症水肿，常有新生细纤维形成，排列紊乱，任意与原有纤维多处粘连，断面截面面积增加，限制其相对滑动。牵拉技术可使结缔组织在牵拉应力作用下逐渐延长，应力作用能促进胶原纤维的合成并能使胶原纤维沿其纵轴重新排列，阻断恶性循环，缓解疼痛，防止肌力失衡。还可以通过锻炼来预防。

### （五）提高肌肉的兴奋性

对肌肉张力低下的肌群，适当地静态牵拉延长肌肉，可以直接或间接反射性地提高肌肉的兴奋性，增强肌力。

### （六）预防软组织损伤

躯体在活动或从事运动之前，应预先对关节和软组织进行自我牵拉活动，以增加关节的灵活性，预防肌肉和肌腱等软组织的损伤，减轻疼痛。

## 四、软组织对牵拉的反应和影响因素

#### 1. 软组织

每种软组织都有各自的生理特性，影响着制动作用和延长能力。当牵拉这些软组织时，速度、强度、持续时间和温度的不同，不同组织会有不同的反应结果。可收缩和不可收缩组织的机械性特征和可收缩组织的神经生理学特征也影响软组织的延伸。当组织被牵拉时，可收缩性和不可收缩性的组织都具有弹性和可塑性。

#### 2. 肌腱与周围组织的结构

与肌腱相连的结构是肌内膜，分割肌纤维和肌原纤维的最内层组织；肌束膜，包绕纤维束；肌外膜，包绕整个肌肉的外层纤维鞘。纤维鞘是与肌肉相连并包绕肌肉的框架，也是肌肉抵抗被动拉长的最初抵抗力的来源。当挛缩发生时，肌外膜之间会或与胶原相粘连，从而限制了运动。每块肌肉都是由许多相互平行的肌纤维组成；每一个肌纤维由许多肌原纤维组成；每个肌原纤维又由许多更小的结构（肌小节）有序排列所组成。肌小节是肌原纤维收缩的基本单位，是由重叠肌动蛋白的肌原纤维细丝和肌球蛋白形成的横桥。肌小节使肌肉拥有了收缩和松弛的能力。当运动单位刺激而发生收缩时，肌动、肌球蛋白细丝会滑行在一起，使肌肉缩短。肌肉松弛时，横桥滑开，肌肉恢复静止时长度。

#### 3. 肌　肉

当肌肉被牵拉伸长时，牵拉力量会经过相连组织传送到肌纤维。在被动牵拉时，会有纵向和横向力量传导发生，一系列弹性成分开始被拉长。当张力急剧上升到某一点，横桥细丝机械性断开，导致肌小节的突然被拉长；当牵伸力量释放时，每个肌小节恢复静止状态的长度。牵拉力量必须达到并维持一定的时间，软组织才能获得有效地增加其长度。如果肌肉被长时间制动，会发生收缩蛋白退变和肌原纤维数量下降，导致肌萎缩和肌无力。制动时间持续越长，肌肉萎缩和功能力量的丧失就越多。肌肉处于短缩状态下制动，萎缩和无力的发生比长时间伸长状态下制动更快。

#### 4. 肌　梭

肌梭是一种感受肌肉长度变化（或）和（感受）牵拉刺激的特殊的梭形感受装置，属于本体感受器。肌梭囊内一般含有6-12根肌纤维，称为梭内肌纤维；囊外的肌纤维（就）称为梭外肌纤维。当梭外肌纤维收缩时，感受装置所受的牵拉刺激将减少；而当梭内肌纤维收缩时，则感受装置对牵拉刺激的敏感度增高。肌梭的传入神经支配有两类：I类和Ⅱ类传入纤维。中枢有运动传出纤维支配梭外肌和梭内肌纤维，前者称为α传出纤维，后者称为γ传出纤维。当γ传出纤维活动加强时，梭内肌纤维收缩，可提高肌梭内感受装置的敏感性。因此，γ传出纤维的活动对调节牵张反射具有重要作用。

腱器官分布在肌腱胶原纤维之间的牵张感受装置，由较细的I类纤维支配，末梢一般只有几个分支。腱器官与梭外肌纤维呈串联关系，其功能与肌梭功能不同，是感受肌肉张力变化的装置。当梭外肌纤维发生等长收缩时，腱器官的传入冲动发放频率不变，肌梭的传入冲动频率减少；当肌肉受到被动牵拉时，腱器官和肌梭的传入冲动发放频率均增加。所以，腱器官是一种张力感受器，而肌梭是一种长度感受器。此外，腱器官的传入冲动对同一肌肉的α运动神经元起牵拉抑制作用，而肌梭的传入冲动对同一肌肉的α运动神经元起兴奋作用。当肌肉受到牵拉时，首先兴奋肌梭的感受装置发动牵张反射，导致被牵拉的肌肉收缩以对抗牵拉；当牵拉力量进一步加大时，则可兴奋腱器官，抑制牵张反射，以避免被牵拉的肌肉受到损伤。

## 五、肌肉牵拉技术方法

### （一）被动牵拉

利用外部力量如操作者、器械或患者自身力量来牵拉的方法称为被动牵拉。根据是否借助器械分为手法被动牵拉和机械被动持续牵拉两种：

#### 1. 手法被动牵拉

是指操作者运用手法技术对发生紧张或挛缩的肌肉等软组织或活动受限的关节进行牵拉，并通过控制牵伸方向、速度和持续时间，来增加挛缩组织的长度和关节活动度。手法被动牵拉是临床最常用的牵拉技术。与关节被动活动不同点是软组织的被动牵拉是使活动受限的关节活动范围增大，而关节的被动活动是在关节活动未受限、可利用的范围内进行活动，目的是维持关节现有的活动范围，但无明显增加关节活动范围作用。手法被动牵拉是一种短时间的牵拉，一般每次牵拉持续15～30秒，重复4～6次。具体又分为维持性牵拉和弹性牵拉两种。

（1）维持性牵拉：指缓慢、轻柔手法的牵拉，通常持续15～30秒或更长时间。这种牵拉不容易引起肌肉的牵张反射和增加已经被拉长了的肌肉张力，常常称为静态牵拉。

（2）弹性牵拉：指大强度、短暂的“跳跃性”牵拉。弹性牵拉能迅速拉长肌梭，引起牵张反射，使被牵拉的肌肉张力增加，其引起的肌肉张力是维持性牵拉的2倍，容易引起肌肉损伤。因此这种牵拉极少用于康复治疗中。

#### 2. 机械被动持续牵拉

是指借助机械装置或辅助支具，增加小强度的外部力量，较长时间持续作用于短缩组织的一种牵拉方法。其牵伸力量通过重量牵引、滑轮系统或系列夹板而发生作用，强度超过手法牵伸。对于已出现挛缩的肌肉和活动范围刚出现受限的关节，应及时进行持续的牵拉，仍有希望恢复功能。牵拉时间至少要20～30分，甚至数小时，才能产生治疗效果；牵拉的力要持续稳定而柔和，不要超过患者疼痛耐受的程度。

### （二）主动抑制

主动抑制是指在牵拉肌肉之前，患者有意识地放松该牵拉肌肉，使肌肉收缩机制受到人为地抑制，从而减少牵拉阻力的一种牵拉技术。此种牵拉的阻力是最小的一种，故在临床上广泛使用。主动抑制技术只能放松肌肉组织中具有收缩性的结构，而对结缔组织尤其是挛缩组织没有作用。患者需要有意识地控制肌肉的收缩，故该技术主要用于肌肉神经支配完整，能自主控制的患者，而对那些由于神经肌肉障碍引起的肌无力、痉挛或瘫痪，则无太大作用。临床上常用的主动抑制方法有3种：收缩-放松、收缩-放松-收缩、拮抗肌收缩。具体技术如下：

#### 1. 收缩-放松

（1）操作步骤

①操作者活动患者关节至关节活动受限处，此时欲牵拉的肌肉应处于舒适无痛的位置。

②牵拉的肌肉先进行等长抗阻收缩5～10秒。

③患者完全放松肌肉。

④操作者被动牵拉紧张肌肉达关节最大活动范围。

⑤休息5秒后重复上述过程。

（2）注意事项

①紧张肌肉的等长抗阻收缩要求在无痛状态下完成。

②牵拉时，应给予清晰的语言诱导。

③亚极量、长时间的等长抗阻收缩可以有效地抑制紧张肌肉，也便于操作者控制，因此紧张肌肉并非一定要进行最大强度的等长抗阻收缩。

（3）应用举例：肘屈肌紧张

①肘被动伸到活动受限处，使肘屈肌紧张。

②操作者一手放在前臂远端固定，一手固定上臂，向肘屈曲方向施加阻力。

③患者肘屈曲抗阻等长收缩5～10秒。

④肘屈肌放松。

⑤操作者被动牵拉患者肘关节，拉长肘屈肌。

**2. 收缩-放松-收缩**

（1）操作步骤

①操作者活动患者关节至关节活动受限处，此时欲牵拉的肌肉应处于舒适无痛的位置。

②牵拉的肌肉先进行等长抗阻收缩5～10秒，使肌肉感觉疲劳。

③患者主动放松肌肉。

④紧张肌肉的拮抗肌做向心性收缩至关节活动的终端。

⑤休息5秒后重复上述过程。

（2）注意事项

①紧张肌肉的等长抗阻收缩要求在无痛状态下完成。

②牵拉时，应给予清晰的语言诱导。

②亚极量、长时间的等长抗阻收缩可以有效地抑制紧张肌肉，也便于操作者控制，因此紧张肌肉并非一定要进行最大强度的等长抗阻收缩。

（3）应用举例（肘屈肌紧张）

①肘被动伸到活动受限处，使肘屈肌紧张。

②治疗者一手放在前臂远端固定，一手固定上臂，向肘屈曲方向施加阻力。

③患者肘屈曲抗阻等长收缩5～10秒。

④患者放松紧张的肘屈肌。

⑤主动作肘关节伸展到最大范围。

**3. 拮抗肌收缩**

（1）操作步骤

①紧张的肌肉被动拉长到一个舒适无痛的位置。

②紧张肌肉的拮抗肌作等张收缩。

③对收缩肌施加轻微阻力，但允许关节运动。当关节运动时，由于交互抑制的结果，紧张的肌肉可以放松。

⑤休息5秒后重复上述过程。

（2）注意事项

①避免施加阻力太大，因其可以引起紧张肌肉的张力扩散，限制关节运动或引起疼痛。

②当肌肉痉挛限制了关节运动时，也可以使用此技术。如果患者不能在“收缩-放松”技术中完成紧张肌肉无痛范围内的强力收缩，用拮抗肌收缩技术帮助很大。

（3）应用举例（膝关节屈曲紧张）

①患者将膝关节处于一个舒适的位置。

②膝主动伸直，同时，治疗者在小腿远端处略施阻力并配合关节运动。

③操作者被动伸直膝关节并达最大活动范围，以牵拉紧张肌肉。

### （三）自我牵拉

又称主动牵拉，是指患者利用自身重量作为牵拉力量，自身独立完成的一种肌肉伸展性训练。牵拉强度和持续时间与被动牵拉相同。自我牵拉与被动牵拉技术结合运用，可巩固并增强被动牵拉技术的疗效。

## 六、牵拉程序

### （一）牵拉前首先评定，明确关节活动受限的原因及程度

牵拉前康复医师必须对患者进行系统的检查和评定，了解其关节活动受限的部位、

性质、原因以及功能情况。是否有炎症性疼痛；挛缩组织处于什么阶段；年龄、认知、身体状况如何；能否主动参与以及预后等。如手指的关节结构，其他内部结构，多关节外部肌肉之间的联系，都需要细心地检查和评估。由于运动受限造成关节功能受损的因素很多：如来自关节、肌肉的弹性降低或肌腱、韧带的粘连。若在牵拉过程中髋的摆放位置会影响到膝的屈肌和伸肌的弹性，必须分别检查和评定影响膝关节运动的单关节肌肉腘绳肌和股直肌的弹性；然后再选择适当的牵拉方式和强度，评定肌肉张力、肌肉力量和关节活动度，确定康复目标。

### （二）确定牵拉方法

牵拉技术属于被动治疗范畴，操作者必须是经过系统培训的专业人员，严格掌握适应证及禁忌证。操作者手法要严格控制、规范操作。手法牵拉通常采用轻柔、可控制、终末端、恒定和渐进的牵拉方法；如功能受限的主要原因是由软组织挛缩引起的，可选用肌肉牵拉技术；如是关节本身的原因，可选用牵拉技术加关节松动技术。大多数情况下，关节本身的挛缩可先用关节松动技术，恢复关节内正常的相互关系，再运用肌肉牵拉技术。

### （三）告知患者牵拉目的和步骤，赢得患者配合

牵拉之前，应向患者解释牵拉的目的、步骤及注意事项，以赢得配合。患者和操作者都尽量保持在舒适、放松、安全的体位，被牵拉部位处于抑制反射、易于牵拉的体位；充分暴露牵拉部位；患者积极参与将促进康复，患者如使被牵拉部位保持放松，主动配合操作者则牵拉治疗更容易完成。

### （四）牵拉技术要点

#### 1. 患者体位

患者应置于舒适和放松的体位，一般选择卧位和坐位，尽量暴露治疗的部位，以利于治疗时关节被牵拉至最大的活动度。上肢被动牵拉时患者也可取坐位，将前臂放置在治疗床上或者治疗台上，这样很容易固定被牵拉的近端结构。

#### 2. 牵拉方向

牵拉力量的方向应与肌肉紧张或挛缩的方向相反。预先以主动、小强度牵拉软组织结构；在可控制的关节活动度内活动；缓慢移动肢体至受限的终末端；固定近端、运动远端肢体，以增加肌肉长度和关节活动范围。

#### 3. 牵拉强度

牵拉力量必须足够拉紧软组织的结构，但不至于导致疼痛或损伤。在牵拉过程中患者感到轻微疼痛是正常的，要以患者能够耐受为原则。当患者感到明显疼痛或剧痛难忍，应视为负荷过度，容易造成被牵来组织损伤，应及时调整强度，避免造成医源性损伤。实践证明低强度长时间的持续牵来效果优于高强度短时间的牵拉。

#### 4. 牵拉时间

被动牵拉持续时间为每次10～15秒，也可达30～60秒，然后重复10～20次。每次之间要休息30秒左右，并配合轻手法按摩，以利于组织修复并缓解治疗反应。机械性牵拉每次15～20分。住院患者1～2次/天，门诊患者每天1次。10次为一个疗程，一般3～5个疗程。如果规范治疗一个星期无明显疗效，应该进行重新评定，调整参数或改用其他治疗方法。

#### 5. 治疗反应

一般牵拉治疗后患者感到被牵拉部位关节周围软组织放松，关节活动度改善。如果第二天被牵拉部位仍然有肿胀和明显的疼痛，说明牵拉强度太大，应降低牵拉强度或休息一天。

## 七、临床应用

### （一）适应证

适用于全身各部位的短缩和挛缩组织的牵拉；预防由于固定、制动、失用造成的肌力减弱和相应组织短缩等结构畸形的发生；软组织挛缩、粘连或瘢痕形成，肌肉、结缔组织和皮肤缩短，引起的关节活动度降低和日常生活活动功能受限；当肌无力和拮抗肌紧张同时存在时，先牵拉紧张的拮抗肌，后增强无力肌肉的力量；体育锻炼前后牵伸，预防肌肉骨骼损伤，减轻运动后肌肉疼痛。

### （二）禁忌证

1. 严重的骨质疏松，骨性限制关节活动。
2. 新近发生的骨折或骨折尚未愈合。
3. 新近发生的肌肉、韧带损伤。
4. 神经损伤或神经吻合术后1月内。
5. 关节内或关节周围组织各种急性期炎症。
6. 牵拉肌肉所跨关节及骨骼恶性肿瘤等。

### （三）注意事项

1. 牵拉前可行热疗、按摩或关节松动，可以增加短缩组织的伸展性，缓解关节疼痛和周围组织的痉挛。牵拉后可给予短时间冷疗，以缓解牵拉后炎症反应。

2. 牵拉力量要适度、缓慢、持久，避免牵拉力量过大。牵拉后的肌肉酸胀属于正常反应，但如果肌肉酸胀持续24小时，甚至出现关节疼痛，则说明牵拉力量过大。

3. 对已经长时间制动或不活动的肌肉结缔组织应小强度缓慢牵拉，避免大强度快速牵拉导致损伤。

4. 避免牵拉水肿组织。水肿的组织比正常组织更易受到损伤，水肿的组织牵拉后水肿容易扩散，将会增加疼痛和肿胀。

5. 避免对肌力较弱的肌肉过度牵拉，应将牵拉与肌力训练结合起来，使患者在伸展性和力量之间保持平衡。

6. 避免弹性牵拉，以避免刺激被牵拉肌肉的牵张反射，从而引起收缩。

# 第二节 上肢肌肉牵拉技术

## 一、肩部肌肉

组成肩部有4个关节：①盂肱关节；②肩锁关节；③胸锁关节；④肩胛胸壁关节。肩部的运动是由盂肱关节、肩锁关节、胸锁关节和肩胛胸壁关节四个关节相互配合协调、共同作用的结果。肩部关节中，由于盂肱关节的关节盂浅而小，肱骨头圆而大，关节囊又比较松弛，所以能完成范围大而复杂的活动，可以进行前屈、后伸、内收、外展、旋内、旋外、水平内收及水平外展的运动，是全身活动度最大的一个关节。

根据关节的运动方向可以把肩部肌群分成6群。①屈肌群：包括三角肌前部纤维、喙肱肌、肱二头肌、胸大肌锁骨头等；②伸肌群：包括三角肌后部纤维、背阔肌、大圆肌、肱三头肌长头等；③内收肌群：包括胸大肌、背阔肌、大圆肌等；④外展肌群：包括三角肌中部纤维、冈上肌等；⑤内旋肌群：包括肩胛下肌、背阔肌、胸大肌、大圆肌等；⑥外旋肌群：包括冈下肌、小圆肌、三角肌后部纤维。

牵拉肩部肌肉时必须固定肩胛骨。肩胛骨固定是指保持肩胛骨在没有外展、外旋的位置上，此时，肩关节只能完成前屈120度，外展120度的运动，只有在肱骨外旋时，才能完成全范围的活动。临床发现，肩部有许多肌肉附着在肩胛骨上，最容易引起紧张或挛缩的肌肉是阻止肩关节全范围前屈、外展和旋转的肌群。所以，在牵拉肩部肌肉时，要预防肩胛骨的代偿性运动，以避免引起肩部肌肉牵拉过度。

### （一）徒手被动牵拉

**1. 牵拉肩后伸肌群，增加肩前屈技术（图15-1）**

患者：仰卧位，上肢前屈，屈肘，前臂及手放松。

操作者：面向患者站在牵拉一侧，上方手从内侧握住上臂远端，下方手放在肩胛骨腋缘固定肩胛骨。

牵拉手法：上方手将肱骨被动前屈到最大范围，保持15～30秒，重复4～6次。

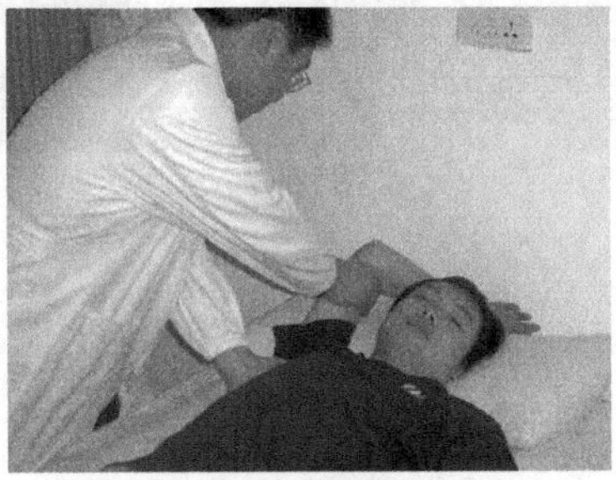

图15-1

**2. 牵拉肩前屈肌群，增加肩后伸技术（图15-2）**

患者：俯卧位，上肢放在体侧，前臂及手放松。操作者：面向患者站在患侧，上方手放在肩胛骨上固定肩胛骨，下方手握住上臂远端，前臂托住患侧上肢。

牵拉手法：下方手将肱骨被动后伸到最大范围，保持15～30秒，重复4～6次。

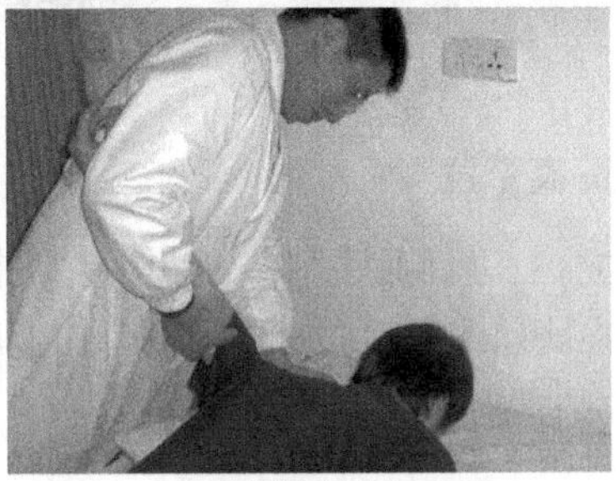

图15-2

**3. 牵拉肩内收肌群，增加肩外展技术（图15-3）**

患者：仰卧位，肩部及上肢放松，肩外展，屈肘90度。操作者：面向患者站在患侧，上方手托住肘关节，下方手放在肩胛骨腋缘固定肩胛骨。

牵拉手法：上方手将肱骨被动外展到最大范围，并托住肱骨远端；保持15～30秒，重复4～6次。

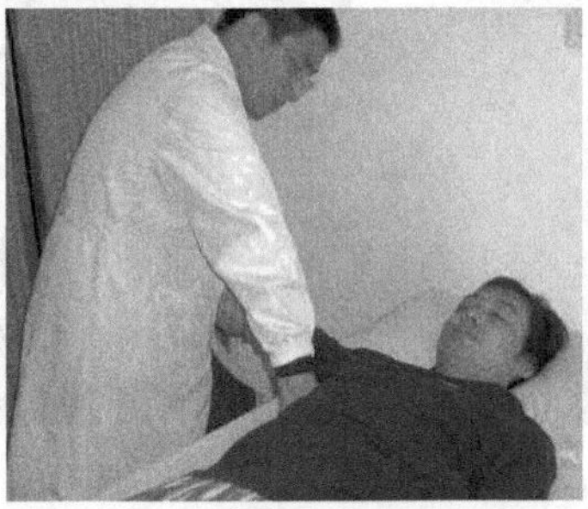

图15-3

**4. 牵拉肩内旋肌群，增加肩外旋技术（图15-4）**

患者：仰卧位，肩部及上肢放松，肩外展90度，屈肘90度。操作者：面向患者站在患侧，外侧手握住前臂远端，内侧手固定肱骨远端。

牵拉手法：外侧手将前臂向床面下压，使肩被动外旋到最大范围，保持15～30秒，重复4～6次。

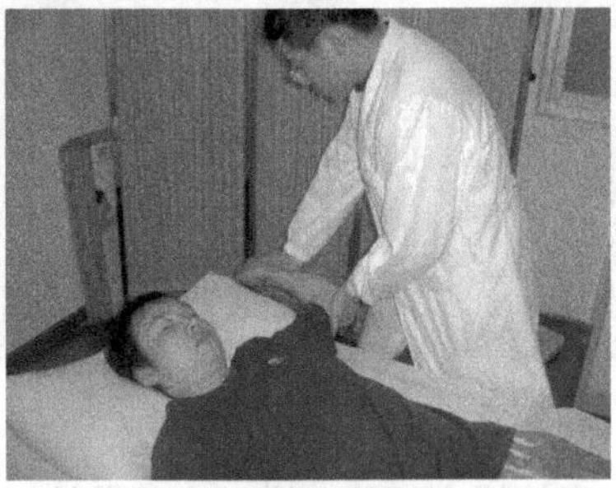

图15-4

**5. 牵拉肩外旋肌群，增加肩内旋技术（图15-5）**

患者：仰卧位，肩部及上肢放松，肩外展90度，屈肘90度。操作者：背向患者站在患侧，外侧手握住前臂远端，内侧手固定肱骨远端。

牵拉手法：外侧手将前臂向床面下压，使肩被动内旋到最大范围，保持15～30秒，重复4～6次。

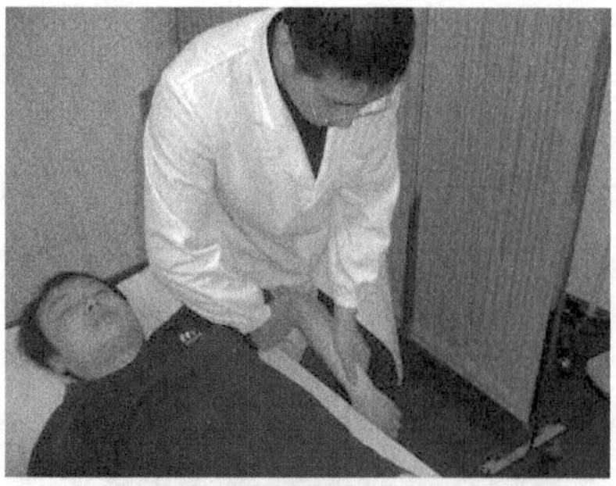
图15-5

6.牵拉肩水平内收肌群，增加肩水平外展技术（图15-6）

患者：仰卧位或坐位，肩部及上肢放松，双侧肩外展，屈肘，手放在头枕部。操作者：背向患者站在身后，双手分别握住双肘关节。

牵拉手法：双手将患者双肩被动水平外展到最大范围，保持15～30秒，重复4～6次。

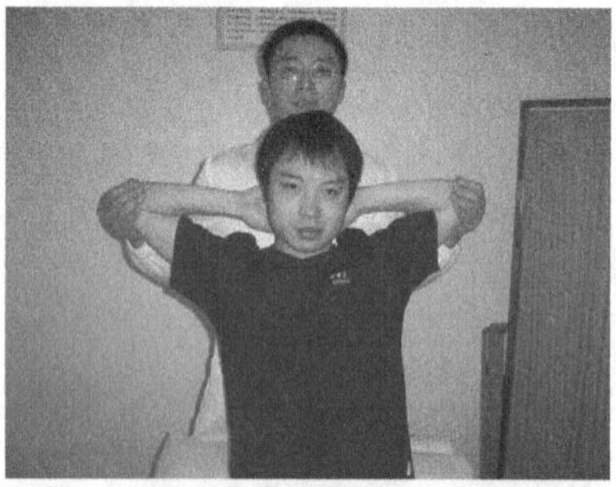
图15-6

7. 牵拉提肩胛肌，增加肩胛骨的活动技术（图15-7）

患者：坐位，头转向健侧，稍向前屈，直至颈部后外侧有酸胀感。患侧上肢外展，屈肘，手放在头枕部。操作者：站在患者身后患侧，外侧手从前面托住上臂远端，内侧手放在患侧颈肩部交界处。

牵拉手法：外侧手向上抬，内侧手向下压，同时，让患者深呼吸，以牵拉提肩胛肌。

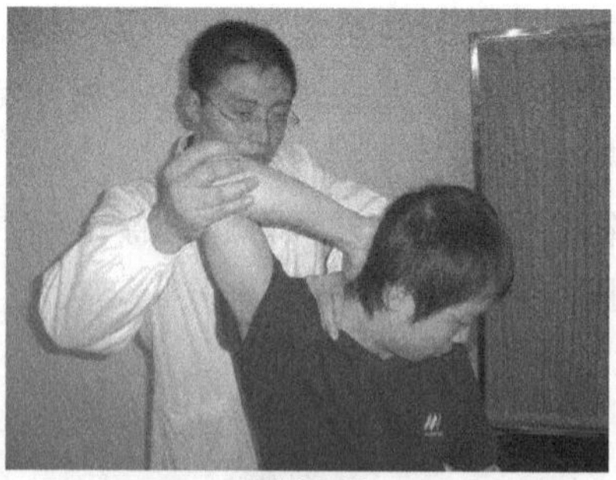
图15-7

（二）自我牵拉技术

1. 长轴牵拉

增加肩活动度。侧坐在高靠背椅上，牵拉侧上肢放在椅背外，手提一重物或利用健手向下牵拉上肢。（图15-8）

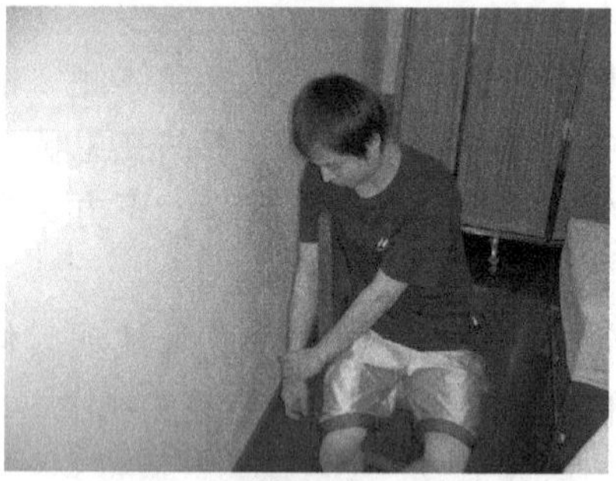
图15-8

2. 分离牵拉

站立位，患侧腋下夹一毛巾卷，屈肘。健手分别在胸前或背后向身体内侧牵拉上肢。

3. 牵拉肩后伸肌群，增加肩前屈

当上肢前屈小于90度时，可坐在桌旁。患侧上肢放在桌上，肘伸直，前臂旋前，健侧手放在上臂上面，身体向前方及桌子方向倾斜。（图15-9）

图15-9

4. 牵拉肩前屈肌群，增加肩后伸

患者背对桌子而坐。双上肢后伸，手放在桌上，肘伸直，身体向前下方运动。（图15-10）

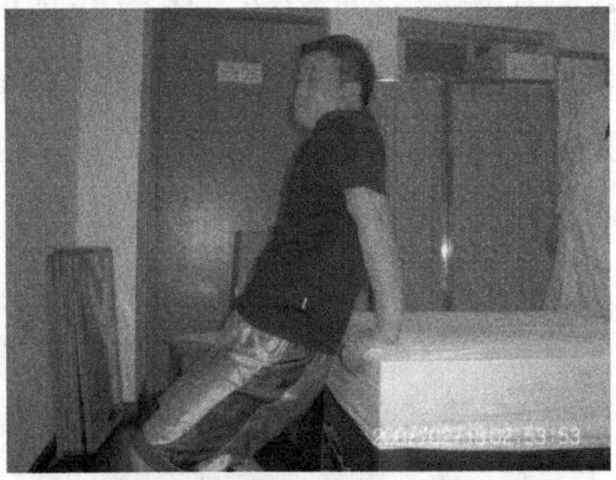

图15-10

5. 牵拉肩内收肌群，增加肩外展

当上肢外展小于90度时，坐在桌旁，患侧上肢放在桌上，伸肘，前臂旋前，健侧手放在上臂上面，身体向下及桌子方向倾斜；当上肢外展大于90度，侧对墙边站立，患侧上肢外展，屈肘，前臂放在墙上，健侧手放在肱骨近端，身体向下蹲（图15-11）。

图15-11

6.增加肩内外旋

侧坐桌旁，患侧上肢放在桌上，屈肘90度。牵拉外旋肌群时，肩内旋，前臂掌面向桌面运动。牵拉内旋肌群时，肩外旋，前臂掌面离开桌面。

7.增加肩胛骨活动

坐在治疗床沿，患侧手抓住床沿，头转向健侧并前屈，健侧手放在头的对侧。牵拉时双手同时反方向用力，使肩胛骨向下运动（图15-12）。

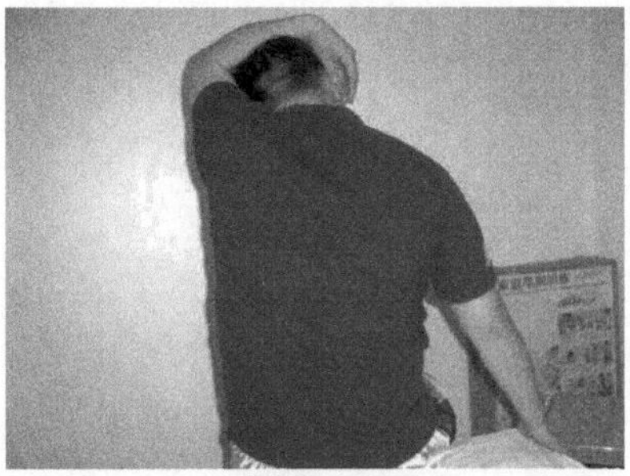

图15-12

## 二、肘部及前臂肌肉牵拉技术

肘关节由肱骨远端、尺桡骨近端共同组成，包括3个关节：①肱尺关节；②肱桡关节；③桡尺近端关节。根据关节的运动方向可以把肘部肌群分成四组肌群。①屈肘肌群：包括肱肌、肱二头肌、肱桡肌等；②伸肘肌群：包括肱三头肌及肘肌等；③旋前肌群：包括旋前圆肌、旋前方肌等；④旋后肌群：包括肱二头肌、肱桡肌、旋后肌等。在进行肘部肌肉牵拉时，应注意有些经过肘关节的肌肉，如肱二头肌、肱桡肌等也影响前臂的旋前和旋后，因此在牵拉屈肘和伸肘肌群时，应分别在前臂旋前和旋后位进行。肘部肌肉的牵拉力量过大，特别是暴力牵拉，很容易引起肌肉创伤，导致骨化性肌炎的发生。尤其是儿童的肘部肌群牵拉，手法应轻柔或应用主动抑制技术。

### （一）徒手被动牵拉技术

1. 牵拉屈肘肌群，增加肘关节伸直的活动度技术（图15-13）

患者：仰卧位，肩部及上肢放松，患侧上肢稍外展，前臂旋前。操作者：面向患者站在患侧，上方手固定肱骨近端，下方手握住前臂远端。

牵拉手法：上方手固定，下方手将肘被动伸到最大范围，保持15～30秒，重复4～6次。

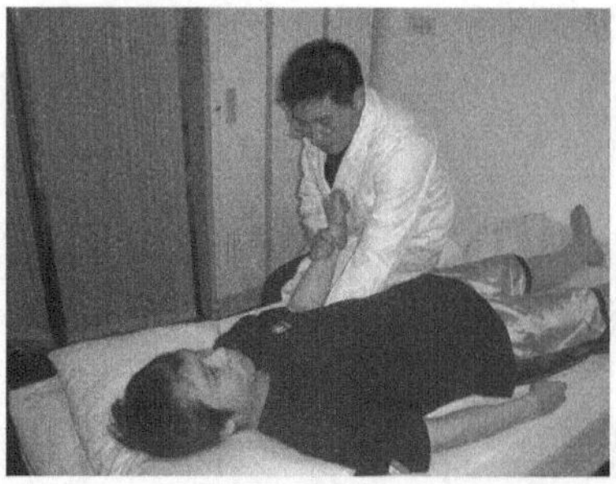

图15-13

2. 牵拉伸肘肌群，增加屈肘技术

患者：仰卧位，肩部及上肢放松，患侧上肢稍外展，前臂旋后。操作者：面向患者站在患侧，下方手固定肘部，上方手握住前臂远端。（图15-14）

牵拉手法：下方手固定，上方手将肘被动屈到最大范围，保持15～30秒，重复4～6次。

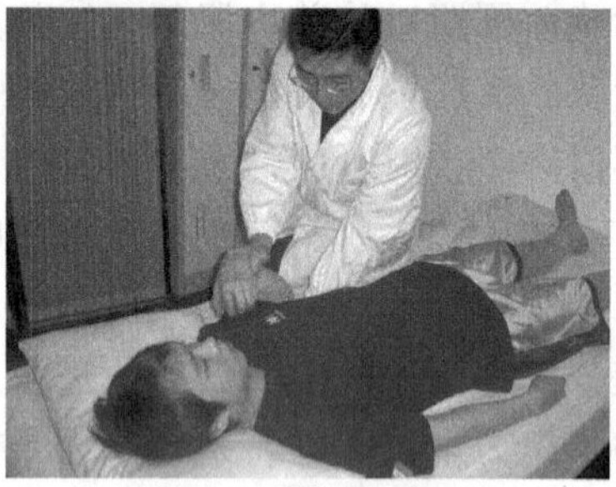

图15-14

如要牵拉肱三头肌长头，患者取坐位，手放在颈后部。操作者上方手握住肘部向上牵拉，下方手握住腕部向下牵拉。（图15-15）

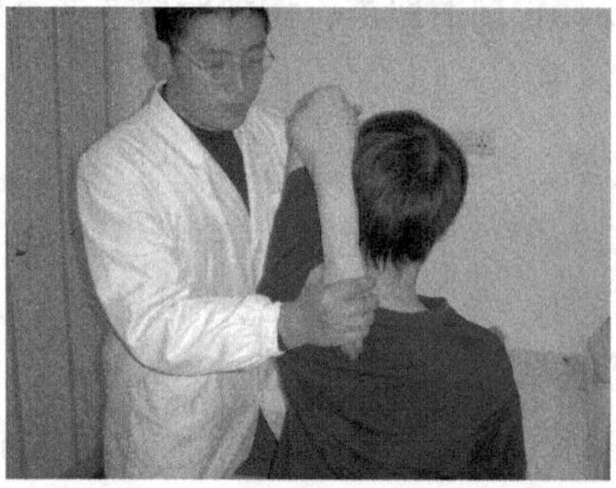

图15-15

3. 牵拉前臂旋后/旋前肌，增加前臂旋前／旋后（图15-16）

患者：仰卧位，肩部及上肢放松，上肢稍外展，屈肘90度。操作者：面向患者站在患侧。上方手握住前臂远端掌侧，下方手握住肘关节以固定肱骨。

牵拉手法：被动旋前或旋后至最大范围，分别保持15～30秒，重复4～6次。牵拉时，桡骨应围绕尺骨旋转。固定肱骨以防止肩关节内、外旋代偿运动，牵拉的力量使桡骨围绕尺骨旋转。

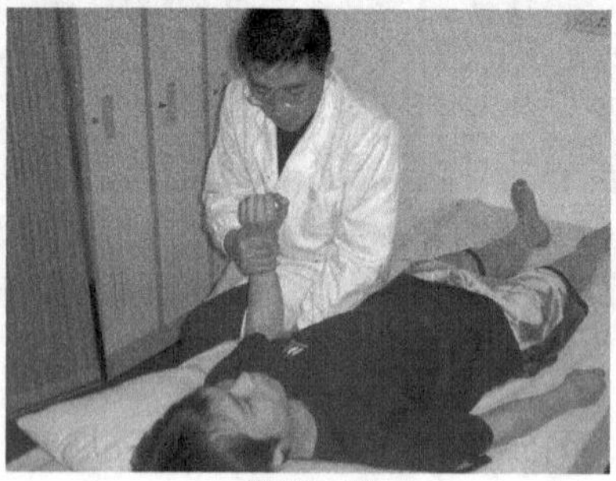

图15-16

（二）自我牵拉技术

1. 屈肘分离牵拉

在患侧肘窝处放一毛巾卷，健侧手握住前臂远端，屈肘至最大范围。

2. 扶墙屈肘牵拉

患者面向墙壁站立，保持与墙约一臂远距离，双手平放墙上，上身向前，同时屈肘，借助上身重量进行牵拉。（图15-17）

图15-17

3. 伸肘分离牵拉

患者背向床头，双手握住扶手。伸肘，上身向前，借助上身重量牵拉屈肘肌群。（图15-18）

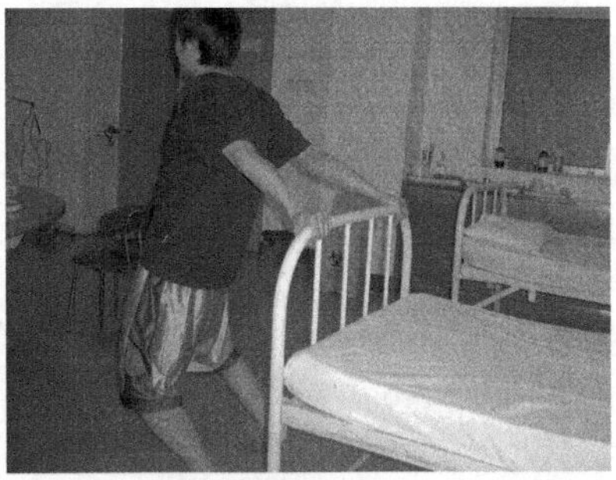
图15-18

**4. 扶墙伸肘下蹲**

侧对墙壁站立，屈肘，前臂旋前，手掌平放墙上，下蹲并伸肘。

**5.悬吊伸肘牵拉**

双手握住单杠，双足悬空. 借助身体重量牵拉肘部屈肌群。

**6.前臂旋转牵拉**

患侧上肢屈肘，健侧手握住患侧前臂远端，旋前或旋后至最大范围。（图15-19、图15-20）

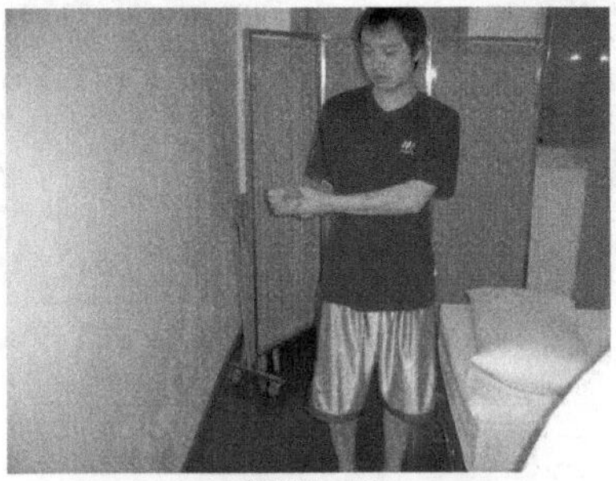
图15-19

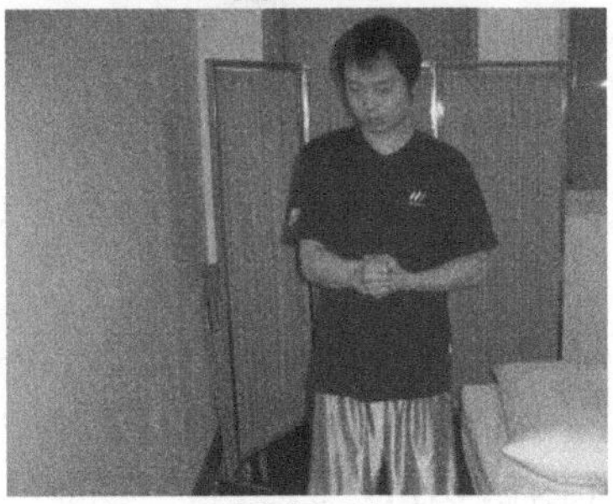
图15-20

## 三、腕及手部肌肉牵拉技术

腕关节包括桡腕关节、腕骨间关节、桡尺远端关节，它们在功能上是统一的。腕关节可以进行掌屈、背伸、尺偏、桡偏运动。其相应的肌群为：①屈腕肌群；包括桡侧腕屈肌、尺侧腕屈肌、掌长肌等；②伸腕肌群；包括桡侧腕长伸肌和桡侧腕短伸肌、指总伸肌等；③尺偏肌群：包括尺侧腕屈肌和尺侧腕伸肌；④桡偏肌群：包括桡侧腕屈肌和桡侧腕伸肌。手部关节是人体最小、最灵活的关节。

手部肌肉分为2组。①手的外来肌：是手的主要功能肌，包括屈、伸手指的肌群及外展拇指的肌群。②手的固有肌：对维持手的功能有重要作用，可以屈掌指关节、伸指间关节，进行手指的内收、外展，拇指和小指的对掌以及在手外在肌的协同下完成精细动作，包括大鱼际肌群、小鱼际肌群、蚓状肌、骨间掌侧肌和骨间背侧肌等。手的外在肌通过腕关节，在牵拉腕部肌肉时，牵拉力应集中在腕掌关节的近端，手指放松。治疗时应对腕关节、掌指关节进行充分的伸展和屈曲，并注重拇指外展方向的运动。手指关节挛缩需分别进行牵拉，不能同时牵拉，如果是外部的肌肉限制了运动，在一个关节上牵拉肌肉时需要稳定其他的关节，然后维持被拉长时的位置，越过第二个关节牵伸肌肉，直至被牵拉到正常的长度。

### （一）徒手被动牵拉技术

**1. 牵拉屈腕肌群，增加伸腕技术（图15-21）**

患者：坐在桌旁，前臂旋前使掌心向下，或使前臂处于中立位放在桌上，并垫一个枕头，腕伸出桌沿，手指放松。操作者：坐在患侧，一手握住前臂远端固定，一手握住手掌。

牵拉手法：被动伸腕至最大范围，保持15～30秒，重复4～6次。允许手指被动屈曲。如果患者不能取坐位，也可以在卧位进行牵拉，操作者手的放置及牵拉手法与坐位相同。

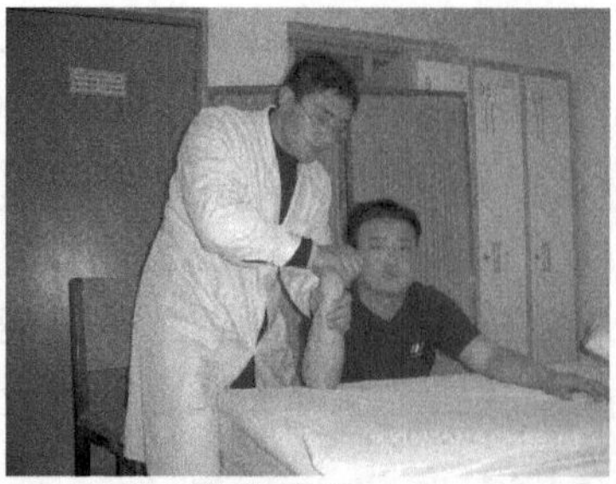

图15-21

**2. 牵拉伸腕肌群，增加屈腕技术（图15-22）**

患者：仰卧位或坐在治疗床旁。上肢放在治疗床上，屈肘90度，前臂旋后或中立位，手指放松。操作者：站在患侧，一手握住前臂远端固定，一手握住手掌。

牵拉手法：被动屈腕至最大范围，进一步牵拉腕伸肌，将患者肘关节伸直。保持15～30秒，重复4～6次。

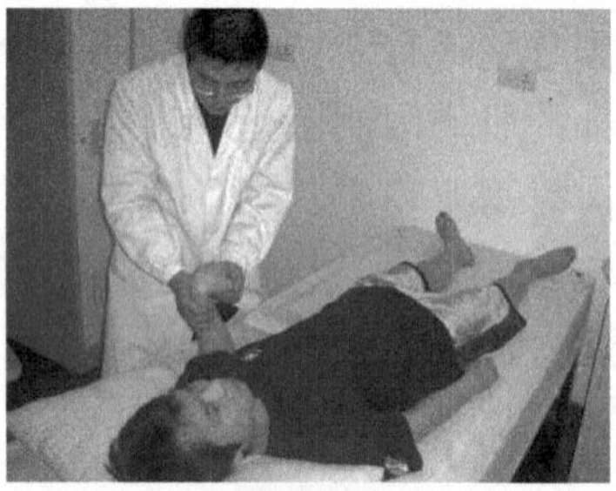

图15-22

**3. 牵拉屈指肌群，增加伸指技术（图15-23）**

患者：仰卧位或坐位，患侧上肢稍外展，屈肘900。操作者：面向患者站在患侧，下方手握住前臂远端，上方手放在手指掌侧五指相接触。

牵拉手法：上方手被动伸腕至最大范围，再将手指完全伸直，保持15～30秒，重复4～6次。

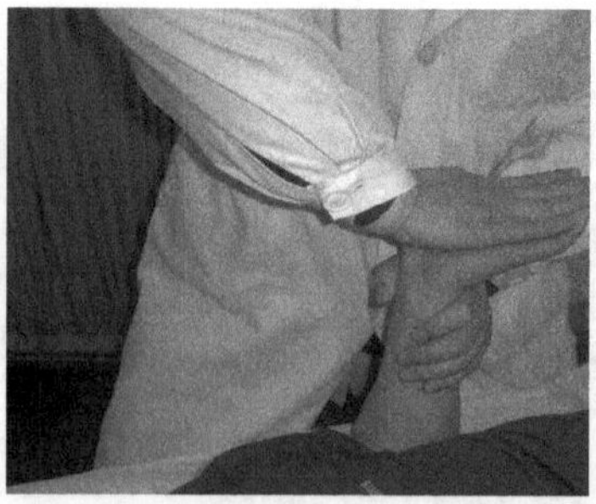

图15-23

**4. 牵拉伸指肌群，增加屈指技术（图15-24）**

患者：仰卧位或坐位，患侧上肢稍外展，屈肘90度。操作者：面向患者站在患侧，下方手握住前臂远端，上方手握住手指。

牵拉手法：上方手被动屈腕至最大范围，再将手指完全屈曲，保持15～30秒，重复4～6次。

图15-24

## （二）患者自我牵拉技术

**1. 牵拉伸腕肌群，增加屈腕**

双手手背相贴放于胸前，手指向下，肘关节向下运动，腕关节向上运动（图15-25）；

将患侧前臂掌侧放在桌上，手伸出桌沿，健侧手放在其手背并向下施加力量进行牵拉。（图15-26）

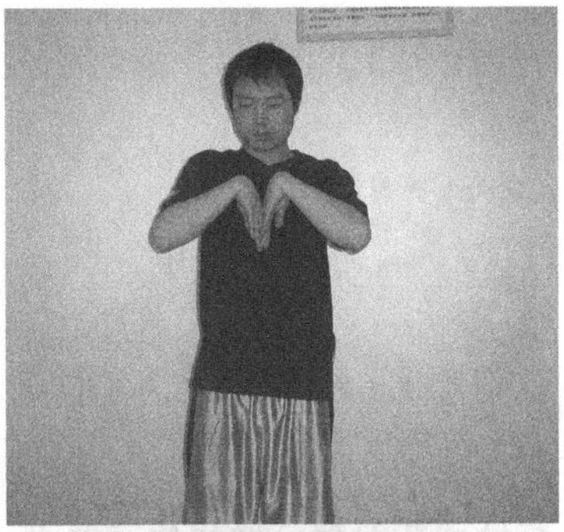
图15-25

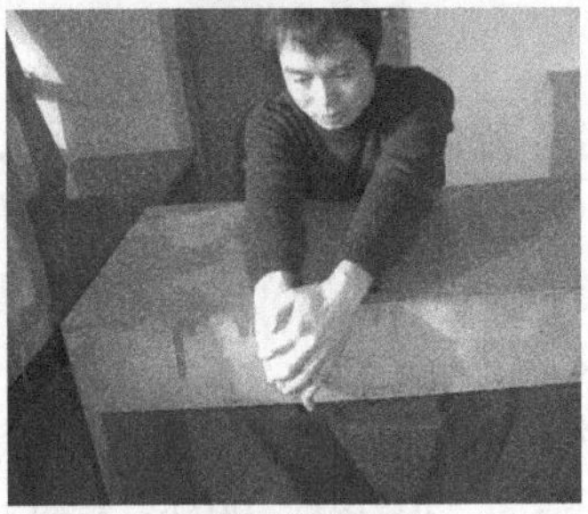
图15-26

**2. 牵拉屈腕肌群，增加伸腕**

①双手手掌相贴放在胸前，手指向上，肘关节向上，腕关节向下运动（图15-27）；②将患侧手掌平放桌上，健侧手放在手背，前臂向前运动。（图15-28）

图15-27

图15-28

**3. 增加桡偏／尺偏**

患侧前臂旋前放在桌上，手掌向下，健侧手放在手背上；增加桡偏时，将患侧手向桡侧牵拉；增加尺偏时，将患侧手向尺侧牵拉。

**4. 增加掌指关节屈、伸**

增加屈曲时，患侧手握拳，健侧手放在其上，手掌放在掌指关节处，将近端指骨向手掌方向屈曲；增加掌指关节伸时，患侧四指并拢，健侧四指放在其手指背侧，拇指放在掌侧，伸掌指关节至最大范围。（图15-29）

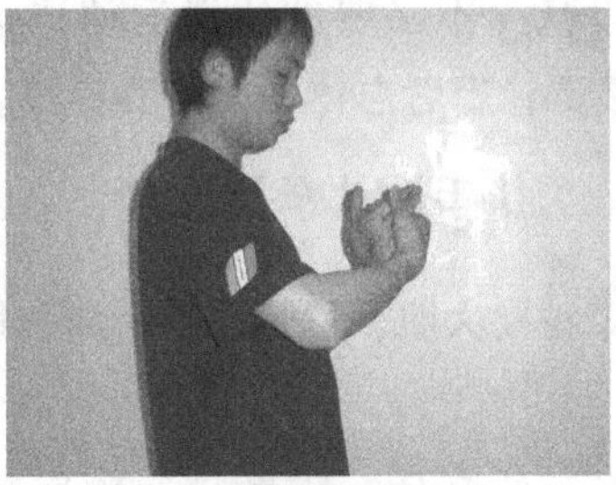
图15-29

**5.增加指间关节屈、伸**

增加屈曲时，患侧手屈曲近端及远端指间关节，健侧手放在其手指背侧，同时屈曲近端及远端指间关节至最大范围；增加指间关节伸时，患侧手指伸直，健侧拇指放在近端指骨背面，食指放在远端指骨掌面，同时牵拉近端及远端指间关节。（图15-30）

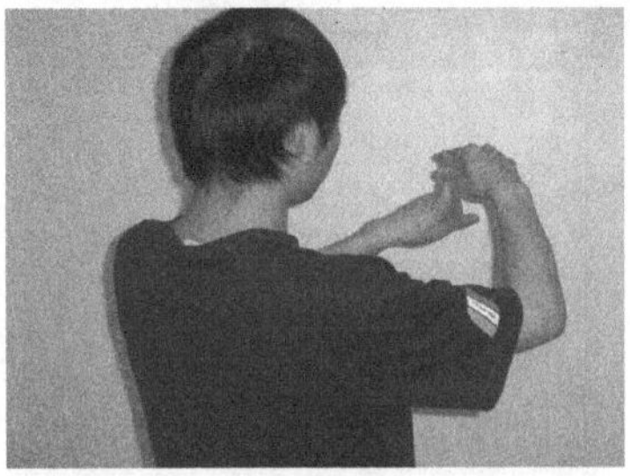
图15-30

## 第三节 下肢肌肉牵拉技术

### 一、髋部肌肉牵拉技术

髋关节由髋臼和股骨头构成，生理运动有屈、伸、内收、外展、内旋、外旋。髋部肌群包括6群：①屈曲肌群：包括髂腰肌、股直肌、缝匠肌、阔筋膜张肌等；②后伸肌群：包括臀大肌、腘绳肌等；③内收肌群：包括大收肌、长收肌、短收肌、股薄肌、耻骨肌等；④外展肌群：包括臀中肌、臀小肌、阔筋膜张肌；⑤内旋肌群；包括臀中肌前部、臀小肌前部、阔筋膜张肌；⑥外旋肌群；包括髂腰肌、臀大肌、臀中肌后部、臀小肌后部、梨状肌、闭孔内肌、闭孔外肌、上孖肌及下孖肌。髋部肌肉附着在骨盆和腰部脊柱上，当牵拉髋部肌肉时，必须固定好骨盆，以减少不必要的代偿运动，牵拉力量作用在髋部，患者总体功能得到提高。

### （一）徒手被动牵拉技术

**1. 牵拉臀大肌，增加屈膝时屈髋技术（图15-31）**

患者：仰卧位，下肢稍屈髋屈膝。操作者：面向患者站在患侧，下方手握住足跟，上方手托住股骨远端。

牵拉手法：双手托起下肢，被动屈髋、屈膝至最大范围，保持15～30秒，重复4～6次。在牵拉过程中需注意固定非牵拉侧股骨，阻止骨盆向后方倾斜移动患者的臀部和膝部，使其充分屈曲以达到牵拉髋关节的伸肌群。

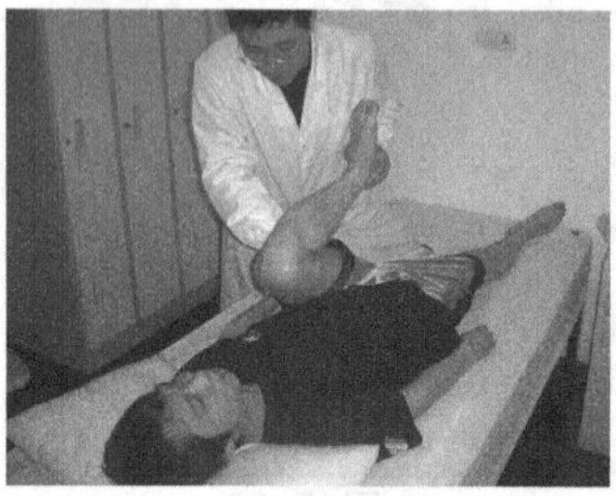

图15-31

**2. 牵拉腘绳肌，增加伸膝时屈髋技术（图15-32）**

患者：仰卧位，下肢膝伸直。操作者：面向患者站在患侧，用肩托住患侧下肢，双手放在股骨远端固定股骨及骨盆。

牵拉手法：用肩托起下肢，保持膝关节伸直，被动屈髋至最大范围，保持15～30秒，重复4～6次。

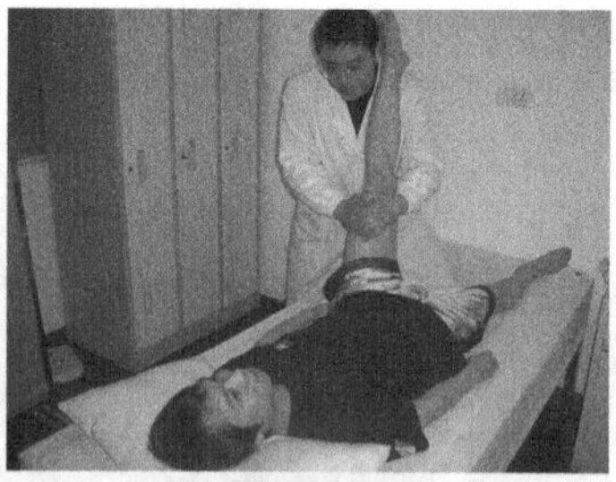

图15-32

**3. 牵拉屈髋肌群，增加伸髋技术（图15-33）**

患者：俯卧位，患侧下肢屈膝，健侧下肢伸膝。操作者：面向患者站在健侧，上方手放在臀部固定骨盆，下方手放在髌骨前方托住大腿。

牵拉手法：下方手将大腿抬离床面，后伸髋至最大范围，保持15～30秒，重复4～6次。

如果患者不能俯卧位，也可以取仰卧位（图15-34）。患侧下肢伸直置于治疗床沿，健侧下肢屈髋、屈膝置于床面上。治疗者面向患者站在治疗床头，一侧手放在健髌骨下方，另一侧手放在患侧髌骨上方。牵拉时患侧手向下压大腿，使髋后伸至最大范围，以牵拉髂腰肌，保持15～30秒，重复4～6次。

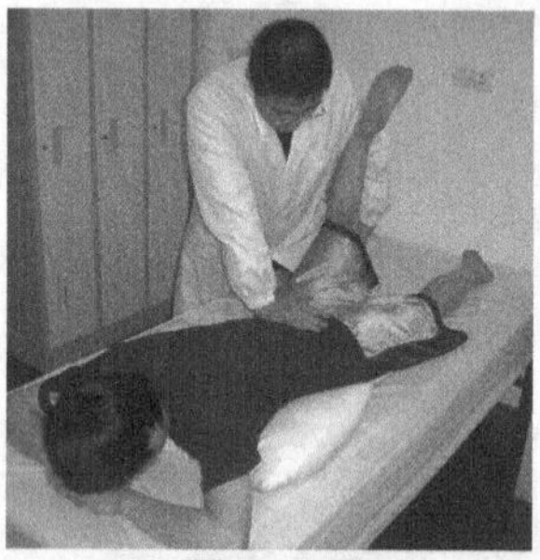

图15-33

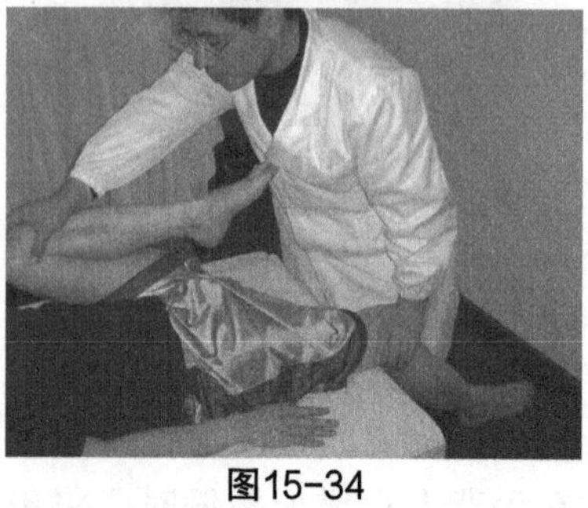

图15-34

**4. 牵拉髋内收肌群，增加髋外展技术（图15-35）**

患者：俯卧位，下肢膝伸直。操作者：面向患者站在患侧，内侧手放在健侧大腿内侧，外侧手托住患侧大腿远端。

牵拉手法：患侧手将下肢外展至最大范围，保持15～30秒，重复4～6次。

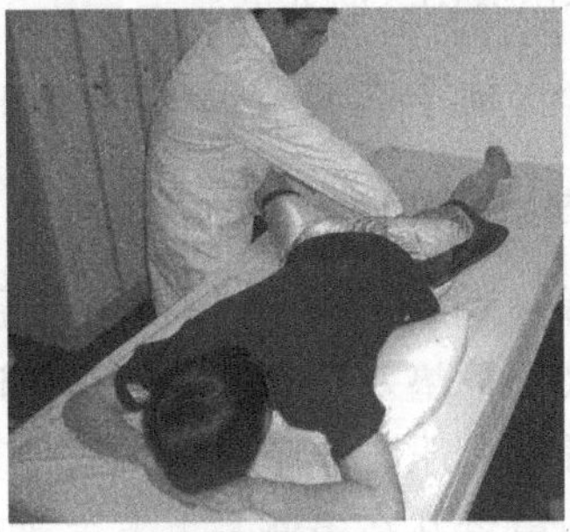

图15-35

**5. 牵拉髋外展肌群，增加髋内收技术（图15-36）**

患者：侧卧在床边，患侧在上。健侧下肢屈髋屈膝90度，患侧下肢髋稍后伸，屈膝。操作者：站在患者背后，上方手放在髂嵴上固定骨盆，下方手放在股骨远端。

牵拉手法：下方手内收髋至最大范围，保持15～30秒，重复4～6次。

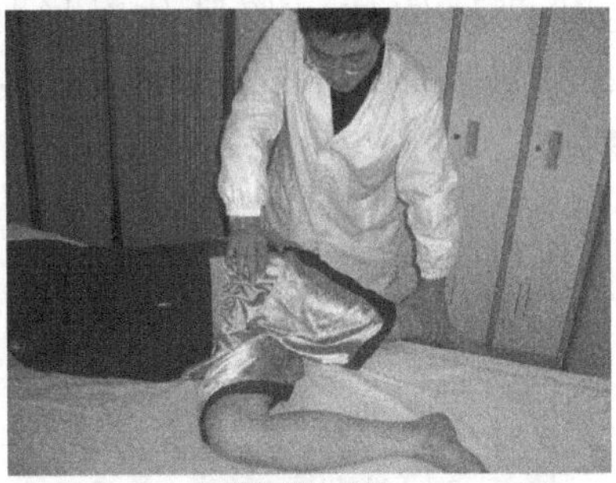

图15-36

**6. 牵拉髋内旋肌群或外旋肌群，增加髋外旋或内旋**

患者；俯卧位，患侧下肢屈膝90度，健侧下肢伸直。操作者：面向患者站在患侧，上方手放在臀部固定骨盆，下方手握住小腿远端外踝处。

牵拉手法：增加髋外旋时，下方手将小腿向内转至最大范围（图15-37）；增加髋内旋时，下方手将小腿向外转至最大范围，分别保持15～30秒，重复4～6次（图15-38）。

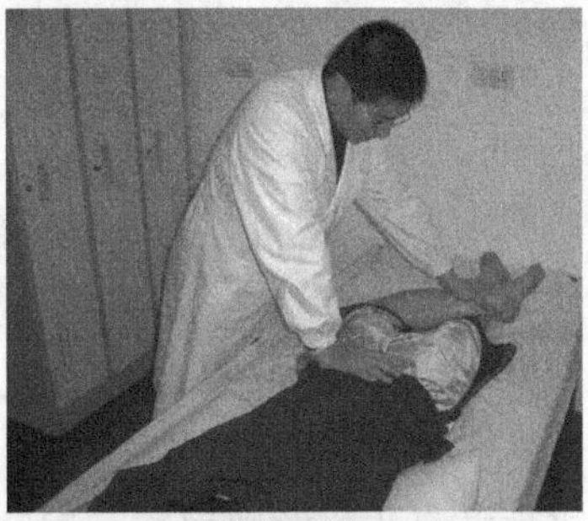

图15-37

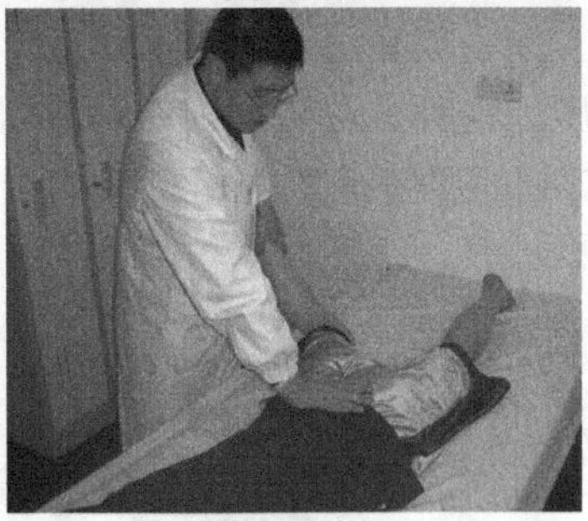

图15-38

## （二）自我牵拉技术

**1. 牵拉伸髋肌群，增加屈髋**

患者手膝跪位，腰部保持稳定，臀部向后运动至最大范围。（如图15-39）

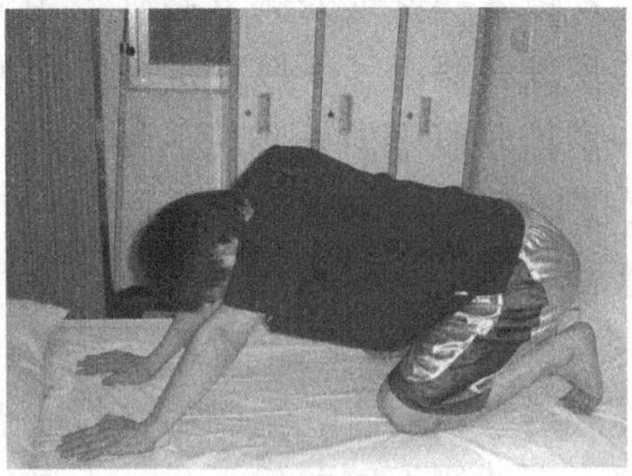

图15-39

**2. 牵拉髂腰肌，增加伸髋**

患者俯卧位，双上肢伸直支撑躯干，上身向上抬至最大范围（图15-40）；

站立位，双足分开，双手放在腰后，上身尽量后伸。

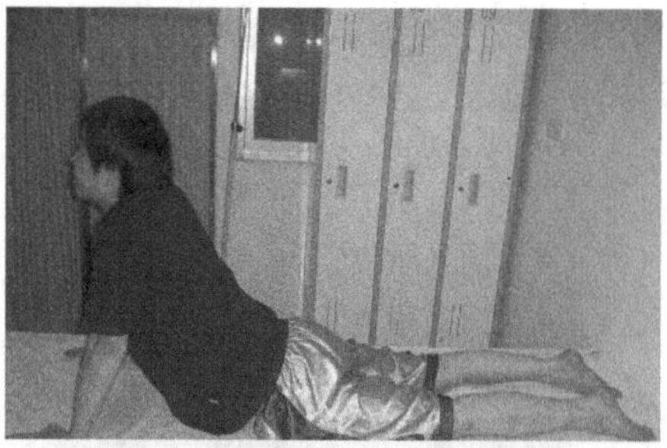

图15-40

3. 交叉伸屈髋

患者取前弓步，前腿屈髋、屈膝900，后腿伸直。双手放在弓步腿髌骨上方，挺胸，身体下压。这种方法可同时牵拉前腿的伸髋肌群和后腿的屈髋肌群。（图15-41）

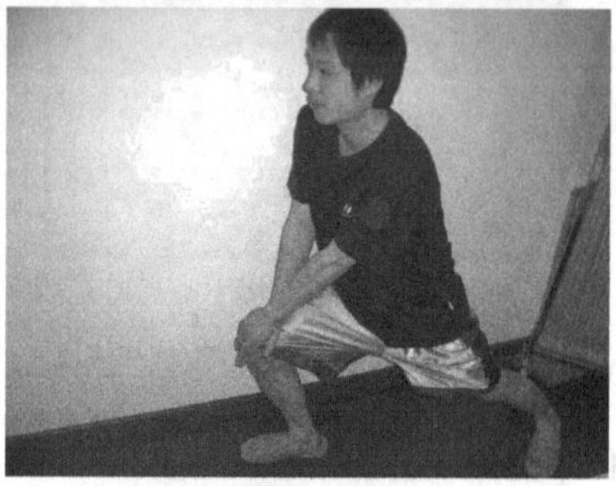

图15-41

4. 牵拉髋外展肌群，增加髋内收

患者距墙一臂远处侧方站立。患侧上肢外展，手放在墙上，下肢外旋放在健侧下肢后方。牵拉时躯干向外侧屈，骨盆向内侧移动。（图15-42）

患者取双足左右分开站立位，两手叉腰并做左右侧屈运动，躯干重心在转移过程中以牵伸髋内收肌群。③髂胫束牵拉：患者取站立位，牵伸侧下肢向后一步，上肢向上伸展，双手相握，髋部向一侧偏，以牵拉髂胫束，避免腰部侧屈代偿运动。

图15-42

## 二、膝部肌肉牵拉技术

膝部关节包括胫股关节、髌股关节和上胫腓关节。生理运动包括屈和伸，在屈膝位小腿可轻微内旋和外旋。膝关节屈膝主要由腘绳肌完成，包括股二头肌、半腱肌、半膜肌；伸膝由股四头肌完成。

### （一）徒手被动牵拉技术

1. 牵拉伸膝肌群，增加屈膝技术

患者：俯卧位。牵拉侧下肢屈膝于床边，在大腿下垫一软枕，防止牵拉时髂前上棘和髌骨被挤压，非牵拉侧下肢伸直。操作者；面向患者站在患侧。上方手放在臀部固定骨盆. 下方手握住小腿远端内外踝处

牵拉手法：下方手被动屈膝至最大范围，保持15～30秒，重复4～6次。（图15-43）

牵拉伸膝肌群，也可以在坐位进行，方法如下：患者坐在床沿，屈髋90度，尽量屈膝。治疗者站在患侧的下肢外侧，一手放在大腿远端固定，一手握住内外踝上方，尽量向后推小腿，牵拉伸膝肌群。（图15-44）

上述两种体位，俯卧位对增加屈膝90～135度效果最好，坐位对增加屈膝0～90度效果较好。

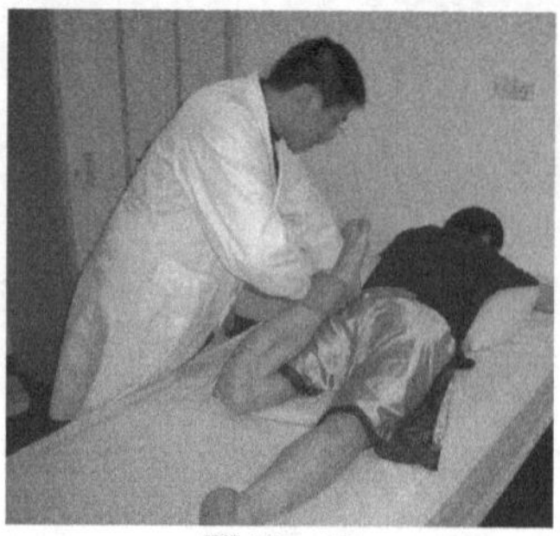

图15-43

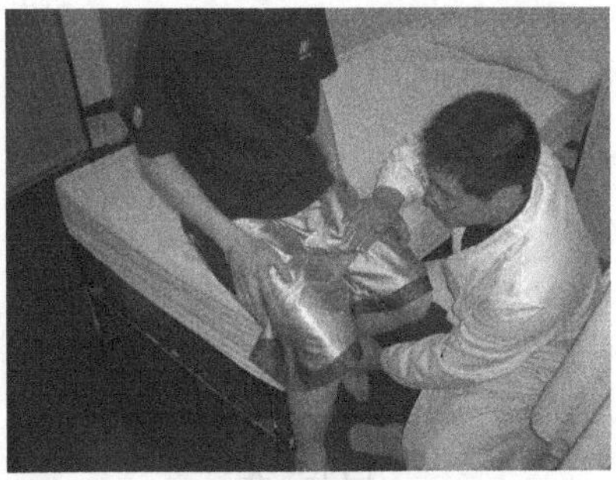

图15-44

**2. 牵拉屈膝肌群，增加伸膝技术**

患者：当伸膝在中间范围时，取俯卧位。下肢伸直，在大腿远端放一毛巾卷。操作者：面向患者足部站在患侧。上方手放在大腿后方固定骨盆及股骨，下方手握住小腿远端踝关节处。

牵拉手法：下方手将小腿向下压至最大范围，保持15～30秒，重复4～6次。（图15-45）

如果伸膝在末端活动受限，患者可取仰卧位。治疗者站在患侧，上方手放在髌骨上方固定大腿，下方手握住小腿远端踝关节处，向上抬小腿。（图15-46）

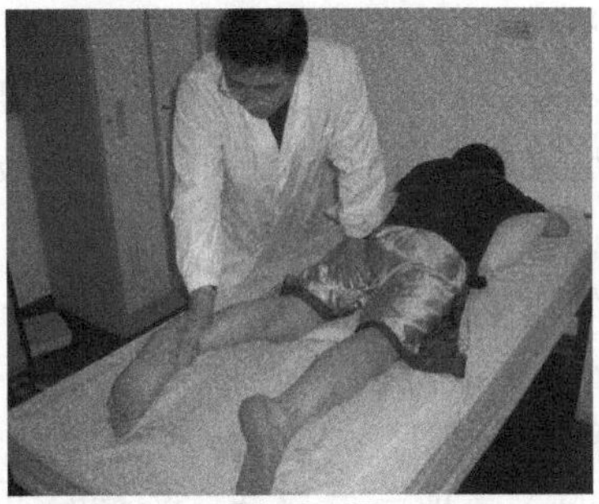

图15-45

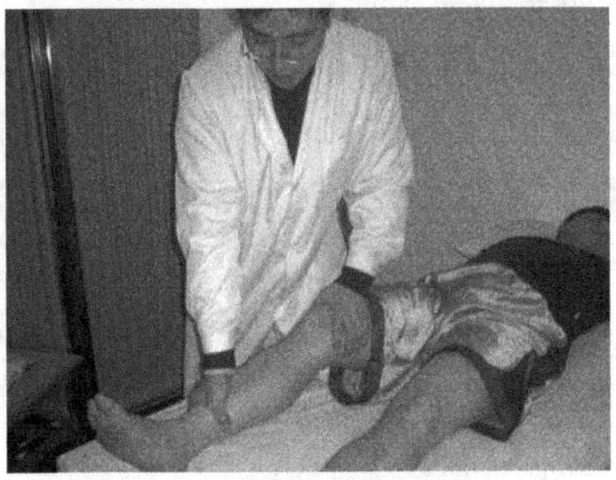

图15-46

### （二）自我牵拉技术

**1. 牵拉屈膝肌群，增加伸膝**

患者坐在床沿，患侧下肢放在床上，伸膝，健侧下肢放在地上，上身向前弯曲至最大范围（图15-47）。

**2. 牵拉伸膝肌群，增加屈膝**

根据屈膝活动受限程度可采取不同牵拉方法。如果屈膝活动度大于30度，可取站立位，患侧下肢放在一小凳上，双手重叠放在髌骨上方向下压，同时小腿向前运动；如果屈膝活动度小于90度，可双手扶椅背，屈髋、屈膝下蹲，借助自身重量，牵拉伸膝肌群；如果屈膝活动度大于90度，患侧下肢可放在较高的椅上，双手握住椅背，身体向前，同时屈髋、屈膝，这一方法对牵拉踝跖屈肌增加踝背伸也有较好作用。（图15-48）

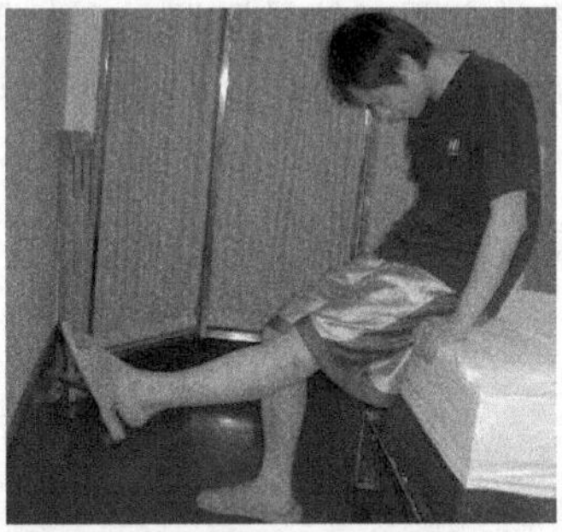

图15-47

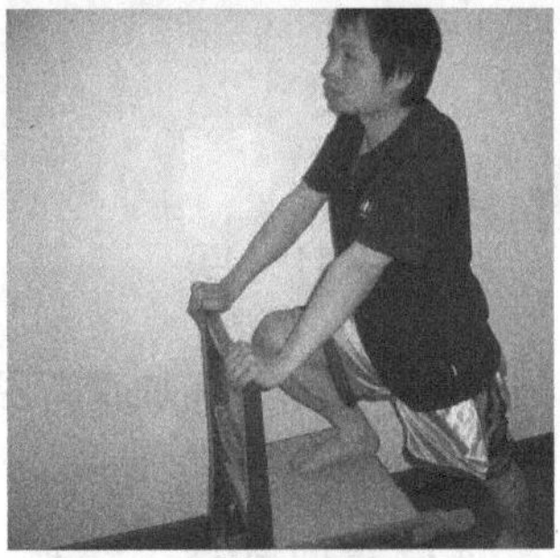

图15-48

## 三、踝部肌肉牵拉技术

踝部关节包括下胫腓关节、胫距关节、距下关节以及跗骨间关节。肌群包括：①跖屈肌群：小腿三头肌、胫骨后肌、拇长屈肌、趾长屈肌；②背伸肌群：胫骨前肌、拇长伸肌、趾长伸肌；②内翻肌群：小腿三头肌、胫骨前肌、胫骨后肌、趾长屈肌；④外翻肌群：腓骨长肌、腓骨短肌、拇长伸肌、趾长伸肌。踝部关节有跨越多关节的肌肉群，当增加踝部的关节活动度时，要考虑到这些关节的生理活动功能。

### （一）徒手被动牵拉技术

**1. 牵拉跖屈肌群，增加踝背伸技术（图15-49）**

患者：仰卧位。操作者：站在患侧下肢外侧。上方手握住内外踝处固定小腿，下方手握住足跟，前臂掌侧抵住足底。

牵拉手法：下方手将足跟向远端牵拉，前臂向近端运动，使踝背伸至最大范围，保持15～30秒，重复4～6次。

上述手法，当屈膝时主要牵拉比目鱼肌，伸膝时主要牵拉腓肠肌。牵拉腓肠肌和比目鱼肌时，容易过度牵拉引起足弓内侧缘松弛。所以，牵拉时一定要缓慢发力，避免用力过大，导致医源性平足的发生。

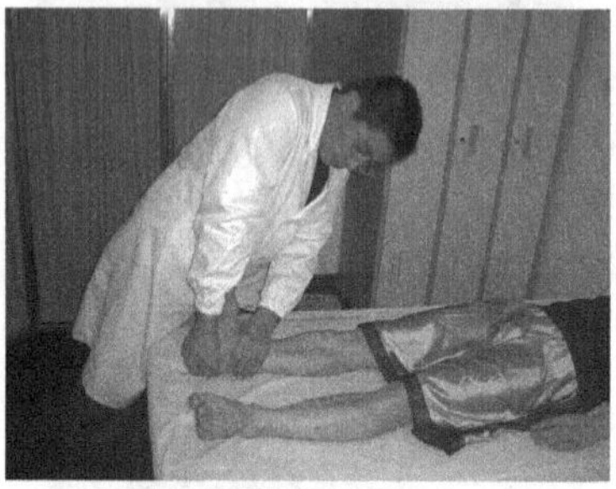

图15-49

**2. 牵拉踝背伸肌群，增加踝跖屈技术（图15-50）**

患者：坐位或仰卧位。操作者：站在患侧下肢外侧，上方手握住内外踝处固定小腿，下方手握住足背。

牵拉手法：下方手向下活动足至最大范围，使踝被动跖屈至最大范围，保持15～30秒，重复4～6次。

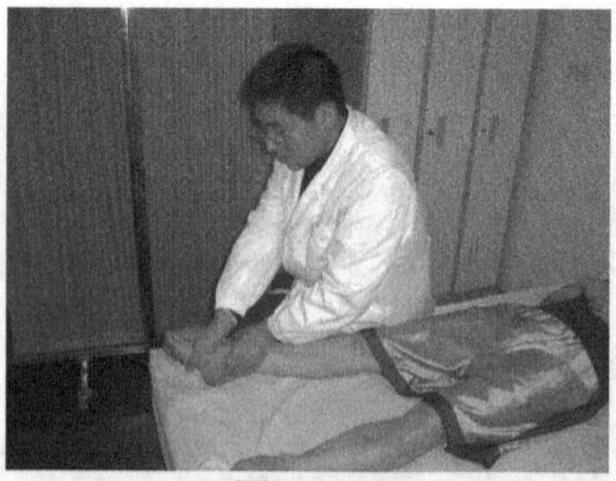

图15-50

**3. 牵拉外翻/内翻肌群，增加踝内翻/外翻技术**

患者：仰卧位，下肢伸直。操作者：站在患肢的外侧。上方手握住内外踝下方的距骨处，下方手握住足跟。

牵拉手法：当牵拉外翻肌群时，将足跟向内转动；牵拉内翻肌群时，将足跟向外转动至最大范围，保持15～30秒，重复4～6次。

### （二）自我牵拉技术

踝部肌肉最常见的紧张或挛缩为小腿三头肌，主要影响踝的背伸功能，而踝背伸肌的挛缩发生甚少。自我牵拉主要牵拉小腿三头肌增加踝背伸活动度，可采用以下几种方法。

1.患者可站在一楔形木块上，该楔形木块，应根据挛缩程度来选择不同的坡度。

2.足跟悬空站在楼梯台阶上，下肢伸直，借助自身重量进行牵拉。

3.患者取站立位面对墙壁，双手支撑墙面，身体尽量向前使腹部接近墙面，每次5～10秒，反复10～20次；根据肌肉紧张程度，双足不断地向后移动，治疗时必须感受到三头肌紧张牵拉感。

4.屈膝下蹲，背靠墙，健腿在前，患腿在后离墙壁约20厘米下蹲，腰部挺直，利用自身体重下沉对三头肌进行牵伸。治疗时必须感受到三头肌紧张牵拉感，双足跟不能离开地面。随着病情好转，患侧足跟逐渐靠近墙壁至约15厘米，离墙壁越近其功能越好。每次10～20秒，反复5～10次。

# 第四节 脊柱肌肉牵拉技术

## 一、颈部肌肉牵拉技术

**1. 牵拉颈部伸肌，增加颈椎前屈技术**

患者：患者取坐位。操作者：站立位。上方手放于患者顶枕部，下方手放于上段胸椎部位。

牵伸手法：下方手固定脊柱；上方手放置于头部，轻柔地向下压颈部伸肌群，使颈部屈曲达到最大的活动度。

**2. 牵拉颈部屈肌，增加颈椎后伸技术**

患者：患者取坐位。操作者：站立位。上方手放于患者前额部，下方手放于上段胸椎部位。

牵伸手法：下方手固定脊柱；上方手在前额部轻柔地向后推，牵拉颈部屈肌群，使颈部后伸到最大的活动度。

**3. 牵拉颈部侧屈肌群，增加颈椎侧屈技术**

患者：患者取坐位。操作者：站立位。上方手放于牵拉侧的颞部，下方手放于同侧的肩部。

牵伸手法：下方手固定牵拉侧肩部，防止肩关节代偿运动；上方手轻缓地推动患者头部向对侧，以牵拉对侧颈侧屈肌，使颈部侧屈运动达到最大的活动度。

**4. 自我牵拉技术**

（1）颈椎后伸肌群牵拉：坐在靠背椅子上，双上肢放松于躯干的两侧，前屈颈椎牵拉颈部后伸肌群，增加颈椎前屈活动度。

（2）颈椎前屈肌群牵拉：患者体位同，后伸颈椎牵拉颈部前屈肌群，增加颈椎后伸活动度。

（3）颈侧屈肌群牵拉：患者体位同，颈部向一侧作侧屈运动，牵拉对侧颈屈肌群。

## 二、腰部牵拉技术

### （一）徒手被动牵拉技术

患者：站立位，头部慢慢地靠在操作者的肩膀上。操作者：站立位。上方手放于胸骨前，下方手放于腰骶部。

牵伸手法：下方手固定腰骶部；上方手在胸前轻轻向后推，牵拉腰屈肌群，使腰椎后伸达到最大的活动度。

**2. 牵拉腰部伸肌，增加腰椎前屈技术**

患者：站立位。操作者：站立位。上方手放于胸椎背部，下方手放于腰骶部。

牵伸手法：下方手固定腰骶部；上方手在胸背部，轻轻向下压，牵拉腰椎伸肌群，使腰椎前屈达到最大的活动度。老年人骨质疏松的患者应特别注意，低强度、动作缓慢地进行牵拉，避免动作太大导致椎体压缩性骨折的发生。

**3. 牵拉腰部侧屈肌群，增加腰椎侧屈技术**

患者：站立位。操作者：站立位。上方手放于牵拉侧肩膀，下方手放于非牵拉侧髂部。

牵拉手法：下方手固定腰骶部；上方手在肩部轻轻向对侧推，牵拉对侧屈腰肌群，使腰椎侧屈达到最大的活动度。

**4. 自我牵拉技术**

（1）腰椎后伸肌群牵拉：站立位，双上肢放松于躯干的两侧，作腰椎前屈运动至最大的活动范围，牵拉腰部后伸肌群。

（2）腰椎前屈肌群牵拉：站立位，双手叉腰，作后伸腰运动至最大的活动范围，牵拉腰部前屈肌群围。

（3）腰侧屈肌群牵拉：站立位，双手叉腰，一手上举，向对侧作腰部侧屈运动至最大的活动范围，牵拉腰部侧屈肌群。

## 第五节 肌肉牵拉技术在体育运动中的运用

### 一、准备活动

在任何竞技运动之前，准备活动都是必需的，它通过改善肌肉的柔韧性从而有助于预防损伤。为了避免肌肉损伤，在拉伸运动之前，应该通过轻微的运动提高体内温度。一个完整的准备活动应该包含一般准备活动和专项准备活动。一般准备活动持续时间通常为5～10分，通过慢跑、踩功率自行车等来提高心率、增加肌肉血流量，使深层肌肉温度上升，呼吸频率提高，肌肉黏滞性下降，身体出汗。肌肉温度的增加会提高肌肉的柔韧性，这样可以使运动员适应专项运动的需求。专项准备活动包含与专项运动方式相接近的运动。一般包含8～12分的与专项运动相关的拉伸，例如，排球运动员肩部的拉伸。另外，专项准备活动就是在活动方式上与专项动作相接近的活动，例如，跳远运动员进行低强度的蹦跳练习。专项活动的强度越大，准备活动的重要性就越大。

### 二、柔韧性

无论是网球的发球动作还是田径的跳高动作，机体肌肉和关节的柔韧性都是影响这些运动能力的重要因素。良好的柔韧性可以增加关节运动的幅度，进而提高运动水平。良好的柔韧性也可通过减少肌肉、骨骼系统的损伤来提高运动水平。因而在运动训练中要时刻考虑到不同的专项运动对柔韧性的需求。柔韧性是关节活动范围的指标，静态柔韧性是关节及其周围肌肉在被动活动时的运动范围。就是说静态柔韧性是在外力（例如，地心引力，同伴帮助，仪器等提供的力）的作用下拉伸的能力，不需要自身肌肉活动的参与。动态柔韧性是指运动活动过程中关节的运动范围，需要自身肌肉活动的参与。静态柔韧性大于动态柔韧性，因为从力学上讲，自身肌肉不易使关节韧带或肌腱得到充分拉伸。作为专业体能教练必须认识到，在许多活动中，在许多专项运动中，关节和肌肉的拉伸度超过了他们的正常活动范围，为了提高运动成绩，必须通过静态拉伸练习来发展柔韧性。

有许多解剖因素和训练相关因素可以影响柔韧性。有些因素（例如关节结构、年龄、性别）不能通过训练来改变。有些训练（例如力量训练、牵拉训练等）可以影响柔韧性。专业体能教练在为运动员推荐柔韧性练习时要考虑到运动员各方面的因素以及项目的要求。

#### （一）关节结构

关节结构决定其活动范围。关节的类型，关节面的形状以及关节周围的软组织等，都会影响关节的活动范围。球窝关节（例如髋关节和肩关节）可以在任何解剖平面活动，在所有关节中，他们的活动范围最大；手腕关节是椭圆关节，只能在矢状面和额状面运动，其活动范围比髋关节和肩关节都小；膝关节是一种滑车关节，其活动范围较椭圆关节和球窝关节都小。

#### （二）年龄和性别

一般来说年轻者较年长者的柔韧性好，女子较男子的柔韧性好。年轻男、女之间的差异，部分是由于解剖结构的不同以及所从事的活动不同造成的。年老者正经历着“纤维化”过程，在这个过程中退化的肌肉组织被纤维性结缔组织取代，导致柔韧性的下降。这个过程的发生可能是由于老年人运动减少，在运动中关节活动范围没有被充分利用所致。年长的人可以通过训练提高力量，同样可以通过训练提高柔韧性。

#### （三）结缔组织

肌腱、韧带、筋膜、关节囊以及皮肤都可能限制关节活动范围。结缔组织的弹性和牵张性也是影响关节活动范围的因素。在这些影响柔韧性的因素中，训练对结缔组织的牵张性影响最大。关节活动范围可以通过拉伸练习得以提高，这种提高主要是通过结缔组织的适应性变化来实现的。

**（四）关节活动范围较小的力量训练**

良好、合理的力量训练可以提高柔韧性，但关节活动范围较小的力量训练却可以减小关节的活动范围。为了避免关节活动范围的减小，运动员在发展主动肌的同时，要发展拮抗肌，并且在练习中要让关节已有的活动范围都能得到训练。

**（五）肌肉体积**

肌肉体积增加太多可能会限制关节活动，从而影响关节的活动范围。具有巨大肱二头肌和三角肌的运动员，可能在高翻支撑时或前蹲持杠时有三头肌不能充分拉伸的现象。可以通过改变训练计划来降低肌肉体积，但并不主张这样做，特别是对那些爆发力项目如短投或橄榄球的进攻卫线队员来说来更是不能这样做。体能教练应充分考虑项目特点，肌肉体积增大带来的好处往往大过它对关节活动范围限制造成的不利。

**（六）活动水平**

喜爱运动的人往往比不爱运动的人柔韧性好，特别是喜爱从事包含柔韧性练习的运动的人更是如此。即使是只进行举重练习或功能练习的人，也比不爱动的人柔韧性好。无论男女，都可以通过完善的抗阻训练来使柔韧性得到提高。必须注意到，通过保持一定的活动水平来提高柔韧性是不够的，要想提高柔韧性，必须进行拉伸练习。

## 三、牵拉技术在体育运动中运用要点

有研究报道说每周进行两次牵拉训练，共持续五周，可以显著提高柔韧性。每周牵拉练习的次数因项目不同、所处的训练周期不同而有差异，但通常每次训练课之前都要有5~10分钟的一般准备活动和8~12分钟的专项牵拉活动，课后要有4~5分钟的牵拉活动。牵拉活动中要有中等程度的不适感，但不能有疼痛感，一次持续时间30秒为好。在牵拉过程中，神经和血管的结构被拉伸，运动员应该注意有无麻木感和放射性疼痛。

在下列情况下牵拉效果最好：（1）在比赛前的牵拉能够增加关节活动范围和改善功能能力。如能在热身之后再做牵拉运动更为理想。通过牵拉可以增加肌肉和肌腱弹性，从而减小肌肉损伤，特别是能减少肌肉拉伤发生的可能性。（2）练习和比赛之后，运动可使肌肉温度升高，在运动后的牵拉能够改善关节活动范围。运动后的牵拉应在运动停止后5~10分钟内进行。体温的增加可以提高肌肉和肌腱中胶原纤维的弹性，使牵拉幅度增大。运动后牵拉还可缓解肌肉酸痛。

## 四、本体感受器和牵拉

牵拉运动时，我们要考虑两种本体感受器的功能，这两种本体感受器就是肌梭和腱梭。肌梭感受器位于梭内肌纤维，梭内肌纤维与梭外肌纤维平行排列，肌梭感受器的主要功能是感受肌肉长度的变化。在快速牵拉中，肌梭的感觉神经将冲动传递给脊髓的运动神经元，运动神经元使被拉伸的肌肉产生收缩，这叫牵拉反射。在牵拉练习中，应该避免刺激肌梭，以免引起牵拉反射，限制肌肉的拉长。如果避免了刺激肌梭，肌肉会更加放松，便于牵拉。在静态牵拉中，由于牵拉动作缓慢，不会引起牵拉反射。而快速拉伸能够刺激肌梭，引起牵拉反射。

腱梭是位于肌腹和肌腱交界处的机械感受器，对于肌肉张力的增加非常敏感。当受到刺激时，可引起肌肉反射性地放松。张力增加引起的这种肌肉放松叫作自发抑制。在被动牵拉之前主动地收缩肌肉可引起自发抑制的产生。肌肉收缩过程产生张力，刺激腱梭，引起肌肉在随后的被动牵拉中反射性地放松。由于肌肉张力升高而引起的与其相拮抗的肌肉的放松作用叫作交互抑制。在牵拉一块肌肉时，主动地收缩其拮抗肌可产生这种交互抑制作用，有助于牵拉幅度的增加。拮抗肌的收缩使腱梭受到刺激，同时引起被牵拉肌肉的反射性放松。

## 五、体育运动中牵拉的种类

牵拉运动需要运动员使身体的关节运动到活动范围受阻的地方，在这个受阻的地方施加一定的力以实现牵拉运动。这种牵拉运动可以由两种方式来进行：主动、被动。如果牵拉所施加的力是运动员自己产生的，就叫主动牵拉；如果所施加的力是外在的（同伴之力或机械之力），就叫被动牵拉。在坐位体前屈摸远的牵拉运动中，运动员自己用力向前靠身体，以便牵拉大腿后群肌和腰部肌肉，这就是主动牵拉。牵拉可以分为以下几类。

### （一）静态牵拉

缓慢、均匀地保持牵拉动作30秒就是静态牵拉。静态牵拉同时包括被牵拉肌肉的放松和拉长两个过程。因为静态牵拉是缓慢进行的，不会引起被牵拉肌肉的牵拉反射，因而其引起损伤的可能性比动态牵拉要小。另外，静态牵拉容易掌握，而且对于改善关节活动范围效果显著。虽然静态拉有时也会因牵拉强度过大而引起损伤，但如果技术掌握正确，静态牵拉没有明显缺陷。静态牵拉对于所有项目的运动员来说，都是一种良好的发展柔韧性的手段。

### （二）弹踢式牵拉

弹踢式牵拉包含运动员的主动用力，运动方式是弹踢式的，肌肉并不保持拉长的状态。在准备活动中常有人使用弹踢式牵拉，但这种牵拉容易造成运动员的肌肉和结缔组织损伤，特别是容易引起老伤复发。弹踢式牵拉可以引起先前提到的牵拉反射，使被牵拉肌肉紧张，这与牵拉目的相背离。弹踢法不是优良的牵拉法，有大腿后群肌和腰部陈伤的要避免使用这种方法。

### （三）动态牵拉

在专项运动中牵拉的形式就是动态牵拉。动态牵拉与弹踢式牵拉一样，牵拉过程中动作速度快，但动态牵拉没有弹踢动作，而且动作形式接近或模仿专项动作，从某种意义上讲，动态牵拉与专项准备活动类似，能帮助运动员在赛前做好专项柔韧性的准备。这种牵拉在田径运动中较多见，在排球、足球、高尔夫球和棒球中也有应有。典型例子是短跑运动员的跨步走，强调髋关节的充分伸展，同时保持骨盆的后倾。这种牵拉活动拉开了髋关节屈肌，为即将开始的短跑比赛做好准备。

### （四）本体感觉神经肌肉促进技术

本体感受性神经肌肉促进法最初是为神经—肌肉的康复活动而设计的，主要是通过增加肌肉的张力和活动来放松肌肉。在竞技体育中，一直用于增加肌肉柔韧性。PNF牵拉法包括被动的牵拉运动和主动的肌肉收缩活动，需要有同伴帮助来完成。这种方法能够促进肌肉的放松，因而相比其他牵拉方法，有特别的优点。但其不可克服的缺点是需要有同伴帮助，不能自己完成，同时需要有专门的知识支持，下面专门介绍PNF牵拉方法。

PNF牵拉中有三种肌肉活动来促进肌肉的被动牵拉。在肌肉的被动牵拉之前有肌肉的等长收缩和向心收缩，以此引起自身抑制反应。等长收缩就是“保持、挺住”，向心收缩就是“收缩、缩短”，这两种肌肉工作方式在被动牵拉中使用，用以获得本体感受性的抑制。PNF牵拉还包含被动牵拉和静态牵拉，我们将这种肌肉工作方式叫作“放松”。

PNF牵拉有三种类型的技术：保持-放松；收缩-放松；静力-放松，保持-放松-收缩。

所有PNF牵拉技术都分为三个时相。第一时相是一个被动牵拉，持续10秒，这在三种技术中都是一样的。第二时相的肌肉活动是不同的。其工作方式正如技术名称。下面以牵拉大腿后群肌为例来演示PNF的三种技术。

**1. 保持-放松技术**

先进行被动牵拉10秒，使运动员感到中等程度的不适。同伴施加使运动员髋关节屈的外力，这时运动员要用力对抗这种力，保持腿的位置不移动，进行一种等长收缩，保持6秒钟。然后运动员腿部放松，进行被动牵拉，保持30秒。最后的牵拉中，由于自身抑制机制被激活，牵拉的幅度一定明显增大。

**2. 收缩-放松牵拉技术**

由被动牵拉开始，对牵拉有中等程度的不适感，持续10秒，然后运动员对抗同伴施加的使髋关节屈的外力，用力伸髋，进行全范围向心收缩，然后运动员放松腿部，进行髋关节屈的被动牵拉，持续30秒。由于激活了自身抑制作用，这次的牵拉幅度应该大于第一次被动牵拉的幅度。

**3. 保持-放松-收缩**

该技术的前两个时相与静力—放松技巧完全相同，但在第三时相，除了被动牵拉外，对侧肌肉收缩，增加牵拉力量。也就是说，在等长收缩之后，髋关节进行主动的屈，使髋关节活动范围进一步增大。这种技巧不仅激发了交互抑制作用，还激活了自身抑制作用，因而牵拉幅度会更大。静力—放松外加对侧肌肉的收缩，是最有效的PNF牵拉技巧，因为这种方法不仅利用了本体感受性作用，同时利用了自身抑制作用。

为了提高成绩和减少受伤可能性，运动员在运动前应该进行热身和牵拉活动。最有效的牵拉方式是PNF牵拉，在没有经验丰富的同伴的情况下，静态牵拉是比较容易和有效的方法。

## 六、体育运动中各部位牵拉技术

### （一）颈部牵拉

**1. 向左看、向右看**

（1）站或坐，头颈直立。

（2）中等用力向心收缩，使头转向右侧。

（3）中等用力向心收缩，使头转向左侧。

牵拉的肌肉：胸锁乳突肌。

**2. 颈部屈伸**

（1）站或坐，头颈直立，屈颈，下巴向胸靠拢。

（2）如果下巴触到了胸，就尽量向下触。

（3）伸颈，头尽量向背靠拢。

牵拉的肌肉：胸锁乳突肌、枕骨下肌、颈夹肌。

### （二）胸部和肩的牵拉

**1. 背后直臂上拉**

（1）站立，两臂置于背后。

（2）双手手指交叉合掌。

（3）充分伸直肘关节。

（4）保持肘关节伸直，缓慢向上抬臂。

（5）保持头部正直，颈部放松。

牵拉的肌肉：三角肌前部、胸大肌。

**2. 坐位后仰**

（1）双腿伸直坐立，双臂伸直，手掌于臀后30厘米撑地。

（2）手指指向后方。

（3）手向后滑，上体向后倾。

牵拉的肌肉：三角肌前部、胸大肌。

### （三）上臂后部

**颈后牵拉：**

（1）站立或坐直，右臂外展，屈肘。

（2）右手摸左肩胛。

（3）左手抓住右肘。

（4）左手拉右肘，使右肩外展幅度加大。

牵拉的肌肉：肱三头肌、背阔肌。

### （四）背部牵拉

**1. 胸前横臂**

（1）站立或坐直，左肘微屈（15度～30度）横于胸前，肩水平内收。

（2）右手置于左上臂后面，抓住肘关节上方。

（3）用右臂向右拉左臂。

牵拉的肌肉：背阔肌、大圆肌。

**2. 双臂上举**

（1）双手置于体前站立，双手手指交叉，手心相背朝外。

（2）双臂在头顶上方慢慢伸直，掌心向上。

（3）双手，双臂继续伸直，在头顶上方向上顶起。

（4）在继续向上顶起的同时，双臂略微向后倾。

牵拉的肌肉：背阔肌。

**3. 腰部牵拉扭转脊柱**

（1）双腿伸直，上体垂直坐立，将右脚放在左膝的左侧；

（2）将左肘的后部置于右膝的右侧，此时右膝处于屈曲状。

（3）右手掌撑地，置于臀后30～40厘米处。

（4）左肘发力推动右膝向左，同时尽力向右转肩转头，尽量向背后看。

牵拉的肌肉：腹外斜肌、腹内斜肌、梨状肌、脊柱直立肌群。

**4. 屈膝跨坐**

（1）腿部放松坐立，膝屈30～50度。

（2）膝头朝外，膝侧可以触地。

（3）身体自腰部向前靠，双手伸直向前够。

注意：膝要屈，腿放松，以便减少大腿后部的张力，增加对腰的牵拉。

牵拉的肌肉：大腿后部及腰部直立肌群

**5.髋关节牵拉弓步（击剑步）**

（1）站立，右腿向前跨一大步，屈膝直到膝关节与踝关节垂直。

（2）右腿平稳支撑，全脚掌着地。

（3）后腿伸直。

（4）后脚与前脚保持相同方向，后脚脚跟可以离地。

（5）腰背直立，双手放松置于髋上或前腿。

（6）缓慢向前、向下移动髋关节。

牵拉的肌肉：股直肌、髂腰肌。

**6.仰卧屈膝**

（1）仰卧，两腿平伸。

（2）右膝，右髋屈，大腿向胸靠。

（3）两手置右大腿后，将大腿拉向胸部。

牵拉的肌肉：髋关节伸肌（臀大肌和大腿后群肌）。

### （五）躯干牵拉

**1. 直臂体侧屈**

（1）两脚平行分开40厘米站立。

（2）掌心向外，交叉两手手指。

（3）向上伸直双臂。

（4）保持直臂，身体（腰）向右侧屈，膝关节要伸直。

牵拉的肌肉：腹外斜肌、背阔肌、前锯肌。

**2. 屈臂体侧屈**

（1）两脚平行分开40厘米站立。

（2）右肘屈，举过头顶。

（3）右手向下够摸左肩。

（4）左手抓住右肘。

（5）在头后拉右肘。

（6）保持臂屈，向左屈体（腰部）。

（7）不要屈膝。

牵拉的肌肉：腹外斜肌、背阔肌、前锯肌、肱三头肌。

### （六）大腿和髋关节前部屈肌的牵拉

**侧卧牵拉股四头肌：**

（1）向左侧卧，两腿伸直。

（2）左前臂、手放地板上支撑，大臂与地面垂直。

（3）左前臂与躯干成45度角。

（4）弯曲右腿，脚跟靠向臀部。

（5）右手抓住右踝前面，拉向臀部。

注意：在屈膝、伸髋时使肌肉得到牵拉。

牵拉的肌肉：股四头肌和髂腰肌。

### （七）大腿后部肌肉的牵拉

**1. 坐立摸脚趾尖**

（1）上体垂直坐立，腿伸直。

（2）屈髋前倾身体，两手抓脚尖，轻轻地将脚尖往胸前拉动，同时胸部向腿靠拢。如果够不着脚尖，就抓住脚踝。

牵拉的肌肉：大腿后群肌、脊柱直立肌群、腓肠肌。

**2. 单腿跨坐**

（1）上体垂直坐立，腿伸直。

（2）左脚脚底置于右膝内侧，左腿外侧触及地板或朝向地板。

（3）屈髋身体向前，右手抓右足尖，慢慢向胸前拉，同时胸向右腿靠。

牵拉的肌肉：大腿后群肌、脊柱直立肌群、腓肠肌。

### （八）髋关节周围的牵拉

**1. 跨　坐**

（1）上体垂直坐立，两腿伸直，在髋处外展，尽量分开双腿。

（2）双手抓住右脚脚尖，轻轻向回拉，同时胸部向右腿靠。

（3）右手抓住右脚脚尖，左手抓左脚脚尖，身体向地面靠拢。

牵拉的肌肉：大腿后肌群、髋内收肌、缝匠肌、脊柱直立肌群、腓肠肌。

**2. 蝴　蝶**

（1）上体垂直坐立，双腿伸直，屈膝，双脚脚底合拢。

（2）将双脚向身体方向拉动。

（3）双手放在双脚上，双肘置于腿上。

(4) 双肘向下推，身体向前倾，使髋外展。

牵拉的肌肉：髋内收肌、缝匠肌。

### （九）小腿肌肉的牵拉

**1. 弓步顶墙**

（1）面墙站立，双脚与肩同宽，足尖距墙30厘米。

（2）前倾身体双手扶墙。

（3）牵拉腿后跨一步（约60厘米），另一腿屈膝。

（4）牵拉腿伸直膝关节，后跟下压，实现牵拉。

牵拉的肌肉：腓肠肌、比目鱼肌、跟腱。

**2. 台阶牵拉**

（1）一脚的前脚掌置于台阶的边缘，另一脚平踏在台阶上。

（2）保持腿伸直，尽量降低后腿的后跟。

（3）换一腿再做。

注意：如果要牵拉跟腱，在做同样动作时保持膝关节屈曲10度。

牵拉的肌肉：腓肠肌、比目鱼肌、跟腱。

## 【思考题】

**1. 关键性思考和讨论**

（1）在康复功能评定时当你发现什么问题时选择肌肉牵拉技术是合适的治疗手段？

（2）比较手法牵拉、自我牵拉和机械牵拉等不同肌肉牵拉技术的优缺点？在实际治疗过程中如何选择不同的肌肉牵拉技术？

（3）分析和讨论影响肌肉牵拉治疗效果的因素。

**2. 实验操作练习**

（1）两人一组分别进行上下肢和躯干肌肉的牵拉操作练习。

（2）指导同伴正确进行肌肉自我牵拉练习，注意身体对线和固定。

（3）练习保持-放松和收缩-放松等主动抑制技术；

（4）为长期在电脑前工作的人员设计一组室内肌肉自我牵伸操，示范并指导他们练习。

（5）为不同项目的体育爱好者设计一组热身活动。

## ◎ 参考文献

[1]周士枋，丁伯坦. 运动学[M].北京：华夏出版社，2003.

[2]燕铁斌. 现代康复治疗技术[M].安徽：安徽科学技术出版社，1994.

[3]纪树荣. 运动疗法技术学[M].北京：华夏出版社，2003.

[4]梁和平，康复治疗技术[M].北京：人民卫生出版社，2002.

[5]周士枋.范振华. 实用康复学[M].北京：东南大学出版社，1997.

（廖远朋）

# 第十六章 耐力训练

【学习目标】

1.熟悉耐力的分类。

2.了解有氧耐力训练的作用。

3.掌握有氧耐力训练的方法和手段。

4.能正确指导不同人群进行有氧耐力及无氧耐力训练。

## 第一节 概 述

### 一、耐力的定义与分类

耐力是指人体持续进行工作的能力，可认为是人体运动中对抗疲劳的能力。许多运动项目都需要持续较长时间，运动员要在竞赛全过程保持特定的运动强度或动作质量就必须具备良好的耐力素质，具备与持续运动过程中不断积累的疲劳对抗的能力。同时，耐力素质也是人类日常生活活动中必不可少的一种身体素质。

根据耐力的生理供能形式分为有氧耐力和无氧耐力，有氧耐力是指人体长时间进行有氧供能的工作能力。通常我们所说耐力训练，一般是指有氧运动或有氧耐力训练（aerobic exercise）。无氧耐力是指机体以无氧代谢为主要供能形式坚持较长时间工作的能力，又称速度耐力。依据能量供应形式，无氧耐力又分为磷酸原代谢供能的无氧耐力和糖酵解代谢供能的无氧耐力。

根据耐力素质对运动专项的影响分为一般耐力和专项耐力，一般耐力是指对提高专项运动成绩起间接作用的基础性耐力，专项耐力是指与提高专项运动成绩有直接关系的耐力，即持续完成专项动作或接近比赛动作的耐力。（表16-1）

表16-1 耐力素质分类

| 分类依据 | 耐力素质种类 |
|---|---|
| 运动状态 | 动力性耐力、静力性耐力 |
| 运动机能 | 力量耐力、速度耐力 |
| 负荷时间强度 | 短时、中时、长时耐力 |
| 组织器官系统 | 肌肉耐力、心血管耐力 |
| 能量供应形式 | 有氧耐力、无氧耐力 |
| 运动专项 | 一般耐力、专项耐力 |

### 二、影响耐力素质的因素

运动生理学方面影响耐力的主要因素有神经系统的稳定性、能量物质的储备量、最大摄氧量的水平、肌纤维比例、人体负氧债的能力等。

#### （一）神经系统的稳定性

在长时间运动中，神经系统保持神经细胞和运动反射弧的兴奋性是决定技术动作保持高度协调的重要因素之一。神经系统的稳定性既包括大脑皮层即中枢神经是否能够保持长时间发出足够的运动神经冲动并募集到足够多的运动单位，也包括自主神经系统的功能状态。在耐力项目中，神经系统的稳定性对疲劳具有高度的抵抗能力，不仅影响运动技术动作的稳定性，而且对调节体内物质代谢也有直接作用。

### （二）能量物质的储备量

糖原、游离脂肪酸的储备量是决定耐力水平的重要因素，一般情况下，在氧供应充足的条件下，体内糖原和游离脂肪酸含量高的运动员所表现出的耐力水平通常较高。体内糖原储备量大标志着运动员在较高强度的负荷下持续运动的潜力大，体内游离脂肪酸含量多则意味着连续工作的能力强。

### （三）最大摄氧量的水平

最大摄氧量是衡量运动员有氧耐力的重要客观指标，最大摄氧量是指人体在进行有大量肌肉群参加的力竭性运动中，当氧运输系统中的各个环节的贮备力都已被动员而达到本人最高水平时在单位时间内能摄取的最大氧量。人体有氧工作能力决定于机体氧运输系统的运氧能力和肌肉利用氧的能力，事实上最大摄氧量也决定于这两个因素。根据大量的研究可以肯定，制约运输氧能力因素是心脏的泵血功能，故将心脏的泵血功能称为最大摄氧量的中央机制，而把肌肉利用氧的能力称为最大摄氧量的外周机制。因此，改善心血管系统功能是提高最大摄氧量的关键。

### （四）肌纤维比例

人体骨骼肌中红肌纤维是耐力素质的重要物质基础，结构上具有毛细血管数量多、线粒体多且有氧能力强、糖原储备高、肌球蛋白ATP酶多等特点；机能上具有潜伏期长、不易疲劳、持续收缩时间长等特点。有研究表明红肌纤维的比例与最大摄氧量水平呈正相关性，在氧供应充足的情况下人体运动主要是红肌纤维及其内部的能量物质分解供能。

### （五）人体负氧债的能力

人体在氧供应不足的情况下仍然能够保持较高负荷强度的持续运动能力，说明体内抗氧债的能力高，人体负氧债能力的高低与人体抗酸能力、糖原无氧酵解能力和氧利用能力有关。一般来说，在氧供应不足的情况下，糖原无氧酵解释放能量越多，体内氧利用率越高，人体抗酸能力越强，人体无氧耐力水平就会越好。

## 三、耐力素质的评定

### （一）有氧耐力的评定

通常采用的方法是定距离的计时位移运动，如1500～10000米跑、400～3000米游泳、100～200公里自行车骑行及5000～10000米划船等，还有定时计距离的12分钟跑等。表16-2列出12分钟跑评定参考标准。

表16-2 12分钟跑评定参考标准

| 组别 | 体能划分 | 30岁以下 | 30~39岁 | 40~49岁 | 50岁以上 |
|---|---|---|---|---|---|
| 男子 | 很 差 | 1600米以下 | 1500米以下 | 1350米以下 | 1280米以下 |
| | 不及格 | 1600～2049 | 1500～1849 | 1350～1679 | 1280～1599 |
| | 及 格 | 2050～2399 | 1850～2149 | 1680～2079 | 1600～1999 |
| | 良 好 | 2400～2799 | 2150～2649 | 2080～2479 | 2000～2319 |
| | 优 秀 | 2800米以上 | 2650米以上 | 2480米以上 | 2320米以上 |
| 女子 | 很 差 | 1500米以下 | 1350米以下 | 1200米以下 | 1050米以下 |
| | 不及格 | 1500～1849 | 1350～1679 | 1200～1449 | 1050～1399 |
| | 及 格 | 1850～2199 | 1680～2099 | 1550～1849 | 1400～1679 |
| | 良 好 | 2200～2649 | 2100～2479 | 1850～2319 | 1680～2159 |
| | 优 秀 | 2650米以上 | 2480米以上 | 2320米以上 | 2160米以上 |

### （二）糖酵解无氧代谢供能的无氧耐力的评定

评定糖酵解无氧代谢供能的无氧耐力可采用持续1分钟的练习作为评定指标，如400米跑。

## 四、有氧耐力训练的作用

### （一）提高心肌供氧量

冠心病的发病机制为心肌的供氧量不能满足心肌耗氧量的需要，通过心肺耐力的锻炼，能够提高心肌的供氧量。

#### 1. 提高心脏泵血功能

通过有氧耐力训练，心脏的容积加大、心脏收缩能力提高，心脏每搏输出量增加，心脏泵血功能提高。表现为安静时心率降低，而心脏每分输出量并不减少。心脏泵血功能提高，每分钟跳动较少的次数，即可完成足够的泵血量，满足日常生活的需要；完成定量负荷时，以较慢的心率，即可满足运动的需要。

心脏本身的血液供应，与身体其他部位不同，只有在心脏的舒张期，血液才能经过冠状动脉流入心脏。由于在一个心动周期中，心脏收缩期所需的时间相对稳定（心室为0.3秒左右），舒张期的时间随心率的加快而明显缩短。所以当心率加快时，心肌本身可能得到供血的时间减少，氧气供应也随之减少。通过锻炼，提高了心脏泵血功能，在同样强度的活动时，心搏频率较低，心肌可以得到供血的时间较长，有利于改善心肌的血液循环和氧气的供应。

#### 2. 促进侧支循环形成

通过长期坚持心肺耐力锻炼，可促使阻塞的冠状动脉形成侧支循环，增加缺血区域的血液供应，改善心肌供氧量，提高运动耐力。

#### 3. 提高心肌毛细血管的数量

通过有氧耐力锻炼，可加大心肌毛细血管的密度和口径，改善气体交换，提高心肌对氧的利用能力，改善心肌供氧。

#### 4. 提高血红蛋白释放氧的能力

在通过冠状动脉血流量不变的情况下，血红蛋白释放氧的能力提高，可改善心肌供氧状况。

### （二）降低心肌耗氧量

通过有氧耐力锻炼，骨骼肌的有氧代谢能力增强，如肌肉中线粒体的质和量提高、氧化酶的活性增强、毛细血管的数量增加、口径加大；加上骨骼肌的机械效率提高、出现运动节省化现象，使完成同样运动负荷时，肌肉对血液供应的需求量下降。这就减轻了心脏的负担，使心肌耗氧量下降。

### （三）降压、降脂

通过有氧耐力锻炼，神经内分泌因素、血压和心血管结构适应性改变、儿茶酚胺和总外周血管阻力降低、胰岛素抵抗改善、血管扩张和收缩机制改善。动脉粥样硬化是引起冠心病、高血压、脑血管意外的重要危险因素之一。而高脂血症是引起动脉粥样硬化的重要的危险因子。心肺耐力锻炼除了通过加强心脏泵血功能，提高每搏输出量，加快血流速度，减少胆固醇在动脉管壁上的沉着外，还可以通过改善脂代谢，降低血脂水平，达到预防或减轻动脉粥样硬化，对高血压、心脑血管疾病起防治作用。

适当的心肺耐力锻炼，可通过提高和激活脂肪组织中的脂蛋白脂酶，减少血清中的甘油三酯、胆固醇、低密度脂蛋白（LDL）含量，并可提高高密度脂蛋白（HDL）的水平，起到降低血脂，减轻动脉粥样硬化的作用。

### （四）提高胰岛素受体敏感性

糖是肌肉活动的主要能量来源。运动时肝糖原分解，进入血液，使血糖升高。血液将血糖运送到肌肉，合成肌糖原，供给肌肉活动所需要的能量。运动时糖的消耗量大大提高，可使血糖水平下降。耐力锻炼对糖尿病的防治作用更重要的是提高胰岛素受体的敏感性，减轻胰岛素抵抗作用。运动的降糖作用，是胰岛素所不能替代的。

经常进行锻炼，胰岛素受体敏感性提高，能使肌肉在血浆胰岛素浓度降低的情况下，加强对葡萄糖的摄取和利用。这正是运动治疗糖尿病的机理。运动促进脂肪的利用，减轻肥胖，提高肌细胞对胰岛素的敏感性，便于糖的利用，纠正胰岛素相对不足带来的糖代谢紊乱，对于非胰岛素依赖型的Ⅱ型糖尿病患者，是一种极有意义的病因治疗。

### （五）改善体成分

心肺耐力锻炼不仅可以提高机体能量消耗水平，主要是以减少身体中脂肪含量，保持或提高肌肉质量，改善体成分，达到减轻体重的目的。

以低强度、长时间有氧运动为主要手段的心肺耐力锻炼，可加强脂肪的分解代谢。一方面，运动时肾上腺素和去甲肾上腺素分泌增加，提高脂蛋白酯酶的活性，促进脂肪分解；另一方面，运动的强度、时间、和饮食情况（空腹时以脂肪酸供能为主）均能影响脂肪的分解代谢。低强度、长时间的运动，可提高脂肪供能的比例，减少体内脂肪堆积。以70%$VO_2max$运动时，糖为肌肉活动供能的主要来源，以50%$VO_2max$运动时，糖和脂肪的供能比例，大约各占50%，而当以40%$VO_2max$运动时，脂肪酸氧化供能，可占到肌肉收缩能量来源的60%。

短时间的运动，主要消耗糖，长时间运动，能量来源为糖和脂肪。运动时间超过1 小时，消耗脂肪的比例明显提高，运动时间长于3小时，脂肪供能的比例可以达到70%～90%。在减肥的各种手段方法中，运动是被国内外公认的，科学有效方法。一般认为每月减肥的程度在1～2 公斤左右为宜，快速减肥时体重减少的主要成分是水分而不是脂肪。

### （六）促进骨钙的合成代谢

骨钙是在不断分解与合成的过程中，维持着动态平衡。运动可以通过对骨骼的机械应力作用，促进性激素的分泌，提高性激素水平，增加骨骼中的血流量等机制，促进骨骼中钙的合成代谢，对骨质疏松起到防治的作用。

研究证明，运动训练可以显著提高肌力和耐力、减少骨钙丢失、减轻腰痛、降低血脂，而停止运动训练则会导致骨质密度降低。抗阻运动由于有较强的肌肉应力，从而有利于老年患者骨质密度的提高。

### （七）改善生活质量

有氧耐力运动使人们在日常生活中精力更充沛，生活内容更丰富，增强老年人和残疾人的生活自理能力，并促使心脏病患者恢复职业生活；可调节情感，减少心理应激，促进机体内激素的平衡，改善睡眠，有利于人们满怀热情，享受生活乐趣；减少心脏病、糖尿病、肥胖和癌症的发生。

## 五、有氧耐力训练的适应证和禁忌证

**1. 适应证**

（1）不同程度的心肺疾患。

（2）各种代谢性疾病。

（3）其他影响心肺功能的情况如手术或重病后恢复期等。

（4）维持健康，增强体能，延缓衰老。

**2. 禁忌证**

（1）急性心肌梗死。

（2）不稳定性心绞痛。

（3）Ⅲ度房室阻滞。

（4）不稳定性高血压。

（5）未控制的代谢性疾病。

## 六、运动处方

### （一）基本内容

耐力运动处方的基本内容包括运动形

式、运动强度、运动持续时间、运动频率及注意事项等。

1. 运动形式

运动形式的选择应考虑处方对象的年龄、性别、锻炼经历、兴趣爱好等。大肌群参与的活动如步行、慢跑、游泳、足球、网球、骑自行车、园艺、家务劳动及中国传统体育项目（如气功、太极拳等）等都是可选择的有氧耐力训练的运动形式，但对年老体衰者，或有残疾妨碍从事上述活动者，选择力所能及的日常生活活动同样可产生有益的作用，如整理床铺、收拾房间、打扫卫生等。

2. 运动强度

确定运动强度，是制定耐力运动处方的关键。运动强度过小，达不到训练的效果；运动强度过大，不仅收不到更好的训练效果，而且容易出现意外伤害。有氧耐力训练的运动强度要根据患者的病情、年龄、心肺功能状况、过去运动习惯及要达到的训练及康复目标，制订出适合患者情况的个体化运动强度。国内外多年研究、实践得出“低强度”“长时间”的锻炼方式是一种行之有效的耐力训练方法。

最常用表示有氧训练运动强度的指标有最大吸氧量的百分比、最高心率的百分比、代谢当量数等。

（1）最大摄氧量的百分比（$\%VO_2max$）

最大摄氧量是国际公认的通用表示运动强度的指标之一，最大摄氧量（maximum oxygen consumption，$VO_2max$）是指人体在极限的肌肉活动下，呼吸、循环功能达到最高水平时单位时间内所摄取和利用的最大氧量，用L/min或ml/kg.min表示。运动强度越大，吸氧量越大，两者之间的关系相对固定。可由最大心输出量与最大动静脉氧差相乘计算出来，但通过症状限制性运动试验时收集的代谢气体直接测得的更为准确，$VO_2max$受年龄、性别、有氧运动水平、遗传和疾病的影响。为了提高有氧耐力，目前推荐以50%～85%$VO_2max$强度为有氧耐力训练强度，40%～65%$VO_2max$强度的运动更适合于心脏病人及老年人。

（2）最高心率的百分比

最高心率指机体运动至力竭时每分钟的心跳次数（maximum heart rate，HRmax）。可在极量运动试验中直接测得，也可根据公式计算。在运动处方中常以靶心率（target heart rate，THR）或目标心率来控制运动强度，靶心率即在运动过程中安全有效的应该达到的适宜心率，计算靶心率有两种方法：

①直接最大心率百分比法：年龄预计最大心率＝220－年龄，目前推荐60%～90% HRmax的强度为有氧训练强度；

②储备心率法：储备心率＝最大心率（HRmax）－安静心率（HRrest）

靶心率＝（年龄预计最大心率－安静心率）×60%～85%＋安静心率。

两种计算结果类似，对心脏病及老年人靶心率应适当降低，最高心率的百分比是一种比较简单的控制运动强度的方法，但控制心率的使用有一定的局限性。用同样的强度运动时，不同的人的心率并不相同，存在一定的个体差异。不过，对于同一个人在一定时期内心率和运动强度是成正比的。因此，我们在制定运动强度时应针对不同的情况随时调整运动强度。

（3）代谢当量数

代谢当量（metabolic equivalence）是指单位时间内每千克体重的耗氧量，以ml/kg · min表示，1MET＝3.5ml/kg/min，即每千克体重从事1分钟活动消耗3.5ml氧气。因此它与最大摄氧量有同等含义，是运动训练和康复医学中常用的运动强度指标。在制定运动处方时，应根据个人不同的心脏功能水平，选择适当的运动强度。一般认为2～7METs的运动强度适宜有氧耐力训练。日常生活活动及各项体育运动对应的METs值，可据此选择适合患者情况的活动进行训练。（表16-3）

表16-3　各种日常活动的能量消耗

| 活动 | METs | 活动 | METs | 活动 | METs |
|---|---|---|---|---|---|
| 修面 | 1.0 | 坐位自己吃饭 | 1.5 | 织毛衣 | 1.5～2.0 |
| 自己进食 | 1.4 | 上下床 | 1.65 | 打牌 | 1.5～2.0 |
| 床上用便盆 | 4.0 | 穿衣脱衣 | 2.5～3.5 | 弹钢琴 | 2.5 |
| 坐厕 | 3.6 | 站立热水浴 | 3.5 | 长笛 | 2.0 |
| 穿衣 | 2.0 | 挂衣 | 2.4 | 击鼓 | 3.8 |
| 站立 | 1.0 | 园艺工作 | 5.6 | 手风琴 | 2.3 |
| 洗手 | 2.0 | 劈柴 | 6.7 | 小提琴 | 2.6 |
| 淋浴 | 3.5 | 备饭 | 3.0 | 排球 | 2.9 |
| 坐床 | 1.2 | 铺床 | 3.9 | 羽毛球 | 4.0～9.5 |
| 坐椅 | 1.2 | 扫地 | 4.5 | 网球 | 4.0～9.0 |
| 坐床边 | 2.0 | 擦地（跪姿） | 5.3 | 乒乓球 | 3.0～5.0 |
| 步行1.6km/h | 1.5～2.0 | 扫床 | 3.4 | 保龄球 | 2.0～4.0 |
| 步行2.4km/h | 2.0～2.5 | 拖地 | 7.7 | 足球 | 5.0～12.0 |
| 步行4.0km/h | 3.0 | 秘书（坐） | 1.6 | 桌球 | 2.3 |
| 步行5.0km/h | 3.4 | 机器组装 | 3.4 | 游泳 | 4.0～10.0 |
| 步行6.5km/h | 5.6 | 砖瓦工 | 3.4 | 有氧舞蹈 | 6.0～9.0 |
| 下楼 | 5.2 | 挖土坑 | 7.8 | 跳绳 | 12.0 |
| 上楼 | 9.0 | 焊接工 | 3.4 | 简化太极拳 | 1.0～4.0 |
| 骑车（慢） | 3.5 | 轻的木工活 | 4.5 | 杨氏太极拳 | 2.0～5.6 |
| 骑车（中） | 5.7 | 油漆工 | 4.5 | 陈氏太极拳 | 3.0～7.0 |
| 慢跑1.6km/10min | 10.2 | 开车 | 2.8 | | |

（4）自觉劳累程度分级

Borg建立的自觉劳累程度分级量表（rating of perceived exertions，RPE，表16-4是受试者主观报告的疲劳程度，与前述客观检查和计算的各项指标有良好的相关关系。可用来表示有氧耐力训练的运动强度，RPE分级量表中有点累（13）和累（15）级分别相当于60%～90%最大心率范围的运动。因此RPE量表中12～15级为有氧耐力训练推荐运动强度。

表16-4　RPE分级量表

| 自我感觉 | 等级 |
|---|---|
| 非常轻松 | 6～8 |
| 很轻松 | 9～10 |
| 尚轻松 | 11～12 |
| 稍累 | 13～14 |
| 累 | 15～16 |
| 很累 | 17～18 |
| 精疲力竭 | 19～20 |

（5）无氧阈

无氧阈是指机体运动过程中清除无氧代谢产物乳酸的能力不能满足机体运动的需要，使乳酸在血液中累积超过某一程度，达到酸中毒水平时的功率水平或需氧量（分别有乳酸无氧阈和通气无氧阈）。超过无氧阈，说明机体无氧代谢供能逐渐占优势，运动强度较大。所以有氧耐力训练要以低于无氧阈的水平进行，可通过测定呼吸商和血乳酸水平来确定无氧阈。近年来，国内外研究认为个体乳酸强度是发展有氧耐力训练的最佳强度，认为用个体乳酸强度进行耐力训练，既能使呼吸、循环系统机能达到较高水平，最大限度地利用有氧功能，又能使无氧代谢的比例降到最低限度。

### 4. 运动持续时间

运动持续时间应结合运动强度、患者健康状况及体力适应情况而定。运动强度与运动持续时间的积为运动量，如果运动强度较高，运动可持续较短时间，反之运动强度低，可进行稍长时间的运动活动，这样才能产生运动效果。患者健康状况好，体力适应佳，可采用较长时间的活动，而体力衰弱，高龄，有病的患者可采用短时间，一日多次，累积运动时间的方式活动。美国疾病控制和预防中心以及美国运动医学院向每个美国成年人推荐中等运动强度的运动，少量、多次、每天累计30分钟，所谓中等强度的活动相当于每天消耗200Kcal能量的活动。

在运动前应做5～10分钟准备活动，运动结束后做5～15分整理活动。在开始运动训练的4～8周内运动持续时间可适当短些，之后，逐渐增量至目标时间。

**5. 运动频率**

取决于运动量大小，运动量若大，运动使机体产生的变化持续时间长达24～48小时，每周训练3次即可达到理想效果。若运动量小，应增加每周运动次数，最好每天都活动，才能产生最佳训练效应。因此，目前一般推荐运动频度为每周3～7次。少于每周2次的训练不能提高机体有氧耐力。训练效果一般在8周以后出现，坚持训练8个月才能达到最佳效果。如果中断锻炼，有氧耐力会在1～2周内逐渐退化。因此，要保持机体良好的有氧做功能力，需坚持不懈地锻炼。

**6. 注意事项**

（1）用规范的方法确定运动强度：如通常用标准踏车试验或平板运动试验测定最大摄氧量，如用卧位踏车测定时须注明，因为二者结果不同。

（2）训练前进行必要的功能检查：有氧耐力训练前应进行身体检查，如未发现明显心肺、骨骼系统疾患，尤其是青壮年，可自由选择自己习惯或喜爱的有氧运动锻炼。有各种慢性疾病，或男性大于40岁，女性大于50岁，有较大心肺、骨科疾病危险因素者，应在康复医师监督指导下进行锻炼，根据情况随时调整运动方案，逐渐适应后，可进展到定期检查指导训练。

（3）注意循序渐进：参加有氧耐力训练，需达到一定的运动量，长期坚持才能见效。训练进程分开始阶段、改善阶段和维持阶段，训练者要遵循这个规律，从小量开始逐渐适应后，再进一步按运动处方量进行锻炼，不要自恃己见，一开始就用强力锻炼，结果导致机体疲乏无力，肌肉疼痛，甚至出现一些不必要的身体损害。

（4）持之以恒：有氧耐力训练需长期坚持，才能对机体产生良性作用。如时断时续就不能达到锻炼的目的。若半途中断，训练效果会很快消退。

（5）注意季节变换对训练的影响：气候炎热时，人们锻炼可选择清晨或傍晚凉爽时，有条件者可选择在有空调设施的室内进行，以免大量出汗，机体丢失水盐，影响身体健康。如果出汗较多，要及时补充并注意增加能量。近年来不断有研究表明，在寒冷、干燥地区训练的滑雪、游泳、长跑运动员，哮喘发病率显著高于其他地区的运动员，考虑与气候刺激气管致痉挛物质分泌增多有关。因此提示，在冬季进行耐力训练宜选择温暖之时或室内，以免造成肺损害。

（6）注意防止发生运动损伤：耐力运动很少发生严重运动损伤，主要可引起一些慢性劳损性肌腱炎，如髂胫束摩擦综合征，胫腓骨疲劳性骨膜炎、跟腱炎、跖筋膜炎等。预防措施是在运动前做好充分的准备活动，使肌腱有充分的舒展性适应运动。

（7）因人而异：针对不同疾病、不同人群、不同训练目的制订相应的运动处方，如健康人以提高心肺功能为主，宜选较大强度运动；若训练目的为防治代谢病，则中低强度运动可取得最佳效果；老年人、孕妇或高危疾病患者宜从事低强度短时多次累积的活动。

美国运动医学院（American College of Sports Medicine，ACSM）推荐糖尿病患者的运动处方：运动频率：每周4～6次，或每天（低至中等强度）；运动时间：20～60分；运动强度：50%～85%最大摄氧量x；2型肥胖型糖尿病患者应达到最大的能量消耗；或用自觉劳累程度分级来监测运动强度。

美国运动医学院推荐肥胖症患者的运动处方：运动频率：每周5次，或每天；运动时间：40～60分钟或每天2次，每次20～30分钟；运动强度：40%～70%$VO_2max$；最初阶段强调增加运动时间而不是增加运动强度来达到合适的热量消耗；应用低强度的运动项目，辅以力量练习。

## （二）运动试验

不论是周期性运动，还是非周期性运动，都可以用气体代谢的方法，准确地测出吸氧量和METs值，但涉及仪器及计算方式相对复杂。在此介绍两种既易于控制，又方便测试的实验法用于测量METs值。

### 1. 台阶试验法

台阶高度10～45厘米，上下台阶的频率20～30次/分钟，运动持续时间3分钟。首先准确测量出台阶的高度，要求受试者每次上台阶时必须伸直膝关节，每"上、上、下、下"为一个周期完成登台阶，回到原始位置。上下台阶时要注意控制节奏，保持匀速，可用节拍器控制速度。不同高度、不同频率的METs值参见表16-5。

表16-5　用METs值表示台阶实验能量消耗

| 台阶高度（m） | 登台频率 | | | | | |
|---|---|---|---|---|---|---|
| | 20次 | 22次 | 24次 | 26次 | 28次 | 30次 |
| 0.10 | 3.5 | 3.8 | 4.0 | 4.3 | 4.5 | 4.8 |
| 0.15 | 4.2 | 4.5 | 4.8 | 5.2 | 5.5 | 5.8 |
| 0.20 | 4.9 | 5.3 | 5.7 | 6.0 | 6.4 | 6.8 |
| 0.25 | 5.6 | 6.0 | 6.5 | 6.9 | 7.4 | 7.8 |
| 0.30 | 6.2 | 6.8 | 7.3 | 7.8 | 8.3 | 8.9 |
| 0.35 | 6.9 | 7.5 | 8.1 | 8.7 | 9.3 | 9.9 |
| 0.40 | 7.6 | 8.3 | 8.9 | 9.6 | 10.3 | 10. 9 |
| 0.45 | 8.3 | 9.0 | 9.8 | 10.5 | 11.2 | 11.9 |

台阶试验指数是反映人体心血管系统机能状况的重要指数。台阶试验指数值越大，则反映心血管系统的机能水平越高，反之亦然。经常参加有氧代谢运动，可以提高心血管系统的机能水平，其表现为在完成台阶试验定量负荷工作时脉搏搏动次数下降，在试验结束后脉搏的搏动次数恢复到安静状态所用的时间缩短，台阶试验指数增高。

目前我国较为常用的台阶试验：男生使用高40厘米台阶（或凳子），女生采用高35厘米的台阶（或凳子）做踏台上下运动。测验前测定安静时的脉搏，然后受试者做轻度的准备活动，主要是活动下肢关节。上下台阶（或凳子）的频率是30次/分，节拍器的节律为120次/分。

受试者按节拍器的节律完成试验，被测试者从预备姿势开始，分四步完成动作。第一步，被测试者一只脚踏在台阶；第二步，踏台腿伸直成台上站立；第三步，先踏台的脚先下地；第四步，还原成预备姿势。

用2秒上下一次的速度（按节拍器的节律来做）连续做5分钟，做完后立刻坐在椅子上测量运动结束后第2、3、5分钟前30秒脉搏数，并用下列公式求得评定指数，计算结果包含有小数的，对小数点后的1位进行四舍五入取整进行评分。

$$台阶指数=\frac{踏台上下运动的持续时间（秒）\times 100}{2\times（3次测定脉搏的和）}$$

评定标准：＜55差；55～64中下；65～79中上；80～90良；＞90优。

2. 递增负荷运动试验

GXT是指在试验过程中，逐步增加负荷强度，直到受试者达到可能达到的最大强度。是重大强度负荷试验中的一种。GXT用于心肺功能的评定，是制定运动处方的主要方法。

（1）心肺运动试验的要求

1998年ACC（The American College of Cardiology）和AHA（The American Heart Association）在临床心肺运动试验操作指南中指出，对患者进行心肺运动试验之前要考虑以下因素：①专业技术人员的操作经验和专业技能；②该技术的灵敏性、特异性和准确性；③与更昂贵显像检查比较该技术的费用和准确情况；④阳性或阴性结果对临床决定的影响等。

对医务人员的要求：运动心肺试验需要在受过运动生理基础知识培训的医师指导下进行，并要求医务工作人员参加心血管急症处理培训学习，技师和医师熟悉运动过程中正常和异常反应，并能够认识或预防发生或者将要发生的突然事件。

受试者准备：试验应在餐后2小时进行，禁烟，运动前12小时不进行过分的体力活动；暂时停用干扰运动反应药物，如β-受体阻滞剂等。

实验室准备：实验室温度要求在21℃~23℃，此外尚需配置复苏设备，如常规抢救用药及静脉注射装置；氧气瓶和抽吸装置；气管内插管和喉镜；除颤器等。

（2）运动试验的绝对禁忌证

运动心肺试验是一种较为安全的试验，但也有关于运动中出现心肌梗死甚至死亡的报道，运动试验并发症的死亡率在0.01%以下。因此，必须熟悉运动试验的并发症，并掌握其禁忌证。其绝对禁忌证如下：

①室内空气情况：$PaO_2 < 45mmHg$；$PaCO_2 > 70mmHg$；FEV1（第一秒呼气量）<30%pred。

②近期心肌梗死。

③不稳定型心绞痛。

④快速室性/房性心律失常。

⑤严重的主动脉狭窄。

⑥急性肺栓塞或者肺梗死。

⑦急性心肌炎或心包炎。

⑧急性主动夹层。

（3）运动试验相对禁忌证

①左右冠状动脉主干狭窄和同等病变。

②中度瓣膜狭窄性心脏病。

③明显的心动过速或过缓。

④肥厚型心肌病或其他原因所致的流出道梗阻性病变。

⑤电解质紊乱。

⑥高度房室传导阻滞及高度窦房传导阻滞。

⑦严重动脉压升高。

⑧精神障碍或肢体活动障碍，不能配合进行运动。

（4）运动心肺试验可能出现的并发症

①心动过缓的心律失常。

②猝死（室性心动过速/室颤）。

③心肌梗死。

④充血性心力衰竭。

⑤低血压和休克。

⑥肌肉骨骼损伤。

⑦严重疲劳，头晕，乏力，全身不适，身体疼痛和持续数日的疲乏等。

（5）运动实验方案的选择

根据试验条件和目的的不同，可有多种运动试验方案，如以运动量分类的极量运动方案和次极量运动方案；按照运动时相分类有连续运动和间歇运动；按照运动功率改变方式的递增功率运动和恒定功率运动；按照运动器械分类的功率自行车和平板运动，本节叙述平板运动、次级量和极量运动。

①平板运动

平板试验运动方案选择完全根据试验的目的和设备条件而定，应用的方案有数种，以Bruce方案最常用，也有用改良Bruce方案。Bruce方案的优点是大多数受试者不能达到最后一级，缺点是功率递增速度较大，影响最大摄氧量的准确测量。运动方案应该根据受试者测试的目的施行个体化，适宜的运动方

案应该根据患者情况使其运动能够持续6~12分钟。（表16-6）

表16-6 Bruce平板运动试验方案

| 级别 | 速度 mph | 速度 km/h | 坡度（%） | 持续时间（min） | 耗氧量 ml/（kg·min） | METs |
|---|---|---|---|---|---|---|
| 0 | 1.7 | 2.7 | 0 | 3 | 5.0 | 1.7 |
| 1/2 | 1.7 | 2.7 | 5 | 3 | 10.2 | 2.9 |
| 1 | 1.7 | 2.7 | 10 | 3 | 16.5 | 4.7 |
| 2 | 2.5 | 4.0 | 12 | 3 | 24.8 | 7.1 |
| 3 | 3.4 | 5.5 | 14 | 3 | 35.7 | 10.2 |
| 4 | 4.2 | 6.8 | 16 | 3 | 47.3 | 13.5 |
| 5 | 5.0 | 8.0 | 18 | 3 | 60.5 | 17.3 |
| 6 | 5.5 | 8.8 | 20 | 3 | 71.4 | 20.4 |
| 7 | 6.0 | 9.7 | 22 | 3 | 83.3 | 23.8 |

②亚极限量运动和极限量运动

目前亚极限量的运动尚无一公认的标准，有研究按照年龄预计最大心率的85%，或心率达到200－年龄、190－年龄作为亚极限量运动试验的终止运动心率；也有报道按照运动心率达到最大预计心率的90%时作为标准。然而，由于最大心率与年龄关系的回归变化范围较大，相同心率对于相同年龄的不同个体，可能有的已达到最大心率，有的超过了运动最大心率，有的甚至仅为亚极限量运动心率水平。

极限量运动是指受试者运动尽了最大努力（精疲力竭）时或者其他临床指标提示达到最大运动量时的运动，由于运动终结通常不易见到VO2平台出现，故只能参考呼吸值以决定运动是否已达极限量或亚极限量。但呼吸值易导致错误，所以氧和二氧化碳分析器必须定期仔细定标和校准。

（6）终止运动的指征

①新出现或加重的心绞痛。

②中枢神经症状，如共济失调、头晕或接近晕厥。

③末梢低灌注情况，如发绀、苍白。

④疲乏、气促、喘息、腿痉挛或者间歇性跛行。

⑤运动中收缩压较基础值下降＞10mmHg，运动功率增加血压不升，并伴有缺血症状；或高血压反应（无明显症状时，收缩压＞250mmHg，和/或舒张压>115mmHg）。

⑥在无Q波的导联（不包括V1和aVR导联）出现ST段抬高（≥1.0mm），此外，ST段持续性压低，或者心电轴明显偏移；

⑦较严重的心律失常，室上性心动过速，高度室性心律失常如多源性、短阵室速等。

## 第二节　有氧耐力训练

有氧耐力训练旨在提高机体心肺功能、调节代谢、改善运动时有氧供能能力，是以身体大肌群参与、强度较低、持续时间较长、以规律的运动形式为主的训练方法。

### 一、一般耐力训练手段

1.各种形式的长时间跑。

2.长时间进行的其他周期性运动，如自行车、划船、速度滑冰等。

3.长时间重复做某一非周期性运动，如排球运动中多次做滚动练习。

4.反复做克服自身体重的练习，坚持较长时间的抗小阻力的练习。

5.循环练习。

## 二、常用的有氧耐力训练方法

常用的有氧耐力的训练方法主要有持续训练法、间歇训练法、重复训练法和高原训练法。

### （一）持续训练法

持续训练法是发展有氧耐力的主要方法，是负荷强度较低、负荷时间较长、无间断连续进行训练的练习方法，主要用于锻炼心肺功能和发展一般耐力素质，也可为进一步提高无氧代谢能力及无氧工作强度奠定坚实的基础。根据训练持续时间的长短可分为短时间持续训练法、中时间持续训练法和长时间持续训练法。（表16-7）

### （二）间歇训练法

是指对练习过程组间间歇时间做出严格规定，使机体处于不完全恢复状态下反复进行训练的练习方法。实践证明，通过严格的间歇训练对发展耐力水平非常有效。间歇训练的主要影响因素是有强度、负荷数量、持续时间、间歇时间、休息方式、练习组合等。间歇训练的基本类型有高强性间歇训练、强化性间歇训练方法和发展性间歇训练方法。（表16-8）

表16-7 持续训练法的基本类型及特点

| 要素 | 基本类型 | | |
|---|---|---|---|
| | 短时间持续训练 | 中时间持续训练 | 长时间持续训练 |
| 负荷时间 | 5～10分 | 10～30分 | ＞30分 |
| 心率强度 | 约180次/分 | 约165次/分 | 约150次/分 |
| 间歇时间 | 没有 | 没有 | 没有 |
| 动作结构 | 基本稳定 | 基本稳定 | 基本稳定 |
| 有氧强度 | 最大 | 最大 | 次大 |
| 供能形式 | 无氧、有氧代谢混合供能 | 有氧代谢供能为主 | 有氧代谢供能 |

表16-8 间歇训练法的基本类型及特点

<table>
<tr><th rowspan="3">要素</th><th colspan="4">基本类型</th></tr>
<tr><th rowspan="2">高强性间歇训练</th><th colspan="2">强化性间歇训练</th><th rowspan="2">发展性间歇训练</th></tr>
<tr><th>A型</th><th>B型</th></tr>
<tr><td>负荷时间</td><td>＜40秒</td><td>40～90秒</td><td>90～180秒</td><td>＞5分</td></tr>
<tr><td>负荷强度</td><td>大</td><td>大</td><td>较大</td><td>中</td></tr>
<tr><td>心率指标</td><td>190次/分</td><td>180次/分</td><td>170次/分</td><td>160次/分</td></tr>
<tr><td>间歇时间</td><td>很不充分</td><td colspan="2">不充分</td><td>不充分</td></tr>
<tr><td>间歇方式</td><td>走、慢跑</td><td colspan="2">走、慢跑</td><td>走、慢跑</td></tr>
<tr><td>每次心率</td><td>120次/分</td><td colspan="2">120次/分</td><td>110次/分</td></tr>
<tr><td>供能形式</td><td>糖酵解供能为主的混合代谢供能</td><td colspan="2">糖酵解供能为主的混合代谢供能</td><td>有氧代谢为主的混合代谢供能</td></tr>
</table>

（三）重复训练法

重复训练法是指多次重复同一练习，两次（组）练习之间安排相对充分休息的练习方法。通过同一动作或同组动作的多次重复，不断强化运动条件反射的过程，有利于练习者掌握和巩固技术动作。重复训练法在发展有氧耐力的同时，还能发展专项或比赛耐力。经常进行间断负荷法能使心血管系统得到明显的改善，尤其是心脏工作能力及最大摄氧量能力达到显著提高。构成重复训练法的主要因素有单次（组）练习的负荷量、负荷强度及每两次（组）练习之间的休息时间。根据单次练习时间的长短可将重复训练法分为短时间重复训练法、中时间重复训练法和长时间重复训练法。（表16-9）

表16-9 重复训练法的基本类型及特点

| 要素 | 基本类型 | | |
|---|---|---|---|
| | 短时间重复训练 | 中时间重复训练 | 长时间重复训练 |
| 负荷时间 | <15s | 30s～2min | 2～5min |
| 负荷强度 | 最大 | 次大 | 较大 |
| 间歇时间 | 相对充分 | 相对充分 | 相对充分 |
| 间歇方式 | 走步、按摩 | 走、坐、按摩 | 走、坐、卧、按摩 |
| 供能形式 | 磷酸原代谢系统为主供能 | 糖酵解为主的混合代谢供能 | 无氧、有氧比例均衡的混合代谢供能 |

（四）高原训练法

受到1968年墨西哥奥运会的启示，中长跑又创造了强化训练手段-高原训练法，这种训练方法促进了世界中长跑水平的进一步发展。高原训练法是指利用自然环境中的高原地带进行阶段系统训练的过程，旨在发展有氧耐力、无氧耐力和力量耐力的方法。中度高原空气密度只有海拔平面的77%，氧含量只有平原地区的3/4左右，氧分压大于平原地区的20%～25%。当运动员在这样的环境下进行训练时、由于“调节适应期”产生应激，呼吸频率和心率加快、溶解在血管里的部分氧气受低气压的影响不易被身体吸收、使血管体积增大、血管扩张，血管壁增厚，血管变粗，通过的血量增多，从而更好地锻炼了运动员的心血管系统，提高了最大摄氧量和血红蛋白浓度，增强了耐受乳酸的能力，产生了高原习服。在返回平原时，失去了获得性适应性条件，运动员会产生新条件的应激，即脱习服。在大赛前进行高原训练，对运动成绩的提高效果员为显著。

1. 高原训练法生理作用

（1）刺激血液中红细胞数量的增加；（2）增强机体在缺氧状态下的工作能力；（3）改善骨骼肌肌红蛋白的浓度和质量；（4）提高练习者的肌肉工作耐力或力量耐力；（5）提高机体抵御疲劳的工作能力；（6）促使练习者产生与高原比赛环境相适应的生理反应。

2. 高原训练法的基本结构

主要由海拔高度、训练过程、进出时机、训练手段、负荷性质、恢复手段、组织方式等基本因素组成，其中任一因素发生变化都会影响高原训练效果。目前较常采用高原训练的形式有高住低训、高住高练低训、低住高练等形式。

（1）海拔高度：不同运动项目专项体能的训练对高原训练的海拔高度有严格的要求。以有氧代谢为主持续比赛30分钟以上的耐力性运动项目，通常选择2000～2300米或2400～3000米的海拔高度；以有氧、无氧混合代谢为主持续比赛6～10分的抗阻力系数较大的力量耐力性运动项目，通常选择2000～2300米左右的海拔高度；以有氧、无氧混合代谢为主要持续比赛4～6分钟的抗阻力系数较大的力量耐力性及灵敏性运动项目，通常选择1800～2000米左右的海拔高度。

（2）训练过程：高原训练过程通常分适应阶段、训练阶段和调整阶段，适应阶段时间长短以海拔高度为依据，海拔越高，适应阶段时间越长；训练阶段时间较长，通常为2～4周，甚至6周，有时将整个训练阶段又分为基础训练阶段和专项训练阶段；调整阶段时间较短，一般为高原训练结束前3天左右。

（3）训练结构：高原训练过程的基本结构由运动员的现实状态分析、训练目标确定、训练过程划分、训练方案实施、训练过程监督、训练结果评定等环节组成，其中尤其以训练过程监督和结果评定更为重要，一般以血乳酸、红细胞、心率、尿蛋白、肌红蛋白等监测指标为主。

（4）练习方法　通常海拔在2400～3000米的高原训练多采用持续训练法，2000～2300米的高原训练多采用持续、重复训练法，1800～2000米的高原训练多采用持续、间歇、重复训练法。

（5）组织形式：高原训练的组织形式有三种，即重大比赛之前的阶段高原训练、重大比赛之前的往返高原训练、重大比赛之前的梯变高原训练。重大比赛之前的阶段高原训练持续时间较长，一段时间始终在高原进行训练，该组织形式有利于提高运动员的有氧代谢能力和一般耐力；往返高原训练即多次往返于高原和平原地带进行地带交叉训练，每次高原训练时间仅为2周左右，平原训练时间仅为5天左右，该组织形式有利于提高运动员有氧、无氧混合代谢下的运动强度以及力量耐力；梯变高原训练即依次呈阶梯状提高海拔高度再依次降低海拔返回原地进行训练，该组织形式有利于提高高原训练的适应能力、有氧代谢能力、无氧代谢能力、负荷强度和负荷量、肌肉收缩的力量耐力，也可预防高原训练效果的减弱效应，并与低海拔平原比赛的赛前安排合理衔接。

（6）进出时机：高原进出时机的选择往往决定高原训练的效果能否反映在比赛中，因此教练员尤其重视进出时机的选择。专项性质、训练水平、气候条件、训练时间、比赛日程等是选择高原训练进出时机的主要依据。通常有氧耐力运动项目如果距离赛事时间较长，进入高原训练的时间可以提前，而离开时机以距离赛事日程3天到7天为宜，以利于调整参加比赛；力量耐力性运动项目运动员返回低海拔平原后的头几天是一个低海拔平原适应训练阶段，然后是为期2周的强化训练阶段，最后是3天左右的赛前调整阶段，以利比赛中以最佳的竞技状态取得优异的运动成绩。

## 三、有氧训练程序

有氧训练程序通常包括准备活动部分、有氧训练部分、整理活动部分三个阶段。

### 1. 准备活动部分

准备活动部分目的在于使人体各系统器官逐步兴奋以适应有氧训练部分的运动强度，通过准备活动使肌肉温度增高、神经传导速度增快、肌肉中氧含量和血红蛋白数量增加、毛细血管扩张、呼吸频率增快加深等，准备活动部分活动应是逐步增加强度而不应该产生疲劳，心率以较安静状态下增加20次/分为宜，准备活动部分形式可以是静止性肌肉牵伸活动、慢跑、徒手体操等，准备活动部分持续10分。有效的准备活动可以预防肌肉骨骼损伤和心肺功能损害。

### 2. 有氧训练部分

此部分是有氧训练程序的主要部分，决定有氧训练效果的因素包括强度、频率、持续时间、手段等，如前所述，应在正确评定练习者的有氧耐力水平和心肺功能水平后合理制定训练手段和程序。

### 3. 整理活动部分

整理活动部分是有氧训练程序必不可

少的组成部分，目的在于促进血液回流、预防重力性休克、心肌缺血、心律失常等，运动形式以全身有氧健身操和慢走为主，持续5～10分钟。

## 四、专项耐力训练方法

**1. 体能主导类快速力量性项群的专项耐力训练**

主要表现为以最大强度重复完成完整比赛动作的能力。如优秀撑竿跳高运动员要在长达数小时的比赛中多次越过5米以上的横杆；标枪选手要力求在6次试投中都达到理想的远度；举重选手则试图在三次试举中，一次比一次举起更重的杠铃。

因此发展专项耐力的训练内容手段应以多次重复完成比赛动作或接近比赛要求的专项练习为主。实践中，多采用极限或极限下强度完成此类练习。同时强调适宜的训练间歇和训练次数控制以保证训练效果。

**2. 体能主导类周期竞速项群的专项耐力训练**

有耐力性和速度性两个项群，耐力性项目运动员专项耐力的要求是用尽可能高的平均速度通过全程。除超长距离之外，专项耐力的重要供能形式为糖酵解无氧代谢供能。其主要训练方法为大强度的间歇训练法及比赛训练法，其负荷的主要特征为：采用超乳酸阈强度直至在较短段落中超比赛强度进行训练；中距离运动员训练课负荷总量达到比赛距离的3～6倍，长距离为1～3倍；两次练习之间的间歇相对略长，采用大强度间歇训练时，应待心率恢复至20～24次/10秒时再次练习；进行重复训练时则要求恢复到20次或20次以下/10秒；练习采用的段落长度，中距离为比赛距离的1/4～3/4；长距离亦不超过3/4，但常采用比1/4专项距离短的练习段落。如长跑选手常采用400米段落进行间歇训练。速度性项目运动的主要供能形式为磷酸盐无氧代谢供能，多采用1/2至全程段落练习，负荷总量为比赛距离的3～10倍，负荷强度为95%～100%。

**3. 技能主导类表现性项群的专项耐力训练**

技能主导表现性项群运动员的专项耐力，表现为以最佳技术重复完成完整比赛动作的能力。因此，在赛前训练中，须多次完成成套练习或1/2套以上的练习。如优秀体操选手一次训练课中可完成30～50套完整练习。

**4. 技能主导类对抗性项群的专项耐力训练**

技能主导类对抗性项目比赛时间较长，要求运动员能在整个比赛过程中持续表现出最佳技能和体能。因此，训练中要注意安排长时间的专项对抗练习或专项练习。有时甚至安排超过正式比赛时间或局数的训练，如排球打七局四胜、摔跤训练比赛持续6分钟（正式比赛时间为5分钟）等。

## 五、不同训练周期有氧训练计划设计要点

将计划设计的各种变量以及有氧训练的各种方法合理地安排在各个训练周期中，组成全年训练计划。通常，一个训练年度可以分为基本期、赛前期、比赛期和赛后期四个训练周期。

**1. 基本期**

这个周期应优先发展呼吸循环系统的基本能力，在这个周期的开始阶段，应以长时间、低强度的练习为主。随着周期的进展，强度要逐步提高，练习持续时间也要加长，但每周练习持续时间的增加量不要超过10%～15%。太多地延长练习持续时间可降低有氧耐力项目的成绩，而随着运动员适应水平的提高，增加练习强度才是不断提高耐力水平的关键。

**2. 赛前期**

赛前期的训练焦点是增加训练强度，保持或减少练习持续时间，并将各种训练方法组合到训练计划中，要根据运动员的优势和不足来确定每种训练的量和频率安排。

### 3. 比赛期

比赛期的训练要将比赛考虑到训练日程安排中，在比赛前的训练应以低强度、短时间为主，以便运动员最大限度地得到恢复。应该选择可以发挥运动优势，弥补不足的训练类型来开展训练。

### 4. 赛后期

赛后期的主要任务是使运动员在赛季积累的疲劳得以消除，体力得以恢复，这时期的训练以短时间，低强度的练习为主，但总的活动量要足够，以保持心血管和呼吸系统的基本能力，保持体重。这时期，运动员的伤病治疗、康复、薄弱肌群的训练也是重要任务。

全年有氧耐力训练计划应划分到各个周期中去，使各个周期有明确的有氧耐力训练目标和专门的方式，使有氧能力逐步提高。

对训练计划定期进行评价对于运动员获得比赛和训练的成功十分重要，应在每周、每月安排对运动量的评价，避免过高或太低，对运动强度也应定期做出评价，避免过度训练的发生，保持训练适应的产生，对心血管系统的进步情况的评价有助于确定训练是否得当。

附：库珀有氧训练中心有氧训练计划列表（Cooper aerobics center，http：//www.cooperaerobics.com，表16-10、表16-11）

表16-10　Cooper有氧训练计划列表

| 周次 | 距离（米） | 跑或走 | 时间 | 每周次数 | 每周得分 |
|---|---|---|---|---|---|
| 1 | 1600 | 走 | 13分30秒 | 5 | 10 |
| 2 | 1600 | 走 | 13分 | 5 | 10 |
| 3 | 1600 | 走 | 12分45秒 | 5 | 10 |
| 4 | 1600 | 走、跑 | 11分45秒 | 5 | 15 |
| 5 | 1600 | 走、跑 | 11分 | 5 | 15 |
| 6 | 1600 | 走、跑 | 10分30秒 | 5 | 15 |
| 7 | 1600 | 跑 | 9分45秒 | 5 | 20 |
| 8 | 1600 | 跑 | 9分30秒 | 5 | 20 |
| 9 | 1600 | 跑 | 9分15秒 | 5 | 20 |
| 10 | 1600<br>2400 | 跑 | 9分10秒<br>16分 | 3<br>2 | 21 |
| 11 | 1600<br>2400 | 跑 | 8分45秒<br>15分 | 3<br>2 | 21 |
| 12 | 1600<br>2400 | 跑 | 8分30秒<br>14分 | 3<br>2 | 24 |
| 13 | 1600<br>2400 | 跑 | 8分15秒<br>13分30秒 | 3<br>2 | 24 |
| 14 | 1600<br>2400 | 跑 | 7分55秒<br>13分 | 3<br>2 | 27 |
| 15 | 1600<br>2400<br>3200 | 跑 | 7分45秒<br>12分30秒<br>18分 | 2<br>2<br>1 | 30 |
| 16 | 2400<br>3200 | 跑 | 11分55秒<br>17分 | 2<br>2 | 31 |

表16-11 Cooper有氧训练一天计划举例

| 5：15—8：00 a.m. | Optional Exercise at Cooper Fitness Center |
|---|---|
| 7：00—8：00 a.m. | Morning Walk and Stretch with Valarie Ponce，M.S.，Cooper Wellness Program |
| 8：00—8：45 a.m. | Breakfast Buffet and Lecture with Kathy Duran-Thal，R.D.，nutrition director，Cooper Wellness Program |
| 9：00—10：00 a.m. | "Lifestyle Fitness" with Colette Cole，Senior Professional Fitness Trainer，Cooper Fitness Center |
| 10：10—10：30 a.m. | Heart Rate Monitor Demonstration with Susie Kania，M.S.，fitness director，Cooper Wellness Program |
| 10：30—11：00 a.m. | Walking for Health and Fitness with Susie Kania，M.S.，fitness director，Cooper Wellness Program |
| 11：00—12：30 p.m. | "Guidelines for Optimal Nutrition" with Kathy Duran-Thal，R.D.，nutrition director，Cooper Wellness Program |
| 12：30—1：30 p.m. | Lunch-Cooking School with Kathy Duran-Thal，R.D.，nutrition director，Cooper Wellness Program |
| 1：30—2：00 p.m. | Break |
| 2：00—4：00 p.m. | Personal Training Sessions |
| 4：00—4：30 p.m. | Book Review with Cindy Bostick，Cooper Wellness Program |
| 4：30—5：30 p.m. | "Coronary Disease：Are You at Risk?" with Nina Radford，M.D.，Director of Cardiology，Cooper Clinic |
| 5：30—6：00 p.m. | Break |
| 5：30—7：30 p.m. | Optional Exercise at Cooper Fitness Center |
| 6：00—7：00 p.m. | Dinner in the Cookery |
| 7：00—9：30 p.m. | Optional Exercise and Relaxation Services（Cooper Spa closes at 8：00 p.m.，whirlpool/sauna/steam room close at 9：30 p.m.） |

## 第三节 无氧耐力训练

### 一、基本理论

无氧耐力是指机体以无氧代谢为主要供能形式坚持较长时间工作的能力，又称速度耐力，依据能量供应形式分为磷酸原代谢供能的无氧耐力和糖酵解代谢供能的无氧耐力。在无氧代谢供能的肌肉活动中，磷酸肌酸分解供能，不产生乳酸，机体处于此种状态下坚持较长时间工作的能力，称为磷酸原代谢供能的无氧耐力；在无氧代谢的肌肉活动中，糖的酵解供能产生乳酸，机体处于此种状态下坚持长时间工作的能力，称为糖酵解代谢供能的无氧耐力。无氧耐力的发展水平主要取决于三个因素：①无氧代谢能力，包括肌肉内糖无氧酵解供能的能力缓冲乳酸的能力、脑细胞对血液pH值变化的耐受力等，这是构成无氧耐力的最重要因素；②能源物质（ATP、CP、糖原）的储备；③肌肉、关节、韧带等支撑运动器官承受大强度工作的能力。因此，提高运动员的无氧代谢能力和肌肉活动时必需的能源物质储备以及支撑运动器官的功能，是发展无氧耐力的主要途径。

#### （一）肌肉内无氧酵解供能的能力与无氧耐力

肌肉无氧酵解能力主要取决于肌糖原的含量及其无氧酵解酶的活性，肌肉无氧酵解能力与无氧能力素质密切相关。

（二）缓冲乳酸的能力与无氧耐力

肌肉无氧酵解过程产生的乳酸进入血液后，改变了血液的酸碱度，使血液向偏酸方向变化，这可刺激机体的缓冲系统的缓冲作用，使血液的pH值不至于发生太大的变化，以维持人体内环境的相对稳定性。机体缓冲乳酸的能力，主要取决于碳酸氢钠的含量及碳酸酐酶的活性。为达此目的可以采用间歇训练法和重复训练法，负荷的强度应低于非乳酸无氧耐力训练，高于有氧耐力训练的强度，这个界限大约处于本人可以承受的最大强度的85%～90%，心率处于160～180次/分之间。由于人体产生乳酸的时间大约是机体剧烈活动35秒以后，所以负荷时间应长于35秒钟。为了使乳酸达到一定值，刺激机体能力的提高，应保持一定负荷的持续时间，这负荷时间可控制在1~2分之间。一般对有训练基础的运动员可安排4～5次、4~5 组，对无训练基础的人要相对减少。组间的间歇时间应以能消除氧债为原则，大约15~20分钟。

（三）脑细胞对血液pH值的耐受力与无氧耐力

尽管血液中的缓冲物质能中和一部分进入血液的乳酸，减弱其强度，但由于进入血液的乳酸量大，血液的pH值还会向酸性方向发展，加上因氧供不足而导致代谢产物的堆积，都将会影响脑细胞的工作能力，促进疲劳的发展。因此，脑细胞对这些不利因素的耐受能力，无疑也是影响无氧耐力的重要因素。经常进行无氧耐力训练的运动员，脑细胞对血液中代谢产物堆积的耐受力提高。

## 二、无氧耐力练习的常用方法

（一）原地间歇高抬腿跑

原地做快速高抬腿练习，如发展非乳酸性无氧耐力，则可做每组5s、10s、30s快速高抬腿练习，做6～8组，间歇2～3分钟，强度为90%～95%，要求越快越好。为发展乳酸性无氧耐力，则可做1 分钟练习，或100～150次为一组，6～8组，每组间歇2～4min，强度为80%，要求动作规范，也可前支撑做高抬腿跑练习。

（二）高抬腿跑转加速跑

行进间高抬腿跑20米 左右转加速跑80米，重复5～8次，间歇2～4分，强度为80%～85%。

（三）反复跑

跑距为60米、80米、100米、120米、150米 等。重复次数应根据距离的长短及运动员水平而定。一般每组3～5次，重复4～6组，组间歇3～5分，强度一般的心率控制，如短于专项的距离，练习时心率应达180 次/分，间歇恢复至120 次/分 时，就可以进行下次练习。如发展乳酸耐力，距离要长些，强度小些。

（四）变速跑

变速快跑与慢跑结合进行，快跑段与慢跑段距离应根据运动员专项而定。如发展非乳酸性无氧耐力，则常采用50米快、50米慢、100米快、100米慢或直道快、弯道慢或弯道快、直道慢等。为发展乳酸性无氧耐力，常采用400米快200米慢，或300米快200米慢，或600米快200米慢等，强度为60%～80%。

（五）反复连续跑台阶

在每组高20厘米 的楼梯或高50厘米的看台上，连续跑30～40 步台阶，每步2级，重复6次，每次间歇5分钟。强度为65%～70%，要求动作不间断，也可定时完成。

（六）两人追逐跑

跑道上两人一组相距10～20米（根据水平不同）。听口令后起跑，后面人追赶前面人，800米内追上有效，间歇3～5分钟，下次交换位置。重复4~6次，强度为65%~75%，也可以要求在最后100m内追上方为有效。

（七）间歇接力跑

跑道上，四人成两组，相距200米站立，

听口令起跑，每人跑200米交接棒，每人重复8～10次，要求每棒跑的时间。

**（八）结合各专项动作循环练习**

以各专项的专门练习或辅助练习等组成一套练习，反复循环进行，强度为65%左右。

## 三、发展耐力素质的注意事项

**（一）耐力素质练习应遵循人体生长发育的规律**

耐力素质的发展水平与其他素质一样，在相当程度上受到人体生长发育水平的影响。如果耐力水平与生长发育水平不相一致，非但不能收到良好练习效果，可能还会严重地损害人体健康。因此，根据运动员的发育水平，合理地安排耐力练习，是发展耐力素质过程中一个非常重要的方向。一般来说，儿童少年时期正处于一般耐力和有氧耐力的敏感发展期，在这期间可进行一般耐力和有氧耐力的练习。男14~16岁，女13~14 岁以后进入无氧耐力的敏感发展期，这时就可进行无氧耐力的练习。此外，耐力练习方法的采用，要根据不同对象的生理、心理特点，从实际出发。

**（二）注意在耐力素质练习中体现个体化特点**

要最大限度地发展耐力水平，就必须在练习中体现大负荷练习的原则。然而，由于运动员之间训练程度、机能水平、项目要求等方面都存在着不同的差异，因此，耐力练习的方法与手段应有所不同。而且练习的强度、练习的持续时间、间歇的时间与方式以及重复练习的次数也应根据实际情况具有差异性。

**（三）注意有氧耐力练习与无氧耐力练习相结合**

有氧耐力和无氧耐力虽然在代谢过程中表现出较大差异，但是两者存在着非常密切的关系。有氧耐力在基础，无氧耐力的发展是建立在有氧耐力提高的基础上。通过有氧耐力练习能使心脏体积增大，每搏输出量提高，从而为无氧耐力的发展打下了坚实的基础。如一开始便是无氧耐力练习，就很难提高每搏输出量，还会影响全身血液的供给，对今后发展不利。反过来，发展有氧耐力过程中，穿插一些无氧耐力练习，能改善运动员的呼吸能力和循环系统的功能，这有利于提高机体输送氧气的能力，对提高有氧耐力水平极为有利，由此可见，有氧耐力和无氧耐力之间是相互联系，相互促进的。所以，在耐力练习中要注意两者的结合，至于有氧耐力练习和无氧耐力的练习的比例，应视实际情况而定。

**（四）耐力训练要根据各专项的特点要求，科学地安排运动负荷，有的放矢地进行训练**

不同强度的负荷对发展某一代谢能力作用不同，如短跑运动员必须在有氧代谢能力的基础上，重点发展无氧代谢能力，以短距离大强度负荷为主。马拉松运动员必须重点发展有氧代谢能力，以强度不大的慢跑为主。不同强度的负荷对人体内有氧及无氧代谢供能上比例不同。

**（五）发展耐力素质时，应严格技术要求**

长时间进行有氧耐力训练时，对运动员的技术运动有严格要求。使之保持正确、协调、运用自如、准确。这可使神经系统的兴奋与抑制过程合理、稳定，有节律地交替，从而推迟疲劳的产生。

**（六）耐力练习后应注意消除练习者的疲劳，使其尽快恢复**

耐力练习时间长，消耗的能量大，所以训练后积极补充能源物质很重要，它使练习者机体更快地恢复及获得超量能源的储备。另外还要采取有效的措施和手段，使疲劳的肌肉及神经系统得以放松和极早消除疲劳，为下次练习创造条件，这对耐力性项目的运动员极为重要。因为恢复性措施及恢复性训练，直接影响系统训练及大运动量训练的效果。

### （七）在耐力练习中要注意加强医务监督

由于耐力练习时间较长，运动负荷较大，对人体各系统的影响也比较深刻。如果运动员在健康水平不佳或者机能能力有障碍的情况下，进行大负荷的耐力练习，就容易对人体各系统的功能造成严重的损害。所以在耐力练习时加强医务监督就非常必要。耐力练习中的医务监督一般包括两方面的内容：（1）练习前的机能评定，简单的有血压、心率情况以及运动员的自我感觉等；（2）练习时运动员对负荷安排的承受情况，如重复动作的变异程度、运动员练习时的面部表情等。一旦发现异常情况就应根据实际情况，或减量或中止练习，以防不测。

## 【思考题】

**1. 关键性思考和讨论**

（1）解释能量代谢和耗氧量的概念，分析类风湿性关节炎、胫骨骨折后、全髋置换术后患者使用助行杖或助行器后的能量消耗改变。

（2）为一名肥胖症患者制定有氧训练处方。

**2. 实验操作练习**

（1）复习台阶试验和最大摄氧量测试试验的步骤和方法；

（2）在正确测试自己的心脏功能水平后为自己制定一个8周的有氧训练计划，训练前和训练后分别测试12分钟跑成绩，观察心脏功能水平和12分钟跑的变化规律。

## ◎　参考文献


[1]田麦久. 运动训练学[M]. 北京：人民体育出版社, 2000.

[2]胡亦海. 竞技运动训练理论与方法[M]. 武汉：湖北人民出版社, 2005.

[3]张英波. 现代体能训练方法[M]. 北京：北京体育大学出版社, 2006.

[4]杨桦等. 运动训练学导论[M]. 北京：北京体育大学出版社, 2007.

[5]燕铁斌. 物理治疗学[M]. 北京：人民卫生出版社, 2013.

[6]杨静宜等. 运动处方[M].北京：高等教育出版社, 2005.

[7]李之俊等. 自行车运动的科学与实践[M]. 上海：上海科学技术文献出版社, 2009.


（苟　波）

# 第十七章 平衡及协调功能训练

【学习目标】

1. 掌握平衡协调功能训练的基本原则及具体训练技术。
2. 掌握协调训练技术分类及训练顺序和要点。
3. 熟悉平衡功能训练的分类及影响因素。
4. 熟悉上下肢协调训练的技术方法及协调训练的基本原理。
5. 了解平衡功能训练的基本原理。
6. 了解弗伦克尔体操训练法。

## 第一节 概 述

平衡和协调均属于运动功能的范畴，对维持人体正常运动起着重要的作用。平衡和协调功能障碍可由许多疾病导致，中枢神经系统的疾病最为常见，如脑卒中、脑外伤、头颅肿瘤、小儿脑瘫、脊髓损伤、帕金森综合征等。临床上如果发现平衡功能和协调功能出现障碍，就应对其进行积极的治疗。治疗方法应综合性地运用，除了针对病因进行药物或手术等治疗外，最为直接有效的治疗就是进行平衡功能训练和协调功能的训练。另外，体育运动中为了提高运动能力及运动成绩，常常也需要进行针对性的平衡和协调功能训练。为了更好地掌握平衡功能训练和协调功能训练的方法，要求对平衡和协调的定义、分类、维持机制和评定方法等知识有所了解。在体育运动中运用时应熟悉各种体育运动的特点，以区别于临床疾病中的平衡协调功能训练。

### 一、平 衡

#### （一）平衡的定义与分类

**1. 定 义**

平衡（balance，equilibrium ）是指物体所受到来自各个方向的作用力与反作用力大小相等，使物体处于一种稳定的状态（即牛顿第一定律）。人体平衡比自然界物体的平衡复杂得多，平衡是指人体所处的一种姿势状态，并能在不同的环境和情况下能自动调整并维持身体直立姿势的能力。人体具有能保持身体位置稳定的能力即稳定力，可使身体在最小的摆动下调整姿势，能安全有效地对外来干扰做出反应，即动态稳定性。当人身体失去平衡时，身体会自然产生平衡反应，如身体往相反方向倾倒，将上肢或下肢伸展或踏出一步，以恢复平衡，防止跌倒。

**2. 分 类**

平衡可分为静态平衡和动态平衡两种。动态平衡又可分为自动态平衡和他动态平衡。临床上将平衡还分为：一级平衡，即静态平衡；二级平衡，即自动态平衡；三级平衡，即他动态平衡。

（1）静态平衡：是指人体在无外力的作用下，保持某一静态姿势，自身能控制及调整身体平衡的能力，主要依赖于肌肉的等长收缩及关节两侧肌肉协同收缩来完成。

（2）自动态平衡：是指人体在自身重心移动而无外力作用下自身能控制及调整身体平衡的能力，主要依赖于肌肉的等张收缩来完成。

（3）他动态平衡：是指人体在外力作用下自身能控制及调整身体平衡的能力，主要依赖于肌肉的等张收缩来完成。

人们日常生活动作绝大部分都要依赖于静态平衡和动态平衡的维持能力。静态平衡是动态平衡的基础，若没有静态平衡的稳定，就没有动态平衡的发展。

**3. 平衡反应**

指当平衡状态改变时，机体能恢复原有平衡或建立新平衡的过程，包括反应时间和运动时间。反应时间是指从平衡状态的改变到出现可见运动的时间；运动时间是指从出现可见运动到动作完成、建立新平衡的时间。

平衡反应使人体无论在任何体位均能保持稳定的状态，其是一种自主反应，受中脑和大脑皮层控制，属于高级水平的发育性反应。当身体重心移动欲超出支撑面时，或者当身体的支撑面发生移位引起重心移动时，平衡反应能够调节头部、躯干以及四肢的姿势和空间位置，使身体保持直立姿势。人体可以根据不同需要进行有意识的训练，以改善或提高平衡能力，例如体操、技巧等项目的运动员，或舞蹈杂技演员的平衡能力显著高于普通人群。各种原因引起平衡能力受损后，可通过积极的治疗和平衡训练，重建平衡反应能力，从而使平衡功能得到改善或恢复。

**4. 平衡反应形成规律**

正常儿童通常在出生6个月时形成俯卧位平衡反应，7～8个月形成仰卧位和坐位平衡反应，9～12个月形成蹲起反应，12～21个月形成站立反应。

**5. 特殊平衡反应**

除了一般的平衡反应之外，还有以下两种特殊平衡反应。

（1）保护性伸展反应：是指当身体受到外力作用而偏离原支撑点时，身体所发生的一种平衡反应，表现为上肢和/或下肢伸展，其作用在于支持身体，防止摔倒。

（2）跨步及跳跃反应：是指当外力使身体偏离支撑点或在意外情况下，为了避免摔倒或受到损伤，身体顺着外力的方向快速跨出一步，以改变支撑点，建立新平衡的过程，其作用是通过重新获取新的平衡，来保护自己避免受到伤害。正常儿童形成跨步及跳跃反应的时间是15～18个月。

## （二）平衡的维持机制

为了维持平衡，人体重心必须垂直地落在支撑面的范围内。支撑面是指人体在各种体位下（卧、坐、站立、行走）所依靠的接触面。支撑面的大小影响身体平衡。当身体的重心落在支撑面内，人体就保持平衡，反之，重心落在支撑面之外时就失去平衡。支持面的改变直接影响着维持平衡的能力，支持面大，稳定性则好，很容易维持平衡；支持面小，躯体稳定性相对较差，因此就需要较强的平衡能力来维持。通常人体平衡维持需要三个环节的参与：感觉输入，中枢整合，运动控制。前庭系统、视觉调节系统、身体本体感觉系统、大脑平衡反射调节系统、小脑共济协调系统肌群的肌力与耐力以及关节的灵活度和软组织的柔韧度在人体平衡功能的维持上起着重要的作用。

**1. 感觉输入**

一般情况下，人体通过视觉、躯体觉、前庭觉的传入来感知身体所的处置和与地球引力及周围环境的关系。适当的感觉输入，特别是躯体、前庭和视觉信息对平衡的维持和调节具有前馈和反馈的作用。

（1）视觉系统：由视网膜所收集到的信息经过视觉通路传入到视中枢，提供了周围环境及身体运动和方向的信息。在视觉环境静止不动的情况下视觉系统能准确感受环境中物体的运动以及眼睛和头部的视空间定位。如果躯体感觉受到干扰或破坏，此时身体直立的平衡状态主要是通过视觉系统。视觉系统通过颈部肌肉的收缩使头部保持向上直立的位置和保持水平视线来使身体保持或恢复到原来的直立位，从而获得新的平衡。如果去除或阻断视觉输入（如闭眼、戴眼罩或在黑暗的环境中），此时，姿势的稳定性要比睁眼站立时显著下降。这也是视觉障碍者或老年人出现平衡能力降下的原因之一。

（2）躯体感觉：与平衡的维持有关的躯体感觉包括皮肤触、压觉和本体感觉。在维持身体平衡和姿势的过程中，与支撑面相接触的皮肤的触觉、压觉感受器向大脑皮质传递有关体重的分布情况和身体重心的位置；分布于肌肉、关节及肌腱等处的本体感受器（属于螺旋状感觉神经末梢）收集随支持面而变化的信息（如面积、硬度、稳定性以及表面平整度等而出现的有关身体各部位的空间定位和运动方向），经深感觉传导通路向上传递。正常人站立在固定的支撑面上时，足底皮肤的触觉、压力觉和踝关节的本体感觉输入起主导作用，当足底皮肤和下肢本体感觉输入完全消失时（如外周神经病变），人体失去了感受支持面情况的能力，姿势的稳定性就会受到影响，需要其他感觉特别是视觉系统的输入。如果此时闭目站立，由于同时失去了躯体和视觉的感觉输入，身体出现倾斜、摇晃，并容易摔倒。

（3）前庭系统：三个半规管感知人体角加速度运动，椭圆囊、球囊感知瞬时直线加速运动及与直线重力加速有关的头部位置改变的信息，经中脑的第四对颅神经（滑车神经）进入脑干。头部的旋转可刺激前庭系统中两个感受器。其一为半规管内的壶腹嵴（运动位置感受器），能感受头部在三维空间中的运动角加（减）速度变化而引起的刺激。其二为前庭迷路内的椭圆囊斑和球囊斑，感受静止时的地心引力和直线加（减）速度的变化引起的刺激。在躯体感觉和视觉系统正常的情况下，前庭冲动在控制人体重心位置上的作用很小。只有当躯体感觉和视觉信息输入均不存在或输入不准确发生冲突时，前庭系统的感觉输入在维持平衡的过程中才变得至关重要。

**2. 中枢整合**

三种感觉信息输入在包括脊髓、前庭核、内侧纵束、脑干网状结构、小脑及大脑皮层等多级平衡觉神经中枢中进行整合加工，并形成产生运动的方案。当体位或姿势变化时，为了判断人体重心的准确位置和支持面情况，中枢神经系统将三种感觉信息进行整合，迅速判断何种感觉所提供的信息是有用的，何种感觉所提供的信息是相互冲突的，从中选择出那些提供准确定位信息的感觉输入，放弃错误的感觉输入。

**3. 运动控制（输出）**

中枢神经系统在对多种感觉信息进行分析整合后下达运动指令，运动系统以不同的协同运动模式控制姿势变化，将身体重心调整回到原来的范围内或重新建立新的平衡。

当平衡发生变化时，人体可以通过三种调节机制或姿势性协同运动模式来应变，包括踝调节、髋调节及跨步调节机制。

（1）踝调节：是指人体站在一个比较坚固和较大的支持面上，受到一个较小的外界干扰（如较小的推力）时，身体重心以踝关节为轴进行前后转动或摆动（类似钟摆运动），以调整重心，保持身体的稳定性。

（2）髋调节：正常人站立在较小的支持面上（小于双足面积），受到一个较大的外界干扰时，稳定性明显降低，身体前后摆动幅度增大。为了减少身体摆动使重心重新回到双足的范围内，人体通过髋关节的屈伸活动来调整身体重心和保持平衡。

（3）跨步调节：当外力干扰过大，使身体的摇动进一步增加，重心超出其稳定极限，髋调节机制不能应答平衡的变化时，人体启动跨步调节机制，自动地向用力方向快速跨出或跳跃一步，来重新建立身体重心支撑点，为身体重新确定稳定站立的支持面，避免摔倒。

此外，前庭神经系统，内侧纵束向头部投射影响眼肌运动，经前庭脊髓通路向尾端投射维持躯干和下肢肌肉兴奋性，经γ运动纤维传出的冲动调整梭内肌纤维的紧张性；而经运动纤维发放的冲动调整骨骼肌的收缩，使骨骼肌保持适当的肌张力，能支撑身体并能抗重力运动，但又不会阻碍运动。交互神经支配或抑制可以使人体能保持身体某些部位的稳定，同时有选择性地运动身体的其他部位，产生适宜的运动，完成大脑所制定的运动方案，其中静态平衡需要肌肉的等长运动，动态平衡需要肌肉的等张运动。上述几方面的共同作用结果，使得人体保持平衡或使自己处于一种稳定的状态。

### （三）平衡的评定

平衡能力的评定是运动功能评定的重要组成部分。治疗师需要评定及了解患者失去平衡的原因，再加以训练才会有较好的效果。一般分为主观评定和客观评定两个方面。主观评定以观察和量表为主，客观评定主要是指平衡测试仪评定。

#### 1. 观察法

观察坐、站和行走等过程中的静态平衡及动态平衡状态。

#### 2. 量表法

不需要专门的设备，评定简单，应用方便，临床普遍使用。信度和效度较好的量表主要有Berg平衡量表（Berg Balance Scale ），MAS（motor assessment scale ）平衡功能评测以及“站起-走”计时测试（the Timed “ Up & Go ” test ）。

#### 3. 平衡测试仪

是近年来国际上发展较快的定量评定平衡能力的一种测试方法，目前常用的有Balance Performance Monitor（BPM ），Balance Master，Smart Balance，Equitest等。平衡测试仪能精确地测量人体重心位置、移动的面积和形态，评定平衡功能障碍或病变的部位和程度，测试结果可以存储并打印。其不仅可以定量评定平衡功能，还可以判断平衡功能损害的程度和类型，帮助制定治疗和康复措施，评价治疗和康复效果，同时，平衡测试仪本身也可以用作平衡训练，以提高平衡功能，因此，临床应用范围广泛。

### （四）平衡训练方法的分类

平衡训练方法按不同的因素可以分为不同的种类。按患者的体位可以分为前臂支撑下的俯卧位训练、肘膝跪位训练、双膝跪位训练、半跪位训练、长坐位训练、端坐位训练、站立位训练；按是否借助器械如平衡板、训练球或平衡仪等可以分为徒手平衡训练和借助器械平衡训练；按患者保持平衡的能力可分为静态平衡训练、自动态平衡训练和他动态平衡训练；按患者的疾病类型可以分为脊髓损伤患者的平衡训练、中风或脑外伤患者的平衡训练、帕金森综合征患者的平衡训练等等。

## 二、协　调

### （一）定　义

协调（coordination）是指人体产生平滑、准确、有控制地随意运动的能力。所完成运动的质量应包括按照一定的方向和节奏，采用适当的力量和速度，经过一定距离，达到准确的目标等几个方面。正常的随意运动需要由原动肌的收缩、拮抗肌的松弛、固定肌的支持固定以及中和肌的协调收缩共同参与完成。协调功能主要协调各组肌群的收缩与放松。动作过程的准确流畅与否取决于这些肌肉在速度、幅度和力量方面的密切协调，同时体现神经系统在不同时间内对各组肌肉运动单位的募集数目和冲动频率的控制作用。协调与平衡密切相关，不协调的运动是指笨拙的、不平衡的和不准确的运动。

### （二）协调功能障碍及分类

协调运动的产生需要有功能完整的深感觉、前庭、小脑和锥体外系的参与，其中小脑对协调运动起着重要的作用，每当大脑皮层发出随意运动的命令时，小脑便产生了制动作用。当大脑和小脑发生病变时、四肢协调动作和行走时的身体平衡发生障碍，此种协调功能障碍又称为共济失调。根据中枢神经系统的病变部位不同而将共济失调分为以下三个类型：小脑性共济失调、大脑性共济失调和脊髓后索共济失调。

**1. 小脑性共济失调**

小脑是重要的运动调节中枢，其主要功能是维持身体的平衡、调节肌张力和随意运动，因此小脑的损伤除了出现平衡功能障碍外，还可出现共济失调。共济失调是小脑病变的主要症状，急性小脑病变（如脑卒中、炎症）因无代偿，临床症状较慢性病变更为明显。小脑半球损害导致同侧肢体的共济失调。症状以四肢与躯干失调为主，四肢和躯干不能灵活、顺利、准确地完成动作。患者由于对运动的速度、力量和距离的控制障碍而产生辨距不良和意向性震颤，一般上肢症状较重，动作愈接近目标震颤愈明显，并有快速及轮替运动异常；在下肢则主要表现为行走时的蹒跚步态。

**2. 大脑性共济失调**

额桥束和颞枕桥束是大脑额、颞、枕叶与小脑半球的联系纤维，其病变可引起共济失调，但较小脑病变的症状轻。可包括以下几种类型：

（1）额叶性共济失调：见于额叶或额桥小脑束病变。表现类似小脑性共济失调，如平衡障碍、步态不稳、对侧肢体共济失调，肌张力增高、键反射亢进和出现病理征，伴额叶症状如精神症状、强握反射等。

（2）顶叶性共济失调：对侧肢体出现不同程度共济失调，闭眼时明显，深感觉障碍不明显或呈一过性。

（3）颞叶性共济失调：较轻，表现一过性平衡障碍，早期不易发现。

**3. 脊髓后索共济失调**

脊髓后索的病变会造成深感觉障碍。此类患者不能辨别肢体位置和运动方向。协调障碍主要表现为站立不稳，行走时动作粗大，迈步不知远近，落脚不知深浅，踩棉花感，需要视觉补偿，常目视地面行走，在黑暗处则难以行走。体检时会发现震动觉、关节位置觉缺失，闭目难立征阳性。

### （三）协调的维持机制

简单来说，维持人体协调需要三个环节的参与：感觉输入，中枢整合，运动控制。但与平衡有所不同，协调的感觉输入主要包括视觉和本体感觉，而前庭觉所起的作用不大；中枢的整合作用依靠大脑反射调节和小脑共济协调系统，其中小脑的协调系统起了更为重要的作用，小脑的损伤除了出现平衡功能障碍外，还可出现共济失调；运动控制要依靠肌群的肌力和耐力。

以上三个环节共同作用，就可以保证协调功能的正常，无论哪一个出现问题，都会导致协调功能障碍的产生。

### （四）协调的评定

观察被测试对象在日常生活中的动作有无异常。临床检查中常用的方法主要包括：指鼻试验、指-指试验、轮替试验、食指对指试验、拇指对指试验、握拳试验、拍膝试验、跟-膝-胫试验、旋转试验和拍地试验等。这些试验主要观察动作的完成是否直接、精确，时间是否正常，在动作的完成过程中有无辨距不良、震颤或僵硬，增加速度或闭眼时有无异常；评定时同时需要注意共济失调是一侧性或双侧性，什么部位最明显，睁眼、闭眼有无差别。也可以采取协调评定量表进行评定，如上下肢协调性试验量表。

# 第二节　平衡功能训练

## 一、影响平衡训练的因素

### （一）支持面积

指人坐位时与接触物之间的面积或站立时两足之间的面积，支持面大，稳定性则高；支持面小，稳定性则小。此外，接触面的平整以及良好的接触都有利于平衡。

**（二）平衡的条件**

经过人体重心所作的垂线，必须落在支撑面之上才有可能保持平衡，否则将不利于平衡。平衡状态的优劣，可用重心与支撑面中心的连线同经过支撑面中心所作的垂线所形成的夹角的大小来评定，此夹角越小，平衡越佳，反之则越差。

**（三）稳定极限**

稳定极限是指在不失衡的条件下，重心在支撑点上方摆动时所容许的最大角度，其大小取决于支撑面的大小和性质，大、硬、平整时稳定极限大，小、软、不平时稳定极限则小。

**（四）摆动的频率**

摆动的频率越低，平衡越好，摆动的频率越高，则越易失去平衡。

**（五）与平衡有关的感觉的作用**

视觉、本体感觉、前庭感觉与平衡有重要关系。正常在睁眼时控制平衡以本体感觉和视觉为主，反应灵敏，而在闭目时则需依靠前庭感觉，但反应不如躯体感觉、视觉灵敏。

**（六）与平衡有关的运动控制系统**

主要有牵张反射、不随意运动和随意运动三个系统。

**（七）机体应付姿势变化的对策**

当姿势变化危及平衡时，机体应付的对策有一定的规律。

**1. 踝对策**

当人站在地毯上时，如突然有人向后拉地毯，则身体将有向前倾倒的倾向。此时站在地毯上的人将通过腓肠肌、腘绳肌和骶棘肌的收缩使身体向后以免失去平衡，此时头、躯干成为一个整体，作为一个环节以踝为轴向后摆动。以上反应即为踝对策。

**2. 髋对策**

让受试者站在一根窄的横梁上，即支撑面变小，且不能与全足底接触，此时若后移横梁，为避免失去平衡，受试者将伸直下肢，以髋关节为轴屈髋、前倾躯干，这种依靠髋活动的对策称为髋对策。

**3. 迈步对策**

以站在地毯上的人为例，如有人向后拉地毯的幅度过大，站立者将向前扑倒时，此时踝关节已不能克服，只得主动迈出一步以免失去平衡，此为迈步对策。

## 二、平衡训练的原则

**（一）从静态平衡到动态平衡**

平衡训练首先从稳定的静态姿势开始，然后过渡到自动态平衡，最后到他动态平衡。只有这样，患者才有可能在坐位或立位的姿势下，灵活自如地完成日常的生活动作。

**（二）从稳定的体位转变至不稳定的体位**

平衡是逐步发展的，如从前臂支撑的俯卧位至用手杖支撑的站立位，要经过若干阶段的平衡练习才能逐步达到。

**（三）首先保持头于稳定的位置**

头的稳定需要有强有力的颈肌来维持。强有力的颈肌又可强化任何其他部位的肌肉收缩以维持稳定性。

**（四）支持面由大变小**

支持面大，稳定性则高；支持面小，稳定性则小。患者在进行平衡训练时，初时应选择支持面大的或辅助器具较多的体位进行训练，当患者的平衡稳定性提高之后，支持面要逐渐变小，辅助器具也逐渐减少。例如，先仰卧位训练，然后侧卧位训练，并逐步进展至立位训练。

### （五）身体重心由低到高

重心低，稳定性则高；重心高，稳定性则小。治疗师可以改变患者的训练体位来变换身体重心的高度，使平衡训练的难度逐步提高。

### （六）从睁眼训练过渡到闭眼训练

训练开始时，要求患者两眼睁开，待平衡控制较好后则开始闭眼进行训练。

### （七）在注意下保持平衡和在不注意下保持平衡的训练

开始时告诉患者在推动时要求保持平衡，然后可在患者不注意的情况下突然发力推动患者，并要求患者保持平衡。

### （八）破坏前庭器官的平衡来保持身体平衡

前庭器官对平衡能力的维持起着重要作用，破坏前庭器官的平衡进行训练可以提高训练的难度，进一步提高平衡能力。例如要求患者在转动身体后保持平衡，或者让患者在大转轮中进行训练等。

### （九）安全性原则

训练平衡功能的原则是在监护下，先将患者被动地向各个方向移动到失衡或接近失衡的点上，然后让他自行返回中位或平衡的位置上。训练中要注意从前面、后面、侧面或在对角线的方向上推或拉患者，让他达到或接近失衡点；要密切监控以防出现意外，但不能扶牢患者，否则患者因无须做出反应而失去效果；一定要让患者有安全感，否则因害怕而诱发全身痉挛出现联合反应，加重病理模式。

## 三、平衡训练方法

训练体位：平衡训练时，一般先从卧位（如前臂支撑下的俯卧位）开始。因为卧位的支撑面最大，最稳定，患者比较容易掌握平衡技巧。逐渐过渡到最不稳定的体位（如站立位）。

训练次序：训练顺序为：仰卧位→前臂支撑下的俯卧位→肘膝跪位→双膝跪位→半跪位→坐位→站立位。其中对于截瘫的患者，主要训练体位是前臂支撑下的俯卧位→肘膝跪位→双膝跪位→半跪位→坐位→站立位，而对于偏瘫患者则主要训练体位是仰卧位→坐位→站立位。不论在什么体位下训练，首先需要控制头部的稳定，其次是颈部和躯干肌肉的协同收缩，来保持躯干的稳定性。

### （一）仰卧位训练

此种体位下的平衡训练主要适合于偏瘫患者。平衡训练的主要内容是躯干的平衡训练，所采用的训练方法是桥式运动。

#### 1. 桥式运动的目的

训练腰背肌和提高骨盆的控制能力，诱发下肢分离运动，缓解躯干及下肢的痉挛，提高躯干肌力和平衡能力。故应鼓励病人于病情稳定后尽早进行桥式运动。

#### 2. 桥式运动的方法

病人仰卧位，双手放于体侧，或双手交叉组指相握，胸前上举，注意患手大拇指放在最上面，以对抗拇指的内收和屈曲，下肢屈曲支撑于床面，患者将臀部抬离床面，尽量抬高，即完成伸髋、屈膝、足平踏于床面的动作。因完成此动作时，人体呈拱桥状，故而得名“桥式运动”。双侧下肢同时完成此动作为双桥运动，单侧下肢完成此动作为单桥运动

#### 3. 桥式运动的训练方法

当病人不能主动完成抬臀动作时，可给以适当的帮助。治疗师可将一只手放在患者的患膝上，然后向前下方拉压膝关节，另一只手拍打患侧臀部，刺激臀肌收缩，帮助患髋伸展。在进行桥式运动时，病人两足间的距离越大，伸髋时保持屈膝所需的分离性运动成分就越多。随着病人控制能力的改善，可逐渐调整桥式运动的难度，如由双桥运动过渡到单桥运动。

### （二）前臂或手支撑下俯卧位训练

当患者处于疾病早期或由于长期卧床，全身情况相对较差，平衡能力很弱，稳定性很低。为了维持或增强平衡能力，常也需要进行平衡功能训练，多采用俯卧位进行，其可为下一步坐位或站位平衡训练打下良好的基础。具体包括俯卧位前臂支撑训练和俯卧位手支撑训练。

**1. 静态平衡训练**

患者取俯卧位，在治疗师帮助下，前臂支撑，两臂间距大于双肩距离，躯干上部抬起离开床面，腹部紧贴床上，然后按以下步骤进行训练：① 治疗师坐或站在患者背后，用手托住患者躯干上部，并固定患者躯干下部，使患者能保持俯卧前臂支撑位。② 治疗师仅固定患者躯干下部，不时把手放开，患者将要倒时再用双手托住患者（图17-1）；③ 治疗师站在患者身前，扶住患者的双肩，时而松开，并指示患者独立维持支撑位；④ 当患者能自己前臂支撑保持平衡时，逐渐缩小两臂间的距离，如要跌倒时，则立即分开两臂（图17-2）；⑤ 当患者不用任何借助能维持静态的前臂支撑平衡时，则进展到俯卧位手支撑静态平衡训练（图17-3、图17-4）。

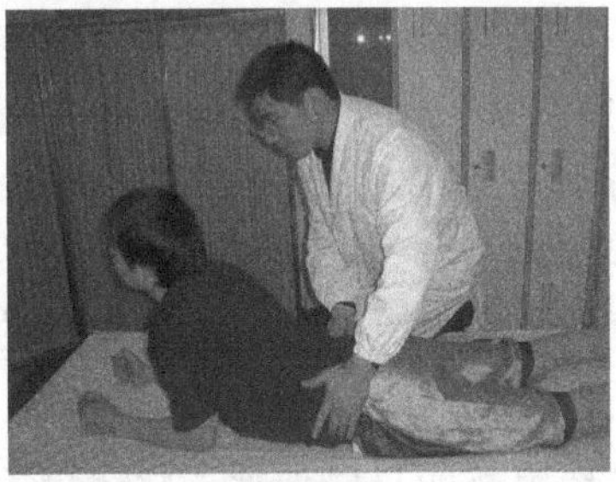

图17-1

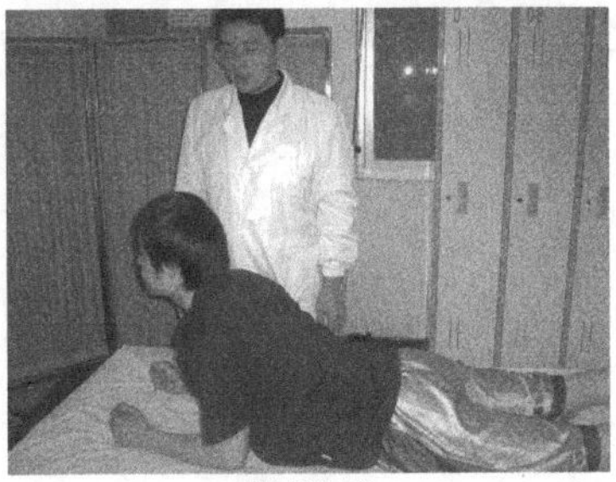

图17-2

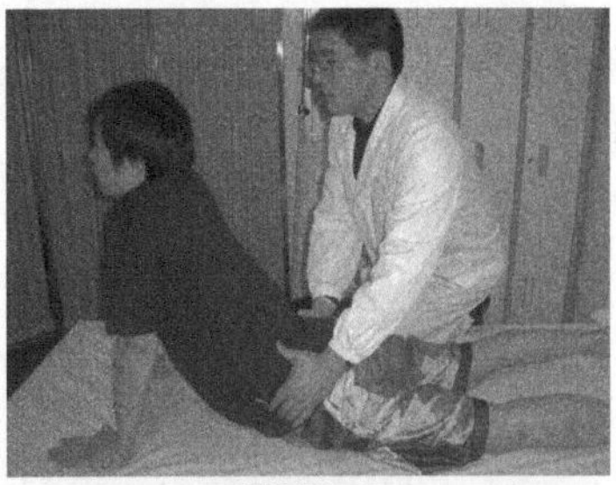

图17-3

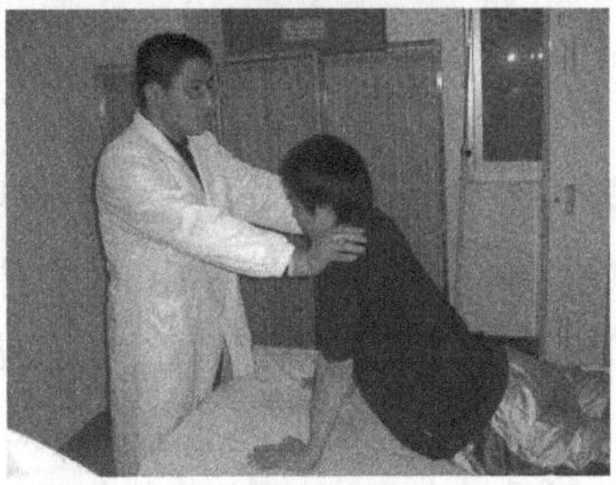

图17-4

**2. 自动态平衡训练**

患者先取俯卧位，前臂支撑，两臂间距大于双肩距离，躯干上部抬起离开床面，腹部紧贴床上，治疗师在旁监护并指导，然后按以下步骤进行训练：① 患者双前臂或手慢慢从身体远端向身体近端紧靠，尽量保持平衡（图17-5）；② 患者双前臂或手支撑，重心前后，左右移动，尽量保持平衡；③ 单侧前臂支撑，一侧上肢缓慢上举，双侧交替进行，尽量保持平衡（图17-6）；④ 单手支撑，一侧上肢缓慢上举，尽量保持平衡（图17-7）。

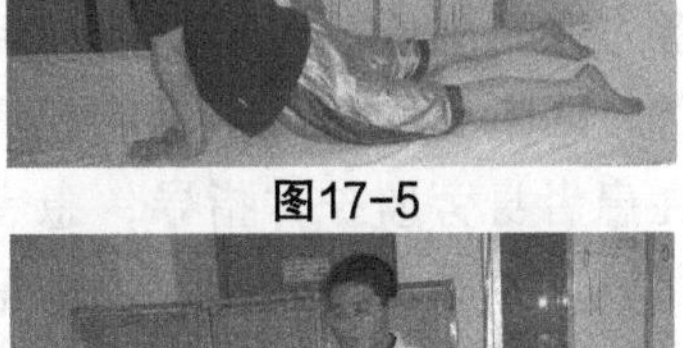

图17-5

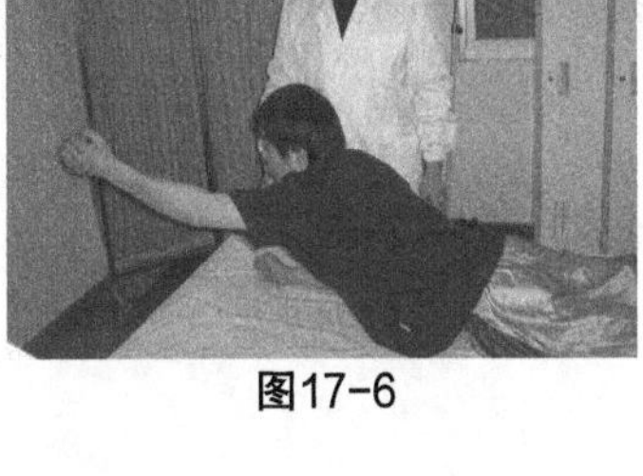

图17-6

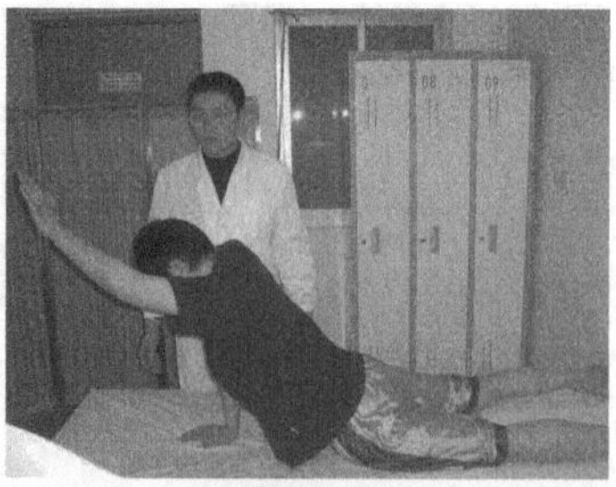

图17-7

3. 他动态平衡训练

患者先取俯卧位，前臂支撑，两臂间距大于双肩距离，躯干上部抬起离开床面，腹部紧贴床上，治疗师在患者身前或站在患者背后，然后按以下步骤进行训练（图17-8）：① 双手放在患者肩部或骨盆处，对患者进行前后拉动，一手推动，一手进行保护，嘱患者对抗推动并保持平衡；② 治疗师对患者进行左右推动，一手推动，一手进行保护，嘱患者对抗推动并保持平衡；③ 治疗师对患者进行左右旋转推动，一手推动，一手进行保护，嘱患者对抗推动并保持平衡。④当前臂支撑动态平衡较佳后，则行俯卧位手支撑训练，重复上述步骤。

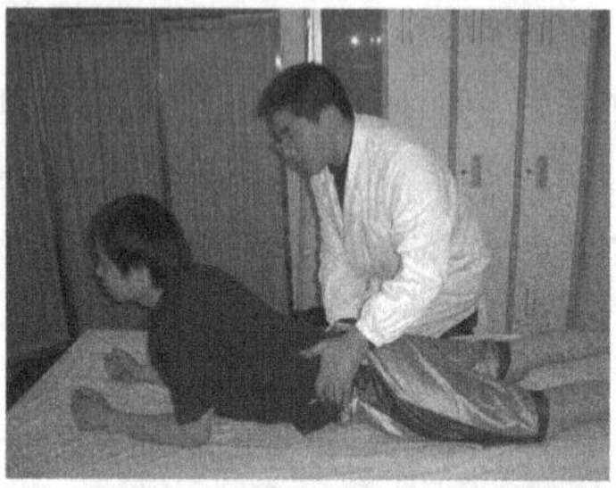

图17-8

4. 动作中的平衡训练

患者先取俯卧位，躯干上部抬起离开床面，腹部紧贴床上，双上肢放在巴氏球上，治疗师在患者身旁监护并指导，患者利用巴氏球进行前后左右及旋转运动，尽量保持平衡，并逐渐增加活动范围。（图17-9）

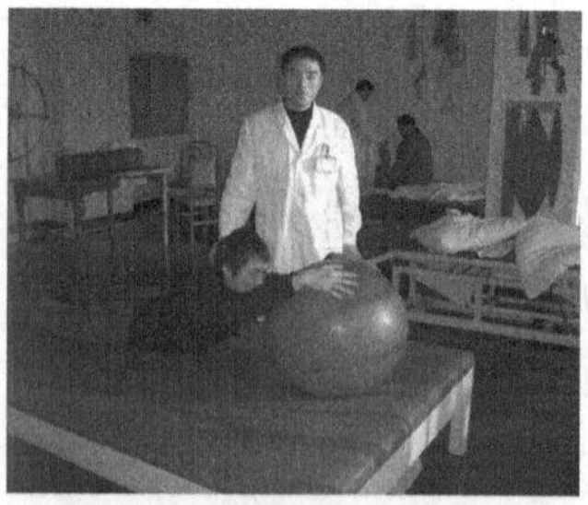

图17-9

（三）坐位平衡训练

早期的偏瘫患者，若去掉靠背，往往因不能保持躯干的直立位而倒下去，故需进行坐位平衡功能训练。截瘫患者也因躯干肌瘫痪而不能保持躯干直立位，因此也需要进行保持坐位平衡的训练。坐位平衡训练包括长坐位平衡训练和端坐位平衡训练。偏瘫患者多采用端坐位进行训练，而截瘫患者多采用长坐位平衡训练。

1. 长坐位平衡训练

主要在垫上进行，前方可以放一长镜子，以便随时可以观察到异常的姿势进行调整。具体包括静态、自动态、他动态平衡训练和动作中的平衡训练。

（1）静态平衡训练：患者取长坐位，然后按以下步骤进行训练：① 治疗师在患者背后，用手支撑肩部，用腹部，大腿支撑患者背部，使患者能保持直立坐位（图17-10）；② 治疗师仅用双手支撑肩部，不时把手放开，患者将要倒时再扶住患者（图17-11）；③ 治疗师站在患者身前，握住患者的双手，时而松开，并指示患者独立维持坐位（图17-12）；④ 患者能自己抓住大腿保持平衡，不时将手松开，如要跌倒时，则立即抓住大腿（图17-13）；⑤ 当患者不用任何借助，且手能自由上举或伸展时，即能维持静态的长坐位平衡。

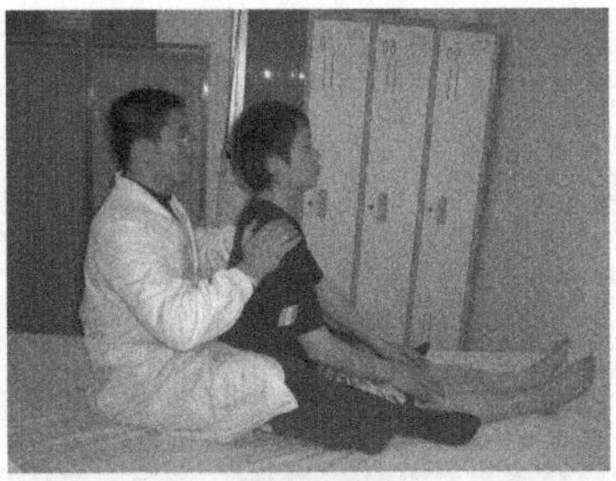

图17-10

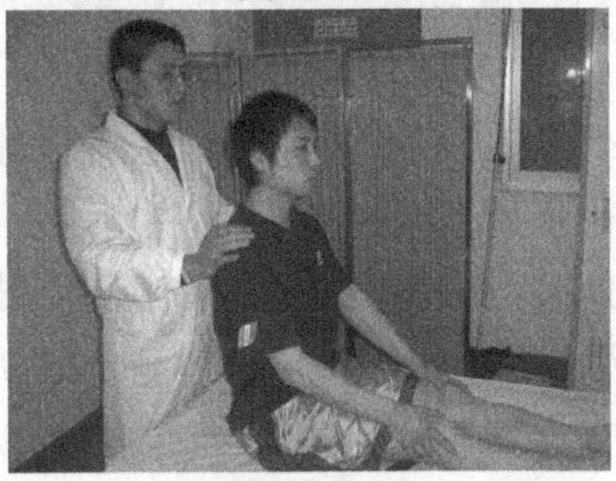

图17-11

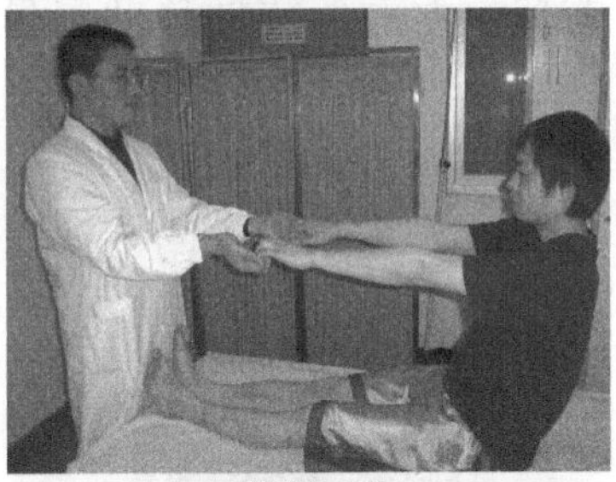

图17-12

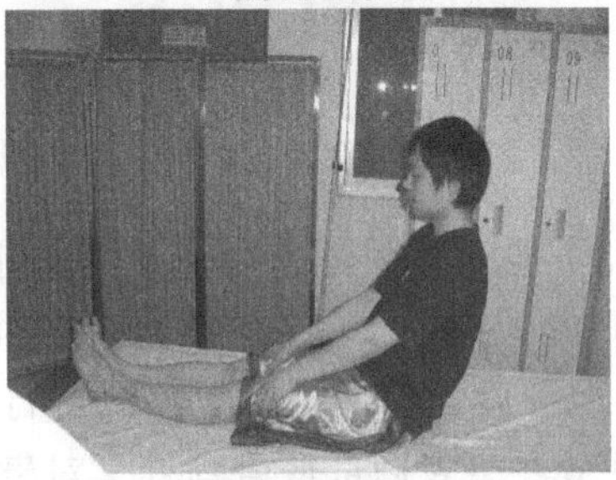

图17-13

（2）自动态平衡训练：患者取长坐位，治疗师在患者身旁进行监护并指导，然后按以下步骤进行训练：① 患者双手从侧方抬起，尽量保持平衡（图17-14）；② 双手从前方举起到与肩等高，保持平衡（图17-15）；③ 双手上举过头，保持平衡（图17-16）；④ 患者重心前后、左右、旋转移动，尽量保持平衡（图17-17）。

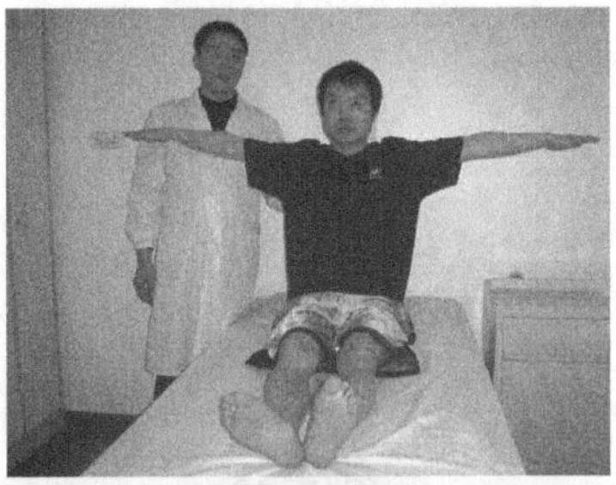

图17-14

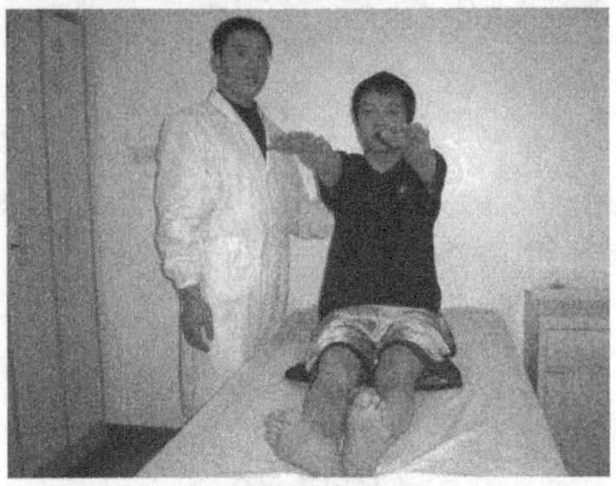

图17-15

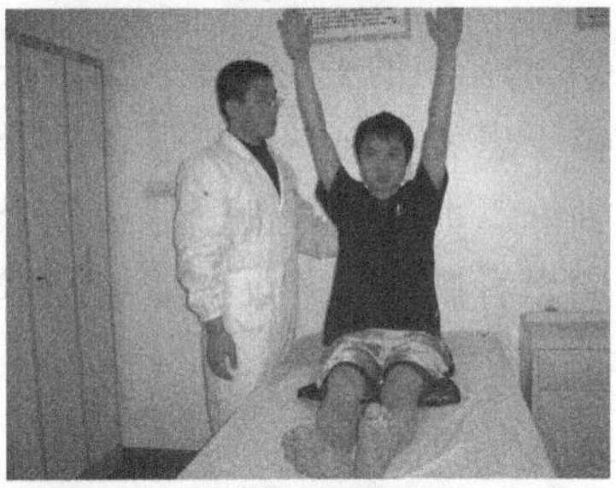

图17-16

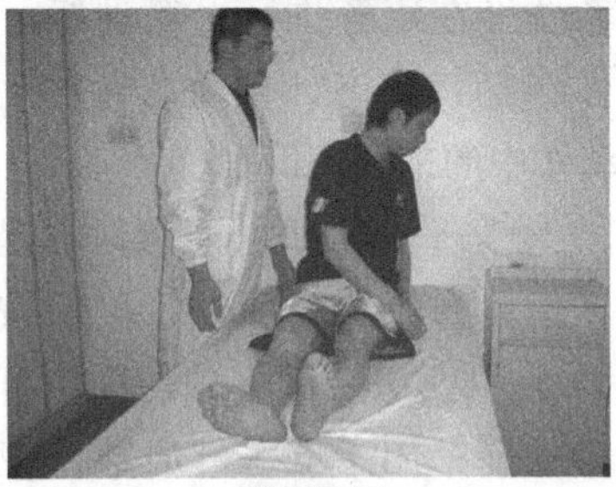

图17-17

（3）他动态平衡训练：患者取长坐位，治疗师站在患者身前或身后，然后按以下步骤进行训练：① 双手放在患者肩部或骨盆处，对患者进行前后推动，一手推动，一手进行保护，并嘱患者对抗推动并保持平衡（图17-18）；② 治疗师对患者进行左右推动，一手推动，一手进行保护，嘱患者对抗推动并保持平衡；③ 治疗师对患者进行左右旋转推动，一手推动，一手进行保护，嘱患者对抗推动并保持平衡（图17-19）。

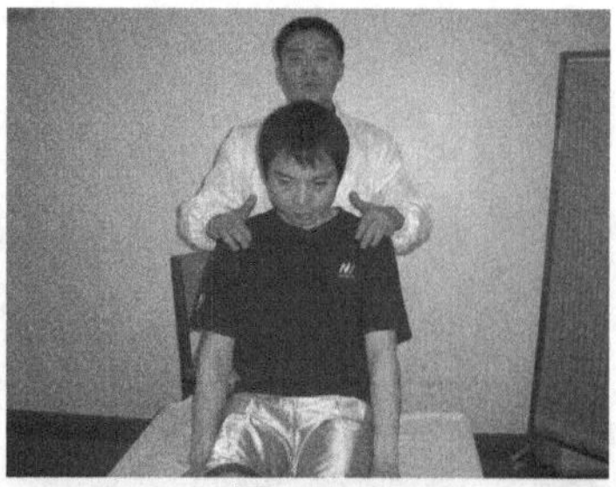

图17-18

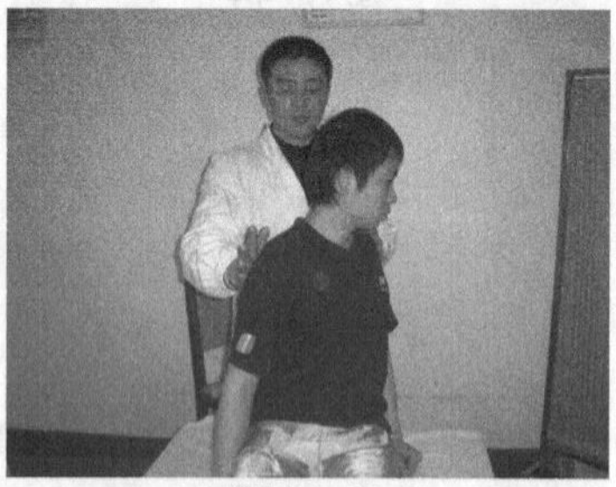

图17-19

（4）动作中的平衡训练：患者长坐位，治疗师位于患者身前，可与患者进行抛球，传球的训练。训练时，治疗师从各个方向各个角度向患者抛球，并逐渐增加抛球的力度来增加训练的难度。

**2. 端坐位的平衡训练**

患者端坐在床旁进行平衡训练。根据病情，具体包括：静态、自动态、他动态平衡训练和动作中的平衡训练。

（1）静态平衡训练：患者取端坐位，靠近健侧床边，患手放在腿上，然后按以下步骤进行训练：① 患者健手握住床栏杆，治疗师在患者身前，用手支撑其肩部，使患者能保持直立坐位，不时把手放开，患者将要倒时再扶住患者（图17-20）；② 治疗师放开双手，患者健手握住床栏杆，尽力保持平衡；③ 治疗师站在患者身前监护，患者健手扶住被褥，尽力保持平衡；④ 在双脚下垫台阶保持髋、膝、踝屈曲90度，患者健手抓住大腿保持平衡，不时将手松开，如要跌倒时，则立即抓住大腿。

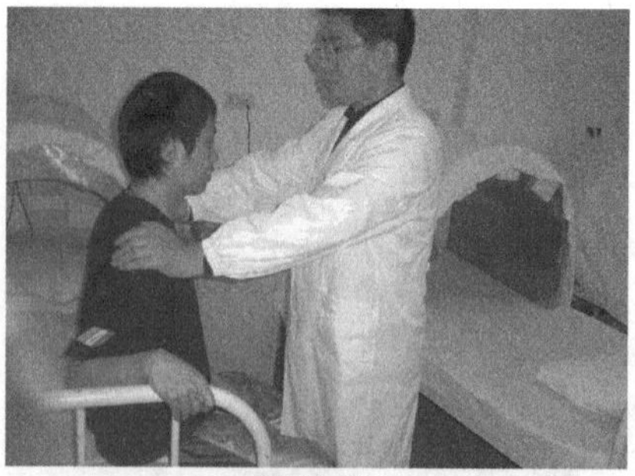

图17-20

（2）自动态平衡训练：患者取端坐位，治疗师在患者身旁进行监护并指导，然后按以下步骤进行训练：① 患者健侧上肢从侧方抬起，尽量保持平衡；② 健侧上肢从前方举起到与肩等高，保持平衡；③ 双手Bobath式握手上举过头，保持平衡（图17-21）；④ 患者重心前后、左右、旋转移动，尽量保持平衡。

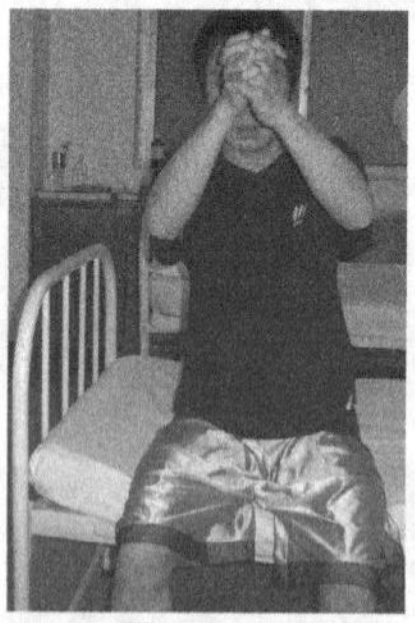

图17-21

（3）他动态平衡训练：患者取端坐位，双手Bobath式握手放在双腿上，治疗师站在患者身前或身后，然后按以下步骤进行训练：① 双手放在患者肩部或骨盆处，对患者进行前后推动，一手推动，一手进行保护，并嘱患者对抗推动并保持平衡；② 治疗师对患者进行左右推动，一手推动，一手进行保护，嘱患者对抗推动并保持平衡（图17-22）；③ 治疗师对患者进行左右旋转推动，一手推动，一手进行保护，嘱患者对抗推动并保持平衡。

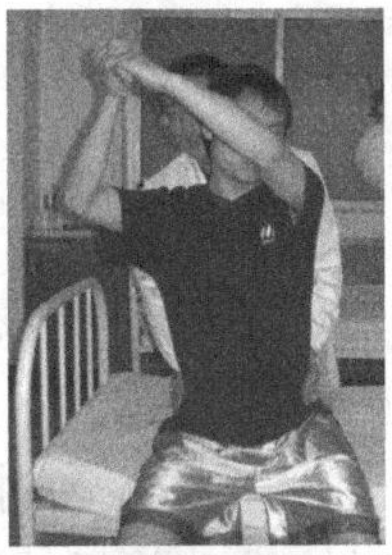

图17-22

（4）动作中的平衡训练：患者端坐位，双手Bobath 式握手，治疗师位于患者身旁进行监护和指导。嘱患者双上肢前伸，躯干向前各个方向进行前屈，侧屈及旋转运动，并逐渐进展到从坐位进行站立训练，尽量保持平衡（如图17-23、图17-24）。

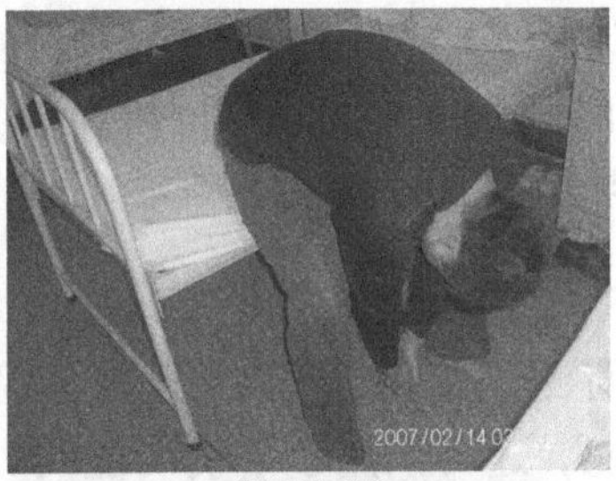

图17-23

图17-24

**（四）手膝位及跪位平衡训练**

手膝位及跪位平衡训练时，由于身体的支撑面积减少，以及身体重心也相应提高，所以平衡维持的难度也增加。手膝位及跪位平衡训练除了训练头与躯干的控制能力外，还能训练躯干与骨盆的控制能力。其训练步骤如下：① 治疗师站在患者身后，帮助患者完成手膝位或跪位，然后松手让患者保持平衡（图17-25）；② 治疗师监护下，患者自己行身体重心前后，左右，旋转运动及单侧肢体上举等运动（图17-26）；③治疗师对患者进行前后，左右及旋转推动，患者进行对抗并保持平衡（图17-27、图17-28）；④ 患者如双膝平衡能维持后，就逐步过渡到单膝位进行上述步骤训练；⑤ 在跪位下，治疗师可以站在患者身前，可与患者进行抛球，传球的训练。训练时，治疗师从各个方向各个角度向患者抛球，并逐渐增加抛球的力度来增加训练的难度。

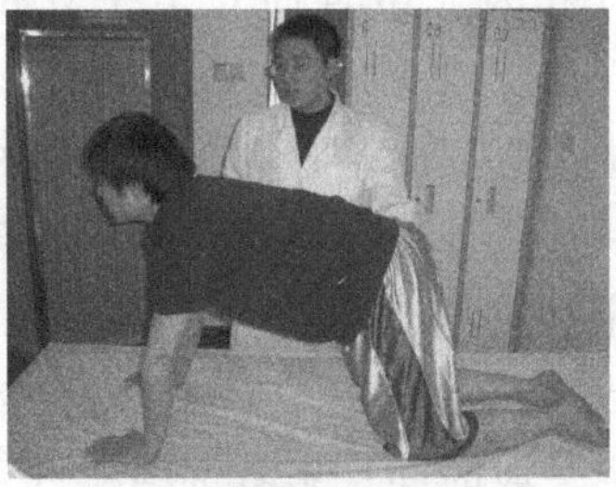

图17-25

图17-26

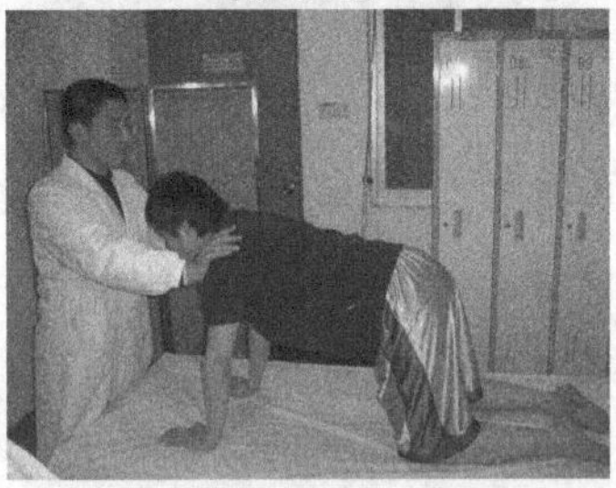

图17-27

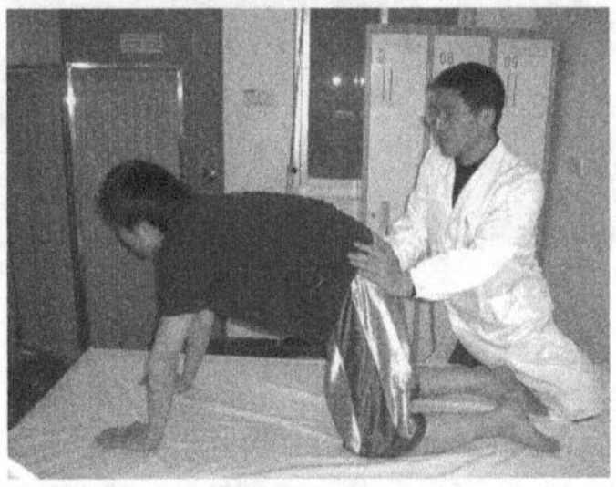

图17-28

**（五）站立位平衡训练**

患者的坐位平衡改善后，就可以进行站立位平衡训练。无论是偏瘫、截瘫还是其他情况引起的平衡功能障碍，进行站立位的平衡训练，都是为步行做好准备，并最终达到步行的目的。偏瘫患者常在平行杠内、台阶上或利用手杖在地板上，平衡板上进行训练；截瘫患者可佩戴双下肢支具首先在平行杠内训练，再逐渐过渡到平行杠外持双腋拐训练。其训练步骤如下。

### 1. 静态平衡训练

平行杠内，患者面对镜子立位，双手抓住平行杠，治疗师站于患者身后帮助患者维持立位，必要时治疗师可用双膝控制患者的下肢呈外展外旋位，也可使用支架或支具帮助固定和支持（图17-29）；待患者能控制后，治疗师逐渐松开支撑，让患者保持平衡，稳定一段时间；患者逐渐松开双手，保持平衡，稳定一段时间（图17-30）；平行杠外进行训练。

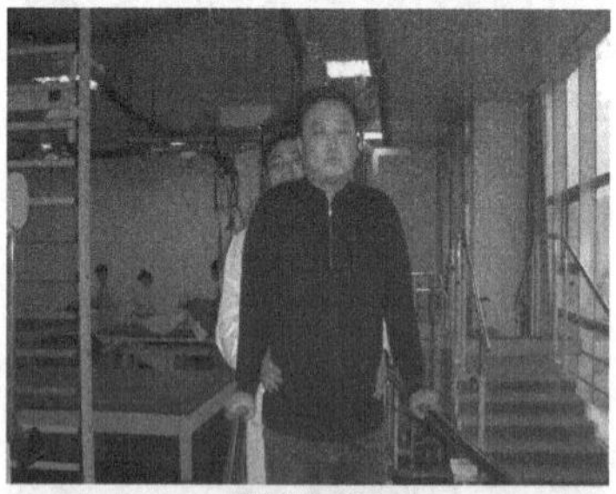

图17-29

图17-30

### 2. 自动态平衡训练

患者站立位，治疗师双手置于患者骨盆，协助保护患者，然后按以下步骤进行训练：患者进行骨盆前后倾运动，并逐渐增加幅度；患者进行骨盆左右移动；患者进行骨盆旋转移动；偏瘫患者可重心移向患侧，健腿慢慢抬起，尽量保持平衡，并逐渐进展到台阶训练。

### 3. 他动态平衡训练

患者站在平地上，双足分开，保持平衡。治疗师站在患者身前或身后，双手放在患者骨盆处，然后按以下步骤进行训练：①治疗师对患者进行前后推动，并嘱患者对抗推动并保持平衡；②治疗师对患者进行左右推动，嘱患者对抗推动并保持平衡；③治疗师对患者进行左右旋转推动，嘱患者对抗推动并保持平衡。

### 4. 动作中的平衡训练

可利用训练球进行立位动态平衡训练。患者立位，治疗师位于患者身后进行监护，指示患者双手交替排球或前后及旋转推动训练球，并保持自身平衡。在进行抛接球训练时可以从不同的角度向患者抛球，同时可逐渐增加抛球的距离和力度来增加训练的难度。

### 5. 平衡测试仪训练

平衡测试仪除了可以用来客观地评定平衡功能，还可以用于平衡功能的训练。训练时，患者双足放在测试仪的测力平台上，在仪器的显示屏上通过不同的图标来显示双足所承担的体重。正常人每侧足承受体重的50%，通过有意识地将体重转移到一侧下肢，可以提高对自动态平衡能力的训练。

在进行站立位平衡训练时，要注意随时纠正患者的站立姿势，防止患膝过伸等异常姿势。

## 四、特殊的平衡训练－前庭功能的训练

对于前庭功能障碍的患者，其平衡功能的训练方法有其独特性。双侧前庭功能完全丧失的患者或前庭功能障碍合并视觉或本体感觉障碍时，疗效较差。但对部分功能损伤的患者则可以通过训练得到改善。

1992年Susan等设计了一套提高前庭适应性和在平衡中诱发视觉和本体感觉参与的提高平衡功能的训练，具体方法如下。

患者双足尽可能靠拢，必要时双手或单

手扶墙保持平衡，然后左右转头，再单手或双手不扶墙站立，时间逐渐延长并仍保持平衡，双足再靠拢些。

患者步行，必要时他人给予帮助。

患者练习在行走中转头。

患者应双足分开与肩同宽站立，直视前方目标，逐渐使支撑面变窄，即双足间距离缩短至1/2足长，在进行这一训练时前臂首先伸展，然后放置体侧，再交叉于胸前，在进行下一个难度训练之前，每一体位至少保持15秒，训练时间总共为5～15分。

患者双足与肩同宽站立，直视前方目标，逐渐使支撑面变窄，即双足间距离缩短至1/2足长，在进行训练时，双眼先断续闭拢，然后闭眼时间逐渐延长，同时，前臂先伸展，然后放置体侧，再交叉于胸前，在进行下一个难度训练之前，每一体位至少保持15秒，训练时间总共为5～15分。

患者站立于软垫上，可从站立于硬地板开始，逐渐过渡到在薄地毯、薄枕头或沙发垫上站立。

患者在行走中转圈练习，从转大圈开始，逐渐变得越来越小，两个方向均应练习。

## 第三节　协调功能训练

协调性训练是让患者在意识控制下，训练其在神经系统中形成预编程序，自动的、多块肌肉协调运动的记忆轨迹，从而使患者能够随意再现多块肌肉协调主动运动形式的能力，而且比单块肌肉随意控制所产生的动作更迅速、更准确、更有力。其基础是利用残存部分的感觉系统以及利用视觉、听觉和触觉来管理随意运动，其本质在于集中注意力，进行反复正确的练习。协调功能训练时需先进行单块肌肉的控制训练。正常情况在意识清醒状态下，4－γ皮质束的皮质脊髓通路有一组运动神经元能激活单块肌肉，这是神经系统中唯一不需训练的控制通路，但此通路只限于注意一块肌肉或一个动作，且这种注意的转换每秒钟不得超过2～3次。另外，这完全是一个没有抑制能力的通路，单靠这种通路不能完成全部的任务。由于患者在能把所需的肌肉动作整合成一个协调的印迹之前，必须学会单独地控制每块肌肉。所以，先进行单块肌肉训练是重要的。当单块肌肉反复练习，控制和协调能力增强后，再反复练习多块肌肉的协调动作。控制和协调能力反复练习的目的是形成感觉印象和运动程序，二者存储于大脑中，进而产生动作。当中枢神经系统受损时，可以通过未受损神经元的侧枝生长，或者其他神经元或神经通路的替代，在受损区域外的其他地方重新形成感觉印象和运动程序。当中枢神经系统未受损，而下运动神经元或软组织疾病导致运动障碍时，可通过练习重新启用正常情况下被抑制的神经通路。

### 一、协调性训练分类

协调性训练主要用于小脑性、前庭性、额叶性、锥体外系运动失调，以及因本体感觉受损等所致的协调运动障碍。主要方法是在不同体位下分别进行肢体、躯干、手足协调性的活动训练。因此可以分为上肢协调性训练、下肢协调性训练和躯干协调性训练④。另外也可根据协调训练的先后顺序分为单块肌肉训练法和多块肌肉训练法②。单块肌肉训练要求根据不同病情采取不同的体位。训练时要求患者集中注意力到训练的肌肉上，治疗师给病人做被动运动或辅助运动时，嘱患者用意念去想象运动过程，体会肌肉运动的感觉。当训练的肌肉能做有力的动作，并且能控制运动时，治疗师应减少协助，直至患者能进行正确的抗重力收缩。对有肌张力亢进者，应先进行缓慢的全关节被动牵伸，以减轻亢进的肌张力，或先进行肌肉放松训练。当单块肌肉活动熟练后，开始进行复杂综合的多块肌肉协调动作的训练。多块肌肉训练时可以根据不同病情在不同体位下采用被动运动训练方法、神经生理学疗法、作业疗法、肌电反馈疗法、Frenkel训练法等。

## 二、影响协调训练的因素

### （一）与协调有关的感觉的作用

视觉、本体感觉与协调有重要关系。视觉对协调功能有补偿作用，本体感觉同样有益于协调的维持。

### （二）动作的频率

协调动作的频率越低，越易保持协调，反之，协调动作的频率越高，则越易失去协调性。

### （三）与协调有关的运动控制系统

中枢神经系统和肌肉骨骼系统的功能越接近正常，则协调功能越接近正常。

### （四）其他因素

如精神、心理、认知和患者的主动性等。患者有抑郁或焦虑情绪会影响协调训练的效果，认知功能差则训练效果可能不明显，主动性差也会影响训练效果。

## 三、协调训练的基本原则

根据患者的具体病情，在进行正确评定后，通常采用以下技术顺序进行训练。

所有患者都应从卧位练习开始，逐渐过渡到坐位、站位、步行中进行训练。

应先从简单的单侧动作开始，逐步进行比较复杂的动作，如单双侧同时、上下肢同时、上下肢交替以及两侧同时做不同的工作。

在运动的范围和速度上，先作大范围和快速的动作，熟练后再作小范围的缓慢动作练习。

有残疾者进行协调性练习时，如两侧轻重不等，应先从轻的一侧开始。如两侧相同程度残疾，则原则上先从右侧开始。

必须先完成单块肌肉简单、单一动作协调能力训练后，方可进行多块肌肉更复杂的协调运动训练。

复杂的动作应分解成多个单独动作进行反复练习，直到能准确完成方可将各分解动作合并在一起训练。

先睁眼进行训练，最后到闭眼进行训练。

## 四、协调训练方法

### （一）与平衡功能训练的区别

协调功能训练的方法与平衡功能训练方法基本相同，二者的区别在于侧重点不同。平衡功能的训练侧重于身体重心的控制，以粗大动作、整体动作训练为主；协调功能训练侧重于动作的灵活性、稳定性和准确性，以肢体远端关节的精细动作、多关节共同运动的控制为主，同时强调动作完成过程的质量，例如在动作的完成是否正确、准确、在完成过程中有没有出现肢体的震颤等。协调功能评定的方法如指鼻试验、轮替试验等，这些动作既可以用来进行评定，同时也可以用来进行协调训练。具体的训练方法主要包括轮替动作的练习和定位的方向性动作练习两个方面。

### （二）上肢协调训练技术方法

1. 双脚平行站立，与肩等宽，双上肢自然下垂；左右臂交替上举，前臂尽量伸直，要求高过头，速度可逐渐加快。

2. 双脚平行站立，与肩等宽；双臂向前平举，前臂旋后，左右交替屈肘拍肩、伸肘，速度可逐渐加快。

3. 双脚平行站立，与肩等宽，双上肢自然下垂；前臂旋后屈肘，手摸同侧肩，然后上举，左右交替进行。

4.双脚平行站立，与肩等宽，两臂前平举，左右前臂交替旋前旋后，速度逐渐加快。

5. 双手在胸前掌心互击，然后两手手背相击，交替进行。

6. 双脚平行站立，与肩等宽，两臂伸直外展，前臂旋后，交替拍同侧肩。

7. 站立或坐在桌边，双手同时用五个手指轮替地敲击桌面，发出有节奏的声音。

8. 用左手握拳敲击右手手掌，然后交替

进行。

9. 双手交替屈伸，逐渐加快速度。

10.下围棋、跳、象棋、玩积木或木钉板训练等提高眼手协调能力。

11. 患者坐位或站位，治疗师从前正面抛球，患者努力用双手接球。治疗师可逐渐加大抛球速度和距离等以增加难度。

## （三）下肢协调训练技术方法

1.仰卧位，患者抬起一侧下肢，将足后跟放在对侧膝关节髌骨上，然后沿着小腿胫骨近端向远端滑动，至踝部处平放在床上。

2.仰卧位，患者用一侧的足跟交替接触对侧的膝关节和足大趾。

3. 坐位，双脚交替拍打地面，逐渐加快速度。

4. 坐位左右交替伸膝，屈膝，逐渐加快速度。

5. 坐位抬腿踏步，左右交替进行，逐渐加快速度。

6. 高椅坐位，双小腿外展，然后内收，左脚在内收位时放在右脚前，再外展内收，内收位时右脚在左脚前；交替进行，逐渐加快速度。

7. 坐位两腿伸直，外展，内收时左腿于右腿上；交替进行，逐渐加快速度。

8. 站位，双脚交替前进后退；交替进行，逐渐加快速度。

9.站立位，先双足并立站立，然后双足足跟碰足尖站立，接着沿一条直线向前行走。

10.步行：是最有代表性的下肢协调运动，早期训练时，同样要把动作分解到患者能切实掌握并能准确进行的程度。

## （四）弗伦克尔（Frenkel）体操训练法

弗伦克尔体操是为改善下肢本体感觉控制而逐渐增加难度的一组训练技术。在开始时是没有重力的简单的运动，而后逐渐发展到使用髋和膝部运动并在抗重力下进行更为复杂的运动。它对由中枢神经系统病变引起的本体感觉障碍特别有用。其要点是在训练时使患者集中注意力，学会用视觉代替消失的本体感觉。

开始训练时，应在治疗师指导监护下进行，强调动作要慢、准确、位置要适当、由易到难。具体包括仰卧、坐位、站立位及放松练习。

### 1. 仰卧位练习

患者躺在表面光滑的床上或垫子上，足跟能很容易地沿着床面滑动，头部枕起，使其容易看到小腿与足。

（1）沿床面滑动足跟，屈曲一侧下肢的膝、髋部、然后恢复到原位，对侧下肢重复这一动作。

（2）同第一步一样屈曲髋、膝部，然后外展已屈曲的髋部，再恢复到屈曲位，最后恢复原位。

（3）髋、膝部半屈，然后恢复到伸直位，以后加入外展和内收。

（4）屈曲一侧下肢的髋部与膝部，然后按口令在屈曲或伸直的任何部位停顿。

（5）同时同等地屈曲双侧下肢，再包括外展、内收、伸直。

（6）同时使双下肢髋、膝部呈半屈位，再加入外展和内收、伸直，按口令停止在某一位置。

（7）屈曲一侧下肢的髋、膝部，并把足跟抬高离床面5cm，恢复到原来位置。

（8）同（7）一样屈曲下肢，将足跟置于对侧髌骨上，连续增加运动项目，使足跟能接触到胫骨的中间、踝部、对侧足趾、膝关节以及小腿两侧的床面。

（9）同（7）一样屈曲下肢，然后使足跟接触髌骨、胫骨、踝部和足趾，反向重复上述运动；

（10）同（7）一样屈曲下肢，然后按口令将足跟接触治疗师所指的某一点。

（11）屈曲髋部、膝部，并将足跟抬离床面5厘米，将足跟置于对侧髌骨上，再沿胫骨嵴慢慢地滑到踝部，反向重复上述动作。

（12）用（11）之方式，将足跟沿对侧胫骨嵴下滑，跨过踝部和足直至足趾，若足跟即将滑到足趾，对侧膝关节在做这一节操时应轻度屈曲，按口令停在某一运动姿势。

（13）双踝双膝处同一位置，双侧足跟抬离床面5cm，同时屈曲双下肢，恢复到原来位置，按口令停留在某一姿势。

（14）在足跟接触床面情况下、双下肢交替屈曲和伸展。

（15）足跟抬离床面5厘米，双下肢交替屈曲和伸展。

（16）足跟抬离床面5厘米，双下肢同时屈曲、外展、内收、伸直。

（17）将足跟准确地置于治疗师在床上或对侧下肢指定的位置。

（18）联合各种下肢运动，并使患者足跟随治疗师手指运动。

**2. 坐位练习**

（1）在一张有靠背和踏板的扶椅上，练习维持正确坐位姿势2分钟，在没有扶手的椅子上重复上述动作，再在无靠背的椅子上重复上述动作。

（2）首先单足足跟抬离地面，接着改为轮流将整个足跟抬离地面，然后准确地把足再放到地面指定的位置。

（3）用粉笔在地下划两个“十”字标记，轮流使足顺所画的“十”字向前、后、左、右滑动。

（4）按治疗师的节奏，练习从椅子上起身和坐下；屈曲膝关节，将足置于座椅前缘下方；躯干在大腿上方向前屈曲；伸直髋膝站起来，然后伸直躯干；向前稍弯曲躯干；屈曲髋、膝部坐下；伸直躯干，再坐回椅上。

**3. 站位练习**

（1）侧走：侧走时容易平衡，因为患者不需要以足趾或足跟为枢轴，那样会减小其支撑的基底面，这一练习有节奏地进行：把体重转移到左足；右足移30厘米；把体重转移到左足；使左足向右足靠近；向右或左，每步的大小可以不同。

（2）在35厘米宽的平行线之间向前走，将右足恰好置于右边线的内侧，左足亦恰好置于左边线的内侧，强调位置要正确，走10步后休息。

（3）向前走：每步都踏在地板上绘好的足印上，足印平行且离中线5厘米，进行1／4步、1／2步、3／4步及一整步的练习。

（4）转弯：提起右足趾，右足以足跟为轴向外转动；抬起左足跟，使大小腿以足趾为轴向内旋转；将左足提到右足旁。

**4. 放松练习**

焦虑会使中枢神经系统增加活动的紧张状态，对许多系统都有影响。神经肌肉系统因肌肉长时间收缩做出的反应，可引起肌肉关节不适，颈痛和头痛。长时间肌肉收缩产生的疼痛，会引起继发性反射性收缩，患者焦虑和紧张又将增加。使患者了解肌肉紧张，并学会如何控制或抑制肌肉紧张，可逆转这种继发性影响。

在一个安静而光线暗淡的房间里，教会患者学习放松。患者舒适地躺在治疗桌或治疗床上，头下放一个较小的枕头，同时膝部下方也放一枕头，以松弛髋、膝关节处的肌肉。足应受支撑，这样小腿肌肉也能松弛。解开紧身的外衣，治疗师指导患者学会呼吸控制运动，使膈肌与腹肌正确地协调，与肋间肌一起作深而慢的呼吸。指导患者经鼻吸气和经口呼气，让患者知道呼吸频率和控制呼吸。当患者能在卧位充分松弛状态下控制呼吸时，就开始正确地练习坐位或站位时的呼吸。

指导患者屈曲或伸直四肢的每一关节，要求患者体会四肢肌肉收缩时的本体感觉，体会肌肉收缩时紧张与放松之间的差别。用力随意收缩后，要求患者放松并体会收缩与松弛之间的差别。然后，收缩力逐渐减小并与肌肉活动完全抑制交替进行，四肢就会完全松弛。在交替进行松弛与紧张的练习中，每个关节处的肌群要分别加以考虑，以便使患者知道每天四肢各部位的肌肉活动。患者应感觉到是肌肉紧张，而不是某一关节的紧张、位置或其运动。

### （五）协调训练的注意事项

在进行协调功能训练时，治疗师要明确的注意事项：

1. 协调功能训练适用于具有协调功能障碍的患者及需要增强协调功能的技巧运动员。

2. 如患者有严重的心律失常、心力衰竭、严重感染或严重的痉挛等，暂不宜训练。

3. 训练前、训练中要注意协调功能评定，以了解问题所在，制定或修改训练方案。

4. 协调功能训练不是孤立进行的，要同时进行相应的肌力训练、平衡功能训练等其他训练。

## 【思考题】

**1. 关键性思考和讨论**

（1）平衡功能训练的基本原则和临床意义。

（2）协调功能训练的意义。

（2）临床上什么损伤和疾病会导致平衡和协调功能障碍。

**2. 实验操作练习**

（1）在实验室练习平衡测试仪的操作使用。

（2）在实验室练习三级平衡功能训练。

◎　**参考文献**

[1]周士枋，丁伯坦．运动学[M]．北京：华夏出版社，2003.

[2]纪树荣．运动疗法技术学[M]．北京：华夏出版社，2003.

[3]梁和平．康复治疗技术[M]．北京：人民卫生出版社，2002.

[4]周士枋，范振华.实用康复学[M]．南京：东南大学出版社，1997.

[5]燕铁斌．现代康复治疗技术[M]．安徽：安徽科学技术出版社，1994.

（徐远红）

# 第十八章　速度训练

【学习目标】

1. 掌握反应速度、动作速度和位移速度的训练方法。
2. 掌握速度素质的分类及影响因素。
3. 熟悉速度训练方案的制定。
4. 了解速度训练年周期的阶段划分。

## 第一节　速度训练基础

### 一、速度素质的概念与分类

速度素质是指人体快速运动的能力，是基本运动素质组成部分。依据速度对运动专项成绩的影响，速度素质分一般速度和专项速度；按速度不同的表现形式，分反应速度、动作速度和位移速度，运动员在大多数运动项目中所表现出来的速度素质是这三种速度素质的综合体现，只是在不同项目中所占的比重有所不同。

#### （一）反应速度

**1. 反应速度的概念**

反应速度是人体对某种信号刺激的快速应答能力，常用反应时来衡量，反应时短则反应速度就快，反之则反应速度慢。反应时就是从感受器感受到刺激开始，经过传入神经、神经中枢和传出神经到达运动器官做出反应所需要的时间。

**2. 影响反应速度的因素**

反应时是决定反应速度快慢的基础，反应时也称反应潜伏期，是指运动员接受刺激与作出肌肉动作之间的应答时间。反应潜伏期的长短主要与神经冲动传递的反射弧有关：（1）是某些感觉器官被刺激而引起兴奋，动作控制理论谓之“刺激确认”；（2）兴奋沿传入神经传到中枢；（3）大脑中枢根据过去的经验进行分析，刺激方式越复杂，在中枢分析的时间就越长，动作控制理论谓之“反应选择”；（4）中枢发出的神经冲动沿着传出神经传到相应的肌肉群；最后，相应肌肉根据刺激的特点与要求，做出相应的回答，动作控制理论谓之“反应程序”。整个过程都有时间延搁，其中以在大脑皮层内延搁的时间最长。

由于反应潜伏期具有以上特征，所以，反应时的长短主要取决于以下因素：

（1）感受器的敏感程度：感受器（视、听、触觉等）越敏感，感受各种信号刺激的时间越短。感受器的敏感程度在相当程度上受到注意力集中程度与指向，以及感受器疲劳程度的制约。如射击运动员长时间地进行瞄准练习后产生视觉疲劳，反应时就会延长。

（2）中枢神经系统功能：中枢延搁是大脑中枢对刺激信号分析的结果。刺激信号的选择性越大，反射活动就越复杂，历经的突触也越多，分析的时间也就越长。中枢对刺激信号的分析时间主要和两种因素有关：一是中枢神经系统的兴奋性，二是条件反射建立的巩固程度。中枢系统兴奋性高时反应时就缩短，疲劳时反应时则延长。随着动作技能的日益成熟，反应时就会明显缩短，简单反应时平均可以缩短11%~18%，而复杂反应时则平均可以缩短15%~20%，并且反应的稳定性也有很大程度的提高。

（3）效应器的兴奋性：有研究表明，肌肉紧张时比放松时反应时要缩短7%左右，肌肉疲劳时反应时间明显延长。

根据以上分析，注意力的集中程度与指向，疲劳程度与反应过程的巩固程度对反应速度有相当大的影响，在反应速度的教学与训练中要引起充分的重视。

### （二）动作速度和位移速度

#### 1. 动作速度的概念

动作速度是技术动作不可缺少的要素，表现为人体完成某一技术动作时挥摆速度、击打速度、蹬伸速度和踢踹速度等，此外还包含在连续完成单个动作时在单位时间里重复次数的多少。

#### 2. 位移速度的概念

位移速度是指人体在特定方向上移动的速度，以单位时间内机体移动的距离为评定指标，即移动距离与通过该距离的时间之比（s/t）。

#### 3. 影响动作速度和位移速度的因素

动作速度与位移速度的主要特点都是通过肌肉系统最大限度的快速活动形式，在最短的单位时间内完成动作。由于人体肌肉活动的形式与质量受到形态、生理、心理、力学等方面的影响，故影响动作速度、位移速度的因素也表现为多方面。

（1）人体形态

人体形态对速度的影响，主要在于四肢的长度。在其他条件相等的情况下，上、下肢的长度与该部位的运动速度成正比。上下肢的长度越长，该部位的运动速度就越快。人体四肢的运动形式是肢体绕关节轴的转动，效应部位（手或脚）离轴心的距离越远，运动速度就越大。拳击和击剑运动员手臂越长，出拳与出剑的速度就越快，径赛运动员下肢的长度也是影响运动成绩的重要因素。但是，四肢长度越长，完成动作的频率会受到影响。所以，对运动速度要求较高的体育竞技项目都把人体形态作为一个重要的选材指标。

（2）神经活动过程的灵活性

神经活动过程的灵活性主要指运动神经中枢兴奋与抑制之间快速的转换能力以及神经与肌肉之间的协调能力。人体部位各种形式的快速运动都是神经中枢活动高度协调的表现。只有这种高度协调才能保证在快速运动时，迅速地募集所有必要的肌肉协作参与活动，并抑制拮抗肌的影响，发挥出最高速度。此外，神经活动过程的灵活性也表现在对肌肉随意放松的能力，随意放松肌肉是神经中枢合适的抑制效应，运动员在发展位移速度时如果能充分放松相应部位的肌肉，就能较长时间维持高速运动。

中枢神经系统兴奋与抑制转换的持续时间，与转换速度的快慢有关，转换速度越快，转换持续时间越短。在进行高速度活动时，中枢神经很快就会疲劳，从而降低运动速度，甚至会使运动完全停止。所以，发展最高速度时，要考虑中枢神经系统的特点，时间不能过长。否则，适得其反。

（3）力量发展水平

在许多运动项目中，力量的发展水平是影响动作速度和位移速度的重要因素。从力学公式中可以知道，力量等于人体质量与加速度的乘积，力量是引起人体加速度的原因，力量越大则加速度也越大，加速度越大，人体运动速度就越快。由于人体质量与人体加速度成反比，故要最大限度地提高人体加速度，对力量的要求更偏重于相对力量。相对力量越大，肌肉就能越容易在运动中克服内、外部阻力，产生更快的收缩速度。

（4）专项技术动作

动作速度和位移速度往往也要受到专项技术动作质量的影响，运动员的快速能力在很大程度上取决于完善的运动技术。动作的幅度与半径大小、工作距离的长短与时间、动作的方向、角度及部位等均与速度的快慢有密切关系。合理、有效的技术可以通过缩短运动杠杆，正确摆正重心，有效地使用能量等作用而快速完成动作，并能使动作完成更省力、更协调。

（5）肌纤维的类型和肌肉用力的协调性

肌肉的快速收缩是速度素质的基础。快肌纤维主要靠糖酵解供能，并具有较高的脂肪、三磷酸腺苷（ATP）、磷酸肌酸（CP）含量，但活动时容易疲劳。人体肌肉快肌纤维百分比越高，快速运动的能力也越强。例如，速度性项目优秀运动员的快肌纤维比耐力性项目运动员多得多。世界大赛短跑项目黑人成绩优势明显，原因也是黑人的快肌纤维比例比其他人种高的缘故。

另外，良好的肌肉弹性以及主动肌和拮抗肌之间的协调交替能力也是实现快速运动、准确完成动作技术的重要保证。关节的柔韧性对大幅度完成动作的作用十分明显，这对要求快速奔跑的项目十分重要。因此，在发展速度（特别是位移速度）的过程中，安排适量的柔韧练习，对速度素质的提高有积极意义。

（6）肌肉中能量物质的储备与能量物质分解以及再合成的速度

肌肉收缩的速度首先决定于肌纤维中动用化学能的速度与强度以及化学能转变为收缩机械能的速度与强度。这在很大程度上取决于兴奋从神经向肌肉传导的速度与强度，以及取决于释放和分解三磷酸腺苷（ATP）的数量和速度。所以，速度与肌肉中三磷酸腺苷的含量有关，与神经冲动传入肌肉时三磷酸腺苷的分解速度有关。其次，快速能力是以肌肉收缩和舒张的迅速转换为前提的。

要使肌肉舒张，并能进行下一次收缩，必须使它收缩时消耗的三磷酸腺苷有比较完全的恢复和再合成。如果三磷酸腺苷完全耗尽，肌肉就不能继续工作。因此，速度又取决于肌肉收缩的间歇中三磷酸腺苷再合成的速度。

肌肉快速收缩中，三磷酸腺苷的再合成是靠肌肉中磷酸肌酸（CP）分解释放出能量来完成的。磷酸肌酸也是速度素质的物质基础。人体快速运动的能力越强，其肌肉中磷酸肌酸的含量就越高，同时肌肉中糖酵解的活动能力也越强。同样，速度训练除了能增大三磷酸腺苷的再合成能力外，还能增加肌肉中能量物质的储备和能量物质迅速被利用的能力。

（7）注意力的集中程度

动作速度、位移速度除受以上所述因素影响之外，还和运动员注意力的集中程度有很大关系。注意力的集中程度实际上是一种心理定向能力，这种能力不仅能影响中枢神经系统兴奋与抑制快速转换的速度，而且对肌肉纤维的紧张程度与收缩效果有重大作用。

另外，注意力集中程度的作用还表现在人体对快速随意运动的感觉与控制，这对发展人体快速能力是十分重要的。因此，在发展速度素质练习中，对运动员注意力的要求千万不能忽视。此外，运动员是否有勇敢顽强的精神，是否有坚定不移的信心与意志以及果断的性格，能否保持适度的兴奋和稳定的情绪等心理素质的能力等都是影响运动员速度素质的提高和发展的重要因素。

除上述影响速度素质的内在因素外，速度素质的提高还受到一些外部因素的影响，如气候、温度、环境等。这一切在发展速度素质的过程中都应引起充分的重视。

## 二、速度训练的阶段

训练的阶段是指运动员为了准备和迎接最重要的比赛，按照一定的周期将训练频率、负荷强度和负荷量有序组织，以达到最佳竞技状态的计划和实施过程。速度训练的效果在年度训练的专门准备期和比赛期尤为重要，是取得优异运动成绩的重要基础。

根据训练目的，速度训练的年度训练周期分为三个特定的阶段，即准备期、适应期和比赛期。

### （一）准备期

#### 1. 训练目的

发展运动员的有氧耐力、弹性力量、灵活性和技术动作的效率为目的，使运动员掌握速度训练的基本技术。

#### 2. 训练方法

采用一般训练和专门训练相结合的训练方法，一般训练如游戏、法特莱克跑；专门训练如跳跃练习、技术练习，技术练习包括脚在身体重心下方着地、减小制动力、减小着地时间、发挥最大后蹬力等，这些都是与肌肉爆发力和运动效率密切相关的。在训练的初期，这些练习可以在速度中上的情况下完成，以便掌握完善的技术，最后，当运动员掌握速度技术之后，就要以最大速度来完成练习。

### （二）适应期

#### 1. 训练目的

发展运动员的速度、速度耐力和弹性力量，使运动员速度素质达到一定水平，为比赛期作好储备。

#### 2. 训练方法

采用专门的速度训练手段，如助力跑和阻力跑。助力跑是人为地施加外部辅助手段增加跑的速度，提高步频。阻力跑是人为地增加跑动阻力的练习，以此发展速度－力量，提高步幅。

（1）助力跑：这种方法包括下坡跑、高速牵引跑以及其他辅助手段，使运动员以超出自己最大速度10%以内的速度进行练习，以达到提高步频的效果。如果超出了10%这个限度，会使运动员身体动作后仰，或出于自我保护而跨大步、主动制动等现象而影响训练效果，在进行这种练习时，有三个技术要素一定要把握：①手、脚转换速率；②脚在髋关节下方着地（保持正常跑步动作）；③拼速度，争上“五档”。

（2）阻力跑：这种方法包括上坡跑、牵拉跑和其他增加阻力的方法。目的是通过在增加阻力的同时保持技术原形的方式，提高速度－力量，提高步幅。通常阻力增加超过10%时会引起运动学方面、动力学方面的变化，以致整体每一步都要减速以便发力。在这种训练中，两个技术要素一定要把握：①手臂动作有力，膝部动作有力；②腿部后蹬充分。

### （三）比赛期

#### 1. 训练目的

结合运动专项比赛要求进行速度训练，以满足比赛期间其他技术动作对速度的要求。

#### 2. 训练方法

应该安排最大强度的速度练习及次最大强度或最大强度的速度耐力训练，结合积极的恢复和低强度的训练单元。包括基础体能训练、爆发力训练和速度耐力训练，基础体能训练用以改善运动员的耐力和力量，以便速度训练能安全有效地进行；爆发力训练应该在专项运动的动力链中完成；速度耐力训练可以是传统的方法（比赛、计时、间歇训练等），也包含专门的练习。

## 三、速度训练方案的制定

速度素质是人体基本运动素质之一，也是身体训练中的核心部分，几乎与所有运动项目有关，占有主要地位和作用。随着竞技体育运动水平的不断提高，对速度素质的发展越来越受到重视。

### （一）速度训练的强度

教练员应根据运动员不同的训练水平和身体状况区别对待，低强度的速度训练可以在学习技术动作、准备活动中进行，不需专门的设备；而高强度的速度训练则要求练习者具有一定的专项技术水平和一段时期的准备过程。一般来说，发展人体速度能力的训练负荷强度在训练开始阶段选择最大强度的75%左右，此强度训练能够让运动员学会调节和保持技术动作的速度节奏，然后逐渐提高到最大强度的100%，甚至超越原有的速度限制。为了保持神经系统的最佳兴奋状态，在速度训练中不应出现明显的疲劳。因此，在速度训练之前必须进行专门的准备活动，且耐力训练和力量训练必须在速度训练之后进行。

### （二）速度训练的负荷量

速度训练的负荷量包括练习距离、练习的“系”（指练习组的集合）、练习中的组（指练习重复次数的集合）、练习的量（一次或一段时间的负荷量）。速度训练的负荷量与强度密切相关，强度大时负荷相对要小，强度小时负荷相对要大。

#### 1. 重复次数少、多组、高强度

此训练方法有助于运动员在每个学习环节中都保持最高的动作完成速度，且有足够的恢复时间巩固和强化大脑中神经肌肉兴奋痕迹。

#### 2. 最大跑速短距离

采用达到最大跑速的最短距离能有效发展运动员的加速能力，大多数运动员在30～40米左右，但有些项目要求是爆发式的加速过程，且能够同时选择和完成高精度的技术动作，如足球、网球、篮球等，运动员必须在很短的距离（5～10米）内达到最大速度。

#### 3. 助力跑

助力跑可以缓解运动员加速至最大速度过程中所产生的疲劳，包括采用较长加速距离或利用下坡助跑等训练手段，即运动员采用10～30米的距离来发展个人最大速度，但必须进行40～60米的助跑才能达到项目的要求。

#### 4. 评测保持最大速度的距离

对运动员能够保持最大速度的距离进行测试，以合理选择训练距离来发展最大速度。一般情况下，如果没有高原场地和顺风帮助，保持最大速度的距离在25～40米，人体各部位协调配合和注意力的高度集中是延长这段距离的关键。

#### 5.合适的练习距离

短跑运动中，大多数运动员需要5～6秒达到个人最大速度，为了发展运动员从初加速度开始达到个人最大速度的能力，建议训练距离在50～60米之间。

### （三）速度训练密度

最大跑动速度与肌激酶（MK）和肌酸激酶（CK）活性成正比，与乳酸脱氢酶（LDH）总活性成反比。因此，与ATP合成和丙酮酸－乳酸转化相关的酶活性是决定冲刺速度至关重要的因素。冲刺性的训练对磷酸化通路有很强的作用，对糖酵解和有氧代谢的作用较小。许多研究者在对无训练者的实验中观察到了通过冲刺训练提高了ATP酶，肌酸激酶、肌激酶等的活性，同时提高了冲刺速度。

高强度、短时间的训练能有效地提高磷酸化和快速酵解反应通路的速率，在Ⅱ类肌纤维中这种作用尤其明显。在由休息到运动的过渡期或由一种负荷到另一种负荷的转换期，上述代谢通路发挥着主要供能作用。在几秒钟的高强度运动后，肌细胞内ATP水平可以下降40%～60%，而磷酸肌酸水平却可以几乎排空（肌酸排空与冲刺疲劳密切相关）。另外，无氧功率的大小与摄氧量值成反比，在氧化代谢加强以后，无氧功率下降（例如，在持续的亚极量运动中或者在冲刺后的恢复期）。磷酸肌酸的再填充是靠有氧代谢来实现的，恢复的速度具有双相性：快时相的半填充期为20～22秒，即可在20～22秒的时间内填充50%；慢时相的半填充期为170秒，即170秒才能再填充空缺的一半。

这些理论在实践中的应用有双重性：（1）对神经肌肉和功率输出要求极高的速度和灵敏训练应该在代谢压力较小的情况下进行，即在准备活动后、其他练习前进行；（2）训练课的安排要突出重点，在速度、灵敏训练中要短时间（2～3分），多间歇，以达到最大功率。重复训练法是最好的训练速

度和灵敏的方法，比赛和间歇训练法是提高速度耐力的合适方法。

在以最大速度进行的两个跑次之间的恢复时间必须足以使人体的工作能力完全恢复，但恢复时间又必须尽可能短以保持神经系统的兴奋性。在比较适宜温暖的气候中，以最大速度进行的两个跑次之间的间隔时间一般为4～6分钟，并且在每个跑次之前做适当的准备活动。每个训练单元包括2～3组，每组应包括3～4个跑次。

**（四）速度训练单元**

每个速度训练单元总的跑次应该为6～12次，每周训练小周期中的训练单元数量在全年训练中是有所变化的，表18-1供参考。

**表18-1　速度训练单元在年训练周期中的变化**

| 年训练周期 | 速度训练单元 |
|---|---|
| 第一阶段 | 至少1个 |
| 第二阶段 | 2～3个 |
| 第三阶段 | 2～4个 |

对于耐力性运动项目应以最大速度到比赛速度的强度来安排速度性训练，而且要根据比赛的距离、年度训练的阶段和运动员的个体特点来分配训练单元。

## 第二节　速度训练方法

### 一、反应速度训练方法

反应速度的练习包括简单反应速度和复杂反应速度的练习。简单反应速度练习的特点是通过练习尽量缩短感觉－动作反应的时间。复杂反应速度练习的特点则是尽量缩短感受－中枢分析选择判别－动作反应的时间。

**（一）反应速度练习种类**

**1. 简单反应速度的练习**

在体育运动实践中，简单反应速度往往受到中枢神经系统的兴奋程度、注意力的集中程度、肌肉组织的准备状态、动作技术的掌握程度、对信号特征和时间特征的感受与辨别能力、遗传因素等制约。如果要把简单反应速度提高到一定程度，就必须针对上述原因（除遗传因素）采用相应的方法与手段。

（1）完整练习

利用已经掌握的完整的单个动作或组合动作，尽可能快地对突然出现的信号或突然改变的信号做出应答反应，以提高反应能力。例如，反复完成蹲踞式起跑；根据特定信号改变动作方向；对已知对手的运动做出不同的反应动作；对快速运动目标做出迅速反应等。这种对信号反应的完整练习，在运动员初级水平阶段作用比较明显。

（2）分解练习

由于简单动作反应是通过具体的、有目的的运动动作及其组合来完成的，因此采用分解练习能充分利用动作速度向简单反应速度转移效果。分解练习是相对完整练习而言，就是分解回答反应的动作，使之处于较容易或更为简单的条件，提高分解动作的速度来提高简单反应速度。例如，田径运动员采用蹲踞式低姿起跑的反应时间较站立式高姿起跑慢的原因，主要是蹲踞式起跑时，运动员的手臂支撑着较大的体重，要较快离开支撑点是困难的。因此可进行分解练习：先用高姿起跑或手扶其他物体的形式，单独练习对起跑信号的反应速度，然后再逐步过渡到低姿起跑练习，这样将会取得好的练习效果。

（3）变换练习

通过改变练习的形式让运动员在变化的情况下完成练习。改变练习的形式主要包括两方面内容。第一，改变对刺激信号的接收形式，如由视觉接收的刺激信号改变成听觉触觉的形式。第二，改变回答反应的动作形式。利用变换练习，既能有效地提高人体各感受器的功能和缩短简单反应的时间，又能提高练习积极性避免兴奋不必要的扩散，提高训练的效果。

（4）运动感觉练习

运动感觉练习是身体训练与心理训练相结合的一种方法。在人体反应过程中，提高对微小时间辨别的时间知觉，从而发展反应速度。这种练习对运动实践具有一定的实际意义。运动感觉练习一般要经过三个阶段。

第一阶段是运动员接收到信号后，以最快的速度对信号做出应答反应（例如做5米的起跑），然后获得该次反应练习的实际时间。

第二阶段是运动员自己估计反应练习的所用时间，而后与实际时间对照比较，由此提高运动员对时间感觉的准确性。

第三阶段是当运动员的估计时间与实际时间在大多数情况下吻合时，运动员就能较准确地判断反应时间的变化，在练习中按所要求的时间完成一次反应过程，运动员辨别时间差能力越强，越精细，就越能自由地掌握反应速度，并使反应速度得到提高。

另外，运动员的注意力指向与反应速度能力有关。在练习中应要求运动员把注意力集中在将要进行的动作上，因为注意力集中在动作比集中在信号反应速度要快一些。注意力的指向和肌肉紧张有关。注意力集中在动作上，完成该动作有关的肌肉群紧张就会升高，从而加快动作的完成。

**2. 复杂反应速度的练习**

复杂反应在运动中大部分属于选择反应，选择反应一般包含两种形式，一是对移动目标的反应，即指对运动客体的变化作出反应；二是选择动作的反应，主要指根据对手动作变化做出相应动作反应。所以，复杂反应速度的练习也包括移动目标练习和选择动作练习。

（1）移动目标练习

对移动目标产生反应并做出选择，一般要经历四个阶段。如对球类运动中的运动客体--球的反应，首先要看到球，二是判断球的速度与方向，三是选择自己动作的方案，四是实现这个方案。这四个阶段组成了复杂反应过程，整个过程时间一般为0.25秒到1秒。实践表明，前两个阶段的时间大约要耗费整个反应时间一半以上。就是这两个阶段中，时间分配也不平均，绝大部分时间用在第一阶段，第二阶段只占极少部分，约0.05秒。因此，移动目标练习中要特别考虑到反应时间分配的特点。

首先，要重视视觉观察移动物体能力的练习。通过不同的位置、方向和以不同速度的传球，能使这种能力得到提高。不过在练习中要注意注意力的指向与分配。其次，加强“预料”能力的培养，培养在视野在预先“观察到”和“盯住”运动物体，以及预先确定运动物体可能移动的方向和速度的能力。这种能力要在技术和战术动作的提高过程中得到相应的提高。再次，有意识地引入和增加外部刺激因素，如可以在专项训练练习时增加球的数量，采用球的游戏法练习，安排一对二的训练等。还可采用带有程序设计装置的练习器和其他专门设备，如乒乓球、排球发球机，射击中移动靶等。

（2）选择动作练习

根据对手动作变化做出相应的动作反应是人体反应与专项运动密切相结合的一种形式。这种练习专项化程度很高，但对专项运动的作用却十分明显。选择动作练习内容包括两部分。

①在专项训练练习中使需要选择的情况复杂化。例如，在练习中提供更多的需做出反应的动作。由此增加反应过程中的选择面和难度，促进中枢神经系统的分析辨别能力，缩短反应的时间。

②练习中努力教会运动员合理利用对手可能做出动作变化的"预先信息"。这种预先信息可从观察对手的姿态、面部表情、眼神、准备动作、总体风格中得到。一旦能准确意识到对手可能采用的动作变化，就可以快速、准确地选择相应的动作来应答。

### （二）反应速度训练方法

#### 1. 反应性游戏

（1）两人拍击：两人面向开立，听到开始口令后，设法拍击对方背部，而又不被对方击中自己，在规定时间内（每次1分左右），拍击对手多者为胜。

（2）反应起跳：练习者围圈面向圈内站立，圈内1~2人，站在圆心附近手持小树枝或小竹竿（竿长超过圈半径）。游戏开始，持竿者将竹竿绕过站圈人脚下划圆，竿经谁脚下即起跳，不让竿打上脚，被打即失败进圈换持竿者，持竿者可突变划圈方向，训练其反应。

（3）猎人与野鸭：把游戏者分成“猎人”和“野鸭”两队。猎人站成一圆圈，互相间隔两臂长，猎人脚前划一大圆圈（圈的大小根据人数的多少）。野鸭站圈内，1~2名猎人手持排球。猎人在圈外用球掷野鸭，被击中的野鸭退出游戏，野鸭在圈内闪避来球。猎人可以用传球袭击野鸭，直至野鸭打尽。互换角色。规则：猎人不能进圈，不能击野鸭头部。

（4）伙伴组合：练习者绕圈跑，听教练口令，几人组合，练习者即几人成组，不符合组合人数者为失败，失败者罚做俯卧撑、高抬腿等练习或表演节目。

（5）追逐游戏：两人相距2米面向站立，根据教练规定哪队是单数哪队是双数（或其他信号），听教练口令发出是单数还是双数（教练叫一个数字），按事先的规定（叫到单数，单数跑或追），一队跑一队追，在15~20米左右距离内追上为胜，追不上为败。

（6）起动追拍：两人一组前后相距2~3米慢跑，听到信号开始加速跑，后者追前者，追上并拍击他背部就停止，要求在20米内追上有效。也可在追赶时，教练发出第二个信号，让其后转身互换追赶。

（7）抢球游戏：用实心球围成一个圆圈，球数比练习人数少一，游戏开始练习者绕球圈外慢跑，听到信号各人就近抢球谁没有抢到被淘汰，并去掉一球继续进行，每进行一轮成功者得一分，看谁得分多为胜。

（8）贴人游戏：练习者若干人，成两人前后面向圈内站立围成一圆圈，左右间隔2米。两人在圈外沿圈跑动追逐，被追者可跑至某两人的前面站立，则后面的第三者即逃跑，追者即改追这第三者，如被追上为失败。

#### 2. 反应练习

（1）听口令做对应的相反动作：听教练叫立正，练习者做稍息；叫向左转、练习者做向右转等等。

（2）听信号起动加速跑：慢跑中听信号后突然加速冲跑10米，反复进行。

（3）小步跑、高抬腿跑接起动加速跑：做原地或行进间的小步跑或高抬腿跑，听到信号后突然加速冲跑10~20米，反复练习。

（4）俯撑起跑：从俯撑开始，听信号后迅速收腿起跑10~20米。

（5）转身起跑：背对前进方向站立，听信号后迅速转体180度，起动加速跑20米。

以上练习一般每组练习2~3次，重复2~3组，组间休息5~7分。

（6）听枪声及口令起跑：蹲踞式或站立式起跑20米。组数及每组次数根据运动员水平而定，组间休息5~8分。

（7）听信号变速快跑：在慢跑或其他移动中，听口令或看信号即起动快跑10~20米。练习组数、次数及休息同前（1）~（5）。

（8）反应突变练习：练习者听各种信号做各种滑步、上步、交叉步等移动、转身、急停、接球、上步垫球等模仿练习。

（9）听信号做不同的专门练习：非专门练习编号，听号数做不同的练习。

（10）接传不同方向的来球：几人从不同方向给一人供传球，一人接不同方向的来球。

（11）抢接球练习：几人成一排，教

练身后向前抛球，练习者见球后快速起动抢接球。

（12）截断球：教练供不同方向的球，练习者随时起动断球。

（13）利用电子反应器练习 根据不同的信号灯，用手或脚压电扣，记反应时等。

## 二、动作速度训练方法

动作速度寓于具体的动作之中。在动作速度的练习中，专项要求不同，动作速度练习的任务和内容也有区别，因此，动作速度和动作技术的完善程度紧密联系在一起。另外，动作速度直接受到力量、柔韧、灵敏等其他身体素质发展水平的制约，所以动作速度的练习与其他素质的发展也密切有关。动作速度的培养，必须通过技术水平的巩固与提高，以及有关身体素质的发展才能实现。

### （一）动作速度训练种类

#### 1. 完善技术练习

动作速度的提高，在很大程度上取决于完善的动作技术，因为动作幅度大小、工作距离长短、工作时间多少以及动作的方向、角度与部位等都与动作速度大小有着极为密切的关系。其次，在技术练习中，人体协调性会得到相应的提高。那么完成动作时，人体各肌肉群之间，肌肉活动与内脏活动之间，各内脏活动之间就会表现出同时或前后配合协作一致的现象，这将有利于在发展动作速度时最大限度地减少人体内部的阻力（如被动肌肉群的阻力、人体运动时内脏器官的阻力等），从而提高动作速度。

#### 2. 利用助力练习

指在动作速度练习中，利用外界自然条件的助力和人为因素的助力来发展动作速度。外界自然条件的助力是指利用风的方向或水的流向，如自行车运动员顺风骑、速滑运动员顺风滑、短跑运动员顺风跑和游泳运动员顺水游等。这种方法对提高动作速率既经济又有效。人工因素的助力可分为机械助力和人为助力，机械助力是由专门机械代设备的牵引形成的，如摩托车的牵引、牵引机的牵引等。人为助力是教练员或他人直接或间接施加给运动员顺运动方向的力，帮助运动员提高动作速率或完成某一技术环节的动作速度。如短跑项目一带一、快带慢的牵引跑；体操项目教练员直接给予运动员助力，帮助其提高动作速度。不论是哪一种助力形式，运用时都应循序渐进。以提高动作速率为主的练习，助力应逐渐加大；以提高单个动作为主的练习，助力应逐渐减小。

#### 3. 利用后效作用练习

是利用动作加速和器械重量变化而获得的后效作用来提高动作速度。如在跳高训练中，先穿沙背心或沙袋进行负重跳可获得重量减轻后的后效作用；利用下坡跑可获得加速的后效作用；在推标准铅球之前可先用加重铅球做练习而获得重量减轻后的后效作用。这是由于在第一次动作完成后，神经中枢剩余的兴奋在随后动作过程中仍然保持着运动指令，从而可以大大缩短动作进行的时间，提高动作速度。但是，这种后效作用的产生取决于负荷的大小和随后减轻的情况，以及练习重量的重复次数和不同重量的练习交换次数与比例。例如，用增加重量的铅球练习后，再用标准重量的铅球进行练习，两者合理比例应为1：2～1：3。而在用标准重量铅球练习后，再进行减轻重量的铅球练习，两者比例应为1：1。在同一次课中，把3种重量的速度练习组合在一起，顺序安排应是加重－标准－减轻。在短跑练习中应该是上坡跑－水平跑－下坡跑。这种由重到轻的安排就是要利用动作的后效作用。

#### 4. 加大难度练习

加大难度练习主要是通过缩小练习完成的空间与时间界限，用特定的要求来促使动作速度的发展。如球类小场地快速完成练习。因为运动活动中动作速度表现的平均水平和快速动作的完成，在相当程度上受专项活动持续时间和活动场地等影响，因此，在动作速度的练习中，限制练习的时间、空间条件，使运动员以最大速度完成动作，从而提高训练效果。

## （二）动作速度训练方法举例

### 1. 上　肢

（1）听口令、击掌或节拍器摆臂：两脚前后开立或弓箭步，根据口令或击掌或节拍器节奏，做快速前后摆臂练习20秒左右，节奏由慢至快，快慢结合。摆臂动作正确、有力。重复2～3组，组间休息3～5分钟。

（2）对墙掷棒球：运用掷标枪交叉步助跑，快速发挥臂将球向墙上掷出。要求技术正确，出手速度快，重复练习10～20次，每次间歇2分钟。

（3）快速挥臂击球“把排球吊在距墙1米处，高度因人而异。原地站立，连续挥臂用手掌拍击碰墙反弹回来的球。要求速度越快越好，击球时做出鞭打动作。每一组20～30次，重复2～3组，组间歇7～10分钟。

（4）快速挡球：两人一组，相对5米站立，准备排球20个。一人快速抛出各种变化球，另一人用双臂迅速将来球挡回。连续进行30～50次为一组。尽量提高抛、挡球的动作速度。重复2～3组，组间歇5分钟。

（5）对墙单手拍球：持球对墙站立，对墙快速拍球20～30秒为一次，要求在规定时间内数拍球次数，频率越快越好。每组2～3次，重复2～3组，组间歇5～7分钟。

（6）快速传接球：两人相距6米站立，做快速胸前传接球。要求传接球技术正确，传球速度越快越好。每组20～30秒，计算传球次数。重复3～5组，组间歇3～5分钟。

### 2. 下　肢

（1）原地快速高抬腿或支撑高抬腿：站立或前倾支撑肋木或墙壁等，听信号后做高抬腿10～30秒，大腿抬至水平，上体不后仰。可重复练习4～6次，间歇5～7分。

（2）悬垂高抬腿：两手握单杠成悬垂，两腿快速交替做屈膝高抬腿和下蹬伸直动作，速度越快越好。每次两腿各抬20～50次，重复2～3组，组间歇3～5分钟。

（3）快速小步跑：小步跑15～30米，两腿频率越快越好。要求以大腿工作，小腿放松，膝踝关节放松，脚落地“扒地”。重复4～6次，间歇5～7分钟。

（4）快速小步跑转高抬腿跑：快速小步跑5～10米后，转高抬腿跑20米。小步跑要放松而快，转高抬腿跑时频率不变，只是幅度加大。重复3～5次，间歇5～7分钟。

（5）肋木前攻栏练习：面对肋木站立，起跨腿蹬的同时，摆动腿快速前摆，同时异侧臂前摆与摆动腿的脚掌一起落在横木上。要求起跨充分向前蹬地，不能离地，强调攻摆速度。连续进行10～20次为一组，重复2～3组，组间歇5分钟。

（6）听节拍器或击掌助跑起跳：按节拍器或击掌的节奏快速助跑，5～7步起跳，以腾空步落地。要求助跑好最后两步，再加速起跳，起跳速度起快越好。每组7～10次，重复2～3组，组间歇3～5分钟。

（7）两侧移动：两个物体相距3米，高1.20米，练习者站中间，做左右两侧移动，用左手摸右侧的物体，右手摸左侧的物体。强调移动及转体速度要快，计算30秒内转体触摸物体的次数。重复3～4次，每次间歇5～7分钟。

（8）对墙踢球：距墙4～6米站立，以脚内侧或正足背连续接踢从墙上反弹回来的球。也可两人交替踢。要求踢球速度越快越好。连续练习20～30秒，计踢球次数，重复3～5组，组间歇5～7分钟。

（9）两脚间交替踢球：站立，两脚间放一足球，用脚内侧做两脚间不停顿地踢球前进，连续进行30米。要求用时短而且两脚触球次数越多越好。重复4～8次，每次间歇5分钟。

### 3. 躯　干

（1）跳起屈体：原地分腿上跳，同时体前屈手触脚尖。连续跳5～10次。要求动作速度越快越好，可计时进行。重复3组，每组间歇5分。

（2）纵跳转体：原地跳起转体360度，落地连续进行10～20次，可计时进行。强调转体，速度要快，不要求跳得高。重复2～3组，组间歇5分钟。

（3）起跳快速转体：三步助跑起跳，摆动腿屈膝上摆，空中转体180～270度，起跳腿落地。要求起跳、转体速度越快越好，转体时躯干保持直。连续进行3～5次为一组，重复3～5组，组间歇3分钟。

（4）单杠弧形摆下：单杠上成正撑，上体后倒，做正撑弧形前摆转体180度跳下。要求前摆转体速度越快越好。每组5～8次，重复2～3组，组间歇5分钟。

（5）吊绳支撑转体：面对吊绳站立，吊绳后放置一个高跳箱，三步助跑起跳手抓吊绳，收腹举腿，脚放在跳箱上，做快速支撑转体180度。要求整套动作快速、连贯。每组5次，重复3～5组，组间歇5分。

（6）跳抓吊绳转体：面对吊绳站立，全速助跑起跳后双手抓吊绳，做后仰收腹举腿，转体180度跳下。要求节奏清晰，动作快速，重复10～15次，每次间歇3分钟。

（7）起跳悬垂摆体：手持撑竿，助跑七步插穴起跳，迅速做悬垂体后仰举腿动作。每组5～7次，重复3～5组，组间歇3分钟。

## 三、位移速度训练方法

位移速度在某种意义上可看成是一种人体综合运动能力。位移速度的快慢不仅和动作技术水平有关，而且和力量、柔韧、速度耐力以及协调性的发展也有着十分密切的关系。从另外一个角度，也可把位移速度看成是动作速度、速度耐力与意志力的组合。所以位移速度练习可采用以下方法：

### （一）位移速度练习种类

#### 1. 力量练习

力量练习是提高位移速度的基本方法之一。常用的发展位移速度的力量练习有负重杠铃、各种单双足跳、多级跳和跳深等形式。力量水平特别是爆发力水平的提高对位移速度的提高具有相当重要的意义。

在力量练习中应注意以下几点：

（1）力量练习时，以提高速度力量为主，通常是强调负重力量练习的速度，力争快速完成。

（2）注意采用极限和次极限负荷强度，以提高快肌纤维的功能。练习的次数与组数不宜过多。

（3）通过力量练习提高肌肉、韧带的坚韧性，防止在速度训练中受伤。

（4）力量练习后应有2～6周的减量练习阶段，以便通过"延缓转化"把所提高的力量能力转移到速度能力上去。

（5）多做一些超等长的力量练习（如多级跳、跳深等），以提高肌肉收缩时的快速力量。

#### 2. 重复练习

是指以一定的速度，多次重复一定距离的练习。这种方法对提高人体在快速移动中克服各种内外阻力以及速度耐力十分重要。采用重复练习时要重视以下问题。

（1）练习强度

是提高运动员快速移动能力的主导因素。位移速度属极限强度，应以高强度进行位移速度的练习，强度一般可控制在90%～95%左右，在此之前要安排一些中等或是中上强度的练习作为适应。在高度在练习中，运动员高度集中注意力，最大限度地动员肌肉力量，并加大动作速度与幅度，发挥最高速度水平。

（2）练习量

位移速度练习要保证一定时间，但不宜太长。高强度练习一般持续时间在20秒以内，距离30～60米，游泳10～15米，速滑100～200米为宜。次数和组数的确定应根据运动员高速度出现与保持的时间，以及克服疲劳和机体恢复能力来决定。一般说，极限负荷时间短，一组6～7次，重复5～6组。非极限负荷时间长，重复次数与组数减少。

（3）间歇安排

应以运动员机体相对得到恢复为标准。运动员在下一次练习开始前，中枢神经系统又再度兴奋，机体内物理化学变化在很大程度上已经中和，能保证下次练习的能量供应。间歇时间的长短主要和练习持续时间有关。一般说，练习持续时间5~10秒，各次练习间休息1~2分钟，组间间歇2~5分钟；若练习持续时间10~15秒，各次练习间休息3~5分钟，组间间歇10~20分钟。

（4）肌肉的放松能力

在重复练习中，肌肉在极限强度负荷下完成最快的收缩功能，容易疲劳，恢复较慢。所以在练习中要重视提高肌肉的放松能力，也就是肌肉主动消除疲劳的能力。大量的材料表明，放松能力对速度运动项目的影响越来越大。

**3. 步频、步幅练习**

步频和步幅是影响位移速度的两个主要因素。尤其是步频受肌纤维类型和神经活动灵活性制约，步幅受腿的长度、柔韧性、后蹬技术力量的制约。这五个因素中，只有柔韧性和后蹬技术通过训练能得到改善，其他三个因素受遗传的影响后天改善的程度有限。因此，对有一定训练水平的运动员，主要是通过提高步幅来提高移动速度。目前，通过人为条件发展步频步幅的手段很多，如牵引机、加吊架的领先装置、转动跑道、惯性跑道等。

**4. 比赛法、游戏法练习**

比赛法是速度训练中经常采用的方法。由于移动速度练习时间短，经常采用比赛法是可行的。采用比赛法能促使运动员情绪高涨，表现最大速度的可能性就会增加。通过比速度、比技术、比成绩等可以起到激励斗志，鼓舞情绪的作用。在比赛的条件下，往往能比平时更快地作出反应，完成快速移动。游戏法同比赛法作用一样，可以激起运动员高涨的情绪。同时，由于游戏过程能引起各种动作变化，还可以防止因经常安排最大速度练习而引起的“速度障碍”形成。

## （二）位移速度训练方法举例

**1. 上肢和躯干**

（1）摆臂：双脚并拢站立以短跑动作前后摆臂，肘关节屈曲90度，双手放松，前摆到肩部高度，后摆到臀部之后。

（2）跑步动作平衡:采用最高速度时的单腿支撑姿势，左脚支撑，双肘关节屈曲90度，左手前摆至肩部高度，右手后摆至臀部之后，右腿高抬，右踝靠近臀部。保持此姿势20~60秒，可以采用负重背心或站在不平稳的支撑面上。

**2. 下　肢**

（1）小步跑转加速跑:行进间快频率小步跑，听到信号后转加速跑20~30米。要求起动快，在高速下完成练习。每组2~3次，重复2~3组，组间歇5~7分钟。

（2）交叉步接加速跑:先做5米交叉步跑，然后转体做加速跑20米。要求交叉步符合技术规格，动作协调，加速跑要发挥速度。每组2~3次，重复2~3组，组间歇5~7分钟。

（3）倒退跑接加速跑:向后做倒退跑，听信号后急停向前加速跑。要求加速跑要发挥高速度，也可计时进行。每组3~5次，重复3~5组，组间歇5分钟。

（4）连续加速跑:逐渐加速跑至最高速度，然后随惯性高速度跑3~4步后随惯性放松至慢跑后再加速跑，连续练习。（一般为30米加速跑，保持高速跑5~8米，放松跑15~20米，然后第二次加速跑）。每组2~3次，重复2~3组，组间歇5~7分钟。

（5）牵引跑:用绳子拴住练习者的腰部，另一端拴在牵引器上，做20~60米跑练习。注意牵引速度要符合运动员水平。每组2~3次，重复2~3组，组间歇5~7分钟。

（6）让距追赶跑：2~3人一组，根据速度水平前后拉开距离，速度快者在前，听信号站立式起跑后全速跑，后者追赶前者，前者别让后者追上。跑30米、60米。每组2~3次，重复2~3组，组间歇5~7分。

（7）踏标记跑:用海绵砖在跑道旁做上步长标记，间距根据需要而定，全速踏标记跑20~40米。要求步长稳定，踏标记准确。每组2~3次，重复2~3组，组间歇5分钟。

（8）全速跑楼梯:听信号起跑，全速往返跑3~4层楼的楼梯。要求不能扶手，上下超越台阶，每组往返2~3次，重复2~3组，组间歇5分钟。

（9）变化栏间距跑:设8~10个栏架，依次缩短栏间距离。起跑后以全程跨栏跑，要求逐渐提高栏间跑速度，过栏技术符合要求。每组2~3次，重复2~3组，组间歇1分钟。

（10）围球场变向跑:于排球场的场角站立，听到信号后围绕球场快速跑3~5圈，计时，要求始终保持面对一个方向（向前跑、侧向跑、后退跑、侧向跑），重复3~5组，每次间歇5分钟。

实际应用时可结合专项，选择几个练习组合的综合性练习。

## 四、发展速度素质的注意事项

速度素质的发展受多种因素的影响，为了有效地提高人体的快速运动能力，在教学训练中必须注意如下要求。

### （一）保证训练安全

为保证速度训练的安全应做好以下几点。

训练前做好充分的准备活动，训练后充分休息和进行身体恢复训练；注意速度训练负荷强度，避免运动损伤的发生；注意运动环境对速度训练的影响，早晨不宜安排最大强度的速度训练；选择适当的运动服装。

### （二）注意年龄特征

事实已经充分说明，速度素质的发展水平在相当程度上受到人体生长发育水平的制约。在速度练习中考虑到这个特征，加上合理的措施，速度素质才能快速地、稳定地得到发展。如7～13岁的少年儿童处在速度素质的快速增长期（敏感期），其原因和神经系统、协调能力在这期间快速发展有关。抓住这一阶段的速度练习，有助于促进动作频率、单个动作速度及反应速度的快速发展。一般的做法是，13岁之前重点应放在单个动作速度和跑的频率的安排上，并在练习中充分利用一切能提高单个动作速度和跑的频率的方法与手段，针对少年儿童的生理和心理特点，提高和稳定少年儿童对练习的兴趣和积极性，防止练习过程中因疲劳而产生的不良影响。13岁以后，在保持已经获得单个动作速度和跑的频率的基础上，采用提高速度力量和肌肉最大力量的方法来增大步幅，从而提高移动速度。

### （三）合理安排练习的顺序与时间

各种身素质及运动能力之间，具有相互联系、相互促进和制约的关系，在发展某一素质的同时，都会或多或少、直接或间接地引起其他素质的变化。因此，发展速度素质时应从系统论的角度出发，处理好同其他素质的关系，合理安排练习的顺序，使得素质间互相促进和良性转移。速度练习中，常使用发展力量的手段来促进速度，但力量素质要求神经过程度强大，肌肉收缩用力也大，尤其是静力性力量练习，由于动作缓慢，会降低神经过程和肌肉活动的灵活性。而速度素质要求神经过程的灵活性高，兴奋与抑制迅速转换，肌肉收缩轻松协调。此外，人体适宜的工作状态对发展速度素质也是十分必要的，其中包括神经系统的适宜状态、内脏系统的适宜状态和肌肉系统的适宜状态。这种适宜状态可以通过集中注意力和速度练习前用强度较小并保持一段时间的活动得到满足。

因此，速度练习应放在力量练习之前进行，力量练习也应以动力性力量为主。在力量练习过程中，应交替安排一些轻松、快速的跑跳练习或一些协调性和柔韧性练习，这对发展速度素质十分必要。

速度素质练习的时间，在一个大周期中主要放在准备期的后期和比赛期的前期；在一周中最好安排在小强度训练或调整训练后的第一天进行；在一天或一次训练课中，一般放在上午或课的前半部分，最好安排在运动员身心状态最佳、精力最充沛的时候进行。因为人体疲劳后神经过程灵活性降低，兴奋与抑制的快速转换不可能建立，在这时发展速度素质效果不好。

**（四）注意以发展力量和柔韧等来促进速度素质**

力量特别是快速力量和柔韧性是影响速度素质的重要因素。所以在发展速度素质中，首先要注意发展快速力量。如采用40%～60%的强度多次重复快速负重练习，使肌肉横断面和肌肉力量增大，并提高肌肉活动的灵活性，以及适当采用75%以上的大强度练习，使肌肉用力时能够最大限度地动员更多的肌纤维同时进行收缩，提高肌肉的收缩功效。其次，通过各种手段提高柔韧素质。柔韧性提高后可以增加力的作用范围和时间，同时能使肌肉内协调性得到改善，从而减少肌肉阻力和增大肌肉合力，最终导致运动速度的提高。

**（五）应重视肌肉放松**

肌肉放松对速度的提高非常重要。肌肉放松，张弛有度，能够减少肌肉本身的内阻力，增大肌肉合力，使血液循环通畅。如肌肉紧张度达到60%～80%，血液流动就会严重受阻，时间稍长，动作就会失去协调性，已有的快速能力也无从发挥。肌肉放松时，肌肉中血液流动情况大为改善，比紧张时提高15～16倍。血液循环通畅，能给参加活动的肌肉输送大量氧气，加快ATP再合成速度，并能节省能量物质，使能量物质得到合理利用，还可增加肌肉收缩前的初长度，从而提高运动素质。

**（六）正确预防和消除“速度障碍”**

速度素质发展到一定水平，常会出现提高缓慢，甚至停滞不前的现象，人们称之为“速度障碍”。这由于神经肌肉系统发展到一个高峰，练习中常用而不变化的一些手段使训练量与训练强度对人体没有新的刺激作用，使频率节奏、技术等都达到一个相对稳定的状态所致。因此，为了克服这种现象，继续提高速度，就应做到以下几点：

1.加强基础训练，使运动员掌握好基本技术，提高全面身体素质水平，扩大机体能力，为提高专项能力打下扎实的基础，这可使速度障碍来得迟些。

2.训练手段多样化，以不同的节奏和频率完成动作，建立中枢神经系统灵活多样的条件反射，可以防止与缓解速度障碍。

3.如果已经出现“速度障碍”现象，就应有计划、有针对性地提高身体素质，改进技术，加大训练量和训练强度，加大刺激，利用自然条件或人工器械等手段与“速度障碍”做斗争。如简化练习投掷轻、重器械；利用斜坡跑道短助跑起跳；上下坡跑、变速跑、顺风跑、牵引跑等，改变已习惯的动力定型，改变中枢神经系统的反射联系，建立新的条件反射。

**（七）速度素质训练应结合运动员的专项进行**

研究人员发现，速度练习只是更多地局限于诱发练习动作本身的速度能力。因此，速度练习需结合专项技术动作要求进行，如短跑运动员的反应速度训练应着重提高听觉的反应能力、球类运动员应着重提高视觉的反应能力、体操运动员应着重提高皮肤触觉的反应能力。一般人视、听、触觉之比，触觉反应最快，听觉反应次之，视觉反应较慢。动作速度训练应与各专项的技术相结合，让运动员在速度训练中能感觉到躯干等各部位的协调配合及在空间、时间方面的速度节奏，发展专项技术所需要的动作速度的能力。为此目的，必须正确选择与专项技术在结构上相似的训练手段及练习。

## 五、速度训练计划举例

以下是男子职业橄榄球队员赛前16周练习计划的概要，每一段训练的时间长度可以根据年度安排来调整，也可以根据条件调整。

### （一）赛前期的前期（8周）

训练课的主要目标是通过3～4组，每组10分钟的练习来提高最大有氧能力和对乳酸、丙酮酸的利用能力。练习密度采取练习两天、隔两天来安排。

### （二）赛前期的后期（4周）

每周2～3天速度、灵敏训练课，以亚极量强度进行，强调运动技术。代谢能力的训练为每练习两天，间歇两天，主要目标是通过2～3分全力运动，间歇8～10分的练习提高耐乳酸能力。最大有氧能力的保持每周练习2次，方法与赛前期的前期相同。

### （三）集训（4周）

每周2～3天速度、灵敏训练课，主要训练目标是通过助力措施或阻力措施，在全速情况下完成练习技术。最大有氧能力的保持每周练习2次课，方法与赛前期的前期相同。专项耐力训练每周3～4次课，主要训练目标是挑战专项无氧能力和专项有氧能力的极限。在这种训练中，运动员要全力完成练习，保持练习强度。练习强度只要能保持，训练课就要继续，直到运动员不能维持要求的强度，训练课才结束。

### （四）比赛期

除了专项实战训练外，每周各进行一次无氧训练和有氧训练，以保持有氧能力和无氧能力。

## 【思考题】

**1. 关键性思考和讨论**

（1）讨论影响三种速度素质的因素。

（2）如何将速度素质训练方法应用于康复临床指导患者进行功能训练?

（3）如何结合不同专项技术要求选择速度训练方法?

**2. 实验操作练习**

（1）制定一个为期8周的速度训练计划，并实施训练，以评测指标观察训练前后变化。

（1）两个同学一组互相进行反应速度的游戏训练。

◎ **参考文献**

[1]张英波. 现代体能训练方法[M]. 北京: 北京体育大学出版社, 2006.

[2]田麦久. 运动训练学[M]. 北京: 人民体育出版社, 2000.

[3]杨桦等. 运动训练学导论[M]. 北京: 北京体育大学出版社, 2007.

（李丹阳）